中国广告年鉴

'2015

China Advertising Yearbook

中 国 广 告 协 会
《中国广告年鉴》编辑部编

新 华 出 版 社

图书在版编目（CIP）数据

'2015中国广告年鉴 / 《中国广告年鉴》编辑部编.

北京 ：新华出版社，2015.12

ISBN 978-7-5166-2289-6

Ⅰ. ①2… Ⅱ. ①中… Ⅲ. ①广告－中国－2015－年鉴 Ⅳ. ①F713.8-54

中国版本图书馆CIP数据核字(2015)第320570号

'2015 中国广告年鉴
China Advertising Yearbook

主　　编：《中国广告年鉴》编辑部

出 版 人：张百新　　**特约编辑**：柏　群

责任编辑：梁秋克　张　谦　　**封面设计**：孙　鹏　周向东

出版发行：新华出版社

地　　址：北京石景山区京原路8号　　**邮　　编**：100040

网　　址：http：//www.xinhuapub.com　　http：//press.xinhuanet.com

经　　销：新华书店

购书热线：010-63077122　　中国新闻书店购书热线：010-63072012

照　　排：全中环球广告传媒(北京)有限公司

印　　刷：北京顺诚彩色印刷有限公司

成品尺寸：210mm×285mm

印　　张：34.5　　**彩　　插**：100页

字　　数：800千字

版　　次：2015年12月北京第一版　　**印　　次**：2015年12月北京第一次印刷

书　　号：ISBN 978-7-5166-2289-6

定　　价：380.00元（精装）

图书如有印装问题请与印刷厂联系调换：010-68628810

编辑说明

INTRODUCTION

一、《中国广告年鉴》是一部图文并茂的大型资料工具书，2015年版收编了2014年与中国广告业发展有关的主要文献资料。

二、“大事记”、”政策法规”等，以日期为序。

三、本年鉴收集的2014年资料和数据中，未包括我国台湾省、香港特别行政区和澳门特别行政区。

四、为便于读者检索，书末附有“广告刊户索引”。

五、限于编辑水平和所掌握的资料，缺点和错误在所难免。欢迎读者批评指正。

Ⅰ. *China Advertising Yearbook* is a big reference book with a large number of photos and illustrations.The Edition of 2015 includes major information concerning the development of China advertising industry in 2014.

Ⅱ. Columns of "Chronicle of Events" and "Policies,Laws & Regulations" are arranged in order of date.

Ⅲ. Information of Taiwan Province,Hong Kong Special Administrative Region and Macao Special Administrative Region is not included in the yearbook.

Ⅳ. For the convenience of readers，"Index of Advertisers " are enclosed at the end of the yearbook.

Ⅴ. Due to limited information available,oversight and mistakes are inevitable.We welcome readers to comment and point out our mistakes.

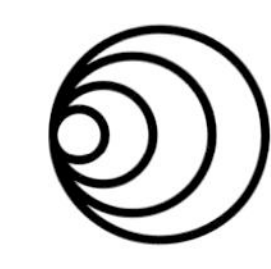

'2015 中国广告年鉴
China Advertising Yearbook

杜　红	中广协副会长、新浪销售与市场资深总裁
李文杰	中广协事业发展部主任
吴干冰	中广协副会长、浙江省广告协会会长
吴东彬	中广协学术培训部主任
何　洁	中广协副会长、清华大学美术学院副院长
应曙光	中广协户外分会主任
汪　良	中广协副会长、北京人民广播电台台长
沈赞臣	中广协副会长、上海灵狮广告有限公司董事长
宋照伟	中广协商业企业委员会主任
张　晔	国家工商行政管理总局广告监管司综合处处长
张继宏	中广协铁路分会主任
陈学军	中广协副会长、上海市工商行政管理局副局长
邵国平	中广协标识委员会主任
罗　明	中广协副会长、中广协电视分会主任、中央电视台副台长
金定海	中广协学术委员会主任
周玉梅	中广协副秘书长
郑加强	中广协副会长、中国国际广播电台国广传媒发展中心副总经理
郑有义	中广协副会长、人民日报广告部主任
贺寿天	中广协副会长、江苏省广告协会会长
贺超兵	中广协副会长、大贺传媒股份有限公司董事长
徐　见	中广协副会长、陕西电视台副台长
郭丽娟	中广协副会长、上海广告有限公司董事长
庹登夫	中广协副秘书长
梁勤俭	中广协报纸分会主任
彭德湘	中广协副会长、麦肯光明广告有限公司总裁
程小玲	中广协副会长、中广协广告公司分会主任、中国广告联合总公司总经理
路　华	中广协民航分会主任
廖　伶	中广协副会长、重庆市广告协会会长
潘　阳	中广协副会长、哈尔滨海润国际广告传播集团董事长
燕　军	中广协网络分会主任
镰田正志	中广协副会长、资生堂（中国）投资有限公司总经理

'2015 中国广告年鉴

China Advertising Yearbook

梅金华	湖南省广告协会秘书长
林　阳	广东省工商行政管理局广告监督管理处处长
刘洪海	广东省广告协会秘书长
何春雷	广西壮族自治区工商行政管理局广告处处长
邓　东	广西壮族自治区广告协会常务副会长兼秘书长
王建禄	海南省工商行政管理局广告处处长、海南省广告协会秘书长
魏　彬	重庆市工商行政管理局广告监督管理处处长
廖　伶	重庆市广告协会会长
卫　伟	四川省工商行政管理局广告监督管理处处长
肖本华	四川省广告协会秘书长
刘永丽	贵州省工商行政管理局广告监督管理处处长
王长林	贵州省广告协会秘书长
陈学坤	云南省工商行政管理局广告监督管理处处长
赖之雄	云南省广告协会秘书长
李桂安	西藏自治区工商行政管理局商标广告处处长、西藏自治区广告协会秘书长
崔　亮	陕西省工商行政管理局广告监督管理处处长
杨　莉	陕西省广告协会副秘书长
任　歆	甘肃省工商行政管理局广告监督管理处处长
严　勇	甘肃省广告协会秘书长
马秀梅	青海省工商行政管理局广告处处长、青海省广告协会秘书长
冯中刚	宁夏回族自治区工商行政管理局广告监督管理处处长
王晓胤	宁夏回族自治区广告协会秘书长
苗桂云	新疆维吾尔自治区工商行政管理局广告处处长、新疆维吾尔自治区广告协会秘书长
于春波	大连市工商行政管理局广告处处长、大连市广告协会秘书长
龚央纬	宁波市工商行政管理局广告处处长、宁波市广告协会秘书长
林卫东	厦门市工商行政管理局广告监督管理处处长
颜俊华	厦门市广告协会秘书长
刘　军	青岛市工商行政管理局广告处处长、青岛市广告协会秘书长
王建青	深圳市市场监督管理局市场规范处处长

汤山文	深圳市广告协会秘书长
王　强	沈阳市工商行政管理局广告处处长、沈阳市广告协会秘书长
姜　超	长春市工商行政管理局广告分局局长
金　岩	长春市广告协会秘书长
王邦会	哈尔滨市工商行政管理局广告处处长、哈尔滨市广告协会秘书长
马丽梅	南京市工商行政管理局广告监督管理处处长
陆道爱	南京市广告协会会长
汪晓敏	杭州市市场监督管理局广告监督管理处处长
候吉光	济南市工商行政管理局广告处处长、济南市广告协会秘书长
张小燕	武汉市工商行政管理局广告监督管理处处长
徐　波	武汉市广告协会会长
陈国平	广州市工商行政管理局广告监督管理处处长
李　平	成都市工商行政管理局广告监督管理处处长
邹俐莉	成都市广告协会秘书长
王　斌	西安市工商行政管理局广告监督管理处处长

编辑部人员名单

编辑部主任：	柏　群
编辑部副主任：	项　扬
编　　审：	仲　辉
编　　辑：	魏艳英
校　　对：	杨　宁
装帧设计：	周向东
排版制作：	杨　薇
督　　印：	宋　江

’2015 中国广告年鉴

China Advertising Yearbook

专家指导委员会：

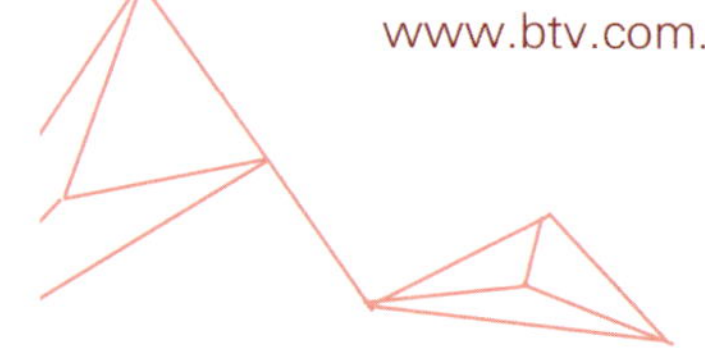

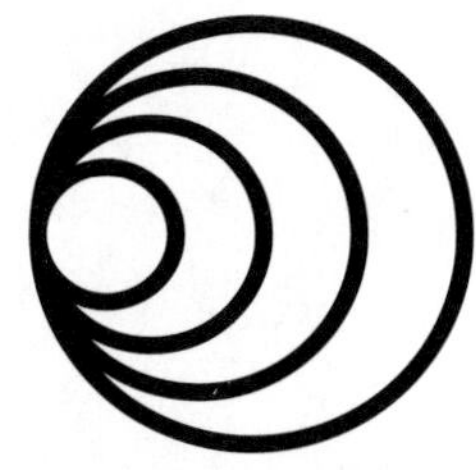

'2015 中国广告年鉴
China Advertising Yearbook
第二十三期
23th Issue

目录

七　全国各地区广告业发展与广告监管情况综述

十七　全国广告经营单位选介

十八　广告刊户索引

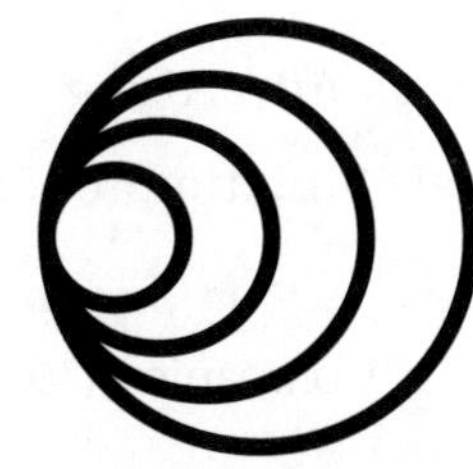

'2015 中国广告年鉴
China Advertising Yearbook
第二十三期
23th Issue

CONTENTS

VII Provincial Advertising Supervision and Developing

VIII Organizations in Advertising Industry

China Advertising Association

China Advertising Association of Commerce

China Association of National Advertisers

XII Public Service Advertising

XIII Advertising Websites

XIV Advertising Research and Supervision Institutes

XV Advertising exhibitions

XVI Advertising Education

XVII Introduction of Selected Advertising Units in China

XVIII Index

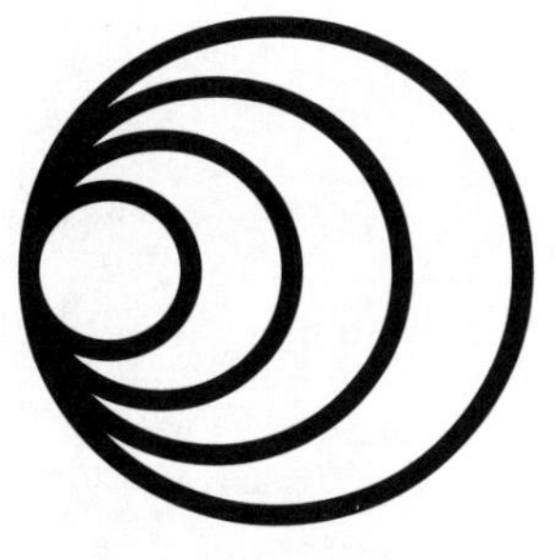

'2015 中国广告年鉴
China Advertising Yearbook

领导讲话

Speeches by Leaders

全面深化改革 加强法治建设
更好发挥工商行政管理在市场监管中的主力军作用
——在全国工商行政管理工作会议上的讲话

(2014 年 12 月 25 日)

国家工商行政管理总局党组书记、局长 张 茅

这次会议的主要任务是，全面贯彻落实党的十八大和十八届三中、四中全会精神，按照中央经济工作会议的部署，总结2014年的工作，安排2015年的任务。党中央、国务院对工商行政管理和市场监管工作十分重视，今天下午，王勇国务委员还将召开座谈会听取意见和建议，并作重要讲话，我们要认真贯彻落实。下面，我讲几点意见。

一、以商事制度改革为主线，2014 年工商行政管理各项工作取得显著成绩

2014 年是全面深化改革的开局之年。各级工商和市场监管部门按照党中央、国务院的决策部署，以商事制度改革统领全局，紧紧围绕营造“三个环境”、推进“三项建设”，开拓奋进，狠抓落实，各项工作取得显著成绩。

(一)着力推进商事制度改革，有效激发了经济发展活力

推进商事制度改革，是党中央、国务院作出的重要改革部署，是减少行政审批、转变政府职能、释放市场潜力的重要举措。一年来，总局把这项改革作为全局性工作，举全系统之力积极稳妥推进。加强改革的整体设计，报请国务院印发《注册资本登记制度改革方案》，明确了改革的总体部署。坚持依法改革、先立后破，积极配合立法修法，及时制定部门规章和

配套文件，为改革顺利实施奠定了基础。加大政策宣传解读力度，针对重点、难点问题解疑释惑，认真总结地方经验，积极开展专题培训，营造了良好的社会氛围。协调相关部门配套推进改革，在放松管制、简政放权的同时，推动相关部门规章制度、工作机制的调整和完善，减少了政府行政审批。各地积极落实各项改革任务，实行注册资本认缴登记制，改企业年检制度为年报公示制度，稳步推进“先照后证”改革，积极协调简化住所登记手续，探索推行“三证合一”改革，实行企业注册登记并联审批、全程监管，出台支持民营经济发展的措施等，促进了改革政策“落地生根”。

一年来，商事制度改革思路清、措施实、推进快、效果好，切实发挥了先手棋、突破口的作用，在服务改革发展大局中成效显著。一是激发了市场活力。3月至11月，全国新登记市场主体1004.7万户，同比增长16.7%；注册资本16.1万亿元，同比增长82.7%。其中，新登记企业286.6万户，同比增长54%，平均每天新登记注册企业超过1万户。二是促进了产业结构优化。改革后新设立企业中，第三产业企业数量增幅59.3%，明显高于第二产业36.2%的增幅，第三产业企业占所有企业比重提高到了78.6%。三是创造了更多就业机会。截至11月底，全国个体私营经济从业人员实有2.46亿人，比去年底增加2754.1万人，个体工商户和私营企业以及服务业成为吸纳新增就业的主渠道。四是扶持了小微企业发展。发布了《全国小微企业发展报告》，牵头起草了《国务院关于扶持小型微型企业健康发展的意见》，从资金支持、财税政策、信息互联等方面加大了对小微企业的扶持力度。五是改善了营商环境。改革推动了我国工商注册制度便利化，市场主体注册时间大幅缩短，资金利用效率显著提升，营商环境明显改善，外国企业和境外投资者投资力度加大。

（二）着力加强事中事后监管，进一步规范了市场竞争秩序

全系统认真贯彻《国务院关于促进市场公平竞争维护市场正常秩序的若干意见》，着眼市场秩序构建，积极创新监管理念、监管机制和监管方法，强化重点领域市场监管，市场竞争秩序进一步好转。一是强化了信用在市场监管中的基础作用。推动出台了《企业信息公示暂行条例》，总局制定了《企业公示信息抽查暂行办法》、《经营异常名录管理暂行办法》等配套规章和规范性文件，积极构建以信息公示、信用监管为核心的新型监管体系。2014年10月1日企业年报公示正式实施以来，截至12月21日，已有516.71万户企业报送公示了2013年度年报，公示率35.04%。二是进一步加强了反垄断和反不正当竞争执法工作。总局对包括利乐、微软等公司在内的企业涉嫌垄断行为进行调查，截至目前，共立案和授权查处垄断案件43件，树立了工商执法权威。加大对传统和互联网领域不正当竞争行为的查处力度，1月至11月，全系统共查处不正当竞争案件2.6万件。三是商标行政保护和注册便利化取得新进展。认真贯彻实施新《商标法》，商标审查周期控制在9个月之内，提高了商标注册便利化水平。截至11月，商标注册申请193.8万件，审查商标注册申请206.6万件，同比分别增长13.9%、67.4%；我国商标累计申请量1517.9万件，累计注册量990.3万件，有效注册量840.4万件。认真开展商标行政保护执法工作，1月至11月，全系统共查处商标违法案件3.3万件，案值4.6亿元。四是加大了重点领域市场监管力度。颁布实施了《网络交易管理办法》及其配套制度。针对“双十一”等网络集中促销活动，及时约谈国内主要电商网站。抓住网络交易违法热点问题，积极开展红盾网剑专项行动。深入推进合同格式条款规范监管工作，加大了重点消费领域“霸王条款”整治力度。深入开展红盾护农行动，加强了商品交易市场监管。五是加强广告市场监管。推动建立广告监管执法统一平台，在加强传统媒体广告监管的同时，组织开展整顿互联网重点领域广告专项行动，互联网广告违法率明显下降。广告业发展取得新进展，累计建设国家广告产业试点园区32个、认定国家广告产业园区15个。成功举办了第43届世

界广告大会。六是打击传销、规范直销取得新成绩。组织直销市场专项检查、开展打击整治传销集中行动，严厉查处了一批传销大要案件，依法处理了一批直销违法行为。各地探索创新监管方式方法，通过强化信用监管、推行“权力清单”、加强行政指导等方式，提升了市场监管效能。2014 年以来，全国市场秩序呈现总体平稳的良好局面。

（三）着力保护消费者合法权益，为扩大消费创造了条件

保持消费需求对经济增长的带动作用，对宏观经济发展具有特别重要的意义。今年，全系统围绕贯彻实施新《消法》，着力保护消费者合法权益，为扩大消费作出了积极贡献。一是大力宣传贯彻新《消法》。及时制定出台《流通领域商品质量抽查检验办法》、《工商行政管理部门处理消费者投诉办法》等配套规章和规范性文件，加大教育引导力度，促进了新《消法》深入实施。二是深入推进重点领域消费维权工作。强化流通领域商品质量监管和有关服务领域消费维权，集中开展重点商品抽查检验和专项整治，着力解决损害消费者利益的突出问题。截至 11 月，全系统共查处侵害消费者权益案件 9.1 万件，案值 4.7 亿元。三是加快推进 12315 体系建设。下发了《关于加强 12315 体系建设的意见》，促进了消费维权网络建设，消费维权水平进一步提高。截至 11 月，全系统共受理消费者诉求 101.6 万件，为消费者挽回经济损失 13.1 亿元。四是着力构建“大维权”工作机制。综合运用工商职能，充分发挥消协组织作用，建设消费维权志愿者队伍，与相关部门、新闻媒体联动，建立部门协作维权机制、区域消费维权协作机制。各地积极开展新《消法》的宣传贯彻，探索构建多元共治的维权体系，完善小额纠纷快速调解机制，建立 12315 消费者申诉举报远程视频调处平台，积极推行诉转案，加强对 12315 数据的分析利用等，有力提升了消费维权水平。

（四）着力加强法治建设，依法行政水平明显提高

全面推进法治建设，法律法规制度体系不断完善，运用法治思维和法治方式推进改革的能力不断提升。一是围绕贯彻落实党的十八届四中全会精神，研究制定了深入推进依法行政的意见，明确了新形势下做好法治工作的目标和方向。二是立法立规取得新成绩。围绕依法推进商事制度改革，总局参与制定了《企业信息公示暂行条例》，推动修改了《公司登记管理条例》等 8 部行政法规，建议废止了《中外合资经营企业合营各方出资的若干规定》等 2 部行政法规。总局及时制定了系列配套实施规章，修订、废止了一批不相适应的规章。三是执法监督工作进一步加强。实行执法人员持证上岗制度，全面推行行政指导，深入开展法治建设评价工作。四是积极开展法治宣传教育。举办全系统法制专家型人才培训班，加大了新法律法规宣传教育培训力度，提升了执法人员依法行政的能力和水平。各地积极建立完善案件指导、大要案挂牌督办、案件移送等制度，切实加强了执法监督，进一步规范了行政执法行为。

（五）着力加强信息化建设，监管服务能力进一步增强

全系统充分发挥信息化的支撑功能，在推进改革、创新机制等方面发挥了重要作用。一是信息化顶层设计逐步完善。提出构建统一的工商信息化体系的总目标，总局出台了关于深入推进信息化工作的意见，完成了《金信工程总体技术方案》编制，明确了未来工商信息化建设的总体思路和技术架构。二是信息化基础建设得到加强。金信一期工程顺利竣工验收，应用成效日益显著。国家法人库项目正式批复，并明确由工商总局牵头，工商信息化建设地位不断加强。三是企业信息的社会服务功能得到发挥。建立了全国企业信用信息公示系统，这是工商部门第一个全国性面向公共服务的业务系统，实现了企业年报公示和即时信息公示功能。到 11 月底，全国企业信用信息公示系统页面访问量超过 5 亿人次，得到了社会各界的积极评价。四是大数据综合运用能力不断提升。组织编制运用大数据加强监管和服务系统建设方案，全面开展全国市场主体统计数据和数据库数据一致性比对工作，

大力开展数据分析和应用，积极向有关部门提供数据服务。五是信息化业务应用不断深化。积极开展12315消费维权、网络交易监管、商标行政执法、商标三期系统信息化建设，推动完善企业登记和管理系统。

（六）着力加强队伍建设，工商行政管理和市场监管部门的地位和作用得到进一步提升

2015年是工商系统勇于推动自身变革、积极应对体制调整的一年。全系统高度重视加强队伍建设，以务实的作风为工作顺利推进提供了保障。一是领导班子和干部队伍建设成效显著。各级班子认真学习贯彻习近平总书记系列重要讲话和党的十八届三中、四中全会精神，政治素质、理论修养进一步提高。积极落实党风廉政建设主体责任，认真贯彻中央八项规定精神和国务院“约法三章”，加强监督制约，严查违法违纪案件，党风廉政建设和反腐败工作进一步加强。组织开展全国工商系统先进事迹巡回报告活动，营造了学习先进、争当模范的浓厚氛围。二是群众路线教育实践活动取得新成效。各地深入开展教育实践活动，积极推进四项专项整治，认真落实整改措施，着力解决群众反映的突出问题，巩固教育实践活动成果。三是教育培训工作取得新成绩。切实加强干部教育培训工作的系统性和针对性，举办各类面授培训班73期，培训学员7153人；举办业务专题网络培训班11期，参加网络培训人数9万余人次，培训班次和培训人数分别比上年增长22.2%和92.6%。四是国际交流合作取得新进展。今年总局开展了300余项多双边交流合作活动，与国外机构和国际组织签署了40项合作协议，在中俄、中墨元首见证下，分别与俄罗斯、墨西哥知识产权部门签署了合作协议。积极参与区域全面经济伙伴关系和自贸区谈判，成功举办首届中国—东盟工商论坛，提升了工商部门在国际市场规则制定中的话语权和影响力。五是工商行政管理和市场监管部门的地位和作用不断增强。通过主动改革、自我革命、积极进取，工商部门在注重微观管理的同时强化宏观市场秩序规范，在注重政策执行的同时积极参与政策研究和制订，在经济社会发展大局中的地位和作用更加重要。

全系统进一步增强大局意识和协作配合意识，依法做好“扫黄打非”、禁毒、打私、处理非法集资、反洗钱、报废汽车管理等经济检查工作。积极开展安全生产治理等各类专项治理。扎实推进非公经济组织党建工作。围绕中心进一步加强新闻宣传工作。各级学会、协会、中心、报刊社等单位充分发挥职能作用，为工商事业的发展作出了积极贡献。

一年来的工作，得到了党中央、国务院的充分肯定，习近平总书记多次在讲话中予以肯定，李克强总理先后30余次作出重要批示并深入多地调研指导商事制度改革工作，杨晶、王勇同志多次召开会议听取意见和协调改革。党中央、国务院对工商行政管理和市场监管部门的重视，各地党委、政府和各部门对工商行政管理和市场监管工作的支持前所未有。

在肯定成绩的同时，必须清醒地看到，当前我们工作还存在一些差距和不足。主要表现在：市场秩序与人民群众的期盼还有较大差距；干部队伍的知识结构、业务技能、履职意识与改革发展的要求还有一定距离；市场监管执法联动和协调配合还需要进一步加强；基层基础建设还存在不少薄弱环节。这些都需要我们在今后的工作中切实加以改进。

二、深入贯彻中央决策部署，切实把握好工作总体方向

目前，我国经济发展已进入新常态，经济社会发展呈现出一些新的趋势性变化。保持经济持续健康发展有许多有利条件，也面临一些新的困难和挑战，有些是当前的短期问题，有些是今后的趋势性问题。妥善应对这些困难和挑战，需要用改革的办法、创新的思维、长远的眼光，把改革与发展、当前与长远更好地结合起来。按照党中央、国务院的决策部署，贯彻习近平总书记系列讲话精神，结合工作实际，工商行政管理工作的总体要求是：认真贯彻落实党的十八大、十八届三中、四中全会和中央经济工作会议精神，坚

持以改革统领全局，坚持把法治建设贯穿始终，坚持更好地发挥竞争政策的作用，围绕营造宽松平等的准入环境、公平竞争的市场环境、安全放心的消费环境，深化商事制度改革，加强市场监管，强化消费维权，进一步加强队伍能力建设，努力提高市场监管现代化水平，为促进经济持续健康发展和社会和谐稳定作出新的贡献。

贯彻落实这一工作总体要求，要着力把握好以下六方面原则要求：

一是坚持以改革统揽全局。推进经济体制改革，是党的十八届三中全会提出的当前和今后一个时期的重要战略任务。在社会主义市场经济体制健全完善过程中，维护市场经济秩序面临的形势和任务也在不断发展变化，我们必须坚持改革创新、与时俱进，以适应经济社会发展大局的需要。从当前看，明年是全面深化改革的关键之年，适应经济发展新常态，关键在于改革。在世界经济复苏缓慢的背景下，保持我国经济处于合理区间，需要全面深化改革，进一步激发民间投资创业的潜力，激发市场蕴藏的活力，促进大众创业、万众创新，为经济发展注入新的活力和动力。

工商行政管理和市场监管工作与我国改革开放事业同步发展，其发展的过程也是不断改革的过程。目前，商事制度改革已经取得明显阶段性成效，但市场监管领域的其他改革也要同步推进，特别是要改革市场监管体系，实行统一的市场监管；改革消费维权体制机制，逐步建立社会共治的维权新格局；改革商标审查体制机制，加快推进商标注册便利化；在工商体制调整、职能转变后，积极探索完善市场监管的体制机制，增强全系统执法的协同性、统一性等，我们面临的改革任务艰巨繁重。

深化工商行政管理和市场监管各项改革，需要用改革创新的精神做好各项工作。要强化改革意识，把自身工作放在改革发展大局中去思考、去谋划，注重改革方法，知难而进，积极作为。要做好各项改革工作的总体设计，注重总结吸取地方的实践经验，把工作做深做细。要强化统筹协调，既要把牵头负责的工作组织好、落实好，又要树立大局意识和全局观念，积极参与、配合好相关部门的工作。

二是坚持以法治建设为保障。党的十八届三中全会、四中全会对全面深化改革和全面推进依法治国进行了战略部署，三中全会对全面深化改革作出了顶层设计，落实这个顶层设计，需要从法治上提供可靠保障。改革是方向，法治是保障，两者相辅相成、紧密联系。这对于市场监管和行政执法部门具有特别重要的意义。

总体上看，我们在立法立规方面取得明显成效，在执法监管中更具有特殊重要的位置。目前，在国家242部法律、738部行政法规中，涉及工商系统执法的法律有105部、行政法规有204部。但也要看到，我国市场经济法律制度还不够健全，规范市场经济秩序的法律还不够完善。特别是在经济发展面临增速放缓的压力下，地方保护、市场分割、行政垄断一定程度存在，相关部门对行业的规制与开放市场、鼓励竞争之间也存在一些矛盾，这些都对以统一市场、规范市场秩序为目标的法治建设提出了新的挑战。

要从完善市场经济体制、规范市场秩序的需要出发，按照依法治国的要求，把法治建设贯穿于工商系统各项工作之中。要强化法治意识，提高运用法治思维和法治方式推动改革、加强监管、保护消费者合法权益的能力。要加大立法立规力度，围绕中心工作和重点任务，坚持立法先行。要加大执法力度，切实依法行政，严格执法，形成高效的法治实施机制。要加大执法行为监督力度，法定职责必须为，提高行政执法能力和水平。

三是坚持以维护公平竞争的市场秩序为目标。维护公平竞争的市场秩序，是完善社会主义市场经济体制的重要任务，也是加强市场监管、优化营商环境的重要目标。主动适应经济发展新常态，一个重要方面就是要适应市场竞争的新趋势、新特点，通过形成全国统一大市场，加快营造统一透明、有序规范的市场环境，为市场充分竞争创造良好条件。

2014年，我们在放活微观市场主体的同时，把严管作为重要任务，市场秩序总体是好的。但还存在不少问题，主要是市场秩序不规范，公开、统一、平等竞争的市场环境尚未形成。市场规则不统一，部门保护主义和地方保护主义还存在。市场竞争不充分，政府对企业、行业的管制，各类市场主体难以平等进入市场，阻碍优胜劣汰和结构调整等等。这些问题不解决好，完善的社会主义市场经济体制就难以形成。

要按照提高国家治理体系和治理能力现代化的要求，围绕促进市场公平竞争、维护市场正常秩序，不断创新监管理念，提高市场监管能力现代化水平。要提高市场监管科学化水平，努力把握市场监管规律，树立科学监管理念，构建新型监管模式。要提高市场监管法治化水平，善于运用法治思维和法治方式履行市场监管职能。要提高市场监管社会化水平，调动社会因素，推进社会共治。要提高市场监管信息化水平，运用大数据等现代信息技术，增强监管能力。

四是坚持把保护消费者合法权益放在更加突出的位置。随着我国经济社会发展水平的提高，保护消费者合法权益的重要性日益突出，不仅具有重要的经济意义，更具有重要的社会意义。

从经济发展看，在向内需战略转型的大背景下，投资对经济增长的拉动作用逐步弱化，消费逐步成为拉动经济增长的主导力量。营造安全放心的消费环境，对打造多点支撑的消费增长格局、发挥消费的基础作用至关重要。从社会进步看，通过保护消费者合法权益，保障千家万户的百姓利益，是以人为本、执政为民的体现，是促进社会和谐的重要基础。扩大消费，发展消费经济，本质上要让百姓有能力消费，这需要进行相应的收入分配体制改革。让百姓愿意消费、敢于消费，就需要良好的消费环境来保障。

作为消费维权的重要职能部门，要适应时代变化、社会进步，把保障人民根本权益作为出发点和落脚点，把保护消费者合法权益放在更加突出的位置。要强化依法保护的理念，围绕新《消法》的实施，把保护消费者权益纳入法治化轨道。要探索维权新机制，以消协换届为契机，形成政府部门、社会组织、广大群众、企业主体共同参与的消费维权新格局。要扩大消费维权效应，通过消费者的合理要求，倒逼企业生产经营模式转型，推动产业结构转型升级，形成生产、消费的良性循环。

五是坚持发挥竞争政策的重要作用。市场经济是竞争经济，竞争是推动经济发展的根本动力。竞争政策是市场经济条件下，政府规范市场秩序、改善企业发展环境、提高资源配置效率的重要政策工具。市场经济越发展，越需要竞争政策作保障。

从国际经验看，竞争政策是许多市场经济国家经济政策的重要内容，是发展市场经济的内在要求。从国内经济发展看，我国已经到了必须重视竞争政策的阶段，这是创新宏观经济政策的客观需要。过去，经济发展中的短板很清楚，产业政策只要按照“雁行理论”效仿先行国家就能形成产业比较优势。随着经济发展水平的提高，我们与发达国家的差距在缩小，需要在完善产业政策的同时，注重发挥竞争政策的重要作用，充分发挥市场机制探索未来产业发展方向的功能。

作为维护市场竞争秩序的监管部门，简政放权、放松政府对微观经济的管制、反垄断、反不正当竞争等都是发挥竞争政策作用的重要内容。今后，要适应市场经济发展的需要，进一步突出竞争政策在促进经济持续健康发展和社会和谐稳定中的作用。要做好前瞻性研究，推动我国竞争政策框架的构建。要研究如何更好地发挥竞争政策在促进企业优胜劣汰中的作用。要促进产业政策与竞争政策协同，研究建立产业、流通等政策的公平性、竞争性审查机制等。

六是坚持全国工商行政管理和市场监管工作一盘棋。市场经济越发达，维护市场秩序的任务越重要；经济全球化程度越高，维护市场秩序的任务越复杂。这对提高市场监管水平提出了更高的要求，必须把提升系统能力作为重要基础。

工商系统具有五级管理体制，拥有40多万人的执法队伍，积累了丰富的执法经验。随着政府部门职能调整、机构整合，部分省级以下部门实行了属地化管理，不少地方整合形成综合执法机构。在职能转变、机构调整的大背景下，随着我国经济发展进入新常态，维护市场经济秩序又面临许多新任务、新要求，这对做好工商和市场监管工作提出了新的课题和挑战。

在改革的大背景下，适应市场监管新形势的要求，需要进一步强化系统的凝聚力，维护法律的权威性和市场的统一性，突出工商系统市场监管和行政执法的基本职能，形成市场监管新优势。要强化统一执法，打破地区分割、行政垄断，构建全国统一大市场。要强化上下联动，总局要加强对总体工作部署的系统指导，加强地方对各项工作任务的分工落实。要强化横向协作，适应大市场、大流通的特点，形成监管、维权的跨区域协作机制。要强化队伍建设，优化知识结构，提升专业技能，提高服务企业发展、服务社会需求、服务政府决策的能力。

三、把握全局，突出重点，全面做好2015年工商行政管理工作

2015年，是全面完成“十二五”规划的收官之年，是全面深化改革的关键之年，也是全面推进依法治国的开局之年。做好2015年的工作，具有承前启后、继往开来、开拓创新的重大意义。我们要根据中央经济工作会议的部署，按照总体工作的要求，把握全局，突出重点，统筹做好2015年的各项工作。

（一）继续深化商事制度改革，营造宽松平等的准入环境

进一步深化商事制度改革，狠抓改革措施落地，不断创新、优化监管方式，为各类市场主体健康发展营造宽松便捷的环境。

1. 深化落实改革举措，推进登记注册制度便利化。要推动注册资本登记制度各项改革措施的落实，改变以注册资本数额作为行业准入条件的观念，真正放权于市场，放权于企业。要继续放松登记管制，优化登记方式，围绕工商注册制度便利化，开展企业名称登记管理改革试点，改革企业集团登记，进一步放松企业经营范围登记管制。要简化和完善企业注销流程，着力构建便捷有序的市场退出机制。试行对个体工商户、未开业企业、无债权债务企业实行简易注销程序，努力实现市场主体退出便利化。

2. 按照负面清单管理的理念，推进市场准入管理模式创新。要进一步推进“先照后证”改革，协同有关部门加快清理工商登记前置审批项目。国务院正式公布工商登记前置审批项目目录后，各级工商和市场监管部门要严格按照目录做好登记注册工作，目录外的一律不作为公司登记前置审批项目。要加快建立统一的市场准入制度，积极探索市场准入负面清单管理模式，坚持市场主体法不禁止即可为，给予市场主体更大的经营自主权。要加强对上海自贸区试行外商投资准入前国民待遇加负面清单管理模式的评估研判，推动形成各类市场主体平等进入市场的机制。

3. 多措并举打造创新服务平台，推进政府公共服务效能最大化。要加快推进企业注册全程电子化，努力实现以电子营业执照为支撑的网上申请、网上受理、网上审核、网上发照和网上公示，真正体现工商注册制度便利化的改革成果。要按照国务院的部署，探索推进工商营业执照、组织机构代码证和税务登记证“三证合一”改革，在“三证统发”的基础上，全面推开“一照三号”，积极开展“一照一号”试点，整合行政资源，优化审批流程，简化准入手续，最大限度降低社会成本和行政成本。要加快国家法人库建设，协同有关单位做好项目方案建设，继续加强同有关部门的沟通协调，明确社会统一信用代码建设方案，探索社会统一信用代码在工商登记制度改革中的有效运用。

4. 鼓励投资创业热情，积极扶持新设立小微企业发展。要认真贯彻落实《国务院关于扶持小型微型企业健康发展的意见》，深入研究小微企业创设和发展中的问题，总结推广扶持小微企业发展的经验，持续做好政策宣传解读，切实抓好政策落实。要开展小微企业跟踪分析，从地域、行业、规模、经营情况等方面多维度分析企业发展和经营情况，对小微企业发展提供政策指导。要抓紧启动小微企业名录建

设工作，推动建立相关部门联动机制，为小微企业发展创造良好环境。

（二）探索建立新型监管体系，营造公平竞争的市场环境

探索建立新型监管体系，是建立良好市场秩序的关键。要创新监管理念，转变监管方式，完善监管机制，突出监管重点，努力维护规范有序的市场竞争秩序。

1. 创新监管理念。充分发挥市场在资源配置中的决定性作用和更好发挥政府作用，牢固树立“企业自治、行业自律、社会监督、政府监管”的理念，强化企业自我管理，发挥社会组织的监督自律作用，切实加强社会监督，处理好企业、行业、社会和政府的关系，形成社会共治的局面。要充分发挥政府在市场监管中的重要作用，打击违法，保护合法，维护消费者合法权益，真正做到法无授权不可为，不缺位、不越位、不错位，严格依法监管，公正严明执法。要按照谁审批、谁监管，谁主管、谁监管的原则，推动先照后证后的事中事后监管责任的落实。

2. 依托信息公示推动建立综合执法新机制。要加强信用监管，严格落实企业信息公示、经营异常名录、严重违法企业名单等制度，强化信息公示、信息共享、信用约束，努力构建信用监管机制。要加强工商系统内部协调，改市场巡查为随机抽查和重点检查，促进宽进与严管紧密结合。要探索推进综合执法，加强执法联动，探索统一执法模式，形成协同监管合力。要深入推进行政执法与刑事司法衔接工作，规范案件移送程序、标准，努力维护市场监管的严肃性、权威性。要建立联合惩戒机制，推动部门间构建互联共享的信息平台，对企业的商业轨迹进行整理和分析，全面、客观地评估企业经营状况和信用等级。要发挥信用约束作用，在政府采购、工程招投标、国有土地出让、颁发荣誉等方面，为相关部门提供企业信用信息，实现“一处违法，处处受限”。

3. 切实加强竞争执法工作。要加大反垄断和反不正当竞争执法力度，重点查处社会反映强烈的公用企业及其他垄断性排除、限制竞争行为，继续开展重点领域不正当竞争行为集中整治，依法查处侵犯商业秘密的行为，维护良好的市场交易秩序。要积极参与竞争规则的制定，在规制行业垄断、制止地区封锁、规范政府扶持行为等方面，推动统一竞争规则的制定，完善公平竞争的政策环境。要把竞争政策引入市场监管，注重产业政策与竞争政策的协同，推动建立公平竞争审查机制和竞争政策评价机制，充分发挥竞争政策在市场经济发展中的作用。对违背市场竞争原则和侵犯消费者合法权益的市场主体，探索建立违法企业名单制度，褒扬诚信，惩戒失信，进一步规范市场秩序。

4. 依法查处扰乱市场秩序的行为。要强化网络市场监管，全力推进网络市场规范化建设，加强网络市场监管顶层设计，完善规制体系，严厉打击网络销售假冒伪劣商品等违法行为，深入开展2015年红盾网剑专项行动，依法查处非法主体网站，强化合同监管，加大对重要行业领域“霸王条款”的整治力度。要继续深入开展打击侵犯知识产权和制售假冒伪劣商品工作，加大商标专用权保护力度，以高知名度商标、地理标志、涉外商标为重点，加大商标案件查处力度。继续推进商标审查体制改革，逐步扩大网上申请范围，推进商标评审公开化，提高商标审查和评审效率，推进商标注册便利化。深入推进商标战略，引导企业树立商标意识和品牌价值理念，大力推进品牌经济发展。要继续实施广告战略，宣传和落实好新修订的《广告法》，强化广告监管，以传统媒体为重点，开展重点领域虚假违法广告专项整治行动。进一步加大部门间联合执法力度，建立地区和媒体广告信用发布制度。加强互联网广告监管。继续指导广告业发展。要严厉打击传销规范直销，以开展“无传销城市”创建工作为抓手，推动打击传销工作深入开展。完善网络传销监测查处机制，研究加强预防管控相关措施。加强对直销违法违规行为新动向的分析研究，强化监管，规范直销企业行为。要探索建立与新的商事制度相适应的查处无照经营新机制，继续依法开展各项经济检查工作。

（三）构建协同共治消费维权新机制，营造安全放心的消费环境

消费维权既是扩大消费的重要保障，也是保障和改善民生的必然要求。要全面贯彻落实新《消法》，创新消费维权体制机制，把消费维权工作推上新台阶。

1. 加大行政执法力度，切实改善消费环境。要将监管执法和查办案件贯穿于消费维权工作始终，强化流通领域商品质量监管和服务领域消费维权，依法开展流通领域商品质量抽查检验，加强商品质量安全风险评估和风险警示，责令经营者对不合格商品依法退市。要强化有关服务领域监管执法，继续开展家用电子电器、服装鞋帽、装饰装修材料、交通工具和有关服务领域执法行动，开展农村商品质量和儿童用品质量专项整治。要严厉查处消费侵权案件。加强对12315诉求筛查，排查重大案件违法线索，推进“诉转案”工作。综合运用工商职能，严厉查处质量违法、假冒商标、虚假宣传、合同欺诈等侵害消费者权益案件，切实规范消费市场秩序。

2. 充分发挥消费者组织的作用，推动建立消费维权社会共治新机制。新《消法》赋予了消费者协会8项公益性职责，要结合新《消法》的实施和消协换届工作，强化综合服务能力，充分发挥政府部门、行业组织、研究机构、专家学者、新闻媒体以及其他维权组织的作用，主动搭建消费维权社会平台，努力建立企业自律、消费者参与、社会监督、政府监管的消费维权社会共治新机制。要加快资源整合，进一步完善12315工作体系，完善互联网、短消息、移动互联通讯受理功能，加快全国12315互联网平台建设，加大“一会两站”建设特别是12315“五进”工作力度，创新消费维权机制，积极促进消费维权便利化、一体化、效能化，提升消费纠纷调处能力。

3. 强化消费维权数据分析利用，提升服务决策水平。要高度重视消费维权数据资源挖掘，加大消费维权信息归集和整合力度，充分发挥12315数据信息的资源优势，完善12315数据标准和知识库，加强消费维权经济分析专家队伍建设。加强消费者诉求、商品质量抽检和消费市场状况分析，深入研究消费维权数据变化与国家宏观经济形势、市场秩序状况、消费维权状况的内在联系，逐步完善数据分析模型和12315消费维权指数系统，研究建立重点领域、重点指标的监测、风险评估和预警防范、应急处置体系。

4. 完善消费维权法律制度，加强消费宣传和教育引导。全面梳理消费者权益保护法律法规和规范性文件，贯彻执行《侵害消费者行为处罚办法》，研究制定《流通领域商品质量监管办法》和电子商务企业落实新《消法》指导意见，参与国家商品质量强制性标准制定，为消费维权工作夯实制度基础。配合全国人大开展新《消法》实施一周年执法检查，推动新《消法》深入实施。积极开展宣传活动，加强消费引导，宣传相关法律知识、消费知识，及时发布消费提示、消费警示，倡导适度消费、绿色消费、健康消费的理念。

（四）着力提升“四种能力”，为做好工商行政管理工作提供保障

面对新形势和新任务，要以能力建设为核心，创新队伍建设的观念、体制和方式方法，努力建设高素质的工商和市场监管干部队伍。

1. 提升依法行政能力。要认真贯彻落实党的十八届四中全会精神，牢固树立依法行政意识，全面推进工商和市场监管法治建设。要加强立法立规，积极推动《反不正当竞争法》、《无照经营查处取缔办法》等法律法规的修订工作。积极推动地方立法，加快完善与改革相适应的市场监管法律体系。要依法履行职责，坚持法定职责必须为、法无授权不可为，建立执法全过程记录制度，建立重大决策合法性审查机制和重大决策终身责任追究制度，坚决纠正不作为、乱作为和失职、渎职行为。要强化执法监督，全面落实行政执法责任制，探索建立行政机关内部人员过问案件的记录制度和责任追究制度，建立区域性、系统性风险等重大案件监督函告制度，进一步做好行政复议和行政应诉工作，加大执法监督力度，加强对行政权力的制约和监督，进一步规范执法行为。要深入开展法

治宣传教育，按照“谁执法谁普法”的要求，面向全系统和全社会开展法律法规宣传教育，坚持领导干部带头学法用法，强化基层干部法治培训，推动工商系统法治化建设，努力形成良好的法治氛围。

2. **提升信息化应用能力。**要树立信息化思维和大数据理念，把运用好信息、网络、大数据技术和资源，作为履行好职责、创新监管方式的重要途径。数据资源作为一种新资源，越挖掘利用、资源越丰富，数据分析利用的意义和作用就越大。要加强信息化顶层设计，确保规划建设的统一性、完整性、系统性，在全国范围内统一标准规范，在省级范围内统一建设模式、统一经费保障。要加强商事制度改革信息化建设，进一步健全企业信用信息公示系统，完善企业年度报告公示、经营异常名录、严重违法企业名单、企业公示信息抽查等系统功能。加快电子营业执照系统建设，推进全程电子化管理。要运用大数据加强市场监管和服务，以市场主体信息为基础，建设工商行政管理大数据资源体系。要深度挖掘工商信息资源，加强数据的分析应用，注重发挥工商信息及时、准确、全面的优势，研究建立工商数据综合分析服务体系，更好地服务经济社会发展。要夯实信息保障基础，为深化改革提供安全可靠的信息化支撑。

3. **提升综合研判能力。**综合研判是重要的基础工作。总局、省级工商和市场监管部门要加强政策研究和形势分析，加强前瞻性、全局性、战略性问题的研究，加强理论学习，培养战略思维，善于站在更高的层次和更广的纬度上思考研究问题，切实增强对大局的把握，自觉把工作放到国家经济社会发展全局中去思考去谋划。省以下工商和市场监管部门要以问题为导向，了解把握政策法规执行中面临的难点和问题，了解大局，掌握实情，创造性开展工作，不断总结解决问题的经验，及时向地方党委、政府和上级主管部门反馈和报告，并提出改进工作的意见和建议。全系统要高度重视宣传工作，加强新闻发布和舆情应对处置，及时回应社会关切，向社会宣传工作成效，为全面做好工作营造良好舆论氛围。

4. **提升队伍工作能力。**要加强各级领导班子建设，加强理论武装，坚定“三个自信”。要加强干部教育培训，充分发挥总局行政学院和各级党校、培训机构的作用，围绕提升干部的业务素质，改进培训方式，拓宽培训渠道，提高教育培训的针对性、实效性。围绕国家整体外交战略，进一步加强国际交流合作能力建设。要加强作风建设，巩固和拓展群众路线教育实践活动成果，深入贯彻中央八项规定精神，持续深化“四风”整治，推进作风进一步好转。要加强党风廉政建设。认真落实党风廉政建设主体责任，严明党的政治纪律、政治规矩、组织纪律、财经纪律，加强巡视巡察工作，强化对各级领导干部的监督，坚持有腐必惩，严肃查办违纪违法案件，进一步推进政务公开，确保队伍清正廉洁。牢固树立全系统“一盘棋”思想，实行统一市场监管，建立统一的信息化系统，建立统一的12315维权体系，实行统一的业务培训，增强系统意识，提高系统的凝聚力、执行力和战斗力。要更加关心和重视基层建设，在教育培训、信息化建设、设备更新等方面向基层倾斜，努力为基层创造良好工作条件，不断提高全系统依法履职能力和水平。

最后，我再强调一下非公党建工作。2014年8月，中央编办正式批复在工商总局设立“非公有制经济组织党建工作办公室”，明确赋予工商部门指导个体工商户、小微企业和专业市场党建工作职能。各地要以此为契机，进一步完善工作机制，不断扩大非公经济领域党的组织覆盖和工作覆盖，扎实推进工商系统非公党建工作再上新台阶。

同志们，全面做好明年的工作使命光荣、责任重大。我们要在以习近平同志为总书记的党中央坚强领导下，认真贯彻落实党的十八届三中、四中全会和中央经济工作会议精神，全面深化改革，加强法治建设，奋发有为，真抓实干，努力完成明年的各项工作任务，为推动经济社会持续健康发展作出新的更大的贡献！

在全国工商系统广告工作会议上的讲话

（2014 年 4 月 17 日）

国家工商行政管理总局副局长　甘　霖

同志们：

这次全国工商系统广告工作会议的主要任务是，深入学习贯彻党的十八大、十八届三中全会和习近平总书记系列讲话精神，落实全国工商行政管理工作会议部署，总结经验，表彰先进，部署任务，推动实施广告战略工作不断深入。

这次会议在福建省泉州市召开，得到了福建省和泉州市的高度重视与大力支持，陈绍军副主席、陈荣洲副市长亲临会议，中宣部、国务院新闻办、国家新闻出版广电总局、国家食药总局、国家中医药管理局等部际联席会议成员单位相关负责同志，广告产业园区专家评估组部分专家也应邀到会。我谨代表国家工商总局表示衷心的感谢！也向为此次会议付出辛勤劳动、提供周到服务的福建省和泉州市工商局的同志们，以及新闻界的朋友表示衷心的感谢！

近年来，福建省全面实施“三规划两方案”，海峡西岸经济区建设在全局中的重要作用进一步显现。福建省工商系统在省委、省政府的正确领导下，扎实工作，锐意进取，深入实施广告战略工作取得好成绩。泉州市工商局积极推动广告产业园区建设，创造了好经验。这次会议秉承南京、杭州会议的做法，将通过现场观摩、评估点评、交流互动和研讨学习等，进一步推动深入实施广告战略再上新台阶。

下面，我讲三点意见。

一、围绕中心，服务大局，2013 年实施广告战略取得新成绩

2013 年以来，各级工商机关按照杭州会议的部署，深入推进广告战略实施，坚持加强广告监管和指导广告业发展齐抓并举，各项工作取得了新的进展。

（一）狠抓整治，广告监管取得新成效

一是扎实开展专项整治。回应人民群众的强烈关切，总局牵头部级联席会议成员单位，开展了为期三个月的整治虚假违法医药广告专项行动。各级工商机关在专项行动中监测检查医药广告 1006 万条，曝光违法医药广告 6130 条，叫停 13 万多条，查处违法案件 6902 件，罚没款 6227 万元，停止 213 户违法主体的广告业务，整治效果为历年最好。王勇国务委员对总局呈报的专项整治工作情况报告作了专门批示，给予了充分肯定。目前，省级电视台、报纸违法医药广告已大幅减少，省级广播以及部分地市广播无医药广告的“绿色频率”数量逐步增多，各地医药广告违法率大幅下降。

二是保持监管高压态势。总局连续下发了《2013 年虚假违法广告专项整治工作要点》、《关于立即查处“老苗汤”广告的通知》、《关于立即停止发布“祖灵芝清斑霜”等广告的通知》等一系列文件，组织部署各地工商行政管理机关对大案要案露头就打，全力查办，起到了很好的震慑作用。2013 年各地工商机关共查处虚假违法广告案件 4.4 万件，罚没款达 3.2 亿元。

三是强化日常监测监管。总局坚持每月对 72 家电视台、广播电台和报纸进行一次广告抽查监测，抽查广告 7 万余条，全年监测广告近 100 万条次，发布违法广告公告 14 期，曝光典型违法广告 177 条。各地逐步建立和完善广告监测体系，进一步扩大广告监管的覆盖面，全年全系统共监测广告 6500 余万条，日

常监管力度进一步加大。

四是加强新媒体广告监管。积极应对互联网等新媒体广告迅猛发展的新形势，加强网络广告监测巡查，加大网络非法涉性广告清理整治力度。2013 年各地查办网络广告案件 4034 件，罚没款 3827 万元，查办数量和处罚金额均比 2012 年大幅增加。上海市 2013 年互联网广告案件查办数量占全市广告案件查办数量的一半以上，展现了网上工商开展广告监管执法的新作为。

（二）多措并举，指导广告业发展取得新成绩

一是争取广告业发展政策取得突破。总局通过努力争取、反复沟通，终于促成在 2014 年 2 月 28 日出台的《国务院关于推进文化创意和设计服务与相关产业融合发展的若干意见》（国发〔2014〕10 号，以下简称 10 号文件）中明确“广告领域文化事业建设费征收范围严格限定在广告媒介单位和户外广告经营单位”。 多年来广告企业反映强烈的征收 3% 文化建设事业费终于取消。10 号文件还明确将清理其他不合理收费，推动落实文化创意和设计服务企业用水、用电、用气、用热与工业同价。2014 年 3 月 10 日出台的《国务院关于加快发展对外文化贸易的意见》（国发〔2014〕13 号）制定了推动包括广告企业在内的文化企业走出去的许多具体政策。《广告法（修订草案）（征求意见稿）》增加了国家鼓励支持广告业发展的条款，这些对广告业发展都十分利好。

二是广告业发展合作机制进一步落实。随着广告战略的深入实施，各级地方党委和政府进一步重视广告工作，切实加大扶持力度。2013 年，总局与海南、陕西、四川 3 省签署了共同推动广告业发展的战略合作协议，目前已签约的大部分省市都建立了实施广告战略合作协调机制，形成了推动广告业发展的合力。

三是广告产业园区建设加快推进。2013 年新增中央财政支持试点园区 9 个，全国试点园区总数达 29 个，分布在 25 个省（区、市）及计划单列市。财政部分两批向地方下拨了中央财政支持补助资金 10.8 亿元。园区的第三方评估结果表明，29 个园区 80% 基本建成，50% 开始运营；园区建成总面积 832.8 万平方米，投入使用面积 460.6 万平方米，入驻企业 4452 家，年广告经营额 550 亿元，园区的聚集、带动和辐射作用日渐显现，特色日渐明显， 园区之间、企业之间的交流合作也日渐紧密。

四是公益广告持续健康发展。总局继续会同中央文明办等部门组织开展“讲文明树新风”公益广告活动；积极参与了中央纪委廉政文化公益广告相关工作；总局牵头制定的《公益广告促进和管理暂行办法》部门联合规章已完成初稿，将在进一步修改完善后推动出台；《广告法（修订草案）（征求意见稿）》增加了促进公益广告的条款。“中国梦”和社会主义核心价值观等公益宣传已深入人心，受到人民群众喜爱和欢迎。

（三）强化保障，广告基础工作得到新加强

一是《广告法》修订取得重要进展。经过多次召开不同层面的座谈会，与相关部门多个回合的认真研讨以及多轮修改，目前，《广告法（修订草案）（征求意见稿）》已完成网上公开征求意见工作，国务院法制办将在进一步修改完善后报送全国人大常委会，年内有望出台。

二是广告行政审批与管理进一步规范。外商投资广告企业准入许可等广告行政审批项目正在改革调整中；规范广告经营主体行为的相关政策措施研究已经启动；《互联网广告管理办法》起草工作基本完成。

三是广告信息化建设有序推进。总局以建设广告数据中心为核心，利用互联网初步建立了“广告监测执法”、“广告信用指数”、“广告业发展”、“广告信息发布”四大平台。目前，监测执法数据系统已通过初步测试，其他三大系统也已完成基础工作。数据中心的建成将有力推动广告工作信息化全面提升。此外，广告统计试点进展顺利，已经上线测试；国家互联网广告监测中心在浙江省局的努力下也开始试运行。

在总结成绩的同时，我们必须清醒地看到当前工作中存在的问题和差距。总的来说，广告监管还没有形成解决深层次问题的系统办法，虚假违法广告禁而不止，治而不绝，消费者和人民群众的利益仍难以得到有效维护；一些地方监管的力度和手段还有待加强与完善；对大数据时代广告监管面临的新问题新挑战研究不深，有效应对的办法不多；广告行业整体素质亟待提升，调整产业结构和增强发展后劲仍需宏观政策的进一步支持与引导；一些广告产业园区建设的功能、特色定位不够明确，差异化发展、互补性发展不够；广告龙头企业的培育乏力，"走出去"步伐比较缓慢，广告发展理论研究还有待进一步加强等等，有待我们在今后的工作中不断努力。

二、深化认识，统一思想，积极适应实施广告战略新要求

2014 年是十八届三中全会之后全面深化改革的第一年，也是工商系统改革力度最大的一年。全国工商行政管理工作会议明确了以深化改革统领全局，充分履行市场监管基本职责，着力营造"三个环境"的目标任务，对实施广告战略提出了新要求。大家要进一步深化认识，统一思想，积极适应新形势新变化，树立全局观念，增强服务意识、机遇意识和责任意识，正确履职，主动作为。当前尤其要弘扬以下三种精神：

一是弘扬敢于碰硬的精神，积极适应改革市场监管体系的新部署。十八届三中全会强调改革市场监管体系，实行统一的市场监管，新形势下的工商行政管理工作面临着全新的压力和挑战。广告监管是市场监管必不可少的前端环节，我们必须从全面深化改革的总要求出发，努力营造文明诚信的广告市场环境，围绕人民群众关切的热点焦点难点，切实加大监管力度，提高广告监管效能和科学化水平。要勇于担当，敢于碰硬，对虚假违法广告"零容忍"，绝不姑息；对大案要案一查到底，处罚到位，以儆效尤；对监管新领域新情况新问题，要善于面对，不畏难，不守旧，积极破解。

二是弘扬开拓创新的精神，积极适应转变政府职能的新变革。十八届三中全会强调必须切实转变政府职能，深化行政体制改革，创新行政管理方式，建设法治政府和服务型政府。这就要求我们进一步开拓创新，打好转变职能、转变作风的组合拳，如抓紧研究和理顺工商注册制度改革和体制变化后实现广告监管有效治理的系统办法和措施，切实提高监管公信力和执行力。如进一步推进广告行政审批改革，释放广告市场活力，保障公平竞争；如加快促进市场在广告业发展中发挥决定性作用，推动支持广告业发展的政策落地，加强公共服务，优化发展环境，实现广告业经济效益和社会效益的统一与双赢等等。总之，无论怎么改、怎样变，作为工商核心职能的广告职能只能加强，不能削弱。

三是弘扬与时俱进的精神，积极适应新技术突飞猛进的新格局。在日新月异的信息化时代，广告的基本形态、表现方式、传播途径、营销模式等都在发生深刻变化。传统媒体广告收入普遍下降，正在经受存续发展的考验；以精准投放广告、微信广告、易信广告等为代表的互联网广告则发展迅猛，正越来越为现代人群接受和青睐。我们唯有进一步弘扬与时俱进的精神，加快适应时代变化新格局，才能在工作中赢得主动，有所作为。今天下午以新技术为支撑的广告数据中心将进行演示，详细介绍中心几大平台建构和功能作用，下一步总局还将举办相关培训班，希望大家以学习、运用数据中心为新的开始，着力改革改进广告监管和指导广告业发展的工作方法和工作模式，切实提升工作效能，创造新的工作实绩。

三、凝心聚力，改革创新，全力打造实施广告战略升级版

（一）创新治理，推进广告监管转型提效

由于广告的"功利性"和广告活动影响的广泛性、形式手段多样性、利益关联性，加快推进广告监管转型，创新工商广告监管治理模式与手段，强化监管主体执行力，提高监管效能已成为摆在我们面前的紧迫

任务。当前，要加快实现以下四个提升：

一是依托大数据，提升广告监管现代化水平。实现广告监管现代化的核心要义在于不断促进广告监管工作的制度化、规范化、程序化。目前，总局全力打造的广告数据中心的广告监管平台将依托大数据，实现对全国省、市、县各类媒体广告全覆盖的监测，不仅能即时发布各类违法广告线索，建立证据提供、案件交办、立案查处、结果反馈一体化的监管执法指挥系统，还能及时掌握违法广告发布动态，建立违法广告预警和快速处置机制。广告监管平台的运行将全面提高广告日常监管的针对性、主动性、时效性，切实提升违法广告处置效应，从而扭转长期存在的违法广告屡禁不止、重复发布的状况。

二是深化专项整治，提升联席会议制度作用。近年来，总局牵头部际联席会议成员单位持续开展虚假违法广告整治，取得了积极成效，但一些重点类别的虚假违法广告还有待进一步加大整治力度，尤其是互联网重点领域虚假违法广告未得到有效遏制，严重误导广大消费者，侵害了人民群众正当权益。2014年专项整治的重点是互联网重点领域广告，八部门的全国电视电话会议刚刚开过，对开展专项工作进行了动员部署。各地工商部门要立即行动，牵头制定落实方案，务求实效，以这次专项整治为契机，探索实践网络广告监管执法新途径新方法，积极破解网络广告监管难题，树立网上工商广告监管执法权威。

要进一步发挥好联席会议制度的作用，工商机关要切实牵好头，不断丰富联席会议内容，创新工作载体，搭建工作平台，建立常态化工作机制，充分发挥各部门职能优势，明确执法联动工作程序，增强监管合力，以更加主动的姿态和作为赢得更有力的配合和支持。

三是强化严管措施，提升广告执法办案能力。当前，虚假违法广告在一定程度上仍比较泛滥，既有广告经营管理体制深层次根源，也有我们监管不到位，执法办案能力不够的问题。从总局督办的系列虚假违法广告案件的情况看，一些地方在案件调查上浅尝辄止，或没有厘清广告主、广告代理公司的情况；或证据材料收集不全；或对案件定性简单化；或遗漏处罚主体，对涉案异地广告主、广告代理公司没有移送或者简单移送案件线索等等。对此，我们务必要高度重视，努力改进。要进一步强化严管措施，细化具体办法，不断总结办案经验，提高办案能力。据了解，目前一些地方广告案件交由经检执法大队办理，今天必须强调，凡总局交办的案件，省（市、区）局广告处必须参与，而且要承担协调督办的职责。随着广告数据中心的启动应用，2014年总局给各地提供的案件线索会大幅增加，大家要有充分的思想准备，变压力为动力，扎实做好工作。总局也将加大案件指导督办力度，协调跨地区的典型严重虚假违法广告案件的查办，统一执法办案标准和尺度，以违法必究、执法必严的实际行动，促使广告市场主体真正敬畏法律，不敢以身试法。

四是推动绩效考核，提升全系统广告监管效能。为促进各地工作，总局将探索建立广告监管工作考评制度，定期通报各地区违法广告情况和查处情况，对日常监管情况、执法办案数量及质量、处理投诉举报等工作进行综合评价，鼓励先进，推动落后地区提高监管执法水平，同时加强行政执法监督检查，落实属地广告监管职责，对监管不力、推诿不办、压案不查以及行政处罚畸轻、执法不到位等单位，进行约谈告诫、通报。积极探索广告信用监管制度，建立媒体信用评价体系，定期发布地区和媒体的广告信用。

（二）乘势而上，推动广告业发展提质升级

4月11日上午，李克强总理在海口视察工商工作时，关切地问道，广告产业园什么时候成立的？发展怎样？指出园区提供专业化公共服务是很关键的，广告和文化创意这几年起步很快，接下来将会迎来一个快速增长期，一定要抓住机会，做得更好，强调广告创意一定要客观、真实、守信，赢得社会公众的信任。各级工商机关要按照李克强总理的指示要求，紧紧抓住广告业提质升级的战略机遇期，乘势而上，进一步借力、出力和发力，突出抓好四个提升：

一是提升宏观指导能力。要抓住广告业统计试点工作这一契机，进一步摸清广告市场底数，掌握当地广告业发展的现状与特点，加强宏观分析与市场研究，认真谋划好本地广告业长远发展规划；进一步转变职能，以市场为导向，为广告业发展营造良好社会环境、政策环境、发展环境，提供更加优质的公共服务；进一步研究国家对现代服务业、文化产业支持政策，细化广告业对接、落实相关政策的具体措施与途径，有针对性地制定推进广告产业结构调整和产业升级的促进办法；推动与总局签订战略合作协议的13个省市善做善成，落实好协议各项内容。

二是提升广告产业园区带动和辐射功效。广告产业园区建设从启动到现在，历时两年有余，总的来说，已形成梯次发展、亮点呈现、比争上游的局面。今年初，广告园区发展的第三方评估机制已经建立，3月底完成了评估工作。根据评估结果，总局新认定了海西、成都、武汉、无锡4个国家广告产业园区，新增了横琴、温州、芜湖3个国家试点园区。下一步，总局将继续推动广告产业园区建设和运营的规范化、科学化，并着力引导园区提升发展质量，进一步发挥带动和辐射功能。各地要以评估为契机，充分吸收评估意见，扬长补短，努力提高园区建设和运营管理水平。个别主业不突出，定位模糊，管理运营机制不科学不完善的园区，要抓紧整改；评估靠前的园区要总结好的做法，分享成功经验，在探索广告战略与商标战略联动新机制等方面创造新的成绩。园区发展还要特别注意释放正能量，杜绝虚假违法广告。

三是提升广告企业核心竞争力。广告企业是推动广告业发展的核心力量。提升广告企业核心竞争力是促进广告行业提质升级的关键所在。2013年，我国广告企业达到44.5万家，广告从业人员262.2万，广告经营额5019.7亿元，分别同比增长17.9%、20.4%和6.8%。这一数据说明了我国广告业的快速发展，但与2012年相比，广告经营企业、从业人员和广告经营额的增速分别下降了9.5、10.1和43.5个百分点。增速下降一方面有基数扩大等原因，一方面也说明广告企业的发展质量与效益还不尽如人意。为此，总局今年将落实建立重点联系广告企业制度，建立政府主管部门与广告企业直接联系的制度化渠道，及时了解掌握广告业发展最新动态，挖掘推广优秀广告企业发展经验，加强宏观研究，为行业发展提供更有针对性的服务。各级工商机关要更加紧密联系广告企业，深入开展调查研究，切实加强分类指导，帮助企业解决实际问题，增强内生动力和可持续发展能力。要鼓励广告龙头企业积极创新，做大做强，同时注重激发中小广告企业创新活力，助推小微企业发展；积极搭建官、产、学、研、金合作平台，引领企业以“更专、更精、更高”为目标，不断提升创意水平、制作水平、营销水平。

四是提升广告业对经济社会发展贡献度。广告业作为我国现代服务业和文化产业的重要组成部分，在国民经济和社会发展中有着不容忽视的作用和影响。近年来中国广告业的迅速发展，也越来越引起世界的关注。还有22天，第43届世界广告大会将在北京举行，这既是广告界的盛会，也是中国广告业飞跃发展的实证。我们期望此次大会成为提升我国广告行业贡献度的助推器。广告业只有不断提升自身对经济社会发展的贡献度，才能不断赢得更多更广的认同与支持，获取更大更深的发展空间，步入快速健康发展的良性循环轨道。各级工商机关要借世界广告大会的召开进一步宣传广告在拉动消费，塑造品牌，传播文明，弘扬文化中的独特作用，提升全社会对广告业重要性的认识；要加强与广告企业的对接，近距离为企业提供政策指导和服务，积极拓展和丰富广告服务经济社会发展的维度；要认真研究和构建广告业创新发展机制、融合发展机制、开放发展机制，推动广告业资源和价值链整合，提升行业影响力；进一步推动公益广告健康发展和规范化运作，理顺工作机制，建立公益广告可持续发展的监督保障机制。

（三）抓住关键，促进广告工作固本强基

一是进一步推进广告法制建设。法制建设对工商行政管理工作来讲是重中之重，是工商部门的生

命线。当前，《广告法》修订有望于2014年6月提交全国人大常委会进行第一次审议，力争尽快推动出台。新修订的《广告法》将立足我国广告业发展实际，针对广告领域出现的新情况、新问题，着重解决广大人民群众关注的虚假违法广告治理问题，加大对虚假违法广告的惩治力度；充实和细化重点商品、服务广告内容准则和广告活动规范，修订或新增食品、药品、医疗、教育培训、招商投资等类型广告的准则；完善广告经营者、广告发布者经营行为规范；明确广告荐证者的法律义务和责任；同时强化工商机关及有关部门对广告市场监管的职责职权，明确以工商机关为主、各部门分工配合的管理体制；并对促进广告业健康持续发展，提升广告特别是公益广告在引导社会良好风尚中的积极作用作出了明确规定。各级工商机关要以新法的修订出台为契机，早作准备，积极宣传，推动广告监管和广告业发展工作迈出新步伐。

此外，要加快推进《互联网广告管理办法》的制定工作，抓紧修订《广告经营许可证管理办法》和《广告经营资格检查办法》，进一步清理规范性文件，制定规范短信广告等新形式广告的管理办法，推动我国广告法律体系进一步丰富和完善。

二是进一步推进广告理论建设。理论来自实践，同时又是指导实践的重要武器。要在及时总结、归纳和提升中国广告业发展实践经验的基础上，逐步建立完善具有中国特色的广告理论体系；加大广告业与拉动消费、促进经济增长的关系研究；密切关注注册登记制度改革后广告业的内生聚变，掌握跟进广告企业数量、从业人员和经济规模等实时动态，研究宽进严管新形势下加强广告监管与促进行业发展相结合的科学路径。当前，尤其要重视互联网广告监管与发展的研究。2013年，我国网络广告市场规模达到1100亿元，同比增长46.1%，网络广告违法率与群众投诉举报也随之增多，迫切要求我们深入思考与潜心研究在引导互联网广告健康有序发展的同时，进一步净化互联网广告市场，传递和弘扬网络正能量。

三是进一步推进广告人才建设。广告业的可持续发展，必须依靠广告人才建设的强力推进。各级工商机关要高瞻远瞩，紧扣职能，在培育一支高素质的广告人才队伍方面动脑筋、下功夫、拓渠道。要积极营造有利于广告创新型人才健康成长、脱颖而出的制度环境，鼓励普通本科高校和科研院所加强广告专业（学科）建设，促进广告业职业教育。要扶持和鼓励广告产业园区、龙头企业与普通本科高校、职业院校及科研机构共同建立人才培养基地，加快培养高层次、复合型广告人才，造就一批广告领军人物。要加强广告创业孵化，加大对广告创意和设计人才创业创新的扶持力度。要规范和鼓励举办国际化、专业化的广告创意和设计竞赛活动，推出一批有影响、具备“国际范”的广告创意和设计人才。要进一步完善广告专业技术人员职业水平评价制度，继续组织开展好助理广告师、广告师考试工作。总局将持之以恒地开展教育培训工作，各级工商机关要采取专题研讨、集中培训、脱产学习等多种形式，加强对广告理论和相关法律法规及业务知识的学习，努力培养具有宏观意识和战略思维的业务型、专家型工商广告干部。

同志们，2014年是实施广告战略的第三年，工商广告条线的大事、要事空前集中，任务繁重。让我们紧密团结在以习近平同志为总书记的党中央周围，把深入开展党的群众路线教育实践活动和推进广告战略实施紧密结合起来，进一步振奋精神，转变作风，求实创新，以富有成效的工作谱写工商广告事业的新篇章！

自律监管齐努力　共建广告市场良好秩序
——在 2014 亚太经合组织广告行为规范峰会暨自律能力建设研讨会上的致辞

（2014 年 8 月 8 日）

国家工商行政管理总局广告监督管理司司长　张国华

尊敬的各位来宾，女士们、先生们：

大家上午好！很高兴应邀参加 2014 年亚太经合组织广告行为规范峰会暨自律能力建设研讨会。在此，我谨代表国家工商总局广告监督管理司对本次峰会的召开表示热烈的祝贺，向所有致力于广告自律工作的国内外同仁表示敬意，向所有关心、支持中国广告事业发展的各界朋友表示感谢，并预祝本次峰会圆满成功！

广告是推销商品和服务的重要手段，是塑造品牌影响力的有效途径，是引导消费、扩大内需、拉动增长的重要力量，同时也是传播文化、体现社会文明的重要载体。近年来，国家工商总局广告监督管理司积极履行广告监管和指导广告业发展的职责，研究采取一系列符合中国实际情况并且具有针对性和指导性的政策措施，推动中国广告业取得长足发展。改革开放 30 多年来，广告市场发展迅猛，中国广告市场规模已跃居世界第二。与此同时，我们积极借鉴国际先进经验和做法，充分利用现代技术手段，加强广告日常监测检查，依法查处虚假违法广告，切实维护广大消费者合法权益，推动中国广告市场秩序不断规范，持续向好。下一步，我们将贯彻落实国务院“宽进严管”要求，进一步推进广告行政审批制度改革，推动《广告法》修订工作，筹建和完善以大数据技术为支撑的国家广告监测中心，着力构建全覆盖的广告监测网络和广告执法办案统一平台，推动建立广告信用监管体系和广告业发展各项指数实时分析平台，全面提升广告监管和指导广告业发展的水平。

如大家所知，在广告市场中，广告主与广告经营者、广告发布者、广告荐证者一起，共同构成了完整的广告信息传播活动。广告主作为广告活动的发起者、广告经费的承担者、广告策划的决定者，在规范广告市场秩序，促进广告业健康发展中，扮演着重要角色。广告主的行为规范很大程度上决定着广告自律程度，广告自律又深刻地影响着广告信用和广告市场秩序。广告自律意识越强，广告行为就越规范，市场秩序也就越好；广告自律水平越高，虚假违法广告就会越少，消费者的合法权益就越有保障；广告自律程度越高，说明我们企业的诚信度越高，社会责任意识越强，也折射我们社会的文明程度越高。从这个意义上讲，广告主的自律意识、行为规范，不仅关系到建立公平竞争的市场秩序，关系到消费者合法权益的维护，而且也关乎社会诚信体系的建设与推进，关乎国家文化软实力和国家形象的塑造与发展。

中国广告主协会自 2005 年成立以来，积极发挥政府和企业间的桥梁纽带作用，认真履行“维权、自律、服务”基本职能，在反映广告主诉求、加强行业自律、开展国际交流、参与法律法规制定等方面做了大量富有成效的工作，得到了政府主管部门和广大企业的认可。尤其是近年来，中国广告主协会致力于加强行业自律，倡导反对不正当竞争，推动建立广告主、广告经营者、广告发布者三方合作制约机制，对虚假违法广告起到了一定的遏制作用，在净化广告市场，规范广告秩序，维护消费者合法权益和促进中国广告产业的健康发展等方面作出了积极贡献。

然而毋庸讳言的是，当前，我国虚假违法广告仍然一定程度上存在个别地方广告违法率居高不下，利用广告开展不正当竞争的现象时有发生，广告市场秩序与人民群众的美好期待、与完善的市场经济秩序要求还有差距。尤其是医疗、药品、保健食品、化妆品等与人民群众切身利益息息相关的重点领域广告，形势不容乐观。究其原因，固然有法律法规不完善、监管不到位的因素，但也与企业自律意识不强、社会责任意识不够、受利益驱动心存侥幸等有关。因此，不断规范广告行为，切实加强广告自律正是当前和今后一段时期的紧迫任务所在。

研究和比较世界上广告监管工作的先进经验，不难看出，广告业比较发达的国家和地区都有一套完备且具有较高权威的行业自律准则和运行机制，而这正是广告自律工作起步较晚、基础较弱的中国需要学习和借鉴的。无论是构建专门的自律执行机构，制定完善自律规则，还是推动广告自律成为普遍的基本共识，在全社会营造浓厚的广告自律传统和自律氛围，我们既有巨大空间可为，又还面临繁重的任务。今明两天，参加本次峰会的各位代表将共同探讨广告自律工作的现状和发展趋势，面对面地交流和借鉴新经验、新做法、新理论、新实践，这对我们来说，是一次难得的学习机会。更令人鼓舞的是，我们还将共同参与并见证《2014APEC广告行为规范峰会—北京共识》的诞生。《北京共识》作为本次会议的重要成果性文件，它的出台必将对亚太地区广告行为规范、广告市场秩序产生深远的影响，必将极大地推动包括中国在内的亚太地区广告自律工作，必将极大地促进中国及亚太地区广告服务贸易和广告产业的发展。

我们相信，中国广告主协会和各界代表一定能够以本次峰会为契机，通过充分的交流探讨取得广泛共识，进而推动广告自律取得深入进展，进一步强化全社会广告自律意识，维护更好的广告市场秩序。希望大家携起手来，共同营造诚实、守信、合法的广告市场环境，为促进亚太地区经济增长作出新的、更大的贡献！

谢谢大家！

开拓创新 增强服务能力 不断开创协会工作新局面

（2014 年 8 月 18 日）

中国广告协会副会长兼秘书长 燕 军

同志们：

现在根据会议安排，我代表中广协向大家报告2013年以来的主要工作和下一阶段重点工作安排。

2013 年以来的主要工作

2013年以来，在工商总局党组的领导下，中国广告协会认真贯彻落实总局的总体工作安排，深入开展党的群众路线教育实践活动，充分发挥"提供服务、反映诉求、规范行为"的基本职能作用，优化服务理念，创新自律机制，为促进广告业科学发展不懈努力。

一、认真学习贯彻学习十八大精神，深入开展党的群众路线教育实践活动

党的十八大提出，围绕保持党的先进性和纯洁性，深入开展以为民务实清廉为主要内容的党的群众路线教育实践活动。2013年7月，中国广告协会按照总局党组的部署，结合工作实际，制定了《中国广告协会深入开展教育实践活动方案》，以贯彻中央"八项规定"为切入点，以作风建设为聚焦点，抓住整改落实和建章立制两个关键，深入开展群众路线教育实践活动。

一是通过制订学习计划、组织系列学习活动、开展主题大讨论、召开座谈会和个别谈心等方式，组织协会党员和会员深化学习教育，认真学习领会党的十八大报告及习近平总书记论群众路线系列重要讲话精神，深入学习领会教育实践活动的实质和重要意义。

二是结合协会会员单位多、分支机构多、合作单位多等特点，通过设置意见箱、发放征求意见表、召开座谈会、深入联系点调研、走访分支机构以及会员单位和企业等多种形式，广泛听取意见，查摆"四风"问题。征求到对协会特别是协会班子"四风"问题的意见建议93条，梳理总结出"四风"方面的问题26个。

三是协会班子、主要负责人与班子成员按照要求，对照检查遵守党的政治纪律，贯彻落实中央"八项规定"和总局的实施意见的情况，针对"四风"方面存在的突出问题，深刻剖析产生问题的原因，提出今后的努力方向和改进措施。

四是针对自查和各方面反映的问题，提出整改措施，改进工作作风，着力解决会员单位、各地协会、分支机构反映强烈的突出问题，不断提高服务会员和行业的水平。

开展群众路线教育实践活动以来，中国广告协会不断增强服务意识，提高服务能力，努力开创协会工作新局面。一是围绕大局，在充分调研的基础上，制定协会推动实施广告战略的具体措施，服务广告产业发展。二是积极反映行业诉求，为立法工作提出建议、为政府部门决策提供参考意见。三是积极构建协会多层次全方位的培训体系，认真推进广告专业技术人员职业资格制度改革，扩大国际交流，加强国际合作，服务人才队伍建设。四是扎实推进广告行业诚信建设，深化广告发布前咨询工作，努力规范行业行为，净化市场环境。

二、成功承办第 43 届世界广告大会

经国家工商总局报请国务院批准，第43届世界广告大会于2014年5月8日－11日在北京国家会议中心成功举办。大会由国家工商总局和北京市人民政

府主办，中国广告协会和北京市工商局具体承办。来自40多个国家和地区的1400多名国内外代表参加了大会。

大会自2013年2月申办成功后，中国广告协会作为大会具体筹办单位，积极与组委会各成员单位、大会支持、协办单位及活动承办单位紧密沟通、团结协作，认真做好秘书处承担的各项筹备与现场组织工作。

一是积极组织协调。努力协调国际广告协会、国家有关部委、北京市政府及相关部门、行业组织等单位，筹建和完善大会组织机构，为大会成功举办提供强有力的组织保障。

二是广泛宣传推广。通过召开新闻发布会，开通运行大会官方网站、微博和微信，设计制作、广泛投放大会形象系统和平面、影视广告片，深入全国各地巡回宣传推广，以及通过国际广告协会等重要国际行业组织和戛纳国际创意节、亚太广告节、釜山国际广告节等重要国际赛事活动，在国内外广泛深入宣传推广世界广告大会及举办世界广告大会的重要意义。大会前期，共邀请40余家媒体参与报道第43届世界广告大会。大会期间，共邀请了54家中外媒体，113名记者报道大会情况，发表并转载206万余条大会新闻。据不完全统计，会前、会中、会后共计发表并转载352万余条大会新闻。组委会动员的行业媒体资源价值数10亿计。从筹备到大会成功举办，大会官网总浏览量约432万次，访客数约100万人。5月8－14日，一周内微博浏览量高达43万次。开幕式当天，央视新闻联播节目和晚间新闻对大会开幕情况进行了报道，引起社会各界广泛关注和热切期待。

三是周密策划大会主题活动。积极组织行业资源，共同研究制定工作方案，认真筹划“六大主题活动”和“三大专业展览”。总局广告司会同中央电视台制作的中国广告业发展成就宣传片，使与会人员在生动、感人、真实的故事中直观感受到中国广告业的发展历程与成就，以及对中国市场经济、社会文化发展作出的贡献。主题论坛邀请到50余名国内外企业界、广告界、媒体精英和学术专家，就媒体的演变、营销的创新、广告模式的创新等20多个话题展开演讲。在各地工商局、广协和中广协各分支机构的大力支持下，29家国家广告产业园区和试点园区，600余幅优秀公益广告作品，从不同角度、不同层面展示了中国广告业发展成就和美好前景。

大会突破性地发布《北京宣言—数字时代的国际广告业》作为大会成果。同时大会首次设立“中国广告业发展突出贡献奖”，对为中国广告业发展作出卓越贡献的13个国际机构、公司和个人进行了表彰。

四是我们与北京市工商局积极协调、落实大会场地、交通、安保、食品安全等保障工作。同时认真做好会务组织、注册接待和财务管理、资金筹集等工作，认真筹办大会“北京日”活动。

通过艰苦、细致、周密的组织工作，大会实现了“成功、精彩、难忘”的既定目标，得到了行业内外的充分肯定。

党和国家领导人对大会给予了高度关切和积极评价。中共中央政治局委员、国家副主席李源潮在人民大会堂会见了国际广告界重要会议代表。国务委员王勇亲自出席大会开幕式并致辞、巡视展馆，工商总局局长张茅、北京市市长王安顺出席开幕式并致辞。工商总局其他领导以及相关部委领导出席了大会主要活动。

大会的成功举办，离不开全国工商系统的指导和大力支持，离不开各地广告协会和中广协各分支机构的全力配合与参与。许多省（市、区）工商局领导不仅按总局要求抓好工作落实，还亲自率队参加大会。这次会议特地邀请各省（市、区）工商局分管广告工作的负责同志参会，就是要借此机会对各地工商部门的大力支持表示诚挚的谢意。各地广告协会和中广协分支机构充分发挥职能作用，广泛宣传，积极组织动员行业人员参展参会，为大会的成功召开作出了重要贡献。在此，我代表中国广告协会对大家的热情付出和全力支持表示衷心的感谢！

三、成功举办了“戛纳·魅力中国周”活动

2013 年 6 月 16 日至 20 日，中国广告协会在戛纳国际创意节期间成功举办了“戛纳 · 魅力中国周”活动，特别是 6 月 18 日的“中国日”论坛持续一天，这是戛纳国际创意节 60 年历史上首次以“国家日”命名的活动。

中国周活动自 2013 年 2 月开始筹备。来自中国广告协会、本土广告企业、国际广告企业以及媒体、高校等各方力量，在非常有限的时间内，调集各方面资源，精心策划，确定“中国元素　世界分享”主题思想和“全球行业精英见面会”、“中国日主题论坛”、“广告园区推介会”、“魅力中国夜海滩晚会”等四大主要版块活动，并开设活动官方微博，组织志愿者队伍在戛纳广泛宣传、网上交流、现场互动等活动。

“戛纳舞台，中国唱戏”，中国广告协会组织行业资源借助戛纳国际创意节这个国际专业平台，通过举办众多集中国元素于一身的主题活动，充分展示与传播中国广告、中国创意、中国文化的成就与魅力，向世界同行奉献创意成果、传播国家形象。这项活动对于推介中国广告业发展成就和中国广告市场，提升中国在国际广告业界的影响力和地位，发挥了重要的推动作用。总局张茅局长对此次活动做出重要批示，充分肯定了这次活动的积极意义和取得的成绩。

中央电视台、新华社、第一财经、凤凰网和凤凰卫视等媒体驻欧洲记者和国内 30 多家报刊的特派记者等均对各项活动进行了现场采访，并及时发表了大量报道。“中国周”活动期间，中央电视台多次播出从活动现场发回的专题报道，平均时长超过两分钟；凤凰网（凤凰视频）以“中国元素，世界分享”为主要内容，播发了活动人物专访；新华社记者从法国发回的稿件，被人民日报等众多主流媒体广泛采用，并有大量网站和报刊进行转载。

同时，中国广告界在本届戛纳创意节上共获得 4 金 8 银 18 铜的可喜成绩。

2014 年 6 月，中国广告代表团再次赴法国参加第 61 届戛纳国际创意节。中国广告界同国际重要赛事活动的合作更加密切、成熟。

四、继续做好广告专业技术人员职业评价考试工作

广告专业技术人员职业水平评价考试自 2011 年首次开考以来。全国报考人数为 2 万余人，4449 人取得助理广告师、广告师职业资格证书。

2013 年，我们在广泛宣传广告专业技术人员职业水平评价制度。认真做好年度考试考务组织实施工作，深入调研，积极配合工商总局和人力资源等主管部门，进一步完善广告专业技术人员职业资格制度，组织力量完善新的制度规定，完成了考试大纲修订和参考教材的重编工作。按照国家关于职业资格制度改革总体要求，集中精力研究如何推进考试工作科学、可持续发展。

五、成功举办第二十届中国国际广告节

2013 年 10 月，第二十届中国国际广告节在南京成功举办。在总局的高度重视和关心指导下，在江苏省工商局、省广协、南京市工商局、市广协及各地工商局、广告协会的大力支持下，中国广告协会坚持开放创新思维，认真整合品牌资源，完善管理机制，在项目运作方面遵循品牌化经营、国际化发展的原则，围绕“营造绿色广告环境，成就美丽中国梦想”的主题，全面打开国际交流的窗口。

广告节大胆创新，开展 5 场高峰论坛、7 个专业奖项评选、5 项专业展览、4 场专题商务交流活动，以及欢迎会、开幕式、闭幕会和中国广告长城奖等 10 场大型活动。本届广告节将传统形式和特色融入到展示广告节的发展历程、昭示广告业美好未来的创意形式中；正式启动在全球范围内征集长城奖奖杯新设计的活动；实现长城奖、黄河奖报送、评审环节全程网络化运作，有效增加了作品报评的精准度、便捷性和技术性，大大提升了奖项的专业度、数字化和现代化。

六、组织开展中国广告协会成立 30 周年系列纪念活动

2013 年 12 月 27 日，是中国广告协会成立 30 周年。中国广告协会通过制作、播放“广告启动内需，助推经济转型”为主题的公益广告片、举办“中国广告协会三十年暨中国广告行业三十年展览”、召开中国广告协会成立三十周年座谈会等多种形式的活动，大力宣传广告业对扩大内需、塑造品牌、传承文化、拉动经济增长、传播国家形象发挥的巨大作用，全方位宣传广告业和广告人，宣传广告在我国社会经济文化发展中的积极作用，提升广告行业和广告人的自信，树立广告业的社会形象，努力扭转对广告的片面认识，厘清公众对产业定位的模糊认知，使广告业对经济、社会发展的贡献得到应有的关注，营造公正而全面的舆论环境，为广告正名。

2013 年以来，中国广告协会还组织举办了 2013(第九届)中国广告论坛、2014(大连)中国户外广告论坛；积极开展等级广告企业证明商标使用管理、法律法规培训、国际合作交流工作；建立完善中国广告协会与地市级广告协会的联系点制度，成立了中国广告协会商业企业委员会，进一步加强了对分支机构规范管理，服务会员、服务行业呈现出新的局面。

回顾 2013 年以来的工作，主要有以下几点体会：

一是必须在党的十八大精神的指导下，牢固树立服务意识，紧紧围绕国家经济发展大局，积极履行协会职能。找准位置，切实提高服务政府、服务行业、服务社会、服务消费者的水平，为社会发展作出应有的贡献。

二是必须在各级工商机关的指导下，围绕总局的中心工作履行协会职能。广告协会作为行业组织，不论其自身如何改革，都必须自觉接受各级工商机关的指导，不断增强促进发展和行业自律的意识，紧紧围绕工商机关的中心工作履行协会职能。

三是必须依据国家的法律法规、政策以及协会章程，加强组织机构和队伍建设，切实履行职能。要加强组织协调，建立全国广告协会整体服务机制，努力形成上下联动、协调一致的工作格局。继续完善以协会章程为核心的管理制度，健全组织机构，适应市场化发展的趋势和方向，建立各项规章制度，做到制度化、规范化、程序化、法治化。

四是必须加强队伍建设，切实履行协会职能。要加强思想政治工作，建立健全党风廉政建设长效机制，建设一支政治上、业务上、作风上过硬的高素质干部队伍，实现思想观念和工作作风的转变，努力使协会的队伍建设更加适应形势的发展需要，进一步开创工作新局面。

关于下一阶段重点工作安排

上半年我们印发了《2014 年中国广告协会工作要点》。刚才，甘霖副局长强调了当前和今后五个方面的重点工作。就如何贯彻落实甘局长的讲话要求，我代表中广协讲三点意见。

一、全力办好第二十一届中国国际广告节

第二十一届中国国际广告节将于 10 月 24–27 日在贵阳举办。本届广告节以“创新促发展，创意赢未来”为主题，由中国广告协会和贵阳市人民政府、贵州省工商行政管理局共同主办。贵阳市人民政府、贵州省工商局、省广协、贵阳市工商局、市广协高度重视本届广告节，为广告节的举办提供了场地、宣传、经费、组织等各方面的大力支持。

广告节是总局和中国广告协会重要的专业品牌活动，更是行业加强交流、谋求发展的重要的必不可少的窗口和平台。中国广告协会将按照甘局长提出的“认真学习借鉴国际广告活动先进理念和运作机制，强化品牌意识，着力提升国内广告赛事活动品质”的要求，借鉴举办世界广告大会的宝贵经验，努力创新广告节内容与形式，凸显实效性、专业性、互动性与高端性；认真改进运作模式，强化广告节的内涵和品牌形象；不断调整与丰富广告节项目内容，明确定位、形成品

牌，坚持市场导向，强化社会责任，将中国国际广告节努力打造成为真正具有国际影响力的广告赛事与会展活动。

现在距离广告节开幕只有两个月的时间了。上半年，各地工商局、广告协会、中广协各分支机构为筹办办好世界广告大会做了大量工作。一年内依靠大家支持组织两个大的专业活动，确实给大家的工作增加了压力和负担。希望各地协会在当地工商部门的领导和支持下，克服困难，再接再厉，借助世界广告大会的推动力和影响力，广泛宣传、积极组织行业人员和资源参会、参展、参赛，挖掘、发挥好行业资源催生发展的潜力和优势作用，共同把今年的广告节办好，办出成效、办出新意。

二、扎实推进广告专业技术人员职业资格制度改革工作

为顺应广告业发展对人才培养的需求，为广告专业技术人员的健康成长创造更加有利的条件，在总结广告专业技术人员职业水平评价制度实行情况的基础上，人力资源社会保障部和国家工商行政管理总局发布并实施了修订后的《广告专业技术人员职业资格制度规定》和《助理广告师、广告师职业资格考试实施办法》。广告专业技术人员实行水平评价类职业资格制度，纳入全国专业技术人员职业资格证书制度统一规划。

新的制度规定顺应国家“逐步建立由行业协会、学会等社会组织开展水平评价的职业资格制度”的改革要求，明确“人力资源社会保障部、国家工商行政管理总局共同负责广告专业技术人员职业资格制度的政策制定，并按职责分工对广告专业技术人员职业资格制度的实施进行指导、监督和检查。中国广告协会具体承担广告专业技术人员职业资格评价工作”。

新的制度规定和考试办法从考试报名条件、专业和科目设置、考试时间、考试成绩有效期等方面对2007年原人事部、工商总局制定的暂行规定、实施办法进行了修订和完善。

为贯彻落实好新的制度规定，认真推进今后的考试工作，中国广告协会目前正就考试制度改革配套措施和相关具体问题，积极与财政部、发改委、人社部以及国家人事考试中心等有关部门沟通协商，争取在明年上半年出台相关配套措施，并切实解决好考试组织工作经费、机构、参考教材、考务安排等具体问题。

希望各地广告协会，一要认真学习领会好新的制度规定要求，在行业和从业人员中广泛宣传国家职业资格制度改革总体要求和发展趋势，广泛宣传新的制度对促进行业人才发展的重要意义，广泛宣传新的制度修订完善的具体内容和工作要求，积极组织动员行业人员和高校学生踊跃参与到广告专业技术人才队伍培养和建设工作中来；二要结合新的制度实施，加强调研，认真研究新的制度实施过程中可能出现的困难和问题，特别是职业资格制度改革过程需要完善的方面和问题；三要按照新的制度要求，提前谋划2015年的考试组织工作，努力开创考试工作和人才队伍发展工作新局面。

三、加强自身建设，努力服务行业新发展

落实广告发展战略，服务行业发展，需要适应改革发展的总要求，更加务实地加强协会自身建设，提高自身能力和水平。

一是进一步加强对协会改革发展的政策研究。要努力适应国家对行业协会总体改革要求和广告行业快速发展的现实需求，进一步加强协会组织建设、制度建设和队伍建设，继续深化“党的群众路线教育实践活动”成果，扎实推进行业创先争优，提高自身能力和水平，努力适应行业协会改革发展的新要求。

二是主动听取、认真对待、妥善处理来自会员和行业的意见、建议和呼声，积极搭建政府与企业和行业的协调沟通机制，努力发挥政府与企业的桥梁纽带作用。今后一个时期这方面的重点工作就是积极配合工商机关参与《广告法》修订工作，做好新《广告法》出台后的宣传准备工作，将广告行业意见较为集中的问题（如互联网广告等）整理形成

专题调研报告反馈给有关政府部门，努力为广告业的快速发展创造有利的法律政策环境。

三是建立健全全国广告协会协调一致的整体服务机制，在积极发挥地方协会能动性和区域特色的基础上，努力形成全国广告协会上下联动、横向配合的工作格局，提高服务行业发展的整体效能。中广协要认真梳理、修订“中国广告协会服务会员措施”，进一步做好会员发展工作；进一步加强分支机构规范管理，完善基层工作联系点制度，多为地方协会提供宏观指导和具体帮助；团结地方协会，共同为会员单位提供优质高效服务，促进广告行业快速发展。

四是着力加强和改进行业自律工作。要严格执行《中国广告行业自律规则》，充分发挥法律咨询委员会的作用，通过做好广告发布前咨询、法律法规培训、等级广告企业证明商标、广告业诚信体系建设、法律咨询委员会法律问题咨询复函制度等工作，进一步加强行业自律，促进广告业健康发展。

同志们，2014年后一阶段的工作任务仍然繁重，我们要在党的十八大精神指引下，在各级工商部门的指导下，认真履行协会职能，增强开拓创新和服务意识，圆满完成今年的各项工作任务，不断开创广协工作新局面，为促进广告业科学健康发展作出新贡献！

’2015中国广告年鉴

China Advertising Yearbook

国家广告产业园区展示专栏

National Advertising Industrial Park

北京国家广告产业园区
Beijing National Advertising Industrial Park

北京国家广告产业园区核心区位于北京电视台新址南侧，北临通惠河，南至京秦铁路，西起东三环庆丰公园，东至东四环路，占地面积约50万平方米，主要建筑为办公写字楼和配套商务酒店等商业设施，同时搭建多种广告功能平台，为广告企业发展提供完善的服务。

北京国家广告产业园区建设已初具规模，目前，核心区已建成12万平方米，部分已经投入使用。北京国际广告传媒集团、阿里巴巴、联动文化等多家国内知名广告和新媒体企业已入驻园区。

总体规划策略 - 开放空间系统
MASTERPLANNING STRATEGIES - OPEN SPACE HIERARCHY

N
0 20 50 150m

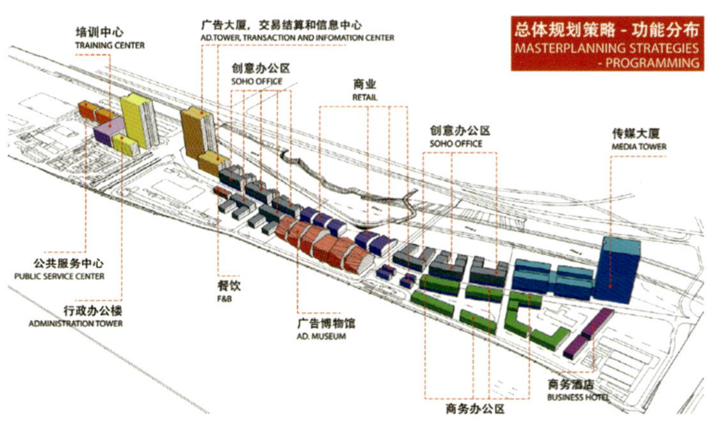

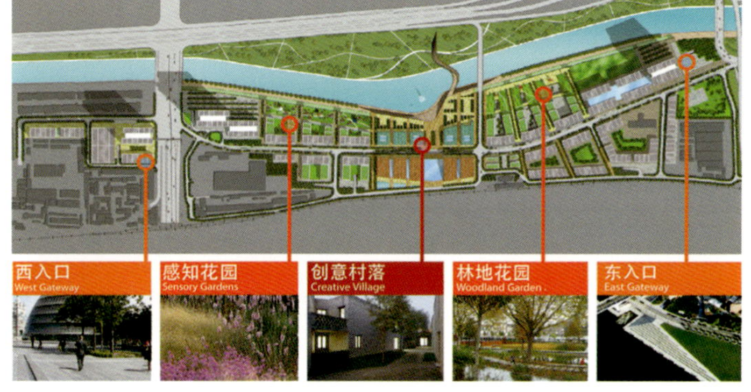

联系地址：北京市朝阳区西大望路甲12号
招商电话：010-67797777
网　　址：www.bjadpark.com

公共服务平台初步建成并投入使用

–物理空间–

北京国家广告产业园区自开园以来，完善服务功能重点搭建公共技术服务平台、公共信息发布平台、广告展示平台及政府综合服务平台，从而形成基础设施完善、功能全面的公共服务中心平台。公共服务中心平台总面积约3000平方米，包括多功能展示大厅、多媒体远程互动平台、广告电子信息资料库、环幕显示系统、多点触摸互动屏等设施。实现展示、发布、检索、推介及一站式服务平台等现代化功能。

信息发布

公共服务平台初步建成并投入使用

–网络空间–

搭建广告行业公共协同服务平台，借助园区网络，通过信息化手段，建设以高速光纤宽带、云计算数据中心，具有高度一致性和扩展弹性的网络公共服务平台，为园区企业提供虚拟呼叫中心、视频会议、客户管理云系统、企业经营分析云系统等多种服务，实现“园区私有云”落地应用。

——为企业内部的管理和应用提高了效率、节省了成本

——为广告企业之间的交流和互通提供了有效的平台

——汇聚了大量专业资源和业内信息，可以迅速获取市场信息和行业发展最新动态

——加强企业之间的交流和沟通，为业务合作、技术创新创造了机会

“五个中心、五个平台”

根据北京国家广告产业园区的功能定位和发展方向，园区将重点打造五个中心，搭建五个平台。

1、打造全国广告产品交易中心

构建集信息发布、活动策划、品牌推广、产品交易、人才培训交流等服务于一体的线上、线下高端国际化广告产品交易中心。

2、打造广告产业创新发展中心

依托园区技术优势，整合优势资源，积极推广园区广告创新成果，提高新设备、新技术、新工艺、新媒体的应用水平，推动传统广告形式的新发展。

3、打造广告产业人才培养中心

依托首都高校的优质教育资源，培养本土高级广告人才，建立广告企业与高校的合作机制，促进教学、科研、实践、就业一体化进程，使北京市成为全国广告产业人才高地。

4、打造优势广告企业聚集中心

培育具有著名品牌、先进技术、主业突出、创新能力强、具有较强市场竞争力的大型广告企业集团和优势企业，引领全国广告产业发展。

5、打造广告产业公共服务中心

通过搭建公共技术服务平台、公共信息发布平台、公共行业中介服务平台、广告展示平台及政府“一站式”服务平台，形成技术支撑、信息发布、行业中介、作品展示、政务办理等方面的集成式服务体系，最终形成基础设施完善、功能全面的公共服务中心平台。

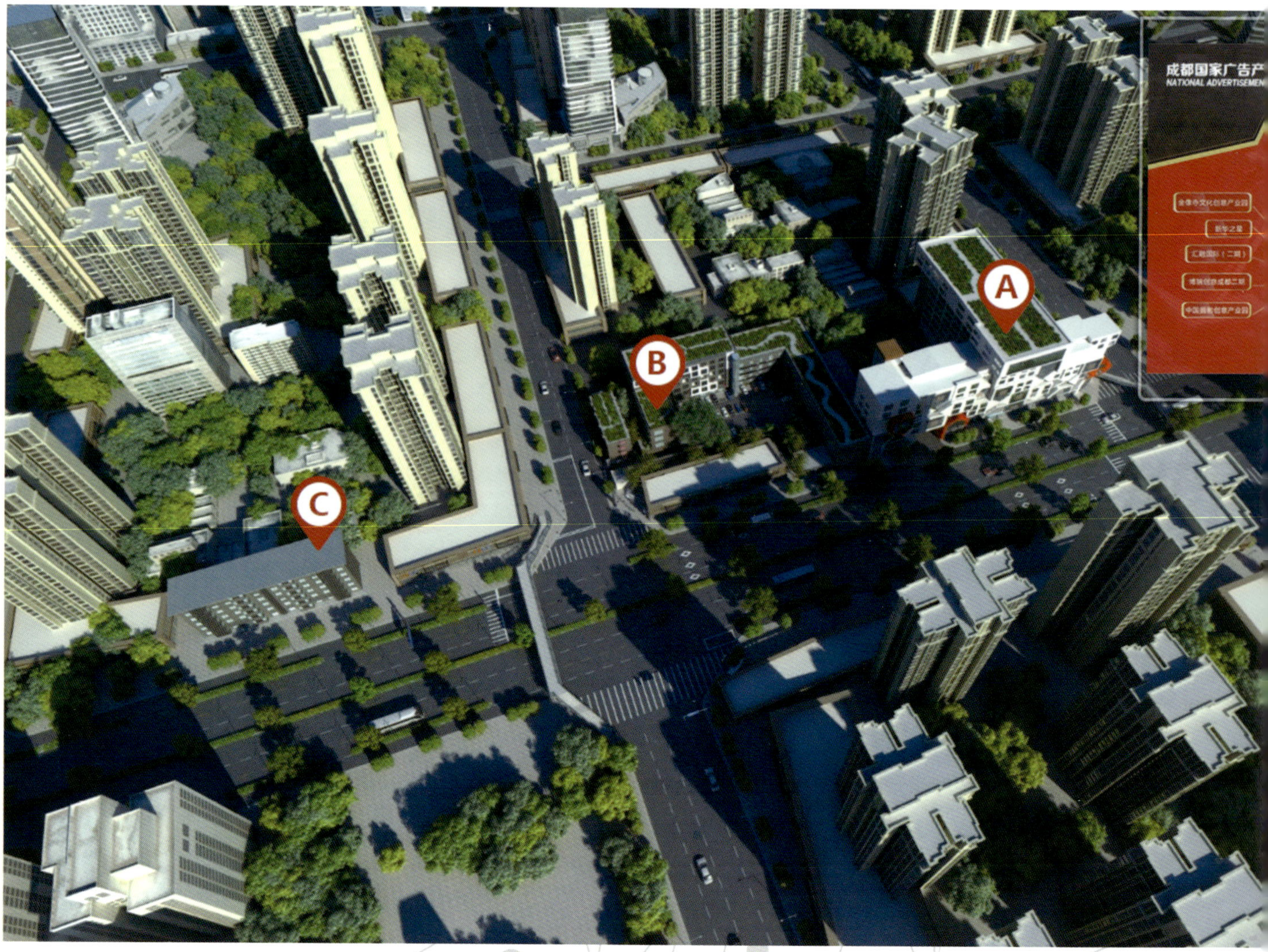

INTRODUCTION
园区简介

成都国家广告产业园位于成都市中心城区—锦江区，总面积125亩，是国家工商总局、财政部认定的第二批国家广告产业试点园区。园区以“红星路35号”为核心，以“一廊两园”、“一园多点”的空间规划为基础，形成了“红星路35号创意基地”、“汇融国际数字基地”、“川报传媒基地”和“爱·盒子设计基地”的产业功能布局。目前，园区已拥有8栋广告专业楼宇，总面积达31万平方米；入园经营的各类大、中型广告企业316家，园区联系和服务区域的广告类企业1480家；先后建成了广告交易中心、新媒体驱动中心、“艺哈”创新创业整合推广平台、西部创意人才培训基地等12个公共服务平台，已跻身全国一流广告园区行列。

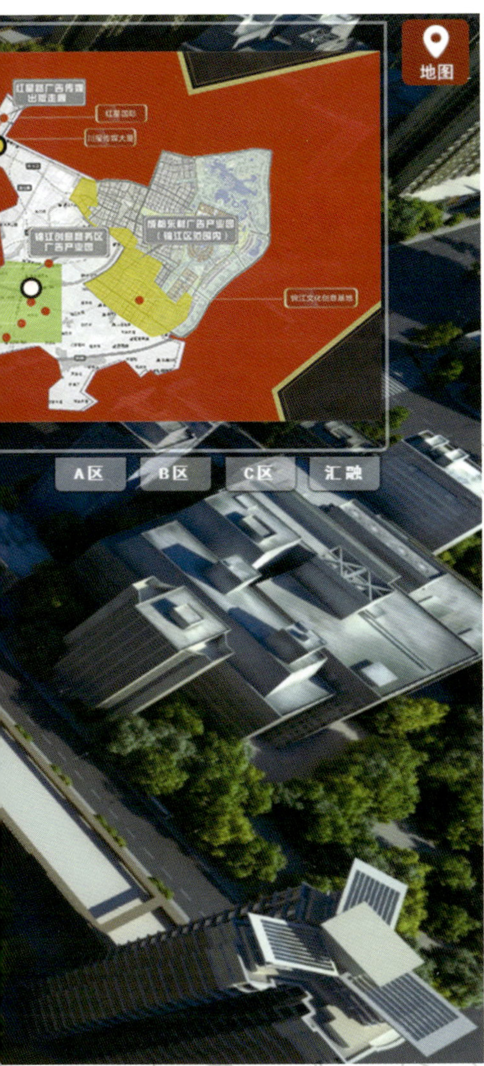

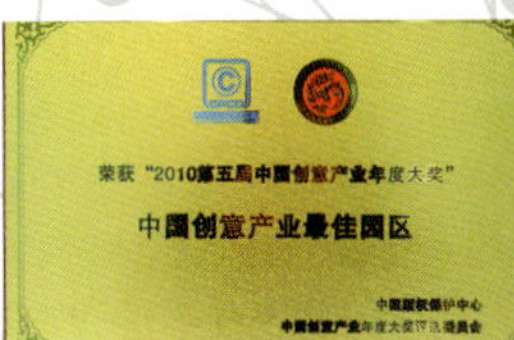

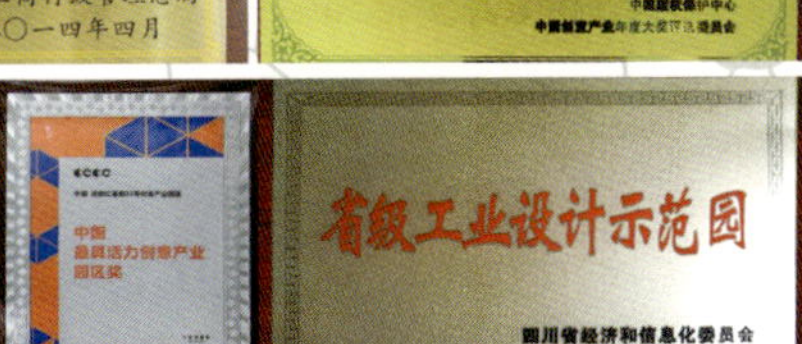

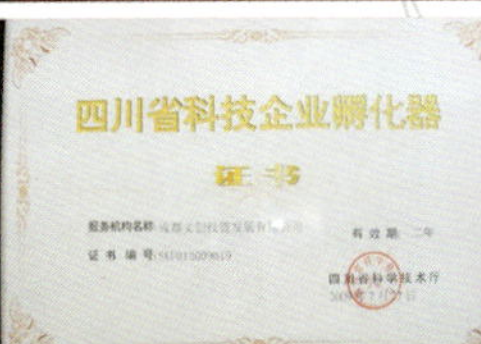

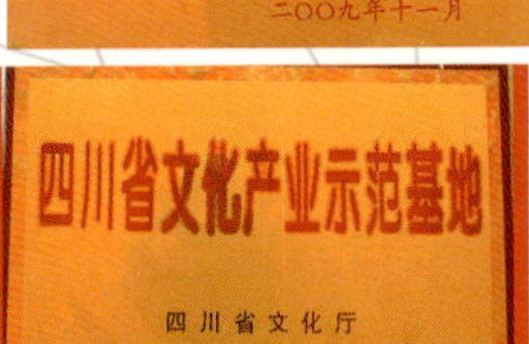

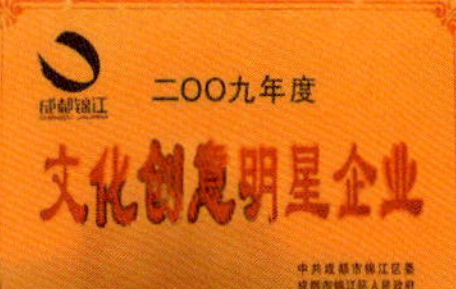

2009年被认定成为“锦江青年职业见习基地”

2009年荣获“文化创意明星企业”

2009年7月被认定成为“四川省科技企业孵化器”

2009年7月被认定成为“成都科技企业孵化器协会红星路35号孵化服务工作站”

2009年11月被认定成为“四川省工业创意设计产业示范园”

2009年12月被认定成为“四川省文化产业示范基地”

2010年被认定成为“成都市文化产业协会常任理事单位”

2010年9月被认定成为“成都市干部教育培训现场教学基地”

2010年11月荣获“2010第五届中国创意产业年度大奖”中国创意产业最佳园区

2010年12月被认定成为“中国工业设计园区联盟成员单位”

2013年荣获人民网颁发的“中国最具活力创意产业园区奖”

2014年4月正式升级为“国家级广告园区”

2015年4月被认定成为“省级工业设计示范园”

成都国家广告产业园
NATIONAL ADVERTISEMENT PARK

锐梵互动 华希广告 华希广告传播 泽宏嘉瑞 品牌传播 丙火 丙火创意设计 浪尖 全动文化 主慧堂 许燎源 许燎源现代设计 MOS磨石 博瑞广告 乐放文化 纵横天下 大智成广 洛可可 LKK 雅道清心 世纪义商 华道佳 嘉兰图 天涯社区

园区聚集区 ART COMMUNITY

汇聚西南本土文化艺术聚集群落，已经能与世界著名原创艺术聚集区媲美，如法国巴黎的巴比松、美国的SOHO、德国的达豪、沃尔普斯韦德等。艺哈艺术聚集区群落依托360全景展示系统，展示现代文化艺术潮流，加强国际文化艺术交流，推动国家文化创新发展战略！

许燎源现代设计艺术博物馆
梵木艺术馆
西村艺术聚集地
蓝顶美术馆
宽窄巷子
IBOX(爱 · 盒子)
U37创意仓库
……

许燎源

余炳

周春芽

许燎源
著名设计艺术家
成都许燎源现代设计艺术博物馆馆长
成都大学美术学院院长

余炳
梵木家居 创始人
丙火创意产业机构 董事长
中国包装联合会设计委员会 全国委员

周春芽
当代著名艺术家
蓝顶艺术中心创始人

园区品牌机构 BRAND ENTERPRISE

融汇西部优秀品牌创意企业，通过360全景交互展示系统全方位展示企业的资源信息，搭建人性化交互功能服务平台，为企业开辟全新的互联推广渠道。引导西部城市创意产业发展方向，调整创意产业结构，加快创意产业链资源整合。

潘朵拉科技
浪尖工业设计
洛可可工业设计
大智成广
泽宏嘉瑞
磨石品牌
雅道清心
……

梁飘逸

贾伟

袁龙军

梁飘逸
雅道清心创意产业机构创始人

贾伟
中国著名设计师
LKK洛可可设计集团创始人
中国设计业十大杰出青年

袁龙军
德国红点设计大奖
中国设计业十大杰出青年
成都磨石品牌投资管理有限公司董事长

CONVERGENCY
BUSINESS INCUBATOR
INTEGRATED PROMOTION

创新创业整合推广平台

汇聚创意产业资源 | 打造文化创意为核心的圈层文化
建立行业资源数据库 | 培育创意交易土壤、孵化产业项目

品牌机构

360 全景数字视觉平台 VISIOSPACE VISION

体验创新数字视觉与信息交互　构筑全视角的智慧展示平台

为进一步深化国家文化广告战略，习总书记提出大力发展文化创意产业。根据“十二五”规划，明确提出文化与科技结合是当前文化产业发展的重要趋势。而当前，成都本土创意产业处于一个功能体系相对松散的结构状态，无法形成产业优势。企业要转型升级和跨界融合都需要一个创新的公共服务平台作为载体支撑，艺哈创新创业整合推广平台项目在这样的大背景下应势而生。

艺哈项目依托成都国家广告园区的资源优势和平台服务优势，用互联网的服务思维整合360全景数字展示技术，搭建一个集资源汇聚、人才培训、展示交流、交易孵化、平台推广多位一体的综合性体验式服务平台。通过平台联动，链条式服务，将政府公共服务平台的社会职能最大化，促进创意资源的优化配置、整合，培育创新创业沃土，完善广告产业链，深耕产业孵化，促进了成都广告产业本土化与国际化的融合，提高区域商业竞争力和影响力，实现良好的社会效益和一定的经济效益，并逐步过渡到以市场化运作为目的的良性发展模式。

艺哈项目包括线上艺哈网站、手机APP客户端、线下艺哈创圈（集市体验）以及艺哈互动平台服务等几大版块。线上艺哈网以360全景数字视觉平台作为核心展示手段，为企业搭建全新的体验式网上展示推广平台；而线下艺哈体验集市以文化创意产业的优势资源为基础，集合本土创意产品和原创艺术产品，着力打造创意设计、研发制作、展示交流、交易及培训等一站式体验基地。

通过线上线下的互动体验，打造本土文化创意的圈层文化，培育交易服务土壤，助推本土文化创意领域上下游产业发展。

SERVICE 服务平台

人才培训　创业孵化　项目申报　服务联盟

利用艺哈服务联盟大平台的公其资源优势以及国际化视野的交流服务渠道，为企业提供全过程、全方位的培训升级、创业孵化服务。同时为企业提供优质的硬件办公环境，加大服务体系建设的投入力度，帮助企业做公司品牌宣传及市场推广工作，帮助企业降低创业成本，更为企业提供增值服务，加速创业企业的成长。

西部创意人才培训基地

就业、创业，一并拥有

为提升广告从业人员业务素质，增强企业核心竞争力，园区进一步加强与四川大学等6所高校的合作，开展包括园区和成都地区的广告专业人才培训。

创业孵化平台

助力小微企业的成长、壮大

打造“创业基地”，构建“苗圃+孵化器+加速器”接力式的三级孵化体系，通过艺哈服务联盟扶持孵化一批创新创业的中小型团队和资源项目。

项目申报服务

为中小型企业提供项目申报服务

对艺哈服务联盟会员的优秀项目进行政策扶持，流程咨询，项目申报，以园区为载体把创新创业落到实处。

烟台广告创意产业园区

YANTAI ADVERTISING CREATIVE INDUSTRY PARK

广告创意产业聚集地
让创意飞起来

创客咖啡

创客部落&创意书吧

烟台广告创意产业园区自2007年开始规划建设，总规划面积3平方公里，主要包括烟台动漫基地、1861广告创意产业基地两大组成部分。园区通过搭建高端公共平台扶持影视动漫制作、文化艺术创作、创意设计服务、广告数字传播等文创企业发展，目前有入驻企业380多家，从业人员3000多人，是“国家级动漫产业发展基地”，同时是“中央财政支持广告业发展试点园区”、“山东省文化产业发展示范园区”、“山东省文化产业‘金种子’计划试点孵化器”等3个国家级、6个省级园区。

园区建有录音棚、摄影棚、数码彩印平台、集群渲染一期二期等技术含量领先的公共技术平台，以及多媒体展示、创意休闲吧、作品展示平台等公共服务平台，供园区企业以成本价格使用。同时，园区还建设了大学生创客空间，设有3个苹果机房、4个PC机房，以及150多个创业工位，为青年创客提供免费、优质的创业环境。

餐　厅

多媒体新闻发布中心&企业作品展厅

专业影棚

常州 ChangZhou

古称延陵，地处中国长江三角洲中心区域，与上海、南京等距相望，现辖金坛、溧阳两市和武进、新北、天宁、钟楼、戚墅堰五个行政区，总面积 4385 平方公里，常住人口 459 万人，2013 年地区生产总值 4360.93亿元人民币，户籍人均 GDP 超过 1 .5万美元。

Changzhou, called Yanling in ancient times, is located in the central region of the China's Yangtze River Delta and is nearly equidistant from Nanjing and Shanghai. Currently, it is comprised of two cities (Jingtan and Liyang) and five administrative regions (Wujing, Xinbei, Tianning, Zhonglou and Qishuyan). Changzhou has a resident population of 4,590,000 people and a total area of 4,385 square kilometers. In 2013, the Gross Regional Product was 436.093 billion yuan and the household per capita GDP was over $15,000 (USD).

常州国家广告产业园区简介

Brief Introduction to the Changzhou National Advertising Industrial Park

常州国家广告产业园区是首批9个“国家级广告产业园区”之一。授牌以来，园区根据“一核三基地”建设规划，按照“开放发展、特色发展、融合发展、创新发展”的战略，经过几年的努力，园区建设初具规模。

一核，即国家广告产业园创意设计核心基地，重点发展网络新媒体、移动互联网、智能识别、智慧互动、裸眼3D、虚拟现实等广告新技术研发与应用领域；三基地，即国家广告产业园保纳基地、灵通基地、三井基地。保纳基地重点发展新媒体终端研发，广告资源交易，公益广告活动策划与产品发布领域；灵通基地重点发展广告器材的研发、生产、交易以及会展设计等领域；三井基地重点发展新媒体、多功能显示、交互式一体机等设备的研发与生产等领域。

Railways:

Beijing-Shanghai Railway: Connects most major and medium cities in the nation.Shanghai-Nanjing Intercity Railway: from Changzhou, only one hour to Shanghai and 30 minutes to Nanjing.Beijing-Shanghai High Speed Railway: 4.5 hours to reach Beijing from Changzhou.

Highways:

The territory of Changzhou contains the Shanghai-Nanjing, the Nanjing-Hangzhou, and the Yanjiang expressways, as well as three other expressways. These six expressways connect to each major city in China. Shanghai is a two-hour drive from Changzhou. Nanjing is a one-hour drive from Changzhou.

Airport:

Changzhou Benniu International Airport is the passenger and freight transport center of the southern Jiangsu international airline network. Currently, this airport has flights to seventeen Chinese cities: Beijing, Guangzhou, Shenzheng, Shenyang, Haerbin, Dalian, Chengdu, Chongqing, Kunming, Xian, Tianjin, Quanzhou, Zhuhai, Sanya, Zhangjiajie and Guilin. And it will soon include flights to Hongkong, Macao, Taiwan, Japan, Korea, Singapore, Russia, and Australia, as well as to other destinations. This airport will also begin air service to Chinese provincial capital cities and other cities that are tourist destinations. Annually, the Changzhou Benniu International Airport serves approximately one million passengers. Due to Changzhou's relative proximity to the international airports in Nanjing and Shanghai, air travel to and from Changzhou is very convenient.

The distance between Changzhou and Shanghai Hongqiao International Airport is 160 kilometers.

The distance between Changzhou and Shanghai Pudong International Airport is 210 kilometers.

The distance between Changzhou and Nanjing Lukou International Airport is 120 kilometers.

城市交通
City Transportation

铁路：京沪铁路，连接全国各大中城市；沪宁城际铁路，常州到上海约 1 小时，到南 京约 30 分钟；京沪高速铁路，常州到北京仅需 4.5 小时。

公路：境内有沪宁、宁杭、沿江等 6 条高速公路，可通达全国各大城市，到上海约 2 小时，到南京 1 小时左右。

航空：常州奔牛国际机场，是苏南国际航空客货运中心，目前已开通北京、广州、深圳、沈阳、哈尔滨、大连、成都、重庆、 昆明、西安、天津、泉州、厦门、珠海、三亚、张家界、桂林等 17 个城市的航班。即将开通中国香港、澳门、台湾地区，日本、韩国、新加坡、俄罗斯、澳大利亚等地航班，以及通达全国主要省会城市和旅游城市的新航线，年旅客吞吐量 100 万人次。同时，常州距上海虹桥国际机场 160 公里，上海浦东国际机场 210 公里，南京禄口国际机场 120 公里，航空条件优越。

Railways:
Beijing-Shanghai Railway: Connects most major and medium cities in the nation.Shanghai-Nanjing Intercity Railway: from Changzhou, only one hour to Shanghai and 30 minutes to Nanjing.Beijing-Shanghai High Speed Railway: 4.5 hours to reach Beijing from Changzhou.

Highways:
The territory of Changzhou contains the Shanghai-Nanjing, the Nanjing-Hangzhou, and the Yanjiang expressways, as well as three other expressways. These six expressways connect to each major city in China. Shanghai is a two-hour drive from Changzhou. Nanjing is a one-hour drive from Changzhou.

Airport:
Changzhou Benniu International Airport is the passenger and freight transport center of the southern Jiangsu international airline network. Currently, this airport has flights to seventeen Chinese cities: Beijing, Guangzhou, Shenzheng, Shenyang, Haerbin,

基础服务设施建设情况
Information regarding service facilities

市场服务 Marketing services

企业家俱乐部
产品推介会
海外市场推广
CNITO 国际服务外包平台
主题公园销售平台
中国（常州）国际动漫艺术周
Entrepreneur Club
Product recommendation
Promotion in overseas markets
CNITO International Service Outsourcing Center
Theme Parks Sales Center
China Changzhou International Animation Art Festival

科技金融服务 High-tech financial services

投融资洽谈对接
企业上市全程辅导
抵押贷款担保
35 亿元园区投资基金
Investment and financing projects negotiation
Listed enterprise counseling
Mortgage guarantee
Access to government grants; park endowed with 3.5 billion yuan in investment funds

基础服务 Basic services

企业落户服务：工商注册、税务登记、企业开业
配套设施服务：物业管理、员工住宿、培训设施、交通、餐饮、康体、娱乐。
Services to help business establish themselves and to register within the industrial park: business registration, tax registration and business opening services
Facility services: property management, staff accommodation, training facilities, transportation, food catering, fitness facilities and entertainment facilities

八大公共服务平台 Eight public service centers

公益广告创意设计制作平台 /Public Advertising Creative Design Center
广告人才培训中心 /Advertising Talent Training Center
广告资源交互平台 /Advertising Resources Interaction Center
新媒体研发平台 /New Media Development Center
广告器材研发、生产、销售平台 /Advertising Equipment Research and Development, Manufacturing and Sales Center
技术服务平台 /Technical Service Center
常州广告网平台 /Changzhou Advertising Network Center
新技术媒体运行平台 /New Media Technology Operation Center

人才服务 Talent recruitment services

市人社局驻基地服务中心人才引进：海归领军型人才引进、境外专家引进、专场招聘、人才推荐
Changzhou human resources and social security bureau service center
Recruitment of new talents: recruitment of leading talents returning from overseas work and study experiences, recruitment of foreign experts, special job-recruitment fairs, and location and recommendation of talented individuals.

宁波国家广告产业试点园区

宁波广告产业园区成立于 2012 年 10 月，2013 年 4 月被国家财政部和国家工商总局认定为受中央财政支持的国家级试点园区。

园区位于宁波市鄞州区中心城区核心地段，占地 1 平方公里，总建筑面积约 350 万平方米，已投入使用建筑面积达 130 万平方米。园区北靠鄞州区行政中心，南临全球最大的室内主题乐园之一——环球乐园，西邻占地 1200 亩的鄞州公园以及奉化江，东接高教园区，规划中的轻轨 3 号线穿园而过，交通便捷，环境优美。

在国家工商总局及各级政府的关心支持下，宁波广告产业园区紧紧围绕园区工作目标和具体要求，科技创新，统筹规划，以打造特色园区为己任，加快产业转型升级，不断整合完善产业链，充分发挥创意行业集聚效应。园区结合宁波广告产业的现状，抓住机遇、扎实工作，在平台建设、产业发展、招商引资、园区运营等各方面工作取得一定成效。截至目前，入驻的广告及关联企业已近 400 家，2014 年园区实现广告经营额达 12.2 亿，占宁波市广告经营额近三成比重，在推动宁波地方经济的快速发展过程中发挥积极作用。

2013 年 4 月，国家工商总局副局长甘霖视察园区

一、公共平台建设进程加快，服务功能日益完善

明创大楼，作为宁波国家广告产业试点园区的产业大楼，共计八层，占地六亩，总建筑面积 12000 平方米，目前已开始投入使用。大楼一二层为园区搭建的特色硬件公共设施平台，包括专业化的快印数码中心、为创意人员服务的创意书吧、头脑风暴、休闲咖啡吧、展示园区发展方向及风貌的多媒体展厅以及能容纳 150 人的多功能会议厅等。

此外，除了为企业提供高质量硬件设施平台的同时，宁波广告产业园更注重为企业打造一流

2014 年 10 月，国家工商总局广告司司长张国华考察园区

数码快印中心

多媒体展厅

头脑风暴

2015年10月，第22届中国国际广告节

的软性配套平台，包括建设中的影视后期制作中心、广告数据研发基地、广告人才培训中心和实训基地、特色金融服务平台以及与企业合作研发的覆盖全国文化产业和金融业的产权交易平台。

为了给入驻企业提供最优质的服务，园区专门打造了以上各项软硬兼备的公共服务平台，优化服务、强化保障，园区力求助推企业不断发展壮大。

二、招商引资成效显著，推动业态升级调整

为了引进高质量的新媒体、互联网广告企业，以完善广告园区的产业链，弥补宁波广告产业的空白，园区招商人员多次前往全国各地与国内知名企业接触，来自全国各地的优质企业已陆续落户园区，包括从事自媒体教育和网络在线培训的新浪微课堂，主营大数据分析和科技创新体验的奇妙科技，以人机交互为研发方向技术革新的奥唐传媒，全国知名的地铁、机场等户外媒体承包商——雅仕维集团，专业化一站式的数码快印连锁机构——叠加文化以及致力于高端全媒体广告运营的远见传媒……业态丰富多样，行业氛围浓厚，涵盖了广告设计、影视制作、传统文化、新媒体、互联网广告、动漫软件、营销策划等，宁波广告产业园区已逐渐成为宁波市具有创意引导、产业带动、品牌升级作用的创意产业集聚地。

未来，园区的招商重点在于引进新媒体、互联网广告企业、影视公司和创意设计公司，致力于将宁波广告产业园区打造成现代都市剧拍摄基地、数据互联网广告基地和广告设计创意基地。

三、运营方式丰富多样，园区影响力不断扩大

为了进一步扩散影响力，园区积极参与各项重大活动。2015年5月，宁波广告产业园区携园区内企业参加了在上海举办的首届全国广告产业发展联盟会议；7月，由园区全力承办的宁波市广告设计大赛正式启动，市内广告创意从业者和在校师生均踊跃报名参赛，反响热烈，一千四百余件作品参与竞赛；10月，第22届中国国际广告节在西安顺利举行，园区率领优秀企业参加了此次盛会；11月，宁波广告产业园区作为签约代表参加了在武汉举办的2015武汉宁波周，在会上就园区基本概况及各项优势条件做了系统推介。

2015年11月，武汉宁波周

多功能厅

休闲咖啡吧

宁波国家广告产业试点园区
地址：浙江省宁波市鄞州区日丽中路789号
电话：0574-87426502
传真：0574-87426436
邮箱：nbadpark@163.com
网址：www.nbadpark.com

武汉汉阳造国家广告产业园

Wuhan Hanyang Zao(made in Hanyang) National Advertising Industry Park

武汉汉阳造国家广告产业园位于武汉中心城区汉阳、汉口、武昌三镇交接点的“武汉之心”，区位优势明显，生态环境优美。

园区一期用地为航天科工武汉磁电公司厂区（原鹦鹉磁带厂），2011 年建成并对外招商。项目占地 90 亩，建筑面积 7 万平方米，集聚了广告创意、影视制作、艺术设计、新媒体技术等四大产业企业 80 余家，建有广告影视棚、广告文化展示中心、广告云计算中心、水下广告拍摄中心等一批公共服务平台。园区获评国家广告产业园区、湖北省现代服务业示范园区、湖北省文化产业示范基地、武汉市现代服务业集聚示范区、武汉市科技企业孵化器、武汉市首批文化与科技融合示范园区、武汉市文化创意产业最佳园区、武汉市首批旅游名街等荣誉。2015 年，启动园区二期项目开发。该项目位于知音大道 9 号，规划用地为汉阳特种汽车制造厂，占地 149 亩，可改造面积约 10 万平方米。园区三期将通过棚户区改造，建设现代楼宇，进一步发展和壮大文化产业。

广告影视棚

从“旧的重工业基地”到“汉阳造国家广告产业园”的华丽转身，汉阳造产业园完成了从“汉阳制造”向“汉阳创造”的美丽蜕变，迅速崛起为中部地区广告创意领域的新地标。这是一片投资的热土、创业的乐园。热忱欢迎海内外客商来园区投资创业，我们竭诚为您提供最优质的服务。

汉阳造，造星，造梦，造未来！

广告演播厅

广告云计算中心

水下广告拍摄中心

广告文化展示中心

新媒体技术支持中心

湖北省财政厅
湖北省工商行政管理局 文件

省财政厅 省工商局关于
《武汉汉阳造广告创意产业园人才实训基地
经费管理暂行规定》的批复

“关于人才实训基地经费管理”的批复

园区活动

"知音创客"汉阳首届"互联网＋"青年创新创业大赛

知音创客．青桐汇活动

联合汉阳区科技局设立汉阳区智能空间企业创新中心

联合区科技局设立汉阳区产业智能信息工程技术研究中心

与华中师范大学武汉传媒学院开展人才实训共建

辛亥百年海报展

优惠政策

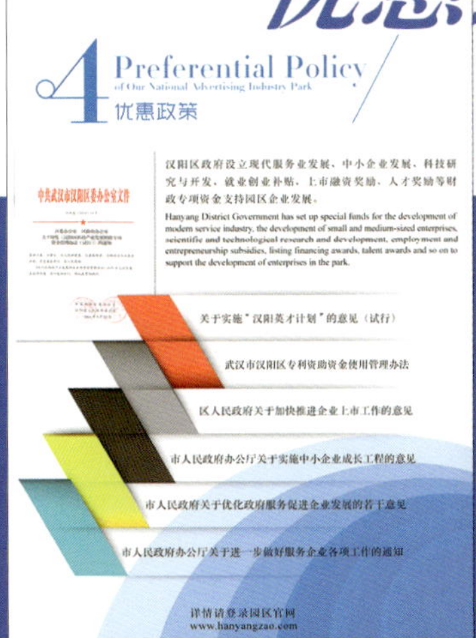

4 Preferential Policy
of Our National Advertising Industry Park
优惠政策

中共武汉市汉阳区委办公室文件

汉阳区政府设立现代服务业发展、中小企业发展、科技研究与开发、就业创业补贴、上市融资奖励、人才奖励等财政专项资金支持园区企业发展。

Hanyang District Government has set up special funds for the development of modern service industry, the developnent of small and medium-sized enterprises, scientific and technological research and development, employment and entrepreneurship subsidies, listing financing awards, talent awards and so on to support the development of enterprises in the park.

关于实施"汉阳英才计划"的意见（试行）

武汉市汉阳区专利资助资金使用管理办法

区人民政府关于加快推进企业上市工作的意见

市人民政府办公厅关于实施中小企业成长工程的意见

市人民政府关于优化政府服务促进企业发展的若干意见

市人民政府办公厅关于进一步做好服务企业各项工作的通知

详情请登录园区官网
www.hanyangzao.com

园区优势

（一）文化底蕴深厚，融历史名镇悠久厚重之美

（二）空间区位优越，居九省通衢三镇相接之核

（三）生态环境宜人，拥山水环抱都市园林之景

（四）建筑形态丰富，享历史现代碰撞辉映之趣

（五）产业特色鲜明，显广告创意企业聚合之效

（六）政策支持有力，集省市区层层推进之力

中国（深圳）新媒体广告产业园

中国（深圳）新媒体广告产业园（简称新媒体产业园）由国家财政部及国家工商总局联合批准设立，是首家国家级新媒体广告创意聚集试点园区，被认定为深圳市文化创意产业园区。园区一期落址深圳福田体育公园，办公面积2万多平方米，地处福田区中心区的核心位置。

新媒体产业园以构建新媒体上下游产业链为核心，致力于打造涵盖新媒体广告技术研究与开发、广告内容创意与制作、品牌整合与广告发布、广告数据研究与应用、广告展示与交易的整个产业链集群，形成分工合理、共生共赢的产业生态圈。园区倡导分享，推进合作，在大力推进全方位服务平台建设的基础上，重点搭建创新创业平台，促进企业的"融合、创新"发展，旨在建设中国首个"最具人文精神、最具创新精神、最具科技水平"的以"新媒体"为概念的产业聚集园。

目前，园区入驻企业十五家，涵盖了新媒体行业的各个领域，其中有三家国家一级广告企业、四家上市企业。

1、2014年4月25日，深圳市福田区人民政府制定了《中国（深圳）新媒体广告产业园试点扶持资金管理办法》（福府字〔2014〕4号）。按照"集中财力、统一安排、统一管理"的原则，对园区公共服务平台、重点实验室、技术研究中心等的建设给予专项补助，对优秀入驻企业及优秀成长型企业给予专项奖励。

2、2014年5月15日，中国（深圳）新媒体产业园开园仪式隆重举行。各级部门领导、行业专家及媒体朋友莅临开幕式现场。

3、2014年5月15日至5月19日，第十届文博会中国（深圳）新媒体广告产业园分会场举办了5大主题活动，包括：首届移动互联网广告国际峰会、中国新媒体成果展、深圳—台湾新媒体行业洽谈及项目对接会、国际新媒体产业对接洽谈会、签约仪式，实现总成交金额31.4705亿元。

4、2014年12月全部园区企业完成装修并进驻办公。12月29日，新媒体产业园2015迎新会暨企业入园欢迎会隆重举行，园区运营公司、园区企业代表齐聚一堂，共话未来。

5、2015 年 3 月 13 日，“你就是奇迹”白色情人节派对在新媒体产业园浪漫开场，吸引了园区企业、福田区相关单位的 400 多名单身男女参加。

6、2015 年 5 月，国家工商总局副局长甘霖在国家工商总局广告司司长张国华、国家工商总局广告司副司长黄新民的陪同下莅临新媒体产业园指导调研。

7、2015 年 5 月 15 日，第十一届文博会中国（深圳）新媒体广告产业园分会场开幕式在新媒体产业园多功能厅举行。国家工商总局广告司司长张国华，深圳市委常委、福田区委书记张文，深圳市市场监督管理局副局长秦世杰，广东省工商局广告处处长林阳，深圳市福田区委常委、区委区政府办主任吴晶等领导共同启动分会场开幕仪式。开幕式由深圳市福田区政府副区长夏炀主持。

8、2015 年 5 月 14 日至 5 月 18 日，第十一届文博会中国（深圳）新媒体广告产业园分会场举办了“融合•创新”新媒体行业论坛、新媒体科技创新展、新媒体•影展、美迅 3D 航拍技术影像展等主题活动。各级部门领导及业界专家、企业代表、主流媒体出席了分会场活动。文博会期间，成交总金额达 39.1542 亿元。

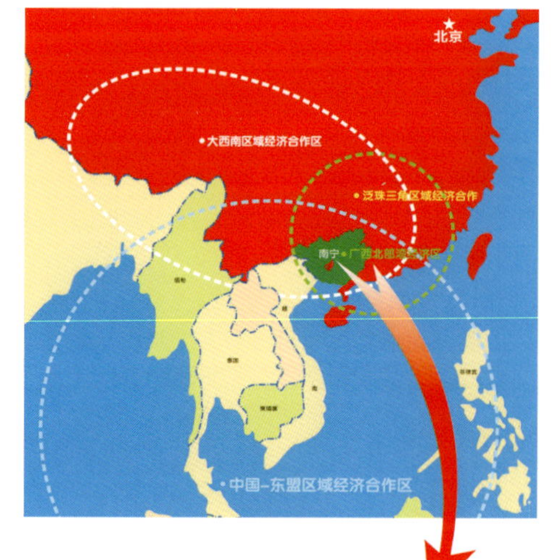

区位优势

广西是中国唯一与东盟海陆相连的省份，在“一带一路”战略规划中将发挥与东盟国家陆海相连的独特优势，加快北部湾经济区和珠江-西江经济带开放开发，构建面向东盟的国际大通道，打造西南中南地区开放发展新的战略支点，形成21世纪海上丝绸之路和丝绸之路经济带有机衔接的重要门户。

南宁作为中国-东盟博览会、中国-东盟商务与投资峰会的永久举办地，带动了中国-东盟多领域的深度交流和共赢发展，形成了促进中国-东盟全方位、宽领域合作的“南宁渠道”。南宁广告产业园将成为区域内最具影响力的广告产业集聚地。

园区概况

南宁广告产业园试点园区位于广西壮族自治区南宁市高新区，总规划建筑面积为7.3万平方米，根据建设内容规划为“一园二区三平台六中心”。“一园”即南宁广告产业园；“二区”即广告产业园的两处主要载体——南宁广告产业园创业区、南宁广告产业园发展区；“三平台”即“公共技术服务平台”、“公共信息管理平台”、“广告专业技术服务平台”；“六中心”即南宁广告产业园六大主要功能中心——海外推广中心、交易服务中心、创意孵化中心、人才培养中心、产业外包中心、企业集聚中心。

平台支撑

积极建设新媒体广告发布厅、广告专业人才库、3D打印体验馆、大型数字广告印刷平台、3D云渲染平台、专业摄影棚和录音棚等服务平台，提供技术支撑，延伸产业链条，提高产业竞争力。

领导关怀

自治区政府副主席黄日波到园区调研

南宁市市长周红波到园区调研

园区环境

南宁广告产业园坐落于绿色宜居的南宁高新区工业园，基础设施完备，交通便利，网络通信全覆盖，依傍着相思湖亲水公园、明月湖湿地公园、欧洲风情小镇、相思湖民族风情街等优美的环境。

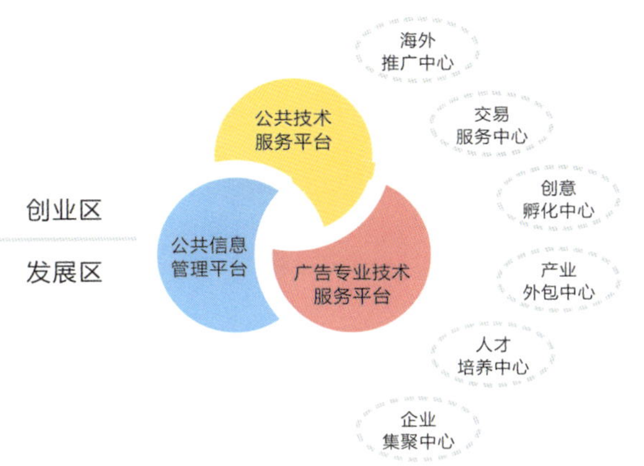

招商电话:0771-3219911
3211206

南宁广告产业园

福建海西国家广告产业园区（泉州园）

发挥产业优势　服务转型升级

福建海西国家广告产业园区（泉州园）地处“东亚文化之都”泉州市政治、经济、文化中心——丰泽区，其前身是上世纪80年代初期开发建设的老旧工业区。近年来，随着泉州行政中心东迁，中心城区东进步伐加快，丰泽区委、区政府积极响应市委、市政府的号召，主动把握城市化的大趋势，及时出台产业“优二进三”政策，以老旧工业区改造为抓手，大力推进城市产业转型升级。2010年，以领SHOW天地为核心区域启动成州工业区的改造建设，推动片区业态由工业小作坊为主的传统工业向广告文化创意为主的现代服务业转变。工商部门立足实际、对接政策，成立专门机构，抽调得力干部进驻园区具体指导，为创建国家级广告产业园区作出突出贡献，使老旧厂房焕发了新的生命与活力。2012年4月，时任国务院总理温家宝亲临园区视察，高度赞许，称之为“旧厂房开辟新天地”。

福建海西国家广告产业园区（泉州园）总规划范围约1050亩，其中，规划改造老旧工业厂房175幢，占地约630亩，以坪山路为界分东、西两个区。目前，西区已基本完成改造的核心区域占地187亩，工业厂房41幢，建筑面积20.4万平方米；已有293家广告企业和广告配套企业入驻，吸引5200多名以80、90后为主的，其中不乏海外学成回归的年轻创意人才在此创业就业。园区改造建设从2010年提出构想开始，经历立项审批、规划设计、租楼搬厂、改造建设、意向招商等大量复杂的前期工作，到2011年底正式开园运营，短短两年，废旧老工业区实现华丽转身；开园后经历两年多运营发展，先后获评市级广告文创产业园区、省级广告产业园区、国家广告产业试点园区，2014年4月正式获颁为国家广告产业园区，实现园区快速成长，取得良好的经济社会效益，主要体现为“五个满意”。

企业满意。园区老企业通过旧厂房改造，实现产业转型，增加资产收益。入园企业通过入驻专业园区、加入产业联盟，有效整合上下游企业，实现产业协同，快速发展壮大。园区已成功培育

皇品微电影，其以独特的新媒体概念以及未来富有想象力的文化创意市场空间，叩响了“新三板”大门，堪称“新三板微电影第一股”，为文创企业打造了一个良好的创新创意环境。成功孵化的福建省讯网网络科技有限公司，连续三届荣获商务部电子商务示范企业。

社会满意。通过园区的改造建设，片区的道路、电网、排水排污等基础设施同步改造，片区景观不断提升，周边环境得到极大改善。园区投入运营以后，片区聚集大量企业并带来丰富的人流、物流和信息流，为社会创造了众多的就业、创业机会。园区同时还与驻地高校合作建立大学生就业创业实践基地，帮助大学生整合资源、对接产业、实现梦想。目前，园区共为周边群众创造近1000个工作岗位，每年吸纳超过500名应届大学毕业生在此就业创业。

运营商满意。园区改造建设后，产业聚集效应发酵，片区整体价值大幅提升。运营商既获得了展示专业、实现价值的工作平台，也从园区运营中获得了合理的利润。园区的成功运营模式，为运营商今后的发展壮大，提供了商业模式和参考范本。

工商部门满意。2014年2月，国家广告产业园区评估专家组莅临园区评估时，给予高度评价认为，园区“政府主导、市场运作”的发展模式是国家广告产业园区建设的范本，政府负责建机制、搭平台，把园区运营、配套服务交给懂广告需求的专业机构负责，符合财政部和国家工商总局的初衷，实现了广告产业园区建设的设想，是专家们心中心仪、理想的广告产业园区。

政府满意。截至2015年12月园区内广告经营额达到12.32亿元，专营广告企业经营额达到9.73亿元，与上年同期比较增加6.2%。园区企业在自身发展壮大的同时，有效反哺本地实体产业，助力本地传统企业的转型发展。如园区内的广告创意企业立足本地食品行业成熟的产业基础，帮助本地食品加工企业，创立自有品牌、开设专营店、提高产品附加值，把产品价值微笑曲线的两端留在本地。

几年来，我们立足本地的实际，对园区发展进行准确的定位、构建灵活高效的机制和提供完善的运营配套，推动园区取得快速发展和良好效益，也为园区的持续健康发展奠定坚实基础。我们将抓住机遇，乘势而上，扬长避短，贯彻创新驱动战略，努力建设规划布局合理、公共配套完善、产业链条齐全、园区运营专业的国家广告产业园区，切实把园区做大做强，服务实体经济转型升级。

领SHOW2015年天地跨年晚会

亚艺节 领SHOW站“艺见香港”

领SHOW天地3A景区授牌仪式

领SHOW天地复活节活动

福建海西国家广告产业园区

（福州园）

一、园区概况

福建海西国家广告产业园区（福州园）以闽台 AD 广告创意园、闽侯广告研发制造园和长乐海西创意谷闽台广告合作总部基地为核心，按照“一园三区”的规划进行创新性、超前性地布局和发展。通过省、市共建模式，打造总占地面积 2841 亩的福建海西广告产业园区（福州园）。第一区，“闽台 AD 广告创意园”位于福州市中心晋安区秀峰路，该项目规划总占地面积为 210 亩，建设总投资 10 亿元，总建筑面积 25 万平方米。其作为福州广告文化创意园总部，建成后的园区将是一个融广告人才、广告创意以及沟通交流为一体的、具有完整产业链功能的海峡两岸广告创意产业基地；第二区，闽侯广告研发制造园总占地面积 180 亩，该项目以海峡传媒港为主，锦绣广告制造园为辅。海峡传媒港，选址闽侯县甘蔗街道，总占地面积 150 亩，规划建筑面积 43 万平方米，建设总投资 28 亿元。锦绣广告制造园位于福州闽侯经济技术开发区铁岭工业园，园区占地总面积约 30 亩，项目总投资 3.75 亿元。该区专注于广告产业新媒体、新设备、新技术、新工艺的研发、生产和制造，成为广告产业链上游广告传媒产业基地与广告生产制作基地；第三区，长乐海西广告创意谷位于长乐市域东北部，规划面积 2451 亩建设，总投资 45 亿元。该区将重点突破广告产业相关的新技术、新合作和新探索，建设动漫游戏开发中心、电子周边产品研发中心、数字营销中心及两岸产业人才交流合作中心等平台，成为广告产业链下游广告衍生产业基地。

福建海西国家广告产业园区（福州园）搭建包括技术支撑平台、综合配套平台、人才集聚平台、市场交易平台、企业孵化平台、公益广告展示平台等六个方面在内的多功能广告公共服务体系，为广告企业之间、广告企业与其他企业之间的交流、合作提供机会。

二、园区招商情况

福建海西国家广告产业园区（福州园）是其他 28 家国家广告产业园对台广告产业交流的核心平台。目前，“一园三区”共吸引各类广告创意文化类企业 108 家，其中，已入驻企业 28 家，包括香港上市公司——网龙网络公司、福建海呐天成品牌管理顾问有限公司，以及多次获设计界奥斯卡金奖的上海唐玛国际机构、福建亚谷机构、慧能传播等企业，园区企业吸引和培养各类广告类专业人才近千名，累计实现产值 35 亿元，增加就业岗位 3000 余个。

三、园区发展历程

2012 年 12 月，经福州市人民政府批准，福州市制定了福建海西广告产业园区（福州园）“一园三区”发展规划，向国家工商总局申报

“福州广告文化创意产业园”。提出凭借海峡两岸文化交流得天独厚的区位优势及海西政策优势，实行“链条传动、产业融合、协同共享、统筹发展”的园区发展模式，通过省、市共建，将园区建设成为海峡西岸重要创意中心和国家级广告创意产业示范园区的总体目标。市政府成立了由市长任组长，分管副市长任副组长，市工商局、市财政局、市文产办、各园区所在地政府等相关负责人为成员的福建海西广告产业园区（福州园）建设工作领导小组，全面统筹推进试点工作。

2013 年 1 月，福州市人民政府办公厅制定出台了《关于支持广告园区发展意见（试行）》（榕政办[2013]20 号），设立广告园区发展专项资金，明确了财税扶持政策、品牌奖励政策、经营用房补贴政策、企业融资、公共平台建设和人才服务政策以及对台资企业扶持特殊政策，积极扶持广告产业发展。

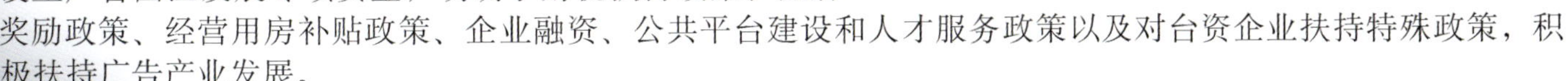

2013 年 4 月，市政府成立了由工商、财政、文产办、各园区所在地政府分管领导为成员的福建海西广告产业园区（福州园）建设工作办公室，主要负责园区的政策和规划制定、建设管理、招商引资、对外宣传等工作。

2013 年 8 月，财政部发文批准福建海西广告产业园（福州园）作为国家广告产业园试点，并同意拨付园区建设专项补贴经费 2500 万元。

2013 年 12 月，首次在台湾举办“福建海西广告产业园（福州园）对台宣传推介会”，提升福建海西广告产业园（福州园）在台湾的知名度和影响力，为加快引进台资广告企业提供了良好的铺垫。

2014 年 2 月，福建海西广告产业园（福州园）顺利通过了国家广告产业园专家组的评估验收，正式进入国家广告产业园区行列。

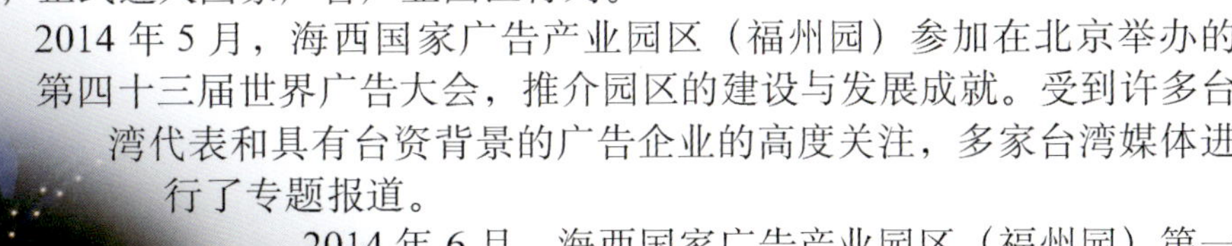

2014 年 5 月，海西国家广告产业园区（福州园）参加在北京举办的第四十三届世界广告大会，推介园区的建设与发展成就。受到许多台湾代表和具有台资背景的广告企业的高度关注，多家台湾媒体进行了专题报道。

2014 年 6 月，海西国家广告产业园区（福州园）第一区的“闽台 AD 创意产业园”被认定为福州市级科技企业孵化器，获得了福州市第二批文化创意产业（园区）示范基地的荣誉称号。目前园区正在加紧申报国家级科技企业孵化器，力争实现建设闽台广告创意总部集群目标。

2014 年 10 月，市工商局联合市财政局制定《关于做好福建海西国家广告产业园区（福州园）奖励（补助）项目申报工作的通知》，兑现广告产业园优惠扶持政策。

陕西国家广告产业园区

陕西国家广告产业园位于西安国际港务区核心地段，规划总占地 800 亩，远期规划总占地 3 平方公里。项目启动区占地 135 亩，投资 18.8 亿元。该项目是陕西省重点文化产业示范基地；西安市 2013、2014 年重点项目；西安国际港务区的现代服务业产业龙头示范项目。特别是 2012 年 4 月国家工商总局授予全国首批 9 个广告产业聚集区“国家广告产业园区”的称号，陕西国家广告产业园作为西部地区唯一的获批园区名列其中。

一、区位

本项目位于西安国际港务区的核心地段，北至柳新路，南到向东路，东至港务大道，西接规划路，区位优势明显。西安国际港务区作为一个集商贸、物流、信息化为一体的现代服务业聚集区，为广告产业园的发展提供了广阔的市场需求。同时项目周边拥有西安综合保税区、西安铁路集装箱中心站、西安公路港等优势项目，有利于广告设备、材料、新媒体等的进出口保税、运输、展示和广告企业网络办公、资源云端管理、视频会议等各项发展需求。

二、定位

陕西国家广告产业园是以广告与文化为基础，以知识产权的形成与应用为载体，以促进广告企业跨越式发展为宗旨，以打造广告行业全产业链为发展方向，以拉动区域经济增长与增加就业机会为目标的产业集群。主要涉及广告、文化、艺术、动漫影视、传媒、信息服务、设计服务、咨询策划等领域的中高端功能业态。

三、建设内容

园区按“六区两广场”规划布局，其中包含：广告企业总部区、广告传媒聚集区、国际广告展示交易区、广告四新研发区、广告企业孵化区、高端商务配套区以及环球创意体验文化广场和爱德华音乐广场。

项目启动区占地 135 亩，总投资约 18.8 亿元，将以总部办公基地、广告博物馆、广告企业孵化中心、广

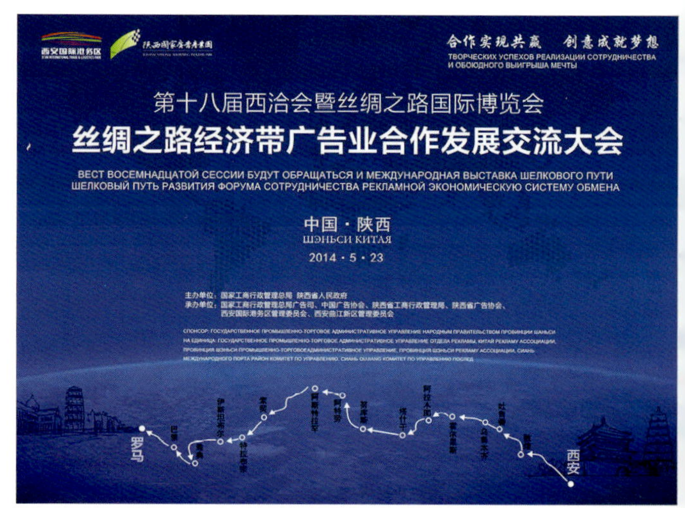

告四新大厦、文化创意街区为主要建设内容。在基本满足广告企业入驻需求的基础上，使聚集效应初步显现。

四、特色亮点

陕西国家广告产业园秉承“丝绸之路、广告先行、贸易跟进”的运营战略，通过不断加大与丝绸之路经济带沿线国家和地区的经贸合作，以打造陕西广告业对外贸易战略高地，开拓对外贸易的新起点为责任。通过结合自身优势，以全面加强与中亚各国合作为契机，深入挖掘丝绸之路经济带建设内涵；以先进的科技手段与传统交易展示为渠道，建立完善的企业公共服务平台；以丰富的物业形态与完善的配套功能为企业提供服务等，使园区成为具有自身特色的国家级广告产业园区，力争成为西部地区标志性文化工程项目。

五、项目意义

陕西广告产业园作为西部地区首批唯一获批的“国家级”广告产业园区凭借其天然优势，承担着繁荣区域广告产业，延伸广告产业链，辐射带动周边服务业升级转型的重要使命，同时也肩负着深化陕西省与丝绸之路经济带沿线国家和地区文化交流合作的重任。项目建成后，对加强陕西与丝路沿线地区经贸合作、增强产业培育能力、加快经济结构调整和优化升级、促进经济持续健康快速增长，将发挥重要的引领作用。

六、项目推进

1. 成立专门的管理机构，建立推进机制。

为了快速推进项目，园区成立了“陕西国家广告产业园发展建设领导小组”，并在国际港务区管委会内建立常设机构——陕西国家广告产业园推进保障服务办公室，该办公室主要负责征地拆迁、项目申报、政策制定、入园咨询、项目建设监督和管理等工作。

为了推进项目进展，园区实行例会制，每周由广告产业园办牵头召开一次会议。对于存在阻碍项目进展的问题，实行责任人包干解决制。

2. 引入开发主体，加速市场化运营。

陕西国家广告产业园按照“政府指导，企业运作”的模式进行开发建设。针对园区的开发成立了“陕西广告产业园投资控股有限公司”，针对区内子项目的开发成立了相应子公司。通过组建开发运营实体，实现利用广告产业园现有的政策资源、物业资源、服务平台资源吸纳周边地区广告企业，形成广告产业链上下游聚集发展的大环境。另外对于新型广告企业的聚集工作，园区还将引入二级平台商，加大广告文化企业的招商力度。

3. 搭建发展服务平台，促进产业聚集。

目前，陕西国家广告产业园已成功引入“中国演员网”，该系统聚集了中国当前一流的广告人才、演员资源，以及广告文化教育素材，利用该系统可完成广告专业的在线培训工作。除此之外，在该系统内可根据用户需求生成一体化订单，客户可根据自己的需求完成各类广告项目。

2014 年内，园区已启动建设总建面超过 5000 m²广告行业大数据博物馆项目，该项目作为陕西国家广告产业园重要的技术支持平台，将为广告企业提供广告素材数据挖掘、数据搜集、数据处理、业务整合、以及相关展示等多重服务功能，将惠及西安及周边地区广告企业。

杭州西湖国家广告产业园区

Hangzhou Xihu National Advertising Industrial Park

2013年，杭州西湖国家广告产业园区在国家工商总局和省、市工商部门以及西湖区委、区政府的正确领导和悉心指导下，结合自身特点，在规划布局、项目推进、搭建平台、强化招商等方面积极开展工作，园区的开发建设取得了较好成效，4月份被国家工商总局认定为国家级广告产业园区并正式授牌。

（一）推进项目配套建设

杭州西湖国家广告产业园区累计已建面积22万平方米，累计在建面积24万平方米。其中3万平方米的

湖广告大厦主体工程竣工，正进行公共部位装修，预计2014年下半年投入使用。园区基础配套建设有序推进已建成会议中心、银行、餐厅、超市、咖啡吧、人才宿舍等，为园区内职工打造5分钟生活服务圈和商务圈园区还具有较完善的交通系统，园内有多路公交可直达杭州市中心主要区域。同时在园区内布点微公交点4个，公共自行车站点34个。

（二）创新运营管理模式

成立杭州西湖广告产业园区管理委员会，由区委书记任主任，区长任第一副主任，区委、区政府分

领导任副主任，聘请中国美术学院、浙江大学、阿里巴巴集团负责人为西湖广告产业园顾问。同时，结合西湖实际，创新园区发展运行机制，整合区域内社会力量，采取“政府主导、企业参与”的市场化运作模式，委托浙大网新下属企业杭州网新睿研科技服务有限公司负责参与园区推广、招商运营和管理服务工作，实现资源共享、优势互补。

（三）搭建公共服务平台

园区积极搭建各类公共服务平台服务园区企业，已建成云计算服务平台、公共拍摄平台、数字制作中心、互联网推广营销平台、中小广告企业孵化平台等公共服务平台，为园区内广告企业业务开展提供技术支撑。同时，国家广告产业园信息交流中心和国家区域性广告教育研究中心也已确定落户园区。

（四）加大园区招商推介

按照园区定位，抓好园区招商工作，通过中国（杭州）电视剧节目推介会、西湖国际广告创意周、中国国际广告节等重大活动平台，对广告企业进行敲门招商。在公交车、报刊、网站、电台等媒介上定向宣传，多途径、多形式扩大园区识别度和知名度。2013 年园区引进广告企业 30 余家，目前累计引进广告企业及其直接关联产业企业 130 余家，包括谷歌授权代理商广桥网络、360 搜索授权代理商广桥集客、当代广告、

和盛广告、上海城际航空、镜尚传媒等重点广告企业。

（五）出台地方扶持政策

西湖区相继出台了《关于加快现代服务业强区建设的财政扶持意见》、《西湖区促进文化创意产业发展政策扶持意见》等扶持政策，为文创产业提供每年总额达 8000 万的财政扶持。尤其是为西湖广告产业园区量身定制的《杭州西湖广告产业园区政策扶持意见》，从扶持新注册广告企业、扶持广告企业加速发展、扶持广告企业做优做强形成品牌、扶持广告人才队伍建设等四大方面明确了 17 条政策措施，成为广告企业发展的助推器。

（六）规范资金管理使用

园区对照《杭州市广告园区现代服务业试点中央补助资金使用管理办法》，积极帮助企业争取政策和资金扶持，组织申报中央财政资金扶持资金，2013 年申报项目 8 个，共申请扶持资金约 2000 万元。同时，发挥中央财政资金杠杆作用，加大地方财政资金的配套并积极引导社会资金投入，2013 年共投入约 2.55 亿元，为企业发展和园区公共平台建设提供资金保障。

杭州运河国家广告产业园区

大运河

杭州运河广告产业园位于京杭大运河之畔，拱宸桥以西，杭州市打造城北杭州第三中心的核心地带，占地2.74平方公里。园区特独的地理环境、文化底蕴及交通便利等先天条件，使其拥有无法复制的六大优势。

一是便捷的区位交通：杭州运河国家广告产业园东临上塘高架，西接莫干山路，南邻留石快速路，北达杭州绕城、沪杭甬、杭宁和杭浦高速，距西湖10公里，距杭州武林广场8公里，30分钟可达萧山国际机场，到上海浦东国际机场约2小时车程，规划中的地铁5号线、10号线从园区经过。

二是深厚的人文底蕴：京杭大运河穿境而过，留下了众多的历史文化遗存。境内有富义仓等4个运河申遗点、小河直街等3大历史街区、中国京杭大运河等5大国家级博物馆，为广告产业的发展积淀了深厚的文化底蕴。

三是广阔的发展空间：园区占地2.74平方公里，规划"三片六区"。分别是东片的总部经济区、品质住宅区，中片的广告产业示范区、商业商务区，西片的创业创新区、金融创投区。 总建筑面积350万平方米，其中高标准建设广告产业示范区45.5万平方米，形成广告产业大厦、广告产业中心、广告产业广场、广告研发中心由点到面、梯次推进发展格局。

四是完善的公共服务：园区投资3000万元，与世界500强企业惠普公司联合打造杭州运河广告产业园智慧园区公共服务平台，其内容建设由四大板块组成，分别为"云数据中心及办公服务中心"、"政企云企业服务平台"、"智慧园区管理信息化平台"和"智慧园区综合展示体验中心"，数据中心、云计算中心、云桌面系统为园区及企业提供安全、高效、便捷、低成本的云数据备份服务。园区和中科院联合打造杭州运河"智谷"数字技术中心，该中心为可实时监控电视广告的智能平台，申报的"海量广告技术整合"项目可为广告、影视、游戏企业提供数字技术片断；连同总投资6340万元的广告摄制中心、广告后期渲染中心、广告产业孵化

一期用房

运河智谷数字中心

云计算服务器

运河魂·创意源

拱宸桥（大运河）

平台等八大公共服务平台和广告产业园企业服务中心等四大公益性服务平台，将助力更多入园企业创业创新。

五是优越的生活配套：2014 年 12 月 12 日，建筑面积 35 万方、总投资 55 亿元的杭州首个万达广场将正式营业，这极大地改善了园区商务配套环境，也将改写杭州武林商圈一圈独大的商业版图。十年基础设施建设投入资金 10 亿元，建设道路 25 条、整治河道 5 条，新建改造绿地 15 万平方米，园区路网基本形成；规划中的地铁 5 号线、10 号线从园区经过，园区公交首末站拥有包括 76 路、91 路、47 路等多条公交线路通往杭城各个方向；12 班的大关幼儿园、单身公寓已投入使用，25 万方的农居公寓、配套的卖鱼桥小学分校区、配套的中学等项目也即将相继投入使用。一座区位优势明显、功能布局完善、产业特色鲜明的现代产业新城已初现雄姿。

六是雄厚的产业基础：截至 2014 年 6 月底，园区共有广告及关联企业 317 家，半年度实现产值 29.4 亿，税收贡献 1.25 亿元。园区产业主要涉及互联网广告、影视传媒广告、房地产策划广告、动漫游戏广告、广告设计和广告印刷。其代表性龙头企业有全国创意广告 20 强的浙江博采传媒有限公司、有全球领先的大数据营销企业 AdTime、有获得被誉为印刷界"奥斯卡奖"的美国印制大奖的最高奖项——Benny Award（又称小金人奖）的广告印刷企业浙江影天印业有限公司等。

未来，园区将以数字化新媒体广告产业为发展重点，以互联网广告为发展先导，把培育引进国内外知名的广告领军企业，作为园区建设的重大战略，建设特色鲜明、优势明显的广告产业集群，这里将打造成为"长三角"广告产业创意创新的新高地。

四期用房

互联网广告数据中心

广告摄制中心

昆明国家广告

昆明广告产业园外立面形象展示

2013 年 12 月，国家工商总局广告司司长张国华参观体验昆明广告产业园广告文化新媒体演示综合演示中心 AR 增强现实系统设备

2014 年 8 月，云南省委常委、云南省委宣传部赵金部长在 2014 年创意云南文化产业博览会昆明广告产业园展位参观、了解 3D 打印技术

创建昆明国家广告产业园 助力云南广告产业快速发展

昆明广告产业园是以昆明市五华区金鼎科技产业园为核心创建的国家广告产业试点园区。园区的建设工作在省委、省政府的大力关心和支持下，紧紧围绕“云南民族文化创意孵化基地、云南旅游文化和传播窗口、南亚创意潮流聚集地和云南微小品牌孵化推广平台”的功能定位有序开展。目前，园区已被省工商局认定为云南省重点扶持广告产业园，同时被财政部和国家工商总局列为中央财政支持广告产业发展试点园区。为了加快园区建设的步伐，省、市、区政府先后出台了《关于加快广告产业园发展的意见》(云政发〔2013〕145 号)、《关于促进昆明市广告业发展指导意见》(昆政发〔2013〕16 号)、《关于促进昆明广告文化产业园产业发展的暂行办法》(五产园委〔2013〕29 号)，为促进云南省广告业发展提供了政策保障。2013 年 12 月 6 日，云南省工商行政管理局与昆明市人民政府签署了《关于推进昆明广告产业发展的战略合作协议》，重点扶持昆明广告产业园发展，广告产业园已成为全省大力推进广告战略实施的重要载体。

园区按照“政府引导，企业营运”的市场化模式运作，重点打造八大公共服务平台，提高入园企业的技术支撑和整体服务水平。**(1) 一站式服务平台**：提供工商注册、项目审批、税务登记、政策发布、周边服务配套信息查询等“一站式”、“零距离”服务；**(2) 广告研发设计制作平台**：针对云南高端平面广告制作的空白，与行业龙头企业合作，采购新技术、新设备，建设广告研发设计制作平台、3D 打印中心、大型数码广告喷绘中心；**(3) 广告文化新媒体演示综合中心**：针对云南省大型新媒体展示活动中心的空白，通过新媒体、PC、移动互联网等运用整合，为企业提供产品展示、供需互动、品牌塑造与推广、产品线上线下体验推广与演示、高端论坛；**(4) 广告要素交易平台**：与昆明泛亚产权交易所共同建设广告要素交易平台，实现广告创意作品、广告资源拍卖、投融资

昆明广告产业园与入园企业代表在促进昆明广告产业发展战略合作协议签字仪式上签订入园协议

产业园试点园区

2014 年 8 月，昆明广告产业园管委会主任王迅向五华区区委书记金幼和介绍昆明广告产业园发展规划

2014 年 6 月，印度电子教育集团到昆明广告产业园参观考察，就开展园区与南亚的合作进行深入交流

服务、广告版权保护、企业对接洽谈等功能；**(5) 云智慧服务平台**：云智慧服务平台由云计算、云资源、云政务和云商务平台组成，为广告企业及所服务的企业提供数据处理、信息传播、咨询传递、云端应用、形象推广、线上营销、品牌塑造、知识产权服务；**(6) 专业培训和人才培养服务平台**：已与昆明理工大学、云南民族大学等四所高校签订了广告人才培养战略合作协议，并在省工商局的授权下成立东南亚广告培训交流中心，作为园区的专业培训和人才培养平台；**(7) 园区企业市场推广服务平台**：积极塑造和推广云南品牌，对商标品牌进行统一发布，提升云南商标品牌在全国乃至南亚、东南亚的认知度；**(8) 金融服务平台**：创新担保方式，为重点入园企业提供信用贷

2014 年 4 月，“创意云南，梦想家园”首届创意云南广告大赛高校巡讲会在云南大学启动

款，建立创业投资功能和广告文化产业发展基金，发挥财政资金“杠杆”效应，吸收社会资金为广告产业发展提供资金支持。

在招商推介方面，园区积极组织开展了广告创意龙头企业相关上下游关联企业的招商工作，现已有 180 多家特色鲜明的广告、创意类企业入驻金鼎片区，产业聚集效应凸现，园区的影响力和带动力逐步显现，广告创意产业的集约化、专业化、国际化水平有所提升。在活动宣传方面，园区以“六个一工程”为抓手开展系列活动，即推出一大奖项、打造一大峰会、举办一大活动、引进一批人才、建立一个学院、培育一批品牌，通过活动凝聚行业精英，扩大园区的影响力，促进园区的快速发展。

昆明广告产业园致力于构建以广告产业为核心，创意设计、会议会展、中介服务、软件信息为关联，集创意商业、智慧居住、体验娱乐于一体的关联互动型产业体系。同时，以现代广告手段带动云南特色民族文化发展，挖掘云南优秀品牌和产品创意，打造面向南亚的广告创意文化产业聚集区，提升广告产业为产业结构转型和社会经济发展的贡献度。

温州国家广告产业试点园区

温州国家广告产业试点园区以“浙江创意园”为基础，向“黎明92”文化产业集聚区等周边园区辐射，实行“一园多区”的模式。

浙江创意园于2009年建成开园，利用原温州冶金机械厂老厂房改造建成，园区总面积6.2万平方米，由浙江工贸职业技术学院和温州报业集团合作建设。目前园区共进驻以品牌策划、广告设计、工业设计、影视制作等广告创意、工业设计企业70多家，从业人员2000余人，园区先后荣获“省122工程首批重点文化产业园区”、“省级特色工业设计示范基地”、“温州市文化创意产业示范基地”、“温州市创意旅游基地”、“温州市区先进创业孵化基地”、“温州市现代服务业集聚示范区”、“市级重点文化产业园区”等荣誉称号。

“黎明92”文化产业集聚区原为黎明工业区，始建于1992年，经过属地政府“退二进三”引导改造，现已建成国家广告产业试点园区、浙江省小企业创业示范基地、温州市现代服务业集聚示范区、温州市重点文化产业园区等集聚平台。园区占地面积164亩，建筑面积约15万平方米，单体建筑厂房57幢，目前共入驻以品牌策划、广告设计、建筑设计、影视制作、餐饮休闲等企业170余家。

温州国家广告产业试点园区开园仪式
（左二温州市委书记陈一新，
左三国家工商总局广告司司长张国华）

温州国家广告产业试点园区授牌仪式
（左一温州市市场监督管理局
党委书记曾云传）

温州市委书记陈一新陪同国家工商
总局广告司司长张国华参观园区

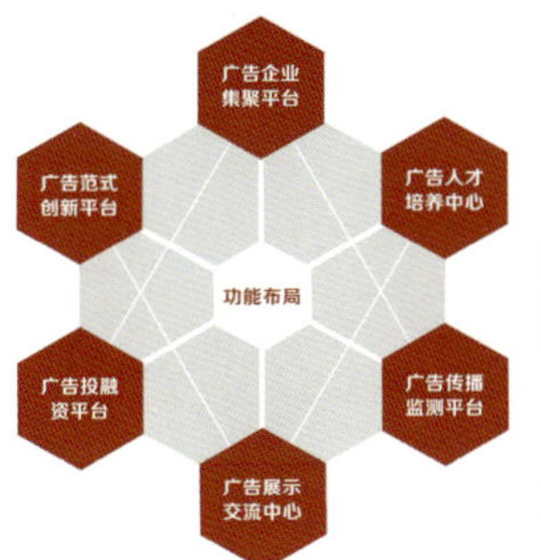

资源整合 平台共享

Resources Integration Platform Sharing

利用中央财政扶持资金打造园区公共服务平台

温州市委、市政府按照“两美温州、时尚之都”的产业发展要求，把广告产业和文化产业、时尚产业、互联网产业紧密融合，以广告园区重点工程建设、公共服务平台建设为工作载体，按照“市场导向、政府扶持、企业主导、共同推进”的工作方针，力争把广告园区建设成为浙南闽北的广告产业基地，创意产业基地、时尚产业基地、工业设计基地，引领广告产业跨越式提升，推动温州市文化产业整体发展。

一、着力强化组织领导，形成园区建设工作新局面

一是成立领导小组，理顺园区建设工作机制。园区建设工作领导小组由市委常委、宣传部长胡剑谨任组长，副市长胡纲高任副组长，明确由市场监督管理局负责指导园区规划和建设的日常工作，确保各项工作进展顺利。二是召开专题会议，共促共推园区建设工作。市委、市政府多次召开专题会议，听取园区建设工作汇报，研究园区总体发展规划，进一步明确了各单位的职责分工，落实了责任机制，形成多部门协助推进园区建设工作的工作局面。三是纳入绩效考核，确保园区建设各项工作落实。市市场监督管理局将园区建设工作列入 2014 年“十大项目”，局党委书记曾云传、局长鲍小瓯定期对进展情况督导，确保了

国家工商总局广告司领导考察温州市尊荣广告传媒有限公司

创意园区，产业集群

Creative Park, Industrial Cluster

● 思珀设计产业

● 七号艺术中心

● 工业设计展厅

园区建设各项工作有序推进。

二、周密规划建设方案，打造园区跨越式发展“新引擎”

温州是中国民营经济的发祥地，园区建设充分利用了温州民营经济发达、温商资源丰富、瓯越文化深厚等优势。一是以现有资源为基础打造广告产业示范园区。在现有浙江创意园和“黎明 92”文化产业集聚区基础上打造广告产业示范园区和公共服务体系。二是以建设广告产业大楼带动园区整合升级。二期工程建设广告产业大楼，带动园区硬件设施整合和服务平台的升级。三是以院校搬迁为契机建设文化产业大园区。园区建设单位浙江工贸职业技术学院即将整体搬迁，园区以此为契机制订产业发展长远规划，利用原校区建设文化产业大园区。

三、科学制定优惠政策，构建创新创业“新家园”

市市场监督管理局联合市财政局制定出台了《温州广告产业园区现代服务业试点中央补助资金使用管理暂行办法》，为园区运营建设和龙头企业提供资金支持和优惠政策。一是为入驻企业提供资金补助。对广告企业购置技术领先的软硬件设施进行补助，全力支持广告园区内广告及其关联产业企业做强做大。二是对行业优秀人才进行奖励。引导和鼓励国内外高端广告人才引进，造就高素质广告专业人才和经营管理人才队伍。三是为园区运营建设提供资金支持。对园区日常运营、服务平台和公共展厅、提升改造园区软件硬件环境等提供资金支持。

四、精心搭建公共服务平台，树立产业发展“新标杆”

一是打造综合服务公共平台。为投资者提供“一站式，一条龙”服务。二是打造广告融资交易平台。推动创新型广告企业的孵化、培育与快速成长。三是打造人才技术发展中心。依托浙江工贸职业技术学院“产学一体”机制，培养广告人才，促进教学、科研、实践就业一体化。

园区蓝图

’2015中国广告年鉴

China Advertising Yearbook

全国工商系统广告监管先进单位展示专栏

The Advanced Advertising Supervision Units of National Industrial and Commercial System

海口市工商行政管理局

按照市局党组的工作部署，在分管领导的具体指导下，海口市工商行政管理局积极推进实施广告战略，认真开展商业广告监管工作，取得了一定成效。

一、广告产业园项目稳步推进，全面发展

海南广告产业园自正式建设运营以来，截止目前已入驻103家国内外广告设计产业企业及机构，建成海南第一个广告文化产业公共服务平台。海口市工商行政管理局发挥积极有效的协调作用，扎实做好广告产业园园区各项工作，推动园区带动广告产业集聚，为社会提供更多就业岗位，服务地方经济发展。

为充分发挥中央财政资金的扶持作用，海口市工商行政管理局联合海口市财政局起草了《海南广告产业园政策资金管理办法》（修订稿）报海口市政府，市政府召开了市长专题会议研究，待修改完善并报省局、省财政厅备案后即可下发执行。

二、开展专项整治行动，严厉打击虚假违法广告

在省局的指导和帮助下，海口市工商行政管理局

工商工作人员深入农村宣传新广告法

工商工作人员检查规范路边店铺广告

进一步强化与省局广告监测中心的信息衔接，对监测发现的虚假违法广告，第一时间责令停播停刊，约谈广告负责人，限期进行整改。同时，进一步强化综合执法检查，各区局、直属局、工商所加大对违法广告集中发布重点区域的巡查频率，做到有案必查，重拳打击。本年度海口市工商行政管理局开展查处报刊夹带违法广告、虚假违法医疗广告等专项整治行动，共查处各类违法广告237宗，罚没款98.4万元。户外广告案件195件，罚没款59.5万元。其中公消局查处“CCTV品牌直通车战略合作单位”共罚没款8.448万元。秀英区查处海南昌茂润德房地产公司水木清华楼盘虚假广告共18万元，均已上缴国库。

三、户外广告登记工作进一步规范，便利群众

海口市工商行政管理局商广处对各区局办事服务中心户外广告登记业务进行指导，积极帮助基层和企业解决登记中遇到的困难和问题。目前，各区局办事服务中心户外广告登记工作已办理户外广告登记业务2330条次，为广告企业提供优质高效的服务，获得办

事群众的一致好评。

四、积极协助协调其他部门，做好户外广告规划工作

2014年度，海口市工商行政管理局还积极协助市容市貌委员会、城市管理建设部门，做好流动小广告整治、语言文字规范等工作，并审查欢乐节期间房地产广告道旗活动。

五、加强互联网广告监管，维护网络商业环境清洁

在互联网监管专项活动中，共巡查网络经营主体1086家。发现违法广告19个，立案19宗，结案6宗，共计罚款68000元。如海南现代男科医院在其网站上发布广告（网址为http://xdnk.com 琼ICP备）涉嫌违法宣传治愈率、有效率等诊疗效果，海口市工商行政管理局工作人员对当事人做出责令停止违法行为并罚款10000元的行政处罚。

规范骑楼老街户外广告招牌

借助4.25世界知识产权日开展新广告法宣传活动

2015年，海口市工商行政管理局广告监督管理处着重开展以下工作：

1、进一步规范大众传播媒介广告发布行为，一是继续大力开展虚假违法户外广告、互联网广告、媒体广告专项整治，规范商业广告。二是指导大众传播媒介加强自律，认真落实广告发布审查制度；三是继续实施行政指导约谈制度，加强与大众传播媒介的工作联系与沟通，实现共赢；四是加强与省广告监测中心的信息衔接，加大查处惩治力度，震慑违法行为；五是探索长效监管机制，实现虚假违法广告发布率同比减少。

2、推进户外广告登记程序便利化，把好户外广告登记关；按照市政府的工作部署，与市政市容委联合开展专项整治，根据规划，力争使海口市主要路段的广告招牌全面规范设置。

3、推进海南广告产业园建设，报请市政府尽快通过《海南广告产业园政策资金使用暂行管理办法》，做好中央财政补助资金的使用管理工作，督促灵狮公司尽快启动园区二期工程建设，做好园区广告企业引进和服务工作，加快公共服务平台建设进度，带动全省广告业快速发展。

海口市工商行政管理管理局
网址：www.hkaic.gov.cn
地址：海口市龙华区坡博路19号　邮编：570206

三亚市工商行政管理局

三亚市工商局立足工商职能，深入贯彻实施广告战略，规范广告监管行为。以推进广告业又好又快发展为目的，以抓监测、重巡查、打虚假为手段，探索广告长效监管机制，加大虚假违法广告整治力度，鼓励企业参与公益广告活动，为三亚广告市场规范化发展和提升城市文明品位作出了积极的贡献。

一、推进广告战略实施，加快广告业发展步伐

为更好发挥工商职能作用，促进广告业科学发展，提升文化软实力，该局以推进广告战略实施为抓手，积极营造有利于广告业发展的市场环境。该局在三个月时间里，举全局之力组织开展广告业大普查，对全市广告企业、兼营广告的媒体以及从事广告业的个体工商户等广告经营单位的数量、从业人数、经营规模等情况全面调查，摸清了三亚广告业的家底。2013 年以来，该局从“中视杯”海南省首届公益广告大赛获奖作品中选出一些优秀作品，在三亚市主干道、旅游景区（景点）的候车亭、展示牌等户外媒体上展播，美化了海南国际旅游岛广告环境，展示了海南文化软实力和三亚文明健康的良好形象。2013 年 7 月，三亚市政府转发《海南省人民政府关于促进广告业发展的意见》及市政府领导批示件，要求工商牵头，组织协调综合执法、国土、税务、公安、财政、人劳部门各司其职，抓好落实。并明确指出，三亚市政府将广告业纳入相关领域重点扶持的行业，指明了广告行业发展重点及方向，为三亚广告业的快速发展提供强有力的政策支持和制度保障。

开展户外广告整治

抽样检查市场商品，规范市场环境

二、加强广告监管联动，净化广告市场环境

为深入贯彻落实国家工商总局等十三个部门《2013 年虚假广告专项整治工作实施意见》和省工商局广告监管工作相关要求，该局多次在重要节日和活动中开展广告专项整治行动，加大对广告发布者、广告经营者和广告主的查处力度，并对整治时间、整治目标、整治范围、整治内容作出详细要求。

（一）强化联系，搭建联合整治平台。搭建“政府主导、工商牵头、部门配合、各司其职、各尽其责”的工作格局，明确与市委宣传部、监察局、卫生局、食品药品监督管理局等职能部门的整治职责，对全市虚假违法广告综合治理工作进行周密部署和安排，形成多部门齐抓共管，协同共治的综合治理长效工作机制。

（二）强化监管，提高执法联动效能。重点加强与市委宣传部、监察局、卫生局、食品药品监督管理局等

坚持促进发展与加强监管并举
提高广告监管效能 营造良好发展环境

职能部门的协作联动，积极推进广告监管信息沟通与共享，增强执法合力和实效，对卫生、食品药品监管等部门移送的案件认真查处。

（三）建立交叉检查、三级检查督查制度，加强广告市场巡查。以医疗、药品、保健食品、化妆品、美容服务、房地产、旅游等为重点，保持高压态势，采取交叉检查、明查暗访以及工商所抽查、直属局检查、市局督查的三级检查督查制等措施加强检查指导，规范经营行为，层层抓好落实。

（四）加强约谈教育，督促规范广告发布。每年的重大节假日前，该局对全市主要广告经营单位进行约谈教育，督促其规范发布广告，并发送温馨提示诚信发布广告的信息。同时，各工商所采取开座谈会、电话、手机信息等方式，对辖区内的广告经营单位进行再次温馨提示、警示教育。

三、加大广告监管力度，查处虚假违法广告

加强广告日常监管力度，全面掌握其发布动态，对虚假违法广告做到早发现、早制止、早查处。强化源头治理，积极配合支持行业管理部门对虚假违法广告涉及的产品和广告主采取行政强制措施，对省工商局、市卫生局和市食品药品监督管理局等部门移送的和监测到的虚假违法广告做到有案必查、查必有果。

推进广告监管信息沟通共享，增强执法实效

明查暗访药品、化妆品等行业，加强市场监管

一是保持高压严管态势，以贯彻学习大众传播媒介发布广告审查规定为契机，督促媒体完善广告审查制度；二是积极查处虚假违法广告案件，加大虚假违法广告整治力度，有效遏制虚假违法广告；三是坚持“两手抓”户外广告管理，在户外广告管理上坚持做到审批和整治“两手抓”，审批合格率达 100%；四是加强全市媒体发布广告内容的监管，督促其在广告发布中加强自律，承担社会责任。

近年来，该局以辖区内的主要街道、旅游景点等作为重点监管区域，对路牌、灯箱、墙体、媒体、互联网等广告开展全面清查。全局共出动执法人员 1590 人次；执法车 588 车次；检查户外广告 2250 条；责令停止发布违法广告 135 条；查处违法广告案件 172 宗，罚款 207 万元。有效规范了广告市场经营秩序，进一步净化了广告市场环境，守住了海南国际旅游岛一方净土，广大群众对广告市场秩序的满意度较高。违法广告整治工作收效明显，各项工作取得了较好的成效。

如 2014 年 1 月，该局对三亚某大型旅游度假酒店发布宣传五星级及涉赌活动广告，当场责令其拆除户外广告、删除网页违法广告内容，并立案处罚 45 万元。近年来，该局共对三亚市 3 家较大的旅游度假酒店因未达到五星级而虚假宣传其为五星级酒店的行为罚款 15 万元；对 3 家旅游购物企业虚假宣传欺骗消费者行为罚款 50 多万元。

三亚市工商行政管理局
网址：www.sanya.gov.cn
地址：海南省三亚市天涯区解放路 563 号　　邮编：572000

’2015 中国广告年鉴
China Advertising Yearbook

中国广告业发展综述

Survey of the Development of China Advertising Industry

2014 年中国广告业发展综述

2014 年全球经济复苏艰难曲折，主要经济体走势分化。美国经济先抑后扬，欧元区和日本经济停滞不前，发展中经济体增长趋缓。全球广告支出 5266.4 亿美元，同比增长 4.7%。美国仍然是全球最大的广告单一市场，广告支出占全球的比重没有大的变化，仍为 33%，约 1762 亿美元。中国居第二，广经营额约 889.8 亿美元，广告经营额占全球广告总支出 16.8%。日本居第三，广告总支出 583 亿美元，广告总支出占全球广告总支出 11%。美国、中国和日本的广告支出总量约占全球广告总支出的 60%。

表一　2014 年全球及部分国家广告业发展基本情况

国家	广告经营额（单位：亿美元）	数据来源
全球	5266.41	www.mandmglobal.com
美国	1762	www.warc.com
中国	889.8	国家工商行政管理总局
日本	583	www.warc.com
德国	372.1	www.emarketer.com
巴西	315.33	199it
英国	292.28	www.warc.com
法国	172.5	www.emarketer.com
韩国	91	www.warc.com
俄罗斯	83.8	www.emarketer.com
印度	61.1	www.emarketer.com
墨西哥	49.4	www.emarketer.com

注：以上数据由编者网上搜集，汇率换算不尽统一。

一、基本情况——经济“新常态”下的中国广告业

2014 年中国广告业扭转了 2013 年出现的经营额增速低于当年 GDP 增速的下降趋势，恢复了二位数增长。全国广告经营额 5605.60 亿元，广告经营单位 54.369 万户，从业人员 271.7939 万人，分别比 2013 年提高 11.67%、22.08%和 3.66%。广告经营额占 GDP 比重为 0.88%，与 2013 年占比持平。

表二　2014 年全国广告经营情况

项　目	2013 年	2014 年	增长率 (%)
经营单位（户）	445365	543690	22.08
从业人员（人）	2622053	2717939	3.66
营业额（万元）	50197459	56056033	11.67

在全球经济复苏前景不明，中国经济面临"三期叠加"（增长速度换档期、结构调整阵痛期和前期刺激政策消化期），经济下行压力持续加大，多重困难和挑战交织的背景下，中国经济进入"新常态"。"新常态"的基本特征：一是从高速增长转为中高速增长；二是经济结构不断优化升级，第三产业消费需求逐步成为主体，城乡区域差距逐步缩小，居民收入占比上升，发展成果惠及更广大民众；三是从要素驱动、投资驱动转向创新驱动。

观察 2014 年中国经济"新常态"，有四现象值得持续关注：一是虽然经济增速已"告别"连续三十年的高速增长，但经济体量继续增大。2014 年经济发展全年国内生产总值 636463 亿元，按可比价格计算，比上年增长 7.3%。折合美元首次超过 10 万亿美元，这是重要的规模变化。二是产业调整趋势加快。全年第三产业增加值占国内生产总值的比重为 48.2%，比上年提高 1.3 个百分点，高于第二产业 5.6 个百分点。这已是自 2012 年起始，连续第三年第三产业增速超过第一、二产业（注：2012 年第二、三产业增速均为 8.1%）。三是需求结构继续改善。全年最终消费支出对国内生产总值增长的贡献率为 51.2%，比上年提高 3.0 个百分点。四是城乡居民收入差距进一步缩小。全年农村居民人均可支配收入实际增速快于城镇居民人均可支配收入 2.4 个百分点，城乡居民人均可支配收入倍差 2.75，比上年缩小 0.06。

2014 年，中国这艘"经济大船"，在全球经济阴晴不定的浪涌中继续"扭船头"、"调方向"进入"新常态"所发生的持续性的变化，对中国广告业影响深远。首先，中国经济保持适度增速，体量稳居世界第二，这是中国广告业持续、稳定、健康发展的坚实基础。其次，近几年第三产业的快速发展是贯彻落实中央一系列鼓励发展政策的结果，而这一政策的继续完善与实施，为中国广告业的下一步发展提供了良好的预期。三是全年最终消费支出对国内生产总值增长的贡献率连年增长，为中国广告业的发展提供了新的动力。四是农村收入的不断提高，消费力不断增强，使广告业继续克服中国经济传统二元结构影响，向二、三线城市和广阔农村市场转移下沉有了保证。

2014 年可谓中国广告行业模式创新、方法创新，广泛拥抱互联网的一年。在这一年中，无论是广告主，还是广告公司，都在尝试着与互联网的深度融合，以适应市场变化的商业模式和互联网思维方法。从产品到营销的全面转型探索成为了 2014 年广告行业发展核心主旋律。

如果说，往年广告业自身的成绩只能作为国民经济的晴雨表，反映着市场走势的结构变化趋势，那么 2014 年，广告行业的发展则实实在在地起到了刺激就业、扩大现代服务业转型升级的积极作用，尤其是拉动了内需、推广了国际品牌传播。

2014 年，中国广告经营单位数量快速增长 22.08%，达到 543690 户；广告从业人员数量则小幅增长了 3.66%，达到 271.79 万人。这一增长显然与国家调低新创公司注册门槛，鼓励社会创业的宏观政策息息相关。

综合对比 2013 年广告从业人员 20.40% 的增长以及 2014 年中国广告经营单位数量 22.08% 的增长可以发现，2014 年 3.66% 的从业人员增长幅度不高，这明显地反映出广告行业结构调整的痕迹。

表面上看，仿佛进入广告行业的从业人员大大减少。但是综合考虑 2014 年的实际情况会发现，众多从业人员在 2014 年中选择离开广告公司，转而进入品牌广告主、互联网公司，继续从事原有业务。这一现象恰恰说明，创意等广告行业的本质元素并没有消失，而是突破了行业局限，向更为直接的产品领域和互动媒体端渗透。“创意”也将不再只为广告公司所专有，更多品牌企业和新媒体也将拥有自己的核心创意团队，并从用户需求这一环节开始，把创意融入在产品设计、生产、销售的全过程。这种转变是互联网带给中国制造业一次创新与革命的机会。如果说，之前的十年，互联网改变了中国零售业，那么也许在未来十年，互联网将带给中国制造业、中国经济一次实质意义上的跨越。而这种跨越或许才是中国广告业在新时期对于中国经济真正的责任和使命。

再加上由于市场营销的网络化，广告行业对新进入的从业人员的素质要求更高，使缺乏互联网思维能力的从业人员逐渐边缘化。因此 3.66% 的增长率应该被理解为广告行业对人才需求的一种转型，这种转型符合现代市场的需求，直接结果是产业质量的提升。

2014 年，设计、制作、代理、发布四大业务门类的费用的总额分别为 769.08 亿元、743.09 亿元、1231.99 亿元和 2861.44 亿元。分别占据了总额的 13.72%、13.26%、21.98% 和 51.05%。相比较上一年的 13.9%（695.58 亿元）、12.3%（619.28 亿元）、31.1%(1560.76 亿元) 和 42.7%（2144.13 亿元），“代理”业务的份额减少了 9.12%，而“发布”环节则增加了 8.35%。如果比较 2013 年及 2014 年的两组数据，则可以清楚地看到，在“代理”这一业务中，2014 年的业务额下降了 21.06%；“发布”业务则增长了 33.45%

两大业务上升下降的强烈反差说明，代理市场正在萎缩，那些之前依靠纯粹代理而生存的公司业务范围正在逐渐收窄。而具备复合业务能力的创意型公司的市场前景将受到青睐，究其根本，是因为这样的公司可以解决广告主多方面的诉求。

虽然，互联网和移动网络的迅速发展深刻改变着传播环境和营销模式，但电视媒体在经营模式创新和产品内容创新上，让市场大吃一惊。2014 年，与广播电台、报社、期刊社三大媒介的整体下滑（−5.91%、−0.60%、−6.41%）相反，电视媒体的创新最终收获了 16.11% 的增长，电视媒体销售额达到了 1278.50 亿元，仍然高于互联网的市场份额。

而来自网络媒体广告份额的高速增长也在逐渐逼近电视媒体。2014 年中国网络广告经营额增长了 51.7%，达到了 969.09 亿元。按照这种发展态势，2015 年网络媒体广告有望超越电视，成为传播力最强的复合传播渠道。

不能否认的事实是，22.08% 的经营单位的增长摊薄了 2014 年广告营业额 11.67% 的增幅。换句话说，平均到每一家企业身上的营业额数量较 2013 年只会更少。这说明，中国广告行业集中度不足的老问题始终在掣肘着行业的发展。过多小企业的存在只会带来更多“机会主义”心态。新公司增长过快，整体行业中企业规模过小等问题，就像一把双刃剑，一方面让市场更活跃、竞争力更强，另一方面却现实地阻碍着就业率扩大、现代服务业产能提升、做强我国广告业等行业夙愿的迅速实现。因此，国家有关部门必须考虑及时推升广告企业做强的相关产业政策，解决广告服务业质量提升等瓶颈问题，否则，不仅影响广告行业的发展结构，更会影响我国民族品牌的国际化进程，让中国的优秀产品卖不出同等价格，大幅降低优质产品的变现能力。这一角度出发，广告行业发展是否优质的问题，已经不是广告行业解决自身市场及发展的问题，而是国家创意战略与宏观经济政策发展的博弈问题。

二、人员变化——从业人员在行业内流动，市场因素成绝对标准

2014 年，中国广告行业经营单位、从业人员与广告经营额均有不同程度的增加。其中，经营单位增长 22.08%，达到 543690 家；从业人员增长 3.66%，达到 2717939 人，广告经营额增长 11.67%，达到突破的 5605.60 亿元。

但是，有一个现象十分显著。2014 年中，国有企业、集体企业、事业单位的经营单位与从业人员数量呈现下降趋势。其中，国有企业的经营单位与从业人员数量分别为 8004 家和 108930 人，分别较 2013 年下降 7.97% 和 5.02%；集体企业的经营单位与从业人员总量则是 1837 家和 22814 人，下降 2.86% 和 15.91%；事业单位的经营单位与从业人员总数为 5524 家和 91806 人，同步下降 6.97% 和 63.87%。

与之相对应的是，2014 年的外商投资的广告企业从业人员数量增幅为 182.47% 和 94515 人。虽然，这一增长是建立在较低的基数之上的——2013 年这一数字仅为 33460 人，远远低于其他属性企业的总人数，但是考虑到在过去的一年中，众多外资广告公司纷纷通过收购或直接在华组建分公司的方式进入中国互动广告市场的事实，可以预见外资广告公司在一段时间内仍会存在大量的人员需求。

从数字中还可以看到，不仅外资投资企业，私营企业、内资公司、个体工商户等类型的企业，在经营单位数量与从业人员总量上均有不同程度的增加。

而且，一个不争的事实是，在过去的一年中，一批服务业互动媒体和社会化媒体的本土广告公司始终在努力拓展自身的业务范畴，提高服务的专业水准，力图长期占有现在的市场份额。

三、品类投放——食品类广告爆发，享受型消费渐成主流，食品类广告成为 2014 年度广告投放品类的最大赢家

2014 年食品类广告投放额从上一年的 537.51 亿元增长到 766.48 亿元，增幅为 42.60%，成为品类投放排名第一。

汽车、化妆品及卫生用品、房地产各退一位，分居二至四席，药品、家用电器及电子产品、酒类、信息传播、金融保险、服装服饰则排在五到十位，次序与 2013 年相同。

随着消费市场的饱和，消费者生活的刚需呈现下降趋势。2014 年，汽车、化妆品及卫生用品和房地产三大门类的广告投入增幅分别为 5.61%、3.18%、2.54%，与食品的 42.60% 增长相比，相距甚远。

这一变动表明，随着经济发展和人民生活水平的提高，广告内容的主体逐渐由刚需型向消费型转移，由卖方市场逐渐向买方市场过渡。由此可以判断，为了改善生活质量而产生的消费型产品将广受青睐。

这一点从排在第八至第十名的信息传播、软件及信息技术服务以及金融保险、服装服饰及珠宝首饰三大类别的增长幅度也可以间接看出，物质刚需之外的消费型产品与服务类别将逐渐进入投放主流阵营，尤其是老年市场和儿童市场将在一个相当长的时间内保持旺盛增长态势，这一现象应该引起广告行业的重视。

一个出现在细分类中的现象似乎也可以印证这一个观点，数据显示，2014 年，教育类、收藏品类的广告投放有爆发式的增长。

四、媒体渠道——转变经营思路，电视媒体“一枝独秀”，互联网广告继续提速

用“一枝独秀”形容 2014 年电视媒体在“四大传统媒体”中的表现一点也不为过。互联网的倒逼让电视媒体再一次焕发出“活力”。不仅把中老年受众稳定地留在了电视前面，还把一批年轻“用户”重新拉回电视屏幕前。依靠强势而优质的内容，电视媒体不仅收获了广告费，还从互联网媒体的口袋里掏出了数目可观的真金白银，这不得不让人叹服电视人的力量。

2014 年，全国经营广告业务的电视台数量增加了 30.53%。达到了 3121 家；营业人员达到了 58424 人，增长了 17.78%；营业额增长了 16.11%。为 1278.50 亿元。这些数字表明，电视媒体在创新突破与互联网结

表三　2014 年广告投放前 10 行业比较

单位：万元

排序	类别	2013 年	2014 年	增长（%）
1	食 品	5375149	7664777	42.60
2	汽车	6039584	6378649	5.61
3	化妆品及卫生用品	5947867	6136785	3.18
4	房地产	5863287	6012513	2.54
5	药 品	2344690	2678281	14.22
6	家用电器及电子产品	2297280	2468332	7.44
7	酒 类	2063545	2111681	2.33
8	信息传播、软件及信息技术服务	1748597	1951819	11.62
9	金融保险	1492608	1691218	13.30
10	服装服饰及珠宝首饰	1434716	1625827	13.32

合上找到了新的路径。除电视之外，广播电台、报社、期刊社的广告营业额都出现了下降，分别是 132.84 亿元（-5.91%）、501.67 亿元（-0.60%）、81.62 亿元（-6.41%）。

很显然，以综艺节目为主的电视内容为电视媒体广告的火热奠定了坚实的基础。2014 年的电视剧市场之外，真人秀综艺节目井喷，全国各个电视台一年内播出了不下 100 档真人秀综艺节目。优质内容让观众对电视渠道给予了越来越多的关注，节目的冠名费也因此水涨船高，动辄以亿元为计算单位的现象越来越普遍。

更为明显的例子是，综艺节目的季播形式带动品牌主将之前的一年一次的投放计划，变为现在的一个季度一次。这不仅加大了电视台的议价能力，也为品牌选择更恰当的广告时段提供了方便。总之，电视媒体的商业价值又一次被挖掘了出来。

电视领域内容质量稳步攀升的同时，行业内部的竞争也越来越激烈，网络视频也加入到电视节目的竞争中来。现实中，越是好的卫视、好的时段、好的内容，越有盈利空间。二三线的普通节目，或维持或小赚，与热门节目的风光不可同日而语。有迹象显示，今后的电视行业将越来越有可能向两极分化的方向发展。两极分化的结果将导致广告主的投放行为更加趋利。

电视媒体的另一个贡献是，在创造了自身广告营业额 16.11% 增长的同时，还依靠内容转让等形式，给互联网视频企业带来了可观的流量和营收。以芒果 TV 为例，其目前过百亿的估值虽借助中国移动的项目，但也离不开湖南卫视节目权益转让对其的整体支持。由此可以看出，无论是对于电视媒体还是对于互联网媒体，某种意义上，优质内容成为广告价值的同义词。

当然，在互动新媒体方面，互联网广告的表现更加抢眼。据中国广告协会互动网络分会统计的数据显示，2014 年互联网广告经营额 969.09 亿元，增长 51.7%。相比 2013 年 45.85% 的增长（638.8 亿元）又进了一步。

虽然有电视渠道的内容支持，但 2014 年的互联网企业在提升自制能力以及加大内容变现能力以增大流量（销售额）方面，做出了不懈的努力。一年中，各大互联网公司先后实现了两条腿走路的发展模式，在内容营销之外，先后确立了自己的战略级广告产品，微博粉丝通、百度直达号、微信朋友圈广告等产品的诞生表明了企业广告业务模式正在逐步走向成熟。将资源更好变现是广告行业 2015 年要继续深化的重要工作。

表四　2014 年媒体广告基本情况

项目	经营单位（户）			从业人员（人）			广告经营额(万元)		
	2013 年	2014 年	比较（%）	2013 年	2014 年	比较（%）	2013 年	2014 年	比较（%）
电视台	2391	3121	30.53	49603	58424	17.78	11011042	12785033	16.11
广播电台	798	927	16.17	15204	15261	0.37	1411869	1328438	−5.91
报社	1420	1353	−4.72	39062	41028	5.03	5047018	5016661	−0.60
期刊社	3577	3763	5.20	34326	36281	5.70	872077	816154.11	−6.41

五、区域状况——第一阵营牢不可破，落后地区亟待改观

按照地区分布划分，2014 年全国各地区广告经营业务前五省份（直辖市）是北京（1921.84 亿元）、广东(688.55亿元)、上海(463.65亿元)、江苏(424.13亿元）、浙江（315.46 亿元）。这五省市的广告经营收入总和达到 3813.63 亿元，占到全国广告经营总额 68.03%，达到三分之二强。这一结果说明广告行业的重心仍然没有转移的迹象，这 5 大省市已经形成了自己在广告行业牢固的优势，不会轻易有所变动。

对比 2013 年的排名发现，国内广告经营收入前五名的成员没有变化，不同的只是相互之前的座次更迭。其中，广东省广告经营额从 400.67 亿元增长到 688.55 亿元，增幅达 71.85%，排名 2014 年的第二位。

增幅排名全国最后的三个省份是 河北(−56.18%)、海南（−43.42%）、贵州（−39.34%）。其中的河北曾在 2013 年将广告经营额攀高到 13.10 亿元，而 2014 年却下滑到 5.74 亿元，成为连续几年的最低值。

2014 年排名全国各地区广告经营额最后的五个省份分别是：甘肃（2.62 亿元）、贵州（2.89 亿元）、西藏（2.91 亿元）、宁夏（3.22 亿元）、河北（5.74 亿元）。

针对广告业较为落后的省份，有一点值得注意。那就是即便这些省份培养出了不少初级的广告人才，但这些人才一有机会，大多选择投奔北上广深等广告行业更加成熟的一线城市，形成人才“外流”，而没能有效促进当地广告产业的发展。所以，如何切实地采取有效办法，从根本上解决中西部广告行业，乃至文化产业人才流失、行业氛围缺失等根本问题，越来越成为改变“广告弱省”状况最迫切需要解决的问题。

表五　2014 年全国各地区广告经营情况统计表

地　区	经营单位(户)	从业人员(人)	广告经营额(万元)
合　计	543690	2717939	56056033
北京市	28823	127369	19218405
天津市	21827	120174	2173803
河北省	4969	17574	57395
山西省	5162	29249	350829
内蒙古自治区	7258	46849	214589

续表

地　区	经营单位（户）	从业人员（人）	广告经营额（万元）
辽宁省	9661	65095	987868
吉林省	9932	41468	391094
黑龙江省	4772	27501	485589
上海市	118067	293204	4636489
江苏省	27550	215542	4241330
浙江省	29967	186297	3154643
安徽省	11706	77715	1118909
福建省	16203	112051	1585591
江西省	8505	68747	371160
山东省	50269	276577	2828396
河南省	14574	91509	1312050
湖北省	15618	85964	1248263
湖南省	17871	107641	1764002
广东省	35431	256264	6885455
广西壮族自治区	16282	88979	237312
海南省	3802	15351	64072
重庆市	33661	160564	642168
四川省	16548	47343	1167277
贵州省	1092	4140	28869
云南省	14524	85120	367836
西藏自治区	731	2054	29137
陕西省	1976	9415	124646
甘肃省	3726	7692	26234
青海省	2426	9379	73058
宁夏回族自治区	2238	11663	32225
新疆维吾尔自治区	8519	29449	237338

六、广告监管——广告监测力度提升，广告违法率下降

2014 年全国广告监管部门在注重广告业发展的同时，加大了广告市场秩序整治的力度。4 月 10 日至 8 月 31 日，由国家工商总局牵头，会同中宣部、国信办、工信部等八部门，对互联网重点领域广告组织开展了为期近 5 个月的专项整治，并加大互联网广告监测力度，多次向地方工商机关下发网络广告案件线索，对北京、上海、广东、浙江等互联网广告市场发达的地区进行督导检查。据国家工商总局互联网广告监测中心数据统计，经过专项整治，我国互联网广告违法率下降 9.20 个百分点，降幅达 50%，国家工商总局重点监测的五类重点广告违法率降幅达 20.8%，网络广告市场得到净化。

2013年12月至2014年6月，国家工商总局等部门在全国范围内集中对电视购物广告进行了清理整治。整治期间，全国工商系统共监测电视购物广告40万条次，统一调动17个省市工商机关查处了“祖灵芝清斑霜”“伊屏清斑”等一批跨省发布、情节严重、性质恶劣的电视购物广告，并向公安机关依法进行了移送。

与此同时，全国工商系统不断加强广告日常监测，运用大数据提升监管能力。自2014年9月起，国家工商总局互联网广告监测中心监测范围已覆盖全国356个地市级以上电视频道、315个广播频率、344份报纸和全国46个省市共计169个综合门户类、搜索引擎类、视频类、电子商务类、团购类网站，及时发现了一批违法广告线索并派发各地依法查处。截至2014年11月，全国共查办广告案件2.7万余件，罚没款金额2.5亿元。广告监测监管的覆盖面进一步扩大，全国广告市场秩序总体稳定向好。

此外，国家工商总局还会同工信部等有关部门召开20家主要网站参加的告诫会，强化网站广告审查责任，自觉规范网络广告发布行为。针对社会关注的非转基因广告问题，在农业部相关司局协助下，国家工商总局专门研究制定非转基因广告监管执法口径，指导各地加强日常监管，规范广告内容；按照中宣部有关会议要求，国家工商总局还研究提出养生类节目与广告的管理规范意见；与卫计委宣传司合作，联合举办两期加强烟草广告赞助促销监管培训研讨班；与人民银行配合，研究整治网上银行卡非法买卖信息的措施方案，并参加银监会联席会议，会商非法集资广告监管工作；与教育部共同研究教材广告认定及处理工作。

在有关部门的严格执法与大力整治之后，2014年全国各地区查处广告违法案件总量大幅减少了22.88%，下降为34012件。而2013年的这一数字是44103件。

其中排名处罚金额前十的分别是上海（4495.62万元）、广东（4327.42万元）、湖北（2990.23万元）、江苏（2617.74万元）、浙江（1972.74万元）、四川（1872.21万元）、北京（1540.04万元）、河南（1450.92万元）、山东（1277.84万元）、湖南（1251.15万元）。（2014年全国各地区查处广告违法案件情况统计表详见“中国广告业年度统计与数字”章节）

’2015 中国广告年鉴
China Advertising Yearbook

中国广告业年度统计与数字

Annual Statistics & Numerals of China Advertising Industry

2014 年全国广告经营单位基本情况统计表

项目		经营单位（户）	从业人员（人）	广告经营额（万元）	纳税额（万元）
合计		543690	2717939	56056033	3178512
其中	国有企业	8004	108930	4663139	387100
	集体企业	1837	22814	1103274	78244
	私营企业	394106	1811945	26212363	1287402
	内资公司（非私营）	27356	177802	4556321	361923
	外商投资企业	1652	94515	5005777	273901
	个体工商户	91538	313101	989734	53999
	事业单位	5524	91806	12246290	661110
	其他	13673	97026	1279136	74833
其中	主营广告业务企业	230598	1534816	31215185	1533646
	兼营广告业务企业	225621	640017	6717078	353629
其中	电视台	3121	58424	12785033	554190
	广播电台	927	15261	1328438	69186
	报社	1353	41028	5016662	328249
	期刊社	3763	36281	816154	77937
	网站	12978	73425	3284401	163938

资料来源：国家工商行政管理总局广告监督管理司

2014年全国主要行业广告经营额统计表

单位：万元

项目		设计	制作	代理	发布	食品	保健食品
合计		7690806	7430908	12319873	28614446	7664778	2030837
其中	国有企业	513434	704498	1034866	2410341	628200	119278
	集体企业	426401	117958	140426	418488	122413	34105
	私营企业	3682304	3368755	6685294	12476010	2893090	740532
	内资公司（非私营）	607874	1185866	1202248	1560332	641049	183068
	外商投资企业	1025000	454382	1935625	1590770	664543	61902
	个体工商户	162391	362097	119826	345420	101965	25464
	事业单位	1162842	1084971	819075	9179402	2420891	841325
	其他	110558	152381	382513	633684	192627	25161
其中	主营广告业务企业	4540056	4089218	8405121	14180790	4037396	1243361
	兼营广告业务企业	1156816	1239899	1297564	3022798	888036	286547
其中	电视台	1392053	1083107	1323155	8986718	2414515	580086
	广播电台	138104	134541	241567	814226	123672	51753
	报社	695375	544884	629023	3147380	365284	140571
	期刊社	107873	47449	37506	623327	84508	20711
	网站	548483	248204	517069	1970646	369075	83308

续表

单位：万元

项目		药品	酒类	烟草	化妆品及卫生用品	化妆品	房地产
合计		2678281	2111681	127955	6136786	4113637	6012514
其中	国有企业	258484	207455	8677	409001	161645	549798
	集体企业	62381	69415	718	480102	376758	106127
	私营企业	1051601	779240	63207	3461096	2518979	2954207
	内资公司（非私营）	234509	142515	15022	272785	148376	646857
	外商投资企业	99520	137028	2229	687400	557611	156633
	个体工商户	46088	68310	1370	52524	22131	194867
	事业单位	860793	655648	34471	654626	276566	1309946
	其他	64905	52070	2261	119252	51571	94078
其中	主营广告业务企业	1200438	898863	45837	4304449	1955737	3093947
	兼营广告业务企业	446532	280772	10716	482792	219894	951298
其中	电视台	826112	753195	32462	1814018	1086409	1081672
	广播电台	117677	76771	1328	71051	38540	145300
	报社	303501	155509	2804	238943	154435	945398
	期刊社	57687	38940	833	70830	57989	98643
	网站	221605	67488	6613	569426	393086	274598

续表

单位：万元

项目		家用电器及电子产品	信息传播、软件及信息技术服务	金融保险	服装服饰及珠宝首饰	招工招聘及其他劳务	汽车
合计		2468333	1951819	1691219	1625827	621768	6378650
其中	国有企业	301507	138807	167159	124966	52057	440355
	集体企业	37530	9828	27569	13601	20930	47597
	私营企业	878279	646310	721475	754446	310597	3400458
	内资公司（非私营）	200165	292201	195483	128826	45999	476141
	外商投资企业	314884	431086	121239	227167	12461	993071
	个体工商户	44049	19797	18881	43384	19368	61325
	事业单位	619510	375312	414178	296104	156133	820405
	其他	72409	38477	25235	37335	4225	139297
其中	主营广告业务企业	1059658	1236769	863296	835514	322974	4413226
	兼营广告业务企业	324372	209338	263621	261369	95761	441750
其中	电视台	626786	300293	307899	309508	74159	839702
	广播电台	59287	43513	75346	18853	11692	186489
	报社	202388	159787	220851	112659	125864	488536
	期刊社	27502	61090	37663	47313	6542	63954
	网站	124043	90462	83484	110898	45565	330302

续表

单位：万元

项　目		医疗服务	医疗器械	农业生产资料	生活美容休闲服务	旅游	教育
合　计		1384024	729755	215250	1338221	1480413	583240
其中	国有企业	125620	92176	36408	91036	119360	71738
	集体企业	5624	19837	11714	4575	15473	4097
	私营企业	576115	350110	66023	714206	769511	249845
	内资公司（非私营）	166149	42408	10869	186813	94794	63263
	外商投资企业	24313	15228	4936	61796	130445	17772
	个体工商户	35496	11517	10540	44580	15314	8771
	事业单位	439580	188484	71536	199277	297373	153564
	其他	11128	9996	3223	35938	38143	14191
其中	主营广告业务企业	561154	275227	85573	842719	805983	192783
	兼营广告业务企业	296466	123139	31898	189895	185060	98965
其中	电视台	284961	158507	68438	184404	220263	120031
	广播电台	51998	26636	3203	33376	27409	25217
	报社	180482	63530	15793	126164	145988	113083
	期刊社	16012	12711	5727	12093	10926	8451
	网站	48138	36650	9001	101677	116210	46918

续表

单位：万元

项目		出入境中介	批发和零售服务	收藏品	其他	小计
合计		186283	1132471	316911	9219854	56056033
其中	国有企业	19569	100068	28145	692553	4663139
	集体企业	1921	12875	1429	27519	1103274
	私营企业	87573	596668	173806	4714499	26212363
	内资公司（非私营）	27338	92318	33038	547778	4556321
	外商投资企业	8203	92549	24563	778713	5005777
	个体工商户	1809	39391	1797	148593	989734
	事业单位	33200	174257	49687	2021314	12246290
	其他	6672	24345	4445	288884	1279136
其中	主营广告业务企业	41548	633608	129085	5335138	31215185
	兼营广告业务企业	34216	178639	93845	828600	6717078
其中	电视台	26697	215721	32264	2093427	12785033
	广播电台	1708	44392	5322	178199	1328438
	报社	21256	114568	85967	828307	5016662
	期刊社	1889	16449	3922	132471	816154
	网站	23706	87437	41985	479120	3284401

资料来源：国家工商行政管理总局广告监督管理司

2014 年全国各地区广告经营情况统计表

地　区	经营单位（户）	从业人员（人）	广告经营额（万元）
合　计	543690	2717939	56056033
北京市	28823	127369	19218405
天津市	21827	120174	2173803
河北省	4969	17574	57395
山西省	5162	29249	350829
内蒙古自治区	7258	46849	214589
辽宁省	9661	65095	987868
吉林省	9932	41468	391094
黑龙江省	4772	27501	485589
上海市	118067	293204	4636489
江苏省	27550	215542	4241330
浙江省	29967	186297	3154643
安徽省	11706	77715	1118909
福建省	16203	112051	1585591
江西省	8505	68747	371160
山东省	50269	276577	2828396
河南省	14574	91509	1312050
湖北省	15618	85964	1248263
湖南省	17871	107641	1764002
广东省	35431	256264	6885455
广西壮族自治区	16282	88979	237312
海南省	3802	15351	64072
重庆市	33661	160564	642168
四川省	16548	47343	1167277
贵州省	1092	4140	28869
云南省	14524	85120	367836
西藏自治区	731	2054	29137
陕西省	1976	9415	124646
甘肃省	3726	7692	26234
青海省	2426	9379	73058
宁夏回族自治区	2238	11663	32225
新疆维吾尔自治区	8519	29449	237338

资料来源：国家工商行政管理总局广告监督管理司

2014年全国各地区查处广告违法案件情况统计表

地　区	案件总数（件）	罚没金额（万元）
合　计	34012	33036
北京市	753	1540
天津市	351	655
河北省	974	1140
山西省	573	315
内蒙古自治区	309	188
辽宁省	678	835
吉林省	313	720
黑龙江省	339	431
上海市	1447	4496
江苏省	2625	2618
浙江省	1955	1973
安徽省	724	420
福建省	2168	1223
江西省	546	411
山东省	1382	1278
河南省	2455	1451
湖北省	4229	2990
湖南省	1374	1251
广东省	3412	4327
广西壮族自治区	841	213
海南省	588	187
重庆市	425	908
四川省	1924	1872
贵州省	303	137
云南省	600	348
西藏自治区	77	45
陕西省	1247	535
甘肃省	568	217
青海省	129	64
宁夏回族自治区	151	30
新疆维吾尔自治区	552	220

资料来源：国家工商行政管理总局广告监督管理司

2014 年全国查处广告违法案件情况统计表

项目		查处案件总数（件）	其中：按违法性质分			责令公开更正（件）
			虚假广告	非法经营广告	其他	
合计		34012	10464	6089	17459	2922
违法经营额	1 万元以下	26009	7276	4963	13770	*
	1 ~ 5 万元	7166	2783	1067	3316	*
	5 ~ 10 万元	545	276	40	229	*
	10 ~ 50 万元	264	118	16	130	*
	50 万元以上	28	11	3	14	*
违法主体	广告主	18273	6424	3169	8680	1621
	广告经营者	4639	1391	1474	1774	337
	广告发布者	7691	2148	1362	4181	803
	其他	3409	501	84	2824	161
违法媒介	电视	2411	940	270	1201	202
	广播	370	117	37	216	75
	报纸	1570	528	150	892	158
	期刊	329	64	82	183	30
	户外	17203	3486	4573	9144	1286
	印刷品	3140	1551	277	1312	332
	网络	2898	1777	271	850	410
	其他	6091	2001	429	3661	429

资料来源：国家工商行政管理总局广告监督管理司

2014 年全国广告经营审批情况统计表

项　目		单位	期末实有	本期审批
合　计		件	*	4035
广告经营许可证	其中：广播电台、电视台、报刊出版单位	件	*	2183
外商投资广告企业项目审批	合计	件	*	242
	企业	件	*	225
	分支机构	件	*	17
固定形式印刷品广告	广告发布单位	户	3582	1058
	广告经营额	万元	*	137614.04
户外广告	经营单位户数	户	*	88418
	广告经营额	万元	*	3004927.08
	广告数	个	*	1125553
烟草广告审批	合计	件	*	13040
	其中：户外烟草广告	件	*	21

资料来源：国家工商行政管理总局广告监督管理司

2014 年度中国广告企业（媒体服务类）广告营业额前 100 名排序

排名	参赛单位	营业额(万元)
1	群邑（上海）广告有限公司	1339955
2	金鹃传媒科技股份有限公司	1025074
3	凯帝珂广告（上海）有限公司	886273
4	昌荣传播有限公司	541000
5	华扬联众数字技术股份有限公司	315921
6	上海新网迈广告传媒有限公司	244303
7	驰众广告有限公司	236946
8	上海分众德峰广告传播有限公司	230392
9	谷歌广告（上海）有限公司	171439
10	上海聚胜万合广告有限公司	163000
11	中视金桥广告有限公司	140378
12	中视金桥国际传媒集团有限公司	136550
13	大贺投资控股集团有限公司	131560
14	海南白马广告媒体投资有限公司	130405
15	星空华文国际传媒有限公司	120840
16	杭州萧山振华广告有限公司	120017
17	上海韵洪广告有限公司	105589
18	上海机场德高动量广告有限公司	100852
19	上海聚力传媒技术有限公司	97303
20	上海魄力广告传媒有限公司	95285
21	上海定向广告传播有限公司	92993
22	上海乾扬传媒有限公司	85700
23	远誉广告（中国）有限公司	83171
24	上海申通德高地铁广告有限公司	72809
25	上海好耶趋势广告传播有限公司	71500
26	上海前景广告有限公司	66360
27	浙江和盛广告有限公司	60752
28	上海新分众广告传播有限公司	60733
29	上海分众晶视广告有限公司	59603
30	上海铁路文化广告发展有限公司	57532
31	南京永达户外传媒有限公司	55925

续表

排名	参赛单位	营业额(万元)
32	康仕广告（上海）有限公司	51863
33	山东世纪阳光影视文化传播有限公司	51433
34	贵州天马传媒有限公司	50971
35	德高广告（上海）有限公司	46497
36	上海聚力传媒技术有限公司	43407
37	大象广告有限公司	43052
38	南京乔恩广告传播有限公司	40252
39	大魏盛唐文化传媒有限公司	37987
40	上海驰众广告传播有限公司	37908
41	上海雅润文化传播有限公司	37573
42	上海好耶广告有限公司	34849
43	史努克广告（上海）有限公司	33592
44	郁金香广告传播（上海）股份有限公司	33200
45	上海新浪广告有限公司	32400
46	上海迪岸广告有限公司	32313
47	上海中润解放传媒有限公司	31240
48	重庆华商智汇传媒有限公司	29351
49	上海郁金香广告传媒有限公司	28359
50	扬子江文化传媒（上海）有限公司	28062
51	上海香榭丽广告传媒有限公司	27471
52	南京雷迪欧广告公司	27038
53	华君广告传媒有限公司	26692
54	西岸传媒股份有限公司	25736
55	上海新易传媒广告有限公司	24969
56	上海麦罗特广告有限公司	24718
57	上海中广影视广告有限公司	24652
58	分众晶视广告有限公司	24255
59	上海康泰纳仕广告有限公司	21884
60	哈尔滨海润国际文化传播股份有限公司	21000
61	上海中视国际广告有限公司	20275
62	中国电信股份有限公司福建号百信息服务分公司	19700
63	上海基美文化传媒股份有限公司	19297
64	南京华泽广告传媒有限公司	18973
65	上海晶茂文化传播有限公司	18972
66	南京金陵文化传播有限公司	18218

续表

排名	参赛单位	营业额(万元)
67	南京地铁德高广告有限公司	17494
68	福建太古广告有限公司	16659
69	博毅广告（上海）有限公司	16301
70	杭州公交广告公司	15714
71	上海立名广告有限公司	15319
72	上海郡州广告有限公司	15024
73	海南白马广告媒体投资有限公司上海分公司	14788
74	上海新数网络科技有限公司	14524
75	上海迈尔广告有限公司	14465
76	东方航空传媒股份有限公司	14348
77	城市纵横（上海）文化传媒有限公司	14146
78	南京国广联媒体广告有限公司	13947
79	上海雅仕维广告传播有限公司	13914
80	上海绿荧文化传媒有限责任公司	13884
81	陕西沙龙传媒有限公司	13800
82	陕西瑞翔广告装饰有限责任公司	13560
83	上海橡果广告传播有限公司	13452
84	青海绿色创意文化传媒有限责任公司	13148
85	浙江亦芃广告有限公司	12880
86	上海东方明珠国际广告有限公司	12750
87	上海触频广告有限公司	11974
88	江苏汇特广告传媒有限公司	11517
89	上海唐风广告有限公司	11346
90	杭州百灵时代传媒有限公司	11133
91	上海新云传媒有限公司	10053
92	陕西巨象广告有限责任公司	10017
93	南京龙帆传媒有限公司	9937
94	江西华赣文化旅游传媒集团有限公司	9888
95	山东省国际广告有限公司	9883
96	重庆唐码传媒有限公司	9411
97	上海雅仕维广告有限公司	9380
98	上海东方明珠移动电视有限公司	9370
99	南京邦联有线广播电视信息产业有限公司	9210
100	山东中铁旅游广告集团济南铁路分公司	9100

资料来源：中国广告协会

2014 年度中国广告企业（非媒体服务类）广告营业额前 100 名排序

排名	参赛单位	营业额（万元）
1	上海李奥贝纳广告有限公司	818318
2	北京电通广告有限公司	654153
3	广东省广告集团股份有限公司	633800
4	盛世长城国际广告有限公司	631696
5	思美传媒股份有限公司	215076
6	南京银都奥美广告有限公司	167238
7	北京互通联合国际广告有限公司	120835
8	上海美术设计有限公司	95150
9	广东广旭广告有限公司	93334
10	上海腾迈广告有限公司	87097
11	安索帕（上海）广告传播有限公司	79249
12	上海因特菲思网络科技有限公司	67036
13	上海广告有限公司	58501
14	上海龙韵广告传播股份有限公司	58222
15	上海唐神广告传播有限公司	57247
16	上海博报堂广告有限公司	56484
17	上海新合文化传播有限公司	54412
18	上海安科吉通广告有限公司	49973
19	灵通展览系统股份有限公司	45000
20	上海剧星文化传播有限公司	44395
21	上海有车有家广告有限公司	41787
22	上海恺达广告有限公司	40000
23	上海欧安派广告传播有限公司	39984
24	上海安吉斯媒体技术有限公司	34271
25	上海龙瑞文化广告传媒有限公司	33730
26	上海韵翔广告有限公司	31703
27	上海旭通广告有限公司	27971
28	上海财友广告有限公司	25214
29	长春吉广传媒集团有限公司	24551
30	上海统量广告有限公司	24375
31	上海美景广告传播有限公司	24324

续表

排名	参赛单位	营业额（万元）
32	上海激创广告有限公司	23383
33	上海求真广告有限公司	23244
34	江苏卓艺国际传媒有限公司	22915
35	上海伊诺盛广告有限公司	22874
36	上海群势广告有限公司	22743
37	上海蓝瀚广告有限公司	22338
38	上海车智广告有限公司	22026
39	上海风逸广告有限公司	21846
40	上海九合传媒有限公司	21453
41	江苏大唐灵狮广告有限公司	21346
42	上海傲飞广告有限公司	21298
43	上海东伽文化传播有限公司	20897
44	上海顺为广告传播有限公司	20376
45	上海蓝梦广告有限责任公司	20102
46	上海奥美广告有限公司	19601
47	上海威汉广告有限公司	19498
48	广州市太平洋广告有限公司上海分公司	19282
49	上海伽蓝传媒有限公司	18058
50	晶赞广告（上海）有限公司	18032
51	上海昊讯广告有限公司	16801
52	智威汤逊－中乔广告有限公司上海分公司	16616
53	电众数码（北京）广告有限公司上海分公司	15742
54	上海优力广告有限公司	15557
55	天联广告有限公司上海分公司	15198
56	上海先河文化传播有限公司	15089
57	盟博广告（上海）有限公司	14417
58	北京迪爱慈广告有限公司上海分公司	14343
59	陕西西部广告传媒有限公司	13560
60	上海观池文化传播有限公司	13524
61	上海恒驰广告有限公司	13508
62	爱德威广告（上海）有限公司	13345
63	上海邑智广告有限公司	13190
64	上海横纵通网络科技有限公司	12787
65	上海网策广告有限公司	12771

续表

排名	参赛单位	营业额（万元）
66	上海欣欣向荣文化传播有限公司	12704
67	上海易咨电文化传播有限公司	12684
68	上海韦柯广告有限公司	12510
69	上海天图广告传播有限公司	12474
70	上海杰凡文化传媒有限公司	12316
71	深圳市博思堂文化传媒股份有限公司	11876
72	电通东派广告有限公司	11873
73	上海四维文化传媒股份有限公司	11188
74	上海集信堂文化传播有限公司	11101
75	电通太科（北京）广告有限公司	10893
76	灏天广告（上海）有限公司	10844
77	西安三人行传媒网络科技股份有限公司	10644
78	上海智马传媒集团股份有限公司	10616
79	上海三众广告有限公司	10566
80	上海新泽广告有限公司	10520
81	上海华泰文化传播有限公司	10496
82	上海必立孚文化传播有限公司	10480
83	上海形家广告设计有限公司	10468
84	上海汇声广告传播有限公司	10014
85	石家庄都市文化传播有限公司	10007
86	上海二十一世纪文化传播有限公司	9829
87	山东省国际广告有限公司	9883
88	上海弈动广告有限公司	9818
89	上海云指广告有限公司	9752
90	上海热线信息网络有限公司	9508
91	上海互邦广告有限公司	8981
92	上海灵狮广告有限公司	8824
93	上海吉业文化传播有限公司	8807
94	上海国泰广告有限公司	8656
95	海南中视广告有限公司	8503
96	博达大桥国际广告传媒有限公司上海分公司	8443
97	南京金棕榈广告有限公司	8417
98	上海仁禧文化传播有限公司	8396
99	百比赫广告（上海）有限公司	8333
100	上海众引文化传媒有限公司	8032

资料来源：中国广告协会

2014 年度中国媒体单位广告营业额前 100 名排序

排名	参赛单位	营业额（万元）
1	中央电视台	2720000
2	湖南电视台	833000
3	上海文化广播影视集团有限公司（电视部分）	544357
4	浙江卫视	487000
5	江苏电视台（集团）	478000
6	搜狐	455000
7	新浪集团	391454
8	上海全土豆文化传播有限公司	361129
9	深圳广电集团（电视部分）	354700
10	深圳报业集团	350536
11	北京电视台	280000
12	安徽电视台	251800
13	天津电视台	205000
13	辽宁电视台	205000
15	四川广电传媒集团有限公司四川广告分公司	200490
16	广东电视台	193000
17	湖北长江广电广告有限公司	189765
18	河南电视台	187700
19	陕西广播电视台广告中心	174066
20	国家广播电影电视总局电视卫星频道	160000
20	北京风行在线技术有限公司	160000
22	乐视网信息技术（背景）股份有限公司	157206
23	网易传媒科技（北京）有限公司	153300
24	江西电视台广告中心	150000
25	山东电视台	140000
26	黑龙江电视台	130000
26	贵州电视台	130000
28	河北电视台	117700
29	重庆日报报业集团	114155
30	福建东南电视台	113000
31	贵州广播电视台（电视部分）	110483

续表

排名	参赛单位	营业额（万元）
32	云南电视台	104000
33	浙报传媒集团股份有限公司	95723
34	上海报业集团	92441
35	重庆广播电视集团	89000
36	苏州电视广告有限公司	82654
37	吉林电视台	78000
38	山西广播电视总台	73600
39	央广传媒发展总公司	71956
40	上海东方广播有限公司	67694
41	广西电视台	66791
42	无锡广播电视发展有限公司	58761
43	海南电视台	57000
44	杭州文广集团	56800
45	深圳广电集团（广播部分）	53700
46	大连电视台	53100
47	华商报社	50000
48	百视通新媒体股份有限公司	46213
49	上海证券报社	45216
50	成都电视台广告中心	41238
51	常州广播电视台	40900
52	上海二三四五网络科技有限公司	37955
53	宁波广播电视广告有限公司	36740
54	青岛电视台	36608
55	厦门日报社	35432
56	北京力美科技有限公司	35000
57	温州广播电视传媒集团	34330
58	广西日报传媒集团广告中心	34247
59	厦门广播电视广告有限公司	32703
60	内蒙古电视台	31000
61	宁波日报报业集团有限公司	30737
62	甘肃省广播电影电视总台	30000
62	宁波电视台	30000
64	温州日报报业集团	29553
65	新疆电视台	28500

续表

排名	参赛单位	营业额(万元)
66	都市快报社	26499
67	上海众源网络有限公司	26131
68	上海新民传媒广告有限公司	25333
69	宁夏广播电视总台	24506
70	青海电视台	23900
71	厦门电视台	23177
72	贵阳晚报社	22088
73	苏州报业广告公司	21285
74	江南都市报社广告部	20200
75	镇江市文化广电产业集团	20006
76	扬州广播电视传媒集团（总台）	19939
77	上海第一财经报业有限公司	19880
78	农林卫视	18300
79	上海世纪出版股份有限公司译文出版社	17051
80	扬州报业传媒集团	15476
81	温州都市报	15090
82	吉林人民广播电台	14500
83	山西广播电视总台（广播部分）	14200
84	厦门海峡导报发展有限公司	14000
85	上海第一财经报业有限公司	13248
86	贵州广播电视台（广播部分）	12694
87	福建电广广播广告有限公司	12522
88	台州广播电视总台	12500
89	百视通网络电视技术发展有限责任公司	12423
90	绍兴市广电广告发展有限公司	12124
91	杭州日报社	11646
92	泰州广播电视台	11125
93	西安电视广告中心	10915
94	四川日报广告部	10384
95	陕西日报社广告中心	10160
96	西藏电视台	9407
97	常州报业传媒广告有限公司	9392
98	湖州日报社	9387
99	绍兴日报报业广告有限公司	9070
100	湖州广播电视总台	9046

资料来源：中国广告协会

2014 年度中国广告企业户外广告营业额前 100 名排序

排名	参赛单位	营业额（万元）
1	凯帝珂广告（上海）有限公司	886273
2	驰众广告有限公司	236946
3	上海分众德峰广告传播有限公司	230392
4	大贺投资控股集团有限公司	131560
5	海南白马广告媒体投资有限公司	130405
6	北京电通广告有限公司	111692
7	上海机场德高动量广告有限公司	100852
8	上海定向广告传播有限公司	92993
9	上海申通德高地铁广告有限公司	72809
10	上海新分众广告传播有限公司	60733
11	上海铁路文化广告发展有限公司	57532
12	南京永达户外传媒有限公司	55925
13	贵州天马传媒有限公司	50971
14	德高广告（上海）有限公司	46497
15	大象广告有限公司	43052
16	南京乔恩广告传播有限公司	40252
17	大魏盛唐文化传媒有限公司	37987
18	上海驰众广告传播有限公司	37908
19	郁金香广告传播（上海）股份有限公司	33200
20	上海迪岸广告有限公司	32313
21	重庆华商智汇传媒有限公司	29351
22	上海郁金香广告传媒有限公司	28359
23	上海香榭丽广告传媒有限公司	27471
24	南京雷迪欧广告公司	27038
25	华君广告传媒有限公司	26692
26	西岸传媒股份有限公司	25736
27	上海基美文化传媒股份有限公司	19297
28	南京华泽广告传媒有限公司	18973
29	南京地铁德高广告有限公司	17494
30	福建太古广告有限公司	16659
31	杭州公交广告公司	15714

续表

排名	参赛单位	营业额(万元)
32	上海郡州广告有限公司	15024
33	杭州萧山振华广告有限公司	14578
34	东方航空传媒股份有限公司	14553
35	城市纵横（上海）文化传媒有限公司	14146
36	南京国广联媒体广告有限公司	13947
37	陕西沙龙传媒有限公司	13800
38	思美传媒股份有限公司	13788
39	陕西瑞翔广告装饰有限责任公司	13560
40	浙江亦芃广告有限公司	12880
41	上海东方明珠国际广告有限公司	12750
42	上海触频广告有限公司	11974
43	江苏汇特广告传媒有限公司	11517
44	杭州百灵时代传媒有限公司	11133
45	上海新云传媒有限公司	10053
46	南京龙帆传媒有限公司	9937
47	江西华赣文化旅游传媒集团有限公司	9888
48	重庆唐码传媒有限公司	9411
49	上海雅仕维广告有限公司	9380
50	上海东方明珠移动电视有限公司	9370
51	山东中铁旅游广告集团济南铁路分公司	9100
52	浙江高速广告有限责任公司	9040
53	安徽黑白广告有限责任公司	8916
53	上海巨流信息科技有限公司	8916
55	苏州市明日企业形象策划传播有限公司	8826
56	长春唐码鑫星传媒有限公司	8750
57	厦门东帝士广告有限公司	8546
58	浙江银马广告有限公司	8500
59	重庆星月广告传播有限公司	8400
60	西安市振兴公交广告有限责任公司	8349
61	江西高速传媒有限公司	8338
62	山东润色文化传媒有限公司	8200
63	陕西省交通广告传媒有限公司	7784
64	江苏恒诺文化传媒有限公司	7745
65	西安高新区艾特广告有限责任公司	7620

续表

排名	参赛单位	营业额(万元)
66	宁波红五星传媒股份有限公司	7534
67	重庆市加米广告有限公司	7516
68	厦门华盟广告有限公司	7399
69	陕西西部广告传媒有限公司	7377
70	南京德高公交广告有限公司	7304
71	重庆媒体伯乐公交广告有限公司	7189
72	武汉博瑞银福广告有限公司	7016
73	上海公共交通广告有限公司	7012
74	贵州高速广告有限公司	6942
75	四川唐码西南户外传媒公司	6800
76	宁波市远见传媒有限公司	6796
77	温州交运集团城东公交有限公司广告分公司	6618
78	中国电信股份有限公司福建号百信息服务分公司	6526
79	厦门市唐码博美广告有限公司	6483
80	上海精准阳光文化传播有限公司	6272
81	江苏安邦广告有限公司	5860
82	上海众通广告有限公司	5833
83	上海飞帆广告有限公司	5333
84	浙江联合动力传媒广告有限公司	5301
85	贵阳创天公交车体网络联合广告有限公司	5300
86	上海新兴媒体信息传播有限公司	5261
87	山东高速文化传媒有限公司	5146
88	厦门威杨广告有限公司	4723
89	西安金迅数码印务广告有限责任公司	4720
90	江苏银苹果文化实业有限公司	4568
91	江西意创实业有限公司	4320
92	德高广告（北京）有限公司武汉分公司	4130
93	江苏金海洋国际传媒有限公司	4000
94	苏州市联纵传媒有限公司	3853
95	浙江洲际传媒有限公司	3680
96	浙江利有资产管理有限公司杭州广告分公司	3632
97	宁波市顺通广告装潢公司	3627
98	宁波机场联合广告有限公司	3598
99	宁波德高贝登广告有限公司	3534
100	浙江一百广告传媒有限公司	3521

资料来源：中国广告协会

2014 年全国广告经营单位增长情况统计表

（与 2013 年同期对比）

单位：万元

项 目		2014 年	2013 年	增长率 (%)
合 计		543690	445365	22.08
其中	国有企业	8004	8697	−7.97
	集体企业	1837	1891	−2.86
	私营企业	394106	310326	27
	外商投资企业	1652	1374	20.23
	个体工商户	91538	76031	20.4
	事业单位	5524	5938	−7
	其他	13673	16051	−14.82
其中	兼营广告业务企业	225621	162709	38.67
其中	电视台	3121	2391	30.53
	广播电台	927	798	16.17
	报社	1353	1420	−4.72
	期刊社	3763	3577	5.2
	网站	12978	10048	29.16
从业人员（人）		2717939	2622053	3.66
广告经营额（万元）		56056033	50197459	11.67
查处违法案件（件）		34012	44103	−22.88
罚没金额（万元）		33036	32084.38	2.97

资料来源：国家工商行政管理总局广告监督管理司

1990–2014 年全国广告业基本情况统计表

项 目	经营单位（户）	从业人员（人）	广告经营额（万元）	查处案件总数（件）	罚没金额（万元）
1990 年	11123	131970	250173	*	*
1991 年	11769	134506	350893	*	*
1992 年	16652	184279	632216	*	*
1993 年	31744	310638	1264374	*	*
1994 年	43046	410094	2002623	*	*
1995 年	48082	477371	2732690	*	*
1996 年	52871	512087	3666372	*	*
1997 年	57024	545788	4619638	31780	5855
1998 年	61730	578876	5378327	37707	4884
1999 年	64882	587474	6220506	51494	7552
2000 年	70747	641116	7126632	66824	10005
2001 年	78339	709076	7948876	79236	15801
2002 年	89552	756414	9031464	83653	17752
2003 年	101786	871366	10786846	71689	18552
2004 年	113508	913832	12645601	61755	17062
2005 年	125394	940415	14163487	67676	20750
2006 年	143129	1040099	15730018	61867	23157
2007 年	172615	1112528	17409626	56627	27189
2008 年	185765	1266393	18995614	51599	24660
2009 年	204937	1333087	19844758	46903	21009
2010 年	243445	1480525	23405076	46889	24400
2011 年	296507	1673444	31255529	41938	26064
2012 年	377778	2177840	46982791	43912	28121
2013 年	445365	2622053	50197459	44103	32084
2014 年	543690	2717939	56056033	34012	33036

'2015 中国广告年鉴
China Advertising Yearbook

大事记

Chronicle of Events

2014 年中国广告业大事记

1 月 1 日，国家卫计委新闻发言人毛群安表示，为落实中办、国办《关于领导干部带头在公共场所禁烟有关事项的通知》，卫生计生委将发挥示范带头作用，将卫生计生机构全部纳入无烟环境创建。在卫生计生机构内不得销售和提供烟草制品，全面禁止烟草广告、促销和赞助，按规定张贴禁烟标识。卫生计生系统的领导干部要带头执行禁烟有关规定，公务活动中严禁吸烟。

1 月 2 日，针对部分网络剧、微电影等网络视听节目在题材选择、节目内容、制作资质等方面存在的问题，国家新闻出版广电总局印发了《关于进一步完善网络剧、微电影等网络视听节目管理的补充通知》，旨在进一步完善管理，营造文明健康的网络环境，防止内容低俗、格调低下、渲染暴力色情的网络视听节目对社会产生不良影响。

1 月 3 日，苏宁云商发布公告，称 2013 年 12 月 30 日公司子公司 Great Universe Limited（为公司全资子公司香港苏宁电器有限公司在开曼群岛设立的全资子公司）与 PPTV 相关方完成了相关股权转让交割手续，并完成向其管理层发放股权。本次交易完成后，苏宁云商子公司 Great Universe Limited 持有 PPTV 的 44% 股权，成为其第一大股东。

1 月 8 日，北京网络广播电视台 BRTN 开播。BRTN 是北京广播电视台整合旗下 18 家单位力量、共同创建的“以宽带互联网、移动通信网等新兴信息网络为节目传播载体的新兴形态广播电视播出机构”，由北京电视台具体负责建设和运营。

1 月 9 日，iworld2014 互动营销世界在北京四季酒店举办。

1 月 13 日，国家工商总局召开互联网广告监测监管情况通报会，从国家工商总局对主要网站发布的网络广告抽查监测分析，个别网站的广告违法率居高不下，突出表现在链接广告中被链接的网页存在违法广告内容。监测统计显示，在 2013 年 3 月至 12 月监测抽查的 105.6 万条次的各类网络广告中，发现严重违法广告 34.7 万条次，占监测总量的 32.93%。在 34.7 万条次的严重违法广告中，医疗、药品、保健食品、化妆品、美容服务广告共计 17.9 万条次，占严重违法广告总量的 51.6%，说明违法网络广告主要集中在医疗、药品、保健食品、化妆品、美容服务行业。

1 月 13 日，团购导航网站团 800 公布《2013 年中国团购市场统计报告》， 2013 年团购成交额达到 358.8 亿元，同比净增 144.9 亿元，增幅达 67.7%；购买人次也达到 6 亿人次，同比净增 1.5 亿人次，增幅达 32.5%；在售团单的数量也进一步扩大，全年共计 571.5 万期，同比净增 321.6 万单，增幅将近 1.3 倍。

1 月 13 日，中国最大的互联网电视服务提供商优朋普乐在北京召开发布会，宣布推出其自主研发的中国首套互联网电视专属广告系统“优朋 OTV 大视频精准广告系统 Beta 版”，同时，优朋普乐还与全球最大的第三方数据公司尼尔森签署了战略合作协议，携手尼尔森搭建首个专属于互联网电视行业的标准广告监测体系及用户分析系统。

1 月 16 日，中国互联网络信息中心（CNNIC）在京发布《第 33 次中国互联网络发展状况统计报告》显示，截至 2013 年 12 月，我国网民规模达 6.18 亿，手机网民规模达 5 亿，占总网民数的 81.0%。手机依然是中国网民增长的主要驱动力。

1 月 17 日，华南城发布公告称，已与腾讯签订投资协议。腾讯将以 15 亿港元（约人民币 11.7 亿元）

的价格，收购华南城 9% 的股份。未来双方将基于华南城的实体奥特莱斯业务，共同探索在线品牌特卖服务的合作。

1 月 20 日，安吉斯媒体与电通网络将正式合并为电通安吉斯网络。合并之后的电通安吉斯网络将成为数字时代第一个真正的全球性传播集团，电通安吉斯网络在中国拥有超过 5500 名员工及合作伙伴，在中国区的全面整合将于 2015 年开始。在此之前，安吉斯媒体与电通网络将继续独立运作，

1 月 21 日，澳网进入第二周的争夺，中国一姐李娜率先亮相罗德·拉沃尔球场，对阵意大利老将佩内塔。最终以 6 － 2/6 － 2 取得一场完胜，值得注意的是，由于这场比赛将在国内包括 CCTV 等重大平台实行转播，因此澳网的主赞助商特意将广告变成双语中英文，由此可见金花一姐的巨大影响力以及赞助商对中国市场的重视。

1 月 23 日，中国国家工商总局发出通知，国家工商总局 23 日要求各地工商机构加强电视购物广告监测检查，推进落实广告审查责任，加大虚假违法电视购物广告查处和执法办案协调工作力度。

1 月 28 日，国家食品药品监督管理总局通报了 2013 年第 4 期违法药品医疗器械保健食品广告情况。通报显示，2013 年 9 月至 11 月期间，各省（区、市）食品药品监管总局通报并移送同级工商行政管理部门查处的违法药品广告 15797 条次、违法医疗器械广告 1573 条次、违法保健食品广告 1405 条次，各地食品药品监管部门对违法广告涉及产品采取了 60 次暂停销售、限期整改措施。对 10 个违法情节严重的药品、医疗器械、保健食品广告进行了汇总通报，并采取了撤销或收回广告批准文号等措施。

1 月 30 日，联想宣布以 29 亿美元左右的价格购买谷歌的摩托罗拉移动智能手机业务，并将全面接管摩托罗拉移动的产品规划。联想期望以此进入竞争激烈的欧美市场。

2 月 7 日，索契冬奥会正式开幕。今年的索契冬奥会以高达 13 亿美元的营销收入创下了冬奥会历史上最高纪录，是上一届温哥华冬奥会的 1.5 倍。

2 月 10 日，阿里巴巴宣布将以 11 亿美元现金收购高德公司 72% 股份，一旦交易完成，高德将成为阿里巴巴集团的全资子公司，而这有望成为今年互联网行业的首笔重磅交易。

2 月 11 日，电通安吉斯网络 (Dentsu Aegis Network) 正式宣布收购中国领先的社交创意公司维拉沃姆 (Verawom)。加入电通安吉斯网络旗下数字营销品牌安索帕 (Isobar) 的维拉沃姆 (Verawom-Linkedby Isobar)，将与安索帕 (Isobar) 、意凌 . 安索帕 (Trio Isobar) 、和欧安派 (OMP-Linked by Isobar) 成为安索帕中国集团的一员。

2 月 13 日，京东官方宣布将开放 50 万个白条消费名额进行首批公测，在大数据的筛选之下，取得白条资格的消费者最高可从京东赊账 1.5 万元，用户可以选择最长 30 天的延期付款或者 3-12 个月的分期付款进行还款。在 30 天的延期付款时效内，京东不向消费者收取任何手续费，而分期付款的用户则需每期缴纳 0.5% 的费率——如果以 12 个月分期计算，京东的费率仅为大多数银行的 1/15。

2 月 16 日，国家工商总局宣布《网络交易管理办法》已通过审议，于 3 月 15 日起施行。该《办法》的前身为 2010 年 7 月 1 日起施行的《网络商品交易及有关服务行为管理暂行办法》，与三年半前的规则相比，新《办法》改动颇多，其中，有偿微博推广须明确、电商平台内销售的自营和第三方商品须进行显著区分等内容均为首次提出。

2 月 18 日，中国人民银行上海总部宣布，在上海自贸区启动支付机构跨境人民币支付业务试点。银联支付、快钱、通联等 5 家支付机构与合作银行对接签约。根据当日央行发布的《关于上海市支付机构开展跨境人民币支付业务的实施意见》，符合条件的支付机构，将可以开展跨境人民币支付业务。这意味着，以后通过第三方支付机构，消费者就能直接用人民币“海淘”，国内企业也能直接用人民币开展跨境业务。

2 月 19 日，阿里集团宣布天猫国际正式上线，为消费者直供海外进口商品。这是继淘宝“全球购”之后，阿里在海淘领域的新动作。此次上线的天猫国际将提供新的海淘服务，入驻的商家店铺配备旺旺中文咨询，提供国内的售后服务。在物流方面，天猫国际要求商家 72 小时内完成发货，14 个工作日内到达，同时确保物流信息全程可跟踪。

2 月 19 日，据中国证券网报道，小米与北京银行签订了移动金融全面合作协议，双方将在移动支付、便捷信贷、产品定制、渠道扩展等多方面进行合作。基于小米公司的互联网金融平台，双方将探索包括 NFC、理财和保险（放心保）标准化产品销售、货币基金销售平台以及个贷产品在手机或者互联网终端申请等。

2 月 19 日，腾讯与携程网达成全面合作，用户在携程网 PC 版进行团购和购买火车票时，可使用微信支付，而携程网机票、酒店和旅游度假等频道也即将接入微信支付。不仅仅在 PC 端，携程移动 App 及微信公众号也将支持微信支付。业内人士认为，此次合作是继与南航、香港航空等大型航旅企业达成合作后，微信支付布局吃住行游购娱一站式旅游产业链的再提速。

2 月 19 日，Facebook 宣布，该公司已经同快速成长的跨平台移动通讯应用 WhatsApp 达成最终协议，将以大约 160 亿美元的价格，外加 30 亿美元限制性股票，收购 WhatsApp。彭博社称此交易是继 2001 年时代华纳与 AOL 的合并之后互联网产业最大规模的并购交易。

2 月 20 日，易宝支付宣布，并购上海和付信息技术有限公司。并购和付支付，意味着易宝正在加大对移动互联网领域的投入。易宝在 2013 年成立十周年时发布了“支付 + 金融 + 营销”的战略，表示要推动互联网金融和移动互联业务的发展。

2 月 20 日，人民网研究院发布《2013 中国报刊移动传播指数报告》，报告揭晓了 2013 中国报纸移动传播百强榜单。《人民日报》、《新京报》、《南方都市报》位列前三强，半数报纸百强集中在京粤浙地区。

2 月 20 日，国金证券与腾讯战略合作推出的首只互联网金融产品“佣金宝”正式上线，投资者通过腾讯股票频道进行网络在线开户，即可享受万分之二的交易佣金。目前券商的总成本包括规费、营业税等约为万分之二，除去这一部分券商的成本，国金证券给出万分之二的佣金意味着券商经纪业务已经正式步入“零佣金”时代。这一由互联网金融思维推动下的“零佣金”大战即将给券商经纪业务佣金模式带来颠覆性改变。“零佣金”的背后是互联网金融时代的来临。在国金证券正式与腾讯联姻之后，券商行业的互联网金融路径也逐渐明晰。

2 月 21 日，唯品发布公告，宣布根据此前达成的股权认购协议，以 5580 万美元入股东方风行。交易完成后，唯品会将持有其 23% 的股份，并通过其旗下的乐蜂网专注于其自主品牌化妆品及媒体产品业务。而在此前的 2 月 14 日，唯品会刚刚宣布以 1.125 亿美元收购乐蜂网 75% 的股权，成为乐蜂网最大股东并主导董事会和管理层。

2 月 22 日，据统计，2014 年将有 30 家左右的中国企业将开启赴美上市的旅程。其中包括京东、聚美优品、安居客、途牛、神州租车、盛大文学、迅雷、触控科技等技术公司在移动互联网概念下，赴美上市的表现值得期待。中国赴美上市市场，有望打破 2007 年 69 亿美元的融资记录，创出历史新高。

2 月 22 日 — 3 月 24 日，《中华人民共和国广告法（修订草案）》面向社会公开征求意见，拟规定任何组织或者个人未经当事人同意或者请求，不得向其固定电话、移动电话或者个人电子邮箱发送广告。发布虚假广告将面临最高 5 倍的罚款，同时，多次发布违法广告将面临加重处罚。

2 月 24 日，英国《金融时报》报道称，新浪微博计划在纽交所上市，计划募集 5 亿美元的资金，预计第二季度完成上市。

2 月 24 日，2014 年世界移动通信大会（Mobile

World Congress 2014）在西班牙巴塞罗那开幕。MWC 向来以其内容的先进性、技术的前瞻性引人瞩目，每届的 MWC 都被视作一年通信行业的风向标。大会将针对企业转型、互联生活、数据分析、通信未来、智能网络、移动电子商务与支付、移动识别与隐私、网络经济学和网络优化等话题进行深入探讨。

2 月 25 日，最高人民法院对诉 360 扣扣保镖不正当竞争案做出终审判决，驳回奇虎 360(QIHU．NYSE) 的上诉，维持一审法院的判决：奇虎公司构成不正当竞争，赔偿腾讯公司经济损失及合理维权费用 500 万元。截至目前，3Q 大战一共引发了三场诉讼，两场是腾讯诉 360 不正当竞争，目前均已终结，腾讯胜诉；最后一场是 360 诉腾讯垄断，将择日宣判。这三场官司，都关系到为互联网行业的公平竞争树立标杆。

2 月 25 日，IBM 宣布将斥资 10 亿美元升级其 SoftLayer 云计算业务，同时收购云服务数据软件供应商 Cloudant 公司，将其整体业务同 Blue Mix 整合。此次收购，应属 IBM 在云计算领域第二笔投资金额超过 10 亿美元的业务。据了解，IBM 曾于今年月投入 12 亿美元，将此前 SoftLayer 13 家数据处理中心扩展至 40 家。

2 月 25 日，Linkedin 正式公布了中文名称“领英”，并发布了简体中文测试版。同时，Linkedin 还精心选择了两家颇具本土经验的公司——红杉中国和宽带资本成立合资公司。

2 月 27 日，装机量最大的 360 手机卫士 2013 年共拦截垃圾短信 971 亿条。其中广告推销占 66%，资讯信息占 20%，违法信息占 7%，诈骗类信息占 5%。在广告推销广告中，地产广告、打折促销、医疗广告和教育移民是数量最多的四类，其中房产信息占到 48%。

2 月 28 日，蓝色光标公告，公司全资子公司蓝标公关拟以自有人民币出资 650 万元，用于与自然人李芃、宋晓雯、杨灿共同出资设立北京蓝色天幕传媒广告有限公司（简称“蓝色天幕”）。蓝色天幕将主要从事设计、制作、代理、发布广告；广告信息咨询；展览服务；投资管理；投资咨询；公关策划；电脑图文设计、制作；企业策划；经济贸易咨询；企业管理咨询；技术推广服务。

2 月 28 日，第 43 届世界广告大会组委会第一次会议在国家工商总局召开。大会组委会执行主任、国家工商总局副局长甘霖和北京市政府副市长程红共同主持会议。大会组委会副主任、中国广告协会会长李东生和北京市政府副秘书长马林出席会议。

3 月 2 日，中移动通过媒体通报了短信的升级计划，届时，用户不需要单独安装其他应用，就可以直接像 WhatsApp、微信等一样发送文字、图片、位置等通信功能。这个最彻底的举动为三大运营商一年以来与 OTT 的纷争画上了一个句号。

3 月 5 日，十二届全国人大二次会议开幕会在北京举行，政府总理李克强在大会上做政府工作报告。报告中 2014 年重点工作部分，多次涉及互联网、电信等科技行业，其中包括促进互联网金融健康发展、扩大跨境电商试点、加快 4G 发展等内容。

3 月 5 日，当当网与 1 号店在京联合宣布达成战略合作，相互入驻对方开放平台同时开设官方旗舰店，并于今日正式投入运营。其中，当当网在 1 号店的官方旗舰店以销售当当网自营图书品类为主。1 号店在当当网开设旗舰店主要销售 1 号店自营部分具有优势的食品、饮料等。这也是当当“走出去，请进来”发展战略的延续。

3 月 8 日，据路透社报道，百度已经与其他公司合作，申请中国的民营银行牌照。百度希望从简单的货币基金代销商发展成为有资质的金融服务机构。自 2013 年以来，百度、腾讯和阿里巴巴等中国互联网公司都开始提供互联网理财产品。由于相对银行定期存款较高的利率，这些理财产品吸引了大量投资者。

3 月 10 日，腾讯公司和京东商城共同宣布达成战略联盟，通过股权投资和深度业务合作共同发展中国实物电商业务。这宗交易是中国互联网至目前为止， 最具标志性意义的交易，对行业格局有积极影响。根据双方协议，腾讯入股京东约15%的股权，并在后者上市时追加认购5%的股权，从而成为京东重要股东和战略合作伙伴。腾讯电商旗下的QQ网购和拍拍实物电商部门以及配送团队将整合到京东；易迅将继续运营，并跟京东一起探讨落实日后的深度合作。京东将投资易迅成为少数股权股东，并获得认购余下股权的权利。

3月12日，支付宝官方表示，国内首张网络信用卡将率先在支付宝钱包内亮相，首批发行100万张，可用于所有在线消费。授信额度200元起步，上限有个人网络信用度来定，并可根据消费者的消费记录和信用记录，逐步提升额度。无独有偶，腾讯也表示，与中信银行、众安保险联合推出首张微信信用卡，首批将发放100万张。该卡不仅可以在手机上便捷地使用微信支付，还可以线下在中信、微信指定的特约商户进行扫码支付。

3月12日，银监会有关负责人表示，民营银行首批试点名单确定，包括阿里巴巴、万向、腾讯、百业源、均瑶、复星、商汇、华北、正泰、华峰等民营资本参与试点工作。据银监会召开民营银行试点方案新闻通气会介绍，试点方案要求民营银行发起人控制人必须是大陆公民，并确定了民营银行四种经营模式。分别是："小存小贷"（限定存款上限，设定财富下限 ）；"大存小贷"（存款限定下限，贷款限定上限）；"公存公贷"（只对法人不对个人）；"特定区域存贷款"（限定业务和区域范围）。

3月12日，迅雷宣布和中影集团、小马奔腾、华谊兄弟新媒体等多家文化公司共同发起CC2014中国互联网版权行动计划，推动建立互联网行业科技维权平台、集体维权平台、侵权公示平台以及版权保护长效机制。该计划由北京市版权局指导，北京版权保护中心和首都版权产业联盟联合主办，业内人士认为，在这个时间点发出维护正版的声音，或为迅雷重启上市计划欲扫清最后障碍。

3月12日，国家工商总局公布了2013年12月全国部分电视、报纸、广播等广告抽查结果，在本次违法广告名单中涵盖的医疗药品、食品保健和化妆品三类15个广告中，仅医疗药品类违法广告就达到11个，占比73.3%。

3月13日，记者从国美电器方面获得最新消息，国美已完成关于虚拟运营商域名的注册，以及客服号码的确认工作，并预计将在4月对外放号，全面铺开移动转售业务。另外，苏宁也正加速推进移动转售业务运营工作。

3月13日，国家标准化管理委员会在其官网公布《电视收视率调查准则》(Television audience measurement guidelines)，这是国家标准委批准颁布的国内首个电视收视率调查国家标准，将于2014年7月1日起实施。《电视收视率调查准则》中明确提出，中国电视收视率调查与国际通行准则须保持一致，调查方法和技术与国际上保持同步，同时又要符合国内电视收视市场的具体情况，保证电视收视率调查的顺利施行。此外，还明确了收视率调查所应遵循的基本范围及执行标准，为收视率调查机构提供了明确可行的操作规则。

3月15日，我国第一部规范互联网定向广告用户信息行为的行业标准——《中国互联网定向广告用户信息保护行业框架标准》正式发布。它是在中国广告协会网络互动分会的主持下，包括主流互联网企业、广告公司、第三方公司、广告主等在内的多方积极倡导和参与下完成的，是在自律的基础上，规范行业内企业自身行为的第一部行业标准，将于2014年3月15日正式生效。2014年3月15日实施的新修订《消费者权益保护法》和国家工商管理总局于2014年2月13日发布的《网络交易管理办法》，都对网络环境下的消费者个人信息使用做了明确规定。《框架标准》是在上述国家法律法规的基础上，通过自律方式，主动将定向广告用户个人信息的合法使用与违法界限界定清晰的行业标准。

3月15日，新修订的《消费者权益保护法》正式施行。此次经过大修的新《消法》对网络购物、权益诉讼、惩罚性赔偿等有关消费者权益保护方面的热点问题都做了明确规定，其中包括大众传播媒介应当承担的责任以及虚假宣传、虚假广告赔偿责任等内容。除特殊商品外，网购商品在到货之日起七日内无理由退货。工商总局也公布了《网络交易管理办法》，这意味着，在法律和部门规章层面都将保护消费者的网购“后悔权”。

3月17日，利欧集团以34445万元现金加1.5亿其他资金方式收购上海漫酷广告有限公司85%股权，这也意味着MediaV出售掉了旗下广告代理业务部分。

3月17日，据报道，巨人投资将以30亿美元（约合人民币184亿元）收购巨人网络，并使巨人网络退市。据巨人投资和巨人网络双方声明显示，巨人投资收购巨人网络的价格合每股12美元，比巨人网络11月22日（巨人投资公布收购计划前）的收盘价10.13美元高出18.5%。

3月18日，美国最大返利购物网站Ebates.com宣布，已并购另一家中国海淘用户熟知的美国返利购物网站Extrabux.com，并正式推出专注于服务中国海淘用户的中文网站Ebates.cn，Extrabux的创始人Jeff Nobbs和Noah Auerhahn将负责Ebates中国区的运营。并购完成之后，这两家返利购物网站将成为中国海淘市场中的领先者。

3月18日，阿里巴巴集团确认，决定启动赴美国上市事宜，并表示未来条件允许将积极回归国内资本市场。阿里巴巴上市将募集150亿美元，其市值或将超过1300亿美元，有望成为2012年5月Facebook上市以来全球证券市场规模最大的新股首发（IPO）项目。

3月20日，市场调研机构eMarketer发布报告称，预计2014年全球移动广告支出将达到315亿美元，较2013年增长75%，占到数字广告总支出的近四分之一。 2013年，全球移动广告支出增长一倍以上，从2012年的88亿美元增至近180亿美元。

3月21日，中国电子商务研究中心在杭州发布了《2013年度中国电子商务市场数据监测报告》，数据显示，2013年中国电子商务市场交易规模达10.2万亿元。同比2012年的8.5万亿元，增长29.9%。截至2013年12月，电子商务服务企业直接从业人员超过235万人。目前由电子商务间接带动的就业人数，已超过1680万人。

3月21日，国家级搜索平台中国搜索正式上线开通，英文域名为chinaso.com。中国搜索由中国搜索信息科技股份有限公司创办运营，该公司是由中国七大新闻机构人民日报社、新华通讯社、中央电视台、光明日报社、经济日报社、中国日报社、中国新闻社联合设立的互联网企业。

3月22日，由中国广播电视协会移动电视分会和易观智库共同编著的《中国移动电视发展报告(2013)》（以下简称“报告”）在北京首发。报告显示，全国移动电视的直接受众接近6亿。

3月24日，联想集团对外宣布，出资1亿美元购买专利授权公司Unwired Planet所拥有的一系列专利组合，包括3G和LTE移动专利及其他重要的移动专利。同时，联想将获得Unwired Planet知识产权组合的多年期授权，涵盖移动设备标准基本专利、安装启用专利和应用层面技术等多个领域。这项交易预计将在30天内完成。

3月24日，《广告法（修订草案）（征求意见稿）》意见反馈正式截止。日前，中国控制吸烟协会举办“修订《广告法》禁止烟草广告条款专家研讨会”，与会专家呼吁，应全面禁止烟草广告。

3月24日，颈复康药业集团有限公司产品因广告违法情节严重再次被国家食品药品监督管理总局通报。

3月25日，国家工商总局公布了对20家网站广告的监测数据。监测抽查的各类网络广告总共105.6万条，严重违法广告34.7万条，占监测总量的32.93%。广告违法现象在药品、医疗、保健、食品、化妆品、美容服务等领域尤为突出。

3月25日，由虎嗅网举办的“2014新媒体营销深度分享会”在北京万达索菲特酒店举办。

3 月 26 日，腾讯发布公告称，斥资 5 亿美元收购韩国游戏公司CJ Games的28%股份。此外公告称，CJ Games 还将收购韩国游戏门户网站 Netmarble。2013 年 CJ E&M 的销售额达 98 亿元，营业收益达 3.3 亿元，与 2012 年相比，分别增长了 23.1% 和 50.1%。这一业绩增长的最大功臣就是创造了高达 134% 增幅的游戏部门。

3 月 27 日，新浪微博网站显示，其名称已更改为“微博”，不再有“新浪”字样。3 月 15 日，新浪微博在美国提交招股书，计划赴美 IPO。招股书中，新浪微博名称为“Weibo Corporation”，LOGO 上的文字也仅有“weibo”字样。招股书显示，新浪微博的机构股东中，新浪集团持 1.4 亿股，占比 77.6%；阿里巴巴持 3489 万股，占比 19.3%。

3 月 28 日，百度在美国法院赢得了一项诉讼案件，此次诉讼案件由一些激进人士发起——主要指控百度在搜索引擎中进行网络审查并非法阻止政治言论。这些原告方以侵犯公民权利为由要求百度赔偿 1600 万美元。美国曼哈顿地区法院杰斯·福尔曼(Jesse Furman) 裁定，百度搜索引擎产生的搜索结果符合美国的法律，因而该法官拒绝驳斥了原告的指控。福尔曼称：“第一修正案保护了百度的权利——即更多地拥护政府制度，这才是确保原告拥护民主的权利之方式。”福尔曼还称，百度的这种做法就像是报纸编辑决定该发行哪些内容一样。

3 月 28 日，中宣部、中央文明办、国家网信办、工信部、工商总局、新闻出版广电总局召开电视电话会议，部署深化“讲文明树新风”公益广告宣传，大力培育和弘扬社会主义核心价值观。

3 月 28 日，国家工商行政管理总局广告司司长张国华参加在苏州举办的“2014 中国广告与品牌大会”时说,“我国的广告业数量很多，但是‘个头’还不算大，在世界上能拿得出手的并不多”。同时，他表示，中国的广告业需要向国外“取经”，深耕细作，培养品牌，从长远角度，提升我国广告业的自身水平。

3 月 31 日，全球营销、创意人士所关注的英国 Campaign“2014 世界领先独立广告公司”榜单出炉，中国独立创意公司 180China 成功入选，这也是 180 继 2012 年之后第二次获此荣誉。

3 月 31 日，蓝色光标称其全资子公司蓝色光标国际传播有限公司以自有资金收购香港密达美渡传播有限公司 100% 股权，定价约为 17844 万港元(约合人民币 1.43 亿元)。密达美渡是香港最大的独立广告公司，主要经营业务包括：市场策划、广告创作、广告设计、广告制作、媒体策划及购买。

4 月 2 日，据酷 6 提交给 SEC 的最新文件显示，Sky Profit 创始人许旭东从盛大网络手里收购 41% 股份，成为酷 6 第一大股东。雷军为 Sky Profit 的主要股东，奇虎 360 董事长周鸿祎也拥有 Sky Profit 公司 7.91% 的股权。

4 月 3 日，支付宝钱包已经和第三方服务商“无忧停车”合作，在北京正式展开“智能停车”项目试点。目前清华科技园、北京人民医院、世茂百货 3 个停车场已经实现了通过高清摄像头识别车牌号、支付宝钱包公众号自动计费并交费的“不停车通行”体验。

4 月 3 日，据 thenextweb、《华尔街日报》等外媒消息，微软在其 Build 2014 大会上正式宣布，将对 9 英寸以下小型智能手机及平板电脑 Windows 系统实行免费制，除了新用户将拥有 1 年的 Office 365 免费订阅使用之外，微软公司也计划对即将问世的物联网 Windows 收取“0 美元”的手续费。

4 月 3 日，AdMaster(精硕科技)正式首推国内全新数字广告价值评估指标“可见曝光系数(Viewable Impressions)”和“数字广告品牌效果指数 (Advertising Brand Index，简称 ABI)”。这两项全新的评估指标能够更真实量化、统一分析和对比跨屏广告形式的广告价值和品牌通过广告对消费者产生的影响力，打造数字广告评估标准和体系的全新里程碑，也为以 RTB 和程序化营销为代表的新营销模式的应用提供了可量化参考标准和根基。

4 月 5 日，途牛向美国证券交易委员会 (SEC) 提交了 IPO（首次公开招股）申请，证券代码为

"TOUR"，计划募集最多1.2亿美元资金。尽管携程、艺龙、同程等网站在度假产品类均有涉及，但途牛则是将度假产品作为最核心的业务。

4月8日，由中宣部、国家工商总局等八部门联合举行的关于"开展整治互联网重点领域广告专项整治行动"电视电话会议在四川省工商局召开。专项整治活动于2014年4月10日启动，至8月31日结束。整治对象主要是一些网站违法违规发布广告，特别是一些保健食品、保健用品、药品、医疗器械、医疗服务等重点领域广告。

4月8日，微软公开宣布将对于已服务超过13年的Windows XP停止技术支持，意味着微软将不会再为XP系统提供更新程序，不再提供漏洞补丁。腾讯、搜狗、知道创宇、乌云漏洞平台、Keen Team等安全厂商宣布成立"XP守护者联盟"，在4月8日微软彻底停止Windows XP技术支持之后，继续为XP用户推出联合防御计划，包括XP漏洞响应及主动防御机制，保障XP用户上网安全。

4月10日，2014纽约广告节首届火炬奖(Torch Awards)的入围名单公布，由裘星宇、刘润东、唐诗川三位九零后组成的DDB北京团队，成功入围全球五大决胜队伍之一。火炬奖是纽约广告节专为25岁以下年轻创意人所设的大奖，而DDB北京团队是今年唯一一支来自中国的团队。

4月14日，国家工商行政管理总局公布了对2014年1月全国部分电视、报纸、互联网媒体发布的医疗、药品、保健食品、化妆品及美容服务类广告进行的抽查监测情况，并将抽查监测发现的部分严重违法广告予以公告。

4月15日，国家食品药品监督管理总局召开医疗器械"五整治"专项行动第二次新闻发布会。国家食品药品监督管理总局稽查局局长毛振宾表示，违法广告特别是网络售假比较突出，都是未经过食品药品监管部门审查批准，或者篡改批准内容，擅自发布的一些违法广告。

4月15日，国家工商总局曝光14例严重违法广告包括化妆品、药品等产品和医疗机构。据了解，在一家电视台的广告中，芙源猪皮面膜号称"3秒渗透基底，经首尔2000万女性共同验证"、"使用20分钟皮肤立感水润饱满，3天持续亮白光彩，7天恢复紧致弹性，28天重新拥有婴儿般的柔嫩肌肤"等内容，国家工商总局表示，该广告使用绝对化用语，夸大化妆品的效用或者性能，误导消费者，严重违反规定。

4月16日，由财讯传媒集团《成功营销》杂志主办的"2014中国内容营销盛典"在北京JW万豪酒店圆满落幕，峰会主题"数字时代内容重生"奏响了2014年内容营销序曲。

4月17日，中国全国工商系统广告工作会议在福建泉州召开。国家工商行政管理总局副局长甘霖出席会议并讲话。大会审定通过了无锡、成都、海西、武汉等四个国家广告产业园及珠海、温州、芜湖三个国家试点园区。统计显示，2013年各地工商机关共查处虚假违法广告案件4.4万件，罚没款达3.2亿元。中国工商系统积极应对互联网等新媒体广告迅猛发展的新形势，加强网络广告监测巡查，加大网络非法涉性广告清理整治力度。2013年各地查办网络广告案件4034件，罚没款3827万元，查办数量和处罚金额均比2012年大幅增加。

4月17日，中国广播电视网络有限公司正式注册成立，注册资金45亿。经营范围为有线电视网络规划、建设、运营和维护；为开展上述业务所进行的技术研究、技术开发、信息咨询。这将是国家级有线电视网络企业，虽然目前规模不大，有待整合全国广电网络企业，但未来有望成为第四大运营商，与中国电信、中国移动、中国联通等现有三大运营商竞争。

4月22日，中国人民银行有关负责人表示，央行对于移动支付电子化路线一视同仁，但包括一些打车软件中使用的二维码支付方式，没有密码认证，不能作为一种可信的支付方式广泛推广。

4月23日，SMG、WPP联合宣布旗下百视通新媒体(BesTV)与第十大道集团(tenthavenue)在上海共同注资成立“好十传媒”(Bestenth)，进军数字户外和移动互联网新媒体广告市场。

4 月 24 日，国家工商行政管理总局公布了对 2014 年 2 月全国部分电视、报纸、广播、互联网媒体发布的医疗、药品、保健食品、化妆品及美容服务类广告进行的抽查监测情况，并将抽查监测发现的部分严重违法广告予以公告。

4 月 25 日，微软对诺基亚设备与服务部门的收购将彻底完成。这项历时近 8 个月，总额达到 72 亿美元的收购案划上句号。微软将会接手诺基亚包括移动手机、智能设备业务、设计团队在内的设备与服务部门，以及 Nokia.com 这家网站与相关社交媒体。收购案完成后，包括制造、组装和包装产品的约有 3.2 万名诺基亚员工将到微软任职。

4 月 26 日，由国际广告大奖艾菲奖与中国最具影响力的电商媒体《卖家》共同打造的营销大奖——金麦奖，在厦门国际会议中心一楼 ID 厅举行。金麦奖是首个电商领域国际标准的营销大奖，旨在评选全网顶级企业的跨平台、跨渠道的实效营销案例，为寻求突破的电商企业提供突破瓶颈的策略，为传统转电商的企业提供切入电商的理想模式。

4 月 28 日，优酷土豆宣布获得阿里巴巴和云锋基金 12.2 亿美元战略投资，阿里巴巴持股比例 16.5%，云锋基金持股比例 2%。据悉，阿里和云锋基金购得优酷土豆 A 股普通股 7.21 亿股（每 18 股优酷土豆 A 类普通股相当于一股 ADS），阿里巴巴将委派其 CEO 陆兆禧加入优酷土豆董事会。

4 月 28 日，携程旅行网宣布战略投资同程网络科技股份有限公司。通过此次投资，携程将成为仅次于同程管理层团队的第二大股东。此次交易以现金方式完成，涉及金额超过 2 亿美元。

4 月 29 日，猎豹（原金山网络）将于 5 月 8 日在纽交所正式挂牌上市。猎豹 4 月 3 日向美国证券交易委员会(SEC)首次提交了招股书，计划在纽约交易所上市。在市值方面，在 IPO 之后，猎豹总股本为 1.38 亿股美国存托股(ADS)，以发行价上限的每股 ADS 价格 14.5 美元计算，猎豹 IPO 后市值约为 20 亿美元。

在 IPO 后的股权结构方面，金山集团持股比例将从现在的 54.1% 稀释至 48.6%。

4 月 30 日，一个由三大电信运营商共同持股的“国家基站公司”已经敲定，在级别上将与三大电信运营商平起平坐。今后三大运营商不再自建基站，而是租用国家基站公司的基站，维护工作也交给国家基站公司。运营商的存量基站、铁塔、管道也逐步装进这个超级基站公司。

5 月 1 日，修改后的《商标法》将开始实施。国家工商总局下发通知，再次明确“驰名商标”不得用于广告宣传、展览以及其他商业活动，并明确违者将由住所地工商部门查处。

5 月 5 日，国家工商行政管理总局召开新闻发布会。据悉，2013 年，全国各地区查处广告违法案件总量 44103 件，与 2012 年基本持平。这些案件中，虚假广告 12885 件，非法经营的广告 7795 件，占据了案件的近一半。在治理违法广告的过程中，国家工商行政管理总局共责令停止发布广告 15295 件、停业整顿 124 户、吊销证照 61 户，并有 7 个案件中的 22 人在 2013 年被移送司法机关。

5 月 5 日，第 43 届世界广告大会第三次新闻发布会在国家工商行政管理总局举行，通报了大会最新筹备情况及主要活动安排。第 43 届世界广告大会组委会执行主任、国家工商行政管理总局副局长甘霖出席会议并回答记者提问。甘霖强调，要以举办世界广告大会为契机，宣传我国广告业的发展成就，提高广告业的国际竞争力和影响力，努力推动中国向广告强国迈进。

5 月 7 日，由《广告主》杂志举办的“2014 年第六届中国广告主峰会暨金远奖颁奖盛典”在北京盘古七星酒店举行。

5 月 7 日，一份最新的研究报告显示，到 2014 年年底，全球互联网用户数量将会逼近 30 亿，其中三分之二的用户将来自发展中国家。联合国国际电信联盟声称，这个数字相当于全世界人口的40%。该报告显示，在那些尚未使用互联网的人群中，约有90%的人均来自发展中国家。

5月8日，国家工商行政管理总局起草了《公益广告促进和管理暂行办法（征求意见稿）》，向社会公开征求意见。征求意见稿规定，公益广告内容应当与商业广告内容相区别，商业广告中涉及社会责任内容的，不属于公益广告。公益广告禁止出现商品或商业服务名称、商标标识、联系方式以及任何与宣传、推销商品或商业服务有关的内容。另外，政府网站、新闻网站、经营性网站应当在首页固定位置宣传展示公益广告，并运用其他多种方式传播公益广告；基础电信企业要运用手机媒体及相关经营业务经常性刊播公益广告等。

5月8日，宏盟集团和阳狮集团发布联合声明称，由于在如何管理新公司方面出现不可调和的分歧，双方决定放弃2013年7月提出的合并计划。该计划的夭折也宣告双方计划合力成为全球第一大广告公司的愿望破灭。

5月8日，中国移动官方正式对外宣布，与17家单位继4月1日全面完成《移动通信转售业务合作协议》签署后，近日即将完成《移动通信转售业务合作补充协议》签署。至此，双方对移动通信转售业务合作的关键事项达成一致。

5月8－11日，第43届世界广告大会在北京国家会议中心举行。本次大会由国际广告协会委托国家工商总局、北京市人民政府共同主办，中国广告协会、北京市工商局承办。作为世界广告业的顶级盛会，世界广告大会每两年举办一次。国家广告园区建设展作为本届大会的特色项目首次盛装亮相，32家国家广告产业园区及试点园区以各具特色的方式集中进行形象展示与合作推广。这次大会共有来自全球多个国家的1600余名广告业精英参会，以“创意点亮世界”为主题，通过主题论坛、展览展示和商务洽谈等多种形式，探讨最新的发展理念，寻求最广泛的合作机会。

5月9日，国家工商行政管理总局召开互联网广告监管执法和监测工作专题研讨会。国家工商行政管理总局广告司召集浙江、北京、上海、广东深圳、福建泉州五地工商局、市场监管局广告处和广告监测机构负责人，围绕如何解决网站地方频道的广告监测全覆盖、网络违法广告证据固定、网络广告与信息的判定标准等问题进行了交流讨论。

5月9日，第43届世界广告大会开幕晚会在人民大会堂举行，国家工商行政管理总局领导张茅、刘玉亭、马正其、甘霖、何昕、刘俊臣出席，大会组委会执行主任甘霖致辞。中国广告协会会长李东生、国际广告协会主席法理斯·阿布哈迈德在晚会上为获得中国广告协会“中国广告业发展突出贡献奖”的国际机构、公司及个人颁奖。

5月11日，作为第43届世界广告大会的重要组成部分，以“创意无限、魅力北京”为主题的“北京日”活动正式举行。北京、香港、澳门、台湾签署《两岸四地广告业发展战略合作协议》。

5月11日，全球最大的广告传播集团WPP最新在纽约发布的“最具价值中国品牌100强”研究报告显示，中国移动（微博）、中国工商银行、腾讯位列2014年中国最具价值品牌前三强。2014年，中国最具价值品牌100强的总价值达3798亿美元。

5月12日，阿里巴巴宣布于开启首个香港数据中心，拉开了阿里云计算业务在海外布局的序幕。阿里巴巴将与香港中华燃气公司的一个子公司合作建立数据中心，但并未透露这个中心的投资规模。此前，阿里巴巴已在杭州、青岛和北京建立了数据中心。

5月12日，国家副主席李源潮在北京会见了出席第43届世界广告大会的国际广告协会主席法里斯·阿布哈迈德一行。李源潮说，世界广告大会在中国举办，对促进中国与世界广告业交流合作发挥了积极作用，中国正在全面深化改革、扩大开放，中国的发展为世界提供了机遇，欢迎世界广告业积极参与中国广告业发展进程，为促进世界经济发展和文化交流做出贡献。阿布哈迈德感谢中国对大会成功举办提供支持，表示愿推动世界与中国广告行业深入交流合作。

5 月 12 日，新好耶集团宣布，将向华谊嘉信 CEO 刘伟、好耶集团管理人员和核心业务人员、第三方融资方组成的收购方出售新好耶集团的在线广告代理业务，作价不高于 6.7 亿元人民币。华谊嘉信公告称，公司将以不优于第一步交易的条款和条件向收购方收购上述资产和业务。此外，公司也在筹划收购其他广告行业的优质资产。好耶的其他业务板块将继续独立运营，包括其在中国和美国的广告技术业务等。腾讯科技 2014 年 3 月即报道称，新好耶与华谊嘉信已接近就出售在线广告代理业务达成协议，双方今年初即开始接触谈判。

5 月 12 － 18 日，全国工商行政管理系统广告监管执法培训班在国家工商行政管理总局行政学院举办，总局副局长甘霖出席培训班并讲话。她强调，整顿和规范广告市场秩序是关注民生、执法为民的重要体现，各地要牢固树立不抓监管就是失职、抓不好监管就是不称职的意识，切实履行好监管第一职责，坚定信心，不断强化广告监管执法与案件查办工作，为促进广告市场持续净化好转做出不懈努力。

5 月 13 日，中国商业联合会媒体购物专业委员会（简称媒购委）发布第 24 期通报，此次通报的涉嫌虚假的购物广告共 56 则，涉及电视购物广告，也涉及平面媒体的广告，既有药品、保健品，也有减肥腰带、平板电脑等，而三九集团等知名企业的产品，竟然也出现在涉假广告中。媒购委一度有所好转的名人代言、参与违法购物广告的现象又有所抬头，前中国女排主教练陈忠和，以及相声演员唐杰忠，曾出演济公的影视名人游本昌，以及影视名人那威、雷恪生等又出现在涉假广告中，或者以主持人的身份出现，或者以患者的身份出现。据媒购委指出，这些广告有的违反了《广告法》的有关规定，有的违反了广电等有关部门的禁令，有的违反多项法规和禁令。

5 月 13 日，湖南卫视宣布今后旗下节目不再与其他新媒体合作，全部由芒果 TV 自己播放。而今年世界杯，中央电视台也不向任何视频网站开放直播权，只通过自家 CNTV 进行网络播放。而风声鹤唳的是，这可能意味着浙江卫视、江苏卫视等众多品牌都将相继跟进。

5 月 15 日，360 宣布战略投资互联网广告公司 MediaV，并成为 MediaV 的控股股东。投资 MediaV 之后，360 将把巨大的流量和用户基数与 MediaV 的广告技术对接，将成为更强大、高效的广告生态圈，并大大提升平台产品的货币化速度。

5 月 17 日，全国首个专注于公益广告的基金会——无锡太湖公益广告发展基金会在无锡灵山慈善促进大会上正式成立，“公益广告人人网”同期开通。该基金会将致力于公益广告的设计、制作和发布，资助公益广告学术研究等。“公益广告人人网”则为企业打造了一个公益互动平台。

5 月 21 日，普华永道在全球展开了一项针对中国移动广告市场的调查。其调查显示，移动互联广告 2014 年市场规模将达到 125 亿元，而这个数字到 2017 年将达到 257 亿元人民币，实现三年间的翻番增长。未来 3 年将保持 27% 的平均复合增长率，增速是传统非数字广告五倍。

5 月 22 日，京东集团正式在纳斯达克证券交易所挂牌，股票交易代码：JD。京东收盘价为 20.90 美元，较 19 美元的发行价上涨 10%。市值达到约 286 亿美元。以目前市值计算，京东在中国上市互联网公司中排名第三，仅次于腾讯和百度。

5 月 27 － 29 日，上海第四届年度数字会议——ClickZ Live 上海会议在上海新天地朗廷酒店举行。该会议由全球系列会议 SES Conference & Expo 发展而来。议题涵盖了数据分析、内容营销、电子商务、互动营销、移动商务、移动营销、绩效营销、搜索营销、社交媒体及全渠道。

6 月 4 日，国务院召开常务会议，会议讨论通过了《中华人民共和国广告法（修订草案）》。备受社会各界关注的《广告法》修订工作取得重要进展。该草案经进一步修改后将提请全国人大常委会审议。

6 月 4 日，李克强主持召开了国务院常务会议，确定进一步简政放权措施促进创业就业，部署石化产业科学布局和安全环保集约发展，讨论通过《中华人民共和国广告法(修订草案)》。会议讨论通过了《中华人民共和国广告法(修订草案)》。为规范广告活动，更好保护消费者权益，草案补充和完善了药品、保健食品等广告准则，加大对虚假广告等的惩处力度。草案经进一步修改后将提请全国人大常委会审议。

6 月 4 日，工信部通信保障局发布的《关于在打击治理移动互联网恶意程序专项行动中做好应用商店安全检查工作的通知》中指出，应用商店应建立应用软件黑名单管理制度、黑名单申述机制，并积极推动黑名单信息行业内共享，要求各通信管理局要组织技术力量对本地区应用商店中的应用程序进行远程或现场抽检。

6 月 5 日，阿里巴巴集团宣布与恒大足球达成战略合作协议，阿里巴巴将投资 12 亿元获得恒大足球俱乐部 50% 的股权。阿里巴巴集团董事局主席马云表示，希望通过与恒大的平等合作，共同促进中国足球的发展。

6 月 5 日，以“资本的力量”为主题的第八届中国广告趋势论坛在南京成功举办。

6 月 5 日，国家中医药局曝光一批报刊违法广告。据悉，2014 年 3 月至 4 月，该局政策法规与监督司分别对部分机构在报纸、杂志上发布中医医疗广告情况进行监测。共监测到报纸虚假违法中医医疗广告 59 条次，杂志虚假违法中医医疗广告 7 条次。

6 月 6 日，一辆由北京开往邯郸的 K7721 次列车停靠在邯郸火车站，列车共有 19 节车厢，车体内外均是邯郸旅游的广告内容，这是邯郸市针对铁路列车旅游宣传的重大突破，是与北京铁路局合作的成功典范，也是我国铁路有史以来第一趟车体外贴广告列车。

6 月 9 日，中国疾控中心控烟专家、公共卫生领域学者共计 41 人，联名致信全国人大法工委，建议全国人大在审议时再修改《广告法》中具体条款，全面而不是以“列举”方式部分禁止各种形式的烟草广告、促销和赞助。

6 月 9 日，中移动宣布其全资附属公司中国移动国际控股有限公司与泰国 True Corporation PCL 签订了股份认购协议，将以 6.45 泰铢 / 股的价格认购 True Corporation PCL 非公开发行股份，总交易价格约为 285.7 亿泰铢（约合 55.0 亿人民币）。这将是中移动首次在海外地区进行股权并购交易。如果交易成功，这笔交易将成为 7 年间中移动在中国内地、香港和中国台湾以外的首笔(收购)交易。

6 月 9 日，阿里巴巴公司已经与优酷土豆公司签订协议，继阿里巴巴公司上个月为其投资 12 亿美元入股优酷土豆公司。从下月开始淘宝店铺和天猫商铺都可以通过阿里巴巴网络营销平台竞投在线视频的广告空间。广告可以选择静态图片或者视频短片的形式。

6 月 10 日，国家工商行政管理总局公布了日前会同有关部门进行开展的整治互联网重点领域广告专项行动情况。并将部分严重违法广告涉及的产品和网站予以公告。

6 月 10 日，由中国经典传播虎啸大奖组委会、易观国际、腾讯网、凤凰网和爱奇艺五家机构联合推出的《2013 年中国明星数字商业价值白皮书》(在江苏南京发布）。该报告针对数字时代企业明星代言的新需求，对数字时代明星的商业传播价值进行了综合评估并加以排行，力图为企业寻找明星代言给出权威可信的参考。这是目前国内首次针对数字时代明星商业价值排行研究进行的权威发布。

6 月 11 日，阿里巴巴与 UC 优视联合宣布，阿里巴巴将收购 UC 优视剩余股权，组建 UC 移动事业群，UC 优视全面融入阿里巴巴集团。UC 董事长兼 CEO 俞永福担任事业群总裁，并进入阿里集团战略决策委员会。公开资料显示，阿里巴巴此前于 2013 年 3 月和 12 月两次投资 UC，控股比例为 66%。据悉，UC 在并入阿里之后，估值有望高达 50 亿美元。

6 月 12 日，由人民网和 AdMaster 联合主办的 2014 移动互联发展大会移动营销论坛在北京举行，本届移动营销论坛的主题为“移动的力量，移动营销者赢市场”。

6 月 12 日，猎豹移动宣布，该公司已经于香港 Zoom Interactive Network Marketing Technology 达成收购协议，将以 3000 万美元现金加股票的方式全资收购后者。Hongkong Zoom Interactive Network Marketing Technology 中文名为“香港品众互动网络营销科技有限公司”，是一家主营移动广告业务的公司。根据猎豹移动和香港品众互动达成的协议，此次收购交易价值 3000 万美元，在交易完成之日时，前者将支付 2000 万美元现金以及价值 400 万美元的 A 级受限股，剩余部分将分两年，且根据品众互动业绩分批支付。

6 月 12 日，GSMA(GSM 协会）发布了最新移动经济报告《2014 年亚太地区移动经济报告》。报告显示，亚太地区移动用户占全球总数的 50%，预计到 2020 年，亚洲将是全球增长最快的移动市场之一。该报告还显示，截至 2013 年年底，亚太地区拥有 17 亿独立移动用户，占 34 亿全球移动用户总数的一半。预计到 2020 年，亚太地区移动用户数的年均复合增长率将保持在每年 5.5% 的幅度，用户总数将达到 24 亿。截至 2013 年年底，亚太地区移动连接总数达到 34 亿，预计到 2020 年将增至 48 亿。

6 月 13 日，智联招聘赴美 IPO，收盘价 14.66 美元，较发行价上涨 7.48%. 以收盘价 14.66 美元、总股本 4994 万美国存托股计算，智联招聘市值约为 7.32 亿美元。根据招股书披露的信息，上市之后，智联招聘 CEO 郭盛持有智联招聘 3.3% 的股份，按照收盘计算价值约 2416 万美元。

6 月 16 日，中国广告协会发布了中国广告协会证明商标使用公告（第一批），公告公布了获得中国广告协会“CNAA Ⅰ”“CNAA Ⅱ”“CNAA Ⅲ”证明商标使用权的企业名单。经审核，包括中国广告联合总公司、航美传媒集团有限公司、河北宏图广告有限公司和互动通天图信息技术有限公司等在内的 95 家企业获得中国广告协会“CNAA Ⅰ”（一级广告企业）证明商标使用权，182 家企业获得中国广告协会“CNAA Ⅱ”（二级广告企业）证明商标使用权，另有 55 家企业获得“CNAA Ⅲ”（三级广告企业）证明商标使用权。

6 月 18 日，从武汉市创卫办获悉，经过近一年整治，武汉市城管委未审批一块烟草广告牌，全市烟草广告宣传栏、车身烟草广告已全面清理，户外烟草广告从市民眼中消失。武汉市较为有力的控烟举措走在的全国前列，也为下一步全国户外烟草广告永久消失做出了典范。

6 月 18 日，国家新闻出版广电总局下发通报，要求各新闻单位对记者站、网站、经营部门、采编部门进行集中检查清理，认真纠正存在的违法违规问题，把好新闻采访关，禁止记者站跨行业、跨领域采访报道，禁止新闻记者和记者站未经本单位同意私自开展批评报道。通报还指出，各新闻媒体要把好报道审核关，禁止记者站和新闻记者私自设立网站、网站地方频道、专版专刊、内参等刊发批评报道；把好经营活动关，禁止记者站和采编人员开办广告、发行、公关等各类公司，禁止记者站和记者从事广告、发行、赞助等经营活动，禁止向记者站和采编人员下达广告及发行等经营任务。

6 月 19 日，工商总局在其官网发布《关于开展 2014 红盾网剑专项行动的通知》，决定从 7 月起开展为期 5 个月的专项行动，以网络交易平台、大型购物网站和团购网站为重点整治目标，以电子产品、儿童用品、汽车配件、服装、化妆品和农资等为重点监管商品。

6 月 20 日，艾德韦宣集团（ACTIVATION GROUP）宣布收购数字营销代理商范思广告有限公司（NODEPLUS)，加入 ACTIVATION GROUP 的

NODEPLUS 将正式更名为范思广告（ACTIVATION NODEPLUS）。此次合作对于艾德韦宣来说意义重大，奠定加深了集团作为奢侈及高端品牌合作伙伴的专业形象。

6 月 24 日，国家新闻出版广电总局在官网上发布了《关于 2013 – 2014 年度广播电视公益广告专项资金扶持项目申请事项的通知》。通知指出，为鼓励社会各界参与广播电视公益广告创作传播工作，提升广播电视公益广告数量和质量，扩大广播电视公益广告传播效果和影响，促进广播电视公益广告健康持续发展，总局制定了《广播电视公益广告扶持项目评审办法》（试行），将开展优秀作品等扶持项目评审工作，并给予专项资金补助。

6 月 24 日，甲骨文公司宣布以每股 68 美元、总价 53 亿美元的现金形式收购酒店行业软件和服务提供商 MicrosSystems，希望通过此并购交易促进自身业务增长。对 Micros 的并购是甲骨文自 2009 年收购 Sun 公司后最大的一笔并购，且直指新兴的云计算业务领域。投行分析师预计称，这笔收购将帮助甲骨文摆脱来自 NetSuite 和 Demandware 和新兴电子商务软件提供商的威胁，并认为“这将是甲骨文接下来一系列收购动作的开始”。

6 月 27 日，国家食品药品监督管理总局稽查局召开会议，对全国 18 个发布严重违法医疗器械广告的企业进行行政告诫。医疗器械“五整治”专项行动期间，总局重点对腰腿痛、近视眼、糖尿病和高血压等贴敷类、物理治疗类医疗器械的违法宣传进行整治。根据医疗器械违法广告监测情况，总局稽查局从 2013 年度刊播严重违法广告且 2014 年第一季度仍继续刊播，并且次数较高的违法广告中，筛选出了违法情节严重的 20 个医疗器械产品，涉及 18 家企业。

6 月 27 日，腾讯公司斥资 7.36 亿美元收购 58 同城 19.9% 的股份，根据投资协议，腾讯公司将以每股普通股 20 美元的价格向 58 同城认购及购买 A 股普通股和 B 股普通股，共计 36805000 股，相当于每股美国存托股 40 美元。根据协议信息披露：未来双方在各自的本地服务中会将对方视为首选合作伙伴，两家公司将利用各自平台的优势联手打造下一代 O2O 服务。

7 月 3 日，国家食品药品监督管理总局汇总通报了 2014 年第 2 期违法药品医疗器械保健食品广告情况。在本期违法广告汇总期间，各省（区、市）食品药品监督管理部门以发布《违法广告公告》方式，通报并移送同级工商行政管理部门查处的药品违法广告 67460 条次、医疗器械违法广告 9696 条次、保健食品违法广告共 8229 条次。2 个药品广告因严重篡改审批内容进行违法宣传被撤销广告批准文号。对违法广告涉及产品采取了 84 次暂停销售、限期整改措施。

7 月 4 – 5 日，中国教育部与日本电通公司在苏州独墅湖科教创新区举办第四届“电通·中国广告教育高端论坛”。来自全国近 50 所高校的近百位广告专业一线骨干教师与电通公司的著名专家出席了此次论坛。主办方中国教育部国际合作与交流司陈盈晖副司长、电通公司岩下干执行董事，承办方国家留学基金管理委员会曹士海副秘书长、苏州独墅湖科教创新区管委会蒋卫明副主任出席论坛开幕式并致辞，中国教育部国际合作与交流司吴劲松处长主持论坛开幕仪式。

7 月 5 日，市场研究机构在最新的报告中预测，称在今后的 5 年内，全球可穿戴设备行业的市场经济规模将达到 500 亿美元。报告所指的可穿戴设备包括智能手表、智能眼镜以及其他各种可穿戴传感器设备在内。据预测，在今后的 5 年内，全球可穿戴设备出货量将达到 7 亿台。该分析机构还预测，到 2018 年，全球智能手表出货量将达到 3.3 亿台，大大超过 2013 年的近 300 万台。

7 月 6 日，由中国文联、中国文学艺术基金会、中国摄影家协会联合主办的《“中国梦”影像公益广告主题展》日前在中国文艺家之家展览馆开幕。本次展出是《我们的中国梦——全国优秀艺术作品展览》之一，共展出50幅公益广告作品，以摄影作品为主。本次展览是“中国梦”主题影像公益广告作品首次集中亮相展出。

7月7日，微信官方对外宣布，正式联合广点通推出微信公众号广告投放公测服务，微信公众号可以通过微信广告平台对外发布各种广告，或者把自己的粉丝当作读者接收别人的广告投放，两者分别对应广告主和流量主。其中，粉丝超过10万的微信公众账号可自助申请成为“流量主”，为“广告主”展示广告，并按月获得广告收入。

7月7日，2014年《财富》中国500强排行榜出炉，共有36张“新面孔”上榜，京东以693.4亿元营业收入首度入选，位居第79名，其后是位居93名的腾讯和位居166名的百度，唯品会则排名421，同样是首次入选。

7月7日，金刚玻璃晚间发布公告称，公司拟5.06亿元收购南京汉恩数字互联文化有限公司100%股权。其中现金支付2.63亿元，剩余2.43亿元以发行股份支付。同时，公司配套融资1.68亿元用以此次收购的现金支付。

7月8日，国家食品药品监督管理总局召开医疗器械“五整治”专项行动新闻发布会，通报了专项行动期间整治虚假广告、查处违法案件等方面情况，并通报了10起重大典型案件。

7月15日，公益广告与社会主义核心价值观研讨会暨全国大学生公益广告作品征集活动优秀作品表彰大会在北京中央美术学院举行。

7月19日，美国市场研究机构eMarketer发布报告预测，2014年全球数字广告支出将达到1400亿美元，在所有广告支出中的占比将首次超过25%。其中，移动广告支出增长最快，其在总数字广告支出中占据了24%的份额，达到330亿美元，预计相比2013年将暴增85%。

7月21日，中国广告协会召开广告专业技术人员职业资格考试新闻发布会，通报人力资源和社会保障部与国家工商行政管理总局《关于印发广告专业技术人员职业资格制度规定和助理广告师、广告师职业资格考试实施办法的通知》内容。

7月23日，汤森路透最新公布的数据显示，2014年以来全球并购活动的规模已经达到逾2万亿美元，较2013年同期大幅增加75%，这主要是由于多家大型企业达成的几项巨额交易。汤森路透报告指出，截至7月17日，2014年以来单笔超过50亿美元的并购交易总金额已经达到9159亿美元，较2013年同期增长超过两倍。

7月30日，四川省第十二届人大常委会第十次会议表决通过了《成都市地名管理条例》(以下简称《条例》)，《条例》近期将由成都市人大常委会公布，于2014年10月1日起施行。该《条例》有“史上最严最细”之称，明文禁止有偿命名地名，禁止以国外地名、国内外企业名、产品名和商标名为道路、桥梁、隧道、轨道站点等城市公共设施命名。公共交通站点要用标准地名，发布的房地产广告中，涉及新建建筑物的，发布的名字要与备案名称一致，否则罚款五千元以上一万元以下。

7月31日，北京卫视在京宣布挂牌成立北京京视卫星传媒有限责任公司，即日起将开启北京卫视第四季季播栏目的广告独立运行工作，2015年1月1日起全面开展北京卫视所有广告资源的独立运营。

8月6日，亚马逊中国首次允许供应商、第三方卖家及其他品牌商在亚马逊中国网站上投放广告。亚马逊此次推出的广告服务主要分为搜索广告、展示广告和高端定制广告等三种形式。其中，“搜索广告”主要针对在亚马逊平台开店的第三方卖家，使卖家的广告有机会出现在搜索结果和商品详情等页面，吸引消费者关注。“搜索广告”还提供广告数据分析，以优化投资回报率。

8月7日，百度诉360不正当竞争案在北京市第一中级人民法院宣判。法院判决360赔偿百度经济损失费50万元，网站建设费20万元。对于百度要求360停止不正当竞争行为不予支持。法院认为，同为提供搜索引擎服务致使纠纷，作为搜索引擎服务商的百度和360构成反不正当竞争法规定的内容，是适合的主体。

8月8日，2014APEC广告行为规范峰会在北京举行，峰会主题是对全球广告自律能力建设进行研讨。中国广告主协会会长侯云春、国家工商总局广告监督与管理司司长张国华、国际商会高级政策执行官伊丽莎白、央视广告经营管理中心副主任李怡以及来自澳大利亚、美国、加拿大、墨西哥、新加坡等国相关负责人参会。

8月16日，IBM把X86服务器业务以23亿美元（约合人民币142亿元）出售给联想的交易通过美国外国投资委员会的国家安全评估，使得这一交易可以继续进行。这一交易受到严格审查的原因是，中美两国政府在网络安全方面存在不同看法。交易完成后，IBM可以摆脱盈利能力不高的业务，专注于高增长的领域，例如云计算和数据分析，同时联想在全球计算硬件市场上的份额也会更高。

8月18日，全国广告协会工作座谈会在北京召开。国家工商总局副局长甘霖出席座谈会并讲话，强调全国广告协会要紧紧抓住为会员、为行业服务这个生存与发展的根本，全力服务实施广告战略的大局，主动作为、推动创新，促进广告协会创新发展。甘霖指出，广告协会要深刻分析改革发展面临的新形势和新任务，充分认识实施广告战略对于加强我国自主品牌建设、增强民族产业竞争力的重要意义。必须把服务广告业科学发展作为一切工作的出发点和落脚点，以优质高效的服务实现好、维护好、处理好、发展好广大会员的根本利益。要加强与政府部门和广告业界的沟通协调，构建行业与政府、行业与社会的协调沟通机制，在充分调研的基础上，制定推动实施广告战略的具体措施，拓展行业活动发展空间，引导行业健康有序发展。

8月18日，中央全面深化改革领导小组第四次会议审议通过了《关于推动传统媒体和新兴媒体融合发展的指导意见》。会议上习近平主席强调，推动传统媒体和新兴媒体融合发展，要遵循新闻传播规律和新兴媒体发展规律，强化互联网思维，坚持传统媒体和新兴媒体优势互补、一体发展，坚持先进技术为支撑、内容建设为根本，推动传统媒体和新兴媒体在内容、渠道、平台、经营、管理等方面的深度融合，着力打造一批形态多样、手段先进、具有竞争力的新型主流媒体，建成几家拥有强大实力和传播力、公信力、影响力的新型媒体集团，形成立体多样、融合发展的现代传播体系。要一手抓融合，一手抓管理，确保融合发展沿着正确方向推进。

8月25日，《广告法》修订草案提交第十二届全国人大常委会第十次会议审议。在提交全国人大常委会审议的广告法修订草案中，增加了广告荐证者的行为规范和法律责任。相关专家表示，今后明星必须使用过相关产品或接受过相关服务后，才能再进行广告代言。此次草案把广告法中的“广告”定义为商业广告，并扩大调整范围，把自然人也纳入到广告主、广告经营者和广告发布者中。草案还要求，公共场所的管理者或电信业务经营者、互联网信息服务提供者对其明知或者应知的利用其场所或者信息传输平台发布违法广告的，应予以制止。草案还明确了虚假广告概念，指出广告以虚假或引人误解的内容欺骗、误导消费者的，就构成虚假广告。广告法修订案草案对发布烟草广告的媒介、形式和场所做了更严格的限制，明确规定禁止设置户外烟草广告。

8月29日，万达、腾讯及百度三家公司在深圳宣布在香港注册成立电子商务公司。根据三方合作协议，合资公司一期总投资额达50亿人民币，其中万达持股70%，腾讯和百度各持股15%。万达、腾讯、百度将进行账号体系打通、会员体系、支付与互联网金融产品、建立通用积分联盟、大数据融合、Wifi共享、产品整合、流量引入等方面的合作。万达电商将打造国内最大的通用积分联盟平台。同时万达、百度和腾讯三方将建立大数据联盟。

9月5日，国家新闻出版广电总局下发通知，重申网上境外影视剧管理的有关规定。通知要求，用于互联网等信息网络传播的境外影视剧，必须依法取得《电影片公映许可证》或《电视剧发行许可证》。未取得《电影片公映许可证》或《电视剧发行许可证》的境外影视剧一律不得上网播放。

9 月 17 日，第七届中国报刊广告大会暨 2013—2014 中国报刊广告投放价值排行榜发布会，在武汉开幕。省委常委、宣传部部长尹汉宁，中国广告协会会长李东生出席并讲话。中国报刊广告大会作为 2014 中国（武汉）期刊交易博览会一项重要活动，成为刊博会的新亮点。

9 月 17 日，由吉林省委宣传部、吉林省文明办、吉林省工商局、吉林省新闻出版广电局、吉林省广告协会共同主办的“我们的价值观”2014 年公益广告大赛在长春国际会展中心国际报告厅拉开帷幕。

9 月 18 日，国家新闻出版广电总局就要求视频网站下架 TV 端 APP 事件向各互联网视频企业发出最后通牒：要求本周内所有视频网站电视 APP 下架，下周检查，否则将取消其互联网视听牌照，并停止服务器。

9 月 20 日，由国家广告研究院、中国传媒大学，协同诸多广告业界前辈共同倡议筹建的中国广告博物馆隆重开馆。中国广告博物馆致力于社会发展服务，以面向公众的研究、教育和欣赏为使命，以为广告专业教育与启蒙教育服务为目的，专注于广告历史、广告艺术、广告民俗、广告工业、广告科学等见证物进行搜集、保存、研究、传播和展览。

9 月 22 日，北京第一中级人民法院官方微博发布信息表示，金山公司因开发的猎豹浏览器过滤优酷等视频网站的广告，判决构成不正当竞争，近日终审被判赔偿优酷 30 万元。猎豹浏览器由金山网络开发，金山网络目前已更名为猎豹移动。

9 月 23 日，华为斥资 2500 万美元收购了英国物联网研究机构 Neul。两家公司此前长达 9 个月的合作关系是促成这笔收购案的重要因素。此外，完成收购后，华为计划投资数百万元在英国剑桥地区建立一个“卓越中心”。

9 月 24 日，国家互联网信息办公室、工业和信息化部、国家工商总局召开“整治网络弹窗”专题座谈会，专项研究治理网络弹窗乱象，决定于近期启动“整治网络弹窗”专项行动，进一步加大对网络弹窗的整治力度，严肃查处传播淫秽色情信息、木马病毒、诈骗信息等非法弹窗行为。

9 月 25 — 26 日，全国广告产业园区建设现场会暨广告产业园区建设和运营管理培训班在山东省潍坊市举办，国家工商行政管理总局副局长甘霖出席会议并讲话。

9 月 29 日，国家新闻出版广电总局下达特急通知，要求加强各电视台养生类节目的审查工作，严禁以养生类节目的形式发布广告。通知还规定，上星综合频道播出的养生类节目，需提前 20 个工作日将制作主题、节目内容、播出时段、主持人资质、嘉宾资质、热线电话设立资质等内容上报省级广电行政部门进行播前备案。对于各类违法违规行为要严肃处理并向社会公布。

10 月 10 日，国家知识产权局召开新闻发布会，就其印发的《关于知识产权支持小微企业发展的若干意见》进行解读，提出以知识产权公共服务的形式支持小微企业创新发展。该《意见》从扶持小微企业创新发展、完善小微企业知识产权服务、提高小微企业知识产权运用能力、优化小微企业知识产权发展环境 4 个方面提出了具体措施。

10 月 11 日，中国广告协会学术委员会在山西举办 2014 全国广告学术年会，中国广告协会会长李东生出席会议。

10 月 12 — 15 日，第 91 届糖酒会在重庆国际博览中心举行。本届展会设立葡萄酒、国际烈酒、酒类、食品饮料、调味品、食品机械、包装、广告媒体等板块，展览总面积预计 18 万平方米。

10 月 21 日，国家工商行政管理总局等八部门联合通报整治互联网重点领域广告专项行动情况。据工商总局互联网广告监测中心数据统计，整治后与整治前相比，全国互联网广告违法率环比下降 9.2

个百分点，违法率降幅 50%，工商总局重点监测的五类广告违法率降幅达 20.8%，网络广告市场得到净化。整治期间，全国工商系统检查互联网站 16.9 万家，监测互联网广告 112.8 万条，查处违法互联网广告案件 5232 件，罚没款 5157 万元。

10 月 25 － 27 日，由中国广告协会、贵州省贵阳市政府、贵州省工商局共同主办的以“创新促发展，创意赢未来”为主题的第 21 届中国国际广告节在贵阳举行。在 25 日的开幕式上，国家工商行政管理总局副局长甘霖透露，我国广告从业人员 262.2 万，同比增长 20.4%；广告经营额 5019.7 亿元，同比增长 6.8%。目前，中国广告市场居世界第二，仅次于美国。

10 月 27 日，国家中医药管理局曝光一批虚假违法中医医疗广告，部分机构在全国各地报纸和杂志上发布此类虚假违法广告 400 余条次。

10 月 28 日，国家食品药品监督管理总局发布 2014 年第 3 期药品、医疗器械、保健食品违法广告情况，数据显示，各省（区、市）食品药品监督管理部门以发布《违法广告公告》方式，通报并移送同级工商行政管理部门查处的药品违法广告 65379 条次、医疗器械违法广告 4302 条次、保健食品违法广告 11844 条次。其中，6 个药品和 7 个保健食品广告因严重篡改审批内容进行违法宣传被撤销和收回广告批准文号。

10 月 29 日，为加强新闻网站编辑记者队伍建设，提高队伍整体素质，国家互联网信息办公室和国家新闻出版广电总局联合下发《关于在新闻网站核发新闻记者证的通知》，通知要求，在全国新闻网站正式推行新闻记者证制度。全国范围内的新闻网站采编人员由此正式纳入统一管理。

10 月 30 日，联想正式宣布完成收购摩托罗拉移动，历时九个月，这桩跨国并购终于落下帷幕。“这段姻缘修成正果，我们如愿以偿把 MOTO 迎娶进门，成为联想大家庭的一份子！”消息公布后，杨元庆依旧难掩兴奋。综合摩托罗拉的市场份额，联想也一跃而成为全球第三大智能手机厂商。

11 月 2 日，微软宣布，微软已经解聘其全球广告销售团队。此次解聘微软全球广告团队是 2014 年夏季其裁员计划的一部分，当时微软表示整个公司将裁员 1.8 万人，这是微软史上最大裁员行动。此次受到影响的人员包括英国、美国以及其他地区职员，涉及范围包括微软 MSN、Bing、Xbox、Outlook、Skype 以及 Windows 8 等产品广告销售团队。

11 月 17 日，由民政部、文化部批准，万达、腾讯、网易、小米、温莎、世宇等上百家国内知名文化娱乐企业发起的中国文化娱乐行业协会今天正式在京成立。会员横跨歌舞娱乐、游戏娱乐、家庭娱乐、地方文化娱乐行业协会、展会、娱乐行业技术内容服务等多个业态。

11 月 19 日，《2014 年中美移动互联网调查报告》在北京广播大厦酒店发布。《2014 年中美移动互联网调查报告》是国家广告研究院互动营销实验室与美国互动广告局（IAB），针对中美两国移动互联网用户行为联合开展的调查成果。国家广告研究院院长丁俊杰教授对报告核心内容进行了发布。

11 月 19 － 21 日，首届世界互联网大会将在浙江乌镇举行。这是中国举办的规模最大、层次最高的互联网大会，也是世界互联网领域一次盛况空前的高峰会议。大会以“互联互通 共享共治”为主题，由国家互联网信息办公室和浙江省人民政府共同主办，由浙江省网信办、浙江省经信委、桐乡市政府和中国互联网络信息中心联合承办。

11 月 21 日，咨询机构 Interbrand 发布了 2014 最佳中国品牌价值排行榜，榜单中 50 家中国公司中互联网品牌占 12 家。腾讯位居榜首，中国移动第 2，阿里第 3，百度第 11，华为第 13，联想第 14，京东第 25，360 第 41 等。2014 年榜单上 50 大品牌的总价值与去年相比增长 22%，创造了最佳中国品牌价值排行榜发布以来的最大增幅，其中，互联网品牌价值占比从 2013 年的 11% 增至 24%，行业排名跃居第 2。

11 月 25 日，是首届国家网络安全宣传周的“政务日”。在当天由中央编办、中央网信办联合主办的“党政机关网站统一标识新闻发布会”上获悉：2014 年内，全国的党政机关和事业单位网站将挂上统一的“防伪标识”，公众在互联网上寻求政务和公共服务时将更加安心放心。

11 月 27 日，国家新闻出版广电总局发出相关通知，要求各类广播电视节目和广告应严格按照规范写法和标准含义使用国家通用语言文字的字、词、短语、成语等，不得随意更换文字、变动结构或曲解内涵，不得在成语中随意插入网络语言或外国语言文字，不得使用或介绍根据网络语言、仿照成语形式生造的词语，如“十动然拒”、“人艰不拆”等。

12 月 11 日，国家工商行政管理总局与重庆市人民政府在北京签署推进广告业发展战略合作协议。国家工商行政管理总局党组书记、局长张茅，重庆市人民政府市长黄奇帆出席签约仪式。总局副局长马正其主持签约仪式，总局副局长甘霖、重庆市人民政府副市长吴刚在合作协议上签字。

12 月 12 日，A 股公司凤凰传媒宣布，公司全资子公司江苏凤凰数字传媒有限公司拟 3.465 亿元收购上海峰移网络科技有限公司持有的上海传漾广告有限公司 66% 股权。凤凰传媒收购传漾广告，有利于迅速切入互联网广告领域，实现凤凰传媒数字出版产业及互联网广告板块的跨越式发展，符合公司发展战略。

12 月 13 日，中央财政下达 2014 年中央文化企业国有资本经营预算资金 10 亿元，共支持 72 家由财政部代表国务院履行出资人职责的中央文化企业实施的 118 个项目。据了解，此次资金重点支持三个方向：一是支持中央文化企业作为兼并主体，通过购买、控股等方式取得其他文化企业所有权、控股权，或合并组建新企业、集团公司；二是支持中央文化企业进行具有典型示范效应的数字化转型升级、数字资源库、文化与科技融合等项目建设；三是支持具有竞争优势、品牌优势和经营管理能力的中央文化企业与国外有实力的文化机构进行项目合作，建设文化产品国际营销网络，推动文化产品和服务出口，开拓国际市场。

12 月 15 日，在全国工商行政管理工作会上，国家工商行政管理总局局长张茅透露，登记注册制度便利化改革将继续进行，开展企业名称登记管理改革试点，进一步放松企业经营范围登记管制，全面推开“一照三号”。针对垄断行为，2015 年工商部门将重点查处社会反映强烈的公用企业及其他垄断性排除、限制竞争的行为，开展重点领域不正当竞争行为集中整治。工商部门还将开展 2015 年红盾网剑专项行动，严打网络销售假冒伪劣商品等违法行为，查处非法主体网站等。此外，还将对重要行业领域的“霸王条款”加大整治，开展重点领域虚假违法广告专项整治行动，开展流通领域商品质量抽查检验，严查消费侵权案件等。

12 月 15 日，美国电子商务市场研究公司发布评估报告，中国 2014 年的移动广告支出预计将比 2013 年激增 276%，达到 71.1 亿美元。截至 2014 年 12 月底，中国将在全球移动互联网广告总支出中占到 15.9% 的份额，仅次于所占份额达 46.6% 的业内龙头老大——美国。

12 月 16 日，蓝色光标宣布收购加拿大传播巨头 Vision 7。Vision 7 估值 2.1 亿加元（约合人民币 11.2 亿元），蓝标子公司预计将持有 Vision 7 的 85% 的股权。蓝色光标发布公告称，公司董事会已审议通过蓝色光标国际传播集团有限公司设立全资子公司蓝色维勒，同时，蓝色维勒设立加拿大全资子公司即 1861710 ALBERTA INC。由其收购加拿大 Vision 7 International ULC 公司的北美业务及拆分后的 Citizen Relations 在英国的业务股权。

12 月 20 日，由国务院国资委主管的中国广告主协会、中国人民大学新闻学院、中国传媒大学广告学院共同主办的，以“大变革、大融合、大传播”为主题的 2014 中国企业领袖与媒体领袖年会在北京召开。AdTime 在此次评选中获得“影响中国 2014

年度最佳数字营销公司”。

12 月 22 日，《中华人民共和国广告法（修订草案）》提请十二届全国人大常委会第十二次会议审议。修订草案对涉药、涉医、涉烟、涉酒广告和广告代言人进行了严格的规范。

12 月 28 日，“移动互联，广告涅槃暨秒赚 2014 精准广告项目研讨会”在北京举行，来自航美、昌荣传播、电通广告以及歌华在线等众多广告、传媒公司高层参与了本次会议，并对秒赚项目进行了深度探讨。

12 月 29 日，国家工商总局下发了关于加强 2015 年元旦春节期间市场监管有关工作的通知。通知明确，为确保节日市场繁荣稳定，各地工商部门要有针对性地开展反不正当竞争执法检查。其中，在城市中心区要加强对不正当有奖销售和虚假宣传等节日高发不正当竞争行为的监督和查处。重点查处侵害老人、儿童等辨识能力弱的消费人群合法权益的违法行为。

12 月 30 日，北京市统计局、国家统计局北京调查总队公布本市第三次全国经济普查数据，对反映首都经济发展特点的重点指标进行解读。过去 5 年里，首都科技、文化“双轮驱动”效应明显，文创企业法人单位在 2013 年实现收入 1.2 万亿元，成为连续多年仅次于金融业的首都第二支柱产业。此外，总部经济、战略性新兴产业、生产性服务业、科技创新投入的支撑作用愈发突出。

’2015 中国广告年鉴
China Advertising Yearbook

政策、法规

Policies, Laws and Regulations

《中华人民共和国广告法》修订前后对照表

新修订的《广告法》将于 2015 年 9 月 1 日起施行，内容由原来的 49 条扩充到 75 条。现将新修订《广告法》与原《广告法》对照表刊登如下，供学习参考。

1995 年《广告法》	修订后《广告法》
第一章 总 则	**第一章 总 则**
第一条 为了规范广告活动，促进广告业的健康发展，保护消费者的合法权益，维护社会经济秩序，发挥广告在社会主义市场经济中的积极作用，制定本法。	**第一条** 为了规范广告活动，保护消费者的合法权益，促进广告业的健康发展，维护社会经济秩序，制定本法。
第二条 广告主、广告经营者、广告发布者在中华人民共和国境内从事广告活动，应当遵守本法。 本法所称广告，是指商品经营者或者服务提供者承担费用，通过一定媒介和形式直接或者间接地介绍自己所推销的商品或者所提供的服务的商业广告。 本法所称广告主，是指为推销商品或者提供服务，自行或者委托他人设计、制作、发布广告的法人、其他经济组织或者个人。 本法所称广告经营者，是指受委托提供广告设计、制作、代理服务的法人、其他经济组织或者个人。 本法所称广告发布者，是指为广告主或者广告主委托的广告经营者发布广告的法人或者其他经济组织。	**第二条** 在中华人民共和国境内，商品经营者或者服务提供者通过一定媒介和形式直接或者间接地介绍自己所推销的商品或者服务的商业广告活动，适用本法。 本法所称广告主，是指为推销商品或者服务，自行或者委托他人设计、制作、发布广告的自然人、法人或者其他组织。 本法所称广告经营者，是指接受委托提供广告设计、制作、代理服务的自然人、法人或者其他组织。 本法所称广告发布者，是指为广告主或者广告主委托的广告经营者发布广告的自然人、法人或者其他组织。 本法所称广告代言人，是指广告主以外的，在广告中以自己的名义或者形象对商品、服务作推荐、证明的自然人、法人或者其他组织。
第三条 广告应当真实、合法，符合社会主义精神文明建设的要求。	**第三条** 广告应当真实、合法，以健康的表现形式表达广告内容，符合社会主义精神文明建设和弘扬中华民族优秀传统文化的要求。
第四条 广告不得含有虚假的内容，不得欺骗和误导消费者。	**第四条** 广告不得含有虚假或者引人误解的内容，不得欺骗、误导消费者。 广告主应当对广告内容的真实性负责。

第五条 广告主、广告经营者、广告发布者从事广告活动，应当遵守法律、行政法规，遵循公平、诚实信用的原则。	**第五条** 广告主、广告经营者、广告发布者从事广告活动，应当遵守法律、法规，诚实信用，公平竞争。
第六条 县级以上人民政府工商行政管理部门是广告监督管理机关。	**第六条** 国务院工商行政管理部门主管全国的广告监督管理工作，国务院有关部门在各自的职责范围内负责广告管理相关工作。 县级以上地方工商行政管理部门主管本行政区域的广告监督管理工作，县级以上地方人民政府有关部门在各自的职责范围内负责广告管理相关工作。
	第七条 广告行业组织依照法律、法规和章程的规定，制定行业规范，加强行业自律，促进行业发展，引导会员依法从事广告活动，推动广告行业诚信建设。（新增）
第二章 广告准则	**第二章 广告内容准则**
第九条 广告中对商品的性能、产地、用途、质量、价格、生产者、有效期限、允诺或者对服务的内容、形式、质量、价格、允诺有表示的，应当清楚、明白。 广告中表明推销商品、提供服务附带赠送礼品的，应当标明赠送的品种和数量。	**第八条** 广告中对商品的性能、功能、产地、用途、质量、成分、价格、生产者、有效期限、允诺等或者对服务的内容、提供者、形式、质量、价格、允诺等有表示的，应当准确、清楚、明白。 广告中表明推销的商品或者服务附带赠送的，应当明示所附带赠送商品或者服务的品种、规格、数量、期限和方式。 法律、行政法规规定广告中应当明示的内容，应当显著、清晰表示。
第七条 广告内容应当有利于人民的身心健康，促进商品和服务质量的提高，保护消费者的合法权益，遵守社会公德和职业道德，维护国家的尊严和利益。 广告不得有下列情形： （一）使用中华人民共和国国旗、国徽、国歌； （二）使用国家机关和国家机关工作人员的名义；	**第九条** 广告不得有下列情形： （一）使用或者变相使用中华人民共和国的国旗、国歌、国徽，军旗、军歌、军徽； （二）使用或者变相使用国家机关、国家机关工作人员的名义或者形象； （三）使用“国家级”、“最高级”、“最佳”等用语；

（三）使用国家级、最高级、最佳等用语； （四）妨碍社会安定和危害人身、财产安全，损害社会公共利益； （五）妨碍社会公共秩序和违背社会良好风尚； （六）含有淫秽、迷信、恐怖、暴力、丑恶的内容； （七）含有民族、种族、宗教、性别歧视的内容； （八）妨碍环境和自然资源保护； （九）法律、行政法规规定禁止的其他情形。	（四）损害国家的尊严或者利益，泄露国家秘密； （五）妨碍社会安定，损害社会公共利益； （六）危害人身、财产安全，泄露个人隐私； （七）妨碍社会公共秩序或者违背社会良好风尚； （八）含有淫秽、色情、赌博、迷信、恐怖、暴力的内容； （九）含有民族、种族、宗教、性别歧视的内容； （十）妨碍环境、自然资源或者文化遗产保护； （十一）法律、行政法规规定禁止的其他情形。
第八条 广告不得损害未成年人和残疾人的身心健康。	**第十条** 广告不得损害未成年人和残疾人的身心健康。
第十条 广告使用数据、统计资料、调查结果、文摘、引用语，应当真实、准确，并表明出处。	**第十一条** 广告内容涉及的事项需要取得行政许可的，应当与许可的内容相符合。 广告使用数据、统计资料、调查结果、文摘、引用语等引证内容的，应当真实、准确，并表明出处。引证内容有适用范围和有效期限的，应当明确表示。
第十一条 广告中涉及专利产品或者专利方法的，应当标明专利号和专利种类。 未取得专利权的，不得在广告中谎称取得专利权。 禁止使用未授予专利权的专利申请和已经终止、撤销、无效的专利做广告。	**第十二条** 广告中涉及专利产品或者专利方法的，应当标明专利号和专利种类。 未取得专利权的，不得在广告中谎称取得专利权。 禁止使用未授予专利权的专利申请和已经终止、撤销、无效的专利作广告。
第十二条 广告不得贬低其他生产经营者的商品或者服务。	**第十三条** 广告不得贬低其他生产经营者的商品或者服务。
第十三条 广告应当具有可识别性，能够使消费者辨明其为广告。 大众传播媒介不得以新闻报道形式发布广告。通过大众传播媒介发布的广告应当有广告标记，与其他非广告信息相区别，不得使消费者产生误解。	**第十四条** 广告应当具有可识别性，能够使消费者辨明其为广告。 大众传播媒介不得以新闻报道形式变相发布广告。通过大众传播媒介发布的广告应当显著标明“广告”，与其他非广告信息相区别，不得使消费者产生误解。 广播电台、电视台发布广告，应当遵守国务院

	有关部门关于时长、方式的规定，并应当对广告时长作出明显提示。
第十六条 麻醉药品、精神药品、毒性药品、放射性药品等特殊药品，不得做广告。	**第十五条** 麻醉药品、精神药品、医疗用毒性药品、放射性药品等特殊药品，药品类易制毒化学品，以及戒毒治疗的药品、医疗器械和治疗方法，不得作广告。 前款规定以外的处方药，只能在国务院卫生行政部门和国务院药品监督管理部门共同指定的医学、药学专业刊物上作广告。
第十四条 药品、医疗器械广告不得有下列内容: (一)含有不科学的表示功效的断言或者保证的; (二)说明治愈率或者有效率的； (三)与其他药品、医疗器械的功效和安全性比较的； (四)利用医药科研单位、学术机构、医疗机构或者专家、医生、患者的名义和形象作证明的； (五)法律、行政法规规定禁止的其他内容。 **第十五条** 药品广告的内容必须以国务院卫生行政部门或者省、自治区、直辖市卫生行政部门批准的说明书为准。 国家规定的应当在医生指导下使用的治疗性药品广告中，必须注明“按医生处方购买和使用”。	**第十六条** 医疗、药品、医疗器械广告不得含有下列内容： (一)表示功效、安全性的断言或者保证； (二)说明治愈率或者有效率； (三)与其他药品、医疗器械的功效和安全性或者其他医疗机构比较； (四)利用广告代言人作推荐、证明； (五)法律、行政法规规定禁止的其他内容。 药品广告的内容不得与国务院药品监督管理部门批准的说明书不一致，并应当显著标明禁忌、不良反应。处方药广告应当显著标明“本广告仅供医学药学专业人士阅读”，非处方药广告应当显著标明“请按药品说明书或者在药师指导下购买和使用”。 推荐给个人自用的医疗器械的广告，应当显著标明“请仔细阅读产品说明书或者在医务人员的指导下购买和使用”。医疗器械产品注册证明文件中有禁忌内容、注意事项的，广告中应当显著标明“禁忌内容或者注意事项详见说明书”。
第十九条 食品、酒类、化妆品广告的内容必须符合卫生许可的事项，并不得使用医疗用语或者易与药品混淆的用语。	**第十七条** 除医疗、药品、医疗器械广告外，禁止其他任何广告涉及疾病治疗功能，并不得使用医疗用语或者易使推销的商品与药品、医疗器械相混淆的用语。

	第十八条 保健食品广告不得含有下列内容： （一）表示功效、安全性的断言或者保证； （二）涉及疾病预防、治疗功能； （三）声称或者暗示广告商品为保障健康所必需； （四）与药品、其他保健食品进行比较； （五）利用广告代言人作推荐、证明； （六）法律、行政法规规定禁止的其他内容。 保健食品广告应当显著标明“本品不能代替药物”。
	第十九条 广播电台、电视台、报刊音像出版单位、互联网信息服务提供者不得以介绍健康、养生知识等形式变相发布医疗、药品、医疗器械、保健食品广告。
	第二十条 禁止在大众传播媒介或者公共场所发布声称全部或者部分替代母乳的婴儿乳制品、饮料和其他食品广告。
第十七条 农药广告不得有下列内容： （一）使用无毒、无害等表明安全性的绝对化断言的； （二）含有不科学的表示功效的断言或者保证的； （三）含有违反农药安全使用规程的文字、语言或者画面的； （四）法律、行政法规规定禁止的其他内容。	**第二十一条** 农药、兽药、饲料和饲料添加剂广告不得含有下列内容： （一）表示功效、安全性的断言或者保证； （二）利用科研单位、学术机构、技术推广机构、行业协会或者专业人士、用户的名义或者形象作推荐、证明； （三）说明有效率； （四）违反安全使用规程的文字、语言或者画面； （五）法律、行政法规规定禁止的其他内容。
第十八条 禁止利用广播、电影、电视、报纸、期刊发布烟草广告。 禁止在各类等候室、影剧院、会议厅堂、体育比赛场馆等公共场所设置烟草广告。烟草广告中必须标明“吸烟有害健康”。	**第二十二条** 禁止在大众传播媒介或者公共场所、公共交通工具、户外发布烟草广告。禁止向未成年人发送任何形式的烟草广告。 禁止利用其他商品或者服务的广告、公益广告，宣传烟草制品名称、商标、包装、装潢以及类似内容。 烟草制品生产者或者销售者发布的迁址、更名、招聘等启事中，不得含有烟草制品名称、商标、包装、装潢以及类似内容。

	第二十三条 酒类广告不得含有下列内容： （一）诱导、怂恿饮酒或者宣传无节制饮酒； （二）出现饮酒的动作； （三）表现驾驶车、船、飞机等活动； （四）明示或者暗示饮酒有消除紧张和焦虑、增加体力等功效。
	第二十四条 教育、培训广告不得含有下列内容： （一）对升学、通过考试、获得学位学历或者合格证书，或者对教育、培训的效果作出明示或者暗示的保证性承诺； （二）明示或者暗示有相关考试机构或者其工作人员、考试命题人员参与教育、培训； （三）利用科研单位、学术机构、教育机构、行业协会、专业人士、受益者的名义或者形象作推荐、证明。
	第二十五条 招商等有投资回报预期的商品或者服务广告，应当对可能存在的风险以及风险责任承担有合理提示或者警示，并不得含有下列内容： （一）对未来效果、收益或者与其相关的情况作出保证性承诺，明示或者暗示保本、无风险或者保收益等，国家另有规定的除外； （二）利用学术机构、行业协会、专业人士、受益者的名义或者形象作推荐、证明。
	第二十六条 房地产广告，房源信息应当真实，面积应当表明为建筑面积或者套内建筑面积，并不得含有下列内容： （一）升值或者投资回报的承诺； （二）以项目到达某一具体参照物的所需时间表示项目位置； （三）违反国家有关价格管理的规定； （四）对规划或者建设中的交通、商业、文化教育设施以及其他市政条件作误导宣传。

	第二十七条 农作物种子、林木种子、草种子、种畜禽、水产苗种和种养殖广告关于品种名称、生产性能、生长量或者产量、品质、抗性、特殊使用价值、经济价值、适宜种植或者养殖的范围和条件等方面的表述应当真实、清楚、明白，并不得含有下列内容： （一）作科学上无法验证的断言； （二）表示功效的断言或者保证； （三）对经济效益进行分析、预测或者作保证性承诺； （四）利用科研单位、学术机构、技术推广机构、行业协会或者专业人士、用户的名义或者形象作推荐、证明。
	第二十八条 广告以虚假或者引人误解的内容欺骗、误导消费者的，构成虚假广告。 广告有下列情形之一的，为虚假广告： （一）商品或者服务不存在的； （二）商品的性能、功能、产地、用途、质量、规格、成分、价格、生产者、有效期限、销售状况、曾获荣誉等信息，或者服务的内容、提供者、形式、质量、价格、销售状况、曾获荣誉等信息，以及与商品或者服务有关的允诺等信息与实际情况不符，对购买行为有实质性影响的； （三）使用虚构、伪造或者无法验证的科研成果、统计资料、调查结果、文摘、引用语等信息作证明材料的； （四）虚构使用商品或者接受服务的效果的； （五）以虚假或者引人误解的内容欺骗、误导消费者的其他情形。
第三章 广告活动	**第三章 广告行为规范**
第二十六条 从事广告经营的，应当具有必要的专业技术人员、制作设备，并依法办理公司或者广告经营登记，方可从事广告活动。	**第二十九条** 广播电台、电视台、报刊出版单位从事广告发布业务的，应当设有专门从事广告业务的机构，配备必要的人员，具有与发布广告相适

广播电台、电视台、报刊出版单位的广告业务，应当由其专门从事广告业务的机构办理，并依法办理兼营广告的登记。	应的场所、设备，并向县级以上地方工商行政管理部门办理广告发布登记。
第二十条 广告主、广告经营者、广告发布者之间在广告活动中应当依法订立书面合同，明确各方的权利和义务。	**第三十条** 广告主、广告经营者、广告发布者之间在广告活动中应当依法订立书面合同。
第二十一条 广告主、广告经营者、广告发布者不得在广告活动中进行任何形式的不正当竞争。	**第三十一条** 广告主、广告经营者、广告发布者不得在广告活动中进行任何形式的不正当竞争。
第二十二条 广告主自行或者委托他人设计、制作、发布广告，所推销的商品或者所提供的服务应当符合广告主的经营范围。	**第三十二条** 广告主委托设计、制作、发布广告，应当委托具有合法经营资格的广告经营者、广告发布者。
第二十三条 广告主委托设计、制作、发布广告，应当委托具有合法经营资格的广告经营者、广告发布者。	
第二十四条 广告主自行或者委托他人设计、制作、发布广告，应当具有或者提供真实、合法、有效的下列证明文件： （一）营业执照以及其他生产、经营资格的证明文件； （二）质量检验机构对广告中有关商品质量内容出具的证明文件； （三）确认广告内容真实性的其他证明文件。 依照本法第三十四条的规定，发布广告需要经有关行政主管部门审查的，还应当提供有关批准文件。	
第二十五条 广告主或者广告经营者在广告中使用他人名义、形象的，应当事先取得他人的书面同意；使用无民事行为能力人、限制民事行为能力人的名义、形象的，应当事先取得其监护人的书面同意。	**第三十三条** 广告主或者广告经营者在广告中使用他人名义或者形象的，应当事先取得其书面同意；使用无民事行为能力人、限制民事行为能力人的名义或者形象的，应当事先取得其监护人的书面同意。

第二十八条 广告经营者、广告发布者按照国家有关规定，建立、健全广告业务的承接登记、审核、档案管理制度。 **第二十七条** 广告经营者、广告发布者依据法律、行政法规查验有关证明文件，核实广告内容。对内容不实或者证明文件不全的广告，广告经营者不得提供设计、制作、代理服务，广告发布者不得发布。	**第三十四条** 广告经营者、广告发布者应当按照国家有关规定，建立、健全广告业务的承接登记、审核、档案管理制度。 广告经营者、广告发布者依据法律、行政法规查验有关证明文件，核对广告内容。对内容不符或者证明文件不全的广告，广告经营者不得提供设计、制作、代理服务，广告发布者不得发布。
第二十九条 广告收费应当合理、公开，收费标准和收费办法应当向物价和工商行政管理部门备案。 广告经营者、广告发布者应当公布其收费标准和收费办法。	**第三十五条** 广告经营者、广告发布者应当公布其收费标准和收费办法。
第三十条 广告发布者向广告主、广告经营者提供的媒介覆盖率、收视率、发行量等资料应当真实。	**第三十六条** 广告发布者向广告主、广告经营者提供的覆盖率、收视率、点击率、发行量等资料应当真实。
第三十一条 法律、行政法规规定禁止生产、销售的商品或者提供的服务，以及禁止发布广告的商品或者服务，不得设计、制作、发布广告。	**第三十七条** 法律、行政法规规定禁止生产、销售的产品或者提供的服务，以及禁止发布广告的商品或者服务，任何单位或者个人不得设计、制作、代理、发布广告。
	第三十八条 广告代言人在广告中对商品、服务作推荐、证明，应当依据事实，符合本法和有关法律、行政法规规定，并不得为其未使用过的商品或者未接受过的服务作推荐、证明。 不得利用不满十周岁的未成年人作为广告代言人。 对在虚假广告中作推荐、证明受到行政处罚未满三年的自然人、法人或者其他组织，不得利用其作为广告代言人。
	第三十九条 不得在中小学校、幼儿园内开展广告活动，不得利用中小学生和幼儿的教材、教辅材料、练习册、文具、教具、校服、校车等发布或者变相发布广告，但公益广告除外。

	第四十条 在针对未成年人的大众传播媒介上不得发布医疗、药品、保健食品、医疗器械、化妆品、酒类、美容广告，以及不利于未成年人身心健康的网络游戏广告。 针对不满十四周岁的未成年人的商品或者服务的广告不得含有下列内容： （一）劝诱其要求家长购买广告商品或者服务； （二）可能引发其模仿不安全行为。
第三十三条 户外广告的设置规划和管理办法，由当地县级以上地方人民政府组织广告监督管理、城市建设、环境保护、公安等有关部门制定。	**第四十一条** 县级以上地方人民政府应当组织有关部门加强对利用户外场所、空间、设施等发布户外广告的监督管理，制定户外广告设置规划和安全要求。 户外广告的管理办法，由地方性法规、地方政府规章规定。
第三十二条 有下列情形之一的，不得设置户外广告： （一）利用交通安全设施、交通标志的； （二）影响市政公共设施、交通安全设施、交通标志使用的； （三）妨碍生产或者人民生活，损害市容市貌的； （四）国家机关、文物保护单位和名胜风景点的建筑控制地带； （五）当地县级以上地方人民政府禁止设置户外广告的区域。	**第四十二条** 有下列情形之一的，不得设置户外广告： （一）利用交通安全设施、交通标志的； （二）影响市政公共设施、交通安全设施、交通标志、消防设施、消防安全标志使用的； （三）妨碍生产或者人民生活，损害市容市貌的； （四）在国家机关、文物保护单位、风景名胜区等的建筑控制地带，或者县级以上地方人民政府禁止设置户外广告的区域设置的。
	第四十三条 任何单位或者个人未经当事人同意或者请求，不得向其住宅、交通工具等发送广告，也不得以电子信息方式向其发送广告。 以电子信息方式发送广告的，应当明示发送者的真实身份和联系方式，并向接收者提供拒绝继续接收的方式。
	第四十四条 利用互联网从事广告活动，适用本法的各项规定。

	利用互联网发布、发送广告，不得影响用户正常使用网络。在互联网页面以弹出等形式发布的广告，应当显著标明关闭标志，确保一键关闭。
	第四十五条 公共场所的管理者或者电信业务经营者、互联网信息服务提供者对其明知或者应知的利用其场所或者信息传输、发布平台发送、发布违法广告的，应当予以制止。
第四章 广告的审查	**第四章 监督管理**
第三十四条 利用广播、电影、电视、报纸、期刊以及其他媒介发布药品、医疗器械、农药、兽药等商品的广告和法律、行政法规规定应当进行审查的其他广告，必须在发布前依照有关法律、行政法规由有关行政主管部门（以下简称广告审查机关）对广告内容进行审查；未经审查，不得发布。	**第四十六条** 发布医疗、药品、医疗器械、农药、兽药和保健食品广告，以及法律、行政法规规定应当进行审查的其他广告，应当在发布前由有关部门（以下称广告审查机关）对广告内容进行审查；未经审查，不得发布。
第三十五条 广告主申请广告审查，应当依照法律、行政法规向广告审查机关提交有关证明文件。广告审查机关应当依照法律、行政法规作出审查决定。	**第四十七条** 广告主申请广告审查，应当依照法律、行政法规向广告审查机关提交有关证明文件。 广告审查机关应当依照法律、行政法规规定作出审查决定，并应当将审查批准文件抄送同级工商行政管理部门。广告审查机关应当及时向社会公布批准的广告。
第三十六条 任何单位和个人不得伪造、变造或者转让广告审查决定文件。	**第四十八条** 任何单位或者个人不得伪造、变造或者转让广告审查批准文件。
	第四十九条 工商行政管理部门履行广告监督管理职责，可以行使下列职权： （一）对涉嫌从事违法广告活动的场所实施现场检查； （二）询问涉嫌违法当事人或者其法定代表人、主要负责人和其他有关人员，对有关单位或者个人进行调查； （三）要求涉嫌违法当事人限期提供有关证明

	文件； （四）查阅、复制与涉嫌违法广告有关的合同、票据、账簿、广告作品和其他有关资料； （五）查封、扣押与涉嫌违法广告直接相关的广告物品、经营工具、设备等财物； （六）责令暂停发布可能造成严重后果的涉嫌违法广告； （七）法律、行政法规规定的其他职权。 工商行政管理部门应当建立健全广告监测制度，完善监测措施，及时发现和依法查处违法广告行为。
	第五十条 国务院工商行政管理部门会同国务院有关部门，制定大众传播媒介广告发布行为规范。
	第五十一条 工商行政管理部门依照本法规定行使职权，当事人应当协助、配合，不得拒绝、阻挠。
	第五十二条 工商行政管理部门和有关部门及其工作人员对其在广告监督管理活动中知悉的商业秘密负有保密义务。
	第五十三条 任何单位或者个人有权向工商行政管理部门和有关部门投诉、举报违反本法的行为。工商行政管理部门和有关部门应当向社会公开受理投诉、举报的电话、信箱或者电子邮件地址，接到投诉、举报的部门应当自收到投诉之日起七个工作日内，予以处理并告知投诉、举报人。 工商行政管理部门和有关部门不依法履行职责的，任何单位或者个人有权向其上级机关或者监察机关举报。接到举报的机关应当依法作出处理，并将处理结果及时告知举报人。 有关部门应当为投诉、举报人保密。
	第五十四条 消费者协会和其他消费者组织对违反本法规定，发布虚假广告侵害消费者合法权益，以

	及其他损害社会公共利益的行为，依法进行社会监督。
第五章 法律责任	**第五章 法律责任**
第三十七条 违反本法规定，利用广告对商品或者服务作虚假宣传的，由广告监督管理机关责令广告主停止发布、并以等额广告费用在相应范围内公开更正消除影响，并处广告费用一倍以上五倍以下的罚款；对负有责任的广告经营者、广告发布者没收广告费用，并处广告费用一倍以上五倍以下的罚款；情节严重的，依法停止其广告业务。构成犯罪的，依法追究刑事责任。	**第五十五条** 违反本法规定，发布虚假广告的，由工商行政管理部门责令停止发布广告，责令广告主在相应范围内消除影响，处广告费用三倍以上五倍以下的罚款，广告费用无法计算或者明显偏低的，处二十万元以上一百万元以下的罚款；两年内有三次以上违法行为或者有其他严重情节的，处广告费用五倍以上十倍以下的罚款，广告费用无法计算或者明显偏低的，处一百万元以上二百万元以下的罚款，可以吊销营业执照，并由广告审查机关撤销广告审查批准文件、一年内不受理其广告审查申请。 医疗机构有前款规定违法行为，情节严重的，除由工商行政管理部门依照本法处罚外，卫生行政部门可以吊销诊疗科目或者吊销医疗机构执业许可证。 广告经营者、广告发布者明知或者应知广告虚假仍设计、制作、代理、发布的，由工商行政管理部门没收广告费用，并处广告费用三倍以上五倍以下的罚款，广告费用无法计算或者明显偏低的，处二十万元以上一百万元以下的罚款；两年内有三次以上违法行为或者有其他严重情节的，处广告费用五倍以上十倍以下的罚款，广告费用无法计算或者明显偏低的，处一百万元以上二百万元以下的罚款，并可以由有关部门暂停广告发布业务、吊销营业执照、吊销广告发布登记证件。 广告主、广告经营者、广告发布者有本条第一款、第三款规定行为，构成犯罪的，依法追究刑事责任。
第三十八条第一款 违反本法规定，发布虚假广告，欺骗和误导消费者，使购买商品或者接受服务的消费者的合法权益受到损害的，由广告主依法承担民事责任；广告经营者、广告发布者明知或者应知广告虚假仍设计、制作、发布的，应当依法承担连带责任。	**第五十六条** 违反本法规定，发布虚假广告，欺骗、误导消费者，使购买商品或者接受服务的消费者的合法权益受到损害的，由广告主依法承担民事责任。广告经营者、广告发布者不能提供广告主的真实名称、地址和有效联系方式的，消费者可以要求广告经营者、广告发布者先行赔偿。

第三十八条第二款 广告经营者、广告发布者不能提供广告主的真实名称、地址的，应当承担全部民事责任。	关系消费者生命健康的商品或者服务的虚假广告，造成消费者损害的，其广告经营者、广告发布者、广告代言人应当与广告主承担连带责任。 前款规定以外的商品或者服务的虚假广告，造成消费者损害的，其广告经营者、广告发布者、广告代言人，明知或者应知广告虚假仍设计、制作、代理、发布或者作推荐、证明的，应当与广告主承担连带责任。
第三十九条 发布广告违反本法第七条第二款规定的，由广告监督管理机关责令负有责任的广告主、广告经营者、广告发布者停止发布、公开更正，没收广告费用，并处广告费用一倍以上五倍以下的罚款；情节严重的，依法停止其广告业务。构成犯罪的，依法追究刑事责任。 **第四十一条** 违反本法第十四条至第十七条、第十九条规定，发布药品、医疗器械、农药、食品、酒类、化妆品广告的，或者违反本法第三十一条规定发布广告的，由广告监督管理机关责令负有责任的广告主、广告经营者、广告发布者改正或者停止发布，没收广告费用，可以并处广告费用一倍以上五倍以下的罚款；情节严重的，依法停止其广告业务。 **第四十二条** 违反本法第十八条的规定，利用广播、电影、电视、报纸、期刊发布烟草广告，或者在公共场所设置烟草广告的，由广告监督管理机关责令负有责任的广告主、广告经营者、广告发布者停止发布，没收广告费用，可以并处广告费用一倍以上五倍以下的罚款。	**第五十七条** 有下列行为之一的，由工商行政管理部门责令停止发布广告，对广告主处二十万元以上一百万元以下的罚款，由广告审查机关撤销广告审查批准文件、一年内不受理其广告审查申请；对广告经营者、发布者，由工商行政管理部门没收广告费用，处二十万元以上一百万元以下的罚款，情节严重的，并可以吊销营业执照、吊销广告发布登记证件： （一）发布有本法第九条、第十条规定的禁止情形的广告的； （二）违反本法第十五条规定发布处方药广告、药品类易制毒化学品广告、戒毒治疗的医疗器械和治疗方法广告的； （三）违反本法第二十条规定，发布声称全部或者部分替代母乳的婴儿乳制品、饮料和其他食品广告的； （四）违反本法第二十二条规定发布烟草广告的； （五）违反本法第三十七条规定，利用广告推销禁止生产、销售的产品或者提供的服务，或者禁止发布广告的商品或者服务的； （六）违反本法第四十条第一款规定，在针对未成年人的大众传播媒介上发布医疗、药品、保健食品、医疗器械、化妆品、酒类、美容广告，以及不利于未成年人身心健康的网络游戏广告的。
第四十三条 违反本法第三十四条的规定，未经广告审查机关审查批准，发布广告的，由广告监	**第五十八条** 有下列行为之一的，由工商行政管理部门责令停止发布广告，责令广告主在相应范

督管理机关责令负有责任的广告主、广告经营者、广告发布者停止发布，没收广告费用，并处广告费用一倍以上五倍以下的罚款。	围内消除影响，处广告费用一倍以上三倍以下的罚款，广告费用无法计算或者明显偏低的，处十万元以上二十万元以下的罚款；情节严重的，处广告费用三倍以上五倍以下的罚款，广告费用无法计算或者明显偏低的，处二十万元以上一百万元以下的罚款，可以吊销营业执照，并由广告审查机关撤销广告审查批准文件、一年内不受理其广告审查申请： （一）违反本法第十六条规定发布药品、医疗器械、医疗广告的； （二）违反本法第十七条规定，在广告中涉及疾病治疗功能，以及使用医疗用语或者易使推销的商品与药品、医疗器械相混淆的用语的； （三）违反本法第十八条规定发布保健食品广告的； （四）违反本法第二十一条规定发布农药、兽药、饲料和饲料添加剂广告的； （五）违反本法第二十三条规定发布酒类广告的； （六）违反本法第二十四条规定发布教育、培训广告的； （七）违反本法第二十五条规定发布招商等有投资回报预期的商品或者服务广告的； （八）违反本法第二十六条规定发布房地产广告的； （九）违反本法第二十七条规定发布农作物种子、林木种子、草种子、种畜禽、水产苗种和种养殖广告的； （十）违反本法第三十八条第二款规定，利用不满十周岁的未成年人作为广告代言人的； （十一）违反本法第三十八条第三款规定，利用自然人、法人或者其他组织作为广告代言人的； （十二）违反本法第三十九条规定，在中小学校、幼儿园内或者利用与中小学生、幼儿有关的物品发布广告的； （十三）违反本法第四十条第二款规定，发布针对不满十四周岁的未成年人的商品或者服务的广告的； （十四）违反本法第四十六条规定，未经审查

	发布广告的。 医疗机构有前款规定违法行为，情节严重的，除由工商行政管理部门依照本法处罚外，卫生行政部门可以吊销诊疗科目或者吊销医疗机构执业许可证。 广告经营者、广告发布者明知或者应知有本条第一款规定违法行为仍设计、制作、代理、发布的，由工商行政管理部门没收广告费用，并处广告费用一倍以上三倍以下的罚款，广告费用无法计算或者明显偏低的，处十万元以上二十万元以下的罚款；情节严重的，处广告费用三倍以上五倍以下的罚款，广告费用无法计算或者明显偏低的，处二十万元以上一百万元以下的罚款，并可以由有关部门暂停广告发布业务、吊销营业执照、吊销广告发布登记证件。
第四十条 发布广告违反本法第九条至第十二条规定的，由广告监督管理机关责令负有责任的广告主、广告经营者、广告发布者停止发布、公开更正，没收广告费用，可以并处广告费用一倍以上五倍以下的罚款。 发布广告违反本法第十三条规定的，由广告监督管理机关责令广告发布者改正，处以一千元以上一万元以下的罚款。	**第五十九条** 有下列行为之一的，由工商行政管理部门责令停止发布广告，对广告主处十万元以下的罚款： （一）广告内容违反本法第八条规定的； （二）广告引证内容违反本法第十一条规定的； （三）涉及专利的广告违反本法第十二条规定的； （四）违反本法第十三条规定，广告贬低其他生产经营者的商品或者服务的。 广告经营者、广告发布者明知或者应知有前款规定违法行为仍设计、制作、代理、发布的，由工商行政管理部门处十万元以下的罚款。 广告违反本法第十四条规定，不具有可识别性的，或者违反本法第十九条规定，变相发布医疗、药品、医疗器械、保健食品广告的，由工商行政管理部门责令改正，对广告发布者处十万元以下的罚款。
	第六十条 违反本法第二十九条规定，广播电台、电视台、报刊出版单位未办理广告发布登记，擅自从事广告发布业务的，由工商行政管理部门责令改正，没收违法所得，违法所得一万元以上的，并处违法所得一倍以上三倍以下的罚款；违法所得不足一万元的，并处五千元以上三万元以下的罚款。

	第六十一条 违反本法第三十四条规定，广告经营者、广告发布者未按照国家有关规定建立、健全广告业务管理制度的，或者未对广告内容进行核对的，由工商行政管理部门责令改正，可以处五万元以下的罚款。 违反本法第三十五条规定，广告经营者、广告发布者未公布其收费标准和收费办法的，由价格主管部门责令改正，可以处五万元以下的罚款。
第三十八条第三款 社会团体或者其他组织，在虚假广告中向消费者推荐商品或者服务，使消费者的合法权益受到损害的，应当依法承担连带责任。	**第六十二条** 广告代言人有下列情形之一的，由工商行政管理部门没收违法所得，并处违法所得一倍以上二倍以下的罚款： （一）违反本法第十六条第一款第四项规定，在医疗、药品、医疗器械广告中作推荐、证明的； （二）违反本法第十八条第一款第五项规定，在保健食品广告中作推荐、证明的； （三）违反本法第三十八条第一款规定，为其未使用过的商品或者未接受过的服务作推荐、证明的； （四）明知或者应知广告虚假仍在广告中对商品、服务作推荐、证明的。
	第六十三条 违反本法第四十三条规定发送广告的，由有关部门责令停止违法行为，对广告主处五千元以上三万元以下的罚款。 违反本法第四十四条第二款规定，利用互联网发布广告，未显著标明关闭标志，确保一键关闭的，由工商行政管理部门责令改正，对广告主处五千元以上三万元以下的罚款。
	第六十四条 违反本法第四十五条规定，公共场所的管理者和电信业务经营者、互联网信息服务提供者，明知或者应知广告活动违法不予制止的，由工商行政管理部门没收违法所得，违法所得五万元以上的，并处违法所得一倍以上三倍以下的罚款，违法所得不足五万元的，并处一万元以上五万元以下的罚款；情节严重的，由有关部门依法停止相关业务。

	第六十五条 违反本法规定，隐瞒真实情况或者提供虚假材料申请广告审查的，广告审查机关不予受理或者不予批准，予以警告，一年内不受理该申请人的广告审查申请；以欺骗、贿赂等不正当手段取得广告审查批准的，广告审查机关予以撤销，处十万元以上二十万元以下的罚款，三年内不受理该申请人的广告审查申请。
第四十四条 广告主提供虚假证明文件的，由广告监督管理机关处以一万元以上十万元以下的罚款。 伪造、变造或者转让广告审查决定文件的，由广告监督管理机关没收违法所得，并处一万元以上十万元以下的罚款。构成犯罪的，依法追究刑事责任。	**第六十六条** 违反本法规定，伪造、变造或者转让广告审查批准文件的，由工商行政管理部门没收违法所得，并处一万元以上十万元以下的罚款。
	第六十七条 有本法规定的违法行为的，由工商行政管理部门记入信用档案，并依照有关法律、行政法规规定予以公示。
	第六十八条 广播电台、电视台、报刊音像出版单位发布违法广告，或者以新闻报道形式变相发布广告，或者以介绍健康、养生知识等形式变相发布医疗、药品、医疗器械、保健食品广告，工商行政管理部门依照本法给予处罚的，应当通报新闻出版广电部门以及其他有关部门。新闻出版广电部门以及其他有关部门应当依法对负有责任的主管人员和直接责任人员给予处分；情节严重的，并可以暂停媒体的广告发布业务。 新闻出版广电部门以及其他有关部门未依照前款规定对广播电台、电视台、报刊音像出版单位进行处理的，对负有责任的主管人员和直接责任人员，依法给予处分。
第四十七条 广告主、广告经营者、广告发布者违反本法规定，有下列侵权行为之一的，依法承担民事责任： （一）在广告中损害未成年人或者残疾人的身	**第六十九条** 广告主、广告经营者、广告发布者违反本法规定，有下列侵权行为之一的，依法承担民事责任： （一）在广告中损害未成年人或者残疾人的身

心健康的； （二）假冒他人专利的； （三）贬低其他生产经营者的商品或者服务的； （四）广告中未经同意使用他人名义、形象的； （五）其他侵犯他人合法民事权益的。	心健康的； （二）假冒他人专利的； （三）贬低其他生产经营者的商品、服务的； （四）在广告中未经同意使用他人名义或者形象的； （五）其他侵犯他人合法民事权益的。
	第七十条 因发布虚假广告，或者有其他本法规定的违法行为，被吊销营业执照的公司、企业的法定代表人，对违法行为负有个人责任的，自该公司、企业被吊销营业执照之日起三年内不得担任公司、企业的董事、监事、高级管理人员。
	第七十一条 违反本法规定，拒绝、阻挠工商行政管理部门监督检查，或者有其他构成违反治安管理行为的，依法给予治安管理处罚；构成犯罪的，依法追究刑事责任。
第四十五条 广告审查机关对违法的广告内容作出审查批准决定的，对直接负责的主管人员和其他直接责任人员，由其所在单位、上级机关、行政监察部门依法给予行政处分。	**第七十二条** 广告审查机关对违法的广告内容作出审查批准决定的，对负有责任的主管人员和直接责任人员，由任免机关或者监察机关依法给予处分；构成犯罪的，依法追究刑事责任。
第四十六条 广告监督管理机关和广告审查机关的工作人员玩忽职守、滥用职权、徇私舞弊的，给予行政处分。构成犯罪的，依法追究刑事责任。	**第七十三条** 工商行政管理部门对在履行广告监测职责中发现的违法广告行为或者对经投诉、举报的违法广告行为，不依法予以查处的，对负有责任的主管人员和直接责任人员，依法给予处分。 工商行政管理部门和负责广告管理相关工作的有关部门的工作人员玩忽职守、滥用职权、徇私舞弊的，依法给予处分。 有前两款行为，构成犯罪的，依法追究刑事责任。
第四十八条 当事人对行政处罚决定不服的，可以在接到处罚通知之日起十五日内向作出处罚决定的机关的上一级机关申请复议；当事人也可以在接到处罚通知之日起十五日内直接向人民法院起诉。	

复议机关应当在接到复议申请之日起六十日内作出复议决定。当事人对复议决定不服的，可以在接到复议决定之日起十五日内向人民法院起诉。复议机关逾期不作出复议决定的，当事人可以在复议期满之日起十五日内向人民法院起诉。当事人逾期不申请复议也不向人民法院起诉，又不履行处罚决定的，作出处罚决定的机关可以申请人民法院强制执行。	
第六章 附则	**第六章 附则**
	第七十四条 国家鼓励、支持开展公益广告宣传活动，传播社会主义核心价值观，倡导文明风尚。 大众传播媒介有义务发布公益广告。广播电台、电视台、报刊出版单位应当按照规定的版面、时段、时长发布公益广告。公益广告的管理办法，由国务院工商行政管理部门会同有关部门制定。
第四十九条 本法自 1995 年 2 月 1 日起施行。本法施行前制定的其他有关广告的法律、法规的内容与本法不符的，以本法为准。	**第七十五条** 本法自 2015 年 9 月 1 日起施行。

关于给予新疆兵团卫视和四川卫视暂停商业广告播出处理的通报

新广电发〔2014〕4号

各省、自治区、直辖市广播影视局，新疆生产建设兵团广播电视局，中央三台，电影频道节目中心，中国教育电视台：

总局《关于进一步加强卫视频道播出电视购物短片广告管理工作的通知》（广发〔2013〕70号）2014年1月1日正式实施后，全国各级卫视频道执行情况总体良好，电视购物短片广告播出秩序明显好转。但在总局三令五申和多次责令整改的情况下，新疆生产建设兵团广播电视台综合频道（新疆兵团卫视）和四川广播电视台综合频道（四川卫视）仍存在超时播出电视购物短片广告的违规问题。现通报如下：

经查，1月1日，新疆兵团卫视和四川卫视存在播出的电视购物短片广告超过3分钟等问题。经总局多次责令整改，两家卫视频道仍置若罔闻，截至1月6日凌晨仍然违规播出电视购物短片广告。其中，新疆兵团卫视播出的“鬼谷子下山大罐”和“香薰睡眠宝”，四川卫视播出的“中华玉兔登月紫砂壶”，时长均超过20分钟，在全系统和社会上造成了极坏影响，必须严肃处理。

为严肃纪律，根据《广播电视广告播出管理办法》、《广播电视播出机构违规处理办法》（试行）及《关于进一步加强卫视频道播出电视购物短片广告管理工作的通知》等有关规定，总局决定：

1. 责令新疆兵团卫视自1月9日零时起至1月24日零时，暂停所有商业广告播出15日，并进行全面清理整顿。

2. 责令四川卫视自1月9日零时起至1月16日零时，暂停所有商业广告播出7日，并进行全面清理整顿。

3. 责成新疆生产建设兵团广播电视局和四川省广播电影电视局，分别对新疆兵团卫视和四川卫视的整改情况进行核查验收，验收结束后，向总局提出书面报告，经总局同意后方可恢复商业广告播放。

望各级广播影视行政部门和播出机构引以为戒，切实做好电视购物短片广告播出的日常监管和审查把关，杜绝此类问题再次发生。

国家新闻出版广电总局
二〇一四年一月七日

关于停止播出萱妃珠宝等13条违规广告的通知

新广电办发〔2014〕22号

各省、自治区、直辖市广播影视局，新疆生产建设兵团广播电视局，中央三台、电影频道节目中心、中国教育电视台：

近来，部分电视台播出“萱妃珠宝”等13条广告，内容违反了《广播电视广告播出管理办法》（广电总局令第61号）、《关于加强电视购物短片广告和居家购物节目管理的通知》（广发〔2009〕71号）及《关于进一步加强卫视频道播出电视购物短片广告管理工作的通知》（广发〔2013〕70号）相关规定，具体为：

1．“萱妃珠宝”、“灵轩金饰”、“缌妃皇金饰”等电视购物短片广告，存在夸大、夸张宣传，误导消费等违规内容。

2．“御海肤强酶克癣”、“JER风痛治疗仪”、“免费送书——《糖尿病不吃药》”等医疗和健康资讯服务广告，存在使用新闻素材和资料做宣传、以患者形象做疗效证明等违规内容。

3．《经财风向标》、《经财新动力》、《财经论道》、《财经全方位》、《天生银家》、《金银盛世》等以电视栏目的形式，采用主持人和嘉宾互动、专家讲座等方式，变相为现货白银投资做广告宣传，存在夸大、夸张宣传，误导公众，使用新闻报道、新闻采访、现场访谈等形式以及使用新闻素材、资料做宣传等违规内容。

4．《华夏鉴藏》以电视栏目的形式，采用主持人和嘉宾互动的方式，变相为人民币收藏做广告宣传，存在夸大、夸张宣传，使用现场访谈形式和新闻素材、资料做宣传等违规内容，同时违反了《中国人民银行法》、《人民币管理条例》的相关规定。

根据《广播电视管理条例》、《广播电视广告播出管理办法》、《广电总局关于加强电视购物短片广告和居家购物节目管理的通知》及《关于进一步加强卫视频道播出电视购物短片广告管理工作的通知》等规定，自即日起，各级广播电视播出机构立即停止播出上述违规广告。

请立即将本通知转发辖区内所有广播电视播出机构，督促其严格遵照执行，并采取措施，加强监管，坚决防止类似违规现象出现反弹。

国家新闻出版广电总局办公厅

二〇一四年三月二十六日

工商总局等八部门关于开展整治互联网重点领域广告专项行动的通知

工商广字〔2014〕68号

各省、自治区、直辖市工商行政管理局、党委宣传部、互联网信息办公室、通信管理局、卫生计生委（卫生厅局）、广播影视局、新闻出版局、食品药品监督管理局、中医药管理局：

近年来，互联网已成为广告发布的重要载体，网络广告呈现良好发展势头，但也存在着不容忽视的问题，主要是一些网站违法违规发布广告，特别是一些保健食品、保健用品、药品、医疗器械、医疗服务等关系人民群众健康安全的重点领域广告，虚假违法问题突出，侵害消费者合法权益，损害公平竞争的市场秩序，社会各界反映强烈。为严厉打击互联网重点领域的虚假违法广告，净化网络广告市场，国家工商行政管理总局、中央宣传部、国家互联网信息办公室、工业和信息化部、国家卫生和计划生育委员会、国家新闻出版广电总局、国家食品药品监督管理总局、国家中医药管理局决定于2014年4月10日至8月31日，联合开展整治互联网重点领域广告专项行动，现就有关工作通知如下：

一、整治工作重点

专项行动期间要集中清理检查保健食品、保健用品、药品、医疗器械、医疗服务等重点领域的网络广告及信息，对其他领域发现的严重非法网络广告及信息一并予以整治。各地各有关部门要对辖区内互联网站，特别是大型门户类网站、搜索引擎类网站、视频类网站、电子商务类网站、医疗药品信息服务类网站、医药企业及医疗机构自设网站，发布含有下列虚假违法内容的广告及信息进行重点整治：

1．超出批准的功能主治和保健功能，宣传包治百病、适合所有症状以及治愈率的；

2．使用患者、医学专家、科研机构等名义证明疗效或者保证治愈，以及冒用公众人物的形象和名义做宣传的；

3．夸大产品功效，宣传保健食品、保健用品、消毒产品具有治疗疾病作用的；

4．未经有关部门审查或者核准，非法发布保健食品、药品、医疗器械、医疗服务广告的；

5．非法发布处方药广告的；

6．未经有关部门审核批准从事互联网医疗保健、药品信息服务的，或者伪造、假冒他人名义开办医疗保健、药品信息服务网站发布虚假信息或销售假劣药品的；

7．未取得电信管理部门备案、许可的网站发布广告的；

8．其他领域广告及信息严重违反国家法律法规的。

二、整治工作安排

集中整治时间为2014年4月10日至8月31日，分为四个阶段：

（一）宣传部署阶段（4月10日－4月20日）

各地各有关部门要摸清辖区内各类网站情况，制定工作实施方案，部署落实整治任务；组织新闻媒体宣传整治行动工作，曝光互联网的虚假违法广告及信息，运用各种形式营造舆论声势。

（二）督促整改阶段（4 月 20 日－5 月 10 日）

各地各部门要向网站开办者、网络广告经营者宣传国家有关法律法规规定，要求各类网站自查清理发布的广告及信息，认真审查链接网站的主体资格及网页上的广告和信息内容，不为未经许可或备案的网站以及不具有互联网医疗保健、药品信息服务资格的网站提供链接服务，不为虚假违法广告以及含有虚假信息的网站（网页）提供链接服务；网络广告经营者不为非法网站投放广告、提供广告代理服务。

（三）集中整治阶段（5 月 10 日－8 月 15 日）

各地各有关部门按照职责分工，对有关网站自查整改后仍存在发布虚假违法广告和虚假信息的问题进行治理，依法查处违法情节严重、性质恶劣的虚假违法广告和虚假信息，严厉惩治违法责任主体，公开曝光典型案件，震慑违法行为。

（四）督查评估阶段（8 月 15 日－8 月 31 日）

各地各有关部门要对本地区、本系统开展集中整治工作情况进行督查，及时解决存在的问题和薄弱环节，巩固专项整治成果，积极推进长效机制建设。有关部门将适时对部分地区专项整治工作进行督导检查。

三、整治工作分工

1. 党委宣传部门要指导和督促互联网新闻媒体加强互联网内容导向管理，部署相关新闻媒体开设专栏宣传报道专项整治情况，曝光典型案例。

2. 工商部门要加强网站有关人员广告法律法规培训，监督检查网站落实《大众传播媒介广告发布审查规定》情况，对未按规定履行广告发布前自律审查责任的，监督有关网站开办者进行整改；强化网络广告日常监测和网上巡查工作，及时发现和制止虚假违法广告发布，严厉查处监测发现、群众举报投诉、有关部门移送的严重虚假违法医药广告，严惩涉案违法主体；对发布医药广告问题严重的网站及广告主，及时将有关情况通报相关部门，提请采取关闭网站、行政处理网站开办者等措施；公告曝光一批网络虚假违法医药广告，对涉嫌构成虚假广告犯罪行为的，及时移送司法机关。工商总局将建立互联网广告监测平台，实时监测网络广告发布活动，及时通报监测发现的虚假违法广告线索，部署各地依法查处，统一指挥协调查办重大网络广告案件。

3. 网信办（网管办）要指导和督促新闻网站和具有互联网新闻信息服务资质的商业网站严格落实广告审查相关规定，及时协调有关部门删除网上虚假违法广告和信息，依法处置违法违规网站。

4. 通信管理部门要配合工商、卫生计生、食品药品监管、中医药管理等部门整治网上虚假违法广告和信息，对经有关部门书面认定擅自从事药品、医疗器械、医疗保健等互联网信息服务，且拒不整改或违法情节严重的互联网站，依法吊销互联网信息服务经营许可证或注销备案，通知相关互联网接入服务商停止为其提供接入服务。

5. 卫生计生部门、中医药管理部门要依照《互联网医疗保健信息服务管理办法》规定，加强对利用互联网提供医疗保健信息服务活动的日常监督检查，以投诉举报信息为重点线索，对利用综合网站发布虚假违法广告和利用自设网站发布虚假信息的医疗机构和消毒产品生产企业依法予以处理，并及时将有关情况通报相关部门。

6. 新闻出版广电管理部门要监督广播电视报刊出版单位自设网站广告发布活动，督促互联网视听节目服务单位严格遵守广告管理相关法规，不得利用互联网视听节目播放虚假违法广告。

7. 食品药品监管部门要依照药品、医疗器械、保健食品广告审查的有关规定，加强利用互联网发布广告的日常监督检查，严厉查处利用互联网发布虚假广告和信息及非法销售产品的行为，对严重欺骗和误导消费者的违法广告涉及的产品，应当采取暂停该产品在辖区内的销售等措施；对发布虚假药品广告和信息情节严重的网站，按照《互联网药品信息服务管理办法》，一律吊销药品信息服务资格证书；对未经审批发布虚假药品广告和信息的网站按照有关规定移送通信管理部门依法处理，涉嫌犯罪的移送公安机关追究刑事责任。

四、整治工作要求

1. 精心组织实施。各地各有关部门要认真履行职责，切实加强组织领导，针对本地各类网站情况，研究制定整治措施。工商部门要发挥牵头职责，积极部署落实，组织协调各部门联合开展整治工作，推动专项整治工作取得实效。

2. 加大整治合力。各地各有关部门要密切配合，通力协作，强化联合治理的威慑作用和打击力度。工商、网信办（网管办）、通信管理、卫生计生、新闻出版广电、食品药品监管、中医药管理等部门要进一步加强部门间、区域间监管执法联动，强化跨部门、跨地区信息通报和案件协查，建立健全与公安机关的案件移交、立案等工作机制，严惩利用互联网从事违法犯罪行为。

3. 注重协同推进。各地各有关部门按照整顿和规范相结合、专项行动和日常监管相结合的原则，积极研究破解工作中遇到的难题，既要集中整治当前网上虚假广告及信息突出问题，又要完善长远的治本措施，及时修改完善和制定相关法律法规规定，建立治理长效机制。

4. 强化监督检查。各地各有关部门要加大督查力度，加强指导协调，督导本系统深入治理互联网违法违规问题，落实网站开办者责任，强化网站守法意识，构建预防机制，确保监管到位，依法履行监管职责，做到违法必究，执法必严。

各地各有关部门要在2014年9月15日前将本系统开展专项整治工作总结分别上报各自上级主管机关。

国家工商行政管理总局
中央宣传部
国家互联网信息办公室
工业和信息化部
国家卫生和计划生育委员会
国家新闻出版广电总局
国家食品药品监督管理总局
国家中医药管理局
二〇一四年四月四日

关于开展“中国梦”广播电视公益广告创作展播工作的通知

新广电发〔2014〕86号

各省、自治区、直辖市广播影视局，新疆生产建设兵团广播电视局，中央三台，电影频道节目中心，中国教育电视台：

2013年，各级广播影视行政部门和播出机构按照总局工作部署，采取扎实有效措施，开展形式多样、丰富多彩的公益广告制作展播活动，取得显著成效，充分发挥了广播电视公益广告传递文明、引领风尚的积极作用。为进一步深入贯彻党的十八大和十八届二中、三中全会精神，贯彻习近平总书记系列重要讲话精神，更好地发挥广播电视公益广告培育和弘扬社会主义核心价值观，以及实现“中国梦”凝聚正能量的积极作用，总局决定，即日起在全国开展“中国梦”广播电视公益广告创作展播活动。现将有关事项通知如下：

1. 丰富宣传主题，准确反映“中国梦”内涵。各级广电行政部门要认真落实中宣部和总局等六部门下发的《关于进一步做好“讲文明树新风”公益广告宣传的意见》精神，按照总局关于公益广告宣传的工作部署，组织协调播出机构和社会力量，紧紧围绕宣传中国特色社会主义和中华民族伟大复兴“中国梦”，培育社会主义核心价值观，创作并播出一批弘扬中华优秀传统文化、弘扬雷锋精神、加强诚信教育、培育勤劳节俭观念、传承孝道和敬老风尚、倡导文明旅游、宣传保护生态环境、树立社会主义法制观念等“中国梦”主题公益广告。

2. 推进精品创作，提高公益广告质量。各级广电行政部门要组织实施精品战略，重点扶持优秀作品，引导播出机构和社会力量推出一批主题鲜明、导向正确、创意新颖、内涵丰富、形式多样、利于传播的精品公益广告，不断提升广播电视公益广告质量。一要督促播出机构发挥公益广告制作的主力军作用，把公益广告制作列入本台宣传工作的重要项目，加大经费投入，做好人才保障，不断提升创意水平和制作水准。二要鼓励播出机构与高等院校、制作机构、广告公司等加强合作，吸引社会专业力量共同策划制作公益广告。三要积极采取公益广告作品征集、举办公益广告大赛等方式，向社会各界广泛征集优秀创意和优秀作品。

3. 加大播出力度，提升传播效果。各级播出机构要落实总局61号令要求，确保每套节目每天公益广告时长不少于其商业广告时长的3%。同时，要严格执行《意见》要求，加大“讲文明树新风”等“中国梦”主题公益广告播出力度：一是每套广播和电视节目每天播出次数分别不少于6次和10次，其中，每套广播节目每天6—8时和11—13时均不少于2次，每套电视节目每天19—21时不少于4次。二是尚未开办公益广告展播专栏的播出机构，应在新闻、综合等重点频率频道设立公益广告专栏，定期定时、常态化播出“中国梦”主题公益广告。同时，总局倡导各播出机构不断优化编排，在新闻、综艺、少儿等不同节（栏）目前后，播出不同主题的公益广告，并继续通过本台所属网站（网络广播电视台）等渠道进行同步刊播，扩大宣传影响，提升“中国梦”主题公益广告的传播效果。

4. 完善作品库建设，优化共享体系。为支持各级播出机构开展“中国梦”主题公益广告创作展播工作，总局将全面升级“全国优秀广播电视公益广告作品库”，并移至中国广播网和中国网络电视台。作品库现已收集优秀广播电视公益广告200余条。各电台电视台可分别登录中国广播网（www.cnr.cn）和中国网络电视台（www.cntv.cn）下载播出。有条件的省级广电行政部门应建立公益广告作品库，定期收集辖区内播出机构和社会力量策划制作的优秀作品，部署辖区内播出机构集中展播。同时，总局倡导各省级广电行政部门将本辖区优秀作品无偿提供给“全国优秀广播电视公益广告作品库”，共同充实作品库片源，免费供全国各级播出机构选择播出。

各播出机构播出作品库公益广告时，要依据国家有关法律法规规定，维护和尊重公益广告制作机构的合法权益。

5. 健全工作机制，促进健康发展。各级广电行政部门要认真履行工作职责，加强组织谋划，加大投入力度，做好辖区内公益广告制播工作的监管和引导。一要研究制定促进公益广告发展的政策措施，既规范公益广告创作生产、刊播宣传和人才培养等各个环节，也提升播出机构和社会力量创作公益广告的积极性。二要加大监管力度，对辖区内播出机构公益广告制播工作进行监督检查，及时组织考核，采取多种方式鼓励先进、警示后进。三要及时掌握工作进度，督促辖区内播出机构于每月月底，将当月“中国梦”主题公益广告制播情况进行备案。

6. 认真进行总结，扶持优秀作品等重点项目。各级广电行政部门要及时对辖区内播出机构备案情况和其他相关工作进行总结，并按上一级广电行政部门要求，及时报送阶段性进展情况。各省级广电行政部门需于11月30日前，将本省“中国梦”主题公益广告制作播出、制度建设和监管引导措施等工作情况，汇总上报总局传媒司。

为鼓励和支持广播电视公益广告创作和播出工作，提高广播电视公益广告质量，扩大广播电视公益广告影响，自今年起，总局将每年组织开展一次“广播电视公益广告扶持项目”评审工作，并对相关扶持项目进行表彰，给予专项资金补助（具体实施办法另行通知）。各级广电行政部门和播出机构落实本《通知》要求，制播“中国梦”主题公益广告的工作情况，将作为今年“广播电视公益广告扶持项目”评审的主要依据。

请立即转发辖区内各有关单位，部署落实相关工作。

国家新闻出版广电总局

二〇一四年四月二十一日

关于 2013–2014 年度广播电视公益广告专项资金扶持项目申请事项的通知

新广电发〔2014〕104 号

各省、自治区、直辖市广播影视局，新疆生产建设兵团广播电视局，中央三台、电影频道节目中心、中国教育电视台：

为深入贯彻落实党的十八大、十八届三中全会和习近平总书记系列重要讲话精神，根据总局工作部署，为鼓励社会各界参与广播电视公益广告创作传播工作，提升广播电视公益广告数量和质量，扩大广播电视公益广告传播效果和影响，促进广播电视公益广告健康持续发展，总局制定了《广播电视公益广告扶持项目评审办法》（试行），将开展优秀作品等扶持项目评审工作，并给予专项资金补助。现将有关事项通知如下：

1.《广播电视公益广告扶持项目评审办法》(试行)今年首次施行，将根据评审工作具体情况不断进行修改完善。《评审办法》暂设“广播类优秀作品”、“电视类优秀作品”、“优秀创意脚本”和“优秀传播机构”共 4 项扶持项目。

2. 申请 2013 – 2014 年度“广播类优秀作品”和“电视类优秀作品”扶持项目，其作品须为 2013 年 1 月 1 日至 2014 年 6 月 30 日创作完成，并在广播电台、电视台、网络广播电视台首播的作品，或未在任何媒体公开刊播过的作品。

3. 申请 2013 – 2014 年度“优秀创意脚本”扶持项目，其创意脚本须为 2013 年 1 月 1 日至 2014 年 6 月 30 日创意完成，未被任何单位或个人拍摄成片。

4. 申请 2013 – 2014 年度“优秀传播机构”扶持项目，申请机构须在 2014 年上半年期间，圆满完成广播电视公益广告策划、创作、展播等各项工作。申请机构包括各级电台、电视台、广播电视台、网络电视台、网络广播电视台及其他在公益广告传播过程当中做出突出贡献的机构。

5.2013—2014 年度扶持项目评审工作要紧密结合《关于进一步做好“讲文明树新风”公益广告宣传的意见》和《关于开展“中国梦”广播电视公益广告创作展播工作的通知》有关要求，以各部门各单位的落实情况作为主要评审依据。

6. 申请 2013—2014 年度上述扶持项目的机构和个人，按照属地管理原则，向所在地省级广电行政部门报送申报材料。其中，中央三台、电影频道、中国教育电视台和总局直属单位以及有关中央单位，向总局传媒机构管理司上报申报材料。上述材料须于 7 月 31 日前完成报送工作，逾期不予受理。

7. 请各省级广电行政部门依据《评审办法》做好本辖区内申报项目的初审工作，并于 8 月 31 日前填写相关扶持项目推荐表（见附件），将通过初审的项目统一报送总局传媒机构管理司。各省推荐通过初审的扶持项目数量上限为：广播类优秀作品、电视类优秀作品、优秀创意脚本和优秀传播机构各 3 个。

8. 请各省级广电行政部门接本《通知》后，立即向辖区内有关机构传达《评审办法》和本《通知》精神，并按要求认真组织做好本辖区 2013–2014 年度专项资金项目评审工作。

国家新闻出版广电总局

二〇一四年五月十九日

附件

广播电视公益广告扶持项目评审办法（试行）

国家新闻出版广电总局（以下简称“总局”）开展优秀广播电视公益广告作品等扶持项目评审活动，是推动广播电视公益广告持续发展的重要举措。举办该项活动，旨在引导和鼓励社会各界参与广播电视公益广告创作生产和传播的积极性，提高广播电视公益广告创意水平和创作水准，扩大广播电视公益广告播出影响，提升宣传效果，促进形成广播电视公益广告持续发展的良性机制。

一、指导思想

扶持项目评审工作要以邓小平理论、“三个代表”重要思想、科学发展观为指导，认真贯彻落实党的十八大、十八届三中全会和习近平总书记系列重要讲话精神，坚持社会主义先进文化前进方向，坚持社会主义核心价值观，紧紧围绕实现中国梦这一宏伟目标，进一步激发全社会创作、传播公益广告的积极性，不断提高公益广告质量。要通过评审，推出一大批导向正确、创意新颖、表现丰富，既继承传统文化、又体现时代精神的优秀公益广告作品，推出优秀的组织工作单位和传播机构。

二、评审原则

（一）鼓励原创，促进发展

扶持项目覆盖广播电视公益广告作品创意、制作、播出和管理的全过程。鼓励制作机构和创作人员勇于创新、精益求精，不断提升水平；鼓励播出机构加大传播力度、创新传播模式，不断扩大传播范围；鼓励管理部门做好顶层设计、精心组织部署、切实加强监管、做好引导服务，促进形成政府积极引导、媒体主动落实、社会各方参与、择优进行扶持的长效运行机制。

（二）公开择优，实事求是

扶持项目由总局统一组织部署，公开向社会各有关单位征集，吸纳相关各方代表等组成评审委员会，坚持公正、公开和集体评审，通过竞争择优的方式，从实际出发确定扶持项目最终数量。

三、项目设置

扶持项目设广播类优秀作品、电视类优秀作品、优秀创意脚本、优秀传播机构等4项。对获得扶持项目的单位或个人颁发资助和补助。每个扶持项目均设三个类别，其中，一类不超过3个，二类不超过10个，三类若干。

四、评审机构

总局设立广播电视公益广告扶持项目评审委员会，指导全国开展扶持项目评审工作，负责对全国扶持项目进行终审。同时，负责受理总局直属单位、中央单位和中央级播出机构扶持项目申请，并进行初审和终审。

各省级广播影视行政部门设立相应的扶持项目评审委员会，负责受理所辖区域内扶持项目申请的受理和初审，并报总局评审委员会终审。

五、评审标准

（一）优秀作品和优秀创意脚本评审标准

1．要坚持社会主义先进文化前进方向，弘扬主旋律，传播正能量，能够反映建设有中国特色社会主义的伟大事业，反映改革开放和现代化建设的伟大实践，弘扬中华民族伟大复兴“中国梦”，宣传倡导社会主义核心价值观（富强、民主、文明、和谐、自由、平等、公正、法制、爱国、敬业、诚信、友善）。

2．要坚持贴近群众、贴近实际、贴近生活。既要拥有深刻的思想内涵和鲜明的内容主题，又能充分发挥广播电视公益广告冲击力强和短小精悍的优势，在形式创意、表现手法等方面与时俱进、推陈出新，避免口号式、标语式、说教式的空洞宣传，使人爱看爱听、乐于传播分享。

（二）优秀传播机构评审标准

要发挥播出机构、展示平台等各单位的主体功能，做好公益广告策划、创作、播出和展示等相关工作，形成常态化的公益广告策划、制播机制，在全社会引起风潮，在全行业形成示范效应，产生重大社会效益和积极社会影响。要积极培育公益广告管理和创作人才，打造一批群众关注喜爱、有影响的好作品。要采取有效措施，积极引导社会各方参与公益广告制作，拓宽作品来源。要立足广播电视媒体特点，结合并发挥新兴媒体传播优势，丰富播出和展示平台，创新播出和展示形式，形成宣传声势。

六、评审程序

（一）项目征集

扶持项目评审每年举办 1 次。每年 7 月 31 日前，总局和各省局评审委员会须完成本年度所负责区域范围内扶持项目的征集受理工作。其中，申请优秀作品或优秀创意脚本专项资金扶持项目须满足以下条件：

1. 申请优秀作品扶持项目的广播电视公益广告，必须是评审年度内创作并在广播电台、电视台、网络广播电视台首播的作品，或未在任何媒体公开刊播的作品。

2. 申请优秀创意脚本扶持项目的创意脚本，必须是评审年度内自行创意完成，不得侵犯他人知识产权，且未被任何单位或个人拍摄成片。

3. 申请优秀作品和创意脚本扶持项目，可以以制作机构、播出机构或者个人名义申请。

（二）项目初审

每年 8 月 31 日前，总局和各省级评审委员会须完成对所有申请项目的初审工作，各省级评审委员会还需将本辖区内通过初审的项目统一报送总局评审委员会。总局和各省局评审委员会应将本辖区内每类通过初审的扶持项目数量控制在 3 个以内。

（三）项目终审

每年 9 月 30 日前，总局评审委员会须完成对所有通过初审项目的终审工作。终审时，评委会在认真审阅初审合格项目材料的基础上，根据评选标准打分，并分别列入三个类别。

（四）项目公示

终审工作结束后，总局评审委员会须立即向社会公示终审结果，公示时间不得少于 5 个工作日。公示结束后，对公示期间没有任何异议的项目，或者有异议但经评审委员会复核后不影响评审结果的项目，由总局正式予以认定，颁发荣誉证书及专项扶持资金，并向社会公告。

七、优秀作品和优秀创意脚本的使用

1. 获得专项扶持的广播电视公益广告优秀作品，由总局统一纳入“全国优秀广播电视公益广告作品库”，无偿提供给各级广播电台、电视台和网络广播电视台免费播出。

2. 获得专项扶持的广播电视公益广告创意脚本，可由获得资助和补助的机构、个人自行或者委托相关机构拍摄、录制成完成片，并由总局统一纳入“全国优秀广播电视公益广告作品库”，无偿提供给各级广播电台、电视台和网络广播电视台免费播出。

3. 任何单位或个人不得利用专项扶持的广播电视公益广告优秀作品或者优秀创意脚本，获取任何形式的经济利益。

八、扶持资金使用要求

专项扶持资金要严格按照有关规定专款专用，受资助的单位和个人应将专项扶持资金用于广播电视公益广告的创作、生产、播出和再创作等。

九、解释

本办法由总局负责解释，将在不断总结经验的基础上予以调整完善。

关于立即停止播出“健康365”和“杏林好养生”等养生类节目的通知

新广电发〔2014〕124号

各省、自治区、直辖市广播影视局，新疆生产建设兵团广播电视局，中央三台，电影频道节目中心，中国教育电视台：

近来，一些电视台播出的“健康365”和“杏林好养生”节目，违反《广告法》和总局《广播电视广告播出管理办法》等有关规定，以节目形式变相推销药品、保健食品等，误导广大消费者，引起强烈社会反响。经查，这类节目通过使用形象生动的语言讲解疾病预防知识吸引观众，采取在讲解中植入产品介绍或者反复宣传热线电话等方式，变相为药品、保健食品等作广告，并通过现场观众讲述相关产品帮助自己治愈疾病的故事，来为产品疗效作证明。“健康365”和“杏林好养生”养生节目以隐蔽性植入广告和患者作形象证明等形式，变相为药品、保健食品等作广告，并夸大夸张宣传，严重误导了广大消费者，甚至耽误一些患者及时就医，对人民群众生命安全造成危害，产生了不良社会影响，也损害了广播电视媒体的社会公信力。

为严肃纪律，根据《广播电视管理条例》、《广播电视广告播出管理办法》等有关规定，总局决定，自即日起，各级广播电视播出机构立即停止播出“健康365”和“杏林好养生”节目。

同时，各级广播电视播出机构要对照本《通知》精神，立即对其他养生类节目开展全面自查自纠，凡属内容和表现形式相类似或者其他变相进行广告宣传的养生节目，一律停止播出。

总局重申，各级播出机构要加大对所有养生类节目的审查把关，不得以节目形式变相发布广告。各级广播影视行政部门要加大监管工作力度，对违法违规行为要予以严肃处理。近期，总局将出台有关文件，对养生类节目予以明确规范。

请将本通知立即转发辖区内所有广播电视播出机构，严格遵照执行。

国家新闻出版广电总局
二〇一四年六月六日

关于做好养生类节目制作播出工作的通知

新广电发〔2014〕223号

各省、自治区、直辖市新闻出版广电局，新疆生产建设兵团新闻出版广电局，中央三台、电影频道节目中心、中国教育电视台：

近年来，为满足广大人民群众对疾病预防、健康保健、科学养生等信息的需求，各级电视台开办了一些不同类型的养生节目，宣传普及疾病预防、养生保健等科学知识，受到广大观众欢迎。

但有些电视台播出的养生类节目存在夸大夸张宣

传、嘉宾不具备执业资质等问题；有的采取植入产品功能介绍、宣传产品经销企业热线电话或现场观众作证明等方式，直接或间接地为药品、保健食品、医疗器械、医院等作广告。这些误导了电视观众，损害了人民群众的利益，严重影响了电视媒体形象。为严肃宣传纪律，规范养生类节目播出秩序，现就有关事宜通知如下：

一、高度重视电视养生类节目的规范管理

电视养生类节目是电视宣传的合理组成部分，通过专家的权威解答，向社会公众传播疾病预防、控制、治疗以及养生保健等健康知识和科学常识，有助于满足广大人民群众的信息需求，提高广大人民群众的健康防病意识，是电视媒体履行社会责任的表现。规范电视养生类节目的制作和播出，强化内容和形式的审查把关，对普及健康养生知识、维护人民群众合法权益、提升电视媒体社会公信力，具有重要作用。各级电视台要坚持媒体职能，坚守社会责任，始终把社会效益放在首位，切实加强养生类节目制作播出各环节的规范管理，不断提升养生类节目内容质量。

二、切实加强养生类节目审查把关

电视养生类节目只能由电视台策划制作，不得由社会公司制作。凡在专家资源、节目资金、制作能力等方面不具备条件的电视台，不得盲目跟风制作养生类节目。鼓励上星综合频道制作的优秀养生类节目在地面频道播出。

养生类节目应为广大观众提供真实、科学、实用、权威的资讯信息，不得夸大夸张或虚假宣传、误导观众。要做到以下几点：

1. 主持人必须取得播音员主持人执业资质，依法持证上岗。主持中要有效控制节目进程，引导嘉宾围绕主题介绍相关知识。演员和各类社会名人不得担任养生类节目主持。

2. 聘请医学、养生、营养等方面专家作为嘉宾的，该嘉宾必须具备省级以上卫生行政部门认定的副高以上专业职称、资格，并在节目中据实提示。

3. 开设的观众咨询热线电话，须是以本台或者本频道为主体申请设立的，并只能在节目片尾进行提示。节目中不得出现任何电话号码或其他联系方式。

三、严禁以养生类节目形式发布广告

养生类节目应以介绍疾病预防、控制、治疗以及养生保健等科学知识为主要内容。严禁出现以下变相发布广告的行为：

1. 直接或间接宣传药品、保健品、食品、医疗器械或医疗机构等产品或服务。

2. 直接或间接宣传上述产品或服务的治疗作用，或借助宣传产品中某些成分的功能来明示或暗示治疗作用。

3. 明示或暗示治愈率、有效率、保健养生效果等表示功效的内容。

4. 以医生、专家、现场观众、患者、公众人物或科研机构、学术机构、医疗机构等为产品或服务作证明。

5. 节目中间以“栏目热线”等形式，宣传或提示联系电话、联系方式、地址等信息。

6. 其他违反相关法律、法规和规章的情形。

凡含有以上内容或其他变相发布广告行为的养生类节目，一律认定为商业广告，严格按照《广播电视广告播出管理办法》等广告管理规定进行管理。

四、建立养生类节目备案管理制度

上星综合频道播出养生类节目，需提前20个工作日，将制作主体、节目内容、播出时段、播出时长、主持人资质、嘉宾资质、热线电话设立资质和节目相关的广告编排等内容，报省级广电行政部门进行播前备案（备案表见附件）。各省级广电行政部门要认真核验辖区内上星综合频道养生类节目备案情况，并于同意备案后的10个工作日内，报国家新闻出版广电总局传媒司备案。备案内容不符合本《通知》要求的，应责成立即整改并重新备案。经备案的养生类节目如发生变化，需重新履行备案手续。未经备案的养生类节目一律不得播出。地面频道的养生类节目也要严格

规范管理。

五、严查各类违法违规行为

各省级广电行政部门要切实加强监管，严格按照本《通知》要求，认真做好辖区内养生类节目的备案核验、日常监管和查处违规行为等工作。对存在违规问题的，要责令其立即停止违规，并限期整改。对拒不整改或整改不到位的，应视情节轻重分别给予诫勉谈话、通报批评，直至暂停养生类节目或商业广告播出等严肃处理，并向社会公开曝光。

本《通知》自明年1月1日起正式实施。请各省级广电行政部门接到本《通知》后，立即转发辖区内有关单位遵照执行。

国家新闻出版广电总局

二〇一四年九月二十九日

关于加强2015年元旦春节期间市场监管有关工作的通知

工商明电〔2014〕6号

各省、自治区、直辖市及计划单列市、副省级市工商行政管理局、市场监督管理部门：

为切实加强2015年元旦、春节（以下简称“两节”）期间的市场监管和行政执法有关工作，确保节日市场繁荣稳定，努力营造欢乐祥和的节日市场环境，根据《中共中央办公厅国务院办公厅关于做好2015年元旦春节期间有关工作的通知》（中办发电〔2014〕50号）要求，现就做好“两节”期间市场监管有关工作通知如下：

1. 有针对性地开展反不正当竞争执法检查。一是在农村地区和城乡结合部，加强对小家电、日化用品、五金电料等生活消费品和涉农生产用品的监督检查，于2014年12月至2015年6月开展为期半年的农村和城乡结合部市场假冒伪劣商品专项整治行动。二是在城市中心区加强对不正当有奖销售和虚假宣传等节日高发不正当竞争行为的监督和查处。重点查处侵害老人、儿童等辨识能力弱的消费人群合法权益的违法行为。三是加强对大型批发企业、大型集贸市场等涉及面广、涉众面大的经营场所的检查力度，积极维护节日市场秩序，保护人民群众的节日消费安全。

2. 加大规范直销打击传销工作力度。一是进一步加强对直销企业、直销员及其直销活动的监督管理，在突出直销服务网点、经销商店铺等重点场所监管的同时，重点把握直销招募、培训、宣传等环节。二是加大直销市场巡查力度，加强行政指导，依法查处直销违法违规行为。三是继续严厉打击传销，要保持高压态势，打早打小，露头就打，严厉打击各类传销违法犯罪活动，依法严惩传销组织者、领导者。

3. 加大网络市场监管力度。一是充分发挥工商行政管理职能作用，组织开展网络市场专项检查，切实规范网络市场促销行为。二是强化对网络交易平台的监管执法，严厉查处网络商标侵权、虚假宣传、不正当有奖销售等不正当竞争行为，加大对电子产品、家用电器、日用品等重点商品的整治检查力度。

4. 加强市场主体信息公示工作。一是充分发挥企业信用信息公示平台的作用，及时公示各类市场主体的登记、备案、监管等信息，使社会各界了解企业情况，为部门监管、企业自律和社会共治奠定坚实基础。二是组织各地工商行政管理、市场监督管理部门，对辖区内的企业信息公示情况开展抽查，将违法企业载入企业经营异常名录，对企业违法行为进行有力震慑。

5. 加强广告监管工作。将与人民群众生活密切相关的商品与服务广告作为重点，加强日常监测监管，督促广告主、广告经营及发布单位加强诚信自律，严格规范广告发布行为，及时发现、制止查处以节日促销等名义发布虚假违法广告行为，努力营造健康、和谐、有序的“两节”市场环境。

6. 加大商标专用权保护力度。以高知名度商标、涉外商标和地理标志为重点，针对各类产品集中制造地区、商品集散地、商品批发市场以及周边地区、侵权假冒案件高发地，集中力量，全面深入开展打击侵权假冒行动。以保护商标专用权为核心，进一步加强日常监管，严厉打击商标侵权假冒行为，维护消费者合法权益。

7. 加强农资市场监管。深化“红盾护农”行动，加大查处假劣农资案件力度，依法查处以“厂家直销”、“送货下乡”等名义走村串户销售假劣农资的违法行为，确保农民用上放心农资，切实维护农民合法权益。

8. 加强旅游市场监管。认真贯彻落实《旅游法》，会同旅游主管部门，加强“两节”期间旅游市场监管，严厉查处商业贿赂、销售假冒伪劣旅游商品、发布虚假违法旅游服务广告等旅游者反映强烈的违规违法行为，切实保护旅游者的合法权益，维护良好的旅游市场秩序。

9. 切实开展消费维权工作。一是充分发挥12315消费者投诉举报网络作用，在确保12315专用电话畅通的基础上，进一步拓宽互联网、短消息、移动互联终端等受理渠道，及时受理和依法处理“两节”期间消费者投诉举报。充分发挥“一会两站”和12315“五进”基层消费维权联络站作用，促进消费纠纷的源头解决。二是及时汇总分析“两节”期间12315数据，依法按规定发布消费警示、提示，有针对性地加强市场监管，依法严厉查处侵害消费者权益案件，营造安全放心的消费环境。三是加强消费维权宣传与教育引导，普及新《消法》及其配套法规规章，引导消费者科学、健康、文明消费，提高消费者维权能力。

10. 配合做好有关安全生产工作。积极参加地方政府和安全生产主管部门组织的大检查和联合执法行动，配合有关部门严厉查处安全生产违法行为。进一步健全和完善部门间的企业信用披露和信用约束措施，形成“一处违法，处处受限”的局面，全方位、全时段、全角度地预防、打击和震慑安全生产违法行为。

各地要思想高度重视，采取有力措施，把加强“两节”市场监管和做好节日期间有关工作抓紧抓实抓好。一要切实加强组织领导。要在当地政府领导下，切实加强对“两节”市场监管工作的组织领导，把加强“两节”市场监管列入重要议事日程。主要领导要亲自抓，主管领导靠前指挥，各内设机构协作配合，形成齐抓共管的工作格局。二要扎实做好“送温暖”工作。要按照党的群众路线教育实践活动整改要求，进一步改进作风，自觉深入基层一线，尤其要深入到贫困地区和困难干部职工中去，走访慰问劳动模范、先进工作者、离退休干部及困难干部职工，帮助解决实际问题。三要严格遵守中央八项规定精神和反对“四风”的要求。要严格遵守财经纪律，严禁各种违反廉政纪律和奢侈消费的行为。严禁用公款搞相互走访、送礼、宴请等拜年活动，严禁用公款吃喝、旅游和参与高消费娱乐健身活动，严禁出入私人会所、利用培训中心等搞奢侈浪费，严禁用公款购买赠送贺年卡及烟花爆竹等年货节礼，严禁将非公务活动纳入公务接待范围，严禁违规收受礼品、礼金，严禁公车私用，严禁将相关费用转嫁给监管对象。四要认真做好值守应急工作。要加强节日值班工作，严格落实岗位责任制，严格执行24小时专人值班和领导带班制度，确保节日期间各项工作正常运转。要健全应急协调机制，妥善处置重大突发事件，畅通信息报送渠道，及时报送重大事项和信息。要综合运用无线网络执法平台、移动查询终端等现代科技手段，有效开展网上预警防范和应急处置，提高节日市场监管效能。

国家工商行政管理总局

二〇一四年十二月二十四日

'2015 中国广告年鉴
China Advertising Yearbook

广告监管

Advertising Supervision

关于发布 2013 年虚假违法中医医疗广告（报纸第四批）监测情况的函

国中医药法监监督便函〔2014〕2 号

各省、自治区、直辖市中医药管理局、卫生厅局中医处：

近日，我司对 12 月部分机构在报纸上发布中医医疗广告情况进行了监测，共监测到虚假违法中医医疗广告 42 条次，涉及 7 个省（区、市）16 家机构。天津市相关机构发布虚假违法中医医疗广告情况较多，共发布 15 条次，占监测到虚假违法中医医疗广告总量的 35.7%，其中天津友好医院、天津仁中医院、天津卫协医院、天津国泰医院等在 2012 年、2013 年已多次被监测到发布虚假违法中医医疗广告。

现将此次监测结果下发给你们，请按照有关法律法规进行查处。对违法情节严重、性质恶劣、频繁发布虚假违法中医医疗广告的机构应重点加大查处力度，我司将对有关查处情况进行重点追踪，适时进行通报。

有关查处情况请于 2014 年 3 月 31 日前报送我司。尚未报送 2013 年第一、二、三批报纸、杂志虚假违法中医医疗广告处理结果的相关地区请抓紧时间落实。

国家中医药管理局政策法规与监督司

二〇一四年一月十三日

附件

2013 年部分机构发布虚假违法中医医疗广告（报纸第四批）信息监测一览表

（2013 年 12 月 1 日 — 31 日）

地区	发布广告机构	报刊名称	发布条数	合计
北京	北京京城国康帕金森病中医研究院	《晚霞报》（四川）	1	1
天津	天津津萃医院	《中老年时报》	6	15
	天津国泰医院		4	
	天津友好医院		1	
	天津卫协医院		3	
	天津仁中医院		1	
辽宁	沈阳万佳医院	《辽宁老年报》	7	8
	辽宁奉天中医院	《晚晴报》	1	

续表

地区	发布广告机构	报刊名称	发布条数	合计
山东	青岛市李沧皮肤病医院	《老年生活报》	2	4
	青岛面神经疾病康复中心		2	
河南	河南协和医院	《广西老年报》（广西）	2	3
	河南省周口市中州医院		1	
四川	四川省成都锦江区人民医院	《晚霞报》	4	4
新疆	乌市友好医院	《老年康乐报》	3	7
	新疆渡洲中医院		2	
	乌市南湖医院		2	
				42

违法广告公告

工商广公字〔2014〕1号

近期，国家工商行政管理总局对2013年11月全国部分电视、报纸、互联网媒体发布的医疗、药品、保健食品、化妆品及美容服务类广告进行了抽查监测。现将抽查监测发现的部分严重违法广告公告如下：

1. 古方止脱生发液化妆品广告。广告中“来一个，好一个”、“一生告别脱发病的烦恼”、“一次生发，一辈子不掉发”、“20天头发全都长出来了”等内容，夸大化妆品的效用或者性能，使用他人形象、名义保证使用效果，误导消费者，严重违反广告法律、法规规定。发布媒体：山西卫视。

2. 圣高御容本草霜化妆品广告。广告中“不管多深的皱纹只要28天皱纹逐一褪去”、“抬头纹、眼角纹、嘴角纹、颈纹都能实现当天见效”等内容，夸大化妆品的效用或者性能，使用他人名义、形象保证使用效果，误导消费者，严重违反广告法律、法规规定。发布媒体：江西卫视。

3. 思兰朵SR祛疤再生液化妆品广告。广告中“30天去除各种疤痕”、“当天见效，15天疤痕淡化，30天完全去疤”、“百用百灵，疤痕不留痕”等内容，夸大化妆品的效用或者性能，使用他人形象、名义保证使用效果，误导消费者，严重违反广告法律、法规规定。发布媒体：云南卫视。

4. 脑心安胶囊药品广告。该广告属于禁止在大众传播媒介发布的处方药广告，广告中“吃了5个月，心慌憋气没有了”、“治愈无数患者”、“停止服用脑心安3个月，血管畅通无阻”等内容，含有不科学的表示功效的断言和保证，利用专家、患者的名义和形象作证明，严重违反广告法律、法规规定。发布媒体：唐山生活服务频道（河北）。

5. 菊明降压丸药品广告。该广告属于禁止在大众传播媒介发布的处方药广告，广告中“高压150，两疗程后可以停药”、“高压180，三疗程后停药不会反弹”、“高压200以上，服用5疗程彻底放心”等内容，含有不科学的表示功效的断言和保证，利用专家、患者的名义和形象作证明，严重违反广告法律、法规规定。发布媒体：宝鸡经济生活频道（陕西）。

6．巢歌1+1（金奥力牌珍源软胶囊）保健食品广告。广告中“快速解除妇科症状，坚持使用远离妇科病”等内容，使用医疗用语或与药品相混淆的用语，宣传食品的治疗作用，利用消费者名义证明产品功效，误导消费者，严重违反广告法律、法规规定。发布媒体：黔东南都市生活频道 （贵州）。

7．创美糖力宁胶囊保健食品广告。广告中“三十天激活胰岛，稳定血糖，远离药毒并发症”等内容，使用医疗用语或与药品相混淆的用语，宣传食品的治疗作用，误导消费者，严重违反广告法律、法规规定。发布媒体：长沙晚报（湖南）。

8．甘露酥油丸药品广告。广告中“十大慢性病，藏药显威力”、“一周止咳平喘、健肝补肾，一个月护心养脑、降血压、稳血糖”等内容，超出国家有关部门批准的功能主治范围，含有不科学的表示功效的断言和保证，使用患者名义和形象作证明，严重违反广告法律、法规规定。发布媒体：北京晚报。

9．颐普欣舒心片药品广告。广告中“服用一疗程冠状动脉心垢彻底祛除、心不慌、胸不闷，解决突发猝死威胁”等内容，含有不科学的表示功效的断言和保证，误导消费者，严重违反广告法律、法规规定。发布媒体：兰州晚报（甘肃）。

10．大宅门偏瘫复原丸药品广告。该广告属于禁止在大众传播媒介发布的处方药广告，广告中“76岁的刘老先生，2009年得了中风，吃了这个药之后能写字、走路，一切行动都属于自己，30分钟走了两公里多”等内容，使用患者名义作证明，夸大药品功效，严重违反广告法律、法规规定。发布媒体：江南都市报（江西）。

11．广州韩后整形医院医疗广告。广告中“广州韩后全能美国塑美极，突破手术限制，瞬间征服衰老，效果维持最高可达5年，一次年轻10岁”等内容，夸大医疗美容诊疗效果，严重违反广告法律、法规规定。广告发布网址：http://www.ye120.com （粤ICP备11067598号），链接网站：大洋网。

12．渔夫堡藏戈胶囊保健食品广告。广告中“调节男性生殖系统，全面扫除性疲劳障碍，荷尔蒙分泌旺盛，免疫力增强”等内容，夸大保健功效，使用患者名义作证明，误导消费者，严重违反广告法律、法规规定。广告发布网址：http://nxbj.fishburg.net（粤ICP备12064302号－1），链接网站：网易。

13．汉林清脂胶囊保健食品广告。广告中“7天降压降脂，30天逆转并发症，180天告别高压高脂，3～5个疗程彻底治愈高血压高血脂，安全无毒副降压降脂”等内容，宣传食品的治疗作用，使用患者名义作证明，误导消费者，严重违反广告法律、法规规定。广告发布网址：http://cdn.fzyuechi.com（闽ICP备12013328号－1），链接网站：凤凰网。

14．肉蔻四神丸药品广告。该广告属于禁止在大众传播媒介发布的处方药广告，广告中“疗程短见效快，三个疗程告别老肠炎，服完三个疗程后痊愈，至今没有复发”等内容，含有不科学的表示功效的断言和保证，使用患者名义作证明，误导消费者，严重违反广告法律、法规规定。广告发布网址：http://www.jiaolo.com（京ICP备09030577号），链接网站：TOM网。

15．水妍美眼霜化妆品广告。广告中“短短28天，细纹、眼袋、黑眼圈统统跑光光，自从用了水妍美的眼凝胶，烦恼一下子就解决了，眼睛变得润润的，小细纹都没了，亮白了很多，眼睛感觉有了神采，美了很多”等内容，夸大化妆品的效用或者性能，使用消费者名义作保证，严重违反广告法律、法规规定。广告发布网址：http://detail.tmall.com，链接网站：淘宝网。

工商行政管理机关将继续加大广告监测检查力度，依法查处严重违法广告，严厉惩治发布违法广告的行为。

国家工商行政管理总局

二〇一四年一月二十八日

关于2013年第4期违法药品医疗器械保健食品广告汇总情况的通报

食药监稽〔2014〕11号

各省、自治区、直辖市食品药品监督管理局，新疆生产建设兵团食品药品监督管理局：

为加强药品、医疗器械、保健食品广告监督管理，整治违法广告行为，进一步规范广告发布秩序，按照《药品广告审查办法》、《医疗器械广告审查办法》和《保健食品广告审查暂行规定》等有关规定，各省（区、市）食品药品监督管理部门加强了对行政区域内广告发布情况的监测，并及时发布了违法广告公告。国家食品药品监督管理总局对其进行了汇总，其中“桂龙药膏”等10个药品、医疗器械、保健食品广告违法情节严重。现将有关情况通报如下：

一、总体情况

2013年9月至11月期间，各省（区、市）以发布《违法广告公告》方式，通报并移送同级工商行政管理部门查处的违法药品广告15797条次、违法医疗器械广告1573条次、违法保健食品广告1405条次。2个药品、5个医疗器械和3个保健食品广告因严重篡改审批内容被撤销或收回广告批准文号。对违法广告涉及产品采取了60次暂停销售、限期整改措施。

二、情节严重的违法广告

1. 广西邦琪药业集团有限公司生产的药品“桂龙药膏”，其功能主治为“祛风除湿，舒筋活络，温肾补血。用于风湿骨痛，慢性腰腿痛，肾阳不足及气血亏虚引起的贫血，失眠多梦，气短，心悸，多汗，厌食，腹胀，尿频”。广告宣称“通过内外双修，手脚疼痛症状消失，胃肠功能恢复，血压恢复平稳”等。

2. 大理白族自治州中药制药有限公司生产的药品“糊药”，其功能主治为“开胃消食，理气，化滞。用于消化不良，停食反胃，嗳腐吞酸，脘腹胀痛，食积腹泻”。广告宣称“激活黏膜的自我修复能力，从此告别老胃病、老肠炎”等。

3. 西藏金哈达药业有限公司生产的药品“十味乳香丸”，其功能主治为“干黄水，用于四肢关节红肿疼痛及湿疹”。广告宣称“其药力是普通药材的30倍，清理99%的骨痹毒素，全面消除关节炎症”等。

4. 河南洛阳远洋制药有限公司生产的药品“力补金秋胶囊”，其功能主治为“益气固本，滋阴壮阳。用于肾阳不足、气血亏损所引起的腰膝酸软，畏寒肢冷，神疲乏力，失眠健忘，头晕耳鸣，以及阳痿，遗精，早泄”。广告宣称“腰膝酸软选择它，滋补肾阳依赖它，生活没有激情需要它”等。

5. 通化嘉丰药业股份有限公司生产的药品“男宝胶囊”，其功能主治为“壮阳补肾。用于肾阳不足引起的性欲淡漠，阳痿滑泄，腰腿酸痛，肾囊湿冷，精神萎靡，食欲不振等症”。该药品为处方药，禁止在大众媒介发布广告。广告宣称“一排二清三修复，最后将男性疾病彻底根治”等。

6. 郑州寸草心生物科技有限公司生产的医疗器械“远红外关节痛消贴、远红外腰椎痛消贴（广告中标示名称：仙草骨疼贴、仙草活骨膏）”，其适用范围为“适用于关节退变引起疼痛的辅助治疗；腰椎退变引起疼痛的辅助治疗”。广告宣称“一个月软骨逐渐修复，滑膜恢复正常；根本无需吃药打针做手术，轻轻松松治好多年老骨病”等。

7. 安徽九星生物科技有限公司生产的医疗器械“远红外颈腰关节镇痛贴（广告中标示名称：千年活骨膏 3 号）”，其适用范围为“用于颈椎病、肩周炎、骨质增生、腰椎间盘突出、风湿性关节炎、跌打损伤、腰腿痛等骨伤性疼痛性病症的辅助治疗”。广告宣称“适用于久治不愈、卧床不起，对治疗失去信心的人，2-3 个疗程清死骨生新骨”等。

8. 合肥润德医药科技有限公司生产的医疗器械“清凉膜膏”，其适用范围为“1. 用于缓解因皮炎、过敏、湿疹、疥、癣、荨麻疹、带状疱疹、阴虱、蚊虫叮咬及暴晒后紫外线过敏引起的皮肤瘙痒和各类过敏的症状。2. 用于缓解静脉曲张、脉管炎引起的皮肤痒、痛、酸、麻、腿困无力等症状。3. 用于缓解因痛风引起的关节肿胀疼痛，屈伸不力，滑膜炎，腱鞘炎等症状”。广告宣称“无论轻、中、重度静脉曲张，脉管炎，老烂腿均可使用，无需手术，有效果”等。

9. 北京玉匾国健医药科技有限公司（证件持有者）的保健食品“红阳牌盐藻软胶囊”，国食健字 G20110392，其批准的保健功能为“增强免疫力”。广告宣称“改善糖尿病并发症，比蜂胶强百倍，和慢性病有关的就没它治不了的，而且见效特别快”等。

10. 贵州四博连生物科技有限公司（证件持有者）的保健食品“补王虫草精”，卫食健字 (1997) 第 171 号，其批准的保健功能为“抑制肿瘤、免疫调节、对化学性肝损伤有一定的保护作用”。广告宣称“稳定血压减少降压药副作用，降血脂的效果非常显著，预防动脉粥样硬化，防止心脑病的突然发作并可加快康复”等。

国家食品药品监督管理总局

二〇一四年一月二十八日

违法广告公告

工商广公字〔2014〕2 号

近期，国家工商行政管理总局对 2013 年 1 2 月全国部分电视、报纸、广播、互联网媒体发布的医疗、药品、保健食品、化妆品及美容服务类广告进行了抽查监测。现将抽查监测发现的部分严重违法广告公告如下：

1. 魔纤秀燃脂精油化妆品广告。广告中“最快速、最有效、最安全的植物瘦身法，3 秒燃脂，一搽就瘦”、“使用 15 天瘦 20 斤，30 天瘦 30 斤”等内容，使用绝对化用语，夸大化妆品的效用或者性能，并使用他人名义、形象保证使用效果，误导消费者，严重违反广告法律、法规规定。发布媒体：西藏卫视。

2. 洛栓泰石龙清血颗粒药品广告。该广告属于禁止在大众传播媒介发布的处方药广告，广告中“中风第一方，只需三副清血汤，中风偏瘫患者能说话能下床，能自理能遛弯”等内容，含有不科学的表示功效的断言和保证，并利用专家、患者的名义和形象作证明，误导消费者，严重违反广告法律、法规规定。发布媒体：渭南新闻综合频道（陕西）。

3. 枣庄市仁济医院胃肠诊疗中心医疗广告。该广告以“健康有约”栏目形式变相发布，广告中“使用美国阿帕奇胃肠扫描仪，不插管、不下镜，检查十几种胃肠疾病”、“一般胃肠病治疗 5 到 7 天就能解决胃胀、胃痛、反酸、嗳气的问题，治疗一到两个疗程就能达到全面康复”等内容，夸大诊疗效果，保证治愈，并利用专家、患者的名义和形象作证明，误导消费者，严重违反广告法律、法规规定。发布媒体：枣庄新闻综合频道（山东）。

4. 天地松胶囊保健食品广告。广告中“高浓度、高纯度、高渗透性，全面净化身体，有病治病，没病防病”、“极易被人体吸收利用，对高血压、心脏病、糖尿病、风湿病、胃肠疾病等近百种老、慢性病有确切疗效”等内容，出现与药品相混淆的用语，宣传食品的治疗作用，并使用专家、消费者的名义和形象作证明，误导消费者，严重违反广告法律、法规规定。发布媒体：绥化新闻综合频道（黑龙江）。

5．益肾健骨胶囊药品广告。广告中“不用理疗，不用手术，服用一周即可缓解疼痛，三个疗程后腰椎病康复”、“治腰椎病治一个好转一个，多家三甲医疗机构的临床报告验证神奇疗效”等内容，含有不科学的表示功效的断言和保证，并利用医疗机构、专家的名义和形象作证明，误导消费者，严重违反广告法律、法规规定。发布媒体：武汉晚报（湖北）。

6．美奥口腔医院医疗广告。广告中“引进德国西诺德原装进口全套口腔诊疗设备，采用国际领先的电脑速导技术，牙齿种植过程微创安全、快速精准”等内容，利用专家、患者的名义和形象作证明，夸大诊疗效果，误导消费者，严重违反广告法律、法规规定。发布媒体：长沙晚报（湖南）。

7．舒心通脉肠多糖片药品广告。该广告属于不得在大众传播媒介发布的处方药广告，广告中“三步告别心脑血管病，一个疗程胸闷、心慌、早搏等症状逐渐消失，三个疗程心绞痛、心肌梗塞、高血压等症基本康复，五个疗程冠心病、动脉硬化、心肌炎等心脏顽疾得以康复”等内容，含有不科学的表示功效的断言和保证，误导消费者，严重违反广告法律、法规规定。发布媒体：西宁晚报（青海）。

8．圣贝牙科医疗广告。广告中“Prussian亲骨无痛种植牙创始人、美籍种植牙博士黄国伦为蓉城中老年牙缺失患者权威会诊并手术”、“引进国际先进的Prussian美颜正畸技术，适用于牙齿间隙过大、牙齿拥挤、牙齿错颌和牙齿深覆盖等多种问题”等内容，利用专家、患者的名义和形象作证明，夸大诊疗效果，误导消费者，严重违反广告法律、法规规定。发布媒体：华西都市报（四川）。

9．五味沙棘散药品广告。广告中“3盒告别支气管炎、肺气肿，30天全面康复咳嗽、呼吸困难等肺部疾病”、“法国里昂哮喘病研究中心等一流医疗机构鉴定，中国中医科学院58名终身院士联名向全球推荐”等内容，含有不科学的表示功效的断言和保证，并利用医药科研单位、专家、患者的名义和形象作证明，误导消费者，严重违反广告法律、法规规定。发布媒体：三湘都市报（湖南）。

10．南昌韩美美容医院医疗广告。广告中“引进活细胞种植技术，成立中华医学会整形外科委员会专家为首的专项研发团队”、“活细胞种植一次年轻10岁，一次治疗立即可达到回春效果”等内容，利用专家、患者的名义和形象作证明，夸大诊疗效果，误导消费者，严重违反广告法律、法规规定。发布媒体：江南都市报（江西）。

11．糖尿乐片药品广告。该广告属于不得在大众传播媒介发布的处方药广告，广告中“3周期即可实现自身代谢平衡，血糖稳定正常水平”、“迅速稳定血糖，修复胰岛及病变神经，全面防治各种并发症”等内容，含有不科学的表示功效的断言和保证，误导消费者，严重违反广告法律、法规规定。发布媒体：楚天都市报（湖北）。

12．华德虫草片保健食品广告。广告中“吃冬虫夏草，九种病好得快”、“服用六个月，气血通畅，白发转黑，慢性病全面改善，尿急、尿频、肾亏大变样”等内容，超出国家有关部门批准的保健功能和适宜人群范围，出现与药品相混淆的用语，宣传食品的治疗作用，并使用消费者的名义和形象作证明，误导消费者，严重违反广告法律、法规规定。发布媒体：太原晚报（山西）。

13．麝香心脑乐药品广告。该广告属于不得在大众传播媒介发布的处方药广告，广告中“29分钟起效，29小时溶解血栓，29天双脉齐通”、“彻底杜绝心脑血管疾病，一次治愈、永不复发”等内容，含有不科学的表示功效的断言和保证，并利用专家、患者的名义和形象作证明，误导消费者，严重违反广告法律、法规规定。发布媒体：唐山经济生活广播(FM95.5 AM801)（河北）。

14．新糖道组方（新糖道降糖宁胶囊）药品广告。该广告属于禁止在大众传播媒介发布的处方药广告，广告中“7天平稳血糖，糖尿病人停药5年不反弹”、“30分钟化糖降血糖，15天血糖正常，30天稳糖消除并发症不反弹，90天一生血糖无忧”等内容，含有不科学的表示功效的断言和保证，并利用专家、患者的名义和形象作证明，误导消费者，严重违反广告法律、法规规定。广告发布网址：http://shop.zdfix.com/xtd/?ccid=90123（无ICP备案号），链接网站：凤凰网。

15．诗兰蕊瘦脸精油化妆品广告。广告中“含有Firm-A-Tite三重紧实复合成分，可以瞬间提升、紧致肌肤轮廓，即刻隐藏肌肤深层皱纹、粗大毛孔和面部瑕疵”、“瘦脸只需15天，15-30天脸型变成标准的鹅蛋脸、瓜子脸”等内容，使用绝对化用语，夸大化妆品的效用或者性能，并使用他人名义、形象保证使用效果，误导消费者，严重违反广告法律、法规规定。广告发布网址：http://www.wocoli.com/product-82.html(无ICP备案号)，链接网站：搜狐网。

工商行政管理机关将继续加大广告监测检查力度，依法查处严重违法广告，严厉惩治发布违法广告的行为。

国家工商行政管理总局

二〇一四年三月七日

关于2014年第1期违法药品医疗器械保健食品广告汇总情况的通报

食药监稽〔2014〕21号

各省、自治区、直辖市食品药品监督管理局，新疆生产建设兵团食品药品监督管理局：

为加强药品、医疗器械、保健食品广告监督管理，整治违法广告行为，规范广告发布秩序，按照《药品广告审查办法》、《医疗器械广告审查办法》和《保健食品广告审查暂行规定》等有关规定，各省（区、市）食品药品监督管理部门加强了对行政区域内广告发布情况的监测，并及时发布了违法广告公告，国家食品药品监督管理总局进行了汇总，其中“退障眼膏”等10个药品、医疗器械、保健食品广告违法情节严重。现将有关情况通报如下：

一、总体情况

在本期广告汇总期间，各省（区、市）食品药品监督管理部门以发布《违法广告公告》方式，通报并移送同级工商行政管理部门查处的药品违法广告55654条次、医疗器械违法广告3932条次、保健食品违法广告共5632条次。4个保健食品广告因严重篡改审批内容进行违法宣传被收回广告批准文号。对违法广告涉及产品采取了59次暂停销售、限期整改措施。

二、情节严重的违法广告

1．丹东医创中药有限责任公司生产的药品“退障眼膏”，其功能主治为“明目退翳，用于初发白内障及角膜斑翳”。广告宣称“15天清除眼垃圾，30天更新角膜，90天修复血膜屏障防止复发，四年点亮80万双眼睛”等。

2．鞍山德善药业有限公司生产的药品“参花消渴茶"，其功能主治为"滋阴补肾，益气生津。适用于Ⅱ型糖尿病气阴两虚，肾气不足证，可改善口渴喜饮，多食易饥，倦怠乏力，腰膝酸软，烦热失眠等症状"。广告宣称"30天激活胰岛，一个月血糖平稳，两周期并发症明显好转，血糖不反弹，三周期胰岛功能恢复，减服各种降糖药，一次治糖尿病，重享吃喝玩乐健康生活"等。

3. 陕西摩美得制药有限公司生产的药品"参阳胶囊"，其功能主治为"温补脾肾，用于前列腺增生症，脾肾阳虚所致的腰膝酸软，畏寒肢冷，体倦乏力，食少便溏，排尿点滴不爽，排出无力"。广告宣称"24小时起效，7天尿路畅通，绿色纯中药让前列腺炎、增生肥大无需手术，尿频尿痛尿急一扫而光，7天肾功能大大提升"等。

4. 颈复康药业集团有限公司生产的药品"咳欣康片"，其功能主治为"降气平喘，清肺化痰。用于肺热咳嗽及气管炎咳嗽"。广告宣称"服用一个疗程，死痰排得干干净净，气管肺泡焕然一新，服用两到三个疗程，肺动力全面激活，老慢支、老肺病、老咳喘全好了，遇上过敏源也不再犯，根治咳、痰、喘，总有效率达98.2%"等。

5. 哈尔滨市吉大医疗器械厂生产的医疗器械"穴位磁贴（广告中标示名称：风骨康贴穴磁贴）"，其适用范围为"治疗颈椎病、肩周炎、骨性关节炎、软组织损伤、腰肌劳损等原因引起的疼痛的物理治疗"。广告宣称"90%以上的患者3–5天就有明显效果，有的甚至当天就不疼了，一个月颈椎就康复了，好多年再也没犯，瘫痪三年的腰椎病，治疗一夏天，现已完全活动自如，保证几百元就能治愈，3盒药就断根，30年不犯病"等。

6. 成都东方人健康产业有限责任公司生产的医疗器械"腰椎治疗仪（广告中标示名称：邦轻松）"，其适用范围为"治疗腰肌劳损、腰椎间盘脱出症、腰椎骨质增生等症"。广告宣称"祛痛快，半个月可弯腰，1个月有效改善，1次治疗不易复发，一个月老腰突逐步好了，两个月走路等基本没问题了"等。

7. 武汉李济堂生物科技有限公司生产的医疗器械"热磁疗贴（广告中标示名称：程中医膏药）"，其适用范围为"因风、寒、湿邪痹阻滞经络所致的颈、肩、腰、腿等关节疼痛的对症治疗或辅助治疗"。广告宣称"只需两副药，就能治好颈椎病、腰椎病、各种关节炎等病，一贴顶10贴，一副消炎止痛，两副关节增生消失，不吃药不开刀，一经治愈，绝不复发，风湿骨病包治包好"等。

8. 阜阳市益泰药械有限公司生产的医疗器械"远红外筋骨痛可贴（广告中标示名称：千年活骨膏）"，其适用范围为"骨质增生、颈椎病、肩周炎、腰椎间盘突出、骨性关节炎、软组织损伤引起疼痛的物理治疗"。广告宣称"只要贴敷几次，疼痛肿胀渐渐减轻，持续贴敷效果更好，治好患病30年的关节病人，8年时间创造了颈腰椎病等骨关节病，康复十几万例的纪录"等。

9. 杭州天诚药业有限公司（证件持有者）的保健食品"天姿牌维彤片（广告中标示名称：润百分）"，国食健字G20041442，其批准的保健功能为"延缓衰老"。广告宣称"服用第一阶段，脸色红润皮肤细滑有弹性，第二阶段，便秘明显改善，失眠、脱发等症状明显减轻，第三阶段，内分泌紊乱、痛经等妇科炎症明显减轻，第四阶段，色斑消失，消除乳腺增生"等。

10. 北京御生堂保健食品有限公司（证件持有者）的保健食品"御生堂牌通便胶囊"，国食健字G20110556，其批准的保健功能为"通便"。广告宣称"不腹泻、不腹痛、不恶心，5–7天排出黄色的正常便，1–2周期，睡眠踏实、精神状态好，不再口臭，服用半个月，老年斑变淡了，血压血糖也稳定了"等。

国家食品药品监督管理总局

二〇一四年三月十八日

违法广告公告

工商广公字〔2014〕3号

近期，国家工商行政管理总局对2014年1月全国部分电视、报纸、互联网媒体发布的医疗、药品、保健食品、化妆品及美容服务类广告进行了抽查监测。现将抽查监测发现的部分严重违法广告公告如下：

1．老陶家黑发散化妆品广告。广告中“中国中药染黑特殊工艺的唯一传承人，被多家权威媒体报道，曾为中央领导人服务”、“绝对纯天然，不含一丝化学染发成份，整个染发界独一份”等内容，涉嫌虚假宣传，使用绝对化用语，夸大化妆品的效用或者性能，并使用他人名义、形象保证使用效果，误导消费者，严重违反广告法律、法规规定。发布媒体：西藏卫视（西藏）。

2．芙源猪皮面膜化妆品广告。广告中“浓度高易吸收，3秒渗透基底，经首尔2000万女性共同验证”、“使用20分钟皮肤立感水润饱满，3天持续亮白光彩，7天恢复紧致弹性，28天重新拥有婴儿般的柔嫩肌肤”等内容，使用绝对化用语，夸大化妆品的效用或者性能，并使用他人名义、形象保证使用效果，误导消费者，严重违反广告法律、法规规定。发布媒体：贵阳经济生活频道（贵州）。

3．补肺丸药品广告。广告中“以补代治，才能不反复发作，根本上解决咳喘、慢支呼吸疾病”、“全国唯一补肺治喘红色OTC国药，1盒不咳，2盒不喘，三疗程治好老咳喘”等内容，含有不科学的表示功效的断言和保证，并利用医疗机构、专家和患者的名义和形象作证明，误导消费者，严重违反广告法律、法规规定。发布媒体：海口经济生活频道（海南）。

4．怀化长怀医院医疗广告。该广告以“健康广场”栏目形式变相发布，广告中“红光微创一次性治愈耳聋、耳鸣、鼻炎、咽喉炎，无痛速效彻底治愈耳鼻喉疾病”等内容，利用专家、患者的名义和形象作证明，夸大诊疗效果，误导消费者，严重违反广告法律、法规规定。发布媒体：怀化经济频道（湖南）。

5．参阳胶囊药品广告。广告中“用药7–10天后尿频、尿急、小腹坠胀等消失，20–30天后肾功能增强，2–3疗程B超检查增生腺体回缩正常，实现临床治愈”等内容，含有不科学的表示功效的断言和保证，并利用专家、患者的名义和形象作证明，误导消费者，严重违反广告法律、法规规定。发布媒体：咸宁二套（湖北）。

6．南少林降糖茶药品广告。该广告属于禁止在大众传播媒介发布的处方药广告，广告中“服用一周左右，糖尿病并发症逐渐好转；1个疗程胰岛功能基本恢复再生，血糖维持稳定；3–4个疗程胰岛功能恢复正常，并发症全部消除”等内容，含有不科学的表示功效的断言和保证，并利用专家的名义和形象作证明，误导消费者，严重违反广告法律、法规规定。发布媒体：武汉晚报（湖北）。

7．盐藻（海中金牌盐藻复合片）食品广告。广告中“具有降血压、改善血液循环、消除心脑并发症的功效”、“对风湿、类风湿、颈肩腰腿疼，有着药到病除、标本兼治的奇效”、“抗肿瘤，长期服用可将癌前细胞转为正常细胞”等内容，出现与药品相混淆的用语，宣传食品的治疗作用，并使用专家、消费者的名义和形象作证明，误导消费者，严重违反广告法律、法规规定。发布媒体：羊城晚报（广东）。

8．武警甘肃总队医院医疗广告。广告中“七虫联合免疫修复疗法，临床疗效显著无比，真正达到了从病根着手药力直达病灶，标本兼治的理想效果”、“对骨质增生、痛风、红斑狼疮等治疗也有立竿见影的独特疗效”等内容，利用专家、患者的名义和形象作证明，夸大诊疗效果，误导消费者，严重违反广告法律、法规规定。发布媒体：兰州晚报（甘肃）。

9．眼保仪医疗器械广告。广告中“使用25分钟视力就能提高两行以上，使用15天轻度近视患者恢复正常视力，使用2个月中低度患者可以摘掉眼镜，中高度近视患者可以控制度数不再增加”等内容，含有不科学的表示功效的断言和保证，误导消费者，严重违反广告法律、法规规定。发布媒体：三湘都市报（湖南）。

10．亿佰清药品广告。该广告属于禁止在大众传播媒介发布的处方药广告，广告中“中科院25年潜心研制，160位国际权威专家联名推荐”、“服用当天血栓溶解，头晕、胸闷、心悸等不适症状明显改善；2个疗程心脏病、高血压、脑梗死、脑血栓及脑中风等心脑血管病获得全面康复”等内容，含有不科学的表示功效的断言和保证，并利用学术机构、专家的名义和形象作证明，误导消费者，严重违反广告法律、法规规定。发布媒体：燕赵都市报（河北）。

11．“如意牌”气血双补丸药品广告。广告中“上市12年来，每天都会接到患者的反馈电话，每天都有奇迹发生”、“气血同时补，调节血脂、血压，对抗动脉硬化，对关节炎、糖尿病及并发症、肠胃疾病等8种慢性病效果显著”等内容，含有不科学的表示功效的断言和保证，并利用专家、患者的名义和形象作证明，误导消费者，严重违反广告法律、法规规定。发布媒体：华西都市报（四川）。

12．济南九龙泌尿专科医院医疗广告。广告中“汇聚了20多名擅长治疗各种男科疾病的博导专家团队”、“驱车300里慕名而来，外地患者只为看博导专家”等内容，利用专家、患者的名义和形象作证明，夸大诊疗效果，误导消费者，严重违反广告法律、法规规定。发布媒体：山东商报（山东）。

13．红棘软胶囊保健食品广告。广告中“首家独创四位一体法，疏肝活血祛除自由基，美白肌肤彻底不反弹”、“清除体内自由基，调节肝代谢，平衡内分泌”等内容，超出国家有关部门批准的保健功能和适宜人群范围，出现与药品相混淆的用语，宣传食品的治疗作用，并使用专家、消费者的名义和形象作证明，误导消费者，严重违反广告法律、法规规定。广告发布网址：http://health.hehuigj.com/zt/l/hongji_mianmo/index2.shtml?tel=9&src=8008（京ICP备10041095号），链接网站：凤凰网。

14．美媛春口服液保健食品广告。广告中“针对女性不同问题，平衡内分泌，平稳情绪”、“养巢养颜一步到位，月经恢复正常如初，更年期症状逐渐消失”等内容，超出国家有关部门批准的保健功能和适宜人群范围，出现与药品相混淆的用语，宣传食品的治疗作用，并使用消费者的名义和形象作证明，误导消费者，严重违反广告法律、法规规定。广告发布网址：http://news.haxiu.com/20130604163267.html?oda_pick_aid=342（粤ICP备12041782号-9），链接网站：网易。

国家工商行政管理总局

二〇一四年四月十四日

违法广告公告

工商广公字〔2014〕4号

近期，国家工商行政管理总局对2014年2月全国部分电视、报纸、广播、互联网媒体发布的医疗、药品、保健食品、化妆品及美容服务类广告进行了抽查监测。现将抽查监测发现的部分严重违法广告公告如下：

1．氨糖保健食品广告。该广告以“健康新天地”节目形式变相发布，广告中“使用1个月效果特别好，见效快，治好后不反复发作”、“3天腰就能直了，就能下地了，不到1个月行走自如”等内容，宣传食品的治疗作用，并利用医疗机构、专家、消费者的名义和形象作证明，误导消费者，严重违反广告法律、法规规定。发布媒体：西藏卫视。

2．苦瓜桑叶片保健食品广告。该广告以“古方新养生”节目形式变相发布，广告中“喝半个月血糖逐步平稳降下来，喝1个月视力模糊等各种症状不再有，喝100天以上都能实现停服降糖西药”、“纯天然中药制剂，安全更高效”等内容，宣传食品的治疗作用，并利用医疗机构、专家、消费者的名义和形象作证明，误导消费者，严重违反广告法律、法规规定。发布媒体：宁夏卫视。

3．舒心丸药品广告。该广告属于禁止在大众传播媒介发布的处方药广告，广告中“胸闷气短、心肌缺血等症状一丸吃下去准保见效”、“较重的心绞痛、房颤、早搏、心律不齐等疾病，50丸就能明显缓解”等内容，含有不科学的表示功效的断言和保证，并利用患者的名义和形象作证明，误导消费者，严重违反广告法律、法规规定。发布媒体：衡阳娱乐频道（湖南）。

4．股源太（抗骨增生片）药品广告。广告中“骨刺消了也不会再长，风寒骨病患者就能彻底治愈，永不复发”等内容，含有不科学的表示功效的断言和保证，并利用患者的名义和形象作证明，误导消费者，严重违反广告法律、法规规定。发布媒体：商洛二套（陕西）。

5．罗珍胶囊药品广告。该广告属于禁止在大众传播媒介发布的处方药广告，广告中“服用当天头晕、心疼、心慌等症状得到改善，服用5–10天患者出现排毒现象，血压平稳下降，1到2个月后西药开始逐渐减量或停服”等内容，含有不科学的表示功效的断言和保证，并利用患者的名义和形象作证明，误导消费者，严重违反广告法律、法规规定。发布媒体：哈密影视频道（新疆）。

6．欣奥通牌醒脑再造胶囊药品广告。该广告属于禁止在大众传播媒介发布的处方药广告，广告中“一盒治愈脑中风，告别走路画圈、口角流涎、抽动、震颤；三盒治愈中风偏瘫后遗症”等内容，含有不科学的表示功效的断言和保证，并利用患者的名义和形象作证明，误导消费者，严重违反广告法律、法规规定。发布媒体：商丘文体科教频道（河南）。

7．芙斯特牌肉桂胶囊保健食品广告。广告中“肉桂胶囊解决糖尿病问题”、“修复胰岛，逆转糖尿病”等内容，宣传食品的治疗作用，并利用医疗机构、专家、消费者的名义和形象作证明，误导消费者，严重违反广告法律、法规规定。发布媒体：今晚报（天津）。

8．青岛民生医院医疗广告。广告中“失眠抑郁，治一个好一个”、“从整体上调节人体的脏腑功能，当天见效，经多年数万患者临床康复验证”等内容，隐含保证治愈，夸大诊疗效果，并利用患者的名义和形象作证明，误导消费者，严重违反广告法律、法规规定。发布媒体：半岛都市报（青岛）。

9．延丹胶囊药品广告。该广告以介绍名医的形式变相发布处方药广告，广告中“心脏病人，用我三副药，很快能使气血生脉，心悸、胸闷、心慌、气短全面消除”等内容，含有不科学的表示功效的断言和保证，并利用医疗机构、专家、患者的名义和形象作证明，误导消费者，严重违反广告法律、法规规定。发布媒体：京华时报（北京）。

10．参鹿扶正胶囊药品广告。广告中“疗程短，见效快，治疗周期短”、“用药得当，完全可以恢复，5个疗程彻底治愈”等内容，含有不科学的表示功效的断言和保证，并利用专家、患者的名义和形象作证明，误导消费者，严重违反广告法律、法规规定。发布媒体：呼和浩特交通广播(FM107.4)（内蒙古）。

11．强效益肾兴阳胶囊药品广告。广告中“中国医学科学院附属男科医院联合美国联邦医学研究院科研团队研制，活睾洗肾双效合一，60天彻底治愈阳痿、早泄”、“服用3—7天明显见效，三个疗程彻底治愈”等内容，含有不科学的表示功效的断言和保证，并利用医药科研单位、专家、患者的名义和形象作证明，误导消费者，严重违反广告法律、法规规定。广告发布网址：http://www.msuyu.com/（京ICP备06029045号），链接网站：搜狐网。

12．简亭减肥胶囊保健食品广告。广告中“左旋肉碱＋丙酮酸钙强强组合，减肥效果加倍；天然减肥成份三效合一，彻底地解决肥胖问题，永不反弹”、“站在全球减肥科技最前沿，国际领先黄金配方，30天重塑健康完美身材”等内容，使用绝对化用语，夸大减肥效果，并利用消费者的名义和形象作证明，误导消费者，严重违反广告法律、法规规定。广告发布网址：http://jt.vippeng.com（无ICP备案号），链接网站：腾讯网。

国家工商行政管理总局

二〇一四年四月二十四日

关于发布2014年虚假违法中医医疗广告（报纸第一批）监测情况的函

国中医药法监监督便函〔2014〕6号

各省、自治区、直辖市中医药管理局、卫生计生委（卫生厅局）中医处，新疆生产建设兵团卫生局中医处：

2014年3月，我司对部分机构在报纸上发布中医医疗广告情况进行了监测，共监测到虚假违法中医医疗广告59条次，有14个省（区、市）部分机构发布了虚假违法中医医疗广告，其中，辽宁省相关机构发布虚假违法中医医疗广告情况较为严重，共发布15条次，占监测到虚假违法中医医疗广告总量的25.4%。

现将此次监测结果下发给你们，请对发布虚假违法中医医疗广告的机构按照有关法律法规进行查处。有关查处情况请于2014年6月30日前报送我司。

国家中医药管理局政策法规与监督司

二〇一四年四月二十五日

附件

2014 年部分机构发布虚假违法中医医疗广告（报纸第一批）信息监测一览表

（2014 年 3 月 1 日 – 31 日）

<table>
<tr><th>地区</th><th>发布广告机构</th><th>报刊名称</th><th>发布条数</th><th>合计</th></tr>
<tr><td>北京</td><td>北京中医疑难病研究院</td><td>《中国电视报》</td><td>2</td><td>2</td></tr>
<tr><td rowspan="5">天津</td><td>天津仁中医院</td><td rowspan="5">《今晚报》</td><td>3</td><td rowspan="5">9</td></tr>
<tr><td>天津中联医院</td><td>2</td></tr>
<tr><td>天津友好医院</td><td>1</td></tr>
<tr><td>天津卫协医院</td><td>2</td></tr>
<tr><td>天津采芝林中医门诊</td><td>1</td></tr>
<tr><td>河北</td><td>石家庄德济医院</td><td>《文萃报》（湖南）</td><td>1</td><td>1</td></tr>
<tr><td>山西</td><td>山西运城华荣中医风湿病医院</td><td>《良友周报》</td><td>1</td><td>1</td></tr>
<tr><td rowspan="5">辽宁</td><td>大连卫生训练基地医院</td><td>《新商报》</td><td>1</td><td rowspan="5">15</td></tr>
<tr><td>大连解放广场医院</td><td rowspan="4">《大连晚报》</td><td>10</td></tr>
<tr><td>大连同泰医院</td><td>1</td></tr>
<tr><td>大连崔大夫中医诊室</td><td>1</td></tr>
<tr><td>大连西岗仁正皮肤病专科门诊</td><td>2</td></tr>
<tr><td>江苏</td><td>南京中医药研究院</td><td>《新安晚报》（安徽）</td><td>2</td><td>2</td></tr>
<tr><td>安徽</td><td>合肥市光明医院</td><td>《新安晚报》</td><td>1</td><td>1</td></tr>
<tr><td rowspan="5">山东</td><td>济南北大皮肤病医院</td><td>《齐鲁晚报》</td><td>1</td><td rowspan="5">9</td></tr>
<tr><td>成林骨科山东治疗中心</td><td rowspan="4">《青岛早报》</td><td>1</td></tr>
<tr><td>青岛皮肤病门诊</td><td>2</td></tr>
<tr><td>青岛民生医院</td><td>4</td></tr>
<tr><td>青岛风金百合诊所</td><td>1</td></tr>
<tr><td>河南</td><td>河南省兴安中医院</td><td>《文萃报》（湖北）</td><td>1</td><td>1</td></tr>
<tr><td>广东</td><td>广东省南穗精神神经疾病康复医学研究中心</td><td>《新参考》（江西）</td><td>2</td><td>2</td></tr>
<tr><td rowspan="2">广西</td><td rowspan="2">广西中医药大学大沙田医院</td><td>《大家文摘报》（湖北）</td><td>1</td><td rowspan="2">3</td></tr>
<tr><td>《知识博览报·探索·发现》(湖南)</td><td>2</td></tr>
</table>

续表

地区	发布广告机构	报刊名称	发布条数	合计
陕西	陕西西安莲湖华西医院	《健康导报》	2	2
甘肃	兰州秦陇疑难病研究所	《兰州晚报》	9	9
青海	西宁润华皮肤病医院	《西宁晚报》	2	3
	西宁昆仑医院		1	
				59

关于发布2014年虚假违法中医医疗广告（杂志第一批）监测情况的函

国中医药法监监督便函〔2014〕8号

各省、自治区、直辖市中医药管理局、卫生计生委（卫生厅局）中医处，新疆生产建设兵团卫生局中医处：

2014年4月，我司对部分机构在杂志上发布中医医疗广告情况进行了监测，共监测到虚假违法中医医疗广告7条次，山东、河南、广东和陕西的部分机构发布了虚假违法中医医疗广告。

现将此次监测结果下发给你们，请对发布虚假违法中医医疗广告的机构按照有关法律法规进行查处。有关查处情况请于2014年7月30日前报送我司。

国家中医药管理局政策法规与监督司

二〇一四年五月十五日

附件

2014年部分机构发布虚假违法中医医疗广告（杂志第一批）信息监测一览表

（2014年4月1日—30日）

地区	违规发布广告机构	杂志名称（地区）	发布条数	备注
山东	山东聊城市白癜风医院	《家庭生活指南》（黑龙江）	1	
河南	河南省郑州市中原医学院附属医院	《莫愁·智慧女性》（江苏）	1	
		《家庭生活指南》（黑龙江）	1	
	河南省漯河市乳腺病专科医院	《家庭生活指南》（黑龙江）	1	
广东	（广东省）中国性病研治中心	《婚育与健康》（河南）	1	
陕西	陕西省西京中医药研究院	《老年世界》（内蒙古）	2	
总条数			7	

说明：

一、违规广告详目内容格式为：广告名称日期（版面）；

二、违规描述是按《医疗广告管理办法》规定的相关事项进行列举：

1．无《医疗广告审查证明》发布医疗广告的；

2．已被撤销《医疗广告审查证明》发布医疗广告的；

3．没有标注医疗机构第一名称或《医疗广告审查证明》文号的；

4．以内部科室名义发布医疗广告的；

5．变相发布医疗广告的；

6．涉及医疗技术、诊疗方法、疾病名称、药物的；

7．保证治愈或者隐含保证治愈的；

8．宣传治愈率、有效率等诊疗效果的；

9．淫秽、迷信、荒诞的；

10．贬低他人的；

11．利用患者、卫生技术人员、医学教育科研机构及人员以及其他社会社团、组织的名义、形象作证明的；

12．使用解放军和武警部队名义的；

13．非医疗机构发布医疗广告的；

14．法律、行政法规规定禁止的其他形式。

违法广告公告

工商广公字〔2014〕5号

目前工商总局会同有关部门正在开展整治互联网重点领域广告专项行动，对网上发布的保健食品、保健用品、药品、医疗器械、医疗服务等广告进行清理检查。在整治行动中，工商机关发现一些网站发布的广告存在虚假夸大宣传、含有不科学的表示产品功效的断言或者保证、涉及功能主治及适应症的内容超出国家批准范围、宣传食品治疗作用等违法问题。现将部分严重违法广告涉及的产品和网站公告如下：

1．北京医学院男科研究总院在其网站发布的三宝全效胶囊违法药品广告。

2．首都生物医学工程学院糖尿病药物研究所在其网站发布的降糖宁胶囊违法药品广告。

3．哈尔滨康博医疗器械有限公司在其网站发布的冠心病超声治疗仪违法医疗器械广告。

4．北京蒙医药销售中心在其网站发布的肉蔻四神丸违法药品广告。

5．北京医学院皮肤病研究总院在其网站发布的顽癣玉红胶囊违法药品广告。

6．贵州白花医药股份有限公司在其网站发布的六味防脱生发酊违法药品广告。

7．咸阳万隆保健科技有限公司在其网站发布的力加力胶囊违法保健食品广告。

8．广东心宝制药有限公司在其网站发布的龟鹿补肾片违法药品广告。

9．北京世华仁和医学研究院在其网站发布的第3代高磁光能糖尿病综合治疗仪违法医疗器械广告。

10．河南邦瑞特药业有限公司在其网站发布的丁三怪拔喘膏违法医疗器械广告。

对以上违法广告，工商机关将依法查处并提请有关部门对相关网站及产品采取相应的行政处理措施。对发布违法广告的网站，有关门户类网站、搜索引擎类网站要停止提供广告链接、推广服务；相关互联网接入服务商要停止提供接入服务。

国家工商行政管理总局

二〇一四年六月十日

关于 2014 年第 2 期违法药品医疗器械保健食品广告汇总情况的通报

食药监稽〔2014〕79 号

各省、自治区、直辖市食品药品监督管理局，新疆生产建设兵团食品药品监督管理局：

根据各省（区、市）食品药品监督管理部门监测情况，总局现将有关药品、医疗器械、保健食品违法广告情况通报如下：

一、总体情况

在本期广告汇总期间，各省（区、市）食品药品监督管理部门以发布《违法广告公告》方式，通报并移送同级工商行政管理部门查处的药品违法广告 67460 条次、医疗器械违法广告 9696 条次、保健食品违法广告共 8229 条次。2 个药品广告因严重篡改审批内容进行违法宣传被撤销广告批准文号。对违法广告涉及产品采取了 84 次暂停销售、限期整改措施。

二、情节严重的违法广告

1. 哈尔滨市吉大医疗器械厂生产的医疗器械“前列腺磁疗敷袋（广告中标示名称：男人袋儿）”，其适用范围为“缓解急慢性前列腺炎引起的尿失禁、尿急、尿频症状”。广告宣称“一戴通腺体，排尿畅通，二戴拔腺毒，消除增生，三戴养肾腺，恢复生理功能，对久治不愈的前列腺炎等均有辅助康复作用”等。

2. 四川省迪威药业有限责任公司生产的医疗器械“全伸通透骨贴”，其适用范围为“骨质增生及风湿、类风湿性关节炎、肩周炎、颈椎病、腰椎间盘突出、坐骨神经痛、腰肌劳损、强直性脊椎炎、筋骨疼痛、肌肉酸痛、四肢麻木、老年性骨关节病、跌打损伤等引起的关节酸沉、疼痛、肿大、麻木等”。广告宣称“半小时头脑就清醒，人一下子就精神了，两个月腰不疼了”等。该产品已经被食品药品监督管理部门注销，市场销售涉嫌违法产品。

3. 贵州安平民族制药有限公司生产的医疗器械“西夏红牌皮肤康复理疗器”，其适用范围为“皮肤干燥、脱屑、色斑、丘疹、瘙痒及血管曲张等的康复治疗”。广告宣称“5 分钟可实现消痒止痛，平均 3–5 天创面开始愈合，5–6 疗程痊愈停药，彻底治愈”等。

4. 河南凌云医药科技有限公司生产的医疗器械“曲度牌颈椎治疗仪”，其适用范围为“颈椎病及其引起的颈肩酸痛、肌肉变硬等症状的辅助治疗”。广告宣称“使用 30 分钟，酸、僵、麻明显缓解，颈椎不适感消除，突出部位全面复位，从根源治疗颈椎病”等。

5. 应城市永兴膏业有限责任公司生产的医疗器械“颐天牌安眠降压治疗器（广告中标示名称：枕医生）”，其适用范围为“失眠、高血压、颈椎病及头痛、头昏、多梦、颈部疼痛等症状”。广告宣称“2 个月血压稳定从此停药了，颈椎病做 10 次牵引不如睡一觉，几个月后失眠就会不药而愈，枕疗更安全方便”等。

6. 安徽省德济堂药业有限公司生产的医疗器械“远红外消炎镇痛贴（广告中标示名称：海斑蚂骨痛贴）”，其适用范围为“该产品 I 型适用于骨质增生以及由骨质增生引起的酸痛、肿胀病症的辅助治疗；II 型适用于风湿性关节炎及由风湿性关节炎引起的筋骨疼痛、麻木、骨关节肿胀病症的辅助治疗；III 型适用于颈椎病、肩周炎、腰部扭伤、腰肌劳损、腿足酸痛的辅助治疗；V 型适用于跌打损伤、瘀血肿痛的辅助治疗”。广告宣称“10 分钟缓解疼痛，3 天明显消除肿痛，30 天变形的颈椎恢复正常，三个疗程颈椎病彻底好了，解决重复用药的历史”等。

7. 甘肃省西峰制药有限责任公司生产的药品“补肺丸”，其功能主治为“补肺益气，止咳平喘。用于肺气不足，气短喘咳，咳声低弱，干咳痰黏，咽干舌燥”。广告宣称“治肺 30 年不如补肺 30 天，三疗程治好老咳喘，十几年了一次都没犯过”等。

8. 安徽圣鹰药业有限公司生产的药品“复方葛根氢氯噻嗪片（广告中标示名称：葛根降压片）”，其适应证为“用于高血压”。该药品为处方药，禁止在大众媒介发布广告。广告宣称“服用当天血压平稳下降，3 天血压降至正常，3 个疗程即可停药，2–3 个周期，血管血液恢复至年轻态，至少 30 年不再犯”等。

9. 武汉一元堂生物科技有限公司（证件持有者）的保健食品“巢之安牌知本天韵胶囊”，国食健字 G20100662，其批准的保健功能为“抗氧化”。广告宣称“吃了 15 天皮肤明显光亮了许多，30 天色斑变淡了，皱纹减少了，3 个月斑块消失，妇科肿瘤小了”等。

10. 成都华德生物工程研究所（证件持有者）的保健食品“华德虫草菌丝体片（广告中标示名称：华德虫草片）”，卫食健字 (2000) 第 0304 号，其批准的保健功能为“抗疲劳”。广告宣称“服用 10 天腰痛乏力症状消失，3 个月全身肌肤变得白嫩细致，6 个月气血通畅，慢性病全面改善，重返年轻”等。

国家食品药品监督管理总局

二〇一四年七月三日

关于发布 2014 年虚假违法中医医疗广告（报纸第二批）监测情况的函

国中医药法监监督便函〔2014〕17 号

各省、自治区、直辖市中医药管理局、卫生计生委（卫生厅局）中医处，新疆生产建设兵团卫生局中医处：

2014 年 6 月，我司对部分机构在报纸上发布中医医疗广告情况进行了监测，共监测到虚假违法中医医疗广告 49 条次，有 10 个省（区、市）部分机构发布了虚假违法中医医疗广告，其中，新疆维吾尔自治区相关机构发布虚假违法中医医疗广告情况较为严重，共发布 16 条次，占监测到虚假违法中医医疗广告总量的 32.7%。

现将此次监测结果下发给你们，请对发布虚假违法中医医疗广告的机构按照有关法律法规进行查处。有关查处情况请于 2014 年 9 月 30 日前报送我司。

国家中医药管理局政策法规与监督司

二〇一四年七月十五日

附件

2014年部分机构发布虚假违法中医医疗广告（报纸第二批）信息监测一览表

（2014年6月1日－30日）

地区	发布广告机构	报刊名称	发布条数	合计
北京	北京（中国）京科中医颈腰椎病研究所	《家庭保健报》（黑龙江）	1	2
		《山东商报》（山东）	1	
山西	山西运城济世帕金森病专科医院	《云南老年报》（云南）	1	7
		《安徽老年报》（安徽）	1	
		《贵州老年报》（贵州）	1	
		《辽宁老年报》（辽宁）	1	
		《老年康乐报》（新疆）	1	
		《黄河晨报》	2	
内蒙古	包头市延生专科门诊	《家庭周报》	1	2
	市蒙中医院		1	
辽宁	辽宁沈阳金辉门诊	《辽宁老年报 》	1	5
	辽宁帅府中医门诊	《辽宁老年报 》	1	
		《晚晴报》	1	
	大连西岗仁正皮肤病专科门诊	《大连晚报 》	1	
	大连泌尿生殖专家医院		1	
山东	国珍中医养生堂	《生活日报》	1	2
	济南中医精神专科医院	《山东商报》	1	
河南	河南南阳新华医院	《广西老年报》（广西）	1	12
		《现代家庭报》（江苏）	2	
	河南郑州张西山皮肤科	《健康周刊》（陕西）	2	
	河南郑州康复中医院	《晚晴报》（辽宁）	1	
	河南郑州医学研究院	《郑州晚报》	4	
	河南郑州益圣哮喘医院		1	
	河南郑州广安中医院		1	

续表

地区	发布广告机构	报刊名称	发布条数	合计
广东	广东省药研医院	《老人报》	1	1
甘肃	甘肃兰州继兴国医馆	《健康周刊》（陕西）	1	1
宁夏	宁夏中山医院	《新消息报》	1	1
新疆	乌鲁木齐新光明医院	《老年康乐报》	1	16
	新疆渡洲中医院		2	
	乌鲁木齐自治区博爱医院		2	
	新疆惠民医院		1	
	巴州老年病医院	《库尔勒晚报》	1	
	库尔勒红康中医院		9	
共计				49

关于发布2014年虚假违法中医医疗广告（杂志第二批）监测情况的函

国中医药法监监督便函〔2014〕20号

各省、自治区、直辖市中医药管理局、卫生计生委（卫生厅局）中医处，新疆生产建设兵团卫生局中医处：

2014年7月，我司对部分机构在杂志上发布中医医疗广告情况进行了监测，共监测到虚假违法中医医疗广告4条次，其中陕西省2条次，河北省、河南省各1条次。

现将此次监测结果下发给你们，请对发布虚假违法中医医疗广告的机构按照有关法律法规进行查处。有关查处情况请于2014年10月31日前报送我司。

国家中医药管理局政策法规与监督司

二〇一四年八月七日

附件

2014 年部分机构发布虚假违法中医医疗广告（杂志第二批）信息监测一览表

（2014 年 7 月 1 日 – 31 日）

地区	违规发布广告机构	杂志名称（地区）	发布条数	备注
河北	石家庄德济医院	《自助养生》（黑龙江）	1	
河南	康复中医院	《夕阳红》（吉林）	1	
陕西	陕西西京中医药研究院	《老年世界》（内蒙古）	1	
	陕西省西京中医药研究院京华中医医院	《老年世界》（内蒙古）	1	
总条数			4	

关于发布 2014 年虚假违法中医医疗广告（报纸第三批）监测情况的函

国中医药法监监督便函〔2014〕27 号

各省、自治区、直辖市中医药管理局、卫生计生委（卫生厅局）中医处，新疆生产建设兵团卫生局中医处：

2014 年 9 月，我司对部分机构在报纸上发布中医医疗广告情况进行了监测，共监测到虚假违法中医医疗广告 412 条次，有 10 个省（区、市）部分机构发布了虚假违法中医医疗广告，其中，天津市相关机构发布虚假违法中医医疗广告情况较为严重，共发布 388 条次，占本月监测到虚假违法中医医疗广告总量的 94.2%。

现将此次监测结果下发给你们，请对发布虚假违法中医医疗广告的机构按照有关法律法规进行查处。有关查处情况请于 2014 年 12 月 30 日前报送我司。

国家中医药管理局政策法规与监督司

二〇一四年十月二十七日

附件

2014 年部分机构发布虚假违法中医医疗广告（报纸第三批）信息监测一览表

（2014 年 9 月 1 日 – 30 日）

地区	发布广告机构	报刊名称	发布条数	合 计
天津	（天津）友好医院	《渤海早报》	1	12
		《今晚报》	11	
	天津仁中老年健康医院	《每日新报》	6	6
	天津（河东）仁中医院	《今晚报》	17	17
	天津华西医院		5	5
	卫协医院		15	15
	天津长安医院		6	6
	天津建桥医院		8	51
		《每日新报》	43	
	天津华山医院		22	31
		《今晚报》	9	

地区	发布广告机构	报刊名称	发布条数	合计
天津	天津乐园医院皮肤科专家门诊	《每日新报》	34	34
	天津国泰医院		107	134
		《今晚报》	14	
		《渤海早报》	13	
	天津（市）和平津萃医院		23	74
		《每日新报》	14	
			37	
	天津中联医院	《今晚报》	2	2
	天津盛辰医院百草堂专家门诊		1	1
河北	汇康中医院	《燕赵都市报》	1	1
辽宁	大连天兴中医	《新商报》	5	5
上海	上海海康医院癫痫、精神病治疗中心	《大家文摘报》	1	1
江苏	南京国仁哮喘病研究院	《扬子晚报》	3	3
安徽	安徽中医学院中西结合医院	《新安晚报》	1	2
	安中学院中西结合医院		1	
湖南	胡泽民中医类风湿病医院	《法制经纬》	1	1
	兰州百草中医药研究所	《兰州晚报》	2	4
甘肃	兰州市皮肤顽癣康复中心		2	
青海	西宁润华皮肤病医院	《西宁晚报》	1	1
新疆	乌市友好医院西北路分院	《乌鲁木齐晚报》	3	3
	新光明医院		2	2
	乌鲁木齐友好医院	《生活晚报》	1	1
共计				412

关于2014年第3期违法药品医疗器械保健食品广告汇总情况的通报

食药监稽〔2014〕244号

各省、自治区、直辖市食品药品监督管理局，新疆生产建设兵团食品药品监督管理局：

根据各省（区、市）食品药品监督管理部门监测情况，总局现将有关药品、医疗器械、保健食品违法广告情况通报如下：

一、总体情况

本期通报汇总期间，各省（区、市）食品药品监督管理部门以发布《违法广告公告》方式，通报并移送同级工商行政管理部门查处的药品违法广告 65379 条次、医疗器械违法广告 4302 条次、保健食品违法广告 11844 条次。6 个药品和 7 个保健食品广告因严重篡改审批内容进行违法宣传被撤销和收回广告批准文号。对违法广告涉及产品采取了 39 次暂停销售限期整改措施。

二、情节严重的违法广告

1. 成都天银制药有限公司生产的药品“雪莲虫草合剂”，其功能主治为“补肾助阳，扶正固本。适用于肾阳不足所致的神疲乏力，腰膝酸软，肢冷畏寒，小便频数、清长”。广告宣称“喝了十天，胳膊麻木减少了，三个星期，精神状态不一样了，几个月后不失眠了，更年期症状得到改善”等。

2. 通化吉通药业有限公司生产的药品“强力脑心康胶囊（广告中标示名称：国药一盒通）”，其功能主治为“改善循环，活血化瘀，安神宁心。用于冠心病、心绞痛、头痛眩晕、神经衰弱”。该药品为处方药，禁止在大众媒介发布广告。广告宣称“无论脑血栓、心脏病得病时间有多长，冠心病服用当天就见效，脑血栓 7 天见效，中风偏瘫 10 天见效，一盒就能治好心脑血管疾病”等。

3. 吉林省力胜制药有限公司生产的药品“锁阳固精丸”，其功能主治为“温肾固精。用于肾阳不足所致的腰膝酸软、头晕耳鸣、遗精早泄”。广告宣称“服用当天排尿困难得到缓解，3—5 天耳鸣明显得以改善，1 个月盗汗遗精症状得到有效治疗，3 个疗程肾功能得以恢复，前列腺疾病也收到良好的治疗效果”等。

4. 哈尔滨康盟医疗器械有限公司生产的医疗器械“涂膜贴（广告中标示名称：神农百草膏）”，其适用范围为“该产品涂抹在人体皮肤表面，用于辅助治疗和缓解皮肤瘙痒”。广告宣称“一疗程，磷屑完全消失，2 疗程，皮肤深层根癣彻底拔除，坚持 1—2 个疗程，再重的皮肤顽癣也能好”等。

5. 赤峰丹龙药业有限公司生产的药品“壮腰补肾丸（广告中标示名称：张药师壮腰丸）”，其功能主治为“壮腰补肾，益气养血。用于心悸少寐，健忘怔忡，腰膝酸痛，肢体羸弱”。广告宣称“3 天左右腰腿痛逐渐消失，1 疗程腰腿温热有劲，3 周彻底恢复，一次治疗不易复发”等。

6. 乌兰察布市乔氏伟业医疗器械有限公司生产的医疗器械“眼贴（广告中标示名称：百里清眼贴）”，其适用范围为“眼睛干涩、发痒、酸胀、疼痛、流泪、视物模糊症状的缓解”。广告宣称“3 副药青光眼好了，黄斑变性彻底好了，无论病情多重，病史多长，不吃药不开刀，治一个好一个，各类眼病一次治愈，永不复发”等。

7. 金同（广州）医疗保健品有限公司生产的医疗器械“静电理疗器（广告中标示名称：金同血压安）”，其适用范围为“可用于Ⅰ、Ⅱ期原发性高血压患者的辅助治疗”。广告宣称“当天使用，降压稳压，一周疏通全身不通畅血管，30 天血压下降，血液欢快奔流，三个月远离药物依赖”等。

8. 镇平人仁医药科技有限公司生产的医疗器械“消炎镇痛静电理疗贴（已注销）（广告中标示名称：鲜草活骨膏）”，该产品已于 2013 年 3 月 19 日被食品药品监督管理部门注销处理，其适用范围为“神经痛，风湿痛，肩痛，扭伤，关节痛，肌肉疼痛等人群的辅助治疗”。广告宣称“疗效神奇，仅仅 5 天就能自己下床活动了，才 1 个月跑步都没问题了”等。

9. 北京玉匾国健医药科技有限公司（证件持有者）的保健食品“红阳牌盐藻软胶囊（广告中标示名称：绿色小含片盐藻）”，国食健字 G20110392，其批准的保健功能为“增强免疫力”。广告宣称“胃痛、口腔溃疡，马上吃马上见效，无论何种便秘，上午吃下午就通，服用 1 个周期失眠好了，3 个周期关节炎全面康复，5 个月多年的冠心病康复了”等。

10. 武汉三和生物工程有限公司（证件持有者）的保健食品“玛卡牌玛卡益康咀嚼片（广告中标示名称：玛卡）”，国食健字 G20060327，其批准的保健功能为“增强免疫力、缓解体力疲劳”。广告宣称“服用5天,举而不坚、勃起无力症状得到解决,服用30天,阳痿、早泄得到解决，服用2个月，尿频尿急、头晕目眩症状完全消失,服用4个月,不仅性能力提高数倍,还可以二次发育达2—5公分”等。

国家食品药品监督管理总局

二〇一四年十月二十八日

关于发布2014年虚假违法中医医疗广告（杂志第三批）监测情况的函

国中医药法监监督便函〔2014〕28号

各省、自治区、直辖市中医药管理局、卫生计生委（卫生厅局）中医处，新疆生产建设兵团卫生局中医处：

2014年10月，我司对部分机构在杂志上发布中医医疗广告情况进行了监测，共监测到虚假违法中医医疗广告3条次，其中陕西省2条次，北京市1条次。

现将此次监测结果下发给你们，请对发布虚假违法中医医疗广告的机构按照有关法律法规进行查处。有关查处情况请于2015年1月31日前报送我司。

国家中医药管理局政策法规与监督司

二〇一四年十一月三日

附件

2014年部分机构发布虚假违法中医医疗广告（杂志第三批）信息监测一览表

（2014年10月1日－31日）

地区	违规发布广告机构	杂志名称（地区）	发布条数	备注
北京	中国中医药研究院糖尿病研究中心	《夕阳红》（吉林）	1	
陕西	陕西（省）西京中医药研究院京华中医医院	《老年世界》(内蒙古)	2	
总条数			3	

’2015中国广告年鉴

China Advertising Yearbook

中国广告经营单位发展成就展示专栏

The Advertising Units of China Development Achievement Special Column

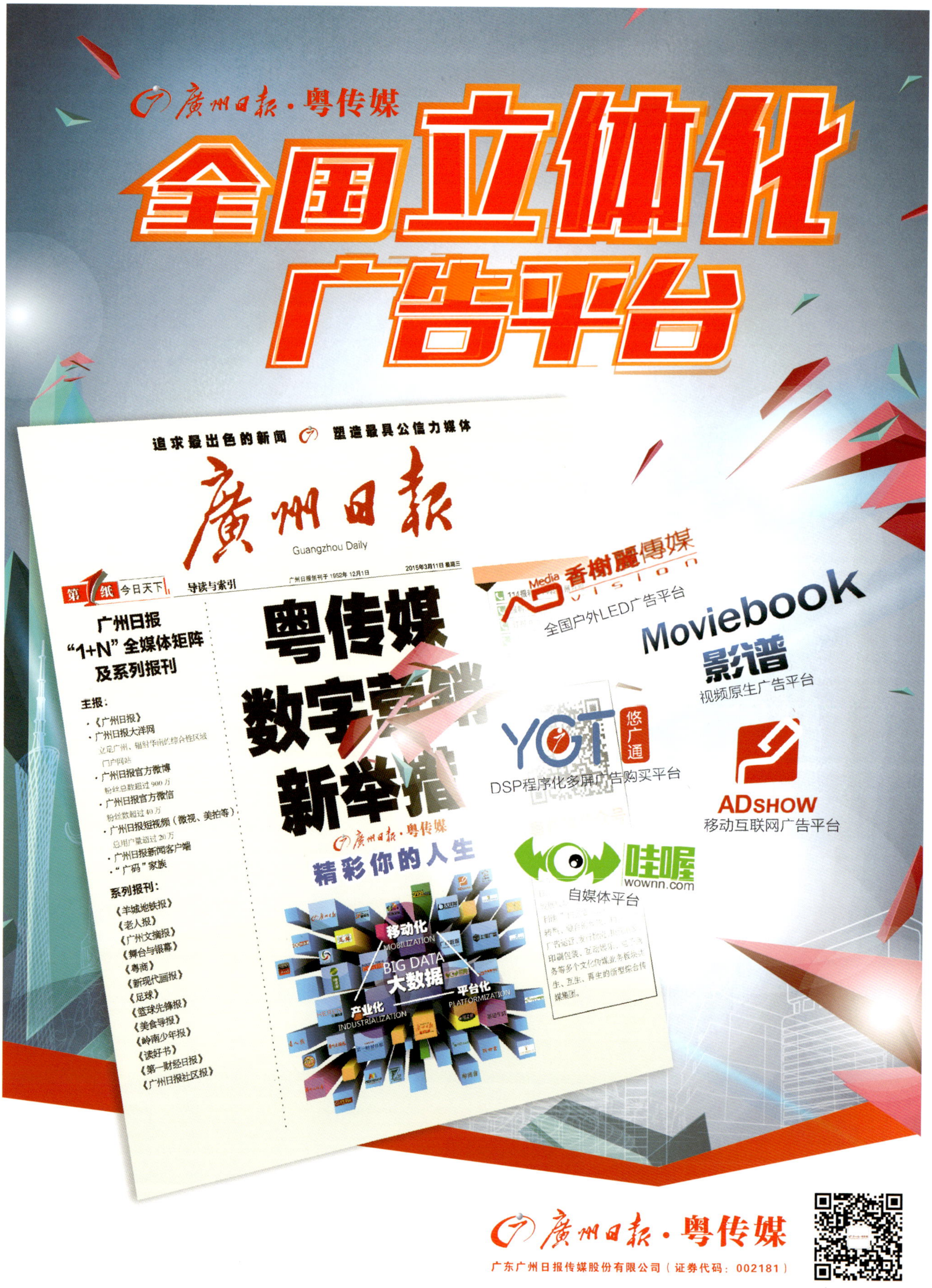
广州日报·粤传媒
全国立体化
广告平台
追求最出色的新闻 塑造最具公信力媒体
广州日报
Guangzhou Daily
第1纸 今日天下
导读与索引
广州日报创刊于1952年12月1日
2015年3月11日 星期三
广州日报
"1+N"全媒体矩阵
及系列报刊
主报：
·《广州日报》
·广州日报大洋网
立足广州、辐射华南的综合性区域门户网站
·广州日报官方微博
粉丝总数超过900万
·广州日报官方微信
粉丝数超过40万
·广州日报短视频（微视、美拍等）
总用户量超过20万
·广州日报新闻客户端
·"广码"家族
系列报刊：
《羊城地铁报》
《老人报》
《广州文摘报》
《舞台与银幕》
《粤商》
《新现代画报》
《足球》
《篮球先锋报》
《美食导报》
《岭南少年报》
《读好书》
《第一财经日报》
《广州日报社区报》
粤传媒
数字营销
新举措
广州日报·粤传媒
精彩你的人生
移动化
MOBILIZATION
BIG DATA
大数据
平台化
PLATFORMIZATION
产业化
INDUSTRIALIZATION
Media 香榭麗傳媒 vision
全国户外LED广告平台
Moviebook
影谱
视频原生广告平台
YGT 悠广通
DSP程序化多屏广告购买平台
ADSHOW
移动互联网广告平台
哇喔
wownn.com
自媒体平台
广州日报·粤传媒
广东广州日报传媒股份有限公司（证券代码：002181）

CCTV新闻联播《天气预报》
36年权威播报
5分钟强势聚焦
8亿受众习惯性收看

大音京华
声系天下

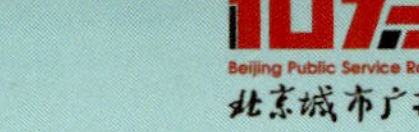

AM828 FM100.6
1073
Beijing Public Service Radio
北京城市广播
AM 603
北京故事广播
BEIJING STORY RADIO
北京体育广播
BEIJING SPORTS RADIO FM102.5
FM97.4
北京音乐广播
BEIJING MUSIC RADIO
FM 87.6 北京文艺广播
BEIJING JOY FM
FM103.9 北京交通广播
BEIJING COMMUNICATION RADIO
AM774.com
北京外语广播
AM 927 Radio 北京爱家广播
北京广播网
www.rbc.cn

广播大厦
RBC
北京人民广播电台

未来广告
CCTV future advertising
体育
WIN
未来

北京地铁通成

致力于用广告艺术美化地铁

户外领导者

北京地铁客流量已突破千万，线路发展至18条，运营里程超过500公里，北京迎来了大地铁时代。北京地下铁道通成广告有限公司成立于1997年，是北京市地铁运营有限公司与全球领先的户外媒体集团——法国德高集团组成的合作公司，主要负责北京1、2、5、6、7、8、9、10、八通线、13号线地铁媒体的运营与管理，媒体网络已覆盖超过80%的主城区居民，对社会主流消费人群起到巨大的冲击和影响，是北京最主流的品牌传播平台，获得各大品牌的一致认可，已成为北京户外广告的领导者。

媒体产品

北京地铁通成通过吸收各国媒体特色之长，综合考察广告价值，科学规划北京地铁的媒体设置，同时兼顾媒体对受众的覆盖力和冲击力。在实际投放中，更致力于以合理的媒体组合帮助客户达到提升产品知名度、打造品牌形象等不同目的。在常年媒体运营中，各大品牌依靠成功的广告投放与通成建立了长期而良好的合作关系。

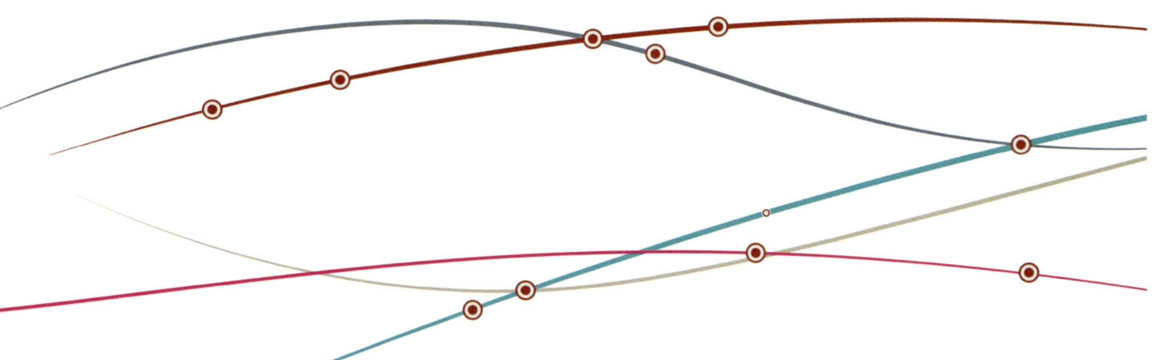

创新能力

随着营销模式的不断创新和科学技术的不断发展，北京地铁通成除提升常规媒体运用能力之外，也常年致力于媒体的创新运用，通过不断进步的创新技术和创意活动，打造出诸多成功的案例。不仅为客户带来了实际效益，给乘客留下深刻印象，也收获业内赞誉，斩获业界诸多大奖。不仅引领了中国户外广告媒体创新的潮流，也与客户实际需求密切结合，提升了实际的投放效果，实现了创新的真正价值。

社会责任

北京地铁已经成为首都最核心的公共交通工具之一，每日面对千万级客流。北京地铁媒体也成为信息传播的重要窗口，强大的社会影响力决定了北京地铁通成的社会责任重大，在传递正能量、精神文明建设、传播公益理念等社会责任上，北京地铁通成责无旁贷，亦有着强烈的社会责任感。无论是为奥运喝彩、汶川加油，还是迎国庆、助力环保、圆梦冬奥……北京地铁通成每年都将公益作为重要项目，在资源上全力支持，定期配合多家公益组织及政府机构，安排广告位置发布公益广告，持续搭建起一个商业与公益完美结合的成熟平台。

BEIJING TOP RESULT METRO 北京地铁通成

耦合

·智造

寺续加速，

”，转型升

订阅号

服务号

STDecaux
申 通 德 高
To See A Different
Brand World.
品牌专区
自如 ziroom
实物展示
品牌换乘通道
灯箱长廊
炫动投影画廊
品牌专区
微信号：STDECAUX

*空调939
沪B D3442

食色天下
醉美重庆

重庆电视台
CHONGQING TELEVISION
广告招商电话: 023-68612033

中国·
CHINA A
大
从
我们相信品牌 我们铸造品
我们热爱年轻 我们依
我们面
2016
安徽卫视
月月有大剧
季季有大片

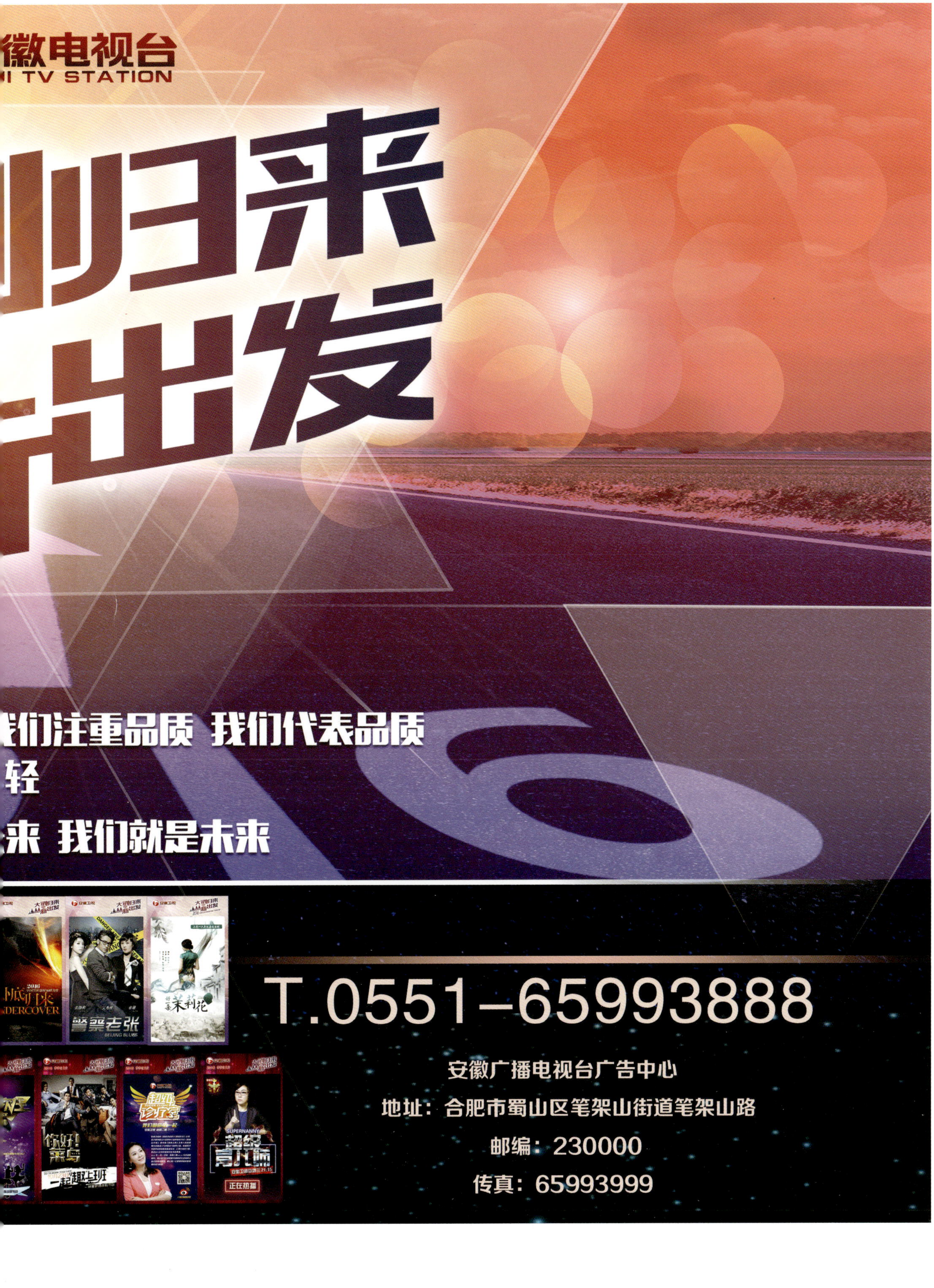
徽电视台
I TV STATION
归来
出发
我们注重品质 我们代表品质
轻
来 我们就是未来
警察老张
BEIJING BLUES
超级诊疗室
SUPERNANNY
超级育儿师
正在热播
T.0551-65993888
安徽广播电视台广告中心
地址：合肥市蜀山区笔架山街道笔架山路
邮编：230000
传真：65993999

广东卫视传媒有限公司隶属广东南方广播影视传媒集团，是广东广播电视台结合社会优势资源开办公司、自主经营的成功典范。公司既承担广东卫视广告部的职能角色，同时也是一家具备广播电视内容制作、生产和销售能力的传媒公司。广东卫视传媒有限公司是广东卫视广告总代理。

地址：广东省广州市越秀区环市东路326号广东亚洲国际大酒店写字楼13、14楼　　电话：020-62625333

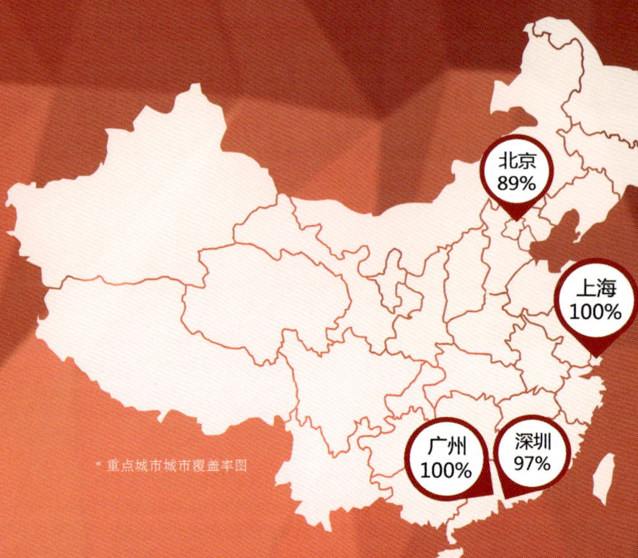

2015年广东卫视全国覆盖人口增至9.86亿，
10年间，广东卫视全国覆盖人口增长超过3亿。

广东卫视的覆盖人口主要分布在经济发达、
广告投放价值较高的地区。
其中北京、上海、广州、深圳一线城市覆盖率高。

数据来源：CMMR

广东广电迎来了一个新的战略机遇期。借今年体制机制的整合改革，广东广播电视台完全可以充分发挥"后发优势"，一步到位，在全媒体融合上实现更新的跨越，向建设新型传媒集团的目标努力。

——张惠建
广东广播电视台党委书记、台长
广东南方广播影视传媒集团总裁

广东是改革开放的前沿阵地，也是财富的聚集地，作为广东本土最具影响力的省级电视媒体，广东广播电视台具有其他电视媒体无法具备的地缘优势。

——叶志容
广东南方广播影视传媒集团总经理

"中国力量"作为广东卫视全新的频道口号，既是对时代主题的呼应，也是对频道风格气质的全新定位，同时也彰显出我们要做强做大广东卫视，致力把广东卫视打造成收视率和影响力位居全国前列的省级卫视的决心和自信。

——曾国欢
广东广播电视台副台长

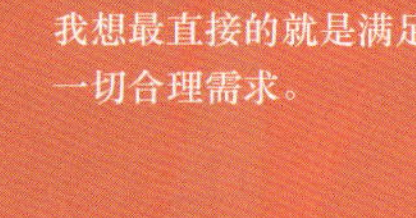

如果说有什么是广东卫视制胜的法宝，有什么是广东卫视能够展现中国力量的方法，我想最直接的就是满足客户的一切合理需求。

——向熹
广东南方广播影视传媒集团副总经理
广东卫视传媒有限公司董事长

云南卫视

无限可能

河南电视台都市频道
HE NAN TV STATION CITY CHANNEL
打造中原最具活力的省级地面品牌频道
综合实力位居全国省级地面前三甲 河南唯一综合地面频道 深度影响河南
全天自制节目九档 全年无休大型活动为广告定制提供多样性平台
广告收入突破五亿 微博集群百万 线下互动创意不断

青岛市广播电视台概况

2009年12月23日，青岛市广播电视局改建为青岛市广播电视台，下设广播、电视、广电影视传媒集团等机构，并下辖城阳、崂山、黄岛广播电视中心。

青岛市广播电视台现开办6个广播频率、7个电视频道，基本形成以广播、电视为主，以报纸、网站、移动电视、网络电视、手机电视、可视广播等为重要组成部分的“多平台、广覆盖”的全媒体格局。

1971年，青岛电视台建台，是我国最早的城市电视台之一。青岛电视台现自办七个频道，QTV-1新闻综合频道、QTV-2生活服务频道、QTV-3影视频道、QTV-4休闲资讯频道、QTV-5都市频道、QTV-6优梦卡通频道、QTV-7青岛党建电视频道。每天播出节目100多小时，节目混合覆盖人口超过1千万。

青岛市广播电视台大力实施品牌战略。电视台荣获“中国最具网络影响力的十大城市电视台”、“2001-2010中国传媒（城市台）十大领军品牌”；《行风在线》、《生活在线》、《今日》、《新说法》等入选全国名牌栏目；共有9部作品荣获中宣部“五个一工程”奖，连续十年获得“中国新闻奖”，连续十八次获得“中国广播奖”一等奖，连续六次获得“中国电视奖”一等奖，并多次获得“飞天奖”、“星光奖”、“金鹰奖”等全国性奖项。

青岛市广播电视台已经与韩国、日本、德国、英国、法国、俄罗斯、美国、澳大利亚、阿联酋、南非、意大利、希腊等国家以及香港、澳门特别行政区和台湾地区的20多家电视台建立了友好合作关系。

青岛市广播电视台技术事业不断进步。拥有国内一流的电视高清演播室、开放式全数字新闻演播室和全数字播控中心，拥有14讯道电视高清转播车、10讯道电视标清转播车、卫星传输车及广播数字音频转播车。广播电视采、编、播设备数字化率超过95%。

■ 联系电话：（0532）85701888　■ 微信公众号：青岛电视广告

安徽高速传媒
ANHUI EXPRESSWAY MEDIA

山东高速文化传媒有限公司，隶属于山东高速集团有限公司，2011年成立，主要负责集团文化产业投资运营业务。公司以广告为主业，布局多元化发展，通过资本运作，积极拓展文化旅游产业园、国际教育等领域，逐步形成了以广告传媒、文旅产业园区、国际教育三大业务为核心，集平面媒体、文化艺术投资、数码动漫等产业为一体的文化投资企业，打造“高速文化”知名品牌。

中国高速公路广告十强企业。依托母公司资源和品牌优势，公司拥有覆盖山东、四川、河南、湖南、湖北、云南等两千多公里高速公路沿线媒体开发经营权，媒体发布面积20多万平方米，在全国高速公路广告行业名列前茅，连续三届获“中国高速公路广告十强企业”。

蓬勃发展的武当山文化旅游项目。目前，公司与湖北武当山旅游经济特区管委会、湖北武当太极湖旅游发展集团有限公司成立了湖北省武当山文化旅游有限公司，共同投资建设武当山文化旅游综合体项目。项目一期投资10亿元，依托武当山稀缺历史文化资源，全面提升武当山旅游的生命力、吸引力和国际影响力，力争将武当山打造成为一个集观光、休闲、度假于一体，世界知名、国际一流的旅游目的地。

项目规划包括武当山文化旅游区和太极湖生态文化旅游区两大部分，武当山文化旅游区已建成武当旅游发展中心、武当武术国际交流中心、太极剧场、武当展览馆等多个主题活动区，围绕武术养生、道家文化、太极理念等武当元素打造的武当太极拳国际联谊大会、太极文化节、武当文化论坛、武术学院等已成为武当山旅游的热点。太极湖生态文化旅游区位于武当山下，总规划面积约80平方公里，包括太极湖新城区、太极湖文化旅游区、太极湖养生度假区3大板块、21个组团、108个子项目。其中太极湖文化旅游区规划面积35平方公里，总用地面积3480亩，目前，水上旅游项目已对外营业，太极传奇和武当小镇项目正在建设中，项目全面建成后，将成为武当山文化旅游综合体的新亮点。

红河州人民的精神图腾

奔腾的力量·奔牛图—

1、奔牛元素诞生记

20多年前，白宇现代广告创始人倪文贵通过头脑风暴，创作了某企业以“奔牛”作为品牌主形象的户外广告，尽管当时没有电脑设计及图像处理技术，但作为手绘作品，仍显霸气，不失水准。10多年前，为使奔牛更显真实与力量，他亲赴斗牛之乡，利用斗牛场景拍下牛元素多达上万张。为获取牛群奔腾效果，他坚持跟拍，随牛群在草原上奔波，终于拍到了牛群狂奔、尘土飞扬的精采瞬间。为捕获最佳的效果，他冒着危险，卧仰而摄，跟他一起参与的人甚至被牛挑起几米高，摔出几丈外，险象环生。

94年初出茅庐，首稿面世

99世博会千平米大观

2、俯首甘为孺子牛

企业领导特别认可以“牛”的精神植入该企业，这与他任劳任怨，踏实肯干，乐于奉献的精神相符。2006年成功助该企业扭亏为盈，产能产值牛气冲天。2009年单品牌全国销量名列前茅。白宇现代广告公司也迎来合作的春天，奔牛图附着单立柱广告遍布全国50多个城市，甚至全国每个角落。

中国IAI广告创意50强企业 ◆ 全国广告行业精神文明单位 ◆ 昆明市知名商标企业

中广协会员单位 | 云南省广告协会副会长单位 | 昆明市一级广告资质企业 | 《中国广告》理事单位

地址：中国.云南.昆明建工大厦十八层　电话：0871-3192098　传真：0871-3193409　QQ：168013137
网址：www.beyond-ad.cn　E-MAIL：kmbeyond@163.com　168013137@qq.com

—诞生记实

BAIYU
白宇現代廣告

奔腾的力量

奔腾的力量

奔腾-源于力量

奔腾的力量

万流奔腾

2012/04/12 15:39

2012/04/18 16:10

中国龙 东北王
黑龙江卫视 决胜大北方市场的首选平台!

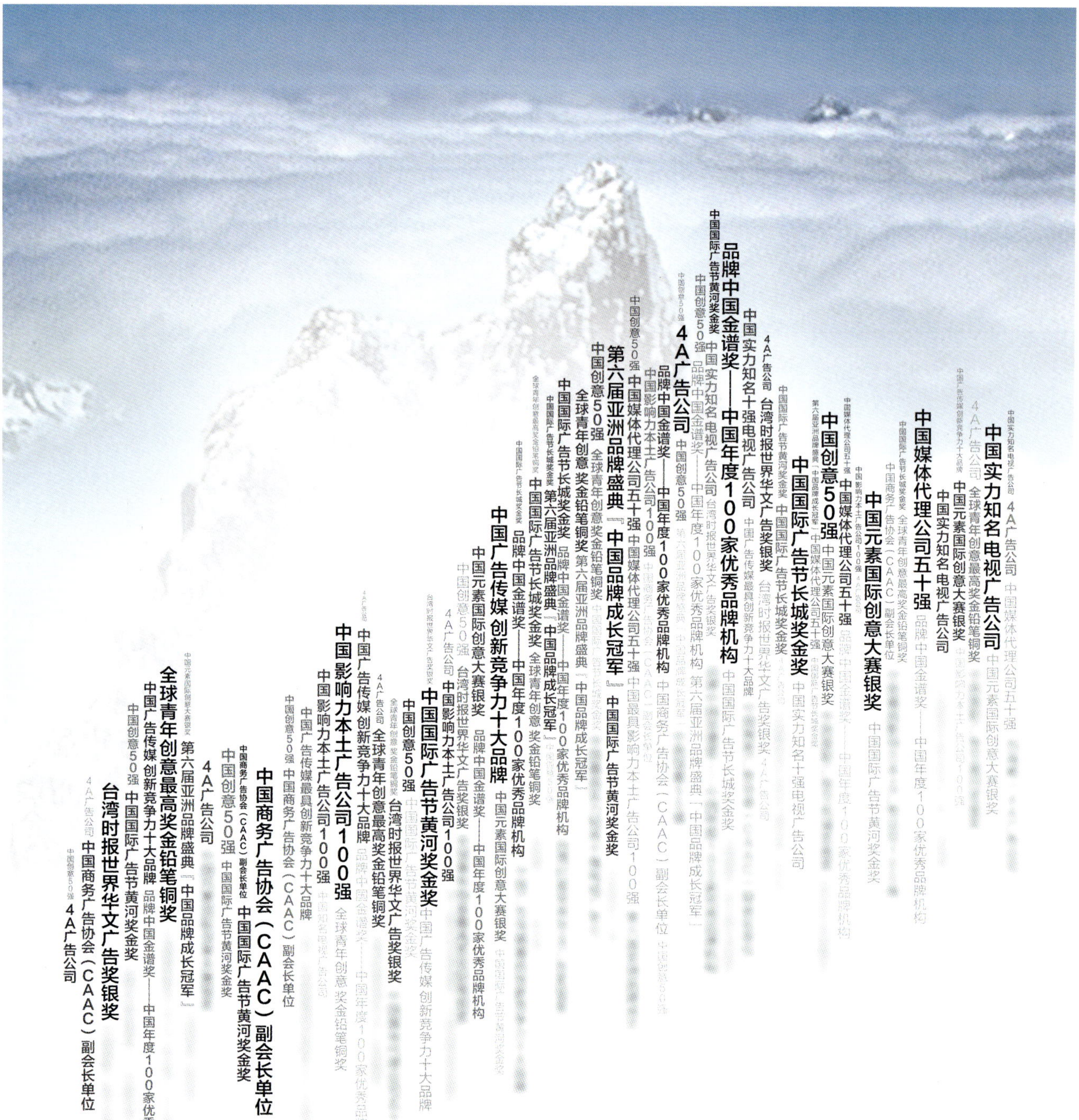
中国实力知名电视广告公司
中国媒体代理公司五十强
中国元素国际创意大赛银奖
中国创意50强
中国国际广告节长城奖金奖
中国实力知名十强电视广告公司
品牌中国金谱奖——中国年度100家优秀品牌机构
4A广告公司
第六届亚洲品牌盛典『中国品牌成长冠军』
中国广告传媒创新竞争力十大品牌
中国国际广告节黄河奖金奖
中国影响力本土广告公司100强
中国商务广告协会（CAAC）副会长单位
全球青年创意最高奖金铅笔铜奖
台湾时报世界华文广告奖银奖

'2015 中国广告年鉴
China Advertising Yearbook

全国各地区广告业发展与广告监管情况综述

Provincial Advertising Supervision and Developing

2014 年北京市广告监管工作情况

北京市工商局广告监督管理处

国家工商总局到北京市工商局对互联网广告监管工作进行调研

2014 年，北京市工商局认真贯彻落实国家工商总局和市局的工作部署，适应新形势、新变化和新挑战，坚持监管是第一职责，发展是第一要务，实现监管与服务、规范与发展的有机结合，积极推动广告战略实施，促进首都广告业健康有序发展。

一、抓好广告监测工作，巩固广告监管基础

2014 年，北京市局共监测广告 443 万多条次，违法广告 10342 条次，违法率为 0.23%。其中监测医疗服务类广告 6.88 万条次，违法 2276 条次；食品类广告 91.09 万条次，违法 1610 条次（包含：保健食品广告 6.76 万条次，违法 824 条次）；药品广告 12.26 万条次，违法 2062 条次；医疗器械广告 3.24 万条次，违法 1244 条次，共发布广告监测报告 12 期，通过内外网向工商系统和社会曝光违法广告 18 件，为国家工商总局提供全国广告监测报告 5 期。为各部门及时掌握广告发布和违法广告情况提供了准确的信息，强化了科学监管，提高了广告监管效能。

二、突出广告监管重点，强化各类风险防控

2014 年，市局及各分局继续强化广告监管风险控制力度，充分利用三级广告监测网络，对广告经营活动实施分级分类动态监管，对当天监测发现的严重违法广告以及重复发布的违法广告问题进行汇总和分析，及时掌握严重违法广告的发布情况，即时下派、跟踪和督导各分局完成对违法广告的调查和处理工作。2014 年共查处各类违法广告案件 860 件，罚没款 1530 万元。其中药品广告 52 件，罚没款 288.26 万元；医疗广告 86 件，罚没款 220.78 万元；保健食品广告 9 件，罚没款 64.79 万元；医疗器械广告 25 件，罚没款 47.05 万元。

（一）巩固和完善虚假违法广告专项整治联席会议制度，加大违法广告整治力度

从 2010 年市工商局牵头联合市委宣传部等 11 个委办局建立了虚假违法广告整治联席会议制度以来，

每年根据工作需要召开成员单位会议，加强监管信息的通报和共享，完善广告案件的协查、通报、查办和移转移送工作程序，研究协商重大违法广告问题的解决方案，联合对医疗、药品、保健食品等重点商品和服务类广告进行重点防控和监管。

2014 年共收到有关部门的转办函 12 件，我处向市药监局通报了我市主要媒体发布药品、保健食品广告违规情况的函 10 件；向市卫生部门通报了我市主要媒体发布医疗服务广告违规情况的函 6 件，移转了建议对发布违法广告的相关医疗器械生产及销售单位进行查处的函 2 件。向通信管理部门提请关闭发布违法广告网站的函 1 件。

（二）强化互联网广告监管，在全市范围内开展了整治互联网重点领域广告专项行动

根据国家工商总局、中宣部等八部委关于联合开展整治互联网重点领域广告专项行动的工作部署，北京市工商局与市委宣传部等部门会签了《北京市工商行政管理局等八部门转发国家工商总局等八部门关于开展整治互联网重点领域广告专项行动的通知》，从 4 月 10 日开始，在全市范围内开展了整治互联网重点领域广告专项行动，全市共查处互联网违法广告案件 779 件，关闭 63 个发布违法广告的网站，对新浪网、搜狐网、凤凰网等大型门户网站，百度、搜狗等搜索引擎网站，优酷网、爱奇艺、乐视网等在线视频网站，京东、亚马逊等电子商务类网站和网络广告经营单位做出行政指导 754 件次。

（三）扎实开展户外广告和印刷品广告监管工作

配合市政市容、城管等部门，加强对我市户外广告发布单位的主体资格、经营行为以及发布内容的监督管理，2014 年共对纳入设置规划的 13225 块经营性户外广告牌进行了发布登记，共查办户外广告案件 83 件，罚没款 143.18 万元。

共出动执法人员 9600 余人次，检查印刷品广告发放和印制企业 3457 家，查办发布违法内容的印刷品广告案 57 件，罚没款 106 万余元，收缴违法印刷品广告（小广告）4.5 万余份。为进一步规范对我市户外广告的监督管理，促进我市户外广告健康有序发展提供有力的支持。

（四）规范执法，提高职业打假举报案件的处理能力

今年广告类投诉举报约占北京市局投诉量的 70%，共收到社会投诉举报 711 件，其他部门移转案件 32 件，特别是职业打假人针对广告领域的举报案件日益增多。随着《国家工商行政管理总局关于公布规范性文件清理结果的公告》（工商办字〔2014〕138 号）的下发，《国家工商行政管理局关于停止发布含有乱评比、乱排序等内容广告的通知》等多个常用法规废止，职业打假人针对相关问题的投诉频发，且多要求书面回复并申请政府信息公开。为进一步加强对广告市场的监督管理，保证全市执法标准和尺度统一，切实做到依法行政。市工商局加强案件指导，对同一违法广告在不同辖区发布的情况，要求各分局及时沟通情况，反复研究问题，做到处科所统一办理程序、执法标准和答复口径，确保在法定时限内按照统一标准依法办理案件并答复当事人，对广告投诉举报的处理能力明显提高。

三、夯实广告监管基础工作，规范广告行业发展

（一）下放行政审批，提高监管效能

2014 年，全市共办理广告行政许可 1729 件，其中广告经营资格登记 668 件、烟草广告审批 32 件（4084 块）、固定形式印刷品广告登记 49 件、户外广告登记 951 件（14487 块）、外商投资广告企业项目审批 24 件，外商投资广告企业设立分支机构审批 5 件。

为大力推进“效能工商”和“服务工商”建设，提高工作效率，市工商局按照《北京市人民政府关于取消和下放一批行政审批事项的通知》要求，将广告经营许可证及公交、地铁广告发布等户外审批事项下放至各区县分局办理，并制发工作指导，指导和培训各分局做好有关审批工作，力求让企业及经营者满意、让群众满意，为首都经济发展提供优质快捷服务。

（二）加强行政指导，推动广告监管端口前移

在加大对虚假违法广告打击力度的同时，进一步加强了对各媒体的行政指导，通过开展"送法律、送服务"活动，对媒体单位进行重点指导、定向疏导，引导其形成依法经营、诚信自律的良好氛围，有效实现从事后监管执法向事前行为规范的转变，形成了政府与广告经营单位的良性互动。2014 年共培训广告审查员 1221 人次，行政约见 667 人次，行政告诫 166 件、责改 414 件、叫停违法广告 543 条次。同时，加强信用监管，重视典型案件的曝光。2014 年通过工商外网向工商系统和社会发布违法广告案件曝光 4 期、曝光典型违法广告案例 24 件，增强了对广告违法当事人的震慑力，提高了广大群众对违法广告的识别能力和自我保护能力。

四、积极调研互联网广告，深入研究新媒体监管

近年来互联网等新媒体广告迅猛发展，违法广告问题明显增多，针对北京市广告发布主体多，大型门户网站集中等特点，市工商局要求各分局在查办虚假违法广告案件中，坚持"查办一个案件，规范一个行业"的理念，并根据新媒体广告经营发布形式以及部分网站以"广告联盟"形式经营广告的特点，深入调查分析新媒体广告经营活动中的主体定位、广告费用以及违法广告证据的固化等问题，逐步探索建立对新媒体违法广告的有效查处手段和方法，并加强对查办的典型案件进行深入的研究和分析，及时总结查办方法，从而实现从个案执法向行业规范的执法创新，不断提高广告监管效能。

五、承办世界广告大会，提高广告行业影响力

经国务院批准，由国家工商总局和北京市人民政府共同主办的第 43 届世界广告大会于 2014 年 5 月 8 日 –11 日在北京举行，共有 40 个国家和地区的 1400 多名中外嘉宾参加了会议。市工商局作为此次大会的主要承办单位，积极协调北京市各有关部门，协助中国广告协会做好世界广告大会的各项筹备和承办工作，并组织承办了"北京日"活动，与中国香港、澳门、台湾签署了两岸四地《广告业发展战略合作协议》，标志着北京与港澳台两岸四地广告业的交流合作机制的建立，京、港、澳、台广告业将在加强信息互通，拓展广告市场，扩大投资、融资渠道方面展开深度合作，实现共赢，对推动北京以及港、澳、台广告业发展具有重要的意义。

为了向全世界展示北京市广告市场的发展成就及丰富的投资机会，提高首都广告行业的影响力，我局还制作和发布了"北京市 2013 年广告行业发展报告"与"北京市广告及文化创意产业招商项目手册"，在世界广告大会期间向国内外嘉宾发放。

六、落实战略合作协议，扶持广告产业创新发展

为进一步落实工商总局与北京市政府《关于推进首都广告业发展的战略合作协议》，促进首都广告产业健康发展，北京市局在市文资办的支持下，制定了广告资金支持方向与范围，征集扶持广告产业发展项目，使北京市广告产业获得了近亿元的文化创新发展专项资金支持。

2014 年，北京市局按照《北京市文化创新发展专项资金管理办法》和《关于公开征集 2014 年北京市文化创新发展专项资金（产业类）支持项目的补充公告》要求，对 2014 年度文创资金广告行业申报项目进行了认真的内容审核，将符合条件的广告产业项目报送市文资办，推动了首都广告企业建立自主知识产权，强化专业人才培养，促进了广告创意产业要素的合理流动。

维护广告市场良好秩序、指导广告产业健康发展，是工商行政管理部门的重要职责。北京市局要深入贯彻落实党的十届四中全会精神，抓住机遇，砥砺奋进，开拓创新，以更积极的姿态促进首都广告行业可持续发展。

2014年天津市广告监管工作情况

天津市工商局广告监督管理处

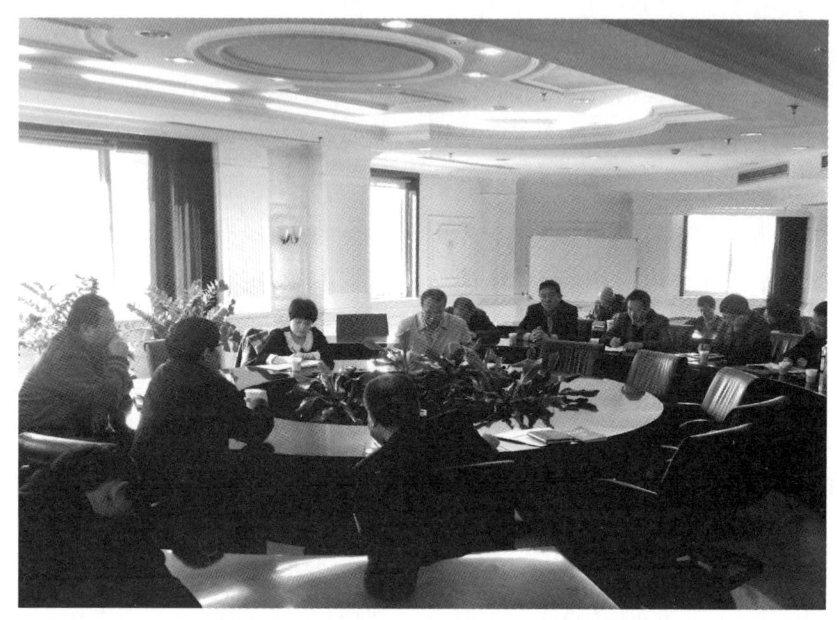

天津市工商局召开全市广告管理工作会议

2014年，天津广告工作认真贯彻市委、市政府和国家工商总局关于加快发展文化产业、建设文化强市，践行社会主义核心价值观，大力加强社会主义精神文明建设的战略部署，大力推动滨海广告产业园建设，大力加强社会主义核心价值观公益广告宣传，深入开展虚假违法广告专项整治工作，使我市广告业得到进一步的繁荣发展。

全市广告经营单位总数达22959户，其中专营广告经营单位总数5220户，兼营广告经营单位总数17515户，媒体广告经营单位224户。全市广告从业人员120147人，全年共实现广告经营额217.4亿元。

一、向市政府上报《天津市广告业发展规划（2015－2019年）》

按照《国家工商行政管理总局天津市人民政府关于进一步推进天津广告产业创新发展的战略合作协议》的要求，顺应文化产业和现代服务业大发展形势，天津市市场监管委提请市政府批转《天津市广告业发展规划（2015－2019年）》，《规划》确立了广告业发展的指导思想、规划目标、重点任务和政策措施等等。规划期间全市广告经营额每年以20%左右的速度递增，到2019年达到500亿元左右，专营广告经营单位达到10000户。

二、滨海广告产业园快速发展

继2013年被国家工商总局认定为国家试点园区后，2014年3月27日至29日，国家工商行政管理总局广告司领导和评估专家对滨海广告产业园区发展情况进行评估。期间，专家组考察了部分入住企业，听取了滨海广告产业园运营管理有限公司负责人的专题汇报。专家组对园区基础设施及服务平台建设、园区经营、建设运营组织与政策保障等情况进行了认真分析评估，均给予了高度评价，各项指标名列全国 29 个广告产业园区前列。

三、创建“天津市大学生广告创业实习基地”

为高校广告传媒专业学生提供校外创业实习机会，促进高校和相关行业、企业联合建立人才培养机制，市市场监管部门、市教委、市人力社保局联合印发了《关于建立天津市大学生广告创业实习基地的通知》，决定在天津市各主流媒体、知名广告公司及大型广告主企业设立“天津市大学生广告创业实习基地”。

6 月 9 日，在天津滨海广告产业园举行了“天津市大学生广告创业实习基地”启动仪式。会上，市市场监管部门、市教委、市人力社保局对天津滨海广告产业园、生态城动漫产业园等 23 家创业实习基地授牌。

四、深入开展 2014 年虚假违法广告专项整治工作

（一）开展电视购物专项整治

2013 年年底，按国家工商行政管理总局《关于进一步加强电视购物广告监管工作的通知》（工商广字〔2013〕202 号）和商务部等七部门《关于开展电视购物专项整治工作的通知》（商秩发〔2013〕445 号）的要求，市市场监管部门及时将两个文件转发并要求全市市场监管系统认真贯彻落实。全市市场监管系统广告监管部门对天津电视台及各区县有线电视台进行了监督检查。专项整治期间，共监测天津电视台及各区县有线电视台电视购物广告 512 条次，查处违法电视购物广告案件 23 件，罚没款 8.8 万元。

（二）开展互联网虚假违法广告专项整治

4 月 8 日，国家工商行政管理总局等八部门召开了整治互联网重点领域广告专项行动电视电话会议，同时印发了《工商总局等八部门关于开展整治互联网重点领域广告专项行动的通知》（工商广字〔2014〕68 号），按照工商行政管理总局等八部门的指示精神，市市场监管部门会同市有关部门制定并印发了《天津市开展互联网重点领域广告专项整治方案》，部署全市互联网重点领域广告专项整治工作。

专项整治期间，全市市场监管系统广告监管部门共监测本市互联网站 2815 户，对发现的互联网虚假违法广告立案 34 件，办结 23 件，罚没款 60.9 万元，有力打击了利用互联网发布虚假违法广告的行为。

（三）开展涉嫌非法集资广告资讯信息排查清理活动

按照天津市防范和处置非法集资领导小组办公室《关于 2014 年开展涉嫌非法集资广告资讯信息排查清理活动的通知》（津处非办〔2014〕22 号）精神，市市场监管委于 8 月至 10 月底在全市范围内开展了涉嫌非法集资广告资讯信息排查清理活动。

本次排查清理活动，全市市场监管系统共出动执法人员 2500 人次，监测检查各类形式广告 21606 条次，以投资咨询、理财、房地产等商户和超市、大型卖场等场所为检查重点，检查重点商户及网站等 3813 户次。检查中收缴涉及理财产品的印刷品广告 1000 余张，责令 4 家商户拆除抵押广告宣传布标。

（四）积极开展重点领域广告专项整治行动

按照市市场监管委的统一部署，全市市场监管系统认真贯彻落实《关于开展重点领域广告专项整治行动的通知》要求，积极开展违法广告专项整治行动。委属各工商分局及时召开整治工作推动会议，传达市市场监管委广告专项整治会议精神，对整治工作提出要求并结合本辖区实际制定整治方案。专项整治行动开始至 12 月 31 日，全市市场监管系统广告监管部门共立案 36 件。

（五）印发《关于违法广告网络数据平台试运行的实施意见》

2014 年年初，国家工商行政管理总局对违法广告在网络上建立数据平台并进行了试运行。为了在新形势下更好地开展广告监管工作，6 月 5 日，市市场监

管部门制定并印发了《市市场监管部门关于违法广告网络数据平台试运行的实施意见》，从合理调配广告监管力量、加强数据分析、提高办案效率、案件移送、梳理情况定期汇报以及通报案件查办情况等六个方面对全市市场监管系统广告监管部门提出要求。

2014 年，全市市场监管系统以市市场监管部门名义向市各主要新闻单位下发违法广告停止发布通知 17 件，共查办虚假违法广告案件 351 件，罚没款 654.8 万元，违法广告案件罚没款比去年同期上升 106%，有力打击了虚假违法广告行为。

2014 年河北省广告监管工作情况

河北省工商局广告监督管理处

河北省工商局刘建新副局长与广告处领导班子成员在广告工作会议后合影

2014 年，在省局党组的正确领导和国家工商总局的大力指导下，全系统从本省实际出发，加大虚假广告案件查办力度，重点查处大要案件，严查快办典型案件，共查办广告案件 1128 件，其中省局交办案件线索 105 件，目前已结案 1097 件，罚没款 1447.08 万元。

一、加强广告监测，为执法办案提供依据

充分利用监测数据加强监管。明确监测重点，与监测中心共同对省会电视（17 个频道）、广播（13 个频道）、平面媒体（13 家报纸）等媒体发布的广告进行监测，共监测各类媒体发布各类广告 1551082 条，发现涉嫌违法广告 27011 条，违法率为 1.74%。对发现的涉嫌严重违法广告，及时交由媒体所在地工商部门进行查处，维护了良好的广告市场秩序。

二、强化广告监管，维护良好广告市场秩序

认真落实国家工商总局工作部署，把关系人民群众健康安全和违法问题易发多发的虚假违法医疗、药品、保健食品、美容服务、化妆品广告以及非法集资广告作为整治重点，加大执法力度，促进广告市场秩序持续好转。在坚持从严处罚的同时，采取违法广告提示、约谈、公告、停止广告发布业务等有效措施，进一步加大对违法媒体的震慑力度，对于执法中发现的屡禁不止、屡查屡犯的媒体，组织协调相关部门对其进行联合告诫，始终对违法者保持高压态势。

三、开展专项整治行动，净化广告市场环境

根据国家工商总局等八部门下发的《关于开展电视购物专项整治工作的通知》、《关于开展整治互联网重点领域广告专项行动的通知》要求，开展了电视购物和互联网重点领域广告专项整治行动，加大了对药品、保健食品、医疗器械等关系人民群众身体健康和生命安全的电视广告的专项整治力度，各级工商部门共出动执法人员1000余人次，出动执法车辆344台次，检查媒体及广告经营者共1081家，监测电视购物广告130130条次，检查各类网站1万余户（次），监测各类网络广告15337条（次），查办案件81件，罚没款87.228万元，有效地净化了广告市场环境。

四、推进联席会议制度落实，形成广告监管合力

积极履行虚假违法广告整治牵头单位职责，不断健全监管执法工作协调联动机制。加大对严重违法广告主的查处力度，做到重点打击，严厉惩处。对查办虚假违法广告过程中涉及相关部门职责的，提请相关部门采取撤销广告批准文号、暂停产品销售、吊销医疗机构诊疗科目、关闭网站和删除非法信息等执法建议，进一步形成监管合力。

五、充分运用广告大数据平台，为广告监管工作开展创造有利条件

根据国家工商总局广告监测工作安排，组织全系统召开了“河北省运用国家广告大数据平台进一步做好广告整治工作电视电话会议”，传达了国家工商总局《关于国家广告数据中心系统在全国测试及试运行的通知》精神，并且请国家工商总局广告数据中心工程师详细讲解和演示了国家广告数据中心广告监管平台的主要功能和操作方法。要求各市派专人每天登陆“广告监管平台”，按照《广告监管平台测试方案》要求对各模块各功能逐级逐项进行测试。充分开发利用好国家广告大数据平台，为执法办案提供依据。

六、创新服务方式，营造良好发展环境

一是加大了宣传力度。采取多种形式宣传广告业的地位作用及发展成就，为实施广告战略和推动全省广告业科学发展营造良好的氛围。二是按照上级有关工作部署，深入重点广告企业调查研究，了解企业实际需求，掌握企业发展现状，进一步增强工作的主动性、针对性，帮助广告企业解决发展中存在的困难和问题，营造良好的广告业发展环境。三是推动我省广告园区建设。加强调研，大力推进广告产业园区建设，抓紧制定促进广告业发展的指导意见，形成布局合理、辐射力强、协调联动的广告产业群，发挥聚集优势，促进我省广告业升级转型。四是组织媒体和广告企业参加第43届世界广告大会以及第21届中国国际广告节，学习国际广告发展趋势、创意策略、品牌营销、媒体运作等世界顶尖的理念，开拓了我省广告从业人员的视野。

2014 年山西省广告监管工作情况

山西省工商局广告监督管理处

山西省工商局广告工作会议——深入学习贯彻落实十八大精神

按照国家工商总局和山西省工商局工作安排部署，全省广告监管系统不断更新监管观念，创新监管机制，巩固和完善广告监测、行政指导、案件查处三位一体的监管方式，坚持日常监管与专项整治相结合，规范与查处广告经营行为，努力构建科学有效的监管机制，提升广告市场的控制力，同时积极介入广告整体规划，帮助广告行业提高整体素质，推动广告战略实施，营造诚信守法、公平有序的广告市场环境。2014 年，全省检查广告 30.68 万条次；发现涉嫌违法广告 378 条次；收缴违法印刷品广告 18.96 万份；行政告诫 52 条；查处违法广告案件 326 件，罚没款共 268.08 万元。

一、积极开展工作部署，落实广告监管责任

山西省工商局召开 2014 年广告工作会议并下发《2014 年广告工作要点》，传达全国工商系统广告工作会议精神，总结 2013 年全省广告工作，安排部署 2014 年广告重点任务，要求全省广告监管部门认真学习领会文件精神，进一步增强责任感和使命感，切实抓好广告工作的落实。一是为落实国家工商总局等八部门整治互联网重点领域广告专项行动电视电话会议及《关于开展整治互联网重点领域广告专项行动的通知》精神，山西省工商局等八部门制定《开展整治互联网重点领域广告专项行动实施方案》，各部门认真履行各自的工作职能，密切配合形成监管合力，构建多层次的网络监管体系，积极部署落实，从四月初开始扎实开展了为期五个月的全省整治互联网重点领域广告专项行动，互联网违法广告大幅减少，整治工作取得明显成效。全省整治期间，共监测网站 38340 家，监测广告 34860 条次，发现涉嫌违法广告 36 条，行政告诫 10 条，立案查处 26 件；罚没款 23.28 万元。二是根据《中共山西省委办公厅关于印发〈山西开展‘四风’突出问题专项整治方案〉的通知》精神，制定《开展食品药品安全方面损害群众利益行为专项整治实施方案》，部署开展了食品药品安全方面损害群众利益

行为专项整治行动，落实党的群众教育实践活动整改要求，进一步规范食品、药品广告市场秩序；三是根据山西省商务厅等八部门《关于印发开展电视购物专项整治工作实施方案的通知》要求，山西省工商局下发《关于进一步加强电视购物广告监管工作的通知》，加大广告监测和监管力度，在全省开展电视购物广告专项整治工作，营造良好的广告市场环境。四是省工商局参加打击非法生产和使用“伪机站”违法犯罪活动专项行动，配合相关部门打击利用“伪机站”编发违法广告经营行为。

二、利用数据中心监管平台，推动广告监测、行政指导和案件查处一体化

国家工商总局建立覆盖全国的国家广告数据中心，能从数据中心查询广告发布的相关数据，通过统计分析，掌握全省媒体的广告发布动态情况，实时提供决策数据及广告案件线索，将极大地提升广告案件查办、督办和指导工作的科学化、规范化水平。山西省工商局运用国家广告数据中心平台在广告监测、广告数据的统计、广告案件线索的来源、违法广告的调查取证及查处等方面展开工作。一是对广告违法率比较高的媒体单位进行集体约谈，指出存在的主要问题，通报国家工商总局数据中心抽查监测其广告发布的情况，并进行政告诫，提出整改要求；二是在日常广告监管中，督促媒体完善和规范广告审查等广告管理制度，引导其摒弃利益固化思维，强化自律意识，落实审查责任，从源头上预防和杜绝违法广告发布；三是对违法率高、违法广告屡禁不止的媒体，实施重点监管，运用违法广告预警、停止发布及案件查处机制，遏制虚假违法广告的发布；四是坚持行政指导和行政处罚相结合，对国家总局督办的案件进行及时查办或转办，对省直单位的严重违法广告案件重点查办，对全省重大虚假违法案件重点进行督办，有力维护广告市场的良好市场秩序。省工商局处理投诉举报广告 23 件，对地市及省管媒体通报广告监测情况 6 次，行政告诫 14 次，对广告违法率较高的媒体诫面谈话 10 次，对媒体单位现场检查指导 8 次，调解处理广告投诉纠纷 25 起，立案查处“伊屏清斑”等违法广告案件 14 件，督办案件 8 件。

三、加强法律法规和公益广告宣传活动，营造良好社会氛围

山西省工商系统发挥联席会议的作用，积极与宣传、广电部门联合，在新闻媒体开设广告法律法规宣传栏目，讲解广告法律法规，提高公众的广告法律意识和识别虚假违法广告的能力，扩大了教育面，使广告监管工作深入人心，做到广告法律知识应知尽知。同时积极创新监管理念，推进监管关口前移，综合运用广告经营资格检查、行政指导等手段，对监测发现广告发布内容中存在的问题，有针对性地进行指导，解析广告法律法规和政策，督促其增强学法守法的意识，强化广告法律法规的普及，推动广告监管工作的开展。截至目前，全省新闻媒体宣传广告法律法规 126 次，出动宣传车辆 610 台次，出动人员 820 人次，发放宣传资料 15 万余份。

山西省工商局积极发挥政府引导作用，推进建立和完善公益广告的激励机制，鼓励引导社会各类主体投入和参与各类公益广告活动，与省委宣传部、省文明办下发《关于进一步做好“讲文明树新风”公益广告宣传的通知》，全省工商系统按照《关于进一步做好“讲文明树新风”公益广告宣传的通知》要求，注重引导媒体开展“讲文明树新风”公益广告宣传活动，紧紧围绕学习宣传十八大精神，紧扣培育社会主义核心价值观、规范道德行为、生态文明建设等内容，突出公益广告作品的思想性、群众性、艺术性、观赏性、吸引力和感染力，使人们在潜移默化中受到熏陶和教育，充分发挥公益广告在传播文明、引领风尚中的作用，美化城市环境，净化人们的心灵，营造文明和谐的社会氛围，推动公益广告宣传常态化。山西日报社发布公益广告 48 个版面，山西广播电视台发布公益广告 60 小时，山西新闻网发布公益广告滚动播放 136 条，山西华通广告传媒有限公司发布公益广告 70 条次。

四、积极履行工作职能，推动广告行业发展

大力实施广告战略，促进广告业健康发展，是经济活动与文化繁荣发展的需要。广告作为传播大众文化的重要载体，对社会文化价值观形成和变化具有潜化的影响，对提升国家文化软实力和国家文化安全保障发挥着重要作用，有助于宣传企业文化、塑造产品品牌、增强自主创新能力，有助于推动经济结构战略调整，促进产业结构优化升级。全省工商系统发挥指导广告行业发展的职能，积极创新指导方式，搭建广告发展平台，促进广告行业更好发展。一是摸清广告市场底数，找准广告业发展中存在的问题，加强分析研究，有针对性地指导广告行业培育广告发展创新能力，推动广告结构的调整，促进广告业向大品牌及相关的产业链转移，促进广告业健康发展；二是搭建广告行业发展对外交流的平台，采取“走出去、引进来”方式，鼓励广告龙头企业利用自身的资源优势为企业进行宣传，帮助广告业和山西企业达成合作协议，实现联合共赢，提升山西品牌及广告作品创意水准，更好地服务于经济建设；三是山西省工商局领导高度重视，多次指导调研山西广告产业园区筹建工作，多次与清徐县政府等对接洽谈，积极推进项目建设，2014 年 7 月 30 日，山西广告创意产业投资管理有限公司与清徐县政府签订广告产业园区建设协议，并组建了山西广告文化创意产业园区管理委员会，山西广告产业园区建设迈出重要一步，目前山西广告创意产业投资管理有限公司正在和清徐县有关部门协商落实具体事项。

2014 年内蒙古自治区广告监管工作情况

内蒙古自治区工商局广告监督管理处

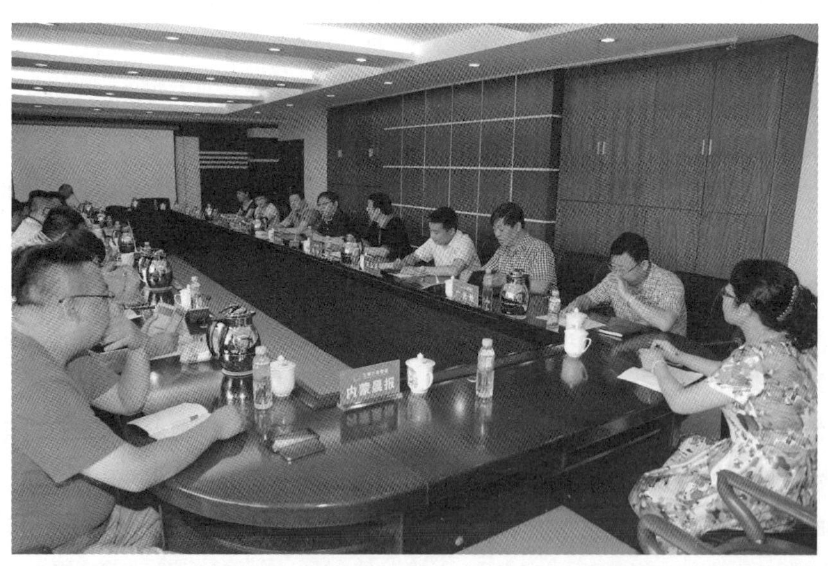

内蒙古自治区工商局领导陪同张国华司长约谈内蒙古、呼和浩特市二级媒体负责人会议

2014 年广告监管工作，以贯彻落实国家工商总局工作要求为主线，以落实年初全区工商工作会议精神为重点，本着在着力治标的同时更加注重治本，在突出专项治理的同时更加注重长效监管，努力营造公平竞争、文明诚信的广告市场环境。

一、以打击遏制虚假违法广告为重点，加大监管力度，营造良好的广告市场发展环境

（一）重点开展对主要媒体和“五类”重点广告的监管工作，狠抓工作落实

特别是把直接关系人民群众健康安全的药品、医疗、保健食品、化妆品、美容服务等“五类”虚假违法广告作为整治重点，进一步加大对电视、报纸、广播、印刷品广告的监管力度；对群众投诉举报的严重违法广告以及违法率居高不下、顶风违规发布违法广告的单位加大处罚力度，有力打击了各类主要媒体发布违法广告行为。

（二）认真开展虚假违法广告专项整治行动

一是按照国家工商总局的要求，从1月20日至6月30日，利用5个月时间对全区电视购物广告进行了专项整治。各盟市工商局重点开展辖区内电视购物广告的监测监管工作，并采取多种形式，开展宣传活动，明示虚假违法购物广告的表现形式及其危害性。责令媒体单位自查自纠和整改，对严重违法的要立即停播。专项行动中重点对全区26个主要电视频道进行了监测，共监测电视购物广告30469条次，涉嫌违法广告1633条次，责令停止发布违法广告1230条次，立案查处违法案件69件，罚没款32万元。二是4月份到6月全区开展了三个月的 “五类”虚假违法广告专项整治行动，整治重点是广播电台、电视台、报纸、期刊等主要媒体发布的医疗、药品、医疗器械、保健食品、化妆品广告。对监测中发现、群众投诉举报、有关部门移送的违法情节严重的“五类”违法广告进行了严厉查处。专项整治中，共下达责令整改通知书280份，立案查处“五类”违法广告案件105件，罚没款92.6万元。三是按照国家工商总局的安排部署，从4月中旬至9月底，开展了互联网广告专项整治行动。组织召开了全区整治互联网重点领域广告专项行动电视电话会议，下发了专项整治行动通知，明确了专项整治的时间、重点和有关要求。各盟市工商局对辖区内重点地区、重点媒介进行了有针对性的集中整治，对各类门户网站、网店进行了认真清查，全区共查询搜索各类网站经营主体1.2万多户，共监测互联网广告8312条，发现涉嫌无照经营、虚假宣传等违法行为线索312条，责令整改违法行为293起，立案查处违法案件13起，罚没款7.35万元，建立网络经营主体档案2475户。并对我区互联网站的设立情况进行了摸底。通过与自治区网监办和自治区通信管理局协调沟通，初步掌握内蒙古自治区审批、设立的互联网站有20000家左右。目前我局正在筹备建设互联网广告监测系统，预计年底前完成安装，并投入使用。四是开展了打击利用广告资讯信息开展非法集资的专项治理活动。为确保开展涉嫌非法集资广告资讯信息排查清理工作取得实效，严防涉及非法集资活动广告和利用公司名义进行的非法集资活动，全区工商部门对所发布的广播电视广告、固定形式印刷品广告进行了排查，并对有关企业及个体经营户进一步加大了宣传力度，利用多种形式，大力宣传国家有关防范和处置非法集资活动的各项政策措施，教育群众自觉抵制非法集资活动，从源头上治理非法集资广告的发布。各级工商部门加大了监管力度，及时发现问题、及早处理，有效遏制非法集资广告的发布行为。在开展整治涉嫌非法集资广告资讯信息工作中，全区共出动执法人员800多人（次），检查各类媒体广告21000多条，户外车体广告3200多条（次），检查各类广告经营户2600多户。经过两个多月的排查工作，未发现需要立案查处的涉嫌非法集资广告。但在此次排查中发现了一些虚假、言辞夸张的小广告1100多份，收缴非法医疗宣传手册520多份，对100多条广告用语不规范的广告进行了规范。

（三）召开主要媒体单位告诫会，并对个别媒体进行约谈

4月8日和8月22日两次召开自治区媒体单位告诫会，对投诉举报多、发布违法广告严重的媒体进行了约谈。责令媒体单位要讲诚信，要以社会责任和社会影响为重，全面落实媒体广告发布的各项制度。通

过告诫、责令整改、约谈、行政处罚等措施，进一步规范了广告发布行为。

（四）认真开展广告监测工作，充分发挥监测通报在监管中的督促整改作用

自治区工商局对纳入日常监管的自治区级15个媒体进行全天候、全覆盖监测工作。前三季度累计监测广播、电视时长80000多小时，监测报刊18000多个版面，监测各类广告642622条次，发现涉嫌违法广告59044条次，违法率为9.19 %，其中涉嫌严重违法广告33233条次，严重违法率为5.17 %，与2013年同期相比下降1.94个百分点。发布《广告监测通报》和《广告监测专报》14期，发送单位包括政府办公厅、党委宣传部和联席会议成员单位及各媒体单位，充分发挥了监测通报在监管工作中的作用，加大了联席会议成员单位对本行业加强指导和监管的力度，提升了综合治理的监管效果。

（五）加强全区各盟市广告的监管，推动全区广告市场秩序好转

按照我局2014年重点工作安排，对全区14个盟市部分电视、报纸、固定形式印刷品等媒体发布广告情况进行了抽查监测，并将药品、医疗、保健食品、化妆品、美容服务等“五类”广告作为监测监管的重点。共抽查监测全区各类广告24265条，监测发现涉嫌违法广告339条，平均违法率为1.40%。从总体上看，与去年同期抽查监测结果相比，广告违法率明显降低，五类广告所占比例大幅减小。对抽查监测情况及时向全区下发监测情况通报，要求各地工商局采取相应的监管措施，对通报的典型严重违法广告要严肃查处，并把抽查监测情况列入年度考核。

（六）对典型严重违法广告进行公开曝光

2014年以来三次对全区主要媒体发布的62条严重违法广告，通过内蒙古电视台、北方新报、内蒙古新闻网、政府信息网等10多家媒体向社会曝光。国家工商总局网站、中国工商报和其他各类网站等多家媒体编辑转载，社会反响良好。

截至10月底，全区共监测各类广告1606101条次，查处违法广告案件187件，罚没款131.95万元，共下达责令改正通知书384件，责令停止发布违法广告2388条（其中我处向自治区级媒体下达责令改正通知书12件，责令停止发布违法广告63条，查办案件7件，罚没款5.55万元；向盟市工商局下达违法广告查处通知书23份，责令停发违法广告136条）。

2014年1月至7月，国家工商总局共抽查监测我区媒体广告18207条次，涉嫌严重违法广告467条次，平均违法率为3.07%（全国平均违法率为8.59%），比全国平均违法率低5.52个百分点；我区1—7月在全国36个省市平均排名为第11名。从国家工商总局和我局监测中心监测情况看，广告违法率大幅度下降。2014年上半年我局被国家工商总局评为全国工商系统广告监管工作先进单位，并予以表彰。

二、指导和推动广告业健康有序发展

一是根据总局要求，对包头国家广告试点园区2014年建设和运营情况进行了总结评估，并对建设和运营情况上报国家工商总局。

二是在2013年年底对全区广告业普查调研的基础上，上半年对自治区广告市场主体情况、经营情况、注册资金情况、户外广告基本情况以及广告业发展现状、特点、存在问题和措施、建议等方面进行了统计和调研分析，并初步形成了“自治区广告业发展情况分析报告”。截至2013年年底，全区广告经营单位共计8643户，广告从业人员共计52468人，年实现广告经营额共计357682.19万元。

2014 年辽宁省广告监管工作情况

辽宁省工商局广告监督管理处

辽宁省广告媒体行政约谈会

年初以来，辽宁省工商局广告工作以提高监管服务效能为核心，研究把握广告监管规律，规范广告主体行为，深入整治广告市场秩序，一手抓监管，一手抓服务，各项工作取得了较好成效。

一、加大执法监管力度，规范广告市场秩序

（一）认真开展广告整治行动，切实履行监管职责

先后开展了护眼用品广告、互联网广告、电视购物广告、非法集资专项清理、美容美发行业侵权违法行为整治等系列整治工作，始终保持对虚假违法广告的持续高压严打态势。全年各级工商机关共查办违法广告案件 678 件，罚没金额 834 万元。在整治活动中，全省各级工商机关共出动执法人员 930 人次，检查各类网站 1714 个、有关企业 182 家；举办广告法规培训班 15 次，培训人员 1560 人；监测互联网广告 15198 条次，以护眼用品广告为重点，监测药品、保健食品、保健用品、消毒产品、医疗器械、医疗服务等重点领域广告 3632 条次；受理投诉举报 45 次，全部处理完毕。通过整治行动，广告审查制度得以执行落实，依法经营理念得以增强，为从广告发布环节上切断违法广告传播渠道奠定了坚实的基础。

（二）发挥牵头作用，完善广告发布管理联动机制，切实提高监管工作效能

作为整治虚假违法广告联席会议牵头单位，我局以更加主动的姿态和作为赢得更有力的支持和配合，不断增强监管合力与实效。一是坚持联席会议制度。我局每季度召开一次有宣传、新闻出版广电、卫生计生、食品药品监管、通信管理等部门参加的联席会议，通报情况，研究分析各阶段广告监管工作中存在的薄弱环节和突出问题，明确工作重心和努力方向。二是创新工作方式。积极争取省委宣传部的大力支持，于 7 月 30 日召开辽宁省广告发布管理电视电话会议，会

上成员单位联合下发了《关于进一步加强大众传播媒介广告发布管理工作的通知》，对全省各级媒体广告发布管理工作提出了明确要求，对完善部门联动机制、加强责任追究做了周密部署，有力地维护了公平竞争的广告市场环境。省局根据总局监测平台信息，对严重违法的辽宁老年报社主管部门下发行政建议书，一是督促辽宁老年报社立即停止发布违法广告，并暂停辽宁老年报社广告经营业务 3 个月，进行整改。二是追究报社负责人及广告部门负责人的责任，给予党纪政纪处分。接到我局行政建议后，该报主管部门领导亲自上门承认错误，自行整改并做出了停止广告业务、主管副主编、广告部负责人调离现有岗位的处罚决定。

（三）强化责任意识，认清监管形势

面对我省广告监管的严峻形势，召开各市分管副局长、广告处（科）长参会的全省广告监管工作座谈会。通报了国家总局监测的我省广告发布情况、各地查处案件情况，分析了当前我省广告发布及监管工作形势，指出了存在的问题。主管局长就正确认识当前广告监管工作面临的形势、客观分析存在问题的原因、改进和加强广告监管工作、强化责任意识等方面提出了解决思想认识问题、把握工作原则、确定工作目标等具体工作要求，为进一步加强我省广告监管工作指明了方向。

（四）强化监管措施落实，发布违法广告警示公告

年初以来，根据广告监测情况，各地联合或单独卫计委、食药监、新闻出版广电等部门面向社会发布《违法广告警示公告》共计 43 期，公开曝光了辽宁卫视频道发布的虾青素等 656 条违法广告，揭露违法广告违法情形，警示消费者谨慎消费，震慑了违法行为。

（五）积极转变监管方式，大力推行行政指导

坚持执法与指导并重，提升监管工作效能，树立良好执法形象。一是上门督促指导。从 2014 年 2 月下旬开始，省局利用近半个月的时间，深入辽宁广播电视台、东北新闻网、辽宁老年报、华商晨报、时代商报等 15 家省级媒体，上门开展面对面的行政指导，全面检查广告承接登记、发布审查等制度的建立执行情况，对部分媒体制度不健全、广告审查流于形式等问题，当场以书面形式反馈了整改意见，督促媒体落实相关制度、积极开展自律。二是开展行政约谈。省局针对辽宁广播电视台、辽宁老年报等媒体违法广告发布量大、违法率高等情况，先后五次召集其负责人进行行政约谈，共下达《责令整改通知书》12 份。全省各地也广泛开展了行政指导、行政约谈，取得了较好的工作效果。

（六）以国家工商总局广告监管平台试运行为契机，提高广告日常监管大数据水平

我局充分利用国家工商总局广告监管平台显示的本省各地区广告违法量、广告违法率、执法办案数量等指标的排名，以多种方式对各地广告监管工作提出意见和要求，并以此为依据查处跨市域违法广告案件，初步奠定了全省广告执法协作一体化的数据基础。同时，对该平台下拨的违法广告线索、广告违法率、违法量、时长及版面、违法性质等综合指标，定期通报给各媒体单位负责人、媒体主管部门，督促媒体严格自律。

二、多措并举，积极推动广告业健康发展

年初全国广告工作会议结束后，我局深入论证，科学研判，认为当前我省广告业正处于难得的提质升级的战略机遇期，应当乘势而上，进一步借力和发力，推动广告业健康发展。

一是加强组织保障。在 2014 年省局广告处工作任务极为繁重、要事大事空前集中、人员相对紧缺的情况下，省局党组研究决定，安排一位副处长主抓指导广告业发展工作，授权抽调市工商局精干力量组成课题组，牵头深入广告经营企业征求意见建议，积极开展调查研究，并联合沈阳工业大学等高等院校开展课题论证研讨，提供广告业发展的理论支持，《关于促进辽宁省广告业健康发展的若干意见》已经形成初稿，正待上报省政府审定。

二是积极指导广告园区工作。在总局前期评估基础上，省局将对本省广告园区的建设水平逐一分析，查找不足，总结经验，督促各园区用好财政补助资金，对问题较多的园区组织跟踪指导，并建议地方政府依循市场规律，建立促进广告园区发展的政策机制，探索符合规律和实际的广告业发展模式。

三是深入调查研究。为掌握全省广告业主体规模，经营状况、发展诉求，摸清广告市场底数，制定广告业相关政策的科学依据，省局印发通知，在全省范围内开展了广告业发展基本情况调研工作，《通知》对调研内容、时间安排、调查对象及方式做了明确部署，对工作开展提出了具体要求。各市局调查问卷及调查表将于下月中旬上报省局。通过此次调研，将有针对性地制定更有效更具体的促进广告业健康发展的办法，出台有利于广告业发展的政策，切实提高科学指导广告业发展的能力，提升公共服务水平。

四是支持指导广告协会提升服务水平、调整行业管理体制。一是举办大众传播媒介广告发布审查培训班。为支持广告协会提升服务会员水平，增强广告协会成员单位广告发布审查能力，于 8 月 15 日在辽宁金剑大厦举办了全省大众传播媒介广告发布审查培训班。省、市、县级广播电视、报纸期刊以及互联网信息服务单位等大众传播媒介单位广告部负责人总计 200 余人参加了培训。培训特邀国家工商总局广告司监督和案件指导处江雁明处长主讲。江处长对照现行《广告法》，就新修订《广告法》新政策法规亮点进行解读，并对全国大众传播媒介广告发布审查、广告业发展的相关情况以及总局广告监测大数据平台的运行情况进行了通报和交流。这次大众传播媒介广告发布审查培训，受到了参加培训人员的欢迎和支持，推进了大众传播媒介广告审查工作深入开展。二是顺利完成行业组织脱钩工作。为全面贯彻落实省委办公厅、省政府办公厅关于《党政机关办协会等有关问题整改方案》及《辽宁省广告协会脱钩工作方案》要求部署，经过广泛调研、慎重选择会长、副会长、常务理事等组织机构人选，按照“提供服务、反映诉求、规范行为、加强自律”的要求重新修订了《章程》，完善了相应的工作制度，召开了辽宁省第四届广告协会会员代表大会，圆满完成政府与社团组织的脱钩，保障了行业组织规范有序的市场化运作。

2014 年吉林省广告监管工作情况

吉林省工商局广告监督管理处

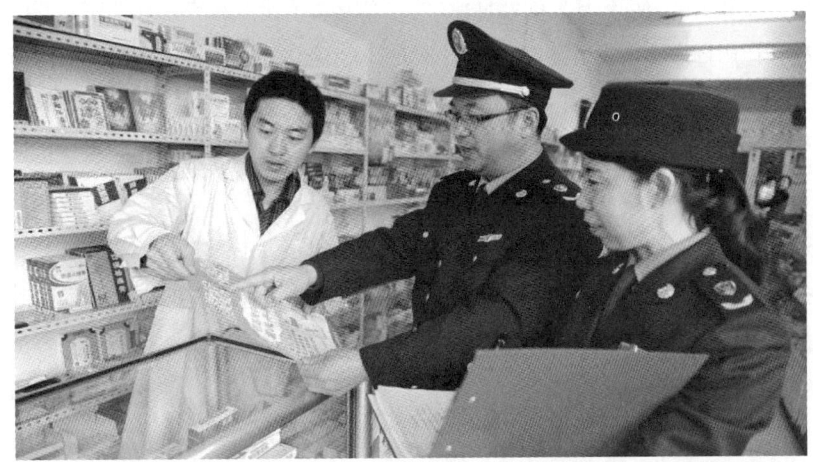

吉林市工商局昌邑分局对虚假违法医疗广告进行集中检查

2014 年度，在国家工商总局和省委、省政府的正确领导下，吉林省工商局高度重视广告工作，始终把广告工作摆在重要位置，不断加大工作力度，突出重点，强化广告市场监管，创新手段，促进广告业健康发展，全省广告监管与指导广告业发展工作实现同步推进。

一、广告市场秩序持续向好

一是监管执法力度不断加大。全年召开三次监管联席会议，省委宣传部均予以高度重视和支持，宣传部常务副部长每次都亲自出席并主持会议，对全省虚假违法广告整治工作、省直相关广告监管部门和媒体单位都作出有针对性的部署和要求，充分发挥了广告监管联席会议机制作用，切实提升了省直相关部门广告监管合力，提高了联动执法力度和效力，对联合打击群众反映强烈、扰乱广告市场秩序的虚假医疗、药品、保健食品、医疗器械、化妆品等严重违法广告，起到了很好的效果，对涉及民生安全的严重违法广告，发现一起严查一起，有力震慑了虚假广告违法发布行为，有效遏制了严重违法广告的蔓延势头。整治行动开展以来，总局监测通报结果显示，我省在全国排名位次明显上升，多个月份排名在前 20 名以内。

二是广告审查和监测力度持续强化。以落实《大众传播媒介广告发布审查规定》为契机，指导媒体建立完善广告审查制度，把新修订的《广告法》作为培训重点，组织开展了大规模的广告审查员普法培训，使媒体和广告经营单位充分了解《广告法》的修订原则和主要精神，提高了行业自律意识，增强依法审查广告的能力。

三是监管机制举措不断创新。积极开展广告监管制度创新工作，探索性地开展了媒体信用评价体系建设，健全完善并有效发挥了曝光、公示制度作用，起草了媒体信用考核指标和评价办法，向广告监管相关部门和新闻媒体单位广泛征求意见，还参照外省经验和模式，起草了网络广告监管制度，积极探索网络媒介等新领域广告监管途径和方法，着力通过制度约束媒体广告发布行为，强化媒体自律意识。

四是广泛宣传营造监管良好氛围。会同省委宣传部通过媒体对历次整治活动进行了全面报道，采取网上宣传、走访宣传、边检查边宣传等多种形式大造声势，营造群众、社会各界合力监督的良好氛围，有力震慑违法发布行为。今年我们还扩大了宣传和培训规模，增加培训内容，为《广告法》修改做足超前宣传和渗透预热，通过宣传和培训，不断推进媒介单位加强自律，净化广告发布环境，有效增强了源头治理力度。

全年共监测广告 2160535 条（次），监测出涉嫌违法广告 417800 条（次），涉嫌严重违法广告 291662 条（次），严重违法率为 13.5%。立案查处违法广告案件 313 件，收缴罚没款 720 万元，公开公告 171 次，曝光违法广告 12 个批次，停止广告发布 1064 条（次），下达《责令整改通知书》160 余份。经过一年来的不懈努力，整治效果逐步显现，广告市场秩序持续向好。

二、指导广告业发展工作得到总局表扬

一是积极争取政府对广告园区建设给予支持。向省政府起草并上报了《关于将我省广告创意（文化）产业示范园区地方配套资金列入省财政预算的请示》（吉工商广字〔2014〕16 号）。得到马俊清副省长的大力支持，在文件上做了重要批示“请财政厅研究予以支持”。由局主要领导和主管领导亲自带队，组织园区企业积极参加在北京召开的第四十三届世界广告大会，宣传吉林广告品牌的同时，推介我省经济、文化、旅游等资源，参观、学习发达省份广告产业试点园区。不断加强与园区承建企业的联系，督促指导其向发改部门申请更改项目数据，指导其向财政部门逐级申报、申请 2013、2014 年度中央财政专项补助资金。6 月，省政府正式批准同意了省财政厅《关于对我省广告创意（文化）产业国家试点示范区项目所需资金的意见》，向园区拨付专项发展资金 5000 万元。目前，我省广告园区已成功获得中央财政和省级财政

共计 1.2 亿元支持。

二是加强指导努力提升广告企业核心竞争力。加强对广告企业的分类指导，鼓励广告龙头企业创新，做强；搭建校企合作等平台，引领广告企业不断提升创意水平、制作水平和营销水平，进一步推进了广告企业的品牌建设工作，会同广协制定年度广告业品牌培育工作方案，对 18 户广告企业进行了重点培育，推荐参加国家级资质评定。其中，申报一级资质广告企业 7 家，申报二级资质广告企业 11 家，推动广告企业向专业化、规模化、品牌化方向发展。

三是组织开展公益广告活动。在全省范围组织开展了“我们的价值观”2014 年公益广告大赛。会同省广告协会邀请到国际广告大师、省内广告业界多名创意人士和高校学子就公益广告创意思路、技巧等问题进行了培训授课和互动交流；对省内设有广告相关院系的 12 所高校的 500 多名大学生进行了公益广告创作培训。努力实现在降低违法广告投放比例的同时，弘扬正风正气，提升广告宣传正能量。

截至 2014 年年末，全省共有广告经营单位 9932 户，广告从业人员 41468 人，广告经营额 39.1 亿元，同比分别增长 77.99%、15.31%、12.12%。在全国工商系统广告工作会议上，我局指导广告业发展工作得到国家工商总局发文（《工商总局关于通报表扬全国工商系统实施广告战略和广告监管、指导广告业发展工作先进单位的通知》工商广字〔2014〕74 号）表扬。我局在中国工商报发表的倡导绿色广告频道宣传稿件，被省政法委和省综治办评为全省政法综治优秀新闻作品。

2014 年黑龙江省广告监管工作情况

黑龙江省工商局广告监督管理处

黑龙江省工商局召开全省广告行业发展工作座谈会

2014 年，我们着眼全面履行广告工作职责，坚持一手抓广告监管，一手抓广告业发展，把监管工作“做实”，把发展工作“做亮”，用净化广告市场成果营造公平竞争的发展环境，用促进广告业发展成果引导健康诚信的市场环境，并通过完善制度机制和实施创新驱动的方法，全力推动全省广告工作提档升级取得了新成绩。在2014年4月召开的全国广告工作会议上，省工商局被评为“全国工商系统广告监管工作先进单位”，并以“多管齐下，严管重罚，全面围堵和持续打压虚假违法广告”为题介绍了经验。

一、精心谋篇布局，统揽全省广告工作有序开展

着眼提升广告工作档次水平，统筹规划，系统安排，突出重点，把握节点，不断增强全年广告工作的全面性、系统性和规范性。1月初，出台了《广告监测监管执法11项制度》，并将11项制度通报给成员单位、省城媒体和市地工商局，发挥了示范引领和警示告诫作用。1月底，制发了《2014年全省广告工作要点》，明确全年工作目标、任务、思路、方法和措施等，发挥了凝聚战线和聚集重点的作用。2月20日，在鹤岗召开了2014年全系统广告工作会议，召开了鹤岗规范化广告监测室建设现场会，学习先进，交流经验，组织培训，总结工作，安排任务，发挥了动员部署和统领全年作用。4月29日，召开了2014年全省整治虚假违法广告联席会议，通报情况，交流做法，报告工作，部署任务；制发了《关于完善黑龙江省整治虚假违法广告联席会议制度的通知》，调整组成部门、主要职能、工作方式、职责分工，发挥了坚定信心和形成合力作用。5月26日，制发了《关于开展整治互联网重点领域广告专项行动的通知》，明确整治重点、方法、要求等，发挥了指导基层和推动落实作用。5月28日，举办了全省广告监测员和审查员培训班，省市60家媒体广告审查员和14个市地工商局广告监测员共120人参加学习，宣讲广告法律法规和广告监测审查标准，明确媒体广告审查把关责任，介绍国家广告数据中心全覆盖监测功能，发挥了统一标准和提高能力作用。6月23日，召开了全系统广告科（处）长会议，出台整治市地电视台违法广告3种情况16条措施，部署加强市地媒体广告监管等下半年重点工作，发挥了承上启下和鼓劲加油作用。8月8日，制发了《关于在全省开展整治市地电视台违法广告百日执法行动的通知》，安排整治时间、对象、内容、方法、要求等，发挥了聚焦问题和集中整治作用。

二、保持高压态势，巩固全省广告市场整治成果

牢固确立广告监管是第一职责的理念，十分珍惜2013年来之不易的整治成果，千方百计巩固和发展这个成果，始终保持高度警惕和高压态势，全力以赴遏制违法广告反弹和防止排名下滑。据国家局监测通报，2014年前8个月我省在全国每月平均排名25位。

一是加大广告监测力度。结合不同阶段、不同对象、不同任务等实际，灵活运用普遍监测、抽查监测、集中监测、暗访监测等方法，不断增强广告监测的针对性和实效性。严格落实信息采集、样品录制、登记统计、初审复审、分析报告等日常监测制度，广泛采取多种措施用好监测结果，不断增强广告监测规范性和使用效益。组织对省城9家报纸全覆盖监测，加强对省城3家电视台和2家广播电台抽查监测，指导市地工商局开展规范化监测活动，形成了快速准确、实时动态的广告监控机制。全系统共监测广告500562条次，发现违法广告28876条次，制作监测分析报告182份。二是加大停发监督力度。对省局监测发现的违法广告，每周下达一次停发通知书；对国家工商总局监测发现的违法广告，每月下达一次停发通知书；对群众举报、部门移送的违法广告，随时下达停发通知书；并对违法媒体实行跟踪监测、监督停发、推动整改，有效遏制了媒体违法广告持续泛滥。全系统共下达停发通知书678份，涉及违法广告17993条次，推动媒体停发和整改违法广告13245条次。三是加大通报评比力度。每月将国家工商总局、国家食药总局、省工商局、各市地工商局广告监测结果，通报给各级联席会议成员单位、违法媒体主要领导、违法媒体广告部和属地工商局，充分运用违法公开、数据分析、排名对比、责任追究等方法，推动各成员单位协同监管，促进违法媒体加强自律，指导基层工商局实施查处，形成了一个波次又一个波次的高压态势，增强了

整治违法广告的透明度和协作力。全系统共通报违法情况100次，涉及违法广告958条次。四是加大约谈告诫力度。对违法广告叫停不停、居高不下、趋势危险的新闻媒体，对违法广告情况严重、排名靠后、拖省后腿的市地工商局，适时组织对单位责任人进行告诫谈话，通报违法事实，指出违法原因，提出整改措施，规定整改时限，促进了监管与被监管主体强化执法和完善自律。2014年11月27日，省工商局举行省城医疗和美容违法广告告诫会，有80家医院和美容院参加会议，通报违法情况，指出突出问题，明确合法标准，提出整改要求，发挥了警示教育作用。全系统组织告诫谈话112次，涉及谈话人员747人。五是加大公示监督力度。每月将国家工商总局、省工商局监测发现的严重违法广告，分别在红盾信息网、东北网、黑龙江信息港、黑龙江新闻网、哈尔滨新闻网等5家网站上公告曝光，让违法广告受到全社会监督和谴责，让老百姓得到消费警示和消费提示，让违法广告如过街老鼠人人喊打。省工商局公告曝光违法广告24期、涉及违法广告1563条次；各市地工商局公告曝光违法广告22期、涉及违法广告239条次。六是加大督办整治力度。针对6个市地广播电视台在全国监测排名落后、拖我省后腿的突出问题，分别组织6个市地工商局对广播电视台开展专项整治月活动，通报严重违法情况，提出整治月意见，实施告诫谈话，组织情况反馈、宣传整治经验，推动了各市地专项整治月活动取得实效。七是加大立案查处力度。加大对重点违法媒体的查处力度，集中组织对《新晚报》8条严重违法广告进行立案查处，一次性缴罚没款130万元。加大对上级交办案件的查处力度，组织对国家工商总局交办的省电视台2条严重违法进行立案查处，收缴罚没款14.4万元。加大对违法广告主的查处力度，组织对“藏秘双宝、参鹿扶正片、超龙美容院、焦视眼科医院、禾力康美容院”等8家严重广告主进行立案查处，收缴罚没款80.6万元。全系统共查办违法广告案件339件，收缴罚没款430.65万元；其中省局广告处办案18件，收缴罚没款225万元。八是开展百日执法行动。针对市地电视台违法广告强烈反弹、愈演愈烈的严峻形势，从2014年9月开始，在全省开展了整治市地电视台违法广告百日执法行动。每月在推进市地工商局扎实做好5项整治工作的同时，省工商局连续9、10、11三个月，每月同时派出4个督查组，每个督查组负责3个市地，采取暗访监测和明查督办的方法，对各市地开展百日执法行动情况进行督查，共9次监测发现市地电视台31条严重违法广告，指导市地工商局纠正整治工作5个突出问题，每月给各市地工商局、分管市领导和市委宣传部长通报一次督查情况，组织市地工商局对暗访监测发现的严重违法广告实施立案查处和情况反馈，遏制了市地电视台违法广告反弹趋势，提升了市地工商局广告监管能力水平。

2014年，我们还按照国家工商总局和省工商局的统一部署，分别开展了电视购物广告、互联网广告、农资广告、旅游广告等专项整治行动，都取得了一定成效。

三、主动有所作为，促进全省广告业稳步发展

牢固确立促进广告业发展是重要职责的理念，立足工商职能，坚持主动作为，突出服务重点，破解发展障碍，围绕增加总量、扩大规模、调整结构、提高品质等方面，扎实推进全省广告业稳步发展。全省广告经营单位有4772户，新增331户，同比增长7.45%；广告从业人员有27501人，新增2454人，同比增长8.92%；广告经营额有48.5589亿元，新增3.2562亿元，同比增长7.19%。一是谋划广告业发展宏观政策。组成专门调研组，开展千份问卷调查，召开4次座谈会，实施统计数据分析，形成了《关于促进全省广告业更好更快发展的调研报告》。在此基础上组成起草小组，查阅16份上级有关文件，借鉴21个省区市做法，召开全省广告业发展座谈会，征求意见和建议28个方面，组织2次审议和6次修改，代省政府完成了《关于大力促进广告业发展的意见》和《关于起草〈关于大力促进广告业发展的意见〉

的说明》，为省工商局向省政府推荐发文提供了基础材料。二是畅通广告市场准入渠道。先后制发了《关于授权烟草广告、固定形式印刷品广告、外商投资广告企业、外商投资广告企业设立分支机构审批工作的通知》和《关于推进两项广告审批权限下放落实的通知》，积极推进广告经营许可证、户外广告、烟草广告、固定形式印刷品广告、外商投资广告企业、外商投资广告企业分支机构等6个审批事项下放落实到位，为广告市场主体提供便捷准入服务。三是扶持重点广告企业率先发展。把全省139家大户广告公司作为省、市地工商局重点扶持对象，实行联系重点广告企业制度，围绕开展“调研分析工程、政策扶持工程、市场准入工程、人才培育工程、融资畅通工程、资质评定工程、品牌宣传工程、公益广告工程、哈尔滨园区挂牌工程、中国国际广告节申办工程”等十大工程活动，推动重点广告企业向“量大、质优、企强”方向发展。四是推进哈尔滨广告园区加快建设。两次深入园区调研推进，形成了《关于哈尔滨广告园区建设与运营情况报告》。协调省、市政府解决园区管理机构编制和园区建设配套资金等问题，推动省、市政府出台扶持入园企业优惠政策。指导园区接受国家专家组考评。组织园区向国家工商总局申请挂牌。引导全省重点广告企业入园发展，使入园企业达310户，经营额达20亿元。在2012、2013年分别为园区争取3000万元、2000万元国家财政补助资金后，2014年又为园区争取到500万元国家财政补助资金。五是开展公益广告宣传活动。组织2014年全省“讲文明树新风”优秀公益广告评选活动，全省有1026件平面类、影视类、广播类作品参加竞赛，共评出金奖4件、银奖9件、铜奖16件、优秀奖111件、组织奖7个单位。组织2014年全省“讲文明树新风”公益广告获奖作品展览周活动，在哈尔滨中央大街防洪纪念塔设立展板60块，展出获奖作品156幅。组织2014年全省“讲文明树新风”公益广告获奖作品刊播月活动，建立2012至2014年2236件公益广告获奖作品资源库50套，为14个市地和2个直管县市工商局各配发1套，分别组织同级报纸、电视、广播利用一个月时间刊播公益广告获奖作品，发挥了社会影响力和感召力。

2014年，我们还组织参加了北京第43届世界广告大会和贵阳第21届中国国际广告节，发挥了重大活动促进全省广告业发展的作用。

2014 年上海市广告监管工作情况

上海市工商行政管理局广告监督管理处

上海市工商行政管理局开展整治虚假违法医药广告专项行动电视电话会议

2014 年广告管理工作积极顺应市场准入制度、市场监管体制和市场监管方式的改革创新，转变职能、创新管理、服务群众、强化执法，上海广告市场继续健康发展、规范可控。自贸试验区外商投资广告企业项目备案制试点效果明显，区内新增外商投资广告企业数占全市增量的七成，改革试点经验国务院发文在全国复制推广；全市广告市场执法力度持续增强（罚没额增长 38%），在全国工商系统十佳广告监管案例中上海名列前三，并在十佳网络监管案例中上海的广告案例也位居其一，佳洁士牙膏虚假广告单案处罚 603 万元创历史之最；全市主要媒体广告违法率明显下降（低至 0.27%），为专项整治开展十年来最好时期之一，在国家工商总局开展的重点类别广告月度抽查监测中，上海地区的媒体广告守法率继续保持全国前列；互联网广告监管执法形成规模和机制，广告监测数和案件查办数比例均接近或超过半数，在全国工商系统领先并多次在总局会议和《工商行政管理》半月刊上交流推广。市局荣获“全国工商系统实施广告战略工作先进单位”称号。

一、主动作为、狠抓落实，广告业发展指导稳步推进

一是推进和完善自贸试验区外商投资广告企业项目备案制。公布相关程序、注意事项和备案表样，明确分工，企业登记窗口一门受理，广告部门整理数据并实施后续管理。自备案制实施以来，区内新增外商投资广告企业 58 户，占全市增量的 72%。

二是支持和推进国家广告产业园区建设，指导中广基地开展绩效评估。中广基地在首轮评估中荣获 A 档优良成绩。2014 年中广基地共注册有广告企业 1175

户，全年营收150亿元，缴税8亿元，同比分别增长22%、48%和28%。

三是科学扎实开展广告统计等行业发展基础工作。连续第三年发布《上海广告市场状况报告》白皮书；精心筹划落实年度全市广告业普查前期准备工作；依据总局新的数据标准调整完善相关业务指标。

四是指导市广告协会开展行业技术规范和竞争行为规范。《广告灯箱设置安全技术规范》（地方标准）已正式获批公布，《显示屏广告设置技术规范》已完成地方行业标准评审。协调开展广告公司返点折扣问题专题研究，指导市广协规范行业竞争行为。

五是推动公益广告活动，督导户外公益广告发布。继续指导开展“申通德高杯”公益广告创意大赛和上海大学生国际广告节等活动，组织创作发布“真实是广告的生命”主题系列公益广告作品，并配合协调开展工商职能主题的其他各类公益广告宣传，取得良好社会传播效应。组织相关分局（区局）开展行政指导和执法辅助，督促户外公益广告发布法定义务的切实履行。

二、发挥优势、突出重点，广告监管执法持续加强

一是继续发挥联席会议的综合治理优势。加强横向联动，与有关部门专题研究新闻媒体专版广告监管、医疗机构自设网站信息管理问题以及虚假广告行刑衔接细化方案；组织开展联合督查与集中监测。

二是开展重点领域广告专项整治。除自行确定医药保健、食用营养、美容化妆、教育培训、房产销售、艺术收藏六大类广告作为本市重点整治对象外，还积极参与全国性的电视购物、互联网重点领域广告的专项整治，经过重点整治、案件查办、案例公告，重点类别广告违法率由上年的0.97%降至0.65%，呈明显下降态势，基本实现了整治工作目标。

三是发挥集约化监测作用，着力提升监管效能。新增东方购物电视频道全国版等5个媒体为日常定向监测对象。市局广告监测中心全年共监测各类媒体广告223.29万条，监测（条次）违法率0.27%，达到0.3%以下的低位，较上年下降0.08个百分点。在国家工商总局开展的重点类别广告月度抽查监测中，上海地区的媒体广告守法率继续保持全国前列。

四是持续加强处罚惩戒力度，保持执法高压威慑。全年共查处各类违法广告案件2716件（其中虚假广告案件1906件），罚没款7477万元，案件罚没均值2.75万元，罚没款和平均罚没值分别大幅上升38%和59%。其中佳洁士牙膏虚假广告案罚没603万元，创单案历史新纪录。

五是指导发布广告信用评价报告，推进广告诚信体系建设。指导市广告监测中心依托广告监测多项指标作为依据，对93个本市主要大众传播媒介、32个行业广告进行分值、等级评价，探索开展广告信用分类监管，提高监管效能。

三、服务基层，优化队伍，广告管理基础巩固夯实

一是多层次走访基层，落实群众路线主题教育活动成果。分组走访各区县，实地了解户外广告、店堂广告和医院内外印刷品广告的监管情况，听取一线监管干部的工作意见和建议，现场解答指导有关业务问题。

二是多渠道指导业务，丰富管理知识。在广告处OA主页新增《户外广告审查标准》专栏、编发《关于电视购物广告费用计算的问题》、《互联网医疗网站违法广告举报处理意见》等业务问答进行指导，组织开展电影广告、互联网广告监管执法和移动互联网广告监管调研，撰写专题论文，组织开展“新媒体广告营销”系列讲座，及时梳理总局废止的规范性文件明确新的工作口径。

三是多形式督导办案，强化对违法广告快速反应。通过个案督办指导、批量听取汇报、科长例会通报、查办结果考核等多种形式开展案件督导，服务基层，指导推进，强化实效。会商有关处室及时明确法律适用和定性问题，为基层执法明确工作口径。

2014 年江苏省广告监管工作情况

江苏省工商局广告监督管理处

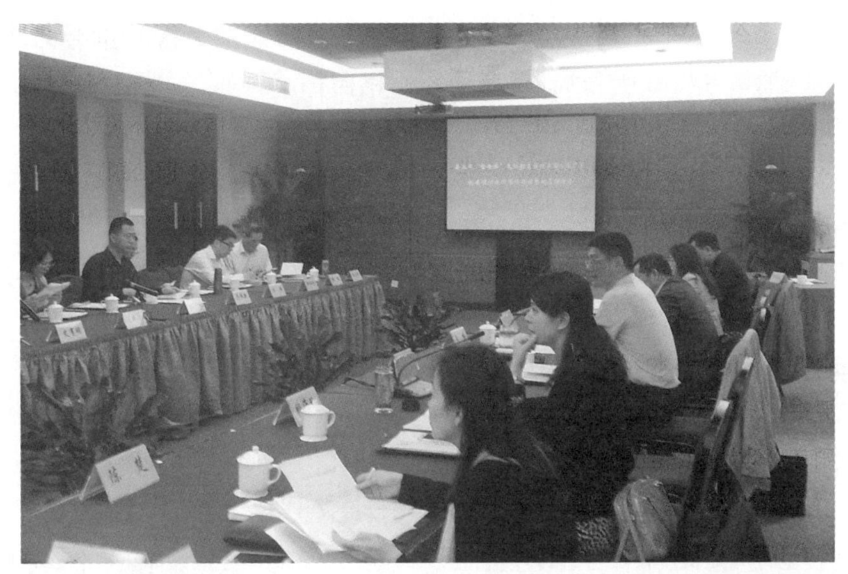

江苏省第二届“紫金奖”文化创意设计大赛公益广告创意设计专项赛作品征集动员部署会

2014 年全省广告管理工作在省局党组的正确领导下，按照省局工作部署的要求，以全面实施广告战略、促进广告业发展为目标，以深入打击虚假违法广告行为为保障，建立健全广告监管综合执法机制，强化服务便民意识，实现广告行政许可工作服务转型升级，依法规范行政行为，切实维护良好广告市场秩序，全力推动全省广告业又好又快发展。截至 12 月，全省共查处广告案件 2787 件，罚没金额 2893.2369 万元；省局被国家工商总局评为全国工商系统实施广告战略工作先进单位；南京、无锡、连云港工商局被评为全国工商系统广告监管先进单位。

一、加强监管，努力营造良好广告市场环境

（一）加大监管力度，打击虚假违法广告行为

2014 年以来，继续保持打击虚假违法广告的高压态势，在加大日常监管的同时，开展多次专项整治行动，有力打击了各类主要媒体发布违法广告行为，取得了明显成效。1 月，根据商务部等七部门统一部署，开展了为期 6 个月的电视购物广告专项整治。为全面规范我省购物类广告发布行为，我局拓展了整治范围，对报纸发布的购物广告也同时进行整治。整治工作取得了较好的效果，我省电视购物广告违法率明显降低，基本杜绝严重违法电视购物广告，并被国家商务部通报表扬。整治行动期间，全省各级工商机关共监测电视购物广告 50495 条次，责令停止发布 1442 条次，立案查处 15 件，罚没款 16 万元。3 月，根据省局统一部署，开展了全省房地产广告专项整治行动，主要是对情节严重，影响恶劣，群众反映强烈的违法房地产广告进行查处，通过集中整治，有效规范了广告主、广告经营者、广告发布者的经营行为，实现了全省房地产市场健康

有序发展。整治期间，共监测房地产广告147314条次，立案查处677件，罚没款569.78万元。4月，按照《工商总局等八部门关于开展整治互联网重点领域广告专项行动的通知》要求，省工商局、省委宣传部、省互联网信息办公室、省通信管理局等八个部门于4月下旬至8月31日，联合开展整治互联网重点领域广告专项行动。整治内容包括保健食品、保健用品、药品、医疗器械、医疗服务等重点领域的网络广告及信息。整治期间，各地分别对辖区内大型门户网站、搜索引擎类网站、视频类网站、电子商务类网站、医疗药品信息服务类网站、医药企业及医疗机构自设网站进行全面巡查，对发现的严重虚假违法广告重点打击，严厉查处。整治期间，全省共监测网络广告107090条次，立案调查142件，罚没款208.67万元。

（二）开展青奥广告管理工作，保护青奥知识产权

2014年8月，第二届青奥会在南京举办。全省工商系统广告条线立足职能，提前谋划，周密部署，采取多项措施，打击侵犯青奥知识产权广告宣传违法行为，加强青奥知识产权保护。由于举办地在南京，侵犯青奥知识产权违法行为主要发生地也在南京，所以在研究具体保护措施，制定具体工作方案阶段，省局、南京市局多次召开碰头会，对方案的每一个细节认真研究，沟通协调，确保万无一失。为防止省内其他地区发生侵犯青奥知识产权行为，做到不留死角，还在南京召开了全省青奥会广告管理保障工作会议。

（三）加强广告监管综合执法、形成监管合力

2014年以来，为提升广告监管效能，形成监管合力，我们在加大监管力度的基础上，充分调动各方面的力量，实行综合执法。一是充分发挥整治虚假违法广告联席会议成员单位的作用，加强部门之间的合作，实行联合约谈、联合督查。在电视购物专项整治行动中，与商务、广电、药监等部门组成联合督查组，对全省多地进行督查，发现问题，现场交办，取得了很好的整治效果。二是与经检、消保等工商系统内部条线密切配合。在房地产专项整治行动中，我省多地广告与经检条线紧密配合，增强执法力量，加大执法力度，有力打击了广告违法行为；与消保条线协作，切实维护了消费者的合法权益。三是全省广告条线按照“统一监测标准”、“统一监管方式”、“统一执法力度”的“三统一”的工作制度的要求，各有侧重、相互衔接、实行层级执法、合力执法。

（四）加大行政指导力度，督促媒体严格自律

一是针对一段时期监测和监管中发现的媒体存在的突出、典型问题，主动送法上门，更加注重事前防范。在电视购物专项整治行动期间，针对我省江苏电视台好享购频道广告存在的问题，我处将该频道发布的违法广告进行收集整理，主动上门，进行实例讲解，生动形象，取得了很好的效果。在全国电视购物频道广告监测排名中，好享购频道基本杜绝了违法广告，排名第二，仅次于央视购物频道。二是抓住媒体广告发布这一关键环节，采取行政约谈、行政告诫、行政建议等方式，要求媒体正视和纠正广告违法问题，把好广告审查关。截至10月，全省共行政告诫违法广告8650条次，责令停止发布违法广告15644条次，省局共发出行政告诫书300余份。6月，与广电、药监、新闻出版等部门会同南京市工商局对驻宁媒体上半年广告发布突出问题进行行政约谈，要求其进行整改，督促其加强自律。

二、强化指导，积极推动广告业健康科学有序发展

（一）深入推进广告产业园区建设工作

2014年以来，省局广告处一方面继续深入推进南京、常州两家国家广告产业园区建设运营工作，另一方面重点加强对无锡、苏州两家国家广告试点园区的指导工作，帮助园区找准定位，促进园区加快发展，提档升级。2月9日至11日，国家工商总局组织对我省南京、常州、无锡、苏州四个国家广告产业园区和试点园区建设运营情况进行考核评估。为保障评估工

作顺利开展，省局广告处一方面认真做好与被评估广告产业园区以及园区所在地的市区政府、工商局的沟通联系，要求做好各项准备、保障工作，并于1月组织召开了由国家广告产业园区、国家广告产业试点园区负责人及园区所在地的市、区政府分管领导、市（区）工商局分管局长参加的迎接评估工作的预备会议。邀请总局广告司发展处相关负责同志对《广告产业园区建设运营情况评估指标及计分办法》进行解读，并对专家组评估工作进行了部署。在4月召开的全国广告工作会议上，无锡广告产业园被正式认定为国家广告产业园，至此江苏省已有3家国家广告产业园和1家国家广告产业试点园区，省局也被国家工商总局评为全国工商系统实施广告战略工作先进单位。

在推动国家广告产业（试点）园区提档升级的同时，我们也积极推进省级广告产业园区认定工作。自2013年省局制定的《江苏省广告产业园区认定管理暂行办法》下发后，徐州、连云港、淮安、盐城等四市高度重视，积极响应，都以市政府的名义向省局正式行文，申请认定为江苏省级广告产业园区，目前省级广告产业园区的认定工作正在有序进行中，我们将争取尽快认定首批省级广告产业园。

（二）积极推动省级广告业发展专项资金落实到位

根据江苏省人民政府和国家工商总局签订的《关于推进江苏广告业发展的战略合作协议》，为支持引导我省广告业的发展，自2013年起，江苏省设立了总额1500万元的江苏省广告业发展专项资金，为保证我省广告业发展专项资金能够用实、用好，真正发挥四两拨千斤的引导作用，2014年7月，工商局联合省财政厅对江苏省南京、常州、无锡等8家申请项目资金的园区进行了集中调研，通过调研，更加准确地掌握了全省广告产业园区发展的现状，明确了专项资金的扶持方向。经过我们的积极推动，江苏省第一批国家级园区配套资金及省内部分市级园区扶持资金已落实到位。

（三）积极探索指导广告产业园区发展新思路

目前我省有3家国家广告产业园区和1家国家广告产业试点园区，此外徐州、连云港、淮安等多地也在发展广告产业园。2014年以来，我们积极探索新思路，采取新举措，指导我省广告产业园区错位发展、互动发展，良性发展。4月，结合国家工商总局组织的国家广告产业园区专家组评估工作，省局组织召开了全省广告产业园区建设指导工作会议，通报了国家广告产业园区专家组评估的相关情况，指出了我省广告产业园区建设运营工作中存在的问题和不足，并对广告产业园区的下一步建设运营工作提出了指导性意见，各园区也进行了经验交流，找出差距，弥补不足。连云港成立了广告产业园企业服务中心，对入园企业提供登记注册、法律法规和政策咨询、资质申报、项目资金申报等一条龙服务。镇江搭建优秀广告企业与品牌企业对接平台，实现广告企业与品牌建设双赢发展。

（四）认真开展广告人才培育

广告业是创意产业，广告业的发展离不开广告创意，而广告创意的提高关键在于人才的培养。省局广告处在继续加强广告人才实践基地建设工作的同时，重点强化对广告从业人员的创意水平能力的培训。为提高广告企业管理人员的综合素质，提升广告业策划、设计、制作等整体创意水平，3月，我们与国家工商总局深圳行政学院合作举办了为期7天的江苏省广告人才培训班，邀请国内知名广告学界专家、知名广告企业负责人以及国家工商总局广告司的相关负责人进行授课，对全省广告产业园区负责人及各地具有较强影响力的广告龙头企业和具有发展前景的广告企业的人员计120人进行了培训。此次培训涵盖了广告业发展宏观形势与政策、广告策划、广告文案、企业创新、新媒体的发展等多方面内容，培训活动取得了很好的效果，学员们普遍反映通过此次培训，不仅开拓了视野，丰富了知识，更重要的是对广告行业有了更高、更新、更宽广的认识，对今后企业的发展有了更清晰的思路。

（五）努力推动公益广告事业健康有序发展

公益广告是社会主义精神文明建设的重要载体，对于传播社会正能量，树立广告业良好社会形象具有十分重要的作用，推动公益广告事业有序发展是广告业发展工作的一项重要内容。2014 年上半年以来，省局广告处针对省人大、政协委员提出的呼吁媒体加大“公益广告宣传”的提案、议案，在认真做好给相关委员回复工作的同时，还联合省广播电影电视局等相关部门对省级媒体发布公益广告情况进行调研指导，努力推动公益广告事业健康有序发展。

2014 年浙江省广告监管工作情况

浙江省工商局广告监督管理处

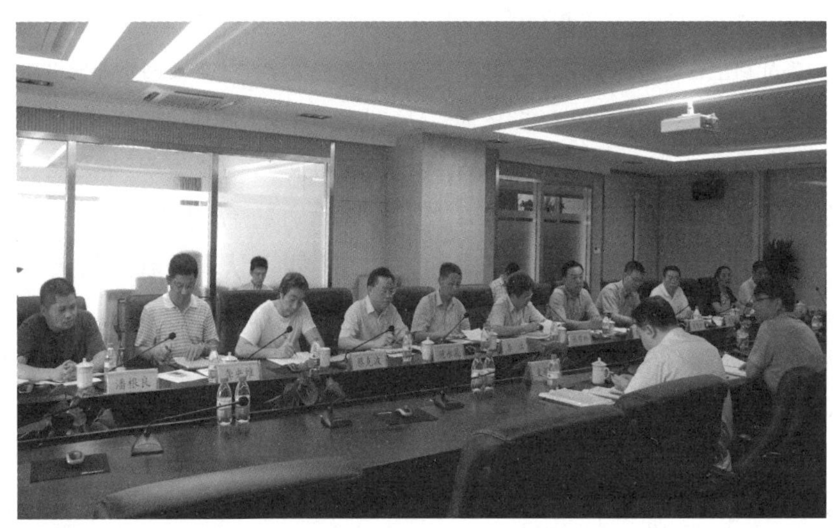

浙江省工商局领导陪同国家工商总局张国华司长调研杭州运河广告产业园会议

2014 年是极不寻常的一年，全省工商系统在经历了抓改革、保安全与促发展的多重压力和重大考验下，紧紧围绕广告监管发展主要工作，坚持一手抓监管，一手抓发展，积极履职，努力作为，全省广告市场秩序进一步优化，广告产业得到进一步发展。据不完全统计，截至 2014 年年底，全省广告经营单位为 29967 户，同比增长 7%，从业人员为 186297 人，同比增长 4%。广告经营额为 315.46（不含新媒体广告）亿元，同比增长 2%。综合来看，全省广告业发展情况呈现出以下几个特点：

一、广告产业继续增长，但增速放缓

2014 年，全省广告产业继续平稳发展。虽然我省广告经营额继续增长，但是与前几年高增速相比，增速呈放缓趋势。究其原因，一是受浙江经济转型阵痛期的影响，各产业均面临转型升级，广告主正在进入广告投放战略调整期。二是受到新媒体广告市场的冲击，传统媒体广告市场受到的冲击日益激烈，广告经营环境面临重大变革。三是受全省高速公路广告牌专项整治活动的影响，全省户外广告经营额下滑幅度明显，2014 年户外广告营业额为 16.6 亿元，与 2013 年的 23.3 亿元相比，下降了 29%。

分行业看，全年度广告排行前五类的广告与 2013 年比并无明显变化，分别为房地产，食品，化妆品，家用电器，汽车类，具体情况见下表。

行业排名前五位的广告经营情况

类　别	2014 年度广告经营额（万元）	同比（+-%）	占广告经营总额的（%）
广告经营总额	3154642.56	+2%	
房地产	437830.8	-5%	13.9%
食品	400860.4	+0.4%	12.7%
化妆品	302539.3	-0.05%	9.6%
家用电器	238644.6	+67%	7.6%
汽车	228637.2	+19%	7.3%

二、广告市场布局进一步调整，平稳发展背后仍有隐忧

2014 年，传统媒体和新媒体在广告市场份额的布局方面进一步调整。一方面，电视、电台、新媒体继续快速发展，广告市场经营额继续扩大，分别达到 75.14 亿元、12.61 亿元和 15.23 亿元（不含淘宝公司广告经营额），同比增长 29%、23% 和 18%，三者占广告市场总份额的 32.6%，同比增幅 6.5%。虽然电视电台延续着快速平稳的发展，但是需要看到，在其快速发展的背后仍存在着隐忧。一是省级媒体的广告经营额权重较大，各地市媒体受到属地资源和平台的限制，广告市场份额比例仍较低，地市级广告市场潜力并未充分发掘。2014 年，省级单位广告经营额为 123.3 亿元，占全省广告经营总额的 39.1%，其中电视电台广告经营额为 62.69 亿元，占全省广告经营额的 20%。二是各地市广告市场发展不平衡，地市级广告市场仍集中在杭州、宁波、温州。杭宁温三市的年度广告经营总额为 118.03 亿元，占全省广告经营总额的 37.4%。三是随着广告主将广告预算向新媒体市场进行战略性的转移，新媒体广告市场发展迅速。但同时，新媒体广告市场运行中存在的违法行为和不正当竞争问题突出，急需加强规范和引导。

另一方面，报纸、期刊则延续下滑趋势，2014 年报纸和期刊的广告营业额分别为 28.35 亿元和 0.52 亿元，同比分别下降 11% 和 4%。受到新媒体市场的冲击和媒介受众阅读习惯和关注度的转移，纸媒广告市场进一步萎缩。纸媒如何更快地找到市场定位，以适应受众阅读习惯和关注方向的改变，是一个生死攸关的重大课题。

三、个体私营广告企业发展活跃，国有广告企业和集体广告企业是广告市场的重要组成部分

统计显示，2014 年，全省个体广告户数为 6949 户，同比增长 14.5%，私营广告企业户数为 19718 户，同比增长 3%，个体私营广告企业是我省广告经营户的主力军，占广告经营总户数比率的 89%；两者广告经营额为 136.13 亿元，占全省广告经营额的 43.15%。国有广告企业单位继续保持稳步发展，广告经营额达 76.2 亿元，占比 24.1%。集体广告企业广告经营额 25.3 亿元，占比 8%。国有和集体广告企业占据着 32% 的广告市场份额。

四、广告产业布局有所调整，广告园区建设现新貌

2014 年，温州广告园区继杭州和宁波广告园区后被国家工商总局确定为最后一个中央财政支持广告业发展试点园区。至 2014 年年底，杭州、宁波、温州等 3 个国家广告产业园共获中央财政支持 1.6 亿元，我省广告产业园区数量与扶持资金均居全国首位。经统计，杭州广告园区全年广告营业额 88 亿元，入驻与广告相关企业 688 家，宁波广告园区全年广告营业额 23 亿元，入驻与广告相关企业 301 家，温州广告园区全年广告营业额 1.6 亿元，入驻与广告相关企业 145 家。

其中杭州国家广告产业园已获中央扶持资金0.9亿元，位列全国同类产业园区第一位，并在2014年取得全国11个已授牌国家产业园评估考核第一的好成绩。杭州运河广告产业园区实现产值68亿元，在省内中央财政支持广告园区经营总额中占比超过6成。三大国家级广告产业园实现广告产值及广告关联产业产值同比增长31%，带动其他行业销售同比增长22%。

与此同时，省工商局积极谋划广告产业集聚梯度布局，制定《浙江省广告产业园区认定管理办法》，培育建设省级广告产业园。2014年，省工商局按照产业集聚、龙头企业培育、公共平台建设、当地政策配套等标准，在16个申报省级广告产业园区中认定了8个省级广告园区。广告产业园区建设，为推进广告产业集聚。打造广告高地，培育龙头企业发挥了十分突出的作用。

五、广告违法率显著下降，广告信用指数显著提升

2014年，在我省各级广告监管部门、媒介主管部门、行业主管部门和全省媒体的共同努力下，全省广告结构不断调整优化，广告市场环境得到进一步净化。2013年省内传统媒体广告监测违法率降至自1998年监测工作开展以来最低水平；工商总局发布的月度广告监测数据，违法率从低到高排序，我省始终处于全国各省市前三名；互联网监测涉嫌违法广告仅占全国的0.83%，严重违法广告仅占全国的0.93%。

2013年全省广告信用指数平均分达到了95.67，较2012年提高了10多分；全省87%的媒体广告信用指数超过90分，80分以下的仅3家；超过40个市、县党委政府将广告信用指数纳入考核体系，全省广告信用管理体系渐趋完善。

六、互联网广告违法率仍比较高，净化互联网广告市场环境任重道远

新媒体特别是互联网媒体广告监管压力仍旧较大，互联网广告违法率仍处于较高水平。受国家工商总局委托，省广告监测中心对全国27个省和9个重点城市的169家网站进行了广告监测。全年监测广告总量为281.37万条次，发现涉嫌违法广告总量25.17万条次，涉嫌广告总违法率为8.95%，同比下降9.71%。在广告投入相对集中的各行业中，医疗服务、医疗器械、药品、食品（包括保健食品）、保健用品、化妆品、房地产、美发美容美体、文化与传播业、金融投资业十类广告，监测广告总量为81.04万条次，占互联网广告总量的28.80%。涉嫌违法广告量为23.77万条次，占互联网违法广告总量的94.44%，同比上升3.32%。监测显示，医疗器械互联网广告涉嫌违法的比率较高，为84.39%；文化与传播业则数量较高，为8.2万条次。

2014年，省工商局对互联网广告市场进行了重点监管，取得了明显的成效，但与公平、合理、纯净的互联网广告市场仍有较大距离。主要是互联网广告监管的技术手段相对滞后，针对互联网广告监管的法律法规还不够完善，较低的违法成本与较高的行政成本、海量的广告信息与有限的监管资源、快速的广告传播更新技术与滞后的监测技术水平之间的矛盾仍比较突出。

2014 年安徽省广告监管工作情况

安徽省工商局广告监督管理处

芜湖国家级广告产业试点园认定新闻通气会

2014 年，安徽省工商系统在国家工商总局和安徽省委、省政府的领导下，以服务经济、政治、文化、社会、生态文明五位一体建设为目标，以深入实施广告战略为主线，深入整顿和规范广告市场秩序，着力加强对广告业的指导。主要情况如下：

一、狠抓整治，广告监管取得新成效

一是专项整治扎实有效开展。组织开展电视购物广告专项整治，共监测电视频道 82 个、互联网站 211 个，监测电视购物广告 20618 条次，责令整改违法电视购物广告 27 条，查处违法广告案件 8 件。联合省委宣传部等八部门组织开展互联网重点领域广告专项行动，共监督检查互联网站 16700 家次，约谈网站负责人 18 次，责令整改网络违法广告 79 条，查处违法广告案件 51 件。组织开展“三线三边”广告标牌治理，配合省文明办召开了全省广告标牌治理现场推进会，全省共拆除大型立柱广告牌 1209 座。

二是监管执法保持高压态势。我局加大对有关部门移交、群众投诉举报的违法广告线索的处理和督办力度，全年共受理群众咨询、投诉举报 207 件，其中直接处理上级交办、有关部门移交的违法广告线索 57 件，向各市局转办违法广告线索 130 件。2014 年，全省共查处违法广告案件 724 件，罚没款 420 万元。

三是监测监管不断延伸强化。部署落实总局广告监管数据平台的测试和试运行工作。2014 年，全省共监测媒体广告近 500 万条次、网络广告 13 万余条次，其中省局监测近 170 万条次。坚持“四步法”要求，通过媒体通报会，行政约谈告诫等方式，督促媒体落实广告审查责任，其中我局对省属有关媒体约谈 30 多次，并首次对两家市属媒体直接进行约谈告诫，同时对涉嫌违法广告案件进行跟踪督办。据统计，2014 年全省媒体广告违法率为 0.98%，较 2013 年下降 0.1 个百分点，首次降至 1% 以下。在 2014 年全国工商系统广告监管工作会议上，我省广告监管工作受到了总局的表彰。

二、多措并举，广告业发展取得新成绩

2014 年，全省广告经营单位已近 1.2 万家，广告从业人员达 7.77 万余人，广告经营额达 111.89 亿元，分别比上年增长 20.3%、22.2%、21.4%；有中国一级广告企业 15 家，二级广告企业 43 家，三级广告企业 19 家。

一是促进广告业发展政策有新突破。为争取促进广告业发展优惠政策，我局多次向省政府、省委宣传部汇报我省广告业发展情况，广泛宣传广告业在促进经济社会发展中的重要作用，得到了省委、省政府领导的高度重视，省委常委、宣传部长曹征海和花建慧副省长专门作出批示，省委宣传部积极支持。为此，我局联合省委宣传部、省发改委、省财政厅等十部门出台了《落实广告业享受文化产业优惠政策的指导意见》，将广告业纳入文化产业范围，充分享受国家、省支持文化产业发展的各项政策措施，《意见》对促进广告业发展意义重大。

二是推进广告产业园建设有新进展。我局始终将广告产业园区建设作为实施广告战略、促进广告业集聚发展的重要平台给予高度重视，会同芜湖市工商局积极配合芜湖市和鸠江区政府，全力支持芜湖广告产业园的建设和发展，特别是在园区规划和设计、制度化和规范化建设、招商引资等方面提供了有力支持。2014 年，芜湖广告产业园成功通过国家工商总局考察，被认定为“国家广告产业试点园区”。截至 2014 年年底，芜湖广告产业园已累计签约企业 34 家，入驻办公 18 家。

三是简化广告行政许可有新作为。为进一步简化广告行政许可，我局下发了《关于下放外商投资广告企业项目及设立分支机构审批权的通知》，将外商投资广告企业项目审批权下放给设区的市、省直管县工商局，对方便企业设立，促进外商投资，实现许可与监管相统一具有积极作用。

四是重视公益广告发展有新举措。配合省文明办开展“讲文明树新风”公益广告宣传活动，下发了《关于进一步做好讲文明树新风公益广告宣传的意见》、《关于在公益广告活动中提倡节俭养德理念的通知》。在“三线三边”广告标牌治理工作中，要求户外广告发布单位利用闲置广告牌发布公益广告。7 月，我局与省广告协会举办了“黄山杯”全省优秀广告作品评选活动，征集公益广告作品 455 件，有力地提升了公益广告的创作水平。

2014 年福建省广告监管工作情况

福建省工商局广告监督管理处

国家工商总局甘霖副局长视察闽台 AD 广告创意产业园

2014 年，福建省工商系统各级广告监督管理部门深入贯彻落实党的十八大和十八届三中全会精神，按照全国、全省工商行政管理工作会议的部署，牢固树立“加强监管是第一职责，服务发展是第一要务”的理念，努力将实施国家广告战略，促进福建省广告业科学发展打造成为新时期工商工作一个新的亮点。

一、实施国家广告战略，促进福建省广告业科学发展取得新成绩

一是深入推进福建省广告产业园区建设。2014 年 3 月我省海西广告产业园通过考察评估，被授予国家广告产业园区。福建海西广告产业园区按照“政府引导、市场运作、企业为主、社会参与”的原则，已经成为我省广告产业高度集聚、科学发展、跨越发展的示范区。同时积极规划福建省级园区发展，考核并认定厦门牛庄广告创意产业园为福建省广告产业园区。

二是积极培育广告重点项目。抓住有利时机，争取中央财政支持，目前福建海西广告产业园区已到位中央财政补助资金 6500 万元。争取省级财政支持，积极扶持福建新恒基广告有限公司、蔚蓝集团等四家重点培养广告企业，申请 2014 年福建省文化产业发展专项资金。

三是全面优化广告发展环境。积极宣传推广第 43 届世界广告大会，借此契机提升广告企业影响力，扩大世界广告大会在当地的影响和声势。建设福建省广告发展展示室，系统全面展示我省广告业发展情况。制作拍摄我省广告业发展专题片，全面宣传福建广告业发展情况及广告企业风采等。

四是组建广告联合会，充分发挥广告行业组织积极作用。充分发挥指导广告业发展的职能作用，全面参与组织成立福建省广告业联合会的各项工作，进一步促进我省广告行业的自我管理和健康发展。

二、建立长效机制，加强广告监管工作取得新成效

深入推进以联席会议制度为核心，多部门齐抓共管、综合治理的长效监管机制。一是认真处理各职能部门移送的违法广告案件，及时反馈办理情况。二是通过“福建广告监管微信群”、信用信息公示平台，推动监管信息共享，形成监管合力。三是建立媒体公信激励机制，开展“绿色媒体”信用评比，促进媒体自律。

出台《福建省工商局关于创新工作机制 提高广告监管效能的若干意见》，创新工作机制，提高广告监管效能。我局分别于2014年4月、11月两次组织召开全省广告监管会议，部署全省工商系统继续保持高压态势，严厉整治虚假违法广告。2014年，全省工商系统共查处广告违法案件2168件，罚没金额1222.86万元，责令公开更正273件，责令停止发布832件。通过广告监测网络，加强日常监测检查，及时掌握广告发布动态。全省共监测检查各类广告243万条次，发现涉嫌违法广告2.315万条次，广告总违法率为0.95%。

组织全省工商系统针对违法问题多发的广告开展了四个专项整治工作。一是开展电视购物广告专项整治工作。1－6月在全省范围集中开展电视购物专项整治工作，在专项整治行动中，全省共监测电视频道41个，监测电视购物广告5962条次，其中发现违法广告86条次，曝光违法广告8条，责令停止发布、整改电视购物广告75条，查办电视购物广告案件32件，罚没金额总计19.99万元。二是开展互联网重点领域广告专项整治行动。4－8月联合开展整治互联网重点领域广告专项行动，对辖区内大型门户类网站、医疗药品信息服务类网站等进行重点整治，集中清理检查保健食品、医疗器械、医疗服务等重点领域的网络广告及信息。在专项整治行动中，全省工商系统立案查处124件，罚没金额总计100.53万元，互联网违法广告整治取得突破。三是开展广播广告专项整治行动。集中力量对广播违法广告高发时段重点监测，强化整治情节严重、影响恶劣的医疗、药品、保健食品、化妆品、美容服务五大类违法广播广告。省局直接参与案件查办，行政指导，陪同省局主要领导走访311基地，当面对其管辖下的华艺广播电台违规违法现象进行批评指正，得到军队领导高度重视。在专项整治行动中，全省工商系统共监测广播频道26个，监测广播广告2016条次，发现违法广播广告366条次，责令停止发布、整改广播广告19条，全省广播广告违规违法现象大幅下降。四是开展涉嫌非法集资广告排查清理专项行动。以排查清理活动为契机，强化和健全涉嫌非法集资广告审查和监管工作长效机制，依法查处排查过程中发现的违法犯罪线索，并确保辖区内没有或很少非法集资广告。

三、勇于开拓创新，夯实广告基础工作得到新加强

一是部署广告大数据工作。2014年国家工商总局以建设广告数据中心为核心，建设覆盖全国31个省、332个地市的广告数据信息系统。我局对此积极响应，指派专人参加培训，部署该系统在我省测试及试运行工作，通过管理大数据，转变监管模式，促进广告监管工作的改革发展。

二是创新广告审查员培训制度。为更好地开展广告审查员培训工作，我局联合新华社在线教育网，创新广告审查员培训方式，启动广告审查员在线培训考试平台。此举将传统的集中培训转变为在线培训、考试，进一步方便广告经营单位开展广告审查员培训，既提高了培训效率，又节约了培训成本。

三是创新行政审批和监管模式。一是工商登记制度改革后，我局及时研究，积极应对，完善主要媒体广告监测制度、违法广告公开更正制度，建立媒体广告发布情况公示制度等广告市场后续监管措施。二是认真完成广告经营许可电子证照签章试运行及有关论证，培训工作。三是切实转变监管方式，落实宽进严管，更加注重运用信息公示，参与建设企业信用信息公示系统。

四是提高行政效率和服务水平。继续落实“马上就办、办就办好”活动，将广告经营许可证、固定形

式印刷品广告登记等广告审批办理时限，由法定 20 个工作日缩短为 10 个工作日；户外广告登记，由法定 7 个工作日缩短为 5 个工作日。组织开展全省 2013 年度广告经营资格检查工作，目前全省取得广告经营许可证的单位通过年检的 201 户。

五是清理广告行政权力清单。按照福建省委、省政府关于推进行政权力清单制度及深化行政审批制度改革工作要求，对广告行政权力事项进行了全面梳理，目前履行行政处罚 107 项，行政审批 2 项（子项 3 项）。

四、积极主动作为，我省广告监管工作获得新荣誉

2014 年 4 月，全国工商系统广告工作会议在福建泉州召开，工商总局甘霖副局长，福建省政协陈绍军副主席，各省、自治区、直辖市工商局分管领导参加了会议。会上福建省工商局获评全国工商系统实施广告战略工作先进单位。泉州、厦门、龙岩市工商局获评全国工商系统广告监管工作先进单位。

5 月 8 日，苏树林省长莅临我局调研指导，期间专程对广告监管工作开展调研，并做出重要指示。各级领导对我省广告监管工作高度重视，郑晓松副省长，省委常委、省委宣传部长李书磊多次在每月《全国部分媒体广告抽查监测情况的通报》上做出重要批示，郑晓松副省长要求“省工商部门将加大工作力度以及查处力度”，“在此前工作基础上进一步研究完善强化对违法广告监管的措施”。

2014 年江西省广告监管工作情况

江西省工商局广告监督管理处

2014 年 6 月，江西省工商局举办省属媒体广告审查员培训班

2014 年，全省各级广告监督管理机关积极履行广告市场监管和指导广告业发展的职能，认真贯彻落实党的十八届三中、四中全会精神，抓实党的群众路线教育实践活动，深入开展各项广告市场专项整治，严厉打击虚假违法广告，有效地维护了广告市场秩序，促进了全省广告业的健康发展。全省各级工商部门共

立案查处各类广告违法案件546起，罚没款410.76万元，累计监测广告100万余条，受理消费者投诉举报1.2万余件次，办结率为100%，为群众挽回经济损失100余万元。从总局2014年对我省部分媒体广告监测情况通报看，我省媒体在药品、保健食品、医疗、化妆品和美容服务类广告虚假违法情况逐步减少，严重违法率呈逐月下降趋势，全省广告市场秩序保持着良好发展态势。在加强广告市场监管的同时，认真履行指导广告业发展职能，积极推进广告战略实施，到目前为止，全省广告经营单位达8505户，广告从业人员68747人，广告经营额为37.1亿元。全省共召开虚假违法广告整治联席会议19次，举办广告审查员培训班31期，培训人员达1300余人次，发放各类宣传学习资料3450余份。2014年全省工商系统共办理广告经营许可证审批108件，固定形式印刷品广告登记19件，办理户外广告登记2552件，户外广告牌登记54301个。

一、深入贯彻落实党的十八届三中、四中全会精神，认真践行党的群众路线，加强作风建设

着力解决群众反映的突出问题，重拳出击开展了专项整治行动。在活动中，省委第三巡视组反馈意见中指出工商部门“广告管理方面存在漏洞”的问题，省局领导高度重视，亲自部署。省局广告处连续下发《关于规范广告监管执法，严格广告监管行为的通知》及其《补充通知》，于2014年11月6日至12月5日组织全省开展一次整治虚假违法广告专项行动，强化服务理念，提高行政效率，使群众切身感受到了实际成效。各设区市局结合当地实际迅速转发省局通知，并制定专项行动具体方案，就省委第三巡视组指出工商部门“广告管理方面存在漏洞”的问题认真对照检查，明确整治工作的总体目标、工作重点和具体任务。吉安、宜春召开广告监管联席会议，充分发挥各部门联动协调、齐抓共管的作用。赣州对监测发现的媒体广告违法行为，及时责令媒体停止发布并以《虚假违法广告抄告函》的形式，及时抄告宣传、文广、新闻出版、卫生、食药监等部门处理。专项整治期间，全省工商系统共出动执法人员5200余人次，监测各类媒体广告57931余条，检查互联网广告5266条次，责令停止发布违规广告163条，责令整改违规广告480条次，有效地整治了虚假违法广告行为。

二、深入开展虚假违法广告专项整治，严厉打击虚假违法广告，有效维护全省广告市场秩序

2014年全省各级工商行政管理机关紧紧围绕服务经济发展这个中心，突出重点，深入开展虚假违法广告专项整治工作：一是组织开展了虚假违法药品、保健食品、医疗器械广告整治工作。省局与省食品药品监管局联合下发了《关于切实加强药品、保健食品、医疗器械广告监管工作的通知》文件，继续把关系人民群众健康安全的药品、保健食品、医疗器械广告作为监管工作重点，加大执法力度，加强工作协调，综合治理。各地根据通知要求，进一步加大工作力度，严监管，出实招，动真格，有效地巩固了专项整治工作成果。9月初，针对部分地市、部分媒体虚假违法广告有所反弹，群众投诉比较多的情况，省局又专门下发了《关于加强广告市场监管，严厉打击虚假违法广告的通知》文件，要求各地进一步加大行政执法力度，始终保持对虚假违法广告打击的高压态势，维护好广告市场秩序。二是组织开展了互联网重点领域广告专项整治工作。接到总局等八部门《关于开展整治互联网重点领域广告专项行动的通知》后，省工商局联合省委宣传部、省互联网信息办公室等部门及时转发了通知，并结合江西实际，提出了具体贯彻落实意见。整治期间，全省共检查各类互联网站3600余家，浏览监测各类广告40000余条次，责令整改违规网络广告61条，责令整改28家互联网网站，立案查处3起互联网虚假违法广告，罚没款6.8万元。为了进一步加大宣传力度，营造整治的声势，省工商局利用自己的门户网站开设整治互联网重点领域广告专栏，宣传专项整治行动的政策、动态及虚假违法广告的主要

表现形式，公布互联网专项整治投诉举报电话。三是认真开展电视购物广告整治工作。为切实整顿和规范电视购物市场秩序，保护消费者合法权益，促进电视购物市场健康发展，省工商局会同省商务厅、省公安厅、省质量技术监督管理局、省新闻出版广电局、省食品药品监管局、省通信管理局等部门联合下发了《江西省开展电视购物专项整治工作方案》的通知，同时省工商局还根据国家工商总局的工作部署，结合江西实际，及时转发了国家工商总局《关于进一步加强电视购物广告监管工作的通知》，部署和指导各级工商部门认真开展电视购物专项整治和电视购物广告的监管工作。专项整治期间，各级工商部门共监测 110 家电视台的 306 个电视频道，监测电视购物广告 17000 余条次，责令停止发布虚假违法电视购物广告 360 条次，责令整改违规电视购物广告 146 条次，对 20 条次的虚假违法电视购物广告进行了立案查处。

三、因地制宜，多措并举，促进全省广告业的健康发展

一是积极推动有条件的地方建设广告产业园区及广告创意大厦。为深入推进广告战略，发挥广告产业园区的辐射和带动作用，各级工商部门积极争取当地党委政府的支持，发挥政府引导、企业主导和市场运作机制，推动广告产业园区的建设。省工商局多次与省广协一起参加南昌、赣州、上饶等地方关于筹建文化广告创意园区以及建设广告创意大厦的前期调研与会议商讨，协助其联系征询相关部门，并就建设项目的意义、运营模式等提出指导意见，积极稳妥推动我省广告产业园区及广告创意大厦建设项目。二是指导广告企业打造自身品牌。由于基础弱，起步晚，我省大部分广告企业缺乏长远的发展规划和管理理念，在为他人做嫁衣的同时却往往忽略对自身广告服务品牌的打造，行业发展因此受到制约。针对这一现状，全省工商部门积极指导广告企业通过智慧创意打造自身良好形象，如赣州金道广告有限公司“金道人民银行”、赣州标点广告公司“标新立异，点石成金”等脍炙人口的企业形象广告语深深打动了广告客户的心。同时，积极培育和扶持拥有知名品牌和先进技术、主业突出、创新能力强的大型广告企业，为企业申报国家一级广告企业、申请认定著名商标等提供优质高效服务。江西高速广告公司等 5 家广告公司被认定为国家一级广告企业，景德镇大象广告公司等 3 家广告公司商标被认定为省著名商标，为广告企业赢得了有利的竞争优势。三是积极推进广告产业结构调整。针对我省广告企业规模偏小，竞争实力不强等问题，积极推行了重点广告企业联系制度，鼓励引导广告企业通过强强联手、内外联姻等方式，走上专业化、集团化、多元化、规模化发展道路。四是扶持农产品及旅游品牌广告宣传。结合江西农业和旅游资源丰富的特点，各级工商部门在为广告公司与本地农产品、旅游品牌企业之间搭建项目对接平台上做了大量工作，一方面帮助本地企业打造品牌寻找适合的广告公司，另一方面又为广告公司找到能充分发挥其优势特点的广告客户，从而实现广告公司与品牌企业的互惠双赢。如赣州的“赣南脐橙”、“上犹绿茶”，鹰潭贵溪的铜加工，余江眼镜加工、木雕加工，上饶婺源的乡村旅游，抚州南丰蜜橘、广昌白莲，吉安遂川狗牯脑茶等，推动了广告创意与相关产业的融合发展，为我省促进产业结构调整，培育新的经济增长点起到了重要作用。

四、利用全国广告数据中心平台，建立全省广告监测数据系统，加大对各地案件的督办和指导

2014 年国家广告数据中心系统试运行以来，到目前为止，我省已全部开通省级、地市级登录帐户，对各模块各功能逐级逐项进行测试。省局及各设区市局均指派专人负责此项工作。在试运行过程中，共收集整理测试工作中遇到的问题以及进一步完善的意见和建议 68 条，向总局和中视广联上报意见和建议 6 条。国家广告数据中心系统试运行以来，省局加大对各地案件督办和指导，已交办各设区市局 50 余件涉嫌违法广告案件线索，督办 4 起，对广告数据中心系统形成

的各项统计排名高的地区和媒体下发文件通报批评，并抄送当地虚假违法广告整治联席会议成员单位。根据国家工商总局广告抽查监测情况，省局及时将我省部分媒体广告违法情况在全省予以通报，对违法率偏高的部分媒体在全省进行通报批评，同时将通报分别抄送联席会议各成员单位以及相关媒体及其主管部门。2014 年省局分别对赣州电视台、吉安新闻广播电台、江南都市报、南昌晚报等媒体广告违法率较高的情况在全省进行了通报批评。省委宣传部根据通报的情况以《新闻阅评快报》的形式，将我省媒体广告违法问题报省委宣传部主要领导和其他各位领导阅批，并将快报发送至各设区市委宣传部以及有关大众传播媒体。南昌市局按照国家工商总局下发的《广告监测标准》，对省市报刊、电视、广播等 13 家媒体实行了24 小时不间断监测，截至目前共监测各类广告 300831 条次，其中严重违法广告 16987 条次，并依据违法事实，违法情节分别进行处理。按照专项整治行动部署，加大了对购物广告监测的频率。并对辖区内电视、广播、报纸、网站购物广告进行了一次排查，共收集“台湾牡丹凤凰刀”“纤诗婷气质内衣”等 16 条电视购物广告视频资料，经核查发现虚假违法广告 5 条，均依法责令停止发布。

同时为加快转变政府职能，优化发展环境，依据国务院和省政府有关取消和调整行政审批项目的决定精神，省局于 2014 年将固定形式印刷品广告登记、事业单位兼营广告经营资格审批、外商投资广告企业设立分支机构审批、外商投资广告企业项目审批权限下放到设区市工商局办理，简化审批程序，提高了工作效能。

2014 年山东省广告监管工作情况

山东省工商局广告监督管理处

山东省整治虚假违法广告联席会议对涉嫌发布严重违法广告媒体约谈会

一、2014 年工作总结

（一）广告市场秩序持续好转

把直接关系人民群众健康安全的医疗、药品、保健食品广告，融资理财广告等作为整治重点，开展了“整治互联网重点领域广告专项行动”、“电视购物专项整治”等活动。2014 年全省共查处广告案件 1382

件，罚没款 1277.84 万元，全省共监测广告 800 万条次，向社会公告了 260 余件典型违法广告，暂停了 160 余个广告的发布资格。7 月 28 日，省委、省政府召开了全省广告管理工作电视会议，省委常委、宣传部长孙守刚、副省长夏耕出席会议并讲话。根据会议安排，7 月 29 日 - 12 月底在全省开展“整治虚假违法广告专项活动”，坚持每周集中监测、每两周一通报、每两周召开一次媒体告诫会等形式，各媒体单位广告违法率明显下降。第三季度医疗、药品、保健食品、化妆品和美容服务等“五类广告”违法率 8.69%，较 2013 年年底下降 15.61 个百分点，整治工作成效显著。各级各部门综合采用行政处罚、撤销文号、暂缓年检、行政问责等措施，各级工商机关坚持完善“一二三四五六七”工作机制，加大惩处力度。强化广告监测与监管、执法联动，正式启用广告监测短信告知平台，及时将违法事实告知媒体单位，逐步建立了证据提供、案件交办、立案查处、结果反馈一体化的监管指挥系统。探索广告市场信用监管制度，在青岛、淄博等市进行了试点。强化对媒体单位行政指导，在全省推行了《山东省媒体单位广告发布审查表》，有效做到了事前介入预警。

（二）广告拉动战略全面推进

以“九大工程”建设为总抓手，围绕主题主线，全面推进广告拉动战略。做好广告产业园区建设工作，在工商总局组织的国家广告产业园区考核评估中，我省三个园区名列前茅，潍坊获得第一名，烟台进入前十名；9 月，组织制定专家对省重点广告产业园区进行了考核评价，均获得优秀以上成绩。9 月 24—26 日，国家工商总局在潍坊召开了 2014 年广告产业园区建设现场会和运营管理培训班，总局副局长甘霖出席会议并讲话。继续做好国家广告产业园区建设工作，目前已获得中央财政扶持资金总计 2.45 亿元。开展 2014 年广告产业发展专项资金评审工作，重点支持广告产业园区公共服务平台建设和优秀广告作品奖励等项目，通过各市申报、组织专家组评审，确定了 9 个扶持项目。开展省广告业发展专项资金使用情况检查，对 2013 年度省广告业发展专项资金支持项目建设进展情况和资金管理情况进行了重点检查。指导重点广告企业做大做强，推荐的广告产业重点项目获省服务业和文化产业引导资金支持。做好广告登记审批工作，今年至今完成固定形式印刷品广告登记 159 件，对 151 家省属广告经营单位广告经营资格进行了年度检查。改革行政审批工作，在全省推行户外广告“一地审批，全省发布”制度，下放固定形式印刷品广告经营登记权限和外商投资广告企业项目审批。

（三）广告基础工作不断加强

充分发挥行业协会作用，组织参加了第 43 届世界广告大会和第二十一届中国国际广告节；积极开展中国广告企业资质认定工作，目前我省拥有等级广告资质企业 120 家，占全国总数的 12%；开展了第二十一届中国国际广告节、山东省第十五届广告节和“讲文明，树新风”公益广告、“学院杯”作品评选活动和广告摄影大赛等系列活动，共征集作品 3992 件，获奖 1120 件；组织了第五届省文博会广告作品展和高峰论坛，被省委、省政府评为优秀组织奖和优秀展示奖。加强广告队伍建设，积极参加工商总局、中国广告协会组织的法律法规和执法办案培训班，组织部分市广告监管人员赴上海、无锡等地考察学习先进经验，7 月举办全省广告工作业务视频培训，邀请工商总局广告司领导讲授广告法律法规知识和执法办案技巧。强化广告法制建设，积极组织《广告法》（修订稿）调研，并结合工商工作实际向全国人大调研组提出了修改建议；起草了《山东省公益广告条例》草案，被列入省政府 2014 年二类立法计划，目前正在审核阶段，争取尽快出台。

二、2014 年工作亮点

（一）全省广告管理工作电视会议召开，全省开展整治虚假违法广告专项行动

7 月 28 日，省委、省政府召开了全省广告管理工作电视会议，省委常委、宣传部长孙守刚、副省长夏耕出席会议并讲话。根据会议安排，于 7 月 29 日 - 12 月

底在全省开展“整治虚假违法广告专项活动”。行动以来，各媒体单位广告违法率明显下降，第三季度医疗、药品、保健食品、化妆品和美容服务等“五类广告”违法率 8.69%，较 2013 年年底下降 15.61 个百分点。

（二）广告产业园区建设工程取得显著成效

9 月 24 – 26 日，国家工商总局在潍坊召开了 2014 年广告产业园区建设现场会和运营管理培训班，总局副局长甘霖、广告司司长张国华出席会议并讲话。会议现场考察了潍坊广告产业园区现场，充分肯定了山东广告产业发展工作，并推广了潍坊广告产业园区建设经验。截至目前，我省 3 家国家广告产业园区已获得中央财政扶持资金总计 2.45 亿元。

2014 年河南省广告监管工作情况

河南省工商局广告监督管理处

河南省人民政府副省长王艳玲，国家工商总局副局长甘霖、广告司副司长黄新民，省工商局局长周春艳等领导参加中原国家广告产业园公共服务平台启用开放仪式

2014 年以来，我省广告工作在省局党组的领导下，积极研究和落实促进广告业发展的方法和措施，不断加大对虚假违法广告的整治力度，我省广告业保持了较快的发展速度，广告发布市场秩序进一步规范。

一、严格监管，力促发展，各项工作扎实推进

2014 年以来，全省广告监管以虚假违法广告专项整治行动为重点，继续强化日常监测，健全完善长效机制，取得了良好效果。2014 年，全省共监测各类广告 4904822 条次，发现一般违法广告 79593 条次，严重违法广告 35558 条次，严重违法率 0.72%，下发整改通知书 8484 件，停发通知书 2883 件，立案查处 2347 件，罚没金额 1497.76 万元，有效震慑了虚假违法广告发布行为。2014 年全省广告业发展态势良好，全省共有广告经营单位 18706 家，从业人员 97607 人，经营额达 131.25 亿元，各项指标增长显著。

二、深入推进虚假违法广告专项整治行动

（一）开展电视购物专项整治工作

根据国家工商行政管理总局《关于进一步加强电视购物广告监管工作的通知》，制定了《河南省工商局关于开展电视购物广告专项整治工作实施方案》，于2014年上半年，在全省范围内开展了为期6个月的电视购物广告的专项整治工作。省局专门召开全省工商系统开展电视购物广告整治专项行动电视电话会议，学习传达总局精神，组织约谈河南省电视台、郑州市电视台广告部负责人，要求电视媒体严格做好电视购物广告发布企业的资质审查和备案工作。在专项行动中，我省加强了对重点商品的监督检查，加大对药品、保健食品、医疗器械等关系人民群众身体健康和生命安全商品的监测力度。监测覆盖电视频道15个，全省监测电视购物广告6000余（条）次，共受理群众对电视购物广告投诉12起，对“大肚子茶”保健食品、“三星”手机、“叶赫那拉乌发散”等电视购物广告进行了行政处罚，有力地规范了我省的电视购物广告发布秩序，取得了较好的成效。

（二）认真开展涉嫌非法集资广告资讯信息排查清理活动

根据《河南省打击和处置非法集资工作领导小组关于印发2014年河南省非法集资问题集中整治工作方案的通知》相关规定，全省从2014年5月至2015年4月开展为期1年的涉嫌非法集资广告资讯信息排查清理活动。主要清查以投资咨询、贷款中介、资金周转、信用担保等名义发布传播的涉及信用贷款、低息或无息贷款内容的广告资讯信息。省局于5月26日召集省属17家主要媒体召开了开展涉嫌非法集资广告资讯信息排查清理活动工作动员会议，要求各媒体单位提高认识，认真落实《通知》要求，认真开展自查自纠，对正在刊播及将要刊播的广告进行重新审查，坚决从源头杜绝虚假违法广告。目前，整治行动已推进到集中治理阶段。

（三）持续推进整治互联网重点领域广告专项行动

4月8日，省局组织省整治虚假违法广告联席会议成员单位和省会主要媒体收看了全国互联网重点领域广告专项行动电视电话会议，并在会后向全省工商系统进行动员和部署，按照国家工商总局、中宣部等8部门《关于开展整治互联网重点领域广告专项行动的通知》（工商广字[2014]68号）有关要求，在全省开展为期4个多月的整治互联网重点领域广告专项行动。截至8月，全省已立案46件，结案35件，罚没款45.3万元。

（四）继续巩固虚假违法广告专项整治成果

为规范全省广告发布秩序，营造良好广告市场环境，2014年2月25日起，广告处在全省开展了为期3个月的虚假违法广告专项整治行动，以医疗、药品、保健食品、化妆品、集资等广告，以及以新闻报道、专家讲座等形式发布的广告为整治重点，对电视、广播、平面等媒体展开了全面整治，取得了良好的效果。

三、不断完善广告监管长效机制

实践证明，措施得力，防范在先，行业自律，群众监督是遏制虚假违法广告的有效抓手。2014年以来，我省着力广告监管机制的构建，推进广告监管手段的创新，加大违法广告执法力度，促进了全省广告市场的有序规范和健康发展。

（一）对全省广告发布情况进行抽查监测

2014年以来，广告处对全省18个省辖市新闻综合频道、日报、晚报的广告发布情况进行了抽查监测，共监测各类广告12403条次，发现严重违法广告898条次，严重违法率为7.24%。为及时遏制省辖市虚假违法广告反弹趋势，将监测结果进行了通报，并对各省辖市媒体广告发布情况进行排序，要求各地加大严重违法广告的处罚力度，及时制止严重违法广告的重复发布，严厉查处抽查中发现的虚假违法广告，净化广告市场环境。

（二）坚持落实违法广告公示制度

为及时提醒广大消费者在购买和使用药品、医疗

器械、保健食品以及接受医疗服务时辨明广告真假，提高理性消费意识，广告处每季度在《大河报》、《东方今报》、《河南商报》等省会主要媒体发布典型违法广告公告，曝光一批典型虚假违法药品、医疗服务、保健食品广告。今年前三季度典型违法广告公示已如期发布，曝光了"叶赫那拉乌发散"等40例典型严重虚假违法广告，取得了良好的效果。

（三）联合纠风部门对全省广告发布秩序进行暗访

2014年2月27日至3月4日，省政府纠风办和省局对全省各省辖市及其部分所属县（市）媒体广告发布情况进行了抽查暗访工作。抽查结果显示，全省广告发布秩序明显好转，广告违法率明显下降，但仍有个别媒体顶风发布虚假违法广告，对此，省局和省政府纠风办联合下发了《关于对虚假违法医药广告暗访情况的通报》，通报了电视、广播、平面等21例虚假违法广告，责令发布媒体立即停止发布，并进行了立案查处，有力震慑了虚假违法广告发布行为。

（四）积极履行联席会议制度牵头职责

整治虚假违法广告联席会议是我省近年来打击虚假违法广告，净化广告市场秩序的重要抓手。省局积极履行工商牵头职责，定期召集宣传、卫生、药监、广电、公安等部门召开联席会议，传达中央8部委广告市场监管有关要求，通报广告监管情况，部署广告监管工作，加强相互沟通和协作，增强广告监管合力。

（五）做好广告监管执法培训工作

一是组织省会主要媒体广告审查员进行了法律法规"一对一"培训，加深了媒体对广告法律法规的理解，对提高媒体审查把关水平， 增强媒体社会责任意识起到积极效果。二是开展了工商系统广告监管执法培训。培训围绕即将颁布实施的新《广告法》，共同学习了新《广告法》修订内容，领会新《广告法》立法精神，使全省工商广告监管执法队伍认清形势，尽快熟悉、掌握新法条款，领悟新法内涵，全面提升监管执法水平。

四、扎实开展广告监测工作

广告监测是做好广告监管工作的基础。统一标准，完善机制，用好结果是做好广告监测工作的关键。自全省广告监测平台运行以来，广告监测一直是我省广告监管的一项重要基础性工作。

（一）认真开展广告日常监测

2014年年初，广告处专门召开监测工作会议，统一监测标准，规范监测程序，严格监测纪律。截至12月底，省工商局广告监测中心共监测河南电视台、河南人民广播电台、河南日报、大河报等26个省属媒体各类广告1482921条次，发现违法广告42872条次，下发整改通知书207件、停发通知书401件，立案47件，罚没金额30.37万元。

（二）积极配合国家工商总局做好国家广告数据中心的测试工作

2014年3月，河南省被国家工商总局纳入第二批国家数据中心测试省份。接到测试任务后，省局认真研究《测试方案》，认真开展测试工作，并通过计算机网络和手机微信群与总局保持实时联络，积极指导全省各省辖市、省管县按要求对国家数据中心进行测试，最后形成测试报告反馈国家工商总局，圆满完成测试任务。

（三）对非法电台发布虚假违法广告进行监测和处理

非法广播频率主要指个人或组织在未经国家批准的情况下，私自搭建的无线电台。目前，河南省非法广播频率问题较为突出。这些非法广播频率通过大功率发射器覆盖正规频率，或直接使用空闲频率，广播内容以"五大类"广告和涉性广告为主，制作粗劣，违法情节严重，不但极易使消费者上当受骗，合法权益遭到侵害，而且严重扰乱了广播广告市场秩序，诋毁了消费者对虚假违法广告专项整治的认可程度。为巩固虚假违法广告专项整治成果，维护良好的广告市场秩序，保护消费者合法权益，省局将打击非法广播频率作为今年一项重要工作。一是在省局广告监测中心现有基础上，增加了5套广播采录设备，专门对非法广播频率进行录制取证，并适时将案件线索移交公安部门，目前已向公安部门移交了Fm90.6、Fm90.8等11个非法电台的13个虚假违法广告线索；二是对全省人民广播电台的全部频率进行统计，对照鉴别非法广播频率；三是将非法广播频率播放虚假违法广告的有关情况和群众投诉的违法广告案件通报和转交给广电、药监等部门。

五、全力促进全省广告产业健康发展

广告业的发展不仅带动地区经济的增长，也对广告市场环境的规范起到巨大的促进作用。近年来，局领导非常重视广告业的发展情况，广告处也始终把指导广告业发展作为一项重要的工作。2014年，全省广告经营单位已达18706家，从业人员97607人，经营额达131.25亿元，各项指标增长显著。

（一）夯实全省广告工作基础

按照全国工商系统广告工作会议精神及要求，利用企业年检、调研等手段，与统计等有关部门协调合作开展了全省广告企业统计工作，进一步摸清了家底，为指导全省广告业发展提供了可靠依据。同时加强了广告业发展的推广宣传，进一步营造各级党委、政府和社会各界关注、支持广告业发展的良好环境。

（二）大力促进中原广告产业园建设

中原广告产业园正式运营以来，在省工商局领导的重视和指导下，园区经营发展态势良好，已签约入驻广告及相关企业135家，注册资本2.97亿元，入园正常经营广告企业87家。其中，外资企业1家（锐核软件郑州有限公司），86家内资民营企业，注册资本1.38亿元，就业人数4200余人，2014年广告经营额23亿元，对郑州乃至全省广告产业的引领和带动作用初步显现。

（三）组织公益广告大赛作品征集活动

2014年以来，我局与文明办联合开展了多项公益广告评比活动，取得了良好的社会反响。一是根据中宣部、中央文明办等六部委关于“讲文明树新风”公益广告宣传工作的安排部署，省局联合省委宣传部、省文明办等单位在全省开展了“讲文明树新风”公益广告宣传。二是组织首届“讲文明树新风”中原微电影公益广告大赛进行评奖工作。在对首届“讲文明树新风”中原微电影公益广告大赛作品征集活动中征集到的105部作品进行了网上公示和投票的基础上，进行了评审，对获奖作品组织修改，在媒体展播，较好地发挥了公益广告的正能量，在社会上产生了较好影响。三是开展“做文明人、办文明事”公益广告大赛作品征集工作。联合省委宣传部、省文明办，下发了《关于开展“做文明人、办文明事”公益广告大赛作品征集活动的通知》，自4月14日至6月30日，在全省开展了文字类、平面类、广播类、影视类、网络类、手机类六类公益广告作品征集活动。四是组织动员中国广告长城奖、公益广告黄河奖参赛作品征集工作。由我省大河全媒体广告有限公司、河南电视台都市频道等单位创作的《勿怠勿忘——键盘篇》、《勤俭节约安全出行》等6个公益广告荣获创作奖和年度奖。

（四）推进各地市指导广告业发展工作

指导各省辖市、省直管试点县（市）工商局贯彻落实省政府办公厅《关于促进全省广告业发展的意见》，谋划本地广告业发展工作。指导有条件的省辖市局积极开展省级广告产业园区的试点工作，为促进全省广告业的协调发展积累经验。

2014年湖北省广告监管工作情况

湖北省工商局广告监督管理处

湖北省武汉汉阳造广告创意产业园专家评估会

2014年，湖北省工商局认真贯彻党的十八大和十八届三中、四中全会精神，按照全省工商工作会议部署要求，全省系统广告工作在总局广告司领导重视支持和省局党组领导下，坚持“一手抓广告业发展、一手抓广告市场监管”的工作思路，开拓创新，主动作为，积极助推广告业发展量质并进，强化广告执法办案，严管严控广告市场，各项工作取得新成效。国家工商总局对湖北广告工作给予充分肯定，今年4月分别授予省局“全国工商系统指导广告业发展工作先进单位”，宜昌市局、襄阳市局“全国工商系统广告监管工作先进单位”称号。

一、广告市场监管工作方面

（一）有针对性地组织开展系列专项整治

一是开展“两节”广告市场专项整治。为维护元旦、春节期间广告市场秩序，维护消费者利益，以联席会议名义开展了为期两个月的净化“两节”广告市场整治行动。行动期间，全省共监测发现严重违法广告75714条次，责令停止发布458条次，责令公开更正60条次，公告曝光51条次，暂停违法主体广告业务3户，依法查处广告案件230件。二是组织开展电视购物广告专项整治。按照商务部、工商总局等7部门《关于开展电视购物专项整治工作的通知》和《工商总局关于进一步加强电视购物广告监管工作的通知》要求，全省系统突出药品、医疗器械、保健食品、化妆品等重点商品，组织开展电视购物广告专项整治。我局已对湖北电视台卫视频道、美嘉购物频道发布的多条违法电视购物广告立案调查。三是组织开展互联网广告专项整治。按照总局、中宣部等八部门《关于开展整治互联网重点领域广告专项行动的通知》要求，突出保健食品、保健用品、药品、医疗器械、医疗服务等重点领域，组织开展网络广告专项整治。行动期间，全省共监测互联网广告16977条次，发现虚假违法广告924条次；责令停止发布713条次，责令公共更正 56 条次，关闭网站 3 家；立案查处互联网广告案件 89 件，罚没金额 85.58 万元。我局于 4 月下旬专门召开了省级动员部署会议，各成员单位领导分别部署了本部门本系统专项整治工作，并组织省级重点互联网站集中学习了《大众传播媒介广告发布审查规定》，新华网湖北频道、湖北网络广播电视台、凤凰湖北 3 家互联网站负责人就配合开展专项整治作了发言，荆楚网主要负责同志代表全省网站就规范网络广告经营行为发起自律倡议书。同时，针对互联网广告监管中存在的管辖权界定、证据固定、责任主体核实、广告费用计算等方面突出问题，广告监管机构多次协商法规、市场、办案机构研究对策，特别在群众反映强烈的民营医院医疗广告监管方面，通过采取查询通信管理部门网站备案信息、对照卫生部门医疗广告审核备案信息、委托公证机构取证等方式，查办了一批网络案件。我局已对腾讯大楚网发布的不孕不育、肝病、整形等类型违法医疗广告立案调查。武汉市工商局已经办结武汉华蓝医院、武汉中科肝病医院、武汉国医堂医药等一批医疗机构自设网站发布违法医疗广告案件。四是组织开展户外广告和印刷品广告专项整治。9 － 11 月，组织全省系统开展为期 3 个月的户外广告、印刷品广告专项整治，重点打击医疗服务、药品、医疗器械、保健食品、化妆品、房地产、商业促销等重点商品或服务违法广告。同时，积极推广我省远安县户外广告管理经验做法，推动农村地区建立“政府主导、工商主抓、部门联动、业主自律”机制，将户外广告打造成为“美丽乡村”建设的一道靓丽风景线。2014 年，全省系统共查处广告违法案件 4229 件、罚没金额 2990.23 万元，比上年度分别增长 45.33% 和 32.83%；其中互联网广告专项整治期间，查处案件 132 件，罚没金额 120 多万元，案件数、罚没金额均居全国前列。责令媒体停止发布广告 797 条次，责令公开更正广告 442 条次，公开曝光严重违法广告 256 条次。

（二）积极认真做好“国家广告数据中心”系统运行处置工作

一是 4 月 25 日广告处在向局长办公会汇报总局广告工作会议精神时，将国家广告数据中心系统作为一项重要内容作了详细汇报。办公会要求全省系统深刻认识运用国家广告数据中心系统的重大意义，尽快熟练掌握系统各项功能，将其作为全面提升广告工作的重要依托。二是迅速制发通知部署系统运用测试工作，将此项工作要求传达到系统各级主要领导和分管领导。目前各级均已指派专人，认真按照总局要求的时间节点，组织开展测试及试运行工作。三是采取多种方式，向有关联席会议成员单位、省市县三级主要媒体通报国家广告数据中心系统有关情况，通过“事先打招呼”督促媒体单位加强自律。四是认真研究总局系统与我省三级广告监测系统对接补充具体措施，提高监测覆盖面和完整性。五是在全省广告工作会议和广告监管业务培训班上，安排了专题培训课程，演示讲解具体操作过程和工作要求，解答各级遇到的问题，系统广告条线干部基本熟练掌握系统功能和操作处理。

（三）建立完善广告监管一体化工作机制

为理顺内部工作机制，增大广告监管合力，提高广告监管效能，按照总局张茅局长在今年全国工商工作会议上提出的建立广告预警和快速处置机制、形成监测、监管、执法一体化指挥体系的工作要求，我局按照“明确职责、各司其职，相互衔接、密切配合，形成合力、提高效能，依法行政、防范风险”的总体思路，2014 年年初制发了《省工商局广告监测监管和案件查处一体化工作制度》。一是进一步明确了广告监测、监管、案件查处机构的工作职责，以及信息互通与配合协作方面的工作流程；二是针对广告信访、投诉举报、总局通报（公告）、上级交办、领导批示、部门移送、监测发现等不同途径掌握的违法广告线索，分类明确工作程序和处理要求；三是制定了定期通报、定期公告、跟踪监测、指定查处、信用监管等配套措施，加大违法失信惩处力度。

（四）加强大众媒介广告信用管理工作体系建设

学习借鉴外省市经验做法，结合我省实际情况，省局制发了《湖北省大众传播媒介广告信用评价管理办法（试行）》，明确了媒介广告信用评价指标、评分标准和等级确定规则，将媒介信用分为 A、B、C、D 四个等级，针对不同信用等级分类监管，自 2015 年起正式施行，强化社会监督作用，提高对媒体单位的震慑作用。省局对 2014 年 9–12 月的媒介信用情况进行了一次测评通报。

（五）强化省级媒体广告发布行为日常监管

一是认真分析总局系统监测数据，定期将省级媒体广告违法情况和在全国同级同类媒体中排名位次，向省委宣传部主要领导、省政府分管领导、省级广告联席会议成员单位和相关媒体主要负责人通报；二是及时处置上级交办、群众举报、部门移送、监测发现的虚假违法广告，对总局通报（公告）总局的 5 件典型违法广告已经按时办结并上报查处结果，向省级媒体制发《责令停止发布通知书》37 份；行政约谈媒体单位有关负责人 25 人次，其中分管局长亲自约谈了楚天都市报、长江商报等省级主流媒体主要负责人；三是省局立案查处省级媒体广告违法案件 15 件，罚没金额 110 万元。四是根据总局月度通报情况，暂停了省广播电视台 2 个电视频道、2 个广播频率和 3 家省级报纸媒体的“五类”广告经营业务。

二、指导广告业发展工作方面

（一）积极争取省政府出台支持广告业发展的政策意见

为落实部省战略合作协议，营造更加有利于全省广告业发展的政策环境，推进广告战略实施，全面提升广告业规模化、集约化、专业化水平，我们在组织开展专题调研的基础上，学习借鉴外省市先进经验，向省政府呈报了《关于加快全省广告业发展的意见》（代拟稿），经过反复征求吸收有关厅局意见，多次向省政府有关领导请示汇报，王国生省长于 4 月 4 日签发了《省人民政府关于加快全省广告业发展的意见》（鄂政发〔2014〕14 号），确立了到 2020 年广告业发展的总体目标，明确了优化广告产业结构、建设广告业公共服务体系、加强广告专业人才培养、积极发展公益广告事业等 4 项主要任务，提出了市场准入、财政支持、税费优惠、信贷融资、土地支持等方面 20 条具体政策措施。

（二）服务广告市场主体增量提质

通过连续 3 年将广告市场主体发展工作纳入各级“市场主体增量行动”重要内容，发挥商事制度改革和省政府 14 号文件政策效应，降低广告市场准入门槛，推进广告行政审批制度改革，简化办事程序，提高服务效能，极大地激发了广告业投资创业热情，改善广告行业营商环境，促进全省广告业快速发展。到 2014 年年底，全省广告经营单位 1.56 万户，从业人员 8.6 万人，全年广告经营额 124.82 亿元，比 2013 年分别增长 24%、19% 和 40%。

（三）培育发展广告产业园区

一是指导“汉阳造”广告创意产业园建设。通过规范运营管理机制，协助武汉“汉阳造”广告园区制订总体发展规划，打造高水准公共服务平台，提升园区广告特性。经总局专家组现场评估，2014 年 4 月总局正式认定该园区为“国家广告产业园区”。二是整合宜昌、荆州两市园区优势资源，争取省政府向总局报送了《湖北省人民政府关于申报湖北三峡广告创意产业园为国家级广告产业园区的函》（鄂政函〔2014〕40 号）。2014 年 6 月上旬，广告司张司长、黄司长和赵处长一行在湖北实地调研园区建设情况时给予了充分肯定和鼓励。三是开展省级广告产业园认定工作。6 月下旬，召开了全省广告产业园区建设现场会，根据《湖北省广告产业园区认定管理暂行办法》，按照园区申请、市州工商局初审、市州政府推荐等程序，经省工商局集中审核、实地考察、研究审定，2014 年 6 月，省局以鄂工商广〔2014〕82 号文件认定宜昌三峡广告创意产业园、枣阳汉城广告产业园、荆州广告产业园、利川夷城广告产业园、湖北日报传媒集团楚天 181 广告产业园等 5 个园区为首批湖北省广告产业园区。

（四）主动对接相关产业重大政策

一是认真研究现代服务业和文化产业有关政策，

积极协调省发改委、省财政厅等有关部门争取更多有利于广告市场主体发展的扶持措施，为企业发展搭建了更高平台。通过主动上门沟通，争取省发改委、省委宣传部将现代服务业和文化产业重大政策向广告业倾斜。目前全省已有7家重点广告企业列入“湖北省服务业重点企业”、11名广告企业负责人列入“湖北省现代服务业领军人才”，并将广告重点项目纳入全省重点服务业项目竞争范围。2014年9月，省局组织全省系统调查摸底，初步建立了“湖北省广告产业发展重点项目库”，入库项目40个。二是完善与广告市场主体的沟通机制，2014年6月下旬召开全省系统广告工作座谈会邀请了17家联系点广告企业负责人参会并安排发言，10月中旬又专门召开湖北广告产业领军人才和重点企业负责人座谈会，学习宣传省政府14号文件，听取广告市场主体意见建议。

（五）开展广告工作专题研究

成立了由重点高校广告学科带头人组成的湖北省广告工作专家库，入库专家14人；选取了12个县级局、15个工商所和50家重点广告企业作为省局广告工作联系点，安排相关联系点单位对“县级局和工商所广告工作具体职责”、“户外广告、印刷品广告、房地产广告监管”、“新媒体广告监管”、“广告信用监管”、“《湖北省实施〈广告法〉办法》修订完善”、“广告服务地方品牌建设，带动经济增长”等六个课题开展专题研究。采取研讨会、座谈会等形式，为广告龙头企业、广告领军人才和联系点广告企业负责人搭建交流平台，掌握广告业发展新趋势、新动向。

2014年湖南省广告监管工作情况

湖南省工商局广告监督管理处

湖南省工商局广告工作座谈会

2014年按照总局统一安排部署，加强广告市场监管，科学指导广告产业发展，夯实广告工作基础，稳步推进广告战略实施，全省广告市场秩序规范有序，广告产业不断发展。

一、加强监管，广告市场秩序明显好转

（一）开展广告专项治理行动，切实维护广告市场秩序

开展整治虚假违法广告专项行动是关注和保障

民生的客观要求，是广告产业健康发展的前提保障。全省工商机关按照国家工商总局等八部门联合印发的《关于开展整治互联网重点领域广告专项行动的通知》，省局《2014 年虚假违法广告专项整治行动方案》，省广告产业发展领导小组办公室（省广告发展联席会议办公室）《关于开展虚假违法广告专项整治工作方案》等文件要求，扎实开展了对重点类别、重点地区、重点媒体广告的整治，通过这些专项整治行动，基本遏制了医药等虚假违法广告频发多发的态势。在电视购物广告、互联网广告、高速公路沿线广告的专项整治工作中，共办结电视购物广告案件 40 起，互联网广告案件 60 起，高速公路沿线广告案件 40 起。

（二）加强日常监测监管，着重案件查处

全省工商机关按照“整改一批、曝光一批，查处一批，移送一批”的工作要求，加大对虚假违法广告案件的查办工作力度，综合运用行政约谈、行政处罚、停止广告业务、暂停产品销售、撤销广告批准文号、核减医疗诊疗科目、提请主管部门追责、移送司法机关等措施，加大对违法主体的惩治力度。2014 年，省局在工商红盾网上向社会公告严重违法广告四批次共记 67 条，对违法媒体进行行政约谈 25 次。2014 年 5 月以来，全省工商机关统一运用国家工商总局的新型大数据广告监测系统，对我省 60 多家媒体进行常态化监测，比以往大幅度增加监测范围和监测频率，对监测到的严重违法广告，全省工商机关及时予以处理，责令停止发布，依法予以处罚。2014 年，全省共办结虚假违法广告案件 1503 起，罚没金额 1332 万元，分别比 2013 年增加 41.3% 和 69.4%。2014 年下半年以来，岳阳市工商局按照国家局省局的要求对在互联网上发布虚假违法广告进行了重点整治，全市共对 12 起互联网发布违法广告进行了立案调查，其中岳阳楼区分局对三家民营医院作出了罚款 150.7 万元的处罚。

（三）健全联席部门联动机制，深化广告监管综合治理

充分发挥联席会议成员单位作用，及时召开成员单位联席会议，进一步落实联席会议工作机制。 在工商部门牵头下，联席会议各成员单位按照《湖南省广告产业发展工作领导小组（湖南省广告发展联席会议）成员单位广告监管信息通报和执法协作制度》职责分工，做到各负其责，部门间加强协调配合，监管执法形成齐抓共管的良好局面。我局以省广告产业发展工作领导小组（省广告发展联席会议）办公室的名义提请省委宣传部，对三湘都市报、长沙晚报发布虚假违法广告行为进行了问责，对上述媒体的有关责任领导和工作人员进行了处分。对在报纸、广播、电视等多家媒体发布的“强力脑心康”等 12 条严重违法医药广告，在工商部门严查重处的同时，提请省食品药品监督管理局采取了在我省暂停销售“强力脑心康”等广告产品的行政措施，提请省新闻出版广播电视部门禁止全省媒体发布“强力脑心康”等产品广告。2014 年，在我局牵头组织下，工商、宣传、公安、卫计、食药监、商务、广电、文明办、通信、发改等部门组成多个督察组对全省广告工作、特别是对广告执法监管工作进行了全面督查。

（四）创新监管方式、开展学习培训、严格绩效考核

经过认真调研，省工商局出台了《广告行政约谈工作制度》下发执行，该制度明确要求利用约谈提出行政建议等方式实现广告监管关口前移，帮助媒体提高行业自律。全省工商机关共进行行政约谈 1000 多次。2014 年，全省各级工商机关共举办各类广告培训班 200 余期，其中，省局举办市州工商局广告监管工作人员学习培训班二期。2014 年 9 月，我局又对全省 70 余家主要媒体广告负责人和审查员进行了为期 2 天的广告法律法规培训，共 200 余人参加。2014 年 11 月，经省委宣传部批准，我局会同省广告协会举办了湖南广告发展论坛。

二、科学指导，广告产业发展大步推进

（一）广告业发展措施不断完善、环境不断优化

广告产业是新兴产业也是民生产业，省委、省政府对广告产业发展高度重视，要求站在实施文化强省战略的高度支持广告产业发展。现广告发展领导小组成员单位共有 20 个，进一步为广告业发展提供了组织保障。2014 年年初，省广告产业发展领导小组会议讨论通过了《2014 年全省广告战略实施工作意见》，全方位多角度为广告产业的发展提供了保障。在工商部门积极牵头下，各成员单位认真制定政策措施，大力支持广告产业发展。省工商局确定了 10 家广告企业作为重点广告企业予以扶持，全省工商系统共确定了近 200 家广告企业予以重点扶持；省科技厅将广告创意产业列入高新技术产业给予支持；省经信委要求抓好中小微广告企业的指导和服务工作，将广告创意产业纳入战略性新兴产业培育发展；宣传、财政、国土、建设、税务、银行等部门根据各自职能提出了研究鼓励广告业发展的优惠政策措施。据统计，截至 2014 年年底，全省共有广告经营主体 17871 户，广告从业人员 107641 人，全省 2014 年广告经营额达 176.4 亿元。广告经营主体和广告经营额分别比去年增加 20.4% 和 22.5%。全省共有 11 家广告公司获得中国一级广告企业资质，广告业发展不断加快。

（二）广告产业园区建设大力推进，聚集发展逐步显现

园区是广告产业发展的有效载体。国家级广告创意产业园试点落户长沙天心区，得到了国家工商总局、省委、省政府领导的高度重视。国家工商总局副局长甘霖、省政府副省长盛茂林、副省长李友志、长沙市委书记易练红等领导多次进行实地考察调研，听取情况汇报并作出重要批示。为促进长沙国家广告产业园区顺利建设，省工商局、省财政厅积极向国家工商总局、财政部汇报，寻求支持，中央用于园区建设的 8000 万专项资金已落实到位。省财政、长沙市财政配套 8000 万元也已基本到位。以嘉盛国际广场、恒力卡瑞尔为核心的先期园区，已基本建成产业要素齐备、企业聚集发展的成熟园区；选址省府新区，总投资 35 亿元的核心园区建设已经封顶。目前，入园广告企业及广告关联企业达到 307 家，产值 38.1 亿元，全省广告行业的聚集发展逐步得到显现。省级广告产业园建设工作步伐加快推进，各地按照省产业园区建设领导小组办公室和省工商局联合下发的《关于开展我省广告产业园认定工作的通知》要求积极调研、抓紧建设。2014 年 12 月，省产业园区建设领导小组办公室和省工商局联合认定怀化广告创意产业园为省级广告创意产业园。

2014 年广东省广告监管工作情况

广东省工商局广告监督管理处

5 月 8—11 日，广州、深圳、横琴三地广告产业园区联合参加第四十三届世界广告大会

2014 年，广东省工商局深入贯彻实施广告战略，统筹推进广告行政审批制度改革、广告市场监管体系建设、促进广告产业转型升级三项任务，努力营造法治化、国际化的营商环境，为广东加快现实“三个定位、两个率先”提供了正能量。

一、深化广告行政审批制度改革，激发广告市场活力

（一）完成行政职权清理和编制权责清单工作

按照广东省政府办公厅关于转变政府职能、清理行政职权和编制权责清单的工作部署，共疏理行政职权 261 项，其中行政许可 11 项（以子项计算），行政处罚 237 项、行政检查 2 项、行政指导 10 项、其他 1 项。

（二）深化广告行政审批制度改革

参与完成《粤港澳服务贸易自由化准入前国民待遇与负面清单》。参与制定“中国（广东）自由贸易园外商投资准入特别管理措施（负面清单）”，争取将外商投资广告企业项目审批改为备案制，一并纳入企业登记注册。加快禁止发布烟草广告地方立法进程，起草了《广东省烟草广告管理办法》（草案），已完成了征求意见工作。全省地级以上市广告行政审批业务网上办事系统全面上线运行。

二、强化广告监管，营造公平竞争市场环境

（一）健全广告执法办案机制

下发《关于进一步加强广告违法案件查处工作的通知》，对强化广告执法工作提出具体要求。落实广告违法案件线索办理情况通报制度，通报全省工商系统广告违法案件办理情况 2 次。下发《关于对广告违法行为查处工作中有关疑难问题的指导意见》，统一全省执法尺度。举办全省工商系统广告监管培训班，专题培训互联网广告监管等。

（二）严打重点领域虚假违法广告

查处各类广告违法案件 3412 宗，同比增长 9.5%。

公告严重违法广告 214 条次，得到工商总局肯定，两次以《昨日简况》形式通报我省做法。

1. 强化互联网广告执法工作

加强网络广告监测，2014 年以来全省系统抽查网站 4.2 万户、互联网广告 47.5 万条次，同比增加 32.3%，发现违法广告 2464 条次，责令停止发布 1419 条次；查处互联网广告案件 796 宗，罚没 1015.4 万元，同比分别增加 357.5%、112.1%；通过大众传播媒介曝光 61 条次典型严重违法重点领域互联网广告及其发布网站，同比增加 258.8%。

2. 集中整治虚假违法电视购物广告

组织全省系统检查电视频道 203 个、网站 310 个和电视购物广告 2.9 万条次，发现违法广告 2816 条次，清查电视购物广告涉及的生产企业 2401 家，查处电视购物广告违法案件 72 宗，罚没 90.4 万元。广告处督办严重违法电视购物广告案件 21 宗，罚没 14.8 万元。向外省工商部门移送违法电视购物广告案件 11 宗。公告违法电视购物广告 33 条。

3. 加强部门执法协作机制

发挥广告监管联席会议制度作用，编印《广东省整治虚假违法广告专项行动专刊》8 期。与通信管理等部门建立违法网站处理机制，提请关闭非法网站 84 家。与公安部门建立协查机制，提请远程勘验网站 9 家。全省系统联合食品药品监管等部门，集中清查虚假违法保健食品、医疗器械广告主，出动 1383 人次，检查生产经营主体 3419 户。

4. 推动落实广告发布审查制度

在互联网广告专项整治行动中，联合通信管理等部门进一步推动落实《大众传播媒介广告发布审查规定》，重点指导省内新闻网站、门户网站落实广告审查责任制和审查员一票否决制，全省系统开展行政指导 563 次，培训广告审查员 363 人次。省局制定《自觉抵制互联网重点领域虚假违法广告承诺书》样式，全省工商部门会同互联网信息、通信管理部门指导相关协会组织 213 家会员网站签订承诺书。

三、大力推进广告业发展，服务广告产业转型升级

（一）广告产业园区建设取得新成效

广州国家广告产业园区、深圳国家试点广告产业园区完成了工商总局专家组的评估，园区各项建设工作按计划向前推进，社会效益和经济效益逐步显现。2014 年，广州国家广告产业园区已入驻企业 10 家，广告经营额 6.8 亿元；深圳国家试点广告产业园区入驻企业 18 家，广告经营额 36 亿元。珠海横琴国际广告创意产业基地被财政部、工商总局批准为现代服务业试点广告产业园区。我省广告产业园区联合参加了第四十三届世界广告大会，展现了广东广告业发展的新成就。

（二）促进广告产业发展措施进一步完善

广告业被纳入文化产业发展专项资金扶持范围，有两家省属广告企业获得广东省文化产业发展专项资金补助。推动广告行业协会积极搭建生产服务型企业与广告企业的交流平台，增进相互了解，促进行业之间、企业之间的深度融合，形成紧密合作、互利共赢的局面。开展了广告业与相关产业融合发展调研，向省发展改革委提出完善知识产权保护和无形资产评估机制、设立广告业发展专项资金等建议。

2014 年广西壮族自治区广告监管工作情况

广西壮族自治区工商局广告监督管理处

广西壮族自治区工商局召开部分媒体集体约谈会

2014 年，我区各级工商机关立足广告监管职能，积极推进广告产业园区建设，强化广告市场监督管理，积极开展电视购物、互联网重点领域等广告等专项行动，使得广告市场得到了有效的净化，广告产业得到了进一步发展。

一、加强协调指导，深入推进广告产业园区建设

为有效推进南宁广告产业园区建设，2014 年，我局与南宁市政府签订了《推进南宁广告产业发展战略合作协议》。就加快推进广告产业园区载体、聚集区和综合服务配套设施建设，加大对龙头广告企业和相关配套服务企业的招商力度，实施广告战略，做大做强优势广告产业品牌，支持开展广告产业发展和信息研究工作等举措与南宁市政府达成了共识。并协调南宁市政府以及高新开发区管委会完成了国家工商总局专家组对南宁广告产业园的评估。又于 4 月，组织人员到广告产业园区进行了调研指导。同时代政府起草了《关于促进广西广告业发展的若干意见》，目前，园区入驻广告关联企业 1300 多家，纯广告公司 226 家，年营业总收入达到 25 亿元，从业总人数 2300 多人，美丽传说股份有限公司（猫扑网）、新浪、百度等国内知名媒体广告经营单位已入驻广告园区。

二、强化广告监测，不断完善预警警示工作体系

我局不断完善预警警示工作体系，加强了对自治区及市级 31 家报纸、11 个电视频道以及 5 个广播电台的日常监测，监测的范围涉及 15 个类别的广告，重点监测医疗、药品和保健食品广告，重点监管电视购物广

告，整治以健康资讯节（栏）目名义和新闻报道形式变相发布的广告。92339 条，编制监测报告 12 期。对发布违法广告严重的媒体进行了约谈告诫，全年累计立案查处虚假违法广告案件 8 起，累计罚没 10 多万元。

三、充分履行监管职责，严厉打击虚假违法广告

2014 年以来，我局根据国家工商总局的要求，组织全区各级工商部门开展了电视购物、互联网广告重点领域虚假违法广告专项整治工作，全区各级工商机关共立案查处各类虚假违法广告案件 841 件，累计罚没 213.31 万元。

（一）深入开展电视购物广告整治

根据商务部、国家工商总局等八部门《关于开展电视购物专项整治工作的通知》（商秩发〔2013〕445 号）和《工商总局关于进一步加强电视购物广告监管工作的通知》（工商广字〔2013〕202 号）文件精神，我局组织全区各级工商机关认真开展了电视购物专项整治行动，及时转发了相关通知，确保专项整治工作有序开展。一是组织全区各级工商机关深入辖区广告经营单位、进行广告法律、法规教育宣传，加强行政指导，督促广告经营者、广告发布者开展自行排查和各类含有违法违规电视购物内容的业务广告，提高行业自律，杜绝发布违法违规电视购物内容广告行为。二是与商务厅、质监局等部门对广西电视台、南宁电视台等广西主要电视购物节目播出机构及经营单位在电视购物的商品准入、节目内容审查、售后服务等方面的情况进行了联合检查。三是加强了《大众传播媒介广告发布审查规定》落实情况的检查。监督指导电视台以及互联网站依法查验有关证明文件，认真核实广告内容，对违法违规的电视购物广告，坚决不予发布，严把广告发布关。四是加强消费维权，积极维护消费者合法权益。我局依托 12315 消费者投诉举报系统，建立了广告违法投诉与消费维权联动工作机制。整治行动中，全区各级工商机关共接到电视购物投诉举报共 35 件，其中投诉 34 件、举报 1 件，并根据工作规范和流程，对这些投诉举报进行分派、转办，全部做到 100% 受理、100% 处理、100% 反馈、100% 调解成功，为消费者挽回经济损失 4.76 万元。

（二）积极开展互联网重点领域广告专项整治

一是组织全区工商部门和区内主要媒体参加了全国整治互联网重点领域电视电话会议，及时转发了《关于开展整治互联网重点领域广告专项行动的通知》，开展动员部署，确保专项整治工作有序开展，层层推进。二是加强监督检查，督促媒体自律。组织全区各市工商部门对辖区内的主要门户网站、论坛等进行检查，并对网站的开办者、网络广告经营者宣传国家有关广告管理的法律法规，要求各类网站在发布广告时严格按照《大众传播媒介广告发布审查规定》进行审查，指导各类网站健全完善广告发布审查制度以及广告承接、审查、档案等各项管理制度。同时结合典型广告违法案例，强调了广告审查员应发挥作用，确保广告内容的真实性和合法性以及广告文字的规范性，进一步遏制杜绝虚假违法广告的发布，不断净化广告市场秩序，以取得良好的经济效益和社会效应。三是强化部门沟通协作进行联合整治。整治行动中，我局注重完善与其他部门的沟通渠道，加强协调配合，强化广告案件的协调、通报、查办、移送工作，对有关部门通报的监测情况和移送的广告案件，积极采取有效措施，及时处理，提高办案效率；进一步加强部门间工作衔接，充分利用各自监管的职能和手段，从重点商品和服务广告入手，把日常监管和专项整治有机结合起来，不断提高广告监管执法效能。此外，还向社会公布了打击违法虚假广告举报电话，畅通发现案件线索渠道，进一步扩大案件来源渠道。整治期间，共监测各类互联网站 92 个，监测互联网广告 2247 条，立案查处违法广告 12 件，罚没 5.87 万元。

2014 年海南省广告监管工作情况

海南省工商局广告监督管理处

海南省工商局广告处开展户外广告整治

2014 年，在省委、省政府的正确领导下，全省工商系统深化商事制度改革自觉履行监管服务职能，在经济发展下行，广告业受到严重影响的情况下，不断改革创新监管服务方式方法，落实省人民政府《促进广告业发展意见》，推动广告战略实施三年来，我省广告市场主体从 1763 户发展到 4876 户，增长 176.57%，营业额由 9.6 亿元增长到 20.3 亿元，增长 111.45%，目前，拥有了海南日报集团、海南广播电视总台、中视集团、大魏盛唐集团等一批广告领军企业，为营造生态文明、科学发展、有文化底蕴广告环境，为海南科学发展绿色崛起做出新的贡献。

一、努力提升监管信息化水平，不断提高广告监管效能

2014 年，我省工商系统主动适应经济发展新常态，不断探讨完善和规范广告监测信息定期发布制度、违法广告案件通（专）报制度、发布违法广告约谈制度、违法广告责令整改制度、违法广告错报漏报责任追究制度和虚假广告整治成员单位联席会议制度，进一步落实广告监管长效机制，有效遏制违法广告发布行为。截至 10 月 27 日，广告监测中心共监测广告 678030 条次，发现严重违法广告 6924 条次，违法率 1.02 %，同比下降 4.65 %。其中，食品、保健品、药品、医疗、医疗器械、美容服务、房地产、知识产权等广告监测 73210 条次，严重违法 3314 条次，违法率 9.05 %，同比下降了 27.34 %，责令整改违法广告 72 次，发布监测信息 10 期，约谈违法广告当事人三批 54 人，违法广告通（专）报 5 份，移交违法案例 55 件。共立案查处媒体违法广告案件 93 宗，受理群众投诉举报 24 件。

二、开展违法广告专项整治，切实维护人民群众利益和公平正义的市场秩序

全省工商系统坚守广告监管阵地，坚守依法监

管底线，认真落实“五个一律”的广告监管执法工作机制，即：国家工商总局、相关职能部门移交的违法案件、上级领导批示查处的违法案件、人民群众投诉举报的违法案件、广告监测和市场巡查发现的违法案件，一律立案查处。先后组织开展了“网上购物虚假违法广告”、“互联网违法广告”、“户外广告”和“夹报”等专项整治，全面清理和登记了省、市、县三级的各类网站网页17640户，全面清理和排查了户外广告单位1372户，收缴违法广告夹报42000多份。其中：发现全省未登记擅自发布广告965条，未按核准登记内容发布24条，未标记户外广告登记证号147条，内容低俗、有碍精神文明61条，违法发布药品、医疗、医疗器械24条，违法发布农药、兽药7条，违法发布食品、酒类71条，违法发布房地产广告73条。其中，全省工商系统责令整改2472条，停止发布360条，立案查处案件916宗，结案774宗，罚没款入库444.9941万元。在全国互联网广告专项整治行动，我省发现互联网虚假违法广告案件线索合计167条，责令改正违法广告226个，立案查处互联网违法广告110宗，全国工商系统互联网办案数量排名第七。在互联网广告监管执法工作中，海南工商系统制定的“一个模式、两个必查、三管齐下”的工作规范，即一个模式：案件核审、线索下发、跟踪督查由广告监督管理处负责，基础建设、技术支持由网络交易监管处负责，案件的线索发现、电子取证由广告监测中心负责，形成技术支持——线索发现——电子取证——案件核审——线索下发——跟踪督查——结果反馈的一体化监管办案模式；两个必查：经营主体数据库内网站必须检查，库外网站主体可确定在海南的必须检查；三管齐下：以行为检索引擎搜索文字关键字、以图形检索引擎搜索图片型广告、以人工“拉网式”巡查查缺补漏，提高监测效率，加大监测深度，增进监测力度，形成了上下一体、信息直达、反馈交流的执法办案机制，为规范后续行动提供了有力的支持，得到了国家工商总局的充分肯定并向全国工商系统推广。

三、明确责任，推动海南广告业持续健康发展

为迎接国家工商总局专家组对海南广告园评估，指导海南广告产业园从四个方面24项逐一认真做好自查自评和整改完善工作，圆满完成了国家工商总局2013年度对海南广告园区的专家评估工作。督促园区加快二期规划，拓展园区发展空间，实现120家广告骨干企业入驻园区，发挥园区聚集、示范和带动作用。还有，为了尽快把中央扶持专项资金发放到相关企业，我处多次与海口市政府和财政等相关部门沟通，按照国家总局相关要求，认真修订《海南产业园中央扶持资金管理使用办法》，让大家分享政策红利，加快园区广告业发展步伐，指导督促海南广告产业园完善“五个平台一个中心”等服务措施，营造优质的服务环境，召开入园企业座谈会，听取他们对广告园建设和管理的意见和建议，并及时报告海口市政府研究解决，为企业排忧解难。还组织广告园管理机构和部分广告企业到内地先进广告园区参观学习建设管理经验，推动广告园又好又快持续发展，为地方经济发展服务。

四、发挥广告协会桥梁纽带作用，让广告业为国际旅游岛建设助力添彩

发挥广告协会的桥梁和纽带作用，指导广告协会完善日常工作机制，落定好“七项”服务工作，即：为会员分享改革发展“红利”服务；为会员办理工商业务提供优质服务；为会员创品牌、树诚信服务；为会员办理贷款融资服务；为会员申报全国广告企业资质认证服务；为会员提供法律和培养高端人才服务；为培养广告高端人才度假短期基地建设服务。还有，以“海南品牌创意”为主题，组织海南本土名优特产开展广告创意活动，为海南现有的著名商标、琼州万景、名优土特产品等产品和服务设计包装、装潢和征集广告词，为本土产品设计好“形象”传递好“声音”。深入开展宣传以“社会主义核心价值观”“海南改革

开放新成果”“海南文明大行动”等为主题公益广告活动，在广告园筹建海南省公益广告创作基地，鼓励广大会员创作更多更好的公益广告，传递海南科学发展，绿色崛起新能量，自觉担当起广告人的社会责任。组织会员企业加强诚信建设，强化社会责任，坚守法律底线，自觉杜绝虚假广告，坚持依法经营、诚信经营，自觉为海南国际旅游岛建设传递正能量，树立新风尚，让广告为海南国际旅游岛建设助力添彩。

2014 年重庆市广告监管工作情况

重庆市工商局广告监督管理处

总局与市政府签订战略合作协议

一、广告产业发展情况

（一）发展概况

至 2014 年年底，全市有各类广告经营单位 3.4 万户，广告经营额 64.2 亿元，较 2013 年同比分别增加 31.6% 和 19.9%；广告业纳税额 7.7 亿元，较 2013 年同比增加约 21.2%；有广告从业人员 16.1 万人，较 2013 年同比增加 9.9%。其中：主营广告业务企业 1.4 万户，广告经营额约 21.9 亿元，较 2013 年同比分别增加 19.1% 和 35.8%；兼营广告业务企业 1.7 万户，广告经营额 11.1 亿元，较 2013 年同比分别增加约 68.7% 和 97.3%；电视、广播、报纸、期刊媒体 130 户，较上年增加 2 户，广告经营额约 26 亿元，同比增加 12.5%；经营广告的网站 255 家，广告经营额 6.7 亿元，较 2013 年分别增加 13.3% 和 20.4%。各类别广告投放情况见统计表。

（二）产业特点

2014 年，重庆广告市场主体总量和广告经营额保持较高增长。主要有五个方面的特点：一是以私企为代表的民营广告企业快速发展。全市有私营广告企业 2.2 万户，广告经营额 23.3 亿元，分别占到全市广告经营单位和广告经营额的 64.9% 和 36.2%；有个体工商户 0.7 万户，广告经营额 4.6 亿元，分别占全市广告经营主体和广告经营额的 21.9% 和 7.2%。二是主营和兼营广告业务企业均有良好表现。以上概况显示：主营广告业务企业数量增速放缓，经营额较大幅度提升；而兼营广告业务企业主体数量和广告经营额均呈现持续高速增长态势。三是传统媒体广告转型升级，数字新媒体广告发展强劲。2014 年全市媒体广告经营总额达到 32.8 亿元，约占全市广告经营额的 51%，其中：四大传统媒体广告经营额约占总额的 40.5%，增速较上年有所减缓，仍稳中有升；网络媒体广告进一步发展，在全市广告市场中的占比约 10%。四是类别广告投放此消彼长。房地产广告发布量有较大增长，仍高居各类别广告投放榜首；在服装服饰、招工招聘、金融保险等广告较大下滑的同时，酒类、商业卖场、教育和旅游广告增势突出。五是广告业对重庆社会经济贡献度提升。表现在广告业纳税额以及广告从业人员的较大增加，对增加地方财政收入和解决劳动就业产生积极影响；广告产业与重庆五大功能区建设等的高度融合，有力推动了重庆经济社会的全面发展。

（三）成因浅析

主要成因：一是国家大力推动文化大发展大繁荣和深入推进实施广告战略的背景，以及各级政府扶持发展政策的落地，为广告产业发展营造了良好的环境和氛围；国家工商总局与市政府《关于推进重庆市广告产业发展战略合作协议》的签订，为产业发展带来新机遇。二是重庆广告产业园区按照“一区三园”扩大规模、调整布局，中央财政 6000 万元专项补助资金全部到位，促进了公共服务平台及园区建设的提档提速，对广告企业的快速聚集发展起到极大的刺激作用。三是配合新修订的《重庆市户外广告管理条例》的贯彻实施，市工商部门及时制定出台了《户外广告发布登记规范》、简化了发布审批手续，同时户外广告规划的跟进和户外公共媒体资源的公开拍卖、公益广告位有序调整为商业广告位等，提振了业界信心，促进了户外广告规范快速发展。四是传统媒体和新媒体的融合发展成为推动媒体广告发展的新动力，市场需求状态的变化则对类别广告投放结构产生直接的影响，而广告市场主体数量、广告从业人员和广告业纳税额的增长，以及公益广告的发展，又无疑决定了广告在经济社会发展中越来越重要的地位和作用。

二、广告监督管理情况

（一）坚持高压严管，虚假违法广告整治成效显著

一是扎实开展了电视购物广告和互联网医药等重点领域广告专项整治。监测电视购物广告 5730 条次，其中涉嫌违法广告 298 条次，立案查处 17 件，曝光 6 件；检查互联网广告 1947 条次，发现违法 57 条次，其中立案查处 37 件，责令暂停发布和整改广告 45 条次，曝光互联网虚假违法广告 15 件，并从推动互联网媒体建立和完善行业自律机制、继续加强互联网广告发布动态监测和部门联动等入手，建立健全互联网广告监管长效机制，促进互联网行业的规范发展。二是紧紧抓住广播电视、报纸广告的日常监测和监管不放松。2014 年共监测市级媒体广告 308 万条次，抽查监测区县电视媒体广告 2184 条次，广告总违法率为 0.38%。全年共发布广告审查提示 5 份，责令整改、暂停和停止发布的产品或服务广告 1932 个，曝光违法广告 175 个，立案调查处理 491 件，移送相关部门 755 件。为有力遏制媒体广告违法冲高的势头，市工商局采取坚决果断的行政执法措施，依法叫停了重庆商报、时报和晚报的药品、保健食品类广告业务六个月，并从加强广告发布动态监测和部门联动等入手，建立健全了广告监管长效机制。据工商总局广告数据中心监测情况显示，我市媒体广告违法率一直保持在全国最低省市的前三位，在一定程度上反映了我市广告专项整治和日常监管的成果。

（二）贯彻实施新《户条》，广告内容进一步规范

配合新修订的《重庆市户外广告管理条例》的贯彻实施，制定出台了《户外广告发布登记监管工作规范》，完善了户外广告登记管理信息系统，明确了可能产生不良影响的户外广告禁发区域和类别；针对房地产户外广告内容的突出问题，强化行政指导，下发了《登记审查提示》，重点规范房地产销售广告行为，维护购房者合法权益；针对居民小区和商住楼广告突出问题，安排部署以医疗服务、医疗美容、生活美容、

房地产以及会所广告为重点的居民小区和商住楼广告清理整治工作，为市民营造良好的生活居住环境；组织开展了主城三轮车广告专项治理行动等。

（三）强化学习培训，夯实基层广告监管执法基础

认真组织召开了全市工商系统广告工作会议，贯彻落实全国广告工作会议精神，总结近年广告工作，部署当前和今后的工作，并通过以会代训，开展了干部法律法规及户外广告登记管理专业培训，规范行政许可行为；针对全市工商系统一线广告监管执法人员调整变动较大的实际，专门组织开办了广告科长、业务管理人员培训班，对广告管理基础理论、户外广告和媒体广告监管、当前广告工作面临的形势和任务，以及区县日常工作中所遇到的实际问题等，做了较为系统详细的培训；利用《重庆工商》杂志，开辟了广告工作专版，共组织有关广告监管、广告产业发展方面的文章8篇，对如何立足重庆经济社会发展，打造实施广告战略升级版进行了专题学习交流，在全系统进一步掀起了推进广告战略实施的高潮。

2014年四川省广告监管工作情况

四川省工商局广告监督管理处

四川省工商行政管理系统广告工作会

2014年，全省广告监管工作紧紧围绕贯彻落实党的十八大、十八届三中、四中全会和省委十届五次会议精神，按照我局工作安排和国家工商总局部署要求，以深入推进广告战略实施为主线，以改革创新为动力，夯实工作基础，在强监管重发展上下功夫，既突出专项整治行动又狠抓日常监管，既做好广告发展课题研究，又着力长效机制建设，强有力地促进了我省广告业全面健康有序发展。

全省共有广告经营单位16548户，从业人员47343人，经营额1167277.29万元，与2013年同比分别增长5.39 %。全省共监测检查广告2045620条次，发现涉嫌违法广告105615条次，立案查处各类违法广告案件1924件，责令停止发布严重违法广告557件，罚没金额1872.21万元。

一、强化监管，维护公平竞争市场环境

（一）重拳出击，全力开展违法广告专项行动

在专项整治行动中，牢固树立以整治体现监管，以监管促进规范，以规范推动发展的指导思想。一是圆满完成“红盾春雷行动 2014”整治“虚假宣传”专项行动。在此次专项行动中，全系统共出动执法人员 33291 人次，共监测巡查各类广告 225959 条次，责令停止发布严重违法广告 551 条次，查办违法违规广告 1883 件，罚没金额 722.41 万元。二是开展整治互联网重点领域广告专项行动。采取抓宣传、突重点、重规范、强惩处等措施，通过集中整治与日常监管相结合、规范指导与清理打击相结合，建立属地网站数据库，规范了一批重点网站，查处了一批严重网络违法广告，维护了消费者合法权益，全省网络广告市场明显改善，涉及人民群众切身利益的互联网虚假违法广告得到有效遏制。专项整治期间，全省共监测网络广告 10543 条次，整改违规互联网广告经营企业及网站 982 家，将 27 家涉嫌发布严重违法广告的网站移送通信管理部门，立案处罚互联网广告 41 件，罚没款 40 余万元。三是根据国家工商总局部署，组织全系统集中开展电视购物广告专项整治行动。结合四川电视购物广告实际情况，采取宣传动员、组织实施、联合检查等方法，通过媒体广泛宣传，采取强有力的行政处罚措施和会同相关部门齐抓共管，全省电视购物广告市场秩序明显好转，涉及人民群众生命和财产安全的电视购物广告违法率大幅下降。据统计，上半年共监测电视购物广告 43064 条次，立案处罚违法广告 20 件，罚没金额 16 万余元。四是在全省范围内开展集中打击农村地区制售假劣药品违法犯罪专项行动。进一步规范农村药品市场秩序，切实维护农村地区广大消费者的合法权益。五是开展整治投资民间投（融）资类广告的专项整治行动。加强对各市州组织协调工作，开展法律分析，搞好指导督查，确保专项行动落实到位、取得实效。

（二）达成共识，充分发挥部门联动机制作用

充分发挥整治虚假违法广告联席会议的作用，加强与联席会议成员单位协调配合，交流共享广告监管信息资源，不定期召开联席会议，解决整治虚假违法广告中的突出问题，明确整治重点，制定实施方案，加大对重点广告案件的督办和指导，合力整治虚假违法广告。一是我局牵头与省药监局和省新闻广电出版局等联席成员单位，分别召开了互联网重点领域广告专项整治、电视购物专项整治、国家数据中心专题介绍等重点部门专题联席会议。二是我局与省食药局召开了四川省药品、医疗器械和保健食品违法广告整治联席会议，会议对各联席会议成员单位加强协作，严厉查处严重违法广告等事项达成共识。三是召开了关于处理媒介发布违法广告情况通报会，参会主管部门一致认为依法从严加强广告监管，对虚假违法广告采取零容忍态度，绝不姑息，并要求各媒介要引以为戒，切实加强内部管理，建立健全规章制度。参会媒体也认真总结了发布虚假违法广告屡禁不止的原因，表示要吸取教训，大力改进，严把广告审查发布关，积极探索调整广告经营模式，扭转违法广告禁而不止，治而不绝的状况。

二、夯实基础，扎实做好广告基础管理工作

（一）制定广告监管内部制度，建立健全监管长效机制

为加强全省广告监管规范化、标准化建设，更好地指导基层对广告市场进行监管。一是制定了全省《广告监管工作规则》、《重点类别违法广告处罚自由裁量标准》、《广告监测标准》等四项广告监管制度，同时制定了《广告处广告案件管理规定》、《广告处处理虚假违法广告投诉举报工作细则》。二是做好《中华人民共和国广告法（修订草案）》征求意见工作，向各市（州）征集了100 余条修改意见，形成了 11 条意见代表省局反馈至四川省人大法工委。三是为让全

省广告监管工作上下目标一致，行动统一，每月向各市（州）发布1–2期《广告工作动态》，将近期工作推进情况、基层工作状况、外出学习材料、交流体会以及对基层工作的指导等逐一刊登，实现了全系统广告工作上下一盘棋的思想。四是按照总局《广告经营资格检查办法》，全省广告系统例行开展了广告经营许可证年检工作。据统计，年检合格率达98%以上。

（二）强化职责，着力提升广告监管效能

2014年以来，我省不断完善广告监测工作机制，充分利用国家广告数据监测平台的优势和特点，及时掌握和了解广告发布最新动态，初步实现全方面监测，动态监管。一是组织联席会议成员单位和媒体召开了国家广告数据中心运行情况通报会，演示了国家广告数据中心平台，就监管过程中的难点问题进行了有效沟通，明确了联席会议成员单位的职能职责。二是向全省转发国家广告数据中心广告监管平台测试方案，要求各市州指定专人负责，尽快熟悉各项功能，适应广告监管新常态。三是组织人员到各市州进行督导，对部分市州进行了国家数据中心平台介绍和培训，收到很好的效果。四是按照我局《关于贯彻落实法律进民企普法宣传实施方案》要求，针对全省数十家汽车经销商就汽车行业广告的规范与违法表现形式以及工商部门广告监管职能、《广告法》及相关法律法规进行了介绍，获得了较大的反响及赞誉。六是针对部分报刊多次发布虚假违法广告，经行政指导和行政处罚后，整改仍不彻底且广告严重违法率依然偏高的现状，制定了“四个一批”监管制度（整改一批、处罚一批、公告一批、停止一批），使虚假违法广告行为得到了有效遏制，收到了良好的效果。

（三）开展广告审查培训工作，强化审查责任

为加强广告法律法规的宣传和提高广告审查员的审查能力，2014年先后举办了两期广告审查员培训会，第一期与四川广播电视台联合举办，对70余名广告审查员进行了培训；第二期组织全省工商系统、主流媒体、广告公司近200人进行了广告审查员培训和广告法律法规的考试，考试合格率达到100%，并颁发了审查员合格证书。通过培训，工商系统广告监管干部广告监管执法能力、执法水平有了切实提高，也为广大媒体合法开展广告经营活动奠定了坚实的基础。

（四）加强广告协会建设，充分发挥行业协会优势

2014年，四川省广告协会紧紧围绕“抓住机遇，转型发展”这个主题，根据全省广告行业发展实际，创新工作思路，提升服务效能，务求工作实效，在“充分发挥行业协会优势，想方设法帮助会员单位搭建平台、拓展视野、练好内功、转型发展；创新方式，积极开展活动，着力提升行业专业水平，增强全省广告企业市场竞争力；以及改进作风，优化服务，加强协会自身建设，增强工作活力”等方面进行了一些新的探索和尝试，取得了一定的成绩。

三、加强引导，积极促进广告业健康有序发展

（一）创建成都广告产业园区，打造广告业发展高地

2014年，我省着重在引导广告产业园区和广告企业立足特色，提质升级，服务地方品牌建设，服务四川经济的发展上着力。一是圆满完成了国家工商总局对四川广告园评估考察工作，今年4月全国广告工作会上总局认定成都广告产业园区为国家广告产业园区。该园目前已投入使用面积14.35万平方米，入驻园区企业295家，园区服务企业1401家，注册资本总额327910万元；园区广告业总产值近56亿元，实现税收4亿，初步形成了集数字新媒体、高端广告、创意设计、传媒集群在内的产业集群，为园区入驻企业及从业人员提供了较为完善的配套性公共服务和专业服务，对全省广告产业发展起到引导和示范作用。

（二）注重课题研究，推动广告产业发展

一是与成都国家广告产业园、四川大学共同协作，完成了《四川省广告及创意产业发展》课题研究，并以课题研究成果为基础，多方争取有利于广告业发展

的支持政策，大力引导广告龙头企业及产业园区提升发展质量。二是认真分析四川广告发展存在的问题和困惑，在广告监管模式上、制定广告监管措施上、实施广告战略的方式方法上，寻找四川广告发展的突破口，探索适应四川广告发展需要的新模式和新途径。

2014 年贵州省广告监管工作情况

贵州省工商局广告监督管理处

贵州省工商局召开国家广告数据中心系统广告监测平台运用座谈会

2014 年，是深入贯彻落实党的十八届三中全会精神、全面深化改革的开局之年，广告处紧紧围绕省局 12345 的工作思路，以规范广告发布行为为重点，以促进广告行业加速发展为突破，以解放思想创新服务为驱动，继续加大广告监管执法力度，努力促进了全省广告业和谐健康发展，广告市场秩序进一步好转。重点抓好以下几项工作：

一、集中开展专项整治，维护广告市场和谐发展

以开展电视购物专项整治为契机，加大电视购物广告的监测监管力度，推进虚假违法广告专项整治工作。部署了为期半年的电视购物专项整治行动。省广告监测中心将电视购物广告单独列项，实施 24 小时监测，整治期间，共监测省市媒体 7 个频道发布的电视购物广告 773 条（次），其中涉嫌违法广告 175 条（次）。借助国家电视购物监测监管平台，对全省电视购物广告实施动态监管，并将处理结果汇总报商务部门。根据平台统计显示，专项行动开展以来，我省电视购物广告处理率在全国名列前茅。通过为期半年的专项整治行动，电视购物违法违规广告大幅下降，收到了良好效果。

牵头开展互联网重点领域广告专项整治。从 4 月 10 日起，开展为期 5 个月的互联网重点领域广告专项行动，专项行动期间，全省各级工商机关共出动执法人员 3919 人次，执法车辆 902 台次，开展集中联合整治 28 次，检查各类网站 3716 个、网络经营户 773 户、医疗机构 127 户，发现并督促整改违规网站 17 户，有

效净化了互联网医疗广告市场，专项整治行动取得阶段性成果。

依法整治医疗广告市场秩序。结合《2014 年深化建设平安贵州治安整治“七大行动”专项整治行动方案》，积极配合卫生部门开展医院环境专项整治行动。全省共检查医疗机构 260 户，监测医疗广告 3280 条（次），其中涉嫌违法的 125 条（次），查处 13 件。经过专项整治，违法医疗广告有所减少。

二、调整运行机制，着力提升广告监测整体效能

2014 年全省工商体制改革使广告监测运行机制面临新的挑战。广告处一手抓体制下划后广告监测运营机制调整的研究，主动与广告监测中心商榷，提出新的广告监测运行模式建议，确定省以下垂管取消后广告监测工作以各市州独立监测为主，省中心抽查为辅的监测方式。一手抓媒体广告日常监测，建立广告预警和快速处理机制，有效运用监测预警提示、行政告诫、违法广告停播整改、违法广告停止发布通知以及严重违法广告依法查处等形式，做到监测与案件查办的有机衔接，确保违法广告得到及时制止。2014 年，共发布广告监测通报 14 期，监测各类媒体广告 2944396 条（次），其中涉嫌违法广告 19834 条（次），违法率为 0.67%；发布违法广告公告 5 期，曝光典型违法广告案例 75 起；全省查处虚假违法广告案件 211 件。

三、践行群众路线，认真处理消费者申诉举报

为切实保护消费者合法权益，广告处本着群众有诉必受、有诉必回的原则，妥善办理广告投诉举报案件。今年广告处办理政协提案 2 件，共受理省局 12315 的投诉举报、省局门户网站留言、局长信箱、职业打假人来信举报、总局及省有关部门转办等各类案件 91 起，向有关媒体下发《整改通知书》48 份、《停止发布通知书》58 份，向市州局下发《案件督查通知书》18 份。

四、加强沟通协作，深入推进广告信用建设

3 月 21 日省局召开了贵州省广告监管联席会议，省委宣传部、省新闻出版广电局、省卫生厅等成员单位分别通报了 2013 年开展广告专项整治工作情况，分析了存在的突出问题并提出意见建议，同时结合自身职能对今年工作进行安排部署，增强监管合力与实效。

为了加强大众媒介广告监管，推进我省广告信用建设，促进媒介严格自律，依法发布广告，自觉维护消费者的合法权益，广告处草拟了《贵州省大众媒介广告信用评价管理办法（暂行）》，并于 9 月 25 日召开“贵州省大众媒介广告信用评价管理办法征求意见座谈会”，目前该项工作正在推进中。

五、强化业务培训，提高行政执法水平

结合省以下垂管取消，业务人员变化大的实际，2014 年 11 月，我们举办了全省工商系统广告监管执法培训班，150 人参加了培训。为基层人员广告执法办案解决了疑惑，收到较好效果。2014 年，广告处共完成工作简报 18 期。办理户外广告登记 67 件、固定形式印刷品广告登记 9 件，均严格按照省局公开承诺事项，做好服务并按时办结。按时完成全省广告经营许可证年检总结工作，全省持有《广告经营许可证》的广播电台、电视台、报刊出版单位、事业单位共计 160 户。应参加年检单位 160 户，实检 160 户，年检率 100 %。

在 2014 年 4 月召开的全国工商系统广告工作会议上被表彰为“全国工商系统广告监管工作先进单位”。

六、提高服务水平，努力促进全省广告业迈上新台阶

2014 年是贯彻落实《关于促进贵州省广告业又好又快发展的指导意见》，实现《贵州省广告业“十二五”

发展规划》阶段性目标的关键一年。广告处继续加强指导力度，提升服务水平，为企业发展出谋划策。全省新增广告企业 775 户，广告企业总数达到 5000 户，广告营业额突破 30 亿元。出台了《贵州省广告产业园区发展管理办法》，贵阳广告产业园已被认定为省级广告产业园区。加强对广告协会的指导与支持，注册并开通“贵州省广告协会网站”，为会员单位提供了咨询交流平台。年内共有 13 家企业申请了中国广告企业等级资质；1 家广告企业获贵州省著名商标；60 件作品获贵州省第 21 届优秀广告作品金银铜奖；3 件作品在第 21 届中国国际广告节上获得奖项。

七、群策群力，成功举办广告节

经国家工商总局批准，中国广告协会、贵阳市政府、贵州省工商局主办的第 21 届中国国际广告节于 2014 年 10 月 24 日至 27 日在贵阳国际会议展览中心成功举办。我们从宣传动员入手，制发了相关文件资料，深入到企业、媒体召开座谈会，积极动员媒体、广告企业参会参展，为广告节的成功举办奠定了基础。广告节的成功举办，对促进贵州与全国、贵州与世界广告业的交流合作，提升全省广告业的影响力、推动全省广告业的繁荣发展发挥了积极作用。

2014 年云南省广告监管工作情况

云南省工商局广告监督管理处

刘慧晏副省长莅临云南省广告监测中心指导工作

2014 年云南省工商局认真贯彻落实党的十八大、十八届三中、四中全会、中央经济工作会议、省委九届七次全会和全省工商行政管理工作会议精神，坚持“促进广告业发展”和“广告市场监管”两手抓两手硬，积极推进我省广告战略实施，各项工作取得积极成效。

一、强化措施，多措并举，促进广告业发展取得新成绩

（一）认真贯彻落实《云南省人民政府关于加快广告业发展的意见》，为促进广告业发展营造良好氛围

2014 年上半年，省局广泛深入开展宣传，分别在

《中国工商报》、《春城晚报》、《生活晚报》等报刊、省工商局网站以及省广告协会网站上刊登文章，对《意见》进行了解读，引导社会各界正确认识广告，指导广告经营单位用足用够政策。抓住广告业前所未有的发展机遇，振奋精神，凝心聚力，以贯彻落实《云南省政府关于加快广告业发展的意见》为契机，掀起我省广告业大发展的新高潮。截至 2013 年年底，我省广告经营单位达 11215 户，实现经营额 37 亿元，较去年同期增长 7.8%。

（二）认真指导并积极推动昆明广告产业园建设，为促进广告业发展打造发展高地

一是以迎接评估验收为契机推动园区建设“渐入佳境”。云南省工商局在第一时间争取昆明市政府以及昆明广告产业领导小组的重视和支持，领导小组组长王春燕副市长连续召开会议，紧急研究部署准备迎检的各项准备工作，要求园区加快建设力度，做到“软件要硬，硬件要软”。同时积极协调各方、调动各种力量，帮助园区落实到 6750 万元的省、市、区政府财政配套园区扶持资金，并指导园区在加快建设力度的基础上，按照验收评估标准逐项对照自检，查缺补漏，尽快完善，园区建设得到快速的发展。验收评估结果，昆明广告产业园多项指标位于全国前列，给予了昆明广告产业园极大的信心和鼓舞。评估验收会后，省局召集各有关单位对评估验收工作进行了总结，进一步肯定并坚持园区发展方向和目标，对进一步加快园区建设提出了要求和希望，早日将昆明广告产业园建设成为国家级广告产业园区。二是积极推进园区基础建设。指导园区加紧市场交易服务平台、金融服务平台、专业化技术支持服务平台、广告专业培训和人才培养服务平台、项目申报咨询与服务平台、园区企业市场推广服务平台、知识产权服务与保护平台等七大公共服务平台的建设，为入园企业和社会公众提供专业技术服务和基本公共服务。加紧推进物理空间改造、腾笼换鸟和招商引资工作，注重以广告业为主业招商引资，重点引入广告、创意领域的龙头企业，以及以高新技术为依托的互联网络、数字出版、数字传输、动漫游戏、新型广告装备制造等科技含量和附加值高的新兴广告企业。目前，园区已经吸引包括微软创新中心、新浪乐居、鹏云地铁传媒、盛策同辉、文产数字科技、美术研究院、韩国 SDL 等 170 多家特色明显的广告、创意类企业入驻，其中广告产业以及直接关联产业企业占园区入驻企业的 90%。指导园区融入云南省建设民族文化强省、昆明市文化产业倍增战略以及“退二进三”的经济社会发展总体规划中去，提出以园区为主打造昆明金鼎城市文化地标和金鼎文化创意经济圈的构想。在省工商局的大力推动下，《昆明市五华区金鼎山片区控制性详细规划（修编）》已进入公示阶段，有望在明年进入实质实施阶段。三是认真指导园区打造园区特色。指导园区注重品牌塑造，通过举办“七彩云南 梦想家园”公益广告大赛，扩大园区知名度和影响力，打造“金鼎”品牌成为云南乃至全国广告创意界的新名片，建立广告界的云南印象。促进园区实现广告与旅游、广告与创意、广告与科技等方面的深度融合，通过广告助推云南优势产业发展。推动园区搭建与南亚、东南亚的广告创意企业交流平台，依托省政府与印度西孟加拉邦合作论坛（K2K 论坛），帮助园区与印度建立南亚广告创意产业发展研究中心。结合在滇的南亚、东南亚留学生人数较多的特点，聘用在滇留学生开展面向南亚、东南亚的广告策划、制作和营销。建立南亚创意市集试验平台，邀请高校的设计与艺术类学生、全国和南亚知名艺术家、云南本土创意大师、创意爱好团队，以文化、艺术、设计等为产品或服务进行创意，搭建创意作品商品化的实验舞台。

（三）首次开展“七彩云南 梦想家园”公益广告大赛和系列活动，为促进广告业发展培养创意人才

为引起广告业界对云南广告业发展的关注和重视，通过大赛发现人才、吸引人才、培养人才，推动“云南元素”辐射南亚、影响国际，扩大昆明广告产业园的知名度和影响力，从而推动云南广告创意产业的发展和云南旅游的二次创业，我局和省旅游发展委员会、省广告协会共同启动，由昆明广告产业园具体承办了首届“七彩云南 梦想家园”公益广告大赛。此举，获得国家工商总局广

告司领导的高度肯定。大赛自2014年3月13日正式启动。第一阶段通过与第12届中国大学生广告艺术节学院奖合作，在北京、上海、广州、南京、成都、昆明6个城市118所高校进行了巡讲，面向50万名大学生开展“云南元素”命题征集，收到全国近1118所高校近3000件大学生创意作品。其中“行走云南，我为滇狂”八字文案在11万件作品中脱颖而出。为深入挖掘“行走云南，我为滇狂”的作品价值，充分体现其市场价值、精神价值和社会价值，我局及时向省委省政府进行了汇报，开展了不同媒体、不同层面的宣传报道，组织并发起“行走云南，我为滇狂”为主题的格律诗征集活动，收到广大诗词爱好者的积极响应，现已征集到诗词7108首，评选出优秀诗词800余首汇编成《行走云南　我为滇狂》诗词集出版。大赛的第二阶段于7月启动面向社会的创意云南作品征集，届时将组织全国专家进行二次评审，并于12月在昆明广告产业园举办“七彩云南　梦想家园”创意云南广告大赛颁奖典礼和高峰论坛，收到了很好的关注云南、创意云南的效果。

二、强化责任，多方出击，广告市场秩序得到进一步好转

（一）积极实施广告监管方式转型，提高广告监管效能

2014年，国家工商总局利用现代信息化技术实施广告监管方式转型，建设了国家广告数据中心（简称大数据系统），即以大数据为导向，全国一盘棋思路，精准打击虚假违法广告。云南省工商局是总局遴选的八个省市先期测试单位之一，为完成好测试任务，我局高度重视，安排4名业务熟悉、吃苦性强的工作人员对大数据系统的使用进行认真测试，并及时向总局反馈测试意见8条。同时，我局根据总局安排，第一时间开展了全省范围内的大数据应用培训、宣讲和应用。分别赴12个州市局和省属各媒体对广告监管形势、违法广告现状及广告审查逐一作了详细讲解，有效的震慑了广告发布者，促使其加强行业自律。并按照总局交办的涉嫌违法广告线索，积极采取行动，加大虚假违法广告查处力度，加大执法办案协调工作力度，加强跨地区执法联动和协作配合，认真做好案件移送与查办工作。通过对大数据的应用和使用，积极实施监管方式转型，我省广告市场呈现较好转变。据工商总局今年1至6月的监测通报显示，我省在全国36个地区中综合排名靠前，3月和6月全国排名第6名。《春城晚报》今年示范带头作用较好，2月、3月、4月、6月、7月零严重违法。

（二）加强广告监测，丰富手段加强监管

进一步扩大监测覆盖范围，按质按量开展对电视、广播、报纸的日常监测；加大行政指导力度，及时向监管对象反馈监测结果，督促整改或停止发布；加大监测数据的运用，形成每季广告监测报告，为监管提供依据。截至2014年年底，共监测419886条次广告，责令整改1189条次。

（三）加强全省督查，强化广告监管力度

为认真贯彻2014年福建泉州全国工商系统广告工作会议精神，我局开展了为期1个月的全省范围内的广告执法监督检查，要求全省各州市工商机关认清形势，加大监管力度，强化责任和使命，落实属地监管责任。对监管不力、推诿不办、压案不查以及行政处罚畸轻、执法不到位的工商机关，进行约谈、告诫和通报。

（四）突出监管重点，严厉开展虚假违法广告专项整治

把易发、多发的虚假医疗、药品、保健食品、美容服务、化妆品广告以及虚假房地产、收藏品、招商加盟等广告作为监管重点，积极开展专项行动，继续保持整治虚假广告的高压态势。一是会同省商务厅等七部门开展了电视购物专项整治行动，充分发挥我局广告监测和各地广告监测的作用，进一步加大对电视、广播、报刊以及互联网等媒介发布广告的监测检查范围和频次，及时责令停止发布和曝光夸大产品功效等内容的严重虚假违法电视购物广告。及时处理广告投诉举报。曝光违法电视购物广告10条。二是联合开展打击互联网重点领域的虚假违法广告专项行动。积极开展与省通信管理局、省广播电视局等部门的合作，共同开展互联网广告的整治工作，召集互联网经营单位负责人召开会议，传

达上级要求，宣讲法律规定，开展互联网广告的监测巡查。三是与卫生厅开展“平安医院”创建活动，整治虚假违法医疗服务广告。四是与省通信管理局、公安厅和省工信委联合开展打击伪基站专项行动。五是与省高院、省检察院等七部门在全省范围内联合开展打击整治非法生产销售和使用窃听窃照专用器材违法犯罪专项行动。六是认真开展非法集资广告资讯信息广告监测检查，加大巡查力度，积极开展宣传教育工作。七是配合市场处等开展旅游市场专项整治。

（五）严格依法行政，严把行政审批关

一是做好广告经营资格年度检查工作。对领取《广告经营许可证》的 301 户广告经营单位进行了广告经营资格检查，参检率达 100%，年检通过率 100%。二是做好广告行政许可工作。严格依法行政，从源头上设置防止虚假违法广告流向社会的“防护网”。办理广告行政许可 41 件，固定形式印刷品广告备案 16 件。

三、强化基础，适应转型，基层基础建设得到进一步完善

（一）完善全省广告监测系统建设

一是完善广告监测基础建设。加快全省广告监测系统的安装、调试、测试等进度，进一步完善了监测系统的功能和运用，基本建成了覆盖 16 个州市的广告监测系统，实现了对全省州市级以上媒体的全天候、全时间监测能力。二是建立广告监测制度。根据我省实际，制定了《云南省广告监测规范》（试行）、《广告监测工作制度》（暂行），对广告监测工作操作规程（监测范围、监测流程、监测重点）提出详细规定，以指导监测工作人员规范操作。建立了对媒体的《日常广告监测告知制度》，对轻微违法广告，限期责令媒体整改；对严重违法广告，责令媒体停止发布、立案查处。建立社会预警机制，利用红盾信息网定期向社会发出《重点涉嫌违法广告监测通报》提请广大消费者防范识别。

（二）完善全省广告条线信息交换建设

为适应广告监管转型提效的需要，省局积极组织各州市局参加总局的“广告监管大数据平台”以及“广告业统计”运行测试，建立起到全省各州市县级、乃至工商所的“云南广告管理”QQ 群、微信群等现代信息沟通渠道，建立起了方便、快捷、及时、有效、易交流、低成本的传递信息、反馈情况、沟通交流、统一行动的沟通平台，对于我省广告监管运用现代化科技手段提质增效起着积极的作用。

2014年西藏自治区广告监管工作情况

西藏自治区工商局商标广告监督管理处

2014年商标广告工作紧紧围绕全区工商工作会议精神及全区深化工商行政管理改革座谈会精神，按照工作任务分解要求，紧密结合商标广告职能，始终坚持抓落实、抓发展，扎实推进商标战略实施，认真履行广告市场培育和监管，积极开展打击侵犯知识产权和假冒伪劣商品专项行动的同时，以新《商标法》的实施为契机，推进、培育著名商标、驰名商标、地理标志商标为重点，积极服务地方经济发展；以指导广告产业发展为出发点，整治虚假违法广告为突破口，加大对医疗、药品、保健品、化妆品等违法广告的查处力度，有效地维护了广告市场秩序。

一、广告市场秩序井然，监管措施有力

（一）广告市场基本情况

截至目前，全区广告经营单位发展到689户，同比增长了5.9%；从业人员3987人，同比增长了3%；广告经营额2.39亿元，同比增长了6%。

（二）加大广告市场监管

一是对报刊出版单位、广播电台、电视台利用医药资讯专版节目以及购物短片等形式发布广告行为以及整治虚假违法医药广告专项行动和年度虚假违法广告专项整治工作进行了安排和部署。期间，西藏卫视、拉萨电视台、西藏商报等我区大众媒介已停播药品、医疗、保健食品等各类违法广告120余条。二是通报了我区主要媒体广告抽查监测情况，对拉萨电视台、西藏商报、拉萨晚报发布的医疗、药品、食品、保健食品、化妆品及美容服务广告违法行为进行了立案查处，罚没金额20.19万元。三是分别约谈西藏电视台的相关负责人三次，就2013年至2014年发布的各类涉嫌虚假违法广告的相关事宜，要求媒体严格自律，增强法律意识和社会责任感，自觉纠正违法行为。四是为进一步加大对电视购物广告的监管力度，转发了《工商总局关于进一步加强电视购物广告监管工作的通知》，起草下发了《关于进一步加强对户外电子显示屏广告整治管理的通知》；召开大众传播媒体整治虚假违法广告专题座谈会，及时给各地市转发《工商总局等八部门关于开展整治互联网重点领域广告专项行动的通知》。由区党委宣传部、区工商局等九部门起草的《关于加强我区大型户外公益广告牌建设和管理工作的意见》已由区党委办公厅下发。

（三）认真开展讲文明、树新风活动

认真贯彻《关于深入开展"讲文明树新风"公益广告宣传和意见》精神，积极组织各类媒体按照要求开展"讲文明树新风"活动，各大报刊用近160个版面，电视台用近1000次的时段，广播用近600次的时段以不用形式制作和发布了公益广告，获得了良好的社会效益。

二、2015年工作安排

一是积极适应新《广告法》实施，组织《广告法》暨广告审查员培训班，进一步强化广告企业的法制意识和业务能力，提高工商机关的综合素质和执法水平。

二是进一步完善《西藏自治区人民政府关于推进

广告战略实施的意见》，逐步提升和扩大我区广告业市场主体的质量和数量，形成具有西藏特点的广告发展格局。

三是进一步加大违法广告的查处力度，建立健全符合西藏实际的广告监管体制机制，完善虚假违法广告整治联席会议制度，发挥部门协作机制，加大对药品、医疗器械、医疗服务、保健食品、化妆品、美容服务等虚假违法广告的整治力度，净化我区广告市场环境，促进我区广告业健康发展。

四是与信息中心配合，做好广告监测设备设施的更新及广告经营者备案的信息化工作。

2014年陕西省广告监管工作情况

陕西省工商局商标广告监督管理处

第22届中国国际广告节落户西安授旗仪式

2014年，全省广告监管工作以党的十八大、十八届三中全会精神为统领，认真贯彻落实全省工商行政管理工作会议精神，以创新发展为主题，以落实“1513”工作思路为主线，以打击虚假违法广告、保护企业和消费者合法权益为重点，以大力推进广告战略实施为抓手，以推进法制建设和制度创新、着力提高监管执法效能为着眼点，进一步加强职能建设，强化服务工作、更新观念、创新举措，保证了各项工作的顺利开展。

一、务实创新，丝绸之路经济带广告业合作发展交流大会成功召开

作为第18届西洽会的重点投资促进活动之一，由国家工商行政管理总局和陕西省人民政府联合主办，我局承办的“丝绸之路经济带广告业合作发展交流大会”于5月23日成功召开。我处作为具体承办处室，从起草总体方案、实施报告，到下发通知、组织协调，完成了一系列会议保障工作，确保了大会的顺利召开。

会上，省政府王莉霞副省长发表致辞。国家工商总局甘霖副局长出席并作了题为“丝绸之路，创意先行”的主题演讲。国家工商总局广告司有关负责同志、国内广告研究领域专家学者、丝绸之路经济带沿线国家媒体广告业代表、国家广告产业园区代表分别就推进中国广告业科学发展、充分认识挖掘广告业在丝绸之路经济带建设和经济发展中的推动作用和战略价值、传统媒体的转型路向、国家广告产业园区建设与发展作了专题论述。吉尔吉斯斯坦共和国国家电视台与陕西广告产业园区签署了广告项目合作协议；省工商局王吉德局长代表大会倡议成立丝绸之路经济带沿线国家和地区广告业合作发展联盟，通过并发表了沿线国家和地区促进广告业合作发展《西安宣言》。省委宣传部、西安市政府等有关部门领导及相关处室负责人，西部12省市区工商系统代表，丝绸之路经济带沿线国家及地区广告业代表，有关国家广告产业园区、媒体及广告企业代表共300多人参加了会议。

本次大会以“合作实现共赢，创意成就梦想”为主题，融合理论阐述、行业交流、项目合作等多元化形式，充分发挥了我省在丝绸之路经济带中的辐射带动作用，为加强丝绸之路经济带沿线国家和地区之间的紧密联系和协作提供了良好平台，加深了彼此互相了解，探讨了广告业发展的前沿技术，取得了合作共赢、共同发展的共识，对于广告助推丝绸之路经济带发展具有重要的积极意义。

二、履行职能，做好广告业的促进发展工作

一是4月中下旬，根据省局办公室关于“两项检查两项调研”活动任务安排，开展了全省广告业发展工作思路的调研。调研通过听取相关情况汇报、查看文件资料、走访服务对象，对全省广告业发展情况进行摸底，随后形成了陕西广告业发展情况调研报告，对服务广告业发展提出了有价值的对策建议。

二是积极争取国家对陕西国家广告产业园区的扶持。截至2014年12月底，国家已累计下达支持陕西国家广告产业园的补助资金6500万元。2014年是陕西国家广告产业园招商运营的关键年份，产业园已开展初期运营工作，一是开始搭建陕西国家广告产业园公共服务平台，主要视觉特效中心等平台、投融资服务平台搭建工作已启动。二是广告产业园意大利城项目运营方已与约300家意大利商户达成入驻意向。三是实施“走出去”招商战略，以陕西国家广告产业园一期为基础，加大二级广告文化平台商和服务商的招商力度，为后期园内建成楼宇的投运提前储备好项目，目前项目单位已与吉尔吉斯斯坦共和国一家国家级电视台达成入驻意向。

三、高度重视，成功申办第22届中国国际广告节

2014年1月，省局专门致函国家工商总局及中国广告协会，表达了与西安市人民政府联合申办广告节的强烈愿望以及办好广告节的坚强决心，以及借助广告节平台促进“丝绸之路经济带”沿线国家和地区合作发展的意愿。省政府高度重视广告节全局与西安市人民政府申办广告节工作，大力支持，特别致函国家工商总局表示支持。7月，中广协考察组一行在西安开展广告节申办城市前期考察。考察组充分肯定了西安市申办广告节的硬环境和软环境优势。8月，陕西各相关单位共同商议讨论了框架合作协议和《场馆租赁合同草案》，梳理了各项任务，分析了相关问题，达成了思想共识，明确了责任分工，形成了统一意见。10月，全局、西安市人民政府派代表赴贵阳第21届中国国际广告节。在闭幕式上举行了举办城市交接授旗仪式。宣布经中国广告协会研究决定，并报请国家工商总局批准，同意第22届中国国际广告节在陕西西安举办。目前，拟定于下月初召开一次广告节主办方筹备协调会议，会议目的是确定主要承办、协办单位，商议分工方案，重点讨论展馆、经费落实等方面的问题。

四、严格执法，强化广告市场监管力度

一是以惩治虚假违法广告为重点，严厉打击欺骗和误导消费者的商业欺诈行为。特别是对医疗、药品、保健食品、化妆品、美容服务虚假违法广告，大众传播媒介利用健康资讯专版、节目及电视购物短片以及互联网发布的虚假违法广告进行重点监管。按照总局的部署和要求，认真抓好关于电视购物广告专项整治行动、互联网重点领域广告整治专项行动工作的落实。另外，配合有关部门打击假媒体、假媒体机构、假记者，集中整治文化市场环境以及打击涉医违法犯罪行为，维护医疗秩序的整治行动。截至目前，本处立案查处药品、医疗器械、保健食品、电视购物等广告案件19起，转办移送广告案件17起，依据政策法规多次约谈告诫媒体负责人。同时，接待群众来电、来信、来人违法广告投诉举报213次，认真登记，件件落实，为群众挽回经济损失32.3万元；据统计，全省工商系统立案查处各类违法广告案件1294件，罚没金额555万元。

二是加强对广告发布环节的监管，强化广告发布监测和预警。1至10月，对全省电视、报纸、期刊广告进行了10次集中监测抽查，每期均印发通告，共监测抽查25种报纸广告2425条，其中涉嫌违法广告209条，违法率8.62%；监测抽查62种杂志广告1291条，其中涉嫌违法广告27条，违法率2.09%；监测抽查39个频道的电视广告15283条，其中涉嫌违法广告2152条，违法率14.08%。对发现的违法违规问题，全部交由各级工商机关进行查处，对情节较为严重的，责令违法单位负责人来省局进行训诫谈话，立即自查整改。通过集中整治，违法广告发布行为得到了有效遏制。

三是通过培训研讨，提高广告监管执法人员素质。3月，会同省广协，认真组织开展了全省广告监管执法人员法律法规培训班。各地市局和省局直属各分局商广科（广告处）共60余名同志参加了此次培训。培训内容包括法律、法规讲座，广告违法案例剖析，广告执法办案问题分析、探讨、交流等，理论与实践相结合，内容充实、针对性强，参训人员学习积极性高、培训效果好，切实提升了我省广告监管执法人员的执法办案水平。8月，召开了全省广告监管工作专题会议。全省广告监管人员、各地市主要媒体负责人等近80人参加了会议。会议通报了近期我省在国家工商总局全国部分媒体广告抽查监测情况的通报中，排名不断下滑、广告市场违法广告行为呈反弹趋势的情况。要求各级工商部门及时处理监测发现的违法广告，加大对严重虚假违法广告的查处力度，不断提高广告监管效能。目前，我省在广告违法情况得到有效遏制，通报排名显著上升。

四是指导规范地市局启用国家广告中心数据平台。该平台有广告监管、广告信用、广告业发展、广告信息发布四大功能，系统上线运行后对各地工商机关的管理工作将产生积极作用。目前，各地市局均已通过省局分配的账号登录并启用了广告监管功能，并及时处理了监测发现的违法广告。

五是根据《广告经营许可证管理办法》的有关规定，对在工商行政管理机关登记注册的广播电台、电视台、报刊出版单位、事业单位及法律、法规规定应进行广告经营审批登记的广告经营单位进行广告经营资格年度审查检验工作。

2014 年甘肃省广告监管工作情况

甘肃省工商局广告监督管理处

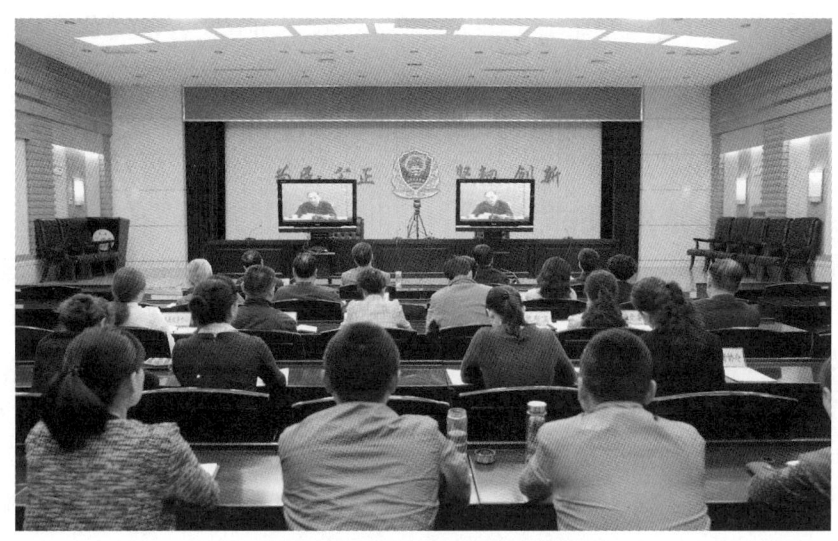

甘肃省工商局广告处参加广告讲座

一、基本情况

（一）认真做好广告许可工作，规范广告发布行为。

在我们的努力下，已经实现了广告审批业务的网上办理，从而实现广告行政许可事项网上许可，网上申请、网上受理等，在线审批，减少程序，全面实行流程监管，不断提高广告行政许可执法水平和审批效能。使广告登记证的办理时间由原来的 7 个工作日，缩短到 3 个工作日内，受到了服务对象的好评。同时指导广告经营单位建立健全广告承接登记、业务人员审查、分管领导审批、广告资料归档等制度，在广告经营单位内部建起自我防范机制。

（二）突出重点、抓住难点，加强行政执法力度，规范广告市场秩序

深入开展虚假违法广告专项整治行动。一是 4 月向全省转发了《工商总局等八个部门关于开展整治虚假违法医药广告专项行动的通知》，参加《2014 年广告专项整治工作部际联席会议》电视电话会议，进行了科学合理的安排部署。二是开展了互联网广告整治专项行动，集中清理检查保健食品、保健用品、药品、医疗器械、医疗服务等虚假广告。三是积极参与省委省政府关于开展《全省文化资源普查和分类分级评估工作》，并配合省计生委等六部门开展了进一步整顿医疗秩序打击非法行医专项行动，还开展了非法集资广告的专项整治工作。四是 7 月按照甘肃省打击和处置非法集资工作领导小组办公室的指示精神，开展了对非法集资广告的整治，严格集资贷款类的广告登记、刊播，有力地配合了此项工作。五是 4、8、11 月，面对虚假违法广告有所抬头的现象，及时召集各媒体单位进行约谈，对个别媒体进行了处罚。六是在 8 月底，参加了由省卫生厅牵头的开展整顿医疗秩序打击非法行医专项行动。按照职责划分，查处医疗场所及媒体

发布虚假医疗广告的行为。七是地州市局广告监管部门在省局统一部署下能够积极作为，严查虚假违法广告。对虚假违法广告的整治上成效明显。

（三）积极打造广告监管大平台，增强广告监管的预见性和主动性

我们在认真调研全省广告市场监管的实际情况的基础上，及时在广告监测系统的基础上，提出依托信息化科技手段，全面建立虚假违法广告信息公告平台、建立虚假违法广告警示平台、建立虚假违法广告案件流转平台。以此实现广告监管公开透明执法下移，服务群众的基本目的。

（四）加强联席会议制度整合执法效能

我们继续坚持和完善综合治理机制，充分发挥广告专项整治联席会议各分管部门的职能，全年以来，组织召开联席会议 3 次，收到联系单位发来的广告舆情信息 50 余份，较好地发挥了联席会议的作用。

（五）贯彻落实行政审批制度改革权

为贯彻国务院关于行政审批制度改革权限下放的精神，我们在认真调研的基础上积极向局党组建议将《固定形式印刷品广告登记证》的权限下放至县区级工商局，并已完成了授权和档案的移交工作。

二、工作亮点

（一）建立健全联席会议制度，坚持和完善综合治理机制

充分发挥广告专项整治联席会议各分管部门的作用，切实履行牵头职责，不断增强监管的合力和实效。一是积极争取省、市政府对广告监管工作的重视和支持。二是坚持定期向各广告监管联席会议成员单位通报广告监测情况。三是创新载体和方法，对典型虚假违法广告，加强联合公告、联合告诫、联合查处等工作。今年以来由省局牵头多次召集卫生、药监、广电、新闻等部门主管领导参加的广告监管联席会议，实施对医疗、药品、保健食品等类型的广告实行联合执法，既各司其职，又共同协作，形成部门联动，齐抓共管的工作格局。

（二）加大惩治力度，严厉查处违法广告行为

按照国家工商总局等八个部门开展整治虚假违法医药广告专项行动通知要求，我省在全省范围内开展了针对违法医药广告的集中整治行动，加大对医药广告的监管力度。还根据我省打击和处置非法集资工作领导小组办公室的工作指示，对全省投资公司开展非法集资检查和宣传，开展涉嫌非法集资广告清理行动，严格审查、及时删除涉嫌非法集资广告信息。并配合全省卫生部门开展打击非法行医专项行动，严厉打击违法医疗广告行为。截至 2014 年 12 月底，全省工商系统共查处广告违法案件 568 件，罚没款 217.39 万元。

（三）针对现状，全力打造具有前瞻性，切合我省实际的广告监管体系

一是建立虚假违法广告信息公告平台。及时将监测的虚假违法广告第一时间面向社会公布，警示广大消费者对虚假广告保持戒备，以免上当受骗。增强广告监管部门与消费者的沟通联系，增强透明度，提高广告监管机关在百姓心中的公信力和信赖度，充分发挥社会舆论的监督作用，共同构筑虚假违法广告的防范体系。二是建立虚假违法广告警示平台。加强事先告知在防控违法方面的预警作用，密切关注影响和危害广告市场秩序的苗头性、倾向性问题，增强广告监管的敏感性和预见性，及时果断处置。通过广告监管平台为管理对象开展自查自纠留出空间，增强广告监管的敏感性和预见性，努力把问题有效控制和解决在萌芽状态，防止蔓延或失控。三是建立虚假违法广告案件查处平台。对监测到、投诉举报的虚假违法广告，通过虚假违法广告案件查处平台由省局统一指挥，按照各级广告监管部门各自职责分工统一协调，及时交办查处。建立和加强三个平台建设，提高广告监管执法手段，做到广告监管有的放矢，对虚假违法广告实现精确打击。

（四）积极履职、主动作为，增大对我省媒体约谈次数

省局广告处多次组织我省主要媒体召开了媒体座谈会、约谈会，要求其在广告发布中严格遵守，一是各

媒体单位要有大局意识，在追求经济利益的同时，强化社会责任感。二是各媒体单位要加强行业自律，严格落实《大众传播媒介广告发布审查规定》，严把审查关。三是积极开展了媒体虚假广告专项整治工作，针对虚假违法广告有所反弹的势头，两次召集媒体负责人和广告审查员，进行告诫谈话，严厉指出各媒体虚假违法广告的事实，及时立案查处10件虚假违法广告案件，罚没款83500元，有效地遏制了虚假违法广告的势态。

（五）下发广告监测系统更新换代意见书

向各市州工商局下发了广告监测系统更新换代意见书，召集个别市州局分管领导座谈，组织召开了广告监测设备专家评审会议，完成了广告监测设备两次招标标书工作。

（六）克服困难，发布监测信息

在原有的广告监测设备已经过期无法使用的情况下，我们组织人员克服各种困难，依靠人工电视直播监测和报纸登记监测，有效地完成了全年省属台10个电视频道和9份报纸的监测工作，制作监测报表，时刻反映省上和辖区电视报纸媒体的广告发布情况。

2014年青海省广告监管工作情况

青海省工商局广告监督管理处

青海省整治虚假违法广告联席会议

一、全省广告业发展的主要特色和成效

近年来，在省委、省政府扩大内需拉动经济增长的方针指导下，国民经济实力显著增强，居民收入和消费能力快速提升，经济社会健康发展，给我省广告业提供了更加广阔的发展舞台。

（一）首次出台了指导我省广告业发展的纲领性文件

2014年8月14日，省政府转发了省工商局、省发改委制定的《青海省促进广告业发展的指导意见》（青政办〔2014〕136号），这是我省首次出台的关于广告业发展的指导性纲领文件，《指导意见》明确提出了青海省促进广告业发展的目标、重点和政策措施。将通过提升广告业核心竞争力，增强广告业服务发展能力，努力培育发展一批具有带动力和影响力的广告经营企业，促进广告业向专业化、规模化、集约化、品牌化方向发展，不断提高广告创意、设计、制作、代理和发布的整体水平，逐步形成布局合理、竞争有序、健康发展的广告业体系。将着力解决广告业产业结构不合理、基础差、规模小、企业综合竞争实力不强、广告人才队伍素质不高、区域发展不平衡、企业诚信度不高等制约广告业发展的问题。对进一步促进我省广告业健康发展，助推青海经济升级版、大美青海升级版和民生改善升级版将起到积极的作用。

（二）经营主体成倍增长，广告业务不断拓展

截至 2014 年年底，全省广告经营户达到了 2426 户，比 2009 年的 401 户增加了 2025 户，年平均增长 101%。特别是私营广告企业和个体广告经营户增长最快，比 2009 年分别增长了 33 倍和 21 倍。广告经营主体的成倍增长，进一步拓宽了广告的经营业务。如西宁汇视广告公司的注册落户，助推了公交移动电视广告的发展，青海乾天坤地影视文化有限公司的落户，填补我省广告公司影视制片空白，昌荣传媒有限公司成为我省第一家代理全国主流媒体广告业务的公司，西宁交通广告公司从公交车体广告的经营发展到了企业文化、校园文化的设计制作等，有效拓展了我省广告经营范围。

（三）广告媒介日新月异，传播方式丰富多样

广告经营主体的成倍增长，促使广告媒介发生日新月异的变化。目前，除了电视、电台、报纸、杂志、车体、墙体等传统广告媒介外，户外视屏、楼宇彩屏、移动电视、网络媒介等新媒介的广泛运用，有效拓宽了广告的展现领域。特别是广泛应用于公共场所、城市交通、购物中心、城区广场、机场站厅的 LED 广告屏已有 2622 块，面积 2.6 万平方米。以超强视觉、高清画面、海量信息的优势，成为青海省城市一道道亮丽风景线，丰富了居民文化生活，提升了城市品位。还有遍布全省交通要道两侧的高立柱广告牌。总数量达 1017 个，面积 20.3 万平方米，体现了城市经济发达程度，展现了城市活力，为传播品牌、提升“大美青海”影响力搭建了优势平台。此外，“青洽会”、“环湖赛”、“清食展”等展会活动的举办，为提高我省广告人的创意、策划、设计、制作能力提供了舞台，丰富了传播方式。

（四）广告队伍快速壮大，创新活力日益显现

广告业是文化产业和现代服务业的重要组成部分，也是创意经济的重要产业，具有知识密集、技术密集、人才密集的特征。截至 2014 年年底，全省广告从业人员 9379 人，比 2009 年的 3156 人增加了 6223 人，年平均增长率为 40%，其中大专以上人员 6281 人，占从业人员的 67%，大中专以上少数民族 824 人，占大中专以上学历的 13.1%。值得一提的是 2012 年至今吸纳大中专毕业生 2956 人，占广告业从业人员的 47%。如青海伟一文化产业发展有限公司是大学生自主创业的典范，公司成立于 2012 年 2 月，近三年的时间，公司注册资金由 50 万元增加到了 3000 万元，由原来的小规模纳税成为一般纳税人。46 名员工中，大中专以上学历人员 44 人，占 96%。真正体现出了广告队伍的人才密集性。尤其是我省藏区广告公司，吸纳少数民族大中专院校毕业生 569 名，为少数民族大中专毕业生就业提供了很好的就业机会。可以说广告业是我省安置大中专毕业生最多、整体从业人员最年轻、创意最具活力的行业。

（五）广告经营额逐年增加，有效拉动经济发展

据国内相关数据统计显示，我国广告经营额与国民经济发展呈明显的正比关系。广告经营额每增长 1 个百分点，带动第二产业增加值增长 1.62 个百分点，带动第三产业增加值增长 1.94 个百分点，带动全社会商品零售消费额增长 1.6 个百分点。2014 年我省广告

经营额7.3亿元，比2009年的2.5亿元增长4.8亿元，年平均增长率为50%，占全省生产总值的0.32%。虽然广告经营额在国民经济中所占比例较小，但是广告业对经济的拉动作用和对文化的推动作用巨大，越来越得到社会关注和认可。如我省倾力打造的“大美青海”主题旅游广告，成为宣传地方的金“名片”，给我省旅游带来了明显的拉动效应，是广告服务拉动内需的代表之作。可以说，广告已真正成为引导消费、扩大内需、拉动经济增长的积极推动力量，成为企业塑造品牌、开拓市场的有力工具，成为传播文化、促进交流的重要载体。

（六）广告传播精准到位，助推品牌战略实施

广告是培育和打造品牌的重要手段，有人说“市场是海，企业是船，品牌是帆，广告是风”，这就形象地说明了品牌与广告是相辅相成、相互依靠的，谁也离不开谁。在推进品牌强省战略实施的进程中，全省广告企业利用自有的电视、报纸、公交车、高立柱、LED屏等媒体，策划、推广青海省的知名品牌。如西海都市报开展的“青海大礼包”、青海卫视、经济生活频道开展的“青海品牌风采展”等，使青海的品牌影响力不断提升，市场占有率不断扩大，产品收益不断提高，直接推动了品牌战略的有效实施。特别是在广告企业的策划和推动下，2010年以来，仅青海互助青稞酒股份有限公司、昆仑山矿泉水有限公司、青海春天药用资源科技利用有限公司等企业，先后投资15.1亿元，在中央电视台做广告，极大地提高了我省品牌知名度和影响力。

二、全省工商部门在促进广告业发展中所做的工作

近年来，全省工商系统立足职能，坚持抢抓机遇、刚性监管、柔性服务的理念，正确引导、规范发展、依法监管，有效促进了我省广告市场的健康繁荣发展。

（一）降低准入门槛，狠抓了市场主体发展

为了促进广告业的有效发展，自2010年以来，取消了“先证后照”的广告许可，实行了“先照后证”，所有企业根据需要可以自愿在经营范围中添加广告项目，从而引来了广告业市场主体的井喷式发展。截至2014年年底，全省共有广告经营单位2426户（其中：事业单位57户，国有企业387户，集体企业19户，私营企业1367户，个体工商户596户）；注册资本52.9亿元；经营面积41.5万平方米；从业人员9379人；户外高立柱1017个，面积20.3万平方米；LED显示屏2622块，面积2.6万平方米；路牌2290块，面积1.5万平方米。

全省广告业基本情况的普查，标志着工商部门指导广告业发展工作，从一般性的行业指导，进入到引领产业发展的新阶段，是工商部门深化改革，服务经济社会发展大局的成功探索。这些翔实、科学数据的掌握，为政府宏观指导广告业发展提供了依据。

（二）着力提高素质，狠抓了广告专业人才建设

一是引进高素质人员。2010年以来，我们连续四年在青海民族大学等高校召开大中专毕业生校园招聘会，组织了220家广告企业，设立招聘专场，吸引了一大批高校毕业生进入广告行业。据不完全统计，先后有2850名大中专学生被856家企业聘用，极大地提高了广告从业人员的整体素质。招聘会的成功举办，拓宽了就业渠道，为政府分了忧，为群众解了难，也为企业找到了自己需要的人才。二是引导从业人员自我提高。从2010年开始，积极协调省劳动保障和人事厅，开展广告行业人员资格认定工作，先后组织动员了342名广告人参加了全国统一考试，有8名获得了广告师和助理广告师资格。三是加强了广告行业人员的培训。从2010年以来，先后组织了1159名广告从业人员，举办了7期培训班，系统讲授了有关广告法律法规和广告设计、创意的知识。

（三）传播、美观并重，狠抓了重点区域的广告规划

为认真贯彻落实《青海省户外广告管理条例》，按照省委、省政府的要求，2013年，省工商局对平西

高速公路户外广告牌设置情况进行了清理整治。由省工商局牵头协调西宁市、海东市人民政府和省交通厅、青藏铁路公司、机场广告公司，提出了平西高速公路户外广告的整治意见，集中一个多月时间，对平西高速公路两旁198块设置不规范的高立柱广告进行了清理规范。在调研的基础上，规划编制并报省政府印发了《关于平西高速公路沿线及109国道峡口段户外广告整治规划方案的通知》。并严格按照规划要求，按时完成了146块违章户外广告牌的拆除任务，得到了省委、省政府的肯定和表扬，省委书记骆惠宁、省长郝鹏、副省长张建民作出了重要批示，为全省各地合理、规划设置户外广告做出了典范。2014年对违反规划，私自设立的2块高立柱广告牌进行了拆除。针对平西高速公路广告整治规划中所反映出的问题，省工商局对《青海省户外广告管理条例》提出了修改建议，被列为2015年立法计划项目。

（四）净化广告环境，狠抓了广告业健康发展

近年来，全省工商系统以规范市场、服务经济社会发展为目标，将广告监管作为市场监管的重点，以日常监督、媒体自律和集中整治为手段，强化了广告监管的职能作用，营造了公平、公正、诚信、和谐的广告市场环境，有力促进了广告业的健康发展。一是齐抓共管、形成联合执法的大格局。随着社会经济文化事业的快速发展，广告媒体日益丰富，广告形式花样繁多，新型广告层出不穷，广告监管量大面广，仅靠工商部门难以实现有效监管。为此，我们从建立广告监管联席会议制度入手，形成了“纵”、“横”两个方面联合执法和齐抓共管的工作格局。一方面加强部门间合作，建立了由省委宣传部、省工商局、省新闻和文化出版厅等十一部门参加的“青海省整治虚假违法广告联席会议制度”，按照各自的职责分工，发挥联席会议制度优势，以座谈会、联席会、通报会、行政约谈会等形式开展了整治虚假违法广告工作；另一方面在工商系统内建立了省、市（州）、县（区）、工商所分级负责、上下联动的工作机制，做到了责任明确，监管有力。二是突出重点，努力提升监管工作效能。以增强媒体公信力，营造和谐诚信的广告市场环境为目标，将广播、电视、报纸、网络发布广告作为监管重点领域，与之建立了经常性的联系，加大了日常督导和检查。将医疗、药品、保健食品等关系人身安全的违法虚假广告作为重点整治内容，有效杜绝了严重虚假违法广告的发布途径。三是开展专项整治，严厉打击违法广告。全省工商系统认真开展了电视购物广告和互联网重点领域广告专项整治工作，期间，全省出动执法人员968人次，车辆246台次，监测检查电视媒体37家、网站1023家（次），电视购物广告6425条次，网络广告1450条次，查处违法网站及购物广告案件28起、罚款26.5万元。2014年全省工商系统查处广告案件129起，罚款64.36万元。四是指导公益广告建设，发挥了引领社会风尚的重要作用。近年来，先后指导省广播电视台、西宁市电视台开展了以环境保护、诚信守约、社会公德、反腐倡廉、尊师重教、打击盗版、助人为乐、食品安全等内容丰富、主题鲜明的公益广告宣传。2013年指导西宁市电视台开展“引领公益风尚、弘扬公益力量”公益广告大赛，共征集作品331件，评出优秀获奖作品47件。2014年指导青海广播电视台组织开展“中国梦　青海情”广播电视公益广告大赛，共征集广播电视作品184件，评出优秀获奖作品12件。这些公益广告大赛和展播的开展，充分发挥了公益广告引领社会风尚、助推道德建设的积极作用，为我省公益广告创作提供了平台，同时也为新闻媒体更好地推进公益广告传播开启了新的篇章。

2014 年宁夏回族自治区广告监管工作情况

宁夏回族自治区工商局商标广告监督管理处

湖北、宁夏两省（区）广告企业协作发展推介会

2014 年，我区商标广告监管工作紧紧围绕贯彻落实党的十八大和十八届三中、四中全会精神，深入实施广告战略，强化广告市场监管，促进宁夏广告业健康快速发展，取得一定成效。

一、基本情况

深入实施广告战略，强化广告市场监管，促进宁夏广告业健康快速发展。截至 12 月底，全区广告经营单位 1637 家、从业人员 11207 人、广告经营额 9.1 亿元。全区共监测各类广告 300 万余条（次），查处各类违法违规广告 412 件。在总局 2014 年度对全国 36 个省、自治区、直辖市广告监测通报中排名靠前。受理各类广告申诉投诉举报 241 件，其中：保健品广告投诉占 80 % 以上，居民日用生活消费品等其他投诉约占 20 %。

二、主要做法

（一）强化广告监测，提升广告监管效能

我们健全并完善了《关于加强和规范广告监测工作的通知》和《宁夏回族自治区工商行政管理局广告监测工作规定》（暂行），对广告监测信息上报、广告监测设备的管护、广告监测工作的考评做出了具体、可操作的要求。目前，自治区工商局建立了覆盖全区媒体的广告监测网络，运用现代化的监测设备和软件，将全区电视、广播、网络等广告纳入重点监测范围，实现对全区 39 套电视、20 家广播、13 家报纸、44 家经营性网站发布的广告进行全天候监测。截至 2014 年 12 月底，全区共监测各类广告 300 万余条（次），重点监测“五类”广告 25.2 万条（次），其中违法违规广告 3840 条（次），违法率 1.52%。重点监测区属媒体“五类”广告 5.2 万 条（次），其中涉嫌违法违

规广告 630 条（次），违法率 1.21%。国家工商总局为了进一步完善广告数据中心系统，从 2014 年 5 月开始，在全国范围内对该系统进行测试和试运行。目前，我们已经完成了宁夏工商局广告监测系统和国家工商总局数据中心系统进行对接测试、试运行。

（二）加大监管力度，严厉打击虚假违法广告行为

继续把直接关系人民群众身体健康、财产安全的医疗、药品、保健食品，危害未成年人身心健康的互联网非法涉性、低俗不良广告，以及扰乱公共秩序、影响社会稳定的严重虚假违法广告作为整治重点。据统计，1 至 12 月，全区共查处各类违法违规广告 412 件，其中：立案 129 件、结案 129 件、罚没款 41.52 万元，停止发布 89 件，责令整改 194 件。其中：对区属媒体违法违规广告行为，停止发布 26 件、责令整改 70 件。

（三）完善联席会议工作机制，大力开展专项整治行动

坚持整顿与规范相结合、专项整治与日常监管相结合、完善广告监管制度，建立健全整治虚假违法医药广告长效机制，开展了各项整治虚假违法广告专项行动。先后组织协调并会同党委宣传部、互联网办公室、通信管理局、卫生计生委、新闻出版广电局、食品药品监督局、质量技术监督局、公安厅等部门在全区范围内开展了虚假违法广告、互联网重点领域广告、电视购物广告、虚假违法医药广告、非法集资广告咨询信息排查清理等专项整治行动，加大综合执法力度，促进广告市场秩序进一步好转。

（四）开展户外广告登记，规范经营行为

截至 12 月底，全区共办理户外广告登记 4860 条，在户外广告登记过程中，认真审核广告内容，严把广告登记关，对不符合法律、法规规定的广告坚决不予登记；对表达意思模棱两可容易引人误解以及房地产销售广告中未经有关部门审批的内容，加强同户外广告设置审批部门的联系和沟通；对广告内容有问题的，及时提出修改意见和建议，从源头上防范违法广告进入市场。各基层工商所在日常监管中不定期地进行户外广告、广告语言文字、促销广告、门头牌匾广告等专项检查。

（五）加强行政指导，积极扶持促进广告业规范有序发展

一是做好 2013 年度部门服务业（广告业）财务统计工作。根据自治区人民政府《关于加强和完善服务业统计工作的通知》（宁政发〔2011〕159 号）、《关于开展年度部门服务业财务统计工作的通知》（宁政办发〔2013〕5 号）精神，为全面掌握我区广告服务业发展规模、水平和效益，在全区范围内开展了 2013 年度广告服务业财务统计。二是配合广协做好参加 2014 年第 43 届世界广告大会工作，宣传动员、组织有实力上规模的广告经营者积极参展，开拓视野。三是积极引导广告企业入驻宁夏广告产业园区。银川开发区工商局组织成立银川育成广告文化产业园服务领导小组，研究制定了《关于支持和服务广告文化产业园发展的意见》的 11 条支持广告产业发展举措，充分发挥工商行政管理与服务职能，协调解决广告文化产业发展过程中出现的问题。帮扶指导银川育成广告文化产业园 3 月 4 日挂牌开园，现已吸引全区 68 家广告经营企业入驻开发区育成广告文化产业园。四是在日常监管中，加强对广告主、广告经营者、广告发布者法律法规宣传教育，规范广告发布行为。

（六）认真受理消费者投诉，促进了社会稳定和广告业健康发展

随着经济快速发展和科技进步，互联网、报纸、广播、杂志、电视、户外等媒介吸引着越来越多的经济主体进入广告市场。广告中的虚假、夸大、误导消费者引发的投诉案件日益增多。我区消费者广告投诉主要集中表现在区属媒体《宁夏卫视频道》，以外地投诉居多。据统计，截至 12 月底受理区属媒体广告申诉投诉举报 221 起，占全区投诉总数的 91.7%，解决 200 起，挽回经济损失 8.8 万元。针对目前媒体广告中存在的虚假违法广告问题，我们于 11 月 4 日专门召开了区属媒体集体约谈会，进行警示、告诫。责令各相关媒体对问题广告立即整改，对涉嫌严重违法广告，

接受调查处理。同时对广告发布审查工作提出具体要求，要求各媒体必须认真履行法定的广告发布审查职责，严格执行各类广告发布标准，确保广告发布内容真实、合法。

2014 年新疆维吾尔自治区广告监管工作情况

新疆维吾尔自治区工商局广告监督管理处

新疆维吾尔自治区广告企业资质认定授牌大会

2014 年以来，我处在局党组的正确领导下，按照年初的工作安排和部署，结合实际以深入开展违法广告整治工作为重点，严把“入口”，加强监测，强化监管，有效地促进了全区广告市场秩序不断好转，环境不断优化，并认真落实各项监管制度，全区广告监管工作取得了新的进展。主要工作情况如下：

一、完成新疆广告监测中心建设并投入使用，为我区广告监管、执法办案提供有力支持

在我局党组的安排和国家局的大力支持下，我们从 2013 年开始筹建广告监测中心，经过争取资金、租赁装修场地、设备、软件招标、人员招聘培训等工作，于 2014 年 6 月正式建成并投入运行。目前监测中心共有 3 人，在广告处的管理下，负责对区内各媒体发布的各类广告进行监测，并向区局及各地州局提供原始证据和监测报告。监测中心采用计算机自动采集与人员识别相结合的办法，对区内各地、州、市的 42 家电视媒体实现实时监测。随着人员配备齐，将陆续扩展到全区各种媒体的监测，广告监测中心的成立为我区广告监管提供了强有力的支持，截至目前监测中心已开展 5 次集中监测，监测广告 20108 条次，并向全区发布三期监测报告，对及时查处违法广告提供了有力证据，大大提高了案件查办工作的针对性和有效性，同时也为我区广告业健康发展奠定的基础。

二、严把广告播出“入口”关，主要媒体违法率明显下降

2014年以来，我们对区属主要媒体新疆卫视和部分平面媒体采取广告发布前提前介入的方式进行管理，即这些主要媒体在广告发布前，将广告先发送到我处，我处即按照广告审查标准对报送的广告提出意见，媒体根据我处的意见对广告进行修改或确定是否发布，前三季度，对影响较大的新疆电视台、兵团电视台的卫视频道和晨报、都市报、晚报等生活类报纸，发布的医疗、食品、药品、化妆品、医疗器械五类重点广告3600余件进行了发布前把关审查，有效地净化了我区主要媒体严重违法广告的发布，扭转了我区主要媒体广告违法率居高不下的局面。根据国家工商局广告司发布的监测情况报告来看，我区广告违法率明显降低，已从去年的居全国末几位提升到中等偏上，目前我区主要媒体违法率与兄弟省市相比处于较低水平。

三、及时召开成员单位和媒体单位例会，媒体单位自律意识加强

召开虚假广告专项整治例会，严格要求媒体认真履职，为了加强节日期间广告发布整治工作，春节和“十一”前与部分成员单位组织了2次乌鲁木齐地区主要媒体单位、广告部负责人节日期间广告发布整治工作例会。对节日期间广告发布提出了具体要求，通报广告监测情况，点评了媒体单位广告发布中存在的问题，并要媒体加强自律意识，立即整改，同时传达了总局广告监测数据中心建设使用情况。

四、广告监管和案件查处情况

充分利用国家局广告司、我局监测中心监测数据，对媒体严格要求，凡是监测数据涉及的严重违法广告，一律停止播出并做出相应处理。为全区工商系统提供相关案件线索，并严格要求各地、州、市工商行政管理局依法办案，及时查处监测数据中涉及的违法广告。

认真开展广告经营登记和年检工作，全年共登记固定形式印刷品广告41件，广告经营许可证2件，年检审验31件，变更13件，受理办结12315投诉举报586件，国家局转办案件案件到地州9件。

全区各级工商机关将电视、广播媒介的综合娱乐频道和生活类、都市类报纸作为监控重点，组织专人对其发布的广告进行重点监测，对监测发现的违法医药广告，立即责令停止发布；严厉查处监测发现、群众举报投诉、有关部门移送的违法情节严重、性质恶劣的虚假违法医药广告。

全疆开展广告集中监测5次，日常监测广告280万条次，发出责令改正通知书257件，督办通知 108件，行政约谈 150人次，全系统共查处虚假违法广告386件，罚没款200余万元，其中乌鲁木齐地区罚没款99.23万元。

近一年来经过认真整治，应该说取得了阶段性成果，医疗、药品、保健食品、化妆品和美容服务广告的违法率明显下降，虚假违法广告回潮势头得到有效遏制，广告行业自律水平有所提高，广告市场秩序明显好转。

五、开展虚假违法广告专项整治

全系统共安排部署虚假医疗广告专项整治、电视购物广告专项整治、非法集资广告专项整治、春节前违法广告专项整治等多项专项整治，按照国家工商总局要求，为切实整顿和规范电视购物行业秩序，保护消费者权益。4月初，结合我区实际及时转发了相关文件，安排各媒体开展自查自纠，召开经营者座谈会等多种形式大力营造诚实守信经营的氛围。主要媒体也基本做到了不发布无质量检验合格证明产品的电视购物广告。

’2015 中国广告年鉴
China Advertising Yearbook

行业组织

Organizations in Advertising Industry

中国广告协会

中国广告协会职能任务

一、学习、宣传、贯彻《中华人民共和国广告法》和有关广告管理法规、规章，协助政府做好行业管理，同时向政府有关部门反映行业的意见和建议，充分发挥政府与行业沟通的桥梁和纽带作用。

二、开展广告业发展状况的调查研究，积极参与广告行业的相关法律、法规和产业政策的研究、制定，接受委托参与制定、修订广告行业标准、发展规划、准入条件，完善广告行业管理，促进广告行业发展。

三、经政府有关部门批准，开展广告业企业资质认定工作，促进企业向专业化、集约化、品牌化、规模化发展，提高经营管理水平和核心竞争力，增强企业的社会责任感。

四、开展国内国外培训、学术论坛、经验交流等活动，加强广告理论研究，努力提高从业人员的业务能力、法律素质、道德品质。

五、拓展信息资源渠道，建立信息网络。经政府有关部门授权进行行业统计、分析、整理、发布，收集与广告业有关的国内外信息，为行业和会员单位提供信息服务。依照有关规定，出版行业图书、杂志、内部刊物等，办好行业网站。

六、受政府委托或根据市场和行业发展需要，举办行业展览，推广先进的广告制作技术、设备、材料、工艺，开展促进广告的创意、设计、制作、发布水平提高的活动。

七、开展国际交流与合作。积极与国际广告组织以及各国、各地区广告组织建立联系，探讨促进业务合作，代表和统一组织中国广告界参加国际广告活动。积极支持广告企业走向国际市场，在企业参与国际竞争等方面发挥作用。

八、加强行业自律。做好广告发布前的咨询工作，根据政府有关部门的授权，开展广告内容和形式的合法性审核。建立广告监测、劝诫机制和广告投诉处理机制。组织制定行规、行约，推动企业依法、诚信经营、公平竞争。经政府有关部门批准，开展行业文明单位、优秀工作者的评选、表彰活动，逐步完善行业信用体系，努力构建和维护良好的广告经营秩序。积极宣传并向社会推荐资质优秀的广告企业。

九、有效地开展行业维权工作。开展行业法律事务咨询服务，调解行业内、外部纠纷，针对事关行业发展的重大问题进行深入调研，积极反映行业的诉求，维护行业的权益。

十、承办政府部门授权或委托的有关事项。

中国广告协会组织结构图

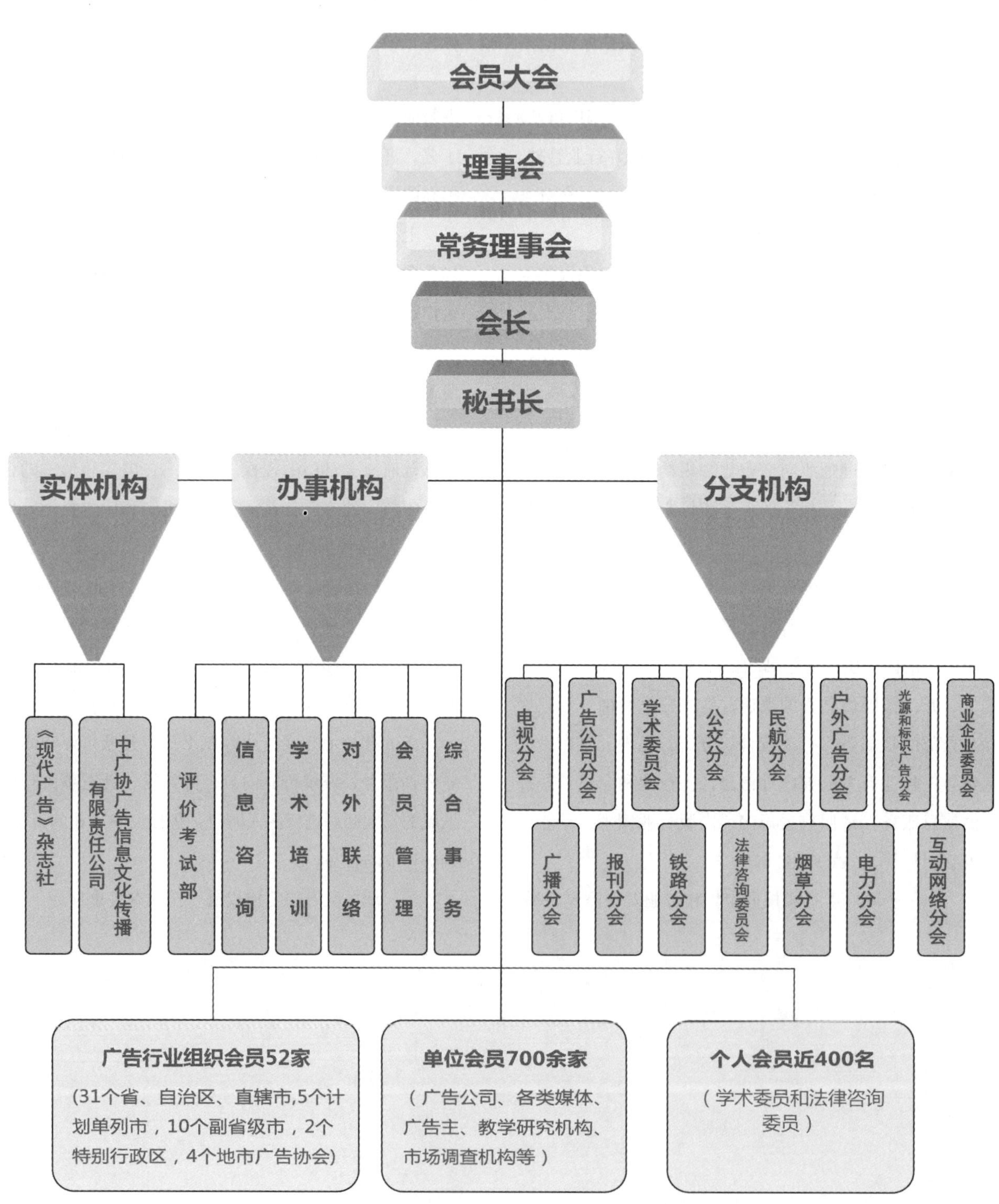

中国广告协会章程

（2009年8月25日经国家民间组织管理局核准）

第一章 总 则

第一条 本团体的名称是：中国广告协会，英文名称：CHINA ADVERTISING ASSOCIATION，缩写：CAA。

第二条 本团体是由广告公司、广告媒体、广告主、广告调查机构、广告设备器材供应机构等经营单位、地方性广告组织、广告教学研究机构及个人自愿结成的行业性的全国性的非营利性的社会组织。

第三条 本团体的宗旨：高举中国特色社会主义伟大旗帜，以马克思列宁主义、毛泽东思想、邓小平理论和“三个代表”重要思想为指导，坚持四项基本原则，坚持改革开放，全面贯彻落实科学发展观，遵守宪法、法律、法规和国家政策，遵守社会道德风尚，代表和维护行业的合法权益，为行业服务，加强行业自律，促进广告业健康、和谐发展。

第四条 本团体接受登记管理机关中华人民共和国民政部和业务主管单位国家工商行政管理总局的业务指导和监督管理。

第五条 本团体的住所：北京。

第二章 业务范围

第六条 本团体的业务范围：

“提供服务、反映诉求、规范行为”是本会的主要职能，本会紧密围绕职能开展业务工作。

（一）学习、宣传、贯彻《中华人民共和国广告法》和有关广告管理法规、规章，协助政府做好行业管理，同时向政府有关部门反映行业的意见和建议，充分发挥政府与行业沟通的桥梁和纽带作用。

（二）开展广告业发展状况的调查研究，积极参与广告行业的相关法律、法规和产业政策的研究、制定，接受委托参与制订、修订广告行业标准、发展规划、准入条件，完善广告行业管理，促进广告行业发展。

（三）经政府有关部门批准，开展广告业企业资质认定工作，促进企业向专业化、集约化、品牌化、规模化发展，提高经营管理水平和核心竞争力，增强企业的社会责任感。

（四）开展国内国外培训、学术论坛、经验交流等活动，加强广告理论研究，努力提高从业人员的业务能力、法律素质、道德品质。

（五）拓展信息资源渠道，建立信息网络。经政府有关部门授权进行行业统计、分析、整理、发布，收集与广告业有关的国内外信息，为行业和会员单位提供信息服务。依照有关规定，出版行业图书、杂志、内部刊物等，办好行业网站。

（六）受政府委托或根据市场和行业发展需要，举办行业展览，推广先进的广告制作技术、设备、材料、工艺，开展促进广告的创意、设计、制作、发布水平提高的活动。

（七）开展国际交流与合作。积极与国际广告组织以及各国、各地区广告组织建立联系，探讨促进业务合作，代表和统一组织中国广告界参加国际广告活动。积极支持广告企业走向国际市场，在企业参与国际竞争等方面发挥作用。

（八）加强行业自律。做好广告发布前的咨询工作，根据政府有关部门的授权，开展广告内容和形式的合法性审核。建立广告监测、劝诫机制和广告投诉处理机制。组织制定行规、行约，推动企业依法、诚信经营、公平竞争。经政府有关部门批准，开展行业文明单位、优秀工作者的评选、表彰活动，逐步完善行业信用体系，努力构建和维护良好的广告经营秩序。积极宣传并向社会推荐资质优秀的广告企业。

（九）有效地开展行业维权工作。开展行业法律事务咨询服务，调解行业内、外部纠纷，针对事关行业发展的重大问题进行深入调研，积极反映行业的诉求，维护行业的权益。

（十）承办政府部门授权或委托的有关事项。

第三章 会 员

第七条 本团体的会员种类：单位会员和个人会员。

第八条 申请加入本团体的会员，必须具备下列条件：

（一）拥护本团体的章程；

（二）有加入本团体的意愿；

（三）在本团体的业务（行业、学科）领域内具有一定的影响；

（四）单位会员：

1．具有企业法人资格或广告经营资格，依法经营；两年以上，并符合下列条件之一者：

(1) 年广告营业额在 600 万元以上的广告公司；

(2) 年广告营业额在 3000 万元以上设有专门的广告经营机构的报社、电视台；

(3) 年广告营业额在 1000 万元以上，设有专门的广告经营机构的网络公司；

(4) 年广告营业额在 300 万元以上，设有专门的广告经营机构的广播电台；

(5) 年广告营业额在 100 万元以上的杂志社、广告信息服务机构、广告调查研究机构、广告器材与设备企业等单位；

(6) 年广告费投入在 500 万元以上，设有广告宣传机构的工商企业。

2．具有社团法人资格的广告行业组织和其他相关组织。

（五）个人会员：具有较高的广告学术水平和丰富实践经验的学者、专家，并基本符合下列条件之一者：

1．出版过广告学术专著或在全国性报刊杂志上发表过广告论文，从事广告理论研究 3 年以上的研究员或副研究员；

2．有广告及相关学科的专著发表，在高等院校从事广告教育 3 年以上的教授或副教授；

3．从事广告策划、创意、设计或经营管理工作 5 年以上，获得过国家级优秀广告论文或作品奖或在全国性杂志、出版物上发表过广告论文的广告经营单位的工作者；

4．取得国家有关单位认定的广告或与广告相关领域的高级专业技术资格证书者。

第九条 会员入会的程序是：

（一）提交入会申请书；

（二）经理事会讨论通过；

（三）由理事会或理事会授权的机构发给会员证。

第十条 会员享有下列权利：

（一）本团体的选举权、被选举权和表决权；

（二）参加本团体的活动；

（三）获得本团体服务的优先权；

（四）对本团体工作的批评建议权和监督权；

（五）入会自愿、退会自由；

（六）遇到经营困难、矛盾有获得本会支持、帮助和法律援助的权利；

（七）享有本会帮助提升会员单位品牌影响力的权利。

第十一条 会员履行下列义务：

（一）执行本团体的决议；

（二）维护本团体合法权益；

（三）完成本团体交办的工作；

（四）按规定交纳会费；

（五）向本团体反映情况，提供有关资料；

（六）维护本会合法权益和形象。

第十二条 会员退会应书面通知本团体，并交回会员证。会员如果两年不交纳会费或不参加本团体活动的，视为自动退会。

第十三条 会员如有严重违反本章程的行为，经常务理事会表决通过，予以除名。

第四章 组织机构和负责人产生、罢免

第十四条 本团体的最高权力机构是会员代表大会 ，会员代表大会的职权是：

（一）制定和修改章程；

（二）选举和罢免理事；

（三）审议理事会的工作报告和财务报告；

（四）制定并修改会费标准；

（五）决定终止事宜；

（六）决定其他重大事宜。

第十五条 会员代表大会须有2/3以上的会员代表出席方能召开，其决议须经到会会员代表半数以上表决通过方能生效。

第十六条 会员代表大会每届5年。因特殊情况需提前或延期换届的，须由理事会表决通过，报业务主管单位审查并经社团登记管理机关批准同意。但延期换届最长不超过1年。

第十七条 理事会是会员代表大会的执行机构，在闭会期间领导本团体开展日常工作，对会员代表大会负责。

第十八条 理事会的职权是：

（一）执行会员代表大会的决议；

（二）选举和罢免会长、副会长、秘书长；选举和罢免常务理事；

（三）筹备召开会员代表大会；

（四）向会员代表大会报告工作和财务状况；

（五）决定会员的吸收或除名；

（六）决定设立办事机构、分支机构、代表机构和实体机构；

（七）决定副秘书长、各机构主要负责人的聘任；

（八）领导本团体各机构开展工作；

（九）制定内部管理制度；

（十）决定其他重大事项。

第十九条 理事会须有2/3以上理事出席方能召开，其决议须经到会理事2/3以上表决通过方能生效。

第二十条 理事会每年至少召开一次会议，情况特殊的，也可采用通讯形式召开。

第二十一条 本团体设立常务理事会。常务理事会由理事会选举产生，在理事会闭会期间行使第十八条第一、三、五、六、七、八、九项的职权，对理事会负责（常务理事人数不超过理事人数的1/3）。

第二十二条 常务理事会须有2/3以上常务理事出席方能召开，其决议须经到会常务理事2/3以上表决通过方能生效。

第二十三条 常务理事会至少半年召开一次会议；情况特殊的也可采用通讯形式召开。

第二十四条 本团体的会长、副会长、秘书长必须具备下列条件：

（一）坚持党的路线、方针、政策、政治素质好；

（二）在本团体业务领域内有较大影响；

（三）会长、副会长最高任职年龄不超过70周岁；

（四）秘书长最高任职年龄不超过70周岁，秘书长为专职；

（五）身体健康，能坚持正常工作；

（六）未受过剥夺政治权利的刑事处罚；

（七）具有完全民事行为能力。

第二十五条 本团体会长、副会长、秘书长如超过最高任职年龄的，须经理事会表决通过，报业务主管单位审查并经社团登记管理机关批准同意后，方可任职。

第二十六条 本团体会长、副会长、秘书长任期5年，最长不得超过两届。因特殊情况需延长任期的，须经会员代表大会2/3以上会员代表表决通过，报业务主管单位审查并经社团登记管理机关批准同意后方可任职。

第二十七条 本团体秘书长为本团体法定代表人，法定代表人代表本团体签署有关重要文件。本团体法定代表人不兼任其他团体的法定代表人。

第二十八条 本团体会长行使下列职权：

（一）召集和主持理事会、常务理事会；

（二）检查会员代表大会、理事会、常务理事会决议的落实情况。

第二十九条 本团体秘书长行使下列职权：

（一）主持办事机构开展日常工作，组织实施年度工作计划；

（二）协调各分支机构、代表机构、实体机构开展工作；

（三）提名副秘书长以及各办事机构、分支机构、代表机构和实体机构主要负责人，交理事会或常务理事会决定；

（四）决定办事机构、代表机构、实体机构专职工作人员的聘用；

（五）处理其他日常事务。

第五章 资产管理、使用原则

第三十条 本团体经费来源：

（一）会费；

（二）捐赠；

（三）政府资助；

（四）在核准的业务范围内开展活动或服务的收入；

（五）利息；

（六）其他合法收入。

第三十一条 本团体按照国家有关规定收取会员会费。本团体开展评比、评选、表彰等活动，不收取任何费用。

第三十二条 本团体经费必须用于本章程规定的业务范围和事业的发展，不得在会员中分配。

第三十三条 本团体建立严格的财务管理制度，保证资产来源合法、真实、准确、完整。

第三十四条 本团体配备具有专业资格的会计人员。会计不得兼任出纳。会计人员必须进行会计核算，实行会计监督。会计人员调动工作或离职时，必须与接管人员办清交接手续。

第三十五条 本团体的资产管理必须执行国家规定的财务管理制度，接受会员代表大会和财政部门的监督。资产来源属于国家拨款或者社会捐赠、资助的，必须接受审计机关的监督，并将有关情况以适当方式向社会公布。

第三十六条 本团体换届或更换法定代表人之前必须接受社团登记管理机关和业务主管单位组织的财务审计。

第三十七条 本团体的资产，任何单位、个人不得侵占、私分和挪用。

第三十八条 本团体专职工作人员的工资和保险、福利待遇，参照国家对事业单位的有关规定执行。

第六章 章程的修改程序

第三十九条 对本团体章程的修改，须经理事会表决通过后报会员代表大会审议。

第四十条 本团体修改的章程，须在会员代表大会通过后15日内，经业务主管单位审查同意，并报社团登记管理机关核准后生效。

第七章 终止程序及终止后的财产处理

第四十一条 本团体完成宗旨或自行解散或由于分立、合并等原因需要注销的，由理事会或常务理事会提出终止动议。

第四十二条 本团体终止动议须经会员代表大会表决通过，并报业务主管单位审查同意。

第四十三条 本团体终止前，须在业务主管单位及有关机关指导下成立清算组织，清理债权债务，处理善后事宜。清算期间，不开展清算以外的活动。

第四十四条 本团体经社团登记管理机关办理注销登记手续后即为终止。

第四十五条 本团体终止后的剩余财产，在业务主管单位和社团登记管理机关的监督下，按照国家有关规定，用于发展与本团体宗旨相关的事业。

附　则

第四十六条 本章程经2008年1月12日第五次会员代表大会表决通过。

第四十七条 本章程的解释权属本团体的理事会。

第四十八条 本章程自社团登记管理机关核准之日起生效。

中国广告协会各分支机构负责人名单

1. 电视分会

主　任：

罗　明　中央电视台副台长

秘书长：

金国强　陕西电视台原副台长

2. 广播分会

主　任：

刘宝顺　中央人民广播电台原副台长

秘书长：

吴　江　央广传媒发展总公司副总经理

3. 广告公司分会

主　任：

程小玲　中国广告联合总公司总经理

秘书长：

张　鹰　中国广告协会会员管理部

4. 报刊分会

主　任：

梁勤俭　工人日报社原广告部主任

秘书长：

梁勤俭　工人日报社原广告部主任

5. 学术委员会

主　任：

金定海　上海师范大学人文与传播学院副院长、教授

秘书长：

关瑞鸿　中广协广告信息文化传播有限责任公司副总经理

6. 铁路分会

主　任：

张继宏　中铁世纪传媒广告有限公司总经理

秘书长：

陆永革　上海铁路文化广告发展有限公司副总经理

7. 公交分会

主　任：

马京明　北巴传媒股份有限公司总经理

秘书长：

刘建国　北京公交广告公司原副总经理

8. 法律咨询委员会

主　任：

刘双舟　中央财经大学法学院副院长

秘书长：

仇小莲　中国广告协会信息咨询部

9. 民航分会

主　任：

路　华　北京首都机场广告有限公司董事长

秘书长：

任　娟　北京首都机场广告有限公司

10. 烟草分会

主　任：

刘　杰　中国烟草杂志社社长

秘书长：

丁广达　中烟广告公司副总经理

11. 户外广告分会

主　任：

应曙光　上海飞帆广告有限公司董事长

秘书长：

王焕章（专职）

12. 电力分会

主　任：

孔庆军　国网卓越传媒有限公司总经理

秘书长：

司琳娜 河南电力广告公司总经理

13. 标识委员会

主 任：

邵国平 上海新亚霓虹广告有限公司董事长

秘书长：

张 焰（专职）

14. 互动网络分会

主 任：

燕 军 中国广告协会副会长兼秘书长

秘书长：

陈 永 现代广告杂志社社长

15. 商业企业委员会

主 任：

宋照伟 海尔集团营销总经理

秘书长：

韩志钢 中国广告协会会员管理部

2014 年度商业企业委员会工作总结

中国广告协会商业企业委员（简称中广协商业企业委员会）于 2013 年 7 月 5 日成立，由全国多家广告主共同组成。广告主是广告业三大主体之一，是广告需求的发起者、广告价值的变现者、广告实效的验证者。中广协商业企业委员会的成立将为增进广大广告主与广告媒体单位、广告代理单位的互动与交流提供全新平台，为更好地研究广告主、服务广告主提供全新的思路。

中广协商业企业委员会的年度工作核心是增加交流、增强影响、增进共识。一年来，中广协商业企业委员会积极组织成员单位参加广告行业活动，了解各个单位的工作需求。

2014 上半年，第 43 届世界广告大会在北京召开，会议由中国广告协会承办，中广协商业企业委员会积极组织各单位参加，其中中广协商业企业委员会副主任单位可口可乐公司、副主任单位王老吉公司分别给大会进行了赞助。

在新广告法的修改过程中，中广协商业企业委员会配合国家工商总局的工作，邀请了 15 家企业参加修改新广告法工作会议，代表广告主对广告法的修订提出建设性意见。

在两次中广协商业企业常委工作会上，大家也积极出主意、想办法，促进工作开展。8 月份，在青岛召开中广协商业企业委员会年会，会议邀请了北京市、上海市、江苏省、浙江省、青岛市工商管理局负责广告监管的领导，会议用一天的时间跟五省市进行了广告工作的交流，使参会企业更加了解了政府监管工作的流程和内容，对于监管工作中的疑难问题达到了解惑的效果。12 月份，中广协商业企业委员会和河南省工商管理局联合举办了广告工作座谈会，会议邀请了河南省、洛阳市、漯河市、平顶山市、周口市、郑州市的广告监管领导进行了细致的座谈，中国广告协会会长李东生参会并做了重要的指示。

一年来，中广协商业企业委员会秉承成立宗旨，积极为成员单位服务，搭建企业与政府沟通的桥梁，完善服务功能。

2014 年度电视分会工作总结

现将中国广告协会电视分会 2014 年工作总结汇报如下：

一、会议类

2014 年 2 月，在京召开第七届七次常委扩大工作会议（会期：半天）；同期，在京召开“全国省级电视台广告部主任．卫视频道总监工作会议”，由国家新闻出版广电总局传媒机构管理司指导。

2014 年 5 月，召开“2014• 中国电视广告年会 • 北京”，由中央电视台广告经营管理中心、中国广告协会电视分会联合主办（会期：两天），年会第二天，省级电视台参加国家新闻出版广电总局“全国广播电视广告管理工作会议”。

2014 年 5 月，在天津召开“全国省级电视台电视营销 O2O 论坛”，由天津广播电视台、中国广告协会电视分会共同主办（会期：半天）。

2014 年 12 月，在京参加国家新闻出版广电总局的“2014 年度广播电视公益广告工作暨首届‘星光公益广告大奖’总结表彰会”，协助广电局会议接待工作，中国广告协会电视分会秘书长上台为获奖单位颁奖。

二、活动类

一是 2014 年协助省级电视台在京媒介推介会；

二是 2014 年 10 月第二十一届中国国际广告节在贵州举办：中央级电影电视媒体联合推介会、中国省级电视媒体联合推介会、中国广告主长城奖——第二届中国电视媒企奖（省级电视台 + 广告主共同领奖）。

三是 2014 年 9 月在京参加广电总局公益广告评选活动。

三、其他类

广协宣传公益广告，电视分会协助发向全国省级电视台播出并统计播出信息。

5 月份，第 43 届世界广告大会通知并统计全国电视台参会情况。

提供电视台专项咨询服务；全国思想道德优秀影视公益广告作品库为各台提供全年播放的公益广告，2014 年发至 300 多家电视台；6 月份，统计省级电视台卫视频道公益广告播出落实情况至广电总局传媒司。

积极发展中广协会员，协助中广协收取会员费。

2014 年度广播分会工作总结

2014 年，中国广告协会广播分会（以下简称“中广协广播分会”）紧紧围绕“行业服务”和“行业情况调研”的工作宗旨，解放思想、改革创新，结合实际工作情况，一年来主要做了以下工作：（一）召开“广播分会主任会议”；（二）组织“第三届全国优秀广播广告论文评析活动”；（三）举办“第六届全国广播广告作品创优评析活动”；（四）召开“中国广告协会广播分会七届七次会议”；（五）组织会员单位参加第 43 届世界广告大会；（六）利用网络服务好会员单位。

一、召开“广播分会主任会议”

中广协广播分会主任会议，于 2014 年 3 月在浙江省杭州市召开。共 30 人出席，秘书长吴江主持会议。会议内容：

1. 研究中国广告协会广播分会七届七次会议的主要内容和召开地点及时间。确定于 2014 年 9 月在南宁召开，由中广协广播分会和广西台共同主办。

2. 研究确定“第三届全国优秀广播广告论文评析活动”的相关工作，以及评选时间、地点和评委人员。

（1）2014 年优秀广播广告作品评析活动于 5 月在石家庄举办，由河北台承办；

（2）本次评析项目：主要评析类别为优秀公益、商业、形象三大类作品；设 6 个专业类项目：优秀创意、优秀制作、优秀广告语、优秀演播、优秀音效及优秀音乐，专业类项目均从获得优秀作品以上等级作品中产生；商业广告作品时长规定在 40 秒之内，公益广告作品时长规定在 60 秒之内；

（3）全部评委确定在 30 人左右；

（4）送评作品于 4 月底收集完毕。

3. 研究确定举办“第三届优秀广播广告论文评析活动”的相关工作。

（1）本届论文评析活动与广播广告评析活动一起于 5 月在石家庄举行；

（2）优秀论文评委组成人员：中国广告协会副会长、中广协广播分会主任刘宝顺；广播电视协会专家亢亚志；上海杉达学院教授朱月昌；广播分会秘书长吴江；天津台副台长王勇；广西台副台长范易；广东台副台长赵随意；河北台副台长宋书深。

4. 研究举办"第三届广播广告最具影响力人物评选"相关工作。

5. 刘宝顺主任做总结发言。

（1）传达中广协广播分会2014年的工作重点和主要工作安排；

（2）回顾2013年中广协广播分会主要工作情况，对参与组织的活动和会议的广东、云南、山西台表示感谢和肯定；

（3）通报主要成员台2013年广告收入统计；

（4）对2014年中广协广播分会工作提出要求。

二、组织召开"第三届全国优秀广播广告论文评析活动"

第三届全国优秀广播广告论文评析活动，于5月在石家庄举行，由河北台承办。本届评析共收到报送论文72篇，评出一等作品5篇，二等作品11篇，三等作品20篇。

三、举办"第六届全国广播广告作品创优评析活动"

第六届全国广播广告作品评析活动于5月在石家庄召开，由河北台广东台承办。此次广播广告作品评析活动共有577件作品参评。其中，商业类作品210件、公益类作品220件、形象类作品147件。在商业类入围作品中，评出一等作品16件，二等作品30件，三等作品59件；在公益类入围作品中，评出一等作品16件，二等作品33件，三等作品61件；在形象类入围作品中，评出一等作品11件，二等作品21件，三等作品41件；从商业类获评三等以上作品中选出优秀广告词、优秀演播、优秀创意、优秀音乐、优秀音效单项类作品各1件，从公益、形象类获评三等以上作品中选出优秀广告词、优秀演播、优秀创意、优秀音乐、优秀音效、优秀合成制作单项类作品各1件，合计17件。总计入围作品305件，申请协会证书305个。

四、主持召开"中国广告协会广播分会七届七次会议"

中国广告协会广播分会七届七次会议于2014年9月2日在广西南宁召开。

出席大会的有各委员单位的代表及省、自治区、直辖市和地、市广播电视台、广播电台的领导同志、有关广告公司的领导和朋友们共90人。

会议由黑龙江广播电视台副台长赵鸿洋主持。中国广告协会副会长、广播分会主任刘宝顺致开幕词，广西壮族自治区新闻出版广电局局长彭钢、国家新闻出版广电总局传媒管理司广告管理处处长杨峥分别讲话。

刘宝顺主任首先感谢广西人民广播电台对此次会议的大力支持。他在讲话中总结了2013年和2014年上半年广信委的工作，并通过大量的经济数据和广告市场数据分析了全国广播广告行业走势。

广西壮族自治区新闻出版广电局局长彭钢在会上致辞，欢迎与会的领导和朋友，并祝贺本次会议和公益广告创作活动取得圆满成功。

国家新闻出版广电总局传媒管理司广告管理处处长杨峥，代表传媒管理司，就商业广告、公益广告，收听率等三个方面的政策法规进行了讲解。商业广告，广播电台要对医疗、养生类广告进行有效规范，自觉进行调整，提高行业自律；在公益广告方面，国家新闻出版广电总局高度重视，2014年划拨1000万资金，支持和鼓励公益广告制作播出；在收听率方面，要严禁任何形式对收听率进行干扰，造假等行为。

此次会议还进行了以下内容：

（一）第六届全国广播广告作品创优评析、第三届论文评析报告

厦门大学教授朱月昌受评委会委托，向大会做第六届全国优秀广播广告和第三届全国优秀广播广告论文评析的报告（详情见第六届全国广播广告作品暨广播广告论文创优评析报告）。

（二）举办专家专题讲座

广东电台副台长赵随意代表广信委，以《贤以改

过为能 不以无过为贵》为题，就第六届全国优秀广播广告作品的公益广告评析过程进行专题报告。

本届公益广告评审是三大类广告中审听时间最长，作品影响力最大的，是第六届全国优秀广播广告作品评审工作的重点工作。原因有三：一是国家层面对公益广告的高度重视，特别是中宣部和有关部委连续两年召开联席会议，安排部署公益广告的制作播出；二是国家新闻出版广电总局对进一步做好公益广告工作召开全国会议，下达了展播通知，批出了专项资金；三是有些省已经将公益广告纳入政府奖的评奖系列，各台对公益广告的重视程度明显提高，今年有 217 件作品参评，超越了历届的参评数额。

本届公益广告参评作品，喜忧参半。赵随意副台长就本届参评作品进行了具体评析，并对如何更好做好公益广告提出了建议和提醒。

（三）经验交流

会议由黑龙江广播电视台副台长赵鸿洋主持。广西人民广播电台副台长范易、河北人民广播电台广告管理部主任齐赞九、远誉广告（中国）有限公司节目中心总经理陈志坚相续在会上发言。

1. 广西人民广播电台副台长范易

以《以崭新的姿态影响听众》为题，介绍了广西电台打造频率品牌的做法。2012 年广西电台停止播出专题形式的广告，并对所有频率进行彻底改革。首先是改革频率与节目结构、形式。改革后的频率均以移动人群作为目标，内容分别针对移动人群的差异化需求。频率的内容、品质，得到目标听众喜爱，这是广西电台打造频率品牌质量的核心构成。

其次是展现广播新形象、频率魅力，这是广西电台品牌营销的重要环节。在频率品牌宣传过程中，广西电台以概念性为主，不做功能性宣传，频率的宣传广告都是精品广告。通过这样的宣传，频率品牌在主流社会中的影响力日益增大。

在南宁上空综合收听市场份额占 62.1%，车上收听市场份额占 78.2%。在移动收听市场上，广西电台各频率更是占尽优势，特别是广西教育广播私家车 930 在车上收听一直强势不减，最高时市场份额达到 36%。

随着频率品牌的树立，广西电台的广告经营也实现了从“资源型广告”向“影响力广告”的转型。广告经营方面，只承接播出工商广告，单条时长全部在 30 秒以内。2012 年，广西电台广告经营收入达到 1.14 亿元，同比增长 25%。2013 年，达到 1.43 亿元，同比增长 25%，连续 5 年保持两位数增长。

2. 河北电台广告管理部主任齐赞九

以《打造优质营销平台 共谋广播经营发展》为题，介绍了近年来，特别是 2014 年以来，河北电台的广告经营保持快速增长的经验和做法。

近年来，河北电台在宏观经济放缓，外部经济环境形势严峻的情况下，大力推动经营转型，保持了经营收入的快速增长。2013 年，河北电台的广告收入比 2012 年增长了 30%。其中品牌广告收入超亿元，增长 110%，实现历史性突破。今年 1—8 月，全台广播收入 19611 万元，同比再增长 29.2%。其中品牌广告增长 51.36%，品牌广告与专题广告结构比例为 49:51，广告结构进一步优化。

之所以能够保持快速发展，主要得益于六个方面的措施：一是不断提高节目品质，媒体综合实力快速提升；二是打造优质平台，不断优化广告结构；三是坚持开放经营，大力开发外埠广告；四是大力推动活动营销，造就品牌影响力；五是锻炼队伍，着力提升自营能力；六是加快媒体融化发展，新媒体建设全面开花。

3. 远誉广告（中国）有限公司节目中心总经理陈志坚

以《音频识别技术将进一步推动广播的发展》为题，介绍了如何将音频识别技术更好地运用到广播节目中，增加广播节目与听众之间的互动，进而改变目前广播与听众互动存在的形式单一、效果有限、延伸力度不足的问题。

（四）召开中广协广播分会常委会

会议通报了大会的筹备情况并通过了以下人事变动事项。

江西广播电视台程普因工作调整，广播分会常委工作，现由周俊杰接任。

福建电广广播广告有限公司刘延平已退休，辞去广播分会常委工作，现由陈峰接任。

武汉广播广告传媒公司梁彦琴本届已退休，广播分会常委工作，现由李高翔接任。

重庆广播电视传媒集团股份有限公司詹卡因工作调整，广播分会常委工作，现由李榕军接任。

（五）举办主题公益广告创作活动

会议期间我们还组织了与会人员开展了参军戍边，保卫祖国的主题公益广告创作活动，取得了很好的效果。

五、积极组织会员单位参加第 43 届世界广告大会

中广协广播分会响应协会号召，积极动员和组织会员单位参加第 43 届世界广告大会及相关活动，共组织 28 名各会员台代表参加了会议。

六、利用网络服务好会员单位

2009 年，中广协广播分会在中国广播网上建立自己的网页。设立了七个板块：各台广告价格表、各台广告刊例、广告招商信息、新闻列表、活动公告、公益广告、经验交流。现在网页已初具规模，各会员单位可以通过我们的网页发布最新消息。

我们还将广播公益广告备播库挂在了网页上，并将历届广播公益广告评选获得一等奖的广告作品音频，文案全部上传，供给各台下载使用。

2014 年，我们不断补充信息，扩大网页信息量。将每次活动会议通知、会后内容及时上传。同时，为了给会员单位提供一个更丰富、快捷的网络交流平台，网页也全面更新改版。在页面设计及内容上都有所改动，其中“新闻列表”栏目的变动较为突出，我们在其栏目中加大对各地方台的宣传。每月都将收集各地方台相关的广告信息上传到“新闻列表”栏目中。

各会员单位对我们的网站关注度和积极性很高，都主动地投来最新的活动或者广告刊例信息。自我们的网站建成以来受到了会员台的认可，给会员台提供了一个方便、快捷的服务平台。

2014 年度广告公司分会工作总结

在中国广告协会（以下简称“中广协”）领导及会员的支持下，中国广告协会广告公司分会（以下简称“中广协广告公司分会”）2014 年围绕协会部署和行业热点，主要做了如下工作：

一、召开中国广告协会广告公司分会七届二次常委会

2014 年 3 月 26 日，中国广告协会广告公司分会七届二次常委会在南京金汇大酒店召开，李东生会长及刘忠学副秘书长出席了会议。会议坚持低调、节俭、实效办会的原则，商议了公司分会今后工作发展的相关问题。

1. 对 2013 年新当选的中广协广告公司分会常委授牌。

2. 讨论并确定设计中广协广告公司公司分会 LOGO 及在适时对分会名称进行变更。

3. 讨论确定中广协广告公司分会 2014 年工作计划。

4. 由中广协领导做关于 43 届世界广告大会工作说明。

5. 针对中广协会员单位经营的热点话题，邀请专家进行了主题演讲，会议达到了预期目的。主要演讲题目：

（1）资深经济学家解读两会精神；

（2）《从行业焦虑到时代焦虑》；

（3）《机遇与发展》；

（4）《创意经济与中国广告的产业化发展》。

二、召开第43届世界广告大会

2014年5月第43届世界广告大会是中广协2014年重点工作，对这项工作协会非常重视，会员单位积极支持，众多公司以实际行动对大会做出巨大贡献：1．赞助公司（单位）有：南京银都奥美广告有限公司、北京电通广告有限公司、上海奥美广告有限公司北京分公司、北京杰威品牌营销顾问有限公司、北京国安广告总公司、北京广告有限公司、中广国际广告创意产业基地发展有限公司、广东平成广告有限公司；2．项目合作公司（单位）有：中宣国际传播集团、天津市广告人广告有限公司、天津市双木会展有限公司、互通国际传播集团、平成混媒营销、灵狮中国；3．参与视觉设计公司（单位）有：灵狮中国、智威汤逊—中乔广告有限公司、北京电通广告有限公司。

三、下半年进行的其他相关工作

一是积极服务会员单位，不断提升会员品质，对长期不履行会员义务的会员单位进行梳理。

二是针对国内广告市场、广告业态，探讨调查和研究方法。

三是探索开展建立新媒体资源共享平台的思路，促进会员单位各方面资源的共享、交流、互动和合作，促进广告公司与广告媒体和广告主之间的互动、交流与合作。

2014年度报刊分会工作总结

在中国广告协会领导的支持下，中国广告协会报刊分会（以下简称“中广协报刊分会”）2014年围绕协会部署和广告行业热点，先后完成了以下工作：

一是2014年年初，在京举行了一年一度的全国报刊广告工作年会，总结表彰了在2013年工作成绩突出的报刊社和优秀经营者，中国广告协会李东生会长、刘忠学副秘书长出席并发表讲话。

二是按照中广协的要求，中广协报刊分会组织并接待30多位报刊业领导和广告主参加第43届世界广告大会。

三是2014年7月，应湖北省新闻出版局的邀请，在湖北日报社的鼎力支持下，中广协报刊分会在武汉刊博会期间成功举办了第七届中国报刊广告大会暨报刊广告投放价值排行榜的发布，吸引了上百家报刊同仁踊跃参与。李东生会长和湖北省委常委、省委宣传部长尹汉宁出席并分别讲话。

四是按中广协要求，中广协报刊分会与广告人杂志合作，组织了“第21届中国国际广告节”报刊媒体展招展和广告主长城奖的评选工作。

五是中广协报刊分会加大了对广告行业状况的调研和对重点报刊广告经营帮扶的力度，先后深入辽宁、新疆、海南、重庆、江苏、河南、河北、安徽、福建、宁夏、天津、广东、广西、贵州、湖南等10多个省市数十家报刊社作专题调研，并组织专家、学者和部分广告主、广告公司负责人及时向业内同仁介绍经验，答疑解析广告经营中的疑难问题。

六是中广协报刊分会坚持每月完成一期《中国报纸广告市场分析报告》、一期《中国报刊广告》内部通讯，“中国传媒经营网”、微信客户端坚持每日推出业界最新资讯。这些举措不仅融合了协会与媒体间全方位的交流，整合媒体与广告主、广告公司的资源，还实现了信息互通，拉近了彼此的距离，更凸显了我们为行业为大家全心全意服务的责任意识。

七是 2014 年在重庆时报的精心安排下，我们与广州日报、扬子晚报等全国 17 家报社、央视网商城共同发起组建了中国报商合作平台，通过整合媒体优势资源，着重推动报业间的精诚合作，做大蛋糕，实现服务经济服务民生共同盈利发展的目的。

中广协报刊分会组织的这些活动，在业界的影响力、可挖掘的潜力还相当大。我们将不断加强完善和改进分会的基础性、日常性服务工作，进一步扩大行业协会的影响力、凝聚力、号召力，使分会工作更加有效地服务于中广协的中心大局，服务于业界和会员单位，促进行业的健康发展。

2014 年度学术委员会工作总结

2014 年，中国广告协会学术委员会（下称：中广协学术委员会）在中广协的领导下，紧紧围绕中广协的工作部署，开展了以下几项工作：

一是 2014 年 1 月至 5 月，积极配合中广协筹备第 43 届世界广告大会。中广协学术委员会中很多委员参与了第 43 届世界广告大会的筹备工作，他们出智力、出资金投入到世界广告大会的筹备工作中，为世界广告大会的顺利召开奉献了自己的力量。

二是 2014 年 6 月 10 日，在暨南大学召开中广协学术委员会第七届三次常委会，会议讨论了学委会 2014 年年会主题、讨论了如何更好地开拓学委会工作。

三是 2014 年 10 月 10 日至 12 日，“2014 年全国广告学术研讨会”在山西省平遥县召开。本次研讨会主题是“互动与移动——中国广告发展趋势建构”，本次研讨会汇聚了国内众多顶尖广告公司和营销公司的高层，广告学专业的顶尖学者也悉数前来，阵容十分强大。中国广告协会会长李东生和副秘书长周玉梅出席大会并讲话。

虽然本次年会仅有两天，但来自全国大专院校专家学者、业界精英的相聚，让本次学术年会探索的内容具有了深度和广度，在具有一定理论高度的同时，也有了一定的实用性，留给与会者的则是更多的思索，使本次学术年会的目的在专家学者和业界的互动中，在相关观点和做法的“移动”中得以实现，进而让本次年会有了更为丰富多彩的内容，也给与会者留下了深刻印象。

可以说，每年的学术研讨会既为广告学术界做研究提供了实际“参数”，也为广告人、广告主的应用化操作提供了理论支持。

四是组织委员积极参加在贵阳召开的第二十届中国国际广告节。

五是编辑出版名为《互动与移动——中国广告发展趋势建构》年度论文集。

六是协助协会各部门、各分支机构工作。

2014 年度铁路分会工作总结

中国广告协会铁路分会（以下简称“中广协铁路分会”）按照三届二次会员大会的总体部署，按照《中国广告协会章程》规定，紧紧围绕着完善铁路广告合作交流平台建设、扩展铁路广告创新经营能力的目标，加强铁路广告从业人员的培训和国际交流，积极开展铁路广告媒体宣传活动，各项工作取得积极进展，更好地发挥了服务会员、增进交流、加强协调的作用。现将一年来主要工作和下一步重点工作安排报告如下：

一、一年来主要工作进展

在中国广告协会的正确领导下，在中国铁路总公司大力支持下，中广协铁路分会一如既往地坚持做好为会员服务工作、推进铁路广告共同发展的宗旨，积极与各铁路局沟通协调工作，为铁路广告业发展创造良好的政策环境，不断拓展服务内容，开展各项活动取得一定的成绩。

（一）完善铁路广告合作交流平台建设，对各铁路局创新业务发展提供引导和新的发展思路

积极推进铁路列车视频媒体上传设备改造工作，为列车视频媒体招商创造条件。中广协铁路分会多次组织列车视频媒体招商方案调研和论证会，广泛征询意见；同时，为保证列车视频节目上载工作的安全、质量和高效，在中国铁路总公司资本运营和开发部的积极推动下，中国铁路总公司下发文件并组织专题会议按车型分别对动车组视频上传设备进行改造，为动车组列车视频联合招商开展奠定了基础。中广协铁路分会积极进行沟通协调，保证了相关工作有序推进和落实。

组织研讨铁路旅客列车冠名广告媒体设置规范，为铁路广告设置提供参考。2014 年 2 月 10 日，中广协铁路分会在北京召开了广告经营工作会议，18 家铁路局局属广告公司相关负责人对铁路旅客列车冠名广告媒体设置规范、铁路旅客列车冠名广告销售方案等议题进行了研究讨论，并根据在实际操作中总结的经验提出了针对性的意见和建议。特别是在列车冠名权招商工作中，对重点做好与既有代理商的合约的处理、保证新老客户的利益，制定与市场接轨的价格参考标准等问题进行了交流沟通、集思广益，为列车冠名广告工作的全面推进提供了指引和参考意见。

组织研讨 WIFI 项目的前景和商机，推动铁路广告创新经营和发展。2014 年 6 月 26 日，中广协铁路分会在长沙召开铁路站车 WIFI 研讨会，探讨铁路 WIFI 项目的发展前景及推进情况，研究 WIFI 项目的前景和商机，同时为提升旅客服务质量，提供“一站式”服务平台奠定了基础。

中广协铁路分会积极为各路局广告公司开展 WIFI 项目提供交流沟通的平台。目前，大数据、移动互联等新名词为背景的广告发展趋势，正逐步使传统广告业失去竞争优势，如何转变思路，寻觅新的经济增长点就变得尤为关键，站车 WIFI 项目就是这种“接地气”的产物。通过交流站车 WIFI 项目好的经验做法，为各铁路局的广告公司提供了新的发展思路，同时各铁路局广告公司就 WIFI 项目在推进过程中会遇到的阻力，在施工建设、安全保障、商业前景等方面展开了热烈讨论，为各单位就推进 WIFI 项目建设提供了良好的沟通平台。

组建了铁路广告专家委员会，对铁路旅客列车冠名广告媒体技术标准、列车冠名广告媒体价格参考体系等课题开展研究，为相关业务的开展进行系统的理论探索。

2014 年 3 月 18 日，我们在河南郑州召开专题研讨会，围绕制定铁路旅客列车冠名广告媒体技术标准、列车冠名广告媒体价格参考体系，列车冠名广告联合招商可行性以及制定高铁车站广告媒体设置规范等议题进行了研究，进一步修改完善《高铁车站广告媒体设置规范草案》，为推动铁路广告市场化的进程和规范发展提供有益的参考和借鉴。

目前，受中国铁路总公司委托，中广协铁路分会正在组织专家开展铁路广告资源价值评价体系的课题研究，为下一步铁总出台全路广告技术标准、广告资源价值的评价指标和评估方法等提供专业意见和建议。

积极做好新开发广告媒体的推广和规范设置工作。按照中国铁路总公司的要求，中铁世纪传媒广告有限公司和广州铁路集团文化广告总公司开发了高铁车站站台灯箱、电子指示牌广告媒体，主要功能是将车站站名放大，以保证乘客在高速通过的动车组列车

上能够清晰看见。为了统一规范高铁车站站台媒体设置，我们积极协调相关部门，提出参考建议，为各单位按照规范的媒体形式、设置方式进行统一开发创造良好的条件。

（二）完善组织机构建设，提升内部管理工作效率

一年来，中广协铁路分会不断建立健全组织机构，加强内部制度建设，提高对会员的服务水平，积极做好会员管理工作，为各项业务发展提供良好环境。

根据业务发展的需要，做好组织机构人员调整工作。经报请中国广告协会批准，将武汉武铁中力文化传媒有限公司增补为中国广告协会铁路分会副主任单位，上海铁路文化广告发展有限公司总经理王文卓、沈阳铁道文化传媒集团有限公司总经理吕宝刚、武汉武铁中力文化传媒有限公司总经理张世福为中国广告协会铁路分会副主任；为便于中国广告协会铁路分会日常工作的开展，任命陆永革为中国广告协会铁路分会秘书长。

建立了分会对内、对外的统一协调交流机制。充分发挥中广协铁路分会的行业组织作用，对内强化管理，不断提升为会员的服务质量和服务水平，强化行业自律和诚信，建设铁路广告行业品牌，实现会员单位能力整体提升；对外加强协调和联络，提高铁路广告业的竞争力和话语权。

积极做好会员管理和会员服务工作。

（三）加强培训交流，提升铁路广告市场竞争力

为了进一步加强广告专业培训工作，经与北京交通大学协商，铁路分会自 2014 年开始组织各会员单位的管理人员参加的“北交大－中广协铁路分会 MBA 课程进修班”，通过专业管理理论课程学习和业内专家案例教学相结合的培训方式，提升会员单位高管人员专业知识水平和管理能力，培训内容包括：参加“北交大－中广协铁路分会 EMBA 学位班、MBA 课程进修班”课程进行理论学习；安排学术界专家、权威人士，进行专业案例教学，讲解最新广告经营模式和实践操作案例等。

经过积极筹备，“北交大－中广协铁路分会 EMBA 学位班、MBA 课程进修班”2014 年 7 月 26 日在长沙省委党校举行开学典礼，并进行了首期课程学习，取得了良好的效果。

积极组织参加国际广告交流、培训活动，拓展视野，强化合作。为进一步加强与海外广告传媒业的交流，学习国际先进广告理念和运营模式，我们今年组织参加了 3 项国际广告交流活动。

一是赴泰国参加第 7 届亚太广告节。3 月份，我们组织 5 名管理人员参加第 7 届亚太广告节，学习先进广告经验，探讨交流国际广告创新模式。

二是赴法国参加第 61 届戛纳国际广告节。6 月份，我们组织 2 家会员单位 7 名管理人员参加第 61 届戛纳国际广告节，参观广告节优秀创意作品展，出席广告节论坛演讲活动并参加广告节颁奖典礼等活动，就广告运营策略、创意理念等进行探讨交流。

三是赴韩国参加第 7 届釜山国际广告节。8 月份，我们组织 11 名管理人员参加第 7 届釜山国际广告节，出席广告节论坛演讲活动，学习、交流先进广告经营理念。

举办首届铁路广告创意设计大赛，提升广告创意策划整体水平。在中国广告协会和中国铁路总公司主管部门的支持和指导下，分会在全路范围内，围绕铁路的建设和发展，举办了首届中国铁路广告创意设计大赛暨中国广告长城奖铁路作品征集活动。为了做好首届铁路创意设计大赛的作品评审工作，组委会于 2013 年 10 月 10 日在北京组织召开大赛作品评审会议，分平面／视频、摄影、美术三个组进行评审；评审中遵守公开、公正原则，经初选选出入围作品，最终由专家采用无记名投票方式评定出获奖作品。

为了总结首届铁路创意设计大赛的成功经验，我们于 2013 年 12 月 10 日至 12 日在重庆成功举办了首届中国铁路创意设计大赛颁奖典礼，为大赛画上圆满句号，达到了预期的提升铁路广告从业人员专业技能和创新思维，激励铁路广告从业人员发挥自身特长，发现和培养优秀人才的目标。

（四）积极参加中国广告协会组织的相关活动，扩大铁路广告媒体影响力

积极组织参加中国广告协会承办的世界广告大会活动。第 43 届世界广告大会于 2014 年 5 月 8–11 日在北京国家会议中心举行。大会围绕“创意点亮世界”的大会主题进行 2 天的论坛演讲，共同探讨在新的市场环境和传播环境下全球广告业发展的机遇与挑战，思路与趋势。同时，大会还举办系列展览、商务交流会、中国特色文化活动等一系列专业活动。铁路分会根据中国广告协会的总体安排，积极组织人员以团队注册方式参加世界广告大会各项活动，加强与国际广告业界的交流与合作。

积极组织参加中国广告协会主办的中国户外广告论坛活动。2014（大连）中国户外广告论坛以“科学规划户外广告，共同促进城市发展”为主题，重点讨论国家相关部门对城市形象建设与户外广告设置规划管理的思路等议题。铁路分会组织会员单位以团体注册方式参加论坛相关活动，并利用此次时机，加大宣传铁路广告，提升铁路广告品牌。为此，中广协在本届论坛专门为铁路广告媒体创新经营安排了主旨发言环节，中铁世纪传媒广告有限公司、上海铁路文化传媒发展有限公司、广州铁路集团文化广告总公司、成都铁路文化传媒总公司分别就《铁路列车冠名权广告创新经营及设想》、《铁路站车广告设置与环境美化》、《铁路站车 WiFi 创新经营模式和前景》、《在 DSP 模式下，铁路广告的创新与发展》发表了主题演讲，取得了良好的社会反响，扩大铁路广告影响力。

积极做好中国国际广告节参会参展工作。中国国际广告节是中国最权威、最专业和规模最大、影响最广的广告行业盛会，铁路媒体展位自首次第十九届天津广告节亮相以来，亮点纷呈，对提升铁路广告品质，扩大铁路广告影响力起到良好效果。第 21 届中国国际广告节于 2014 年 10 月 24 日至 10 月 27 日在贵州省贵阳市举办，按照工作安排，分会积极做好第 21 届中国国际广告节的参会和组织工作，以团体注册方式组织会员单位参加第 21 届广告节，组织各位会员代表参加了广告节开幕式和观摩交流活动；在本届广告节上，租设铁路媒体展位，进一步做好铁路广告宣传活动，扩大铁路媒体的影响力。

按照中国广告协会要求做好证明商标使用管理工作和相关协调工作。加强与中国铁路总公司、各铁路局等沟通协调工作，取得各方的理解和支持，为铁路广告业发展创造良好的政策环境。

2014 年度公交分会工作总结

为了进一步贯彻广告行业各级领导的工作指导精神和要求，更好地总结经验完成下一步工作，迎接新的挑战，现将公交分会 2014 年主要工作总结如下：

一、认真贯彻中广协的各项工作要求，努力做好分会各项工作

（一）贯彻中广协的各项工作要求

2014 年在中国广告协会的正确领导下，中国广告协会公交分会认真贯彻中广协的各项工作要求，坚持协会工作的服务宗旨，即“提供服务、反映诉求、规范行为”，认真按照中广协的各项要求开展工作，加强行业请示报告，加强上通下达，把国家对广告业的各项要求，深入贯彻到各个行业广告之中，将中国的广告业，提升到一个更高的层次。针对中广协的不同阶段工作要求，制订相应的工作计划，认真加以落实。

（二）积极配合广告行业做好每年一次的专项活动

首先是全国广告审查员法律法规培训工作，坚持

行业自律，加强法律法规培训，拒绝违法广告，这是我们广告业所特有的一项工作程序和要求，也是我们行业自身应特有的责任。

其次是广告专业人员职称的考评工作，已是一项常规工作，各会员单位，重视这一工作，为了自身公司的发展，进一步鼓励和动员员工参加这一考评，培养更多公交广告行业人才，以适应今后的广告行业发展需要。

（三）高度重视、积极动员参加北京第43届世界广告大会

世界广告大会是国际广协每两年举办一次的世界级的广告界顶级广告大会，这次在中国首都北京举办的是第43届世界广告大会，为成功开好这次大会，中广协各级领导高度重视，要求各分支机构全力做好各项工作，我们积极组织动员大家参加此次大会，经统计，分会共有26位代表参加了这次大会，得到了中广协及各界广告同仁的认可和肯定。

（四）积极组织参加8月14日在大连举办的中国户外广告论坛

由中国广告协会主办的2014年（大连）中国户外广告论坛8月14 － 15日在大连成功举办。论坛主题是：科学规划 户外广告，共同提升城市形象。按照中国广告协会的要求，中广协公交分会也是这次论坛的协办者，在筹备过程中，我们与中广协民航、铁路、广告公司等分会在一起筹划并组织，同时动员公交分会会员单位积极参加。

（五）进一步推动证明商标使用管理工作及年度数据统计工作

我们要把证明商标使用管理工作纳入常态化管理。2011年以来，公交广告传媒行业已有十多家公司在经过申报评定后被认证为一级广告企业，多家公司被认证为二级广告企业。

除了完成上述各项工作外，2014年还按照中国广告协会的安排，相应完成了其他工作，如：参加中国广告协会及其分支机构组织的多种广告研讨会；动员参加在贵阳将举办的中国国际广告节；参加中国广告法的进一步修订意见；贯彻“开展讲文明树新风”公益广告宣传活动等工作。

二、开展公交广告行业特点工作，促进行业创新发展

根据中国广告协会2014年的工作要求，分会紧贴公交广告行业自身特点，制订年度工作计划，全年设定16项任务，现将主要工作汇报如下：

（一）为纪念中国广告协会公交分会成立20周年出版《中国公交广告，辉煌20年》纪念书籍

2014年是中国广告协会公交分会成立20周年的喜庆之年，作为中广协的分支机构，公交分会在中广协的正确领导关心下，在各会员单位的支持下，始终致力于城市公交广告的大力发展，依照分会宗旨和开拓创新精神，经过20年城市公交广告事业的迅猛发展，已成为中国广告界一支生力军，并取得显著的经济效益和社会效益。

为此，我们于2014年3月10日发文，征集文稿出版《中国公交广告，辉煌20年》大型纪念书籍，已有50多家单位，积极申报参与，彰显了公交广告行业的创新发展势态，记录了中国公交广告20年来的辉煌发展历程。

（二）评选经过20年来中国公交广告传媒行业的发展。而涌现出的先进个人及先进单位

先进个人设定，即公交广告传媒行业十大领军人物。十大经理人先进单位设定，即：公交广告传媒行业最具影响力公司、最具竞争力公司、最具潜力公司评选活动要求各会员单位积极参与申报，并保证上报资料的真实完整有效。

（三）以“全新思路、创新发展”为题，举办论坛研讨会

选择有特点的优秀企业，重点研讨，推广公交广告传媒创新发展经验。

（四）筹办2014年年会及其他工作

为了开好2014年年会，公交分会上报中广协，

得到中广协的批准，要求我们按照规定，认真准备，促进行业的发展。年会是行业的家庭聚会，既要很好地总结过去，又要为下一步工作提出要求，既要大家交流好，又要符合当前的形势和要求。今年的年会内容比较丰富，我们力求通过这次年会，使大家有所收获，促进本企业的发展。在其他工作方面，我们继续鼓励和支持各地区各城市继续开展广告学习交流活动，及时回应和解决广大会员单位的来信、来电及各种问题和建议。做到上传下达，及时给予帮助和解决，努力把分会办成行业之家等方面都做出了大量工作。

2014 年度法律咨询委员会工作总结

现将中国广告协会法律咨询委员会 2014 年工作总结汇报如下：

一、法律咨询委员会换届工作

2014 年 9 月 26 日，在国家工商局招待所，召开了中国广告协会法律咨询委员会的换届大会，由高校学者、工商部门领导、法律事务界人士、主流媒体专家，以及知名广告企业界精英五部分共 72 名委员组成了新一届法律咨询委员会。下午召开了第一次常委会，常委会就《广告法（修订草案）》一审稿进行了研究和讨论，会后形成修改建议函，提交全国人大常委会。

二、起草《互联网广告自律公约（草稿）》

我们委托腾讯网牵头起草了《互联网广告自律公约（草稿）》，并于 2014 年 11 月 18 日召集一部分互联网企业进行讨论。

三、向行业会员征集法律问题

2014 年 12 月 19 日，我们向中国广告协会各会员单位发出了《关于征集广告业法律问题的通知》，并公布了“建立和启动法律问题咨询复函制度”的计划。

四、参与《广告法》立法工作，代表行业提出诉求

2014 年 1 月 13 日在国家工商局招待所召开第二次常委会，会议讨论了《广告法（修订草案）（二审稿）》。会后形成“关于对《广告法（修订草案）（二次审议稿）》修改建议的函”。并于 1 月 27 日下午去全国人大法制办经济法室面对面解释了建议函的内容。

2014 年度民航分会工作总结

2014 年，中国广告协会民航分会（以下简称“中广协民航分会”）积极围绕中国广告协会（以下简称“中广协”）中心工作，在全体会员单位的大力支持下，通过调整工作思路，加大行业自律工作的力度，不断提高对会员单位服务的质量和水平，各项工作都有了新的进展。

一、及时掌握行业动态，完成广告经营情况统计工作

为掌握行业发展状况，向会员单位提供信息服务，同时按照中广协相关工作要求，民航分会积极组织会员单位完成广告经营情况统计工作。

二、完善常委会运行机制，提高服务管理能力

中国广告协会民航分会于6月6日在成都召开2014年第一次常委会议。会上认真传达了中广协全国工作会议精神及相关工作要求；确定了2014年年会暨行业发展论坛召开的时间、地点，并初步拟定年会主题；审核通过新增会员单位的资质；听取了秘书处2013年分会财务收支报告；会上大家还对常委单位自身，提出“忠实勤勉”的基本要求达到高度共识。

同时，就参加第二十一届中国国际广告节参展相关事宜做了简单的介绍，并确定展位的设计方案及搭建费用、服务人员等。

三、规范入会资质审核，继续做好会员发展工作

继续实行会员专属服务原则，完善管理，梳理现有会员。

四、落实中广协工作要求，组织会员参加丰富多彩的行业活动

一是组织参加43届世界广告大会，组织会员单位积极配合中广协开展工作。

二是组织会员单位参加2014（大连）中国户外广告论坛。

三是组织会员单位参加大型国际交流活动，组团参加了法国戛纳广告节及2014釜山广告节。

四是参加大学生广告节学院奖评选及颁奖活动。

五是积极组织召开“2014年年会暨行业发展论坛”。

中广协民航分会于2014年9月3日至5日在浙江杭州举办“2014年年会暨行业发展论坛”。年会以“移动互联时代对传统广告的影响”为主题，邀请专家学者、资源管理者、广告经营者展开一场思想与观点的激烈碰撞；互动环节气氛极为热烈，为各会员单位打造一个更加专业和活跃的交流平台。中国广告协会会长李东生、副会长刘忠学、会员部张鹰应邀请列席会议。

六是组织会员单位参加“第二十一届中国国际广告节”。第二十一届中国国际广告节于2014年10月在中国贵阳举行。中国国际广告节是中国最具权威、最专业、规模最广的广告界盛会。中广协民航分会积极组团参加了此次盛会。

2014年度烟草分会工作总结

2014年，在中国广告协会的关心指导下，围绕中国广告协会“履行协会职能、提高服务水平、加强自身建设、加强行业自律、促进行业发展”的总体工作思路，在中广协副会长、烟草分会刘杰主任及分会各副主任的带领下，结合中国广告协会烟草分会“整合资源、积极引导、规范运作、提供服务”的宗旨，积极开展分会各项工作。

2014年以来，在中国广告协会的领导下，在国家烟草专卖局领导的关怀指导下，在相关部门的支持下，在会员单位和行业各协办企业的大力协助下，积极开展工作，积极发展会员，加强行业自律，规范广告行为；充分发挥分会桥梁和纽带作用，当好烟草行业代言人；组织具有针对性的培训及相关活动；完善烟草广告事前发布咨询体系，积极为会员单位提供法律服务。较好地完成了第二届常务委员会第四次会议确定的阶段性工作目标和任务。

2014年5月，第43届世界广告大会在北京召开，在中广协副会长、烟草分会刘杰主任对世界广告大会会务工作非常关心，烟草分会积极组织会员单位参加世界广告大会；刘杰主任还亲自主持会议，与各副主

任、委员反复研究，常委会成员单位及特邀单位60家参会，充分体现中广协烟草分会服务行业和会员单位宗旨，充分体现烟草分会不遗余力为会员单位创造学习交流机会的决心，在中国广告协会内外及各分支机构中树立了良好的形象，受到中国广告协会领导多次表扬和积极评价。

中广协烟草分会也借第43届世界广告大会的大平台，抓住难得的大好机会，在刘杰社长、王献生总编的亲自指挥下，在各部门的全力配合，特别是经营部门的配合下，我们重点邀请长期与杂志社合作的行业外的大企业和大客户，回报行业外的大企业和大客户多年来的支持和厚爱，也给予行业外的大企业和大客户，了解国际广告发展趋势、学习国际广告创意策略、交流品牌营销经验的机会。我们将中广协烟草分会第二届常务委员会第四次会议，杂志社媒体策略研讨会合并到广告大会期间召开，严格执行国家局九条，大力转变会风，三会合一，提高会议质量，节约会议经费，受到与会代表的充分肯定和积极评价。

同时，中广协烟草分会重点增强烟草分会办公室（秘书处）办事和运作能力。烟草分会办公室（秘书处）作为常委会具体办事机构，积极开展分会日常工作，积极推进会员单位自律，完善《工作条例》、《会员管理办法》和《自律规则》等规章制度，完善常委会日常沟通机制。注重抓各项日常工作的落实，强调会员单位利益，加强与会员单位的信息交流，及时掌握会员单位广告方面的新动向、新情况、新问题，为会员单位提供法律、广告和营销等业务咨询，对重点难点问题及时向属地工商部门咨询，帮助会员单位解决实际困难。同时针对《广告法》修订的新形势下烟草广告面临的问题，积极配合《中国烟草》杂志读者问卷调查活动，配合《新烟草》杂志走进企业和调研活动，深入进行烟草广告调研，并且通过参加各种大型国际性展会与行业内外的专家学者以及关注烟草行业的各行业人士建立了广泛的联系，将最新的会员信息和动态发布在中国烟草资讯网，以多种形式与会员单位进行交流。

2014年度户外广告分会工作总结

2014年，中国广告协会户外广告分会（以下简称“中广协户外广告分会”）在中国广告协会（以下简称“中广协”）的领导下，以党的十八大精神及中广协的具体要求为指导，按照中广协及中广协户外广告分会2014年度的工作计划，开展了一系列的工作和活动。

一、召开分会常委会

中广协户外广告分会于2014年4月11日在上海召开常委会工作会议。会议由户外广告分会主任应曙光主持，中国广告协会秘书长助理、会员部主任韩胜东出席会议并讲话，户外广告分会副主任、常委共30余人参加会议。

会议首先对户外广告分会副主任、常委进行增选，根据户外广告分会会员队伍的不断扩大的情况及工作的需要，会议增选大连国域无疆广告有限公司董事长王国军、陕西沙龙传媒有限公司董事长李大卫、广东速度广告有限公司总经理邱万新、上海新大陆广告有限公司董事长赵抗卫为户外广告分会副主任，增选东方龙传媒股份有限公司CEO付月龙、宁夏宏强广告有限公司总经理石宏强、景德镇大象广告有限公司总经理向春龙、新疆盛世空间文化传媒有限公司总经理吕永迪、德高贝登户外广告（上海）有限公司总经理黄汉钊、大象广告有限公司总经理鲁虹、陕西省交通广告传媒有限公司总经理雷宁为户外广告分会常委。

户外广告分会秘书长王焕章总结了2013年户外广告分会的工作、对户外分会会员参加第43届世界广告大会进行了动员、介绍了户外广告分会成立十周年活动方案；户外广告分会副主任单位代表、上海TOM集团市场部总监杨燕宣读了户外分会2014年工作计划；会议就户外广告分会的标识、户外广告分会更改名称进行了讨论，全体常委会成员一致同意将户外广告分会更改为户外广告委员会。会议围绕“如何创新经营，尤其是LED屏空闲时间的经营”、“推动户外广告刊播内容实行备案制”、“成立户外广告行业标准委员会”、“如何继续开好中国户外广告论坛”、“搞好户外广告分会成立十周年活动”等进行了讨论。

会议决定由户外分会秘书处牵头，建立“千屏互惠联盟”；委托上海户外委员会同上海相关部门沟通，尽早实现户外广告刊播内容实行备案制并向全国推广；选定有实力的公司承担起户外广告分会成立十周年及成立“户外广告行业标准委员会”的筹备工作。

中国广告协会秘书长助理、会员部主任韩胜东在讲话中建议常委们对工作进行分工，他还对会员发展、分会成立十年活动、中国户外广告论坛、分会成员积极参加43届世界广告大会等提出了具体要求。

与会的部分同志还和上海市容景观中心进行了座谈，户外广告分会同上海市容景观中心达成了一项合作意向。

二、召开第三届中国户外广告论坛

按照中国广告协会2014年工作计划，2014年8月14日至15日由中国广告协会主办，中国广告协会户外广告分会、大连国域无疆传媒集团有限公司、东北之窗杂志社共同承办的以“科学规划户外广告，共同促进城市发展”为主题的“2014（大连）中国户外广告论坛”在大连市成功举办。

2011年、2012年，中国广告协会在长春、南京成功举办过两届中国户外广告论坛，为推动城市形象建设和户外广告的发展起到了积极的作用。本届论坛在保持原有特色的基础上，有了更多创新、更大突破。“2014（大连）中国户外广告论坛”围绕“科学规划户外广告，共同提升城市形象”主题进行了深入的研讨，这是继长春、南京举办中国户外广告论坛后又一次对户外广告具有重要意义的论坛，是一次继续巩固政府与广告协会及广告公司相互沟通桥梁的论坛，更是推动户外广告科学发展的论坛。

这次论坛得到了国家工商总局及大连市人民政府的重视和关怀。刘岩副市长在百忙中莅临大会并致欢迎词，许多地方政府主管户外广告的市容、城管、工商部门的领导参加了论坛并发表了演讲，这充分说明了政府对科学规划户外广告，提升城市形象的重视程度。

本次论坛共有500多人参会，30多位领导和专家围绕“科学规划户外广告，共同提升城市形象”这一主题发表各类论文10余篇。在论坛上大连市城建局、广州市市政管理委员会、漳州市城市管理行政执法局介绍了科学规划户外广告的经验，我们更加理解了政府主管部门制定户外广告设置管理办法的理由；中国传媒大学广告学院院长黄升民、清华大学美术学院教授马泉从宏观上阐述了规划户外广告的重要性；清华大学美术学院、城市视觉规划设计研究所两位专家王天、夏磊用实例向我们展示了许多城市户外广告规划后的美丽；中广协公交分会、铁路分会、标识委员会、民航分会分别介绍了自己的实战经验，使我们学到了许多新的知识；户外广告行业代表汇总行业关注的政府规划、审批、拍卖等相关问题，与上海、广州、宁波、重庆、成都、厦门、大连、济南、西安、南京、包头、漳州等城市的主管部门领导交流对话，使我们受到了许多启发；凯蒂珂前总裁刘志彦演讲让大家耳目一新，看到了户外媒体全球发展的趋势；电通全国户外资源管理群总监齐忻“顺势而变，探讨户外广告发展”为我们指出了要发展就要变的硬道理；美国稳通集团副总经理康世清向我们展示了新媒体时代户外广告的创新与机遇；CTR总裁田涛为我们回顾了2013中国户外广告状况，展望了2014中国户外广告发展趋势。

本届论坛最大亮点是以论坛的名义向上海市、广州市、宁波市、包头市、成都市、长春市、大连市、济南市、南京市、漳州市颁发了中国十佳户外广告管理示范城市称号，向北京市海淀区、上海市徐汇区、深圳福田区、重庆市渝中区、成都市温江区、苏州市吴江区、西咸新区、重庆市解放碑中央商务区、西安市曲江新区、秦皇岛市北戴河新区颁发了中国十佳户外广告管理示范区域。这个奖项受到了各地政府相关部门的重视，同时进一步拉近了户外广告行业同政府主管部门之间的关系，取得了很好的效果。

本次论坛的举办确实达到了巩固行业协会、户外广告公司与城市政府相关部门进行沟通的平台的目的。同时向城市政府相关部门反映广大户外广告公司的诉求，让户外广告公司的经营更加规范，同时就城市形象与户外广告发展等问题进行探讨，从而推动城市形象建设与户外广告科学发展的目的。论坛受到了甘霖副局长的表扬，成了中国广告协会的一个新品牌。

三、成功举办庆祝“户外广告这十年”活动

2004 年，在中国广告协会的领导下，在户外广告行业各位精英的倡议下，成立了中广协户外广告分会。十年来，我们在中国广告协会的领导及支持下，在各成员单位的努力下，得到了很大的发展，取得了比较优异的成绩。

2014 年 4 月在上海召开的户外广告分会常委会一致决定，要利用户外广告分会成立十周年之机，大力宣传户外广告业这十年取得的成绩。为此，常委会决定在21届中国国际广告节期间，设置一块场地进行“户外广告这十年”宣传、展示活动，庆祝户外广告分会成立十周年。

2014 年 10 月 25 日 14:00 户外广告分会举办“户外广告这十年”隆重颁奖典礼。向“户外广告这十年——户外广告优秀企业”及“户外广告十佳精英人物”、“户外广告十佳突出贡献人物”、“户外广告十佳新秀人物”颁奖。

此次活动租用了 24 个展位（216 平方米），常委会名誉主任、主任、副主任及各常委单位积极支持。东方龙传媒股份有限公司承担了全部奖牌的制作工作，义乌小商品城广告有限公司、炎黄广告、财富传媒、清美道合城市视觉设计机构等都为此次活动提供了礼品。

活动的举办，进一步增强了户外广告公司及会员单位的凝聚力。

四、积极同会员联系，为会员提供服务

（一）召开“成立 LED 屏互惠联盟”

由中国广告协会户外分会主办、山东易牌网络科技有限公司承办的“中广协户外广告分会 LED 屏互惠联盟”研讨会暨成立大会于 2014 年 7 月 4 日上午在烟台市海悦大厦举行。

中国广告协会副会长、户外广告分会主任应曙光，中国广告协会副会长、户外广告分会名誉主任贺超兵，中国广告协会副会长田涛等领导及业内 20 多家公司的负责人参加了会议。会议重点对 LED 互惠联盟成员之间相互优惠收费规则进行了讨论，确定了联盟成员间互惠收费价格。

中国广告协会副会长、央视市场研究股份有限公司董事长田涛针对目前中国户外广告形势，提出了两个关键，即连接和规模，指出联盟各成员要“抱团取暖”，共同遵守并维护联盟规则，抵抗互联网的冲击。对户外广告分会委托山东易牌网实际操作“中广协户外广告分会 LED 屏互惠联盟”的做法给予了肯定。

山东易牌网董事长张福龙先生向全体与会代表介绍了易牌网相关操作和优势、特点，并重点强调易牌网作为第三方运营商，以提供平台服务为主要宗旨，不参与户外媒体竞争，会议最终确认易牌网为联盟交易平台。

全体参会人员以鼓掌的方式通过了“中广协户外广告分会 LED 屏互惠联盟”的章程。中国广告协会户外广告分会王秘书长王焕章代表户外广告分会宣布“中广协户外广告分会 LED 屏互惠联盟”正式成立。

烟台市工商局副局长石建波到会致辞并表示祝贺，中国广告协会户外广告分会秘书长王焕章主持会议。

（二）支持参加 2014 年上海 LED 设备展

为了推动我国 LED 显示数字标牌行业内的发展与交流，以促进内外销售，引导市场供求及更好地

为会员服务，由中国广告协会户外广告分会作为支持单位、在上海世博展览馆举办的“2014 第五届上海 LED 数字标牌应用展览会”及关联展会将于 2014 年 9 月 4 日至 6 日在上海举办，并开设了户外广告设备专区。

（三）参加慧聪网主办的“LED 户外广告屏大赛”

2014 年 11 月 11 日，由慧聪网主办，主题为“变革铸就机遇，品牌创造未来！”2014 年度 LED 显示屏十佳评选专家评审会在深圳隆重举行。分会秘书长王焕章担任了评委。

（四）参加大屏幕显示应用论坛

中国电子视像行业协会大屏幕投影显示设备分会与中国投影网、北京电子学会联合召开的一年一度大屏幕显示行业优秀产品与工程品牌交流会与表彰大会定于 2014 年 12 月 24 日在北京市朝阳区小庄朝阳宾馆举办。王焕章秘书长被邀请参会，并以“激光技术或将成为户外广告发展的最新形式”为题发表了演讲。

五、完成中广协交办的工作

（一）积极参与第 43 届世界广告大会筹备工作

第 43 届世界广告大会将于 5 月 8 日—11 日在北京举行。我们参与了接待组的前期筹备工作，积极动员组织 50 多家会员参加此次大会。

（二）积极参加第 21 届中国国际广告节

2014 年，第 21 届中国国际广告节在贵阳举办，为了让广大会员单位参与这一年一度广告人的盛会，中广协户外分会向会员单位发了积极参加第 21 届中国国际广告节的通知。广告节举办期间，我们还承担了副会长接待工作及长城奖、黄河奖颁奖的部分工作。

六、做好秘书处日常工作

中广协户外分会秘书处是同广大会员单位之间联系的纽带。秘书处除了组织会议及活动外，还做了以下工作：加强同各会员单位的联络，继续巩固完善同各会员单位之间的联系，达到了信息通畅；发简报及各类通知 10 余次。

2014 年度标识委员会工作总结

2014 年 3 月 5 日，中国广告协会光源和标识广告分会更名为中国广告协会标识委员会。回顾过去，令人欣慰的是：我们于 1994 年成立的“中霓会”，风风雨雨走过了二十年，今天她的活力还在延续。令人庆幸的是：我们于 2012 年重组的“光源和标识广告分会”，顺应了市场趋势，调整了组织结构，保护和保留了很多会员企业，今天他们都是“标识委员会”的骨干力量。令人鼓舞的是：2013 年 3 月 5 日经中国广告协会批准更名后的“中国广告协会标识委员会”，在中广协的关怀和支持下，在常委会的正确领导下，经过大家的共同努力，在短短八个多月时间里，我们的各项工作都呈现了起色，发展到现在，可以说：我们基本上摆脱了困境，正朝着“五届四次常委扩大会”既定的目标和方向，坚定、稳妥、务实、创新的逐步在开展工作，开展活动。

一、基础工作

为贯彻“五届四次常委扩大会议”精神，落实“2014 年工作要点”，尽快打开局面，秘书处针对面临的实际情况，拟定了以下应对办法：一是努力按照“团队化运作”和“专业人做专业事”的思路去发动工作；二是紧紧抓住“互联网”、“移动互联”这个数字化时代的先进手段去推动工作。八个多月来的实践证明，该项举措不仅克服了秘书处“人员少、事情多、资金紧、落实难”的困惑，还为提升“标识委员会”的影响力，发挥了很大作用。团队合作，群策群力，责任到人，注重效果，强调执行力，创新了秘书处的工作模式，提高了工作效率，也凝聚了一大批热心协会工作、支持协会工作、共同努力促进协会发展的好会员、好同志。我们借此表示感谢，并向他们致以崇高的敬意！他们是聂振勇（北京世纪金文广告有限公司），赵勇（南京中亚景观亮化工程有限公司），陈大治（北京华展博览展览有限公司），张尤亮（北京中创天地文化传播有限公司），施敏汉（浙江矽能光科技有限公司），高扬（北京美耐标识有限责任公司），许勇（先恩标识上海有限公司），谢利荣（吴江精工铝字制造厂），何斌（福州路美光电工程有限公司），叶宗泽（深圳市云傲照明有限公司），李新忠（长沙市艺川标识制作加工厂），宋青青（南京亚东展览服务有限公司），张宇（浙江乐普光电股份有限公司），葛长淮、樊绪东和易有元（秘书处）。

我们的秘书处团队，完成了如下工作：

一是及时开通了中国广告协会标识委员会公众微信平台。（中标协 CSA），委派专人管理，做到了内容充实、适时刷新，展示了我们的形象，发出了我们的声音，与网站互相配合，形成了我们的宣传窗口。我们建立了“CSA 中广协标识委员会微信群”（500 人群，已满，目前是国内标识行业中人气最旺，关注度最高，管理最好，影响力最大的一个微信群）。我们还建立了“CSA 中标协常委工作群”和“CSA 中标协会员群”，便捷了委员会内部的管理和交流。

二是更新了原“光源与标识”网站，重新申报注册了网站新域名，并对网站的中、英文域名进行了注册保护。

三是“标识委员会”更名后，我们重新设计，更新了“中国广告协会标识委员会”的 Logo ，并对本会英文“CSA”和中文，依法办理了商标注册和文字保护。

四是开展了《微课堂》活动。为了开展教育培训工作，秘书处与北京中创天地文化传播有限公司紧密合作，利用微信平台，尝试开办了“微信课堂”，我们在“CSA 中广协标识委员会”群里进行了《标识深化设计》等课题的线上授课十二次，线上视频教学四次，组织专家（葛长淮老师）线下工厂实际指导（深入企业）八次，受到了众多标识企业和标识人的欢迎。这个教育培训活动，将作为我们的品牌活动，将坚持开展下去。

五是为了向各地兄弟标识协会学习、取经，也为了宣传主张，共谋发展，我们组织了走访各地兄弟标识协会或标识企业的“学习交流万里行”活动，今年组织了两次，八月赴青岛，九月赴福建。通过走访交流、互相学习、共同探索，增强了友谊、加深了理解，在相互支持、共同进步、促进标识行业发展等方面都达成了共识，收到了很好的效果。我们常委中赵勇、许勇、施敏汉等同志都是主动（全自费）、积极参加这项活动，他们为宣传更名后的“标识委员会”做了很多有益的工作，为扩大“标识委员会”的影响做出了贡献，希望我们更多的常委也都积极参加到这项活动中。

六是 7 月初，江苏吴江地区发生了恶意抢注专利的事件，对我们的会员企业造成了极大的伤害，我们闻讯后即刻派出赵勇副主任和张焰秘书长前往吴江，广泛听取了会员企业的诉求，调查并收集了证据，并走访了起诉方，进行了调解工作。在调解遭拒的情况下，我们通过到政府和相关部门反映情况，表达诉求，得到了当地政府和相关部门的理解和支持，为吴江地区广大会员企业进行了维权，保障了他们的正常生产和经营。

七是由中国广告协会标识委员会组织，北京华展博览展览有限公司承办“CSA 中广标 2014 日本考察团”，于 2014 年 9 月 19 日至 25 日前往日本参观访问。本次考察团由国内广告与标识行业 23 家公司组成，共计 45 人。考察团在东京、箱根、京都、奈良、福井、大阪等地，依次参观了日本最大的广告标识展，访问了部分日本标识企业，还对日本著名建筑标识状况等进行了考察。同时，秘书处还委派常委许勇、陈大治与日本户外广告协会进行了会见，商谈了未来战略合作事宜。应韩国户外广告协会和韩国 COEX 展览公司邀请，11 月 3 日至 8 日我们组织了以会员企业为主体的，国内四家标识行业组织 24 家企业共 33 人，组团前往韩国参观了“韩国广告标识及设计展览会”，聂振勇副主任代表委员会与韩国户外广告协会进行了会谈，商议了“中国国际标识展”等合作事宜。

二、重点工作

积极筹备在 2014 年下半年召开会员大会，举办专业的标识展览会是我们标识委员会“2014 年工作要点”中两项极为重要的活动。为了组织开展好这两项工作，打造标识委员会的品牌活动，秘书处进行了大量、细致的前期调研和策划工作，并在 2014 年 4 月（世界广告大会期间）及时召集了部分来京参会和在京常委“碰头会”，汇报并听取了大家的意见。2014 年 9 月 16 日，张焰秘书长邀请了部分常委和相关工作人员在北京召开了工作会议，专门对“年会”和“展会”活动的组织机构、运作模式、两会内容、实施方案等方面进行了认真研究和讨论，采纳了大家很多好的建议和意见，成立了“两会筹备工作组”，并进行了分工。建立了“两会筹备工作微信群”和“两会工作进展检查制度”，发挥了团体作用，提高了执行力。经报请中国广告协会批准，拟定于 2014 年 11 月 29 日至 30 日在北京九华山庄召开《标识人年会》，定于 2015 年 3 月 7 日至 9 日在广州琶洲举办首届《中国国际标识展》。

随着市场化、商品化、城镇化建设进程，标识行业得到了蓬勃发展，数字时代，互联网与移动互联的到来为标识行业创造了新的机遇。为了整合标识市场资源，搭建信息共享平台，为标识行业提供一个集互联网、移动互联网、资源供需、供应商、主要客户群体等多个重要元素为一体的交流和交易平台，突破传统模式下信息流通缓慢，优质资源难以共享，高端人脉资源难触及、行业规范难确立，企业发展缓慢的普遍现象，我们将 2014 年会员大会定位于学习型年会，为了使更多同仁受益，我们定名为：“标识人年会”，旨在努力把中国标识人凝聚在一起，共同探索，共同促进，共同成长，共享资源，合纵连横，为中国标识企业的规范成长，为中国标识行业的健康发展，为世界标识有更多中国元素而发挥作用。这次盛会除国内标识行业领军人物以外，此次还邀请了美国 CSA 加州标识协会，台湾新北市广告工程商业同业工会负责人；邀请了全国工商联等相关机构领导及代表，标识相关异业协会领导及代表、全国知名艺术学府领导、全国各地标识行业协会代表等。

此次大会将由设计理论家、现代设计和现代设计教育的重要奠基人王受之教授，美国加州标识协会执行董事 Roy Flahive，北京第二外国语学院蒋璐教授，国华标识有限公司总经理导向标识系统设计及工程专家张小东，标识结构设计和工艺设计专家葛长淮老师，南京艺术学院传媒学院孙智强教授等众多名师专家担任大会演讲嘉宾。

年初以来，为了搞好展会工作，我们标识委员会部分副主任和常委先后参加了《2014 中国（广州）国际广告标识展览会》，《2014 迪培思国际喷印·雕刻·标识技术展览会》，《2014 北京喷印雕刻标识技术展览会》，《第二十一届北京国际广告四新展示交易会》，《2014 第二十二届上海国际广告技术设备展览会》，《2014 第 69 届美国 ISA 国际标识展》，《2014 日本东京广告标识展览会》，《2014 韩国广告标识及设计展》。通过对以上展会的考察和调研，我们看到参展的标识企业愈年猛增；我们感受到迅速发展起来的标识设计、研究、制造、材料和专业设备企业已形成为上、下游完备的巨大产业链；我们听到众多标识企业（尤其是会员企业）期望搭建标识专业展示平台，加强交流和沟通，促进标识行业发展的诉求；我们意识到随着城镇化、商品化和市场化进程而兴起的标识行业确实需要尽快打造一个专业标识展。这不仅有利于国内标识企业之间的交流与沟通，还有利于促进中国标识企业与国际同行的交流与合作，更重要的是“标识展”这个平台，在宣传标识行业，推广标识理念，展示标识成果，疏通标识终端客户渠道等方面的推进作用，都将会十分显著，能够达到我们打造品牌活动、扩大行业影响、为会员企业办实事的目的。

2014年度互动网络分会工作总结

2014年，在中国广告协会（以下简称“中广协”）的领导下，中国广告协会互动网络分会（以下简称“中广协互动网络分会”）团结会员和行业同仁，从规范行业发展入手，大力推进行业标准建设，创新经营模式研究，发挥互动网络在行业建设与发展中的重要作用。

一、推进我国第一部定向广告行业标准发布与实施

2013年，中广协互动网络分会启动了互联网定向广告用户信息保护项目，展开标准的研究和制定工作。在广泛征询主管部门和互联网代表企业意见的基础上，经分会三次修改后，报经上级领导批准，于2014年3月11日正式发布第一部定向广告行业标准《中国互联网定向广告用户信息保护行业框架标准》，并于3月15日正式生效实施。

3月至8月，中广协互动网络分会领导工作组在《中国互联网定向广告用户信息保护行业框架标准》的定义下，针对告知用户、用户选择权、数据交换和基础服务器等四个方面制定四部相应的执行标准：《中国互联网定向广告用户信息保护框架标准：框架标识使用规范》、《中国互联网定向广告用户信息保护框架标准：用户选择机制指引》、《中国互联网定向广告用户信息保护框架标准：去身份化指引》、《中国互联网定向广告用户信息保护框架标准：服务器响应机制技术建议》，经过多次讨论征询，于12月底正式启动标准实施工作。同时在全行业、社会开展普及教育宣传工作。

二、完成《中国移动互联网广告标准》制定工作

移动互联网日渐深入大众生活中，移动互联网广告成为市场营销的重要组成部分。同时，移动互联网的快速发展也带来了一些问题和发展障碍，如跨平台、跨产品间的打通，跨企业间的合作等等。

为打通企业间的合作，促进移动互联网的健康与快速发展。2014年8月开始，中广协互动网络分会开始进入移动互联网广告标准制定落实的工作。前期通过座谈、交流的形式，广泛听取了国内知名数字媒体、广告公司、品牌主对标准研发、起草工作的建议，并向上级主管部门做了重点报告。在充分吸纳汽车之间的基础上，组织多家互联网企业、广告公司、广告主、第三方数据机成立五个工作小组，即数字广告基础标注组、监测组、广告效果组、广告系统对接标准组，开始标准的起草制定工作。

中广协互动网络分会带领工作组于12月底完成《中国移动互联网广告标准》（以下简称《标准》）起草工作。该标准由《互联网数字广告基础标准》、《移动互联网广告监测标准》、《移动系统对接标准》三部分构成。起草工作完成后，中广协互动网络分会组织向行业和相关部门征询意见，同时展开小范围测试与专业论证，为《标准》推出与实施做好准备工作。《标准》于2015年3月11日正式向行业推出，于3月15日正式实施。

三、完成了IP地理信息标准库第五次清洗工作，并正式面向市场化

自2011年以来，在IP地理信息标准委员（简称IPB）会成员们的共同参与下，完成了《中国IP地理信息标准库》，解决了由于IP地理信息不统一给广告营收带来的困扰。自2014年9月顺利开展了第五次清洗工作。

随着IPB小组在业内越来越大的影响力，更多的

单位希望能使用 IPB 提供的标准 IP 库，IP 地理信息标准库原来的仅限小组成员内使用的模式，无法适用在所有单位身上；同时随着对 IP 地理信息深入研究，在采集、整理、校准和相关算法的投入上越来越大，需要有资金来源保障 IP 地理信息的维护和研究，使得 IP 地理信息和广告行业的健康发展。IP 标准库将于 2014 年 4 月 1 日正式面向社会售卖。

经过不断的探索和研究，IPB 小组已经形成了一套中国 IP 地理信息的采集、整理、校准和发布的标准流程，中广协互动网络分会也将着手推进 IP 地理信息库清洗的标准化；同时也密切关注市场发展中 IP 地理信息标准库遇到的新问题、新挑战，带领会员单位共同解读，将 IP 地理信息标准化，继续向前推进。

四、开展国际间交流合作，为会员构建国际沟通的桥梁

2014 年 4 月，中广协互动网络分会为提供参与国际数据测量专家交流、学习、共享资源的机会，为我国数据测量人才培养和提高在数据领域的地位和作用，发挥了重要作用。

2014 年 6 月，利用戛纳创意节面向行业同仁，组织了年度第二次培训工作。为会员提供参与国际交流、提高影响力的平台。

2014 年 9 月，该会会作为 IAB 的中国分支机构，为成员提供个性化的交流、学习与国际展示的机会。IAB 在国际标准领域有权威影响力，中广协互动网络分会做好我国标准与国际标准的对接，提高我国广告标准的国际通用性。

五、参与中国国际广告节，成为国际、国内互动广告行业交流的重要桥梁

2014 年的中国国际广告节期间，中广协互动网络分会继续将中国广告长城奖 – 互动创意奖、媒介营销奖的评审打造为参赛单位、评审单位真正交流的平台。通过提案与讨论，将每年的广告行业优秀案例，借助广告节的平台进行传播。

在中国互动广告高峰论坛，邀请国内外互动广告行业的优秀专家参与。分享交流国内优秀广告的同时，将国际优秀的互动广告经验分享给国内的企业、观众。

中国商务广告协会

中国商务广告协会章程

（中国商务广告协会第九届会员代表大会通过）

第一章 总 则

第一条 中国商务广告协会，英文名称为CHINA ADVERTISING ASSOCIATION OF COMMERCE，英译简称CAAC。

第二条 中国商务广告协会是在中华人民共和国商务部的领导下，经中华人民共和国民政部核准登记，以全国商务广告行业，包括相关的品牌和创意产业为主体的全国性行业组织，是具有法人地位的社会团体。

第三条 中国商务广告协会的基本宗旨是：坚持党的方针路线，紧密围绕商务工作，贯彻执行国家有关方针政策和法律法规，加强行业自律，引导会员洞察趋势、开拓进取，提高业务素质和整体服务水平。同时，认真听取会员的意见和要求，代表和维护会员的正当权益，发挥行业组织的桥梁和纽带作用，为建设社会主义物质文明和精神文明做出应有的贡献。

第四条 中国商务广告协会注册地址：北京市东城区台基厂头条10号。

第二章 任 务

第五条 中国商务广告协会的主要任务是：

（一）宣传贯彻国家有关法律、法规和方针政策，协助政府做好对商务广告活动的管理，制订行规行约和诚信规范，加强行业自律。为会员单位提供相关政策法规咨询和信息服务。

（二）发挥协会在政府与广告行业、企业和社会之间的中介作用，听取会员单位的意见和建议，参与制订、修改有关行业发展和管理的政策、法规或提出相关建议。

（三）开展国内外广告理论与实践的研究，掌握广告、品牌、营销、媒体、公关及创意产业、文化体育产业营销等方面的动态，引进和推广有关的新理念、新思想、新媒体、新技术，积极倡导自主创新，提高业界整体实力和水平。

（四）组织开展对广告、品牌、创意产业、传统媒体、新媒体以及公关等相关产业从业人员的培训，开展法律或政府所授权的资质认证。

（五）举办国内或国际性的有关上述产业和相关行业的展览、展示和业务洽谈活动。

（六）经相关政府部门批准，组织对优秀会员和优秀作品的评选活动，向社会推荐优秀的会员单位。

（七）开发信息资源，运用网络等技术，为会员单位和企业提供信息咨询服务。

（八）组织编辑出版专业刊物、书籍和信息资料。

（九）积极开展国际交流与合作。

第三章 会 员

第六条 会员分为单位会员和个人会员。

（一）单位会员

1. 具有合法经营资格，综合实力和创新能力较强的广告企业、媒介单位或从事创意产业的经营单位；

2. 港、澳、台地区及国外广告企业代表机构（需报业务主管单位核准备案）；

3. 品牌商品生产经销企业和进出口企业；

4. 广告、品牌和创意产业研究机构及信息服务机构。

（二）个人会员

1. 在广告、品牌、媒体公关和创意产业等方面有显著成绩的工作者及教学研究人员。

2. 热心并积极支持本会工作的广告界知名人士及有关方面人士。

第七条 申请加入本协会的会员，必须具备下列条件：

（一）拥护本会章程；

（二）在本协会的业务领域内具有一定的影响；

（三）行会员的权利和义务，按时缴纳会费。

第八条 会员入会的程序：

（一）提交入会申请书；

（二）经理事会讨论通过；

（三）由理事会或理事会授权的机构发给会员证。

第九条 会员享有下列权利：

（一）本协会的选举权、被选举权和表决权；

（二）参加本协会的活动；

（三）获得协会提供的信息、资料及参加协会组织的学术交流、出国考察及人才培训的优先权和优惠权；

（四）对本协会工作的批评建议权和监督权；

（五）入会自愿、退会自由。

第十条 会员履行下列义务：

（一）执行本协会的各项决议；

（二）维护本协会合法利益；

（三）完成本协会交办的各项工作；

（四）按规定缴纳会费；

（五）提供本会所需要的各项资料，主动反映情况，提出建议。

第十一条 会员退会应书面通知本协会，并交回会员证。会员如果逾期一年不缴纳会费或不参加本协会团体活动的，视为自动退会。

第十二条 会员如有严重违反本章程的行为，经常务理事会表决通过，予以除名。

第四章　组织机构和负责人产生、罢免

第十三条 本协会的最高权力机构是会员代表大会，会员代表大会的职权是：

（一）制定和修改协会章程；

（二）选举和罢免理事；

（三）审议理事会的工作报告和财务报告；

（四）决定终止事宜；

（五）研究决定协会工作方针和任务，通过大会提案并形成决议；

（六）决定其他重大事宜。

第十四条 会员代表大会必须有 2/3 以上的会员代表出席方能召开，其决议必须经到会会员代表半数以上表决通过方能生效。

第十五条 会员代表大会每届 4 年。因特殊情况需提前或延期换届的，须由理事会表决通过，报商务部审查并经民政部批准同意。但延期换届最长不超过一年。

第十六条 理事会是会员代表大会的执行机构，在闭会期间领导本协会开展日常工作，对会员代表大会负责。

第十七条 理事会的职权是：

（一）贯彻执行会员代表大会的决议；

（二）选举和罢免名誉会长、会长、副会长、秘书长，聘请顾问；

（三）筹备召开会员代表大会；

（四）向会员代表大会报告工作和财务状况；

（五）决定会员的吸收或除名；

（六）决定设立办事机构、分支机构、代表机构和实体机构；

（七）决定副秘书长、各机构主要负责人的聘用；

（八）领导本协会各机构开展工作；

（九）制定内部管理制度；

（十）决定其他重大事宜。

第十八条 理事会必须有 2/3 以上理事出席方能召开，其决议须经到会理事 2/3 以上表决通过方能生效。

第十九条 理事会每年至少召开一次会议；特殊情

况下，也可采用通讯形式召开。

第二十条 本协会设立常务理事会。常务理事会由理事会选举产生，在理事会闭会期间行使第十七条第一、三、五、六、七、八、九项的职权，对理事会负责。

第二十一条 常务理事会必须有2/3以上常务理事出席方能召开，其决议须经到会常务理事2/3以上表决通过方能生效。

第二十二条 常务理事会至少半年召开一次会议，特殊情况下也可采用通讯形式召开。

第二十三条 本协会的会长、副会长、秘书长必须具备下列条件：

（一）坚持党的路线、方针、政策，政治素质好；

（二）在本协会业务领域内有较大影响；

（三）会长、副会长、秘书长最高任职年龄不超过70周岁，秘书长为专职；

（四）身体健康，能坚持正常工作；

（五）未受过剥夺政治权利的刑事处罚的；

（六）具有完全民事行为能力。

第二十四条 本协会会长、副会长、秘书长任期4年。最长不超过2届。

第二十五条 本协会常务副会长为本协会法定代表人。本协会法定代表人不兼任其他团体的法定代表人。

第二十六条 本协会会长行使下列职权：

（一）召集和主持理事会和常务理事会；

（二）检查会员代表大会、理事会和常务理事会的落实情况；

（三）代表本协会签署有关重要文件。

第二十七条 本协会秘书长行使下列职权：

（一）主持办事机构开展日常工作，组织实施年度工作计划；

（二）协调各分支机构、代表机构、实体机构开展工作；

（三）提名副秘书长以及各办事处、分支机构、代表机构和实体机构主要负责人，交理事会或常务理事会决定；

（四）决定办事机构、代表机构、实体机构专职工作人员的聘用；

（五）处理其他日常事务。

第五章 资产管理、使用原则

第二十八条 本协会经费来源主要有：

（一）会费；

（二）国内外捐赠；

（三）政府资助；

（四）在核准的业务范围内开展活动或服务的收入；

（五）利息；

（六）其他合法收入。

第二十九条 本协会按照国家有关规定收取会员会费。

第三十条 本协会经费必须用于本章程规定的业务范围和事业的发展，不得在会员中分配。

第三十一条 本协会建立严格的财务管理制度，保证会计资料合法、真实、准确、完整。

第三十二条 本协会配备具有专业资格的会计人员。会计人员不得兼职出纳。会计人员必须进行会计核算，实行会计监督。会计人员调动工作或离职时，必须与接管人员办清交接手续。

第三十三条 本协会的资产管理必须执行国家规定的财务管理制度，接受会员代表大会和财政部门的监督。资产来源属于国家拨款或者社会捐赠、资助的，必须接受审计机关的监督，并将有关情况以适当方式向社会公布。

第三十四条 本协会换届或更换法定代表人之前必须接受社团登记管理机关和业务主管单位组织的财务审计。

第三十五条 本协会的资产，任何单位、个人不得侵占、私分和挪用。

第三十六条 本协会专职工作人员的工资和保险、福利待遇，参照国家对事业单位的有关规定执行。

第六章 章程和修改程序

第三十七条 本协会章程的修改，须经理事会表决通过后报会员代表大会审议。

第三十八条 本协会修改的章程，须在会员代表大会通过后 15 日内，经业务主管单位审查同意，并报社团登记管理机关核准后生效。

第七章 终止程序及终止后的财产处理

第三十九条 本协会完成宗旨或自行解散或由于分立、合并等原因需要注销的，由理事会或常务理事会提出终止决议。

第四十条 本协会终止决议须经会员代表大会表决通过，并报商务部审查同意。

第四十一条 本协会终止前，须在商务部及民政部的领导下成立清算组织，清理债权债务，处理善后事宜。清算期间，不开展清算以外的活动。

第四十二条 本协会经民政部办理注销登记手续后即为终止。

第四十三条 本协会终止后的剩余财产，在商务部和民政部的监督下，按照国家有关规定，用于发展与本协会宗旨相关的事业。

第八章 附 则

第四十四条 本章程的解释权属于本协会理事会。

第四十五条 本章程经协会会员代表大会表决通过，并报商务部审查同意，民政部核准后生效。

中国广告主协会

中国广告主协会章程

（2005年11月27日第一次会员代表大会通过）

第一章 总 则

第一条 本会名称：中国广告主协会。英文译名：China Association of National Advertisers；英文缩写：CANA。

第二条 本会是中国广告主自愿结成的、行业性、非营利性的全国性社团法人。

第三条 本会宗旨：以邓小平理论和“三个代表”重要思想为指导，遵守中华人民共和国宪法、法律、法规和国家的方针政策，遵守社会道德风尚，按照建立社会主义市场经济体制的要求，发挥政府和企业之间的桥梁纽带作用；实行行业自律，促进广告主广告投资的科学化、规范化；提高我国的营销传播水平，推动我国广告产业的健康有序发展；维护广告主的合法权益，不断提升广告主的市场竞争能力。

第四条 本会接受国务院国有资产监督管理委员会（业务主管单位）和中华人民共和国民政部（社团登记管理机关）的业务指导和监督管理。

第五条 本会的住所设在北京市。

第二章 业务范围

第六条 本会的业务范围：

（一）积极发挥桥梁和纽带作用，推动建立有利于广告投资的社会环境。

（二）代表本会会员同媒体、广告商及其代表组织进行协作、沟通、磋商，维护会员合法权益。逐步建立起广告主、媒体、广告商三方既合作又制约的机制。

（三）反对各种不正当竞争行为和恶性竞争行为，反对侵害国家和他人利益的行为，倡导善意、诚实、信用的商业原则，并团结会员在营销传播活动中遵从有关的各种规范和行业公约，加强自律。

（四）积极组织、推动相关的学术研究、经验交流、专业论坛、培训等活动，努力培养广告主的广告意识、商标意识、形象意识、品牌意识、公共关系意识等市场传播意识，为广告主的各类营销传播活动提供切实可行的操作标准和操作方法。

（五）致力于会员服务体系的建设工作，实现服务功能的系统化、规范化和程序化。为会员的营销传播活动提供市场调研、信息咨询、机构评估等公共服务和对策研究、效果评价、法律协助等个案服务。

（六）协调会员在市场竞争中产生的相关问题，力求避免过度竞争，促进企业间的沟通与合作。

（七）促进营销传播服务行业的发展。提倡会员本着公平、公正和诚实信用的原则与各类营销传播服务机构合作，通过评价广告商和媒体等活动，选择服务机构及媒体，扶持优秀服务商，促进服务水平和服务质量的提高。

（八）充分利用与世界广告主联合会的交流平台，与世界广告主联合会各成员及跨国公司建立广泛联系，加强国际交往和经济合作，组织会员境外考察，开展国际市场研究、境外维权等活动，推进营销传播事业与国际对接，为会员走向国际市场提供服务。

（九）办理政府有关部门委托的其他事项。

第三章 会 员

第七条 本会的会员以单位会员为主，也吸收个人会员。

第八条 申请加入本会的会员，应当符合下列条件：

（一）拥护本会的章程；

（二）有加入本会的意愿；

（二）有广告投入，在行业领域内具有一定的影响。

第九条 会员入会的程序：

（一）提交入会申请书；

（二）经理事会讨论通过；

（三）由理事会或理事会授权的机构颁发会员证。

第十条 会员享有下列权利：

（一）本会的选举权、被选举权和表决权；

（二）参与本会组织的各项活动；

（三）享受本会提供各项服务的优先权；

（四）对本会各项工作进行监督，提出意见和建议；

（五）入会自愿、退会自由。

第十一条 会员履行下列义务：

（一）遵守本会的章程；

（二）执行本会的决议；

（三）维护本会的信誉与合法权益；

（四）支持本会工作，完成本会委托的事项；

（五）按规定缴纳会费；

（六）向本会反映情况，提供有关资料。

第十二条 会员退会应书面通知本会，并交回会员证。会员如果一年不缴纳会费或不参加本会活动的，视为自动退会。

第十三条 会员如果有严重违反本章程的行为，经常务理事会表决通过，予以除名，并收回会员证。

第四章 组织机构和负责人产生、罢免

第十四条 本会的最高权力机构是会员代表大会。会员代表大会的职权是：

（一）制定和修改章程；

（二）选举和罢免理事，组成理事会；

（三）审议理事会的工作报告和财务报告；

（四）决定终止事宜；

（五）决定其他重大事项。

第十五条 会员代表大会须有 2/3 以上的会员代表出席方能召开，其决议须经到会会员代表半数以上表决通过方能生效。

第十六条 会员代表大会每届五年。因特殊情况需提前或延期换届的，须由理事会表决通过，报业务主管单位审查并经社团登记管理机关批准同意。但延期换届最长不超过一年。

第十七条 理事会是会员代表大会的执行机构，在会员代表大会闭会期间领导本会开展日常工作，对会员代表大会负责。

第十八条 理事会的职权是：

（一）执行会员代表大会的决议；

（二）选举和罢免会长、副会长、秘书长和常务理事；

（三）聘请名誉会长和顾问；

（四）筹备召开会员代表大会；

（五）向会员代表大会报告工作和财务状况；

（六）决定会员的吸收或除名；

（七）决定设立办事机构、分支机构、代表机构和实体机构；

（八）决定副秘书长、各机构主要负责人的聘任；

（九）领导本会各机构开展工作；

（十）制定内部管理制度；

（十一）决定其他重大事项。

第十九条 理事会经 2/3 以上理事出席方能召开，其决议须经到会理事 2/3 以上表决通过方能生效。

第二十条 理事会每年召开一次会议，由会长或会长指定的副会长召集并主持。如有重大事项，由会长决定或由 1/3 以上理事共同提议，可以召开特别理事会。特殊情况下，可采取通讯形式召开。

第二十一条 本会设立常务理事会。常务理事由理事会选举产生，在理事会闭会期间行使第十八条第一、四、五、六、七、八、九、十、十一项的职权，对理

事会负责。

第二十二条 常务理事会须有2/3以上常务理事出席方能召开，其决议须经到会常务理事2/3以上表决通过方能生效。

第二十三条 常务理事会由会长或会长指定的副会长召集并主持，至少每半年召开一次会议；特殊情况下，也可采用通讯形式召开。

第二十四条 本会会长、副会长、秘书长必须具备下列条件：

（一）坚持党的路线、方针、政策，政治素质好；

（二）在本会业务领域内有较大影响；

（三）具有较高的领导和组织协调能力；

（四）会长、副会长、秘书长最高年龄不超过70周岁，秘书长为专职；

（五）身体健康，能坚持正常工作；

（六）未受过剥夺政治权利的刑事处罚的；

（七）具有完全民事行为能力。

第二十五条 本会会长、副会长、秘书长如超过最高任职年龄的，须经理事会表决通过，报业务主管单位审查并经社团登记管理机关批准同意后，方可任职。

第二十六条 本会会长、副会长、秘书长任期五年。因特殊情况需延长任期的，须经会员代表大会2/3以上会员代表表决通过，报业务主管单位审查并经社团登记管理机关批准同意后方可任职。

第二十七条 本会会长为本会法定代表人。因特殊情况需由副会长担任法定代表人时，应报业务主管单位审查并经社团登记管理机关批准同意后，方可担任。

第二十八条 本会会长行使下列职权：

（一）召集和主持理事会；

（二）检查会员代表大会、理事会决议的落实情况；

（三）组织制订本会的工作方针和工作计划；

（四）全面领导本会工作，代表本会签署有关重要文件。

第二十九条 副会长协助会长工作，并受会长委托行使会长的部分职权。

第三十条 秘书长协助会长组织、处理本会的日常业务，行使下列职权：

（一）主持办事机构开展日常工作，组织实施年度工作计划；

（二）协调各分支机构、代表机构、实体机构开展工作；

（三）提名副秘书长以及各办事机构、分支机构、代表机构和实体机构主要负责人，交理事会或常务理事会决定；

（四）决定办事机构、分支机构、代表机构、实体机构专职工作人员的聘用；

（五）处理会长交办的其他事项。

第五章 资产管理、使用原则

第三十一条 本会经费来源：

（一）会费；

（二）捐赠或赞助；

（三）在核准的业务范围内开展活动或服务的收入；

（四）国家财政资助和拨款；

（五）利息；

（六）其他合法收入。

第三十二条 本会按照国家有关规定收取会员会费。

第三十三条 本会会费必须用于本章程规定的业务范围和事业的发展，不得在会员中分配。

第三十四条 本会建立严格的财务管理制度，保证会计资料合法、真实、准确、完整。

第三十五条 本会配备具有专业资格的会计人员。会计不得兼任出纳。会计人员必须进行会计核算，实行会计监督。会计人员调动工作或离职时，必须与接管人员办清交接手续。

第三十六条 本会的资产管理必须执行国家有关法律、法规的规定，接受会员代表大会和财政部门的监督。资产来源属于国家资助和拨款或者社会捐赠、资助的，必须接受审计机关的监督。

第三十七条 本会换届或更换法定代表人必须接受社团登记管理机关和业务主管单位组织的财务审计。

第三十八条 本会的资产，任何单位、个人不得侵占、私分和挪用。

第三十九条 本会专职工作人员的工资和保险、福利待遇，参照国家对事业单位的有关规定执行。

第六章　章程的修改程序

第四十条 对本会章程的修改，须经理事会表决通过后报会员代表大会审议。

第四十一条 本会修改的章程，须在会员代表大会通过后 15 日内，经业务主管单位审查同意，并报社团登记管理部门核准后生效。

第七章　终止程序及终止后的财产处理

第四十二条 本会完成宗旨或自行解散或由于分立、合并等原因需要注销的，由理事会或常务理事会提出终止动议。

第四十三条 本会终止动议须经会员代表大会表决通过，并报业务主管单位审查同意。

第四十四条 本会终止前，须在业务主管单位及有关机关指导下成立清算组织，清理债权债务，处理善后事宜。清算期间，不开展清算以外的活动。

第四十五条 本会经社团登记管理机关办理注销登记手续后即为终止。

第四十六条 本会终止后的剩余财产，在业务主管单位和社团登记管理机关的监督下，按照国家有关规定，用于发展与本会宗旨相关的事业。

第八章　附　则

第四十七条 本章程经 2005 年 11 月 27 日会员代表大会表决通过。

第四十八条 本章程由本会理事会解释。

第四十九条 本章程自社团登记管理机关核准之日起生效。

中国广告主协会企业单位会员名单

中国医药集团公司
中国国电集团公司
中国电信集团公司
中国电子信息产业集团公司
中国储备粮管理总公司
中国中化集团公司
中国石油天然气集团公司
北京有色金属研究院
中国移动通信集团公司
中国远洋运输（集团）总公司
玛氏食品（中国）有限公司
上海家化联合股份有限公司
百威英博投资（中国）有限公司
四川长虹电器股份有限公司
亚洲户外传媒有限公司
青岛港（集团）有限公司
安徽科大讯飞信息科技股份有限公司
海信集团有限公司
浪潮集团
中国储备粮管理总公司
中房集团公司
中国航空集团公司
鞍山钢铁集团
中国联合通信有限公司
中国保利集团
中国工艺美术（集团）公司
中国普天信息产业集团公司
中国中煤能源集团公司
中国航天科技集团公司
北汽福田汽车股份有限公司

中兴通讯股份有限公司
中国船舶重工集团公司
中国农业发展集团总公司
中国轻工业品进出口总公司
中国对外贸易运输（集团）公司
中国海运（集团）总公司
百事（中国）投资有限公司
中国冶金矿业总公司
北京赛波特如烟科技发展有限公司
浙江贝因美科工贸股份有限公司
联合利华（中国）有限公司
耐克体育（中国）有限公司
索尼（中国）有限公司
欧莱雅（中国）有限公司
中国汽车技术研究中心
广州宝洁有限公司
中国华录集团有限公司
厦门金龙汽车股份有限公司
招行银行总行
宁波港集团有限公司
杭州宏华数码科技股份有限公司
天津市凯立房地产公司
中国诚通集团
日辉（中国）有限公司
无锡小天鹅股份有限公司
中国水利电力对外公司
中国恒天集团公司
中国纺织科学研究院
北京兴源地产开发有限公司
中国光大对外贸易总公司
中国邮电器材集团公司
上海黄金搭档生物有限公司
北京百城置业有限公司
紫金国际矿业有限公司
中国卫星通讯集团公司
重庆太极集团
长安汽车（集团）有限责任公司
中国第一重型机械集团公司
东风朝阳柴油机有限公司
五粮液集团公司
厦门海沧投资总公司
厦门市招商中心
厦门出口加工区
红塔烟草（集团）有限责任公司
澳柯玛集团
青岛钢铁控股集团公司
青岛黄海橡胶集团有限公司
中国东方电气集团公司
宁波方太厨具有限公司
浙江东亚工程玻璃有限公司
青海中信国安科技发展有限公司
北京德道体育发展有限公司
江苏天马高科技有限责任公司
山东众智经营管理咨询有限公司
彩虹集团电子股份有限责任公司
深圳迈瑞生物医疗电子股份有限公司
北京南山石韩园林绿化工程有限公司
中国地图出版社
蓝海天扬国际传媒投资（北京）有限公司
青岛海能海洋生物科技有限公司
哈药集团制药六厂
江西万华科技有限公司
广州高露洁棕榄有限公司
青海西部矿业百合铝业有限公司
新疆生产建设兵团国有资产经营公司
北京和谐之美旅游开发有限公司
上海杰事杰新材料（集团）股份有限公司
上海瑞帮生物技术有限公司
广东合力集团
北京北方华宇科技发展有限公司
广告大观杂志社

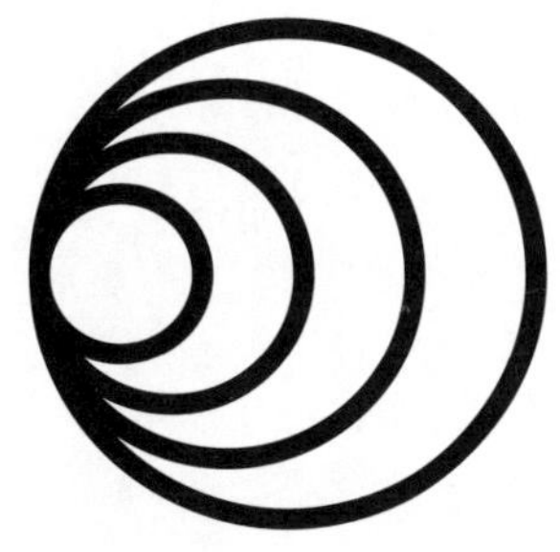

’2015 中国广告年鉴
China Advertising Yearbook

广告专著与学术论文选登

Selected Advertising Monographs & Academic Papers

移动互联网时代的广告传播变革

厦门大学新闻传播学院博士生 罗志超
厦门大学新闻传播学院教授、博导 陈培爱

摘要：移动互联网由互联网与移动通信结合产生，作为传统互联网的延伸和发展，它将带来几大冲击：从实时到随时的时间观、从在线到在场的空间观、从功能到智能的终端观。由此也引发广告传播上的悄然变革，具体体现为：广告主体由单一到多元、广告信息由失衡到完全、广告媒体由分屏到跨屏、广告对象由小众到精众、广告效果由精准到匹配。而其背后彰显的主线为互动继承下的移动变异和移动变异后的互动升级。

关键词：移动互联网　广告传播　移动　互动　变革

随着无线接入技术的不断发展和智能终端设备的迅速普及，互联网逐渐由固定转向移动，移动互联网应运而生。“移动互联网是一种通过智能移动终端，采用移动无线通信方式获取业务和服务的新兴业态，包含终端、软件平台和应用服务三个层面。”[1] 作为移动通信和互联网的融合，移动互联网成为互联网发展的一个新阶段。

移动互联网从本世纪初起步，迄今只有短短十余年历史。凭借其移动性、便携性、交互性等巨大优势，移动互联网业已成为发展非常迅猛、创新相当活跃、前景十分诱人的领域。“截至 2014 年 6 月，我国手机网民规模达 5.27 亿，较 2013 年年底增加 2699 万人，网民中使用手机上网的人群占比进一步提升，由 2013 年的 81.0% 提升至 83.4%，手机网民规模首次超越传统PC 网民规模。”[2] 可见，手机上网日益常态化。而“根据全球移动通信系统协会报告显示，2015 年全球移动行业收入预计将达到 1.9 万亿美元，从业人员将超过 1000 万人。移动互联网正在迅速地超越传统互联网，以 10 倍于桌面互联网产值的规模，对经济发展产生巨大的推动作用。”[3] 可见，移动互联网时代正加速到来。

一、移动互联时代的冲击

在移动互联网时代，移动互联网的快速发展和全面渗透，不仅会给社会生活的方方面面带来深刻变化，而且也给传播环境的方方面面造成巨大冲击。主要表现为如下三个方面：

（一）从实时到随时的时间观

实时即事物发生过程中的实际时间，也就是在某事发生、发展过程中的同一时间。在传统互联网环境下，用户不但可以第一时间获知外部世界的最新信息并追踪最新进展，而且可以根据自己的喜好兴趣或是时间安排来观看相关内容，因此，“实时”既保证了用户即时接收信息，也方便了用户按需选择内容。增强了用户的主动性和选择性。然而，“实时”需要用户坐在电脑前接收和消费信息，仍然存在一定的限制性。

随时即任何时候，不拘何时。在移动互联网环境下，“人随网走”变成了“网随人动”。用户可以在移动状态中随时随地接入互联网并使用应用服务，其接触和使用网络的时间也由此发生了变化。“随时”意味着时间的碎片化，用户可以在各种零星时间段使用移动互联网，原先的相对完整时间被切割成无数碎片时间；“随时”也意味着时间的持久化，除了睡眠时间，移动设备一般都伴随在用户身边，使用时间远高于其他设备；“随时”还意味着时间的情境化，用户可以打破地点限制来使用移动互联网，其在不同环境下的特定需求和相关行为方式也就显得尤为重要。

"随时"较之于"实时"，进一步提升了用户接收消费信息的主动性和使用媒介时间的个性化，使得移动互联网对用户的吸引力不断增强。根据 InMobi 发布的《2014 中国移动互联网用户行为洞察报告》相关数据显示，"中国移动互联网用户平均每天的有效媒体接触时间为 5.8 小时。其中，利用手机和平板上网时间总计达到 146 分钟，占 42%。远远超越 PC 互联网（100 分钟，29%）和电视（60 分钟，17%），并且已经接近 PC 互联网与电视媒体的总和。手机凭借 104 分钟的使用时间成为最受欢迎的移动媒体。"[4]而越来越多的用户向以手机为主的智能终端转移，不但冲击了 PC 等信息接收终端，同样冲击着用户的媒介使用时间观。

（二）从在线到在场的空间观

在线通常指电脑处在网络连接状态。在传统互联网环境下，在线不但改变了用户的信息接收方式，用户通过连网即可"足不出户，便知天下事"；而且改变了用户的日常生活方式，用户通过连网来进行在线购物、在线支付、在线社交等各种日常活动。因此，在线意味着效率，也意味着便利，用户除了日常生活空间之外，还拥有属于自己的数字生活空间。然而，在线同样有其局限，一方面 PC 终端随身携带不便，另一方面接入网络也需要网线，因此使用空间相对受限。

在场一般指亲身处在事情发生、进行的场所。在移动互联网环境下，用户可以通过手机等移动终端，把互联网装在口袋里，从而在任何空间实现信息与服务的接收和消费。因此，信息从网络传播升级为移动传播，用户的空间观念也从在线转变为在场。用户在移动状态下，空间既可以不断变化，随用户的移动轨迹而变换位置，也可以相对静止，因用户的驻足停留而精确到点。因此，"在场"打破媒体使用的地点限制，也凸显了空间变量的重要价值，更加符合用户的生活形态和消费形态。而结合具体空间情境的信息传播才能更加贴近用户的特定需求和个性选择。

"在场"较之于"在线"，进一步密切了用户和媒体的关系，展现了移动位置生活服务的便利。近几年兴起的基于位置的服务（Location Based Service，简称 LBS）便是很好利用"在场"的突破性应用。LBS 通过获取移动终端用户的位置信息，来为用户提供个性化服务。"LBS 使移动互联网保持了时间和空间之间巧妙的平衡关系，并有能力将绝大多数类型的信息附加上地理位置的标签。"[5]用户的所在位置及其移动状态都能通过 LBS 来准确追踪，既方便了用户之间在现实空间中进行更有效的沟通和互动，也有助于营销者在获取位置后进行更有效的服务整合及信息发送。因此，融合位置信息与移动服务的 LBS 在微信、微博等平台上也得到了普遍应用，显示了巨大的市场潜力和广阔的发展前景。

（三）从功能到智能的终端观

功能通常指对象能够满足某种需求的一种属性。在传统互联网环境下，PC 是其主要终端，PC（personal computer）意为能够独立运行、完成特定功能的个人计算机。从其定义即可看出其功能导向，而在 PC 的发展历史上，也正是通过硬件系统和软件系统的不断更新换代来更好地满足用户的工作生活需要：更高性能的 CPU、更快速度的内存、更大容量的硬盘、更低功耗的电源、更为简便的操作系统、更加丰富的应用软件……可以说传统互联网的终端进化史也是其功能的不断完备史。

智能在科技领域特指机器所具有的自动控制能力和根据环境自我调节到能力或者应激性。"移动终端是移动互联网竞争的核心，移动终端由于通信技术演变、终端设计技术进步、交互设计进展、传感器技术在终端中的具体应用等将变得越来越强大。"[6]其强大的直接体现便是智能化水平不断提高。在移动互联网环境下，智能手机（Smartphone）、移动互联网设备（MID）、超便携电脑（UMPC）和上网本（Netbook）等是主要移动终端，作为用户上网的第一"入口"，它们不仅具备接近或超过目前 PC 机计算水平的运算能力，在基本功能方面更加完善，而且具备不断改进的大屏幕和触摸屏交互技术及 3D 等新应用，在用户体验方面更加重视，以此来准确把握用户所需，更好响应用户所求，极大促进了移动互联网的发展。

“智能”较之于“功能”，进一步丰富了用户体验，增强了用户黏性，重构了用户的信息网络和关系网络。“相较于台式电脑与笔记本电脑出货量的持续减少，智能手机和平板电脑进入繁荣期。报告显示，2013年，我国智能手机终端出货量达4.18亿部，同比增长62%；去年上半年平板电脑零售量为758万台，同比增长65%。”[7] 由此可见，移动智能终端更加受到用户的欢迎。值得注意的是，以“谷歌眼镜”为代表的可穿戴设备的研发还将进一步提升移动终端的智能化。“‘可穿戴’终端也许意味着，终端真的将成为人体的一个部分，一个新的器官。麦克卢汉所说的‘媒介是人体的延伸’，将不再是一个比喻。”[8] 人们也将拥有感知外界的新“神经系统”。

二、广告传播变革的体现

媒体是广告的发布载体，广告的变迁与媒体的发展密不可分。移动互联网冲击了媒体生态，改变了传播环境，因此，广告传播也将发生相应变革。其具体体现为：

（一）从单一到多元——广告主体之变

广告一般主体指广告组织，“广告组织是为了对广告工作实行有效管理，以便更好地完成各项广告业务而设立的对广告活动进行计划、实施和调节的经营机构。”[9] 在传统媒体环境下，广告公司通过为广告主提供代理服务来获取自身收益，并以其高度专业化的服务水平和能力成为广告市场的主体。在网络媒体环境下，开始出现其他网络广告营销商来与广告公司竞争，但是由于广告公司的主体地位没有太大动摇，所以广告主体从单一到多元转变的特征并不明显。

移动互联网的广阔发展前景使得移动营销同样商机无限。而在移动营销领域，提供广告服务则不是广告公司的专利。在广告业内部，能够提供移动广告业务的广告主体，既包括传统4A广告公司下设的相应机构，如奥美世纪、电众数码、昌荣互动等；也包括致力于数字营销的广告代理商，如华扬联众、新意互动、三星鹏泰等，还包括兼营传统互联网业务和移动业务的广告网络公司，如好耶、易传媒、互动通等。它们的共同特征是凭借在数字营销和网络营销方面的丰富经验来从事移动营销。此外，还有专门的移动营销服务机构，如亿动传媒、多盟、力美广告等。在广告业外部，伴随移动浪潮成长起来的互联网企业，如阿里巴巴为代表的电商巨头、以百度为代表的平台巨头，更因其对掌握一手数据以及拥有媒体平台的巨大优势而完全有能力为广告主提供移动营销一站式服务。所以，“现在移动互联网广告市场的主要操控者主要是‘非广告专业’的互联网企业，而4A之类的传统大型广告公司刚刚开始涉入布局”[10] 失去先机的广告公司不再是移动广告市场的单一主体，广告主体由单一变为多元，竞争也将变得更为激烈。

（二）从失衡到完全——广告信息之变

广告是一种信息传播活动，“对于消费者而言，广告存在的重要意义在于其信息功能。”[11] 然而，在广告传播过程中，受到各种因素的限制，信息在广告主和消费者之间往往是不对称的，广告的非完全信息传播问题随之凸显出来。在传统媒体时代，一方面由于广告形式本身的有限容量，另一方面由于广告刊播的高昂价格，加上媒体传播过程的线性特点，使得广告信息存在工具性限制、选择性传达和单向性推送等不足，导致消费者难以获得足够信息并满足自身需求，对广告的信任度和满意度也不断下降。在传统互联网时代，一方面由于网络媒体信息的海量，另一方面由于网络媒介资源的丰富，加上网络传播过程的互动，使得广告信息的传播可以不受容量限制、无需太高成本、及时接收反馈，广告信息的不对称性得以消解，广告传播的失衡局面得以扭转。

而在移动互联网时代，广告的完全信息传播更加具备技术条件。首先，大数据的兴起引发了一场生活、工作与思维的大变革，开启了一个大规模生产、分享和应用数据的时代。“我们之所以需求和关注大数据，是因为它作为通用技术，一旦影响辐射到商业、社会和日常生活，将引起社会朝信息透明化方向的变化。”[12]

因此，大数据的应用，将让广告信息更加丰富和全面，广告的完全信息传播也更加容易实现。其次，应用程序（APP）强化了移动互联网的专业化信息与服务，成为目前智能终端移动上网的主要方式和主导平台。由于每个APP提供了一种专业内容或服务，也就保证了信息的深化和厚度，而其界面根据移动终端屏幕特性和每个应用功能诉求的定制化设计，也能保证用户的注意力更加专注，广告的完全信息传播也就更有可能实现。最后，二维码与智能手机的有效结合，通过承载信息以供查询或识别，融合了多种媒体平台，打通了线上线下的入口。借助二维码，营销者既可以根据用户的实时需求提供特定信息，也可以大幅增加产品和包装的信息量；消费者则通过扫描二维码而获取有用信息或是得到实际好处。因此，“消费者将能更快、更有效率地获得精准资讯，满足当下需求，并且根据当下所处的位置及所做的事比较商品及价格，找到最优惠的选择。”[13]广告的完全信息传播也会有更多机会实现。

（三）从多屏到跨屏——广告媒体之变

广告媒体是广告信息传播的重要中介物。随着传播技术的飞速发展和变革，媒体形态同样不断变化和涌现，为广告信息提供了更加丰富多样的传播渠道。在传统媒体时代，报纸、杂志、广播、电视是主要的大众传播媒体，户外媒体也是广告传播的重要媒体形式，它们的共同特征是“一对多”的传播模式，广告信息通过报纸杂志的版面、电视的屏幕、户外广告牌等一张张“屏”传递给成千上万的受众，而传播的主动权则掌握在营销者手中。互联网的出现，不但以其融合性吸收了传统媒体的优势，丰富了信息传播的形式，而且以其互动性增强了与用户的双向沟通，方便了用户的实时反馈。个人电脑屏幕的吸引力和交互性大大加强。新旧媒体的交融形成多屏并存的局面，提供了更为广阔和丰富的信息传播空间。

移动互联网的发展带来了另外一场屏幕革命，它实现了广告信息传播从固定接收终端到移动智能终端的根本性转变。用户即使在移动状态下也能随时接收信息、实时进行反馈。用户同营销者的互动更为方便，用户彼此之间的交流也更加便捷。由于“受众在各媒体间自由游走，主动寻求对自己最经济、最便利、最有效的媒体。”[14]而移动终端以其随身性占据着用户的更多注意力，因此，广告媒体需要从多屏转为跨屏。跨屏可以是通过各类移动应用形成跨媒体的整合效应。如传统媒体与移动互联网的跨屏，可以开发出移动报刊、移动阅读、移动视频等应用，传统互联网与移动互联网的跨屏，可以开发出移动网站、移动搜索、移动购物等应用。这些移动应用能够针对用户的特定需求做出快速反应，并且结合用户的具体情况进行高效互动，以此来培养用户的使用忠诚度，提升自身的广告投放价值。跨屏也可以是通过各种媒体协同形成跨媒体的联动效应。用户所到之处，其手持的移动终端屏幕可以跟此地的其他媒体屏幕产生关联，如通过二维码来实现信息的多屏幕和立体化呈现，或通过LBS来实现信息的精准化和个性化传播。“媒体组合延伸了媒体各自的覆盖边界，形成了更大的空间覆盖面。同时，媒体组合也有效地延伸了传播时间。”[15]因此，跨屏有助于提高信息传播的效率，形成协同联动的合力。

（四）从小众到精众——广告对象之变

广告对象即通过媒体接触广告信息的群体，也就是广告信息传播的诉求对象。在传统媒体时代，传播模式为“一对多”的大众传播，广告对象主要是不定多数的个体汇集而成的大众。随着媒体受众主体性的不断提升，媒体市场开始出现了细分化的“小众传播”，如面向不同读者的专业杂志、面向不同受众的专业化频道等；到了传统互联网时代，其数字技术的先进性和人机交互的便捷性，使得小众传播的特性更加明显。“媒体传播的小众化，使得广告告知的对象更为明确，一定意义上数字广告已是由‘广而告之’转变为‘针对告之’了。针对明确具体的受众所传播的广告将更加有效，避免了广告费用在大众传播时代的浪费。”[16]

在移动互联网时代，“虽然个人计算机的确被认为是个人使用，也可能真的存有独特的桌面主题和不为人知的小秘密，但像移动电话这样的沟通媒体，其个人专属的特性却是更为强烈的。”[17] 由于手机等移动终端是高度个人化的设备，用户具有完全的控制权，使得小众传播难以完全适应这种用户主导一切的新变化，因此移动互联网时代的广告对象从小众进一步细分为精众。精众意味着将广告对象看成单一的个体，既要把握其群体特征，更要洞察其个体差异。可以通过移动互联网的各种新技术，实时追踪每一用户的移动轨迹，迅速响应每一用户的互动需求，在此基础上分析其个性化的消费行为和生活方式，并在征得用户同意的前提下来为其提供定制化的广告信息和相关服务。精众化的表现之一是 APP 市场的“长尾化”。在移动互联网领域，不同用户有着各自的需求，围绕这些个性化的需求，APP 开发的种类千姿百态，涉及各种细分行业的细分领域。总之，广告对象从小众到精众的转变，有利于识别、区分、互动和定制每位用户的个性化需求，有利于实现和用户之间的“一对一”营销，有利于与用户逐一建立起持久长远的共赢关系。

（五）从精准到匹配——广告效果之变

广告效果一般指广告所产生的影响和变化，即广告活动目的的实现程度。由于广告传播过程中受到各种因素影响，因此广告效果往往是复杂多样的，也给广告效果的测定带来了不小难度。在传统媒体时代，由于信息传播的单向性，广告效果主要落在广告对受众的到达率或接触率之上。如报刊广告效果测评的发行量和阅读率等指标、电视广告效果测评的收视率和毛评点等指标。广告效果的测评难以精准。而在传统互联网时代， 由于互联网的互动优势，实现了信息的双向传播。消费者不仅可以对广告信息进行接收，而且可以对广告信息产生反应。其接收和反应行为又可以通过网页浏览记录等技术手段来准确监测。这种传受互动性和可监测性，大大增强了广告效果的精准度。

精准意味着在正确的时间、正确的地点将广告信息传递给正确的目标对象。精准离不开对用户行为喜好相关性和广告信息传播时效性的准确把握。其高级阶段为一对一的个性化匹配。“在这个匹配过程中，对用户信息及行为的甄别、再到人群的无限细分并根据个人用户特征进行精准的反馈推荐成为影响媒体平台及传播效果的三大关键点”[18] 在移动互联网时代，移动互联网平台除了具备相关性和时效性的特点，还增加了情境性（媒介消费环境）的优势，因此，通过基于手机定位技术的各种移动互联网应用来深度挖掘用户的特定需求，由此匹配与之相关的商品或服务信息，更有利于广告效果从精准转为匹配。而根据用户所在的位置和特定的时间，既可以清楚判断用户当下的精神状态，也可以准确把握其对广告的接受程度。广告效果的匹配程度也将进一步提升。如移动搜索一般是在移动终端用户搜索现场相关信息时使用，其信息需求紧迫性和用户意向驱动性都比较高，营销者可以根据用户搜索的内容判断其购买意图，并结合用户所处的位置、搜索的时间，适时匹配用户所需的广告信息，如当用户处于某家商店时发送优惠券，当用户在用餐时间搜索餐饮信息时提供哪些餐厅还有空位，帮助他们顺利找到相关的商品或服务。从而提高广告传播的精准程度和匹配价值，让广告传播更加有效。

三、“移动”“互动”主线的彰显

在移动互联网时代的冲击下，广告传播从主体、信息、媒体、对象、效果等几大方面都将悄然发生变革，而在这些变革后面，彰显出一条 “移动”和“互动”紧密相连的主线，即“互动承继下的移动变异”和“移动变异后的互动升级”。

（一）互动承继下的移动变异

作为互联网发展的新阶段，移动互联网不但继承了前者“互动性”的既有特征，而且拥有着自身“移动性”的独特优势。“移动”是互联网在新阶段的新变异。“如果说随时随地沟通、超距离覆盖是现代通信网络的主要特点，那么移动互联网把这个特点不但发展到极致，而且增加了营销终端的特质。”[19] 可以说，移动变异张大了移动互联网“随时、随地、随身”的特点，重构了广告传播的生态环境和信息空间。移动变异下的广阔前景使得意图抢占先机的广告主体更加多元；移动变异下的技术更新使得广告的完全信息传播更有可能；移动变异下的屏幕革命使得广告的跨屏传播更加现实；移动变异下的用户至上使得广告的精众传播更加迫切；移动变异下的情境优势使得广告效果的高度匹配更为可行。

（二）移动变异后的互动升级

互动是互联网最主要的特征，也是传播最最普遍的形式。“互动”在移动变异后也有了新升级，“移动互联网的接触方式是个人化的，随时随地可以发生，因此，互动双方的主动性更强，信息交流更顺畅。”[20]，可以说，互动升级强化了互联网“参与、互动、分享”的特点，增强了广告传播的主客沟通和信息畅通。互动升级使得营销面临全新挑战，多元广告主体更能满足企业需求的差异性；互动升级使得信息日益公开透明，广告的完全信息传播更能取得消费者的信任感；互动升级使得渠道作用得到放大，广告的跨屏传播更能形成优化组合的作用力；互动升级使得受众占据中心地位，广告面向精众的“一对一”传播更能建立顾客的忠诚度；互动升级使得效果易于精准测定，广告的个性化匹配传播更能提升效果的精准度。

“移动互联网在短短几年时间里，已经渗透到社会生活的方方面面，产生了巨大的影响，但它仍处在发展的早期，‘变化’仍是它的主要特征，革新是它的主要趋势。”[21]面对复杂多变的媒介生态和传播环境，广告业唯有主动求变积极应对，广告的现实生存才能无忧，广告的未来发展才会更好。

参考文献：

[1] 中国电子信息产业发展研究院．赛迪顾问股份有限公司．《中国移动互联网产业发展及应用实践》．北京：电子工业出版社，2004：2.

[2] 中国互联网络信息中心（CNNIC）．《中国移动互联网调查研究报告（2014年8月）》，https://www.cnnic.net.cn/hlwfzyj/hlwxzbg/201408/P020140826366265178976.pdf.

[3] 中国电子信息产业发展研究院．赛迪顾问股份有限公司．《中国移动互联网产业发展及应用实践》．北京：电子工业出版社，2004：8.

[4] 赛迪网，《InMobi发布〈2014中国移动互联网用户行为洞察报告〉》．赛迪网 http://news.ccidnet.com/art/66/20140110/5323049_1.html.

[5] 李建刚，沈凤．《中国移动互联网地理位置服务应用透析》，《中国移动互联网发展报告（2012）》．北京：社会科学文献出版社，2012：338.

[6] 刘禾．《移动互联网技术的前世今生》，《中国移动互联网发展报告（2012）》．北京：社会科学文献出版社，2012：29.

[7] 人民网：人民日报．《中国移动互联网发展报告：全民移动互联时代来临》．人民网 http://it.people.com.cn/n/2014/0612/c1009-25136891.html.

[8] 彭兰．《谷歌眼镜预示着什么》，《中国传媒科技》.2012（10）：19.

[9] 陈培爱．《广告学概论（修订版）》．北京：高等教育出版社，2010：139.

[10] 金定海，朱婷．《移动互动中的价值驱动——中国广告产业的数字化转型与发展》．《山西大学学报（哲学社会科学版）》，2013（4）：124.

[11] 张金海，余晓莉．《现代广告学教程》．北京：高等教育出版社，2010：130.

[12] 谭茗洲．《技术新发展对中国移动互联网的影响》，《中国移动互联网发展报告（2013）》．北京：社会科学文献出版社，2013：49.

[13]（美）马丁，著．唐兴通，张延臣，郑常青，译．《决战第三屏：移动互联网时代的商业与营销新规则》．北京：电子工业出版社，2012：145.

[14] 陈培爱．《新的媒体生态与媒体创意及策略手法》.《厦门大学学报（哲学社会科学版）》，2004（1）：154.

[15] 钟书平，丁俊杰，陈传洽．《跨屏传播策略研究》．北京：中国传媒大学出版社，2013：173.

[16] 舒咏平．《数字传播环境下广告观念的变革》．《新闻大学》，2007（1）：100.

[17]（美）沃泰姆，等著．台湾奥美互动营销公司，译．《奥美的数字营销观点：新媒体与数字营销指南》．北京：中信出版社，2009：133.

[18] 张金海，余晓阳．《从甄别选择到精准匹配——互联网互动平台的广告运作模式》．《广告人》，第 54 页．

[19] 王亚炜．《移动互联网颠覆广告活动》．《新闻大学》，2013（3）：148．

[20] 金定海，朱婷．《移动互动中的价值驱动——中国广告产业的数字化转型与发展》．《山西大学学报（哲学社会科学版）》，2013（4）：120-121．

[21] 官建文，唐胜宏，王培志．《前景广阔的中国移动互联网》．《传媒》，2013（7）：13．

国家网络安全与互联网发展[1]

北京印刷学院广告系副教授 刘千桂[2]

摘要：2014 年，我国将网络安全纳入到了国家安全高度，力图通过加强网络安全建设和顶层设计，构建网络长城，以确保国家利益和国家安全。与之相关的背景是，我国互联网产业经过 20 年的发展，基本被外资控制，面临新的历史使命，我国互联网产业如何发展，特别是从顶层设计的角度如何制定发展方略，是值得我们深思的。本文结合国内外的发展实践，运用产业链理论进行了初步分析，提出了建设性思考，期望对我国互联网产业的发展所有裨益。

关键词：网络安全　互联网产业链　互联网发展

2014 年 2 月 27 日，中央网络安全和信息化领导小组成立，在领导小组第一次会议上，习近平总书记强调“没有网络安全就没有国家安全，没有信息化就没有现代化”，毋庸置疑，网络安全、信息安全与金融安全、经济安全、国防安全等一样，是国家安全的基础和重要的组成部分。在国家网络安全战略下，审视中国互联网的发展则显得尤为重要。

一、中国互联网发展格局

（一）从阿里巴巴的招股说明书看中国互联网发展格局

北京时间 2014 年 5 月 7 日凌晨，阿里巴巴集团向美国证券交易委员会（SEC）提交了招股说明书（IPO），招股书显示，日本软银持股占比为 34.4%，美国雅虎持股为 22.6%，执行董事长马云持股占比为 8.9%，执行副董事长蔡崇信持股占比为 3.6%。同时，数据显示，2013 年网上零售市场规模达 1.84 万亿元，阿里占比 78.5%，约 1.44 万亿元；2013 年中国移动购物规模达 1575 亿元，阿里占 81.2%，交易额达 1279 亿元。[3] 因此，理论上来说，中国以互联网为基础的经济数据掌握在日本人和美国人之手。

这并不是个例。早在 2009 年 6 月，以新华社慎海雄、中国 B2B 研究中心曹磊和张周平为核心的研究团队撰写的《中国互联网外资控制调查报告》就指出：“在过去的十余年里，外资纷至沓来渗入中国互联网产业，在为中国普及了互联网的同时，也逐步从资本与产业两大层面控制了中国互联网产业，并完成了在各个主流应用领域的战略布局。”[4] 因此，“对于未来的十年，我们不免心存忧虑，我们不得不正视一个现实：即当前几乎整个中国互联网产业，基本上都是外资控制的，中国民族互联网产业与民族资本很有可能被淘汰出局。这是一个不得不正视的严峻的现实。这绝非危言耸听的盛世危言。”2014 年 3 月 1 日，当搜索行业的中国国家队“即刻”和“盘古”落入合并、整合、以“中国搜索”为名重新起航而前程未卜时，时隔短短五年，慎海雄等人的忧虑已然成为了事实。

（二）中国互联网发展的最大忧虑

互联网是一个高度融合的平台，今年前几个月，我们看到，互联网巨头携巨资加紧布局 O2O（Online To Offline，线下商务与互联网结合）模式，开始了新一轮的战略布局。互联网巨头的 O2O 发展模式，从产业链的角度来说，互联网企业加紧了向“产品或服务提供商”领域实现一体化拓展。一旦这种布局完成，互联网巨头背后的外资即可以基于大数据以低成本全面实现对传统中小企业的精准投资和控制。面对新一轮的冲击，面对外资以互联网平台为根据地开始全方位、深层次、宽领域的向传统行业渗透的时刻，笔者忧心忡忡的是：如果没有有效地狙击策略，未来十年，我们将不得不面对这样的现实，中国整个民族产业和民族资本或被淘汰出局或被全面控制。彼时，我们将束手无策，坐等同化，这也绝非危言耸听。

然而，这并不是最坏的情况。2001 年，中国正式加入世界贸易组织，这为我国的经济发展带来了活力，同时，国外大企业集团组团采用我中有你，你中有我的模式，高举着资本的大旗、技术的大旗和品牌的大旗，投资中国各行各业，由于利益息息相关，中国企业被捆绑在西方资本战舰上。而外资的诸多产业资本和金融资本相互融合也组建成了资本航母，“合”可以统一行动，“分”可以独领风骚，合纵连横，远交近攻，有耍不尽的把戏供资本集团游戏。在这场游戏面前，我们再也看不到国人耳熟能详的“熊猫”唱着“凯歌”跳着“燕舞”展现“活力 28”了。2006 年 7 月，国务院研究发展中心发表的一份研究报告就指出：在中国已开放的产业中，每个产业中，排名前 5 位的企业几乎都由外资控制；中国 28 个主要产业中，外资在 21 个产业中拥有多数资产控制权。

外资已经在中国的主要产业中，实现了对行业领头企业的多数资产控制权，在每个行业的领头羊已经被外资控制的情况下，如果我国传统中小企业中的优质资产再被外资控制，中国的民族产业、民族品牌和民族企业可能荡然无存。如果我国的大、中小企业被外资全盘控制，这才是最糟糕的，如果这两种控制模式“胜利会师”，将形成一种怎样的局面，真是令人不寒而栗。

（三）运用产业链理论解读中国互联网发展格局

众所周知，“提供商（包括产品或服务）、系统集成商、网络运营商以及终端用户”构成了互联网产业链。在我国互联网发展早期，不可否认的事实是，外资大量涌进中国，加速了中国互联网的萌芽，促进了我国互联网产业的发展，推动了中国互联网与市场接轨、与国际接轨。但同时，我们已经深刻感受到，我们已经被牢牢控制，其中外资通过金融资本控制了“系统集成商”，通过产业或产业资本控制了“终端用户”（用户使用的 PC 操作系统主要是微软的 Windows，手机操作系统主要是苹果的 IOS 和谷歌的 Android），也就是说，外资通过金融资本和产业资本大面积地控制了主流的中国互联网行业，并完成了在主流应用领域内的布局。而“全球十大互联网企业中我国有 3 家”，其中的 3 家百度、腾讯和阿里，其旗下各公司或业务也是外资控制。虽然我们在网络运营领域由我国的三大运营商主导，但是，当“系统集成商”和“终端用户”被外资控制的时候，我们依然丧失了互联网产业发展的主导权。

（四）中国互联网发展缺少自主可控的互联网平台

2009 年 5 月 20 日，微软配合美国政府对“敌对国”的贸易制裁令，关闭了 5 国的 MSN 服务，主动服务于美国国家意志；“谷歌地球”有着清晰的分辨率，成为美国时时监控全球的高科技新型间谍；2013 年，爱德华·斯诺登揭露的美国棱镜计划（PRISM）让全球震撼，美国加速控制全球互联网、图谋发动网络战争、推行网络霸权的意图明显；2014 年 7 月 26 日，移动互联网的翘楚苹果公司表示，采用新技术可以从 iPhone 智能手机中提取用户个人数据，这种模式是美国监控全球的又一核心利器。显而易见，互联网成为了国与国竞争的核心舞台，是国家竞争的战略高地。

为了保障网络安全、信息安全，我们必须采用自主可控的互联网平台及其相关软件、设备，但是遗憾的是，中国互联网发展 20 年，我国缺少像微软、谷歌、苹果这样级别的产业航母和互联网航母，也缺少以国有资本为主体的航母级“先遣商队”。

二、我国互联网发展方略

（一）从国内外实践看互联网发展

在互联网产业链主要环节众多IT巨头已经被外资控制的情况下，中国的网络安全和国家安全需要在诸多领域另辟蹊径，创新发展，打造自主可控的航母平台。

然而，国内外的实践证明，如果以市场为先导，在产业层面与国际大资本进行抗衡，不是明智之举。例如，为了防止互联网被外来者统治，西方发达国家也高度重视,法国政府曾经以政府的名义向互联网“入侵者”明确宣战。2005年8月，法国总统希拉克高调宣布，为了应对全球网络巨擘GOOGLE和雅虎等美国网络新势力的垄断，法国政府资助本国高科技公司，不惜投入20亿欧元（约合24亿美元），创建属于法国自己的互联网搜索引擎。为此，希拉克发表了斗志昂扬的动员：“我们正在加入一场尖端高新技术的全球竞争！”“在法国，在欧洲，我们的力量正危在旦夕。”

网络竞争之激烈悲惨无以复加，不发展即灭亡，不战斗毋宁死。但是可惜的是，从今天法国的现状可以看出，这种国家宣言，这种大手笔、这种感染力、这种胆识，并没有帮助他们成功收复失去的市场。这种境况我国也并非没有。例如，我国大力资助的搜索行业的国家队“即刻”和“盘古”所占市场份额也相当有限，如今更落入合并、整合，以“中国搜索”为名重新起航，而前程未卜、吉少凶多的境地。

（二）从互联网产业链看我国互联网的发展方略

当产业层没有良好发展路径的时候，我国互联网产业如何构建自主可控的平台航母，如何在现有的互联网市场中找到自己的发展路径，需要我们仔细斟酌。我们从互联网产业链中寻找市场空白之处和力量之源，如图：互联网产业链及其核心环节。

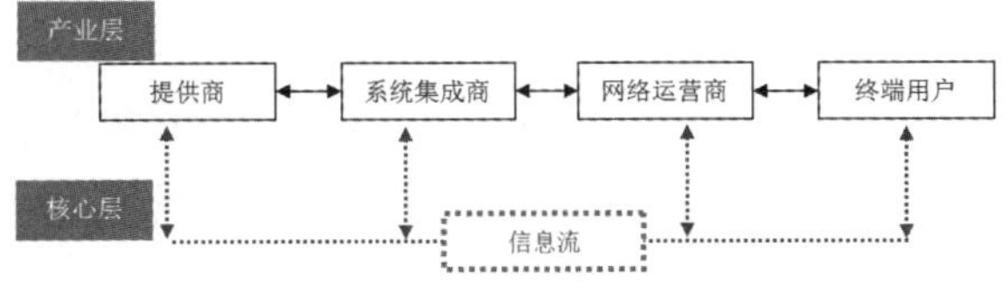

互联网产业链及其核心环节

从上图中以及前面的分析可以看出，如果我们局限于产业链的各环节（提供商、系统集成商、网络运营商和终端用户），在产业层面采用既有的模式，我们将面临强大的资本和技术以及激烈的市场竞争环境。何况，产业层面并不是互联网产业链的核心，互联网产业链的核心是信息流，所有的商流、物流和资金流都以信息流为核心，而掌控信息流的策略除了产业层面的方式外，最好的措施便是以法律法规、政策为核心的监管。通过对信息流的监管，既可以将触角延伸到成熟的产业链各环节，又可以“运用网络传播规律，弘扬主旋律，激发正能量，大力培育和践行社会主义核心价值观，把握好网上舆论引导的时、度、效，使网络空间清朗起来”（引自习近平总书记在中央网络安全和信息化领导小组第一次会议上的讲话），还可以掌控国际大资本，使其为我所用、听我调遣，牢牢掌控发展主导权，更可以“重塑全球经济结构，使产业和经济竞争的赛场发生转换。”（引自习近平总书记在2014年两院院士大会上的讲话），国外的实践也证明了以法律法规和政策为核心的管理模式是最可行和有效的方式。

美国有关互联网管理的立法包括联邦立法和各州立法。美国有关互联网的法律涉及的范围相当广泛，但重点是解决六个方面的问题：版权问题，域名管理问题，成人网站管理和儿童互联网权利保护问题，垃圾邮件问题，隐私权保护与反诽谤问题，对公民互联网通信监控问题。这六个方面都是以信息流的监管为核心。有关这些问题的法律条款都非常具体，一旦触犯，惩罚相当严厉。同时，以此为基础，以法律限制外国人投资互联网产业。2007年3月，美国众议院一致通过了加强国家对外国投资监督的法案，严格对外国投资商的立法限制。当中国的IT设备商华为公司与美国投资公司贝恩资本共同斥资22亿美元收购美国3COM公司时，就遭到美国海外投资委员会的反对，而理由是“国家安全方面的顾虑”。

（三）我国互联网发展方略的核心：管理模式创新

美国作为世界唯一的超级大国，一直小心维护着本国企业的利益。中国面临更恶劣的环境、更危急的形势、更激烈的竞争、更惨烈的市场，需要“中国搜索”继续航行，在正面战场，勇往直前，但不能孤军奋战，需要更多互联网航母级平台相互配合、相互照应，更需要政府高效、及时、准确地亮出法律法规之剑，需要政策的保驾护航。但是，我国网络管理体制由于历史原因，形成了“九龙治水”的管理格局。为此，政府的管理方式必须创新。需要以法律法规和政策为核心，在实现市场监管的同时，采用与市场游戏规则相同的监管平台，待平台发展成熟后，再从市场层面与外资展开正面竞争，进而拿下互联网产业的控制权，以切实保障我国的网络安全和信息安全。

注释：

[1] 北京市组织部优秀人才项目《互联网战略转型与创新发展》（2013D005004000004）阶段性研究成果．

[2] 北京印刷学院广告系副教授、硕士生导师．

[3] 数据来源：阿里巴巴招股说明书．阿里巴巴，2014.5.7.

[4] 慎海雄等．中国互联网外资控制调查报告．中国B2B研究中心，2009年6月．

集成创意规划理论初构

上海但丁网络科技公司总经理　李成锐

摘要：20世纪末，设计学、传播学、管理学的交叉融合带来了创意行业的变局，以往的分散型创意模式导致的低效、重复、无序，推高了企业成本和拉低了创意商利润，已经越来越遭遇行业相关方的诟病；30年来中国创意产业链的逐步成熟和当前全球快速消费经济趋势的需求，为集成创意规划的诞生提供了的必要条件；初步构建集成创意规划理论，需要创意商协同企业首先实现创意目的纯化和中央创意资源共享，并建立起可持续性和交叉性的组织创意思维，同时尝试建立起多层次的创意质量管理体系来形成有效的创意纠错机制。

关键词：集成创意规划　分散创意模式　可持续性创意　创意产业链　创意质量管理

发展一百多年的现代设计学、传播学、商业管理学正迎来大融合的时代。“产品设计已经成为品牌传播的重要组成部分”无论是戛纳创意节主席Terry Savage站在传播业立场的说辞，还是德国IF工业设计奖和red-dot红点设计奖早在10年前就已经把产品传播创意囊括进工业设计之内的实际行动，以及诸多设计咨询公司多元化创意业务的实践案例，都在提醒着创意行业进入一个多领域融合竞争局面，赛场上的球员有产品开发、咨询管理，也有广告传播、艺术设计，甚至还有娱乐内容及其他你意想不到的各种服务公司。

面对创意行业的变局，需要拿出一套行之有效的方法来应对这种融合趋势，对各类创意进行集成规划，做到既能充分发挥每种创意球员的独特优势，又能协调、把控整体创意的格局，实现各创意工种的资源共享，优势互补，动态联动，常态反馈，使之形成一股力量向着企业的大目标挺进。

一、集成创意规划产生的原因

（一）分散型创意模式的弊端

20 世纪初，工业设计、现代传播业、咨询管理业开始蓬勃发展，在专业程度和纵向精深度上取得了卓越的成就，而在 20 世纪末，整个科学界、艺术界又开始讨论交叉学科和跨界研究的论题，改变以往个别学科单打独斗、孤芳自赏的局面，开始崇尚人本精神的学术之路，从以往人定胜天的研究理念上转变到为了人类自身可持续发展而研究的道路上来。同理，在创意产业的发展中一样存在着这样的问题，诸多创意应用之间互不来往，我们姑且称之为“分散创意模式”。

目前，在创意产业中的成熟服务商越来越多，虽然作为成熟创意产品（服务）的提供者和加工者是合格的，但是各个设计商、代理商、咨询商之间关联并不大，表现在：产品开发公司缺乏市场营销的功底，没有了解消费者的意识和方法；设计类公司难以从企业品牌大局来创意，无法保证企业创意系统的连贯性和高度；营销策划公司却又不大了解传播符号和编码的转换，不易驾驭设计的艺术性和完整的执行方案；而广告公司既不了解产品开发的基本作业流程，也缺乏高品质的艺术设计；管理咨询公司更是不懂具体的操作，无法将理念与实践无缝结合。另一方面，很多企业的各个部门比较分散，如销售部、市场分析部、设计部等彼此之间关联不大。这就导致内部纵向的上下游链条和外部横向的创意供应版块之间都产生了经常的脱节现象，最终导致创意生产的无序、重复、低效。实践过程中，经常针对同一个项目，每一个服务商都要做一番有模有样的市场调查，最后却只得到企业不置可否的反馈；企业一再强调的品牌精神，却在不同的服务商那里呈现出了千变万化的表述；咨询商的结论在设计商那里被束之高阁；广告公司创意的品牌形象在销售终端被改得面目全非；最后却没有人为此负责，相反似乎所有人都是正确的：在正确的专业方法下，做出了专业上正确的行动。

（二）企业高成本，服务商低利润

分散创意模式下重复创意带来的直接危害首先是推高了企业的创意成本，经常脱节的创意链条延误了市场机遇，造成无法挽回的销售损失，更大的危害是诸多的创意应用未能围绕企业战略的大局，陷入各自作战，不听指挥的僵局。反之，企业为了卸掉了沉重的创意成本，只好缩减创意开支，导致创意的价格越来越低，服务商的利润也越来越低，而为了提高利润，服务商对内压缩成本，压缩优质创意人士的实际工作环节，在关键部分和客户看不到的地方“省时省力”，如此一来，恶性循环的多米诺骨牌启动，企业不满意，服务商不满意，创意人士不满意。

（三）商业发展的规律和趋势

分散创意模式将向集成创意模式转变，是充分的社会大分工后的对秩序化和集约化的需求。在创意学科起步阶段和创意匮乏的时代，消费者对创意的高关注度和企业对创意旺盛需求，使创意处于卖方市场，偶尔冒出来漂亮的、令人尖叫的创意总是可以赢得大满贯。而如今，在物质产品富足和广告传播过剩的时代，电视成为家居装饰品，也许只有周末才打开，衣柜成为收藏室，没剪吊牌的服装可能还是几个月前的。浮华的消费环境和快节奏的生活环境下，消费者已没有精力和兴趣去辨别那些层出不穷、复杂多变的品牌面孔，如同 20 世纪初现代家具的简约主义替代了古典装饰主义，集约型的创意模式或正好切中当今消费者和企业的心理。

常说事物的发展方式是螺旋式发展的，单独的创意领域在上百年的独立发展后，若要进一步取得长足的进展，就需要回到人本精神上来，回到目的导向上来，校准自己的发展方向，与相关的创意学科共同围绕目的来进行整合，从其他创意学科中吸取营养，同时将自己的优势分享给相关创意领域，最终在为企业目标服务的同一方向上继续向前发展。

由此可见，在创意战略上进行全面规划、整合、把控，熟悉各部门职能，跨越公司各部门之间的壁垒，解决产品部和营销部的矛盾，将产品开发、消费者研究、营销、设计、传媒、娱乐等多行业外部服务商和内部部门整合起来向一个大目标挺进的创意方法论是目前企业迫切需求的。

二、集成创意规划的诞生已经拥有的相应市场条件

（一）创意产业链的形成是必备的基础

经过70年代末以来30多年的充分发展，创意市场的上下游供应链已经初具规模。在外资创意商和本土服务商竞争的整体格局下，经过市场反复的洗礼，本土创意商占据了中低端劳动力密集型的创意服务链，逐步成为大型国有和外资创意商的加工供应商；而近十年从外资创意商分化出来的本土中高端创意人群身不由己地被贴上了创意代工商的标签，以inhouse和studio的形式继续为外资创意品牌商提供服务；同时，一部分优秀的本土创意机构已经在和外资服务商抢夺创意品牌商的身份。

首先以广告市场为例：在2000年以后东西方消费者文化逐步融合的趋势下，一大批拥有一定国际经验的创意工作者离开外资广告公司，另一方面，本土各类型广告公司也逐步形成了服务中国企业的独特经验，这两股力量最终支持起了图片供应、拍摄制作、数字后期、图形设计和音视频录制等丰富的供应要素市场。遵循同样的路径，在产品设计市场，结构工程、造型外观、效果图输出、模型制作和成品打样的各类工作室；以及市场调查、数据采购、软文公关、网络媒介供应；都开始形成完整的创意产业生态圈，如同服装业的面料、辅料市场，任何你需要的配件、材料都可以找到，甚至按需定制。

（二）全球快速市场趋势的需求

快速消费型经济的到来直接催生了快速型企业的产生，集成创意规划的高效性和低成本优势正好弥合了企业的这种需求。首先是以瑞典H&M、西班牙ZARA为代表的服装企业在全球掀起了一股快时尚风，相比于传统的奢侈大牌，一样的款式，高类似度的体验，却只有1/10的价格，着实让全世界女士为之疯狂。但低价格就意味着低成本，依照奢侈大牌们的传统创意模式，自然无法达成目标。类似快时尚的模式，在其他行业同样诞生了诸多的轻公司，将非主要业务外包，比如加工、运输、仓储，而专心于自己的优势业务。具体到中国市场的特点，电子商务企业的蓬勃发展令其他国家和地区为之侧目，从顾客要求次日达的快递速度，相比于美国消费者网购1周达的速度，就知道对中国的电商企业来说，效率和速度是第一生产力。况且电子商务在中国的诞生的初衷就是源于大幅度降低成本，以应对那些已经在线下市场形成垄断的传统巨无霸。相应的，在这些电商企业对创意服务的需求上，在不失品质的前提下，低成本和高效率是最看重的指标。

三、集成创意规划的方法系统构建

（一）首先是企业创意目的纯化

在分散创意模式下，不同类型的创意供应商只为自己的一亩三分地打主意，一方面各自为了显示自己的重要性，尽己所能地进行着很多不同方向的奇怪设计和创意，如同八爪鱼似的张扬着各自的特性，比如简约高科技的广告片配合着古典巴洛克风格的家具，东方禅意的卖场空间陈列着英式咖啡壶具，这将导致消费者对品牌的感受面目全非。而在集成创意规划模式下，首先就是要纯化目的，将企业所需的不同创意应用进行具体化目的和方向的聚焦与整合，修剪掉在创意生长过程中产生的诸多细枝末节，尤其是违背整体方向的那些粗枝和大叶，要将企业的各类创意服务商等统一起来，合力推进整体愿景。在这个系统下，创意目的就如同企业的眼睛，看准方向，其余的努力才不会白费。

（二）实现中央创意资源共享

任何集成模式的基本方式就是要做到资源共享，只有这样才能做到成本集约化，降低企业负担。而实现资源共享途径最困难的是需要对作业结构进行重组，对创意生产流程进行再设计。集成创意规划首先需要从各类创意应用中挑拣出中央创意资源，比如品

牌战略、产品战略，广告战略及核心元素等，对其重新整合，以纯化目的为导向，让各创意版块能够兼容。接下来是各类创意版块自适应过程，在发挥各自功能型特点的基础上与中央创意资源进行良好的互动连通，既能快速获得中央资源的支持，又能快速将应用的结果和问题反馈回去。比如李宁服装的核心创意资源 LOGO 和品牌图案，旧的设计只考虑了传播应用，而 2012 年更换的新 LOGO 设计则兼顾了产品应用，能在鞋类设计中获得协调的视觉效果，不仅是企业的记忆形象，也成为产品风格的重要元素。

最后是创意流程线的再设计，光有强大的资源和功能是远远不够的，在集成思路下，作业流程线的设计至关重要，是保证创意生产畅通无阻的条件，不至于在某个环节的卡壳而导致下游功能的全部停摆。在目前的分散创意模式下，决策顺序不清导致这样的“堵车事故”经常发生，员工等待上司，设计师等待策略，制片公司等待广告公司，开发部等待咨询公司，无尽的等待带来无尽的加班。

资源的集成如同躯干，让不同的创意版块共享中央创意资源，同时快速反馈来自双方的实时更新，不让任何一个创意应用掉队，是降低创意成本的最直接路径。

（三）建立起可持续性和交叉性的创意思维

分散创意供应模式下，狭隘的创意思维，狭隘的创意评测模式，不同版块的创意人抱着自己的小算盘，飞奔在追寻自己理想的小路上，无暇顾及企业的整体目标。纵有再多的行业奖项撑腰，迎来的还是企业还是一副有苦无处说的表情。而在集成创意规划模式下，创意不能深一脚、浅一脚没有规律的东冲西突，不能竭泽而渔的只顾本季度销售报表。

可持续性创意思维需要考虑企业阶段性发展的需求、环境和自身的潜在优势，将企业创意放在充满变数消费环境中去考查，这将带来有节奏、有规划、有舍弃、有预估，符合企业总体方向的创意方案，在品牌产生危机时可以应对自如，在经济环境好转时可以迎风破浪推出明星产品攫取大份额市场。而这考验的是企业对创意的驾驭能力，包括创意推出的时机、力度、区域等诸多因素，卓越的创意是征战市场的利器，可以成人之美，也可能会伤害到企业品牌。

交叉性创意思维需要全面考虑不同版块的创意方案间的适应性，关联性，兼容性，尽力做到中央创意资源能覆盖全部创意应用，具体化的创意应用又能反过来被中央资源吸收并赋予到其他版块的创意应用上。总之，可持续性和交叉性思维是对分散创意模式下各自为政的潜规则的高度挑战，但这终将带给当前快时代企业极大的便利。

创意思维的革新就如大脑的进化，只有具备网络化特点、规划意识的创意思维才能真正实现各类创意版块的集成。

（四）处理好手段的自由边界与妥协

集成的目的是为了创意的高效和低成本，但绝不是让各类创意应用整齐划一的站军姿，否则就失去了创意的本质，失去了企业进行创意的初衷。企业的各类创意应用如同争奇斗艳的风筝，可以飞得更高、更远，也可以更大、更花俏，但都要顺着同样的风向飞，不能断线，不能撞机，若在花色、种类、造型、图案上再有些呼应就更完美了。

但所有的商业创意的终极目的都是销售，都是帮助企业达成交易，而非仅仅制作出一首漂亮的广告 MV 展示形象，或者设计一支新奇特的餐叉显得很酷，或者布置出神秘梦幻的店面橱窗自我陶醉，这时就需要思索创意手段的边界在哪里，创意终究是企业生存的手段之一，所以这些奇思妙想只能成为企业的手段，而非企业的目的。相应的创意不能止于手段，必须提升到追求目的的高度来，在自由的边界戴上目的的镣铐，适当的妥协才能保证创意作为手段的有效性。

（五）建立多层次的创意质量管理体系

不合格奶粉会毒死人，不合格创意也会害死企业，怎样才能保证创意成为合格产品？怎样提高创意产出的效率？怎样减少创意的召回频率？创意作为一个如此感性的概念，若要给予它一个衡量标准，初听下来，确实有些强人所难。虽然创新总是人文学科和艺术不变的标准，但是作为纯艺术的绘画、音乐在千百年的发展中也形成了各自的理论系统，何况是结合艺术与商业的创意设计产业，也不过是社会化大生产中的一行，其运作规律与工业、制造业也有不少相同之处，同样需要进行质量管理，改变一下思维，应该可以建立起自己较为科学性的评测系统，去精选出能为相应企业带来帮助的创意，淘汰掉绝大多数的不合格提案。

广告业伯恩巴克的 ROI 原则可以算是创意质量检测的原始标准，但半个世纪过去了，在创意质量评测体系上却没有丝毫进步，不能不说是当代创意人的失职。以用户为中心的设计理论也只是提出了设计创意起步的原则，未能建立起设计方案的测量标准。创意质量管理体系的建立，不只是在创意结果出来后的评测，更应该参与到创意过程中去，为创意方向护航。比如在目前的商业创意作业局面下，设计简报可以成为初步检测标准之一，但问题是诸多的简报在形式层面就不具备完整性、科学性，并未准确地涵盖了企业面临的挑战、目标、趋势、竞争环境等诸多因素，其次是简报的撰写也不准确，不利于各类创意版块的沟通。除此之外还应有更多的方法来对创意的品质进行管理，竭力避免在创意的产出过程使用试错法，猜测法。

总之，创意质量管理体系是集成创意规划得以顺利执行的必要纠错机制。在全局化考虑企业创意的层面，建立起透明的、科学的覆盖各类创意应用的多层次创意质量管理体系，使之成为创意方案评测的通用标准，可以大幅提高创意的效率，降低企业成本。

综上所述，集成创意规划是 20 世纪末以来多种创意领域大融合趋势下的积极应对之策，逐步完善的创意产业链为其从理论进入实践创造了基础条件，全球快速消费型经济趋势为该方法系统的应用带来了现实需求，初步构建的集成创意规划方法纲要是在开辟创意新时代道路上拨开迷雾，点亮的星星之火，为其建立完整的方法系统，克服重重困难还任重道远，尤其是人才知识重构、组织结构重组、作业流程再设计，如同航空母舰作为集成创意的典范，而非个体简单相加的规模怪物，以防落入简单化、集团化、笨重化的歧途。

搜索平台上的广告信息呈现

华中科技大学新闻与传播学院教授 舒咏平

摘要：新媒体环境下，广告信息需要高度精准服务，以适应“搜索满足”的广告传播模式，而作为信息供需第一端口的“搜索平台”就成为商家必争之地。本研究通过实证性的内容分析，客观地得出了广告主在搜索平台上进行广告信息呈现、即品牌传播的实态；并在此基础上，有针对性地提出了在搜索平台上进行广告信息供给优化的策略。

关键词：搜索平台 广告信息 广告信息呈现 品牌传播

一、搜索平台：信息供需的第一端口

在新媒体环境下，广告的一切都改变了，最典型的就是受众接受广告信息行为的改变。台湾学者黄振家指出：消费者拒绝传统广告，却可以在新媒体环境中选择想观看的广告类型、品牌信息[1]。这也正是丁俊杰所指出的“消费者不再相信单一的信息来源，他们需要不断地‘搜索’、‘分享’和‘比较’，从而获取自己更需要和更满意的信息。这就又提出一个命题：在信息泛滥的今天，怎样才能吸引消费者主动出击去搜索并分享广告信息？我们的回答是‘广告传播平台化'，以网络技术和数据库技术为内核，将原来对于消费者的'轰炸式'的传播方法演化为'尊重本体需求下的吸引'模式"[2]。简言之，即"搜索满足"广告传播模式脱颖而出。所谓"搜索满足"广告模式，即视受众为主动的、消费者受众出于消费信息的需要，不再只是被动的、且主要依凭无意识接受来获得广告信息，而是主动进行搜索，且在搜索中不断比较、求证广告信息，以满足消费决策最基本信息的需求[3]。

显然，作为信息聚合平台的搜索引擎，在"搜索满足"的广告模式中，既是消费者搜索的第一入口，同时也是企业进行品牌传播的重要平台与端口。搜索引擎作为信息聚合器，在满足网民获取信息需求的同时也聚合了搜索背后的消费需求，为广大商家实现精准营销提供了更广阔的平台。搜索平台凭借其强大的搜索聚合功能，将搜索用户所需的品牌相关信息，精准地展现在消费者的面前，改变了以往品牌信息传播无的放矢的状况。搜索平台这一强大的功能满足了广大商家精准传播的需求，同时，又凭借其成本低、传播形式多样、传播效果可测量、性价比较高的传播优势，受到广大广告商的欢迎，甚至成为各大企业进行品牌传播的首要选择，在众多企业的营销费用中占据重要地位。对于更加注重品牌形象建设与维护的大型企业来说，搜索引擎营销平台更成为其进行品牌推广的最佳选择。

搜索引擎市场的不断发展，也推动了我国搜索引擎行业的成熟。在我国以百度为代表的搜索引擎运营商已经获得了长足的发展，无论是在搜索技术方面，还是广告运营策略、收费策略等方面都已经形成了一套完整的体系。2013 年，我国搜索引擎运营商市场规模为 393.6 亿，较 2012 年增长 36.7%[4]。由于搜索引擎营销具有门槛低、收费低、能够实现精准营销等特点，已经被广大企业所广泛应用。目前使用最为广泛的是竞价排名与搜索引擎优化：竞价排名，是指企业购买收费的搜索引擎广告，以保证用户在进行信息检索时，能够优先看到企业所发布的信息；SEO 优化则是指企业利用技术手段，对企业网站进行优化，使搜索引擎在信息抓取的过程中，能够更容易获取网页信息，优质的网站也能获得较高评分，进而获得较高的搜索排名。自 1994 年雅虎等分类目录型搜索引擎的诞生后，搜索引擎营销网络营销已经获得飞速发展，2004 年搜索引擎营销开始获得各大企业的广泛认可，成为企业进行品牌推广的重要手段之一，时至今日，则已经成为占据互联网广告主导地位的传播方式。市场分析机构 I Crossing 所进行的一项调查数据显示：至 2012 年，美国企业投入到搜索引擎营销的费用已是 2007 年的 315%[5]，搜索引擎营销在美国得到飞速发展，受到企业青睐。在我国，搜索引擎市场规模也不断扩大，成为互联网广告中最受欢迎的广告平台。易观智库 EnfoDesk 产业数据库发布的《2013 年第 4 季度中国互联网广告市场季度监测》数据显示，2013 年第 4 季度我国互联网广告运营商市场规模为 300.7 亿，较 2012 年第 4 季度增长 42.8%。其中，百度占到 31.4%，阿里巴巴占到 17.5%，谷歌中国占到 5.7%，占据市场前三位置[6]。而与传统的广告媒体相比，2013 年百度的广告收入已经超过多年占据中国广告收入榜首的 CCTV。可见，搜索引擎平台已成为广告主最佳选择。

二、广告主信息的搜索平台呈现

既然搜索平台对于消费者、对于广告主均如此重要，那么广告主是如何将自身的信息在搜索平台呈现的呢？为此我们进行了实证性的研究。本研究选取我国国内最具典型代表性的百度搜索平台为研究对象。百度搜索引擎是全球最大的中文搜索引擎，也是我国国内搜索引擎市场最具影响力的搜索平台。自百度 2000 年创立以来，一直不断开发新的产品，形成了一条相对完整的产品链，百度百科、百度知道、百度音乐等更是成为大众所熟知的搜索产品，而 2008 年凤巢系统的推出，更是为企业进行精准营销，提供了更加完善的服务。而对于广告主的选择，我们则首先从国内 500 强企业中随机抽取 35 家企业，在世界 500 强企业中随机 5 家外资企业作为参照；随后，又分别对这 40 家企业进行编号，并进行等距抽样，最终选取保利地产、蒙牛乳业、方正集团、上海家化、宝洁等五家企业作为样本。选定五家企业后，以企业名称为关键词在百度搜索引擎进行搜索，选取搜索结果页面的前 10 页作为研究样本，对其进行具体内容分析。 基于我们对于新媒体广告更多体现为品牌传播概念的认识，广告信息内容主要为：品牌内容传播来源分析、品牌传播内容及形式分析、品牌内容传播互动性分析。其内容分析的结果主要为：

（一）品牌内容传播来源丰富了搜索用户的需求

品牌内容传播来源直接显示了品牌主对品牌传播的控制力度，同时，也能够帮助企业了解品牌信息的主要来源，从而对于如何组织品牌系统的传播，如何调整或利用其他主体辅助进行品牌传播，如何有效应对多来源的品牌传播有非常重要的意义。

统计结果显示，在基于搜索平台的品牌传播中，垂直网站已经超越品牌主主导的信息来源，占 69%，成为传播品牌信息的重要来源；其次，则为品牌主主导的品牌信息来源占 25%；干扰性信息来源则为 6%。而在品牌主主导的品牌信息来源中，官方网站（其中包括一些子公司官方网站）仍是企业借助搜索平台进行传播的主体占 48%，其中宝洁、蒙牛乳业、方正集团都在官方网站上用官网字样进行标注，增加了其醒目度与可信度。同时，作为基于搜索平台的品牌传播，各家企业均非常注重对于搜索平台的迎合性，普遍使用搜索平台进行品牌传播内容的组织与传播，其中百度百科作为综合性品牌传播工具，百度知道作为互动性传播工具，更是受到各大企业的青睐；这类信息来源占 37%。而品牌主的官方微博则作为辅助性传播渠道，也被各家企业所采用，其占比为 15%。在垂直网站传播来源方面，占 50% 的新闻网站无疑是最重要的品牌信息来源，在垂直网站品牌信息传播中占据主导地位；招聘类网站、证券网站则凭借其功能性以及品牌传播内容的综合性，成为垂直网站中品牌信息来源的第二大渠道，分别占 15%；销售网站、互动网站分别占 7%、5%，在品牌信息来源中也占据一席之地；其他则为 8%。这种多来源的品牌信息，使得作为搜索用户的消费者得以将所搜索获得的信息进行参照求证，以引导其消费决策。

（二）搜索平台上的品牌传播内容挑战广告主品牌管理能力

点击搜索结果并进行内容的阅读，是网民进行搜索的最终目的。因而，在搜索平台所展现的内容，很大程度上影响了网民对品牌的第一观感，也关乎网民获取有效信息的效率，因而对于搜索平台所展现的品牌传播内容进行分析，进而帮助企业了解搜索平台所主要展现的信息内容，对于帮助企业进行自身内容传播的组织、管理是非常重要的。

统计结果显示，在基于搜索平台品牌传播的内容中，综合信息占比最重，占 33%，综合信息多集中涵盖了企业品牌的有形与无形资产要素，内容含金量较高，对企业品牌形象塑造多起到正效应。其次，则是股票信息和新闻信息，分别为 22%、21%，股票信息多是由专业财经机构进行发布，分析股市行情，这类信息多是对企业市场情况、营收情况、重大人事调整等信息进行公布及预测，多为中立性信息，对品牌建立的影响度相对较弱，多是为满足股民的搜索需求所进行的信息发布。新闻信息则是由专业的新闻垂直网站进行发布，这类信息，内容多较为复杂，既有企业所发布的公关信息，也有新闻网站自发策划撰写的新闻稿件，既有对企业正面的评价，也有对企业负面的评价。信息类型的类目是招聘信息、销售信息、人物信息，其占比分别为 10%、6%、6%。这些信息多是针对特定人群，比如有求职需求的人，有购买需求的人，对企业领导人有较大关注的人等，这类信息虽然受众面相对较窄，但其针对性更强，因而在其中传播的品牌内容更容易获得网民持久的注意力，是传播品牌信息，塑造品牌形象的重要方式。

具体到各企业品牌传播内容类型来看，各企业品牌传播中各类内容所占比重各不相同。比如，上海家化所传播的综合信息类型只有 15 条，远远少于其他企业，而其传递的股票型信息却高达55条，又远超其他企业。这其实是对搜索平台资源的浪费，对于拥有众多子品牌的上海家化来说，子品牌的知名度已经远远高于母品牌，然而只有实现子母品牌的共赢才会为企业的发展带来更多的机遇，因而应该更加注重品牌综合信息的传递。而与之属于相同类型的宝洁公司，其搜索平台信息类型布局却相对更为合理，销售信息多达15条，这对于产品的销售，品牌的推广都具有较高的价值。而不足之处则是其不注重对于干扰信息的管理，导致大量的干扰信息占据了传播平台，浪费了传播资源。

五企业品牌传播内容分类

内容 企业	综合信息	股票信息	新闻信息	销售信息	人物信息	招聘信息	干扰信息
保利地产	29	39	16	7	2	7	4
蒙牛乳业	47	10	30	4	3	7	4
上海家化	15	55	24	4	0	4	2
方正集团	47	4	17	2	3	27	2
宝　洁	31	4	22	15	3	9	17

通过上述对品牌传播内容的类型研究，还可发现，由于综合信息、股票信息、销售信息、人物信息、招聘信息这五类信息，所传递的信息内容基本都较为客观中立，或者优化美化企业形象，而且各大企业的内容相似性非常高，对于品牌的塑造基本上都能够起到积极的作用。然而，与这些类型信息不同，新闻信息则是复杂多样，既有美化企业形象的宣传信息，也有对企业的抨击，再加上新闻信息对舆论的引导程度很强，网络传播又有节点裂变的特点，因而传播速度非常快，传播影响力也非常大。新闻信息报道就像双刃剑，一方面非常容易帮助企业进行推广，另一方面也非常容易使企业品牌受到负面影响，对品牌造成重大冲击。因而，新闻信息已经成为各大企业重点关注甚至是监控的内容。在此，本文也对新闻信息内容进行定性研究。统计结果显示，在来自新闻信息的报道中，有52%为对企业的正面报道，40%为负面报道，8%为中立报道，总体来看正面报道仍占据主要部分。然而，在互联网时代，由于网民的浮躁心态，对于负面报道的传播率、信任度往往大大超过正面报道。因而做好负面报道的应对和处理工作对于企业来说是品牌内容传播中的重任。

而在对企业品牌的正面报道中，公关新闻起到了重要作用，五家企业57条正面新闻报道中，公关活动信息共计22条，在塑造企业美好品牌形象中起到了重要作用。其中，蒙牛乳业公关活动信息最多，在20条正面报道中有12条来自公关活动，比如“蒙牛公益、蒙牛邀请草原十佳母亲到厂参观、蒙牛向雅安震区捐助牛奶及1000万元现金、蒙牛工厂开放活动迎来低碳骑行团”等。而在对企业品牌的负面报道中，基于搜索平台的品牌传播负面内容报道呈现了一定的集中性，多是围绕公司发展问题以及公司产品问题的报道。在对上海家化16条负面报道中，其中关于集团内部斗争的负面报道有9条；在对方正集团的8条负面报道中，其中7条是关于“方正集团到底由谁控制”的负面报道；在宝洁的7条负面报道中，其中有6条是关于“宝洁创新乏力，一哥地位动摇”的报道；在保利地产的4条负面报道中，关于保利房产产品的报道有3条；在蒙牛乳业的6条负面报道中，其中3条是关于蒙牛产品质量问题。

（三）搜索平台上的品牌传播形式应用尚有很大空间

由于搜索平台有极强的聚合能力，与品牌相关的各类信息聚集在搜索平台，怎样才能够抓住网民的注意力，促使网民发生点击行为，与品牌内容传播的形式密不可分。因而，我们对基于搜索平台的品牌内容传播形式进行了聚焦研究。在对品牌内容传播“形式”进行编码中，我们将其分为“文本与图片、纯文字链接、纯图片传播、视频传播”四种形式。

统计结果显示，在基于搜索平台的品牌传播形式中，文字链接更受传播者的喜爱，其次则是图文结合的传播形式，而图片以及视频传播形式被使用的则较少。基于搜索平台的品牌传播，由于每个页面固定承载10条信息，因而简洁的文字链接更受传播者钟爱。图文并茂的传播形式虽然能够更好地抓取网民的注意力，但是由于搜索平台每页展示内容有限，因而对于图文并茂的传播形式不能设置过多，要合理运用。而图片传播则因其传播内容单一，更多的是对品牌标识、品牌代言人图片的展示，并不能有效地满足网民的搜索诉求。而视频传播，虽然能够传达较多的品牌信息，且生动形象，在满足网民观感需求的同时，也能够满足受众的信息需求，但是其缓冲时间较久，制作成本较高，且占用网民时间较长，因而应用也相对较少。

五企业品牌内容传播形式研究

企业＼形式	图文	文字链	图片	视频
保利地产	20	83	1	0
蒙牛乳业	25	78	0	2
方正集团	14	88	0	0
上海家化	10	93	1	0
宝　洁	28	68	4	1

在五家企业当中，以宝洁的传播形式最为丰富，用到了四种传播形式，而且对于图文传播运用的也最多，当然这与宝洁的企业性质密切相关。由于宝洁日化产品种类丰富，大量的图片使用，能够让消费者获得更直接的观感，进而刺激其购买行为。这显然启迪我们的企业，在传播形式的运用上还有很大的空间。

（四）搜索平台上的品牌传播内容互动性有待加强

社交媒体的出现，使得网络品牌传播互动性特征愈发明显，企业可以通过微博、博客、社区论坛等社交媒体，达成与消费者的双向互动。在充分掌握消费者动态与反馈的同时，组织品牌传播，使品牌传播达到更好的效果。基于搜索平台的品牌内容传播，一定量的信息也来源于互动网站，因为互动型媒体类型非常多样，而传播内容也较多，因而在搜索引擎抓取信息时，被抓取的概率较高，非常容易出现在搜索平台。因而，对于搜索平台所展现的互动性媒体进行研究，帮助企业了解信息来源，有效地应对互动性媒体中所产生的各类信息，并利用互动性媒体与网民达成互动，对于企业有非常重要的意义。

统计发现，在搜索平台中，出现的互动型媒体类型主要包括微博、百度知道、天涯论坛、猫扑、博客、开心网、人人网、客服电话、百度贴吧等九种形式。其中，以微博、百度知道、天涯论坛、博客等形式最为常见，是每个企业都需要进行关注的互动型信息来源。其中，微博、百度知道多由企业主导传播与互动，而天涯论坛、猫扑、博客、百度贴吧等类型互动媒体则多由个人主体发起传播行动，进而引发其他个体的关注与互动，此类互动性媒体较易形成群众性舆论，产生沉默的螺旋现象，最终产生主导性言论，因而对于此类互动型媒体，企业要多加关注。

在对搜索平台展示的信息标题进行点击，进入着陆页进行阅读时，可以发现，目前我国企业在运用互动型媒体方面还有所欠缺，对互动型媒体的运营规律还没有充分掌握，对于互动型媒体的重要性也还缺乏应有的认识。以天涯论坛传播内容为例，2012 年 12 月 11 日一位网名叫做“失足保利”的网民在天涯论坛中发表“黑心保利地产谁之过？”一文，对保利殴打业主的行径进行曝光，并配以图片。这一文章随后引发了 6747 的点击量，并引发了 136 条评论回复，在回复的 136 条内容中，全部为保利的负面信息，例如名为“保利暴力一家亲”的网友在论坛中强烈谴责“保利殴打妇女老人”，名为“飞 ty 火”的网友则谴责保利披着央企的外衣，欺负老百姓，更多的网友则是直呼“买保利房需谨慎”，最终在论坛中将保利塑造为一个依托国家背景极其不负责任，欺负老百姓的无良地产商，对于保利的品牌形象造成了极大的损害。然而在整个传播过程中，却未见保利官方进行回应。

与保利的忽视行径不同，蒙牛乳业对于天涯论坛却较为重视，甚至作为传播公关软文的平台。2005 年 6 月光明牛奶被曝过期奶返厂加工再销售，引起了舆论对乳制品产品品质的关注。2005 年 6 月 15 日，名为 Toccata 的网友在天涯论坛发表了“蒙牛：牛奶的品质就是人的品质”一文，文中对蒙牛产品的品质进行了宣传与评价，对蒙牛所获得的“中国航天员专用乳制品”等各项殊荣进行罗列，同时对蒙牛严格的产品加工工艺进行介绍，宣扬“诚信蒙牛，蒙牛诚信，产品等于人品”企业理念，力图塑造蒙牛优质产品、优质企业文化的品牌形象。然而结果却适得其反，该篇文章的点击量为 41489，回复数为 779，在 779 个回复中，几乎全部为负面评论。有的网友认为蒙牛此时在落井下石，有的则认为蒙牛在此做广告，拿消费者当傻瓜，并对其产品进行了猛烈的抨击。例如网名为“慕容鸿”、“秋水江湖”的网友直接抨击蒙牛在论坛做广告，并表示强烈鄙视，“蜀中流氓 A ”则抨击楼主是蒙牛的枪手，并调侃其应该收取公关费。该软文的发布，非但没有发挥应有的效用，还引发了一系列负效应，与蒙牛使用互动型媒体进行品牌传播的初衷背道而驰。由此可见，企业对互动型媒体运营规律的认知不足，直接导致了互动型媒体负效应的产生。

三、广告主在搜索平台上信息供给的优化

针对目前企业在基于搜索平台的品牌内容呈现的现状，为提升企业基于搜索平台的品牌传播质量，结合搜索平台品牌传播的规律与特点，我们提出以下如下优化性策略：

（一）优化企业主导传播来源，加强与垂直网站的竞争与合作

在基于搜索平台的品牌内容传播中，多信息来源冲击了品牌主的内容传播控制力，应对多来源的品牌内容传播，企业可以从以下两个方面进行传播状况的改变：其一，加强内容传播控制力度，确保企业主导品牌内容占据黄金位置。这就加大企业主导的品牌传播力度，使其在数量上能够与来自其他渠道的信息相抗衡，增加网民点击到来自企业主传播内容的概率；同时，注重加强来自品牌主的信息与其他信息的区隔，比如在官方网站的链接上，加上官方字样，提升官方信息来源的醒目度，使搜索网民能够更快地获取信息。此外需进行竞价排名及 SEO 优化，使来自企业的品牌内容来源，能够出现在搜索平台的黄金位置。Spink 的一项研究显示，大多数用户只查看返回结果的头 10 条，平均查看结果的数量是 2.35 页[7]；另一项研究则显示约 70% 的用户只查看了 Google 检索结果的首页，用户平均只查看 1.7 个结果页面[8]。因而企业在利用搜索平台传播的过程中，需要重视通过竞价排名，SEO 优化等方式使自身所传播内容出现在网民注意力最为集中的黄金地段。其二，加强与垂直网站的竞争与合作。在互联网传播时代，独自掌控品牌内容传播来源已经不可能实现，因而加强与垂直网站的竞争与合作，成为最佳选择。一方面，要积极与垂直网站展开竞争，掌握一定的内容传播主导权，另一方面，也要与垂直网站进行合作，通过垂直网站平台发布品牌信息，比如达成与销售网站、招聘网站的合作，拓宽品牌传播渠道。

（二）统筹规划品牌传播内容，提升内容传播系统性

由于搜索平台的聚合性以及传播来源的多样化，基于搜索平台的品牌传播内容也丰富多样。内容的复杂化，也提升了企业内容管理的难度。若想改善这一状况，企业必须提前对品牌内容的传播进行统筹规划，合理分配平台资源，通过系统性的传播塑造企业的品牌形象。首先，要对品牌传播内容进行合理配置，因为搜索平台每页展示信息有限，因而企业必须根据自身特点以及网民的搜索意图，合理设计综合信息、新闻信息、招聘信息、销售信息等所占的比重；其次，要善于与垂直媒体进行竞争合作。作为传播内容制造者的企业一方面可以通过控制自身行为来控制对外传递的内容，进而影响垂直媒体的传播内容的选择，另一方面可以与利益相关垂直媒体进行合作，达成关于品牌内容传递的一致行为。而对于一些干扰内容也要及时进行整顿优化，防止网民注意力的分流。

（三）有效运用公关手段传播正面信息，实时监控负面信息降低影响

在统筹规划品牌传播内容的同时，企业也必须有效运用公关手段传播正面信息，同时也要注重对品牌传播负面内容的监控，及时发现负面内容并进行有效处理，以降低其影响力。由于基于搜索平台的品牌内容传播，是网民主动搜索的结果，与正面传播内容相比，

负面传播内容更容易引起网民的关注。因为许多正面传播内容可能是企业公关的手段，而负面信息多来自其他传播渠道，更容易获取网民的信任。因而，企业必须注重对搜索平台负面内容的管理。首先，企业要注意对搜索平台展现结果的监控，及时发现负面内容来源，并对负面内容进行及时回应；其次，由于搜索结果所展示的都是企业近段时期内所产生的负面信息，话题集中度较高，企业可以有针对性地进行话题处理。

（四）注重运用互动型媒体运用，有效开展传播活动

互动型媒体是一把双刃剑，一方面增加了企业及时发布信息的渠道，降低了获取网民反馈的成本，另一方面也提升了企业产生品牌传播内容危机的可能性，网民可以不受任何审查的利用互动型媒体随意发布对企业品牌的不满。因而，在应对互动型媒体时，企业一方面要充分掌握互动型媒体的运营规律，一方面要充分掌握网民心理，积极应对互动型媒体所带来的负面传播。首先，在利用互动型媒体传播的过程中，首先要对各类型互动媒体进行特性分析。比如微博多是企业主导的传播内容，本身就是为宣传企业品牌内容而设立，因而在该平台上发布企业品牌的正面信息多会获取良好的效果。而论坛社区一般是网民自由发表意见的社区，因而如果企业在论坛中发布过于直接的公关广告信息，则会引发负效应。其次，对于论坛中网民所发表的负面信息，企业要给予足够关注，及时进行互动，消除负效应。

（五）根据企业特色，组织内容传播

由于每个企业性质不同，产品不同，所要塑造的品牌形象也不尽相同。因而，在企业基于搜索平台的品牌内容传播中并无固定的模式可言，各企业要根据自身的特色，进行内容的组织。企业特色不同，其传播渠道、传播内容、传播形式、互动型媒体的选择与运用，都会有所不同。搜索平台作为信息集中地，网民通过对各类传播内容的标题的浏览，就会形成初步的品牌印象。经过良好统筹策划的品牌传播，必然能够展现出品牌个性与特色，而杂乱的无组织的传播，在增加网民信息获取难度的同时，也难以形成美好的品牌印象。因而，企业必须根据自身传播需求，组织内容传播才会达到最佳效果。

注释：

[1] 黄振家.《广告产业的未来》，《广告大观》理论版，2008：3.

[2] 丁俊杰.《中国广告业的动力与动向》，《山西大学学报》(哲学社会科学版)，2008：3.

[3] 舒咏平.《"信息邂逅"与"搜索满足"》，《新闻大学》2011 年夏季号.

[4] 数据来源：易观智库.《2013 年第 4 季度中国搜索引擎市场季度监测》，2014：1.

[5] 数据引自《百度搜索营销更利品牌渗透》:http://www.sem8848.com.cn/baidu/20090805131.html.

[6] 数据来源：易观智库.《2013 年第 4 季度中国搜索引擎市场季度监测》，2014：1.

[7] Spink ,Amanda, JaekL. XU. Selected Results from a Large Study of web Searching: the Excite Study Information Research, 2005.12.

[8] 邓小昭.《网络用户信息行为研究述略》,《情报杂志》2006：2.

微信社交网路中的图像传播

中国美术学院艺术史博士、浙江工业大学
之江学院广告学专业教师 陈骁

摘要：本文以微信社交网路中的图像传播为研究对象，探讨了图像在微信社交网路中的主体地位，并提出微信朋友圈中“尽意莫若象”的图像传播思维。以西方图像学与我国传统美学意象为经纬，探讨微信图像传播中图以尽意、以文释图与图以载文、分享与个性等问题。微信图像传播已经成为个体展现个性、窥视他人，以及传播看待世界方式的手段。

关键词：微信　图像　传播　朋友圈

早在20世纪30年代，马丁·海德格尔(Heidegger Martin)就做出了关于世界已经进入“世界图像时代”的论断：“世界图像并非意指一幅关于世界的图像，而是指世界被把握为图像了”。[1]海德格尔的话预示着图像传播时代的到来，今天海德格尔的预言正逐渐变成现实，得益于数码技术的发展与普及，以及智能终端手机与平板电脑的摄像头，摄影和图像处理软件的大量普及，其大众化的趋势一发而不可收。数字图像如潮水般不断涌入到我们的社交网路之中，成为了人类传播史上的一道炫目的“图像景观”。

微信（WeChat）是腾讯公司2011 年初正式推出的即时通信应用程序，它集合了跨平台发送语音消息、文字、图片等多种功能，而且不收取任何附加费用。第三方数据显示，截至2014年6月微信注册用户量已经突破6亿。中国社科院发布的《2014年新媒体蓝皮书》指出，中国的新媒体已进入“微”时代。蓝皮书还指出，2013年微信用户呈现明显的年轻化趋势。据调查显示，使用率最高的人群为24岁以下，占比33.7%，收入结构中占比最高的是月收入3000至5000元的中产阶层，占比32.0%。腾讯公司的微信在功能设计上，起初主要是方便熟人联系，即通过语音对讲等功能和QQ 好友以及手机通讯录中的好友进行直接交流，帮助用户构建一张“强关系社交网”。但是为了给用户带来新鲜感，满足用户多方面的需求，微信又先后推出了“附近的人”、“摇一摇”、“漂流瓶”等功能。这些功能的面世，让微信社交网路呈现了“熟人交际圈”、“千米交际圈”和“陌生人交际圈”三大层次，从而形成了以“朋友圈”为主体、基于“强连接为主、弱连接为辅”[2]的、虚拟社交圈与现实社交圈相融合的社交网路。在微信的社交网路中，图像传播受到人们的偏爱，以至无所不在，充斥着各个角落，图像能够满足人们感性的直观需求，已经成为个体展现看待世界的方式。人们越来越依赖眼睛来接触世界了。

一、“图像先行”——图像在微信社交网路中的主体地位

微信通过其社交网路形成了我们今天社会生活中最为重要的虚拟社区。在社会学领域中社区一词本意是指“共同的东西和亲密的伙伴关系”。德国社会学家滕尼斯1887年在《社区与社会》一书中，将社区定义为生活共同体，以地域、意识、行为以及利益为特征，是一种由具有共同价值观念的同质人口所组成的关系亲密、守望相助、存在一种富有人情味的社会关系的社会团体。微信社交网络中的主体“强关系”是经由友情关系、亲情关系或其余熟人关系而形成的，但虚拟社区却不再是空间上被界定的地点，而是由网络成员们自己根据归属感和认同感来划定边界并有可

能朝各种方向延伸的社会网络。在微信社会交网络中，人们在特定的文化领域实现着聚、合、离、散，包容或排斥。微信网络对今天社会生活的重要影响之一，就在于其极大地丰富了人们彼此间沟通的方式。而正因为此，也使得越来越多的人们愿意在微信这一便捷且低成本的渠道上与他人交流沟通。

图像在微信社交网路中占据了主体地位，受众倾向于读图的心理十分明显。这里有必要对“图像”这个词做个解释。“图像”这个词在汉语中出现的较晚，具有代表性的有晋代傅咸在《卞和画像赋》中“既铭勒于钟鼎，又图像于丹青”和北魏郦道元在《水经注 漯水》中“其神图像，皆合青石为之”两处。前者是动词，即绘制图画；后者是一部中国古代的地理学著作，该处指的是平城南径皇舅寺西、太师昌黎王冯晋国所造的五层浮图上的佛教神像壁画。“图像”这个词在《辞海》中的解释是：各种图形和影像的总称。实际上“图像”已经成为目前一门新兴学科的研究对象，“图像学”作为现代视觉艺术研究、实践探索中一种全新的艺术史和艺术学的研究方法，源于 19 世纪欧洲美术史研究领域里发展起来的图像志研究，进入 20 世纪后图像志的研究领域不断扩展，与其他学科的联系日益密切，进而发展成为一种蓄势取代传统艺术史研究思路的新方法：图像学。[3] 可以说“图像”这个词引领了其后整个“视觉文化”研究的兴起。正是这一系列始于艺术史领域的研究，对“图像”一词概念的理解，从早期的指各类图形的传统寓意，即“谱像”；到贡布里希增加的新观念，他认为对图像内容的研究也应包括图像作者的实际意图，当然这就不可避免地对部分艺术形式的问题也产生了兴趣；再到“现代图像学”力图突破，将图像由“艺术”转型为“文化”，即向着“视觉文化”的方向转变。图像的文化内涵显然也在超越传统概念中关于审美和艺术问题的界定，当然这种超越是以突破一般形式美思想为前提的。正因如此，图像和图像学方法已经作为全方面的文化与科学的研究解释工具而流行于当代学术界，如哲学、心理学、占星学、神学、考古学、文化人类学、民族学以及传播学，等等。图像一词已经被广泛采用，大有流行之势。

图像是二维空间对于三维空间的模仿，直接作用于感官与感性，图像的传播极大地丰富与满足了人们求新求异、眼见为实以及追求视觉审美享受或感官刺激的心理需求。正如美国学者安东尼·卡斯卡蒂所指出的：“鉴于当今的社会与物质环境，后现代主义哲学的‘审美转向’已经不是多新鲜的事儿了。图像不只是无处不在——存在于任何表面之上或任何媒介之中，而且占据了一个先于‘事物本身’的位置；今天的世界甚至可以用‘图像先行’来定义。也就是说，图像不仅仅在时间上，而且在本体论的意义上均先于实在”。[4]

智能终端摄像头以及拍照 APP 软件的迅速发展，使得用户通过微信朋友圈晒图片秀恩爱、现美食、谈境界、表衷肠，成为时下社交网络最基本的玩法。通过图片既能满足你在社交圈子里自我表达的愿望， 也能满足窥视他人生活的欲望。我们看到微信朋友圈发信息的第一步骤就是添加图片或链接，而文字添加排在了其后，这与微博的“文字先行”完全不同。今天曾以网络书写为主要形式而风靡一时的微博已经完全让位于了“图像先行”的微信，在微信软件设计中文字似乎更多的是作为图片或视频的解释和说明而存在的。

二、“尽意莫若象”——微信朋友圈图像传播的“象思维”

语言本身具有局限性，无法将事物的本源说尽。因而《道德经》开篇曰：“道可道，非常道。名可名，非常名。”认为“言”不能“尽意”，《周易·系辞》中谈到：“子曰：‘书不尽言，言不尽意。’然则圣人之意其不可见乎？子曰：‘圣人立象以尽意，设卦以尽情伪，系辞焉以尽其言。’”[5] 王弼对这段话的解释是：“夫象者，出意者也。言者，明象者也。尽意莫若象。言生于象，故可寻言以观象。象生于意，故可寻象以观意。”[6] 由此可见，“象”的作用很大，而“言”的目的是“明象”。冯友兰先生在“贞元六书”中指出，东西方思维方式之差别在于：中国人以事说理，西方人以理说理。而所谓以事说理即是强调“具象”，而以理说理则是强调“逻辑”。王树人曾说“如果说逻辑概念思维属于理性，那么‘象以尽意’之‘象思维’就属于悟性。而悟性根本在‘观物取象’之体悟和‘象以尽意’之体悟”。成复旺也认为：“直觉体悟，这就是中国传统思维方式，这是中国传统文化……的又一基本特征。”[7]

微信社交图像传播时代的到来，为现代人重拾“象思维”提供了现实可能。在当今学术研究中所谓“后现代转向”问题上，在某些学者看来其实就是“图像转向”。比如作为后现代运动干将之一的斯科特·拉什就认为：“现代的感受性首先是话语的”，而“后现代的感受性是造型的”。[8]在其著作《话语，图像》中写道：“利奥塔认为西方哲学是围绕着话语与图像、推论与感觉、说与看、阅读与感知、普遍与特殊之间的二元对立组织起来的。在上述每一组对立中，前者在传统上总是被赋予特权，而利奥塔则试图捍卫这些二元对立中被贬抑的一方。与许多符号学家提倡语言之优先性的作法相反，利奥塔赞成图像、形式和意象———亦即艺术和想象———对理论的优先性。”[9]利奥塔倡导图像优于话语；所见优于所言，同时希望图像解构文字。使图像进入到话语之中并影响话语，并发展出一种绘图式的写作模式，即“以言词作画，在言词中作画”。实际上微信初步付诸实施了利奥塔的某些设想，但是这里有一个问题，图像真的能够独立承担理论性思辨的任务吗？这是一个有趣的命题，或许也是一个悖论，值得后来者探讨。

文字是以“理性分析”见长，因此现代社会是一个以“理性思维”主导的时代。而今天所谓的“后现代图像转向”时代的来临，冲击了这一在西方文化语境以及当代中国语境中长期占据主导地位的“理性思维方式”，以“象”为核心的新的思维方式逐渐形成。众所周知，微信社交网路中的主要平台朋友圈，人们出于特定的目的加入朋友圈，比如加强社交关系、传播信息、收获经验、交流思想等。这其中以图说话，以图表达成为人们将现实生活中的社交关系转换成在线关系的一种方式，并形成了新的规范，这些规范使人们更易于知晓如何在线表现以及如何获得一种社区归属感。

（一）图以尽意

作为终端媒介软件，微信于智能手机的出现和发展应运而生，微信之所以叫“微”信，其传播渠道是“微介质”，智能手机和平板电脑等即可传播，便于人们随时随地地在无线网络中遨游。其核心特征就是传播的是“微内容”，往往一个表情符号、一张图片就在朋友圈发送了，传播体验的是“微动作”，如通过一些简单的按键操作，屏幕点击就能完成选择、评价、链接、转发，特别是步骤极其简便的直接拍照分享朋友圈的功能，更增添了微信实时播报的优长。

比如，在笔者的微信朋友圈中常出现完全没有文字说明的纯环境或自拍的图片，由于微信有实时定位功能，一旦开启，将显示所拍照片的时间和地点。大家戏称其为“晒活着”，像深夜独自回家的女孩拍摄出租车车牌或是年轻人聚会的场所、特殊的处境地，等等。再比如，一张婚礼的现场照片、一幅风景或旅游照片、一幅孩子的画乃至转发一张具有感官刺激的图片等等，人们以最简便省力的方式，在日常生活的暇余播送着自己的现实消息与一时思绪，图像足矣。

实际上这也表明了图像传播所带来的受众认知世界方式的巨大转变。当然，如果图像传播只是仅仅限于对受众产生一种感官刺激，那还是居于图像传播的较低层次，或许还处于“象思维”最肤浅的层面。深层次的图像传播在调动受众感官的同时，还必须为观者留下可供体悟的空间，从而使受众有可能通过对“图像”的具象感知来体悟真我和本真世界，这正是中国传统“象思维”所优于逻辑思维之处。再比如朋友圈中大家常常将拍摄得自然界美轮美奂的照片连续放 4 张、6 张、9 张等，即使在浏览时不打开一一细阅，小视图时微信软件自动形成方形、长方形或九宫格图片集，这样往往能够充分激发人类的“象思维”，让人们在感受自然景观审美带来的温馨和惬意的同时，进入“天人合一”的境界，并深刻体悟到人与物，人与人之间的关系。所以，从这个角度讲，微信社交网路中的图像传播，不仅仅在于能够让受众看到更为逼真和客观的世界图景，而且还在于丰富了受众认知世界、把握世界的方式。

（二）以文释图与图以载文

关于图与文的经典性意义，18 世纪中叶德国美学大师莱辛早已在他久负盛名的著作《拉奥孔》中作出了精辟的论断。在莱辛看来 ：“全体或部分在空间中并列的事物叫做‘物体’。因此，物体连同它们的可以眼见的属性是绘画所特有的题材。全体或部分在时间中先后承续的事物一般叫‘情节’。因此情节是诗所特有的题材。”[10] 莱辛所说的图与文都是摹仿生活的艺术，这句话含义深远。后世人为的区划，使得“写作”与“绘画”分属于不同领域。今天由于视觉文化的大兴，两个领域的学者都十分关注文字与图像两者的主次、竞争与互语的问题。实际上在考虑文和图不同的时候，或许也需要思考的是文和图的统一。符号学家罗兰•巴特曾提到过的“一体无分”概念，罗兰·巴特说：“我们这部法律，溯渊源，究民事，讲思想，合科学：仰赖这部搞分离的法律，我们将书法家置于这一边，画家置于那一边，小说家安于这一边，诗人安于那一边。而写却是一体无分的：中断在处处确立了写，它使得我们无论写什么，画什么，皆汇入纯一的文之中。……写作者，画家，书法家，一言蔽之，文的编织者，必须发挥作用。” [11] 他的意思是，文和画在某种意义上是“一体无分”的，他用“中断”这个概念把两者联接在一起。

讲到文和图的“一体无分”的观点，两者之间是否存在着统一？统一究竟在哪里呢？我以为两者的统一在于叙事上。叙事是什么？抛开烦琐的定义，我的理解也就是讲故事。图像和文字的统一就在于他们都是展现故事的一种能力，在微信社交网路中两者的统一就不在传播者而在于接收者也就是受众的一方。从传播者的角度来讲写作和图片 PS 当然是完全不同的技艺；而对受众来讲，无论是文字的叙述还是图像的展现，均转变成为内心所理解和领会的感受与意义，两者的叙事最终在接收者的头脑中是没有区别的。文字叙述在阅读者的头脑中可能是一些场景和画面的想象；同样图像展现在观看者的头脑中留下的也可能是一些逻辑性的思维片段记忆，而这些思维片段往往是必须由语言来组织的。

古人云：“文以载道”，在今天的微信社交网路中，常常能见到的是“图以载文”。传播者在朋友圈中发些诸如个体的感悟和情感表达等文字信息时，由于其先添加照片然后编写文字的程序，很多时候使得传播者习惯性地寻找与文字信息相称的美图或是能帮助渲染气氛的图片。实际上，从传播效果来看，加上了图像的文字信息的确被人关注的可能性增大了，点赞和展开阅读的人也就跟着增加了。这也使得诸如 360 桌面等纯图像库的 APP 软件骤热，大众广泛下载运用，而传播者在选择、裁剪和发送这些成品图片时，本身慢慢蓄积着个人审美的提升和对图像传播的沉迷。“象生于意，故可寻象以观意”，图与文渐渐合意，接受者也能更为整体性地领略传播者所传达信息的含义，甚至图像也有可能暴露传播者的言外之意。

而所谓“以文释图”正是古人所云“言生于象，故可寻言以观象。”微信社交网路的图像传播带热了大量的图像处理 APP 软件和美颜相机类 APP 软件，手机的自拍功能伴随着微信的大热而一跃成为购买者选择手机的重要标准之一。这些都是人们自我展现需求的延展，给图像加上文字说明，有时几个字，有时几行字，有时配个古诗，有时还可能配段音乐或声音。有些软件比如啪啪图片语音社交应用将图片相结合起来， 在处理好照片效果之后，按住话筒，你可以录制自己的声音， 讲述这张照片背后的一些故事。相对于文字描述，让图片说话给人们一种更加易于表达图片内容的交流方。但在查看时，观者需要打开链接才能浏览图片收听录音。此时文字是图像的说明，处于图像的从属地位，奥玛 (Homa) 认为，图像在经过长时间的传播间隔之后， 人们不是对主题信息进行表征，而是表征非主题的信息， 知觉和概念因素会同时对视觉进行表征。于是同一张图像在微信朋友圈不断被链接分享时，不同的人可能加上了不同的解释，在文字“编码”与“解码”之间图像的内涵与外延不断变化，在社交网路中辗转流传，将图像的故事一次次丰富着，一次次叙述着……

（三）分享与个性

微信朋友圈的图像传播丰富了群体行为的法则，从“先集中再分享”拓展为“先分享再集中”。人们可以通过照片或图片的分享，转发和链接来发现彼此，之后再联结起来。微信朋友圈的这一设计符合“强关系”虚拟社区形成和运转的特点和规律，思想的分享使彼此的知识增长，不同社交人群的交叉使得彼此开阔了眼界，微笑和爱心的分享使彼此快乐和温暖。朋友圈里的各种分享，无疑加强了人们之间的联系。人们分享得越多，文化领域就越开放，对于他人的生活和观点的理解也就越深。同时对信息传播业和营销业来讲，微信社交网络的分享特质带来了海量的受众、流量与收入，通过病毒式营销、圈子营销的手法在微信这一所谓的“自媒体”平台上完成特定商业信息的分享与传播。

另一方面，在传统的图像传播业中，传播者和受传者的角色是固定的，信息的收集和传播者往往是图像制作与处理的专业人士，而受众则是普通的社会大众，而且受众只能被动地接受信息。现在微信的分享改变了受传者的身份，图像信息的生产者、传播者、接收者成为一体。微信朋友圈中的个体即是内容的生产者也是信息的采集者。可以说，微信朋友圈是生产性受众观的绝佳的实践范式。当大家在朋友圈发表对他人或自己所发布的图像进行评论与回复时，同为朋友的几个人又能就某一话题形成一个更小的朋友圈分享平台，同一张图像所引发的不同思考与理解也得以互相分享。每个用户既都是传播的主体，也是受众，同时也是传播媒介，图像信息的传播体现了去中心化和个性化的特征。

微信用户对于关注对象的选择、信息的发布、信息的回复、转发和评论都由自己掌握，受众成了传播者和生产者，这大大激发了他们的原创和生产能力。也使得微信社交网路中的图像传播别具个性。比如今年特别风靡的脸萌 APP 软件就带有这一特征，也是适用于微信图像传播而产生的。虽然都是卡通装扮类软件，脸萌与 QQ 秀还是有很大的不同。前者更着意于现实的社交圈，而后者更多的是虚拟世界的一场秀，我们看到同一个人的 QQ 秀不断变化，而他用脸萌软件制作的头像却能维持非常长的头像时间，甚至成为识别标志。实际上，反倒是这样相对固定的头像更具个性，因为现实生活的千差万别更胜贫乏的虚幻想象。通过根据真实外貌制作的卡通图像，虽然基本素材一致，却形成了极具个性的不同组合方式，比起天马行空的 QQ 秀，或许脸萌能帮助我们更为深切地了解自己，展现自己和打磨自己。

微信社交网路中的图像传播对受众的冲击力在于图片、影像所具有的直观性和现场性，而这些无一例外地首先是诉诸受众的视觉，引起感觉上的震惊，然后再是本身的体悟。微信图像传播帮助我们了解对方的现实动态，境遇乃至细微心情变化。在展现与窥视之间，朋友圈使得人际交往从来没有像现在这样知己知彼，并使得原来相互间的浅层认识进入深层认识。拨开现实社交华丽的外衣，或许可以通过微信社交网路中的图像传播一探他人的生活与内心。

注释：

[1] （德）海德格尔．孙周兴，译．[M]《世界图像时代·海德格尔选集》．上海三联书店，1996：899.

[2] 聂磊，傅翠晓，程丹．[J]微信朋友圈：社会网络视角下的虚拟社区，新闻记者，2013.5，P74. 该文章提出了“强连接为主、弱连接为辅”这一概念，所谓的“强连接”指的是以熟人社交圈为主体的连接，而“弱连接”指的是较为松散的，其余非线下社交为基础的连接．

[3] 1912 年，德国的艺术史大师阿比•瓦尔堡在第 10 届国际艺术史大会上宣读了他的论文《弗拉拉的无忧宫意大利艺术与国际占星术》，在这篇论文中他使用了新词汇“图像逻辑的”来昭示他准备倡导的一种新生的艺术研究方法，一种脱胎

于传统图像志研究的研究艺术史、艺术学的新理论模式．

[4](美)安东尼·卡斯卡蒂．柏拉图之后的文本与图像[J]．学术月刊，2007（2）：P31．

[5]《周易》[M]．三秦出版社，2007：P286．

[6]《周易略例·明象》[M]．王弼集校释(下册)．中华书局，1980：P609．

[7] 李泽厚：《美学三书》[M]．天津社会科学院出版社，2003：P334—335．

[8]（斯）阿莱斯·艾尔雅维茨．胡菊兰，张云鹏，译．图像时代[M]．吉林人民出版社，2003：P95．

[9]（美）道格拉斯·凯尔纳，斯蒂文·贝斯特．张志斌，译．后现代理论——批判性的质疑[M]．北京：中央编译出版社，1999：P195．

[10]（德）莱辛·拉奥孔[M]．朱光潜，译．安徽教育出版社，2006：P91．

[11]（法）罗兰·巴特．文之悦[M]．屠友祥，译．上海人民出版社，2002：P112．

以数据做策划依据 以互动做创意诉求
——广告产业发展趋势研判

重庆工商大学商务策划学院教授 程宇宁

摘要：未来广告产业的发展的趋势，从广告公司的角度而言，其两极化（规模化和专业化）和更加重视广告产业外部环境的建设是其发展的方向；从广告操作的层面而言，整合化、数据化、品牌化、意识形态化必将是其发展的方向；从广告媒体的角度而言，信息传播的分众化、圈层化、个性化、互动化以及传播与营销的整合化是其必然的发展趋势。

关键词：广告 产业 发展 趋势

我国的广告产业发轫于20世纪80年代初，30余年来广告产业的发展与我国区域经济发展呈现正相关的格局，即经济高速发展的北京、上海和广州沿海地区广告产业的发展水平远远领先于中西部地区的广告产业，而广告产业最为核心的要素——广告代理公司自身在与时俱进的广告理论的影响下，其广告运作的模式或操作重心也在不断地发生着变化，虽然这些变化在不同的经济发达程度的地区有着较大的区别，但大体上都经历了几个不同的发展阶段，即所谓的创意至上阶段、策划先行阶段、营销效果阶段和媒介整合阶段。进入21世纪之后，随着信息数字技术的飞速发展和新兴网络媒体的广泛运用，尤其是大数据时代的到来，广告产业的发展必将出现以下几个方面的趋势：

一、信息产业的高速发展，大数据时代的来临，使得整合营销传播的理论在实践中广泛运用成为可能

自从20世纪90年代美国西北大学的唐·舒尔茨教授提出整合营销传播的概念以来，在全球范围内的营销界和广告界围绕IMC展开了大量的讨论，发表了众多的学术论文。深入而全面地梳理这些学术研究的基本态势和走向，我们会发现这种讨论基本上呈现出以下的基本规律：即从最初的热闹到逐渐的沉静；由刚开始的盲目崇拜到之后的理性回归。确实，如果理性而客观地对唐·舒尔茨当初所提出的IMC的概念进行深入研究的话，我们会发现整合营销传播对于广告的实务运作而言是一个更为理想的理论，与传统的营销理论相比，该理论的优越性至少体现在以下三个方面：一是营销的思考原点由过去的以企业为中心的由

内而外转变为以市场需求为中心的由外而内，即所谓的 4C 理论[1]；二是所追求的直接效果是与目标消费者建立一种彼此信任、双方互赢的认同关系；三是通过数据库的建立达成与目标消费者一对一的个性化的互动传播，进而与目标消费者形成一种相互信任的关系。前两者属于意识形态的内容，自然更容易被广告界认同和接受；而后者则属于技术手段的问题，无论是广告代理公司还是企业界在具体建立数据库的过程中均感到难以操作和付诸实施。这也是为什么整合营销传播理论在业界难以运用的最为重要的原因。基于上述三个显著特征，笔者对整合营销传播做出如下的界定：整合营销传播是企业组织以市场需求为导向、品牌为载体、文化和服务为内容，通过数据库运用及整合各种营销和传播方法，努力与目标消费者和相关利益人建立由外而内的并且彼此相互认同、相互信任的关系管理过程。[2] 当然，笔者无意在此详细阐释整合营销传播的定义及其相关理论。不过，有一点是可以肯定的，即随着信息技术的高速发展，大数据时代的来临，整合营销传播理论在实践中被广泛运用的数据采集和管理的技术问题已经迎刃而解。今天，大多数的企业只要其愿意，均可以为几乎所有购买其品牌商品的实际消费者或潜在消费者建立功能强大的数据库，并通过对数据库所采集的几乎所有消费者的消费行为的数据分析（以往的消费者行为调查只能以所谓的抽样样本来体现）来制定或修正更有针对性和更有互动性的品牌营销传播策略。因此，随着网络信息技术平台的广泛运用，整合营销传播理论与实践在广告产业内被广泛运用将成为一种必然的趋势。

二、网络媒体将信息传播平台与营销平台整合为一身，将在营销领域产生巨大的革命

广告媒体尤其是传统媒体由于其特殊的垄断地位在中国的广告产业占据着举足轻重的地位。数据表明，从 1983 年至 2011 年，我国传统四大媒介的广告收入占据当年全国广告营业总额的比例平均维持在 50% 左右。[3] 这一数据一方面说明媒体对广告产业营业额的提升所作出的巨大贡献；但另一方面也充分说明由于媒体的垄断和强势，在很大程度上制约了广告代理公司的发展。但是，近年来由于网络媒体的逐渐崛起，广告代理公司以往对传统媒体的依赖正在逐渐消解。不过，真正对广告产业的运作模式产生重要影响的则是电子商务与网络媒体的整合，使得网络媒体由单纯的信息传播平台演变为集信息互动平台与营销平台为一体的整合营销传播终端平台。这种变化无疑将对广告产业在未来的发展方式上产生革命性的影响。

首先，集传播与营销功能为一身的网络媒体的出现，必然将使广告公司对传统媒体的依附性大大降低，这在客观效果上将必然使得广告代理公司的独立性有所提升，而所有产业能否可持续性地发展的前提，就是其是否具有独立性。从这个意义上说，网络媒体与电子商务的出现，打破了传统媒体对广告产业发展的束缚，极大地丰富了广告信息传播的渠道，为广告产业的发展提供了新的机遇。

其次，网络媒体与电子商务的整合，使得传统的传播活动与营销活动分离的局面成为历史，真正实现了营销即传播、传播及营销的理念；更为重要的是这种整合在很大程度上解决了以往通过传统媒体开展广告活动的效果难以评估的问题。因此，对于企业而言，在今后的营销活动中更注重利用网络媒体与电子商务的整合开展其营销传播活动必将成为不可逆转的趋势；而对于广告代理公司而言，利用网络电子商务交易平台的销售数据衡量广告传播效果，并据此及时调整广告的诉求和表现策略必将成为其运作模式。

最后，网络媒体的多元多向的互动传播使得网络广告也必将向个性化、实时化、分众化方向发展。传统媒体的受众是由成千上万的抽象数据所构成的，而网络媒体的受众则是由一个个具体的活生生的人所构成的。因此，依赖于传统媒体开展信息传播活动的广告代理公司在其进行信息诉求的过程中，始终不清楚自己是在与谁沟通，并且也得不到即时的反馈，在这种环境下广告活动的策划运作就不得不偏向于所谓的感性诉求和艺术

性的创意表现；而利用网络媒体进行信息传播活动的广告代理公司在其进行信息诉求的过程中，则可以根据传播对象的个性特征进行有针对性的信息沟通，并能够在第一时间得到信息和消费行为的反馈，在这种环境下广告活动的策划运作就更加倾向于科学的分析和理性的诉求，广告传播的精准度无疑将大大提升，而广告投放费用的无谓开支也必将大大降低。

三、广告代理公司将向两极化方向发展

在未来具有竞争力的广告代理公司其运营方式可能只有两种：一种是大而全的、具有规模优势的广告集团型公司；一种是小而精的、具有专业水准的广告专业型公司。在以知识经济为内容、网络技术为手段的今天，我国目前一些不大不小的广告代理公司的经营成本居高不下，而面对上下两个层面的行业竞争，此种类型的广告公司显然没有任何竞争优势可言。因此，今后的广告代理公司要么向大而全的方向发展，成为行业内的航空母舰，靠规模、靠水平、靠人才形成自己的竞争优势；要么是向小而精的方向发展，借助通讯设备和网络的发展，通过向客户提供更专业的服务赢得广告主的认同。

四、广告产业的发展有赖于重新界定广告公司与客户的关系

从宏观的角度而言，广告产业自然要包括广告主、广告媒介以及媒介购买公司甚至广告受众，而其中对广告产业的发展方向起着最为关键作用的则是广告代理公司与广告主的关系如何界定的问题。从表象看，广告主与广告代理公司之间常常由于彼此互不信任而导致双方难以长久合作，其结果只能使双方都必将蒙受损失。在我国，广告主与广告代理公司之间的合作时间很少有超过 3 年以上的，绝大多数的合作时间均在一年左右，像美国当年劳德暨托马斯广告公司与新奇士柑橘广告主之间合作达 90 多年的传奇[4]，在我国则肯定只是一种绝不可能实现的梦想。不过，笔者站在第三方的立场，结合以往自己与广告主合作的经历以及对国内外众多广告代理公司与广告主合作的案例实践进行深入分析，认为广告主与广告代理公司合作时间的长短主要取决于三个方面的因素：

其一是主观的因素，即广告公司与广告主是否具有大体一致的价值取向，双方价值取向越是趋同，则双方之间的共同语言就越多，双方之间的合作自然也更为长久一些。

其二是客观的因素，即由于广告效果评估的非科学性，使得广告活动的所谓策划就显得不是那么精确和严谨，这就使得广告公司在向广告主提案时难以通过精确的理性和严密的逻辑论证本策划案的正确性。对此，广告公司和广告主双方都心知肚明，因此，广告主判断广告公司专业水准的唯一衡量标尺就只能是广告的诉求策略——即广告的创意表现。从理论上而言，广告的创意表现必须脱胎于广告的科学调查与严谨策划，但在实践中则难以做到。这样，对广告创意的评价就不可能是正确与否的问题，而只能是喜欢与不喜欢的问题。而一个广告公司又不太可能长期创作出让广告主喜欢的广告作品，于是，广告主在不长的时间里更换广告公司就像一个人吃腻了糖醋排骨而想尝试一下孜然牛肉一样是那么的符合情理。

其三是人员变动的因素，即广告主的中高层人员的职务变动往往也是导致广告主更换广告公司的原因之一。众所周知，广告主无论是国营还是民企，其具体与广告公司接洽的负责人与广告公司之间多多少少总会有一些非专业的利益关系存在，只是因个人的素质差异而在程度上有所区别而已。这样，当广告主的乙经理取代甲经理负责广告项目之后，广告主与广告公司之间的沟通将难以顺畅。原因很简单，乙经理为了证明自己存在的价值，自然会倾向于否定之前甲经理的策略思路，至于该策略是否正确则显然是不重要的。再加上乙经理如果与广告公司继续发展与专业无关的利益关系的话，显然就比较危险。因为乙经理难保广告公司不会将这种关系告知给已经调作它任的甲经理。所以，为显示自身的能力和安全起见，在绝大多数情况下，随着广告主负责广告事务的人员变动，

广告主与原广告代理公司之间的合作也必然走到了尽头，而广告主也会寻求与下一个广告公司的合作可能。

如果说广告主与广告代理公司合作时间的长短主要取决于上述三个方面的因素的话，那么，如何克服和解决上述三个阻碍双方关系发展的因素就成为广告主与广告代理公司所共同面对的课题。笔者以为，广告主与广告代理公司之间的关系应该以资源整合、优势互补、职业操守的标准予以构建，这是广告主在选择广告代理公司时的一个基本准则。而一旦双方确立了合作关系，则就应该本着相互尊重、相互信任、平等互利的原则予以维护。随着大数据时代的来临，上述所分析的影响广告主与广告公司之间合作的客观因素将大大化解，而随着市场竞争环境的日益激烈，广告主与广告公司都必将认识到一个基本的事实，即广告主与广告代理公司的合作越长久，广告公司为广告主所提出的品牌战略构想与具体的策划传播策略也就越接近正确，其结果就是双方携手共赢的概率也必将大大提高。因此，未来广告产业的发展趋势之一，就是广告主与广告代理公司双方都将重新界定彼此之间的关系，而核心的变化则是广告主在选择广告代理公司的过程中，将由过去的价格判断转向价值判断。

五、积极构建有利于广告产业发展的外部生态环境

构建一个良好的、可持续发展的外部生态环境，是广告产业发展的前提与基础。不过，令人遗憾的是自 1978 年广告产业恢复和发展至今的 30 余年来，我国在构建广告产业发展外部生态环境方面除了北京、上海和广州三地有所建树之外，其余各地均无所作为。当然，导致这种状况的深层次原因自然与我国特殊的政治体制有着必然的关系。不过，从事广告产业的相关组织也不应该据此而无所事事。事实上，自 2006 年以来，各地的广告协会至少在名义上已经陆续开始与政府脱钩，也就是说，各地政府也希望通过社会化的行业管理来代替过去行政化的管理，但从八年来的实践结果看，收效甚微。笔者以为，造成这种结果的原因不外乎有以下两点：一是广告公司尤其是中小规模的广告公司由于行业内部的恶性竞争使得其不得不忙于其自身生存的问题，而无暇顾及和思考产业外部环境的构建；二是那些名义上与体制脱钩但实际上仍然按传统管理模式对广告行业进行管理的协会组织，由于受其主观上的认识和客观上的专业能力所限而难以主导和推动产业外部环境的构建工作。上述两个原因实际上涉及广告公司与广告协会的关系问题。从理论上说，广告公司与广告协会的关系应该是本与末的关系，是互动发展的关系。因此，在未来的发展过程中，各地的广告公司尤其是有着一定规模的广告代理公司必将由过去的消极被动转向积极主动地在产业内部进行互动和交流，共同探索和构建地区广告协会的平台建构，共同制定行业标准，努力构建一个公平、公正、有着良好职业规范和职业操守的行业生态环境。

六、广告诉求更强调意识形态的文化性

随着消费者生活水平的提升，消费者对商品的需求必将由过去的关注商品的物质属性向更加关注商品的精神属性转变。而随着媒介的多元化，未来的消费者在其生活形态的分布上也必将呈现出一种分层化或圈层化的趋势，而圈层的形成又必然有一个基本的前提，即同属一个圈层的消费者大都具有相同或相似的价值取向，有着大致相同的文化审美偏好。消费者的这种由物质到精神的需求转变，必然要求广告公司在策划相关广告活动时，必须相应地从过去只注重对产品品质的诉求转变为更加强调对商品品牌精神属性或品牌文化个性的诉求。当然，这种转变也不一定体现在所有的商品诉求上，至少对理性商品就未必可以套用这个模式。总体而言，对于那些将已经处于生活状态的消费者作为某品牌的目标消费者的感性商品而言，广告诉求主题的意识形态性和价值取向无疑将更有可能产生理想的传播效果。

七、结论

未来广告产业的发展趋势，从广告公司的角度而

言，其两极化（规模化和专业化）和更加重视广告产业外部环境的建设是其发展的方向；从广告操作的层面而言，整合化、数据化、品牌化、意识形态化必将是其发展的方向；从广告媒体的角度而言，信息传播的分众化、圈层化、个性化、互动化以及传播与营销的整合化是其必然的发展趋势。

注释：

[1]（美）唐·E·舒尔茨．吴怡国，钱大慧，林建宏，译．《整合营销传播》．北京：中国物价出版社，2002：20.

[2] 程宇宁．《整合营销传播——品牌的策划、创意与管理》．北京：中国人民大学出版社，2014：8.

[3] 尹铁钢．《中国媒介产业特征及其对广告产业的影响》．《广告研究》，2013：3.

[4]（美）威廉·阿伦斯．丁俊杰，程坪，苑菲，张溪，译．《当代广告学》．北京：华夏出版社，2000：6.

广告影响效果区域差异探析
——基于一、二、三线城市消费者调查

厦门大学新闻传播学院　陈素白　陈颖艳

摘要：广告态度可以衡量广告效果，而广告对消费者的影响会直接影响广告态度。本研究通过问卷调查法（N=18030），对全国20个城市进行抽样调查，分析不同区域广告对消费者的影响及影响因素的差异。结果显示，广告对消费者存在购买意图、娱乐性及消极性三方面影响，影响程度呈一、二、三线城市递减趋势；广告对消费者影响的因素包括广告可靠性、信任度和判断力，它们在解释广告对消费者影响能力上各不相同，其中可靠性是广告对消费购买意图及娱乐性影响的最主要因素，影响力表现出一、二、三线城市递减趋势；而消极性更多受信任度及判断力影响，影响力没有明显表现出一、二、三线城市递增或递减趋势。

关键词：广告态度　广告影响　区域差异

21世纪以来，我国广告产业发展迅速。2013年，我国整体网络广告市场规模达到1100亿元，同比增长46.1%。同年，中央电视台广告招标总额超过158亿元，同比增长11.39%。在高投入的广告背后，广告效果应该如何衡量？Mehta（1995）指出，消费者对广告的态度会影响广告效果，而广告对消费者的影响程度，则会直接或间接地影响着消费者的广告态度（Mehta，A. & Purvis，S.C.，1995）。

我国地域广阔，不同区域之间的经济、文化背景都有所不同，地域差异是否会对我国城市居民的广告态度造成影响？MooijDe Marieke（1994）认为："由于文化不同，不同国家的受众对广告态度和要求也会存在差异"。因此，本研究尝试通过全国大范围的调查，研究在不同地域和文化下广告对消费者产生的影响情况，具有较强的理论及现实意义。

一、文献综述

（一）广告态度

1. 广告态度定义

美国学者Richard J.Lutz（1985）将广告态度定义为，"人们通过日常生活对信息的不断接受而相对固定下来的，对广告总体表现的赞同或不赞同的倾向，是由广告唤起的各种积极和消极的认知和情感上的反

应”。之后，Baker 和 Lutz(1988) 又重新将广告态度定义为，“既有广告创造了幸福感觉的情感反应，又有对广告信息和信誉进行评估的一种认知反应”。也就是说，作为暴露在广告中的结果，消费者形成的各种不同的情感和认知判断（Julie A.Edell，1987），即是广告对消费者产生的影响。

2. 广告对消费者的影响

马谋超[1]（2001）根据 Vakratsas 和 Ambler（1999）的研究提出广告态度由认知成分、情感成分和行为倾向组成。通过文献梳理发现，广告对消费者的影响会影响广告态度的形成，其过程也经历了认知、情感到行为的三个阶段。

Richard J.Lutz（1986）提出，广告态度对品牌态度和购买意图有重要影响。其中，广告态度包含了广告为人们创造的愉悦感（Baker & Lutz，1988）、广告通过消费者对其娱乐价值的认可（Marney A.White，1996）、形成的情感依赖进而对品牌态度带来正面影响（Brackett & Carr，2001），也就是说，广告首先通过影响消费者对品牌的认知，形成情感倾向，继而影响其购买行为（Terence A.Sillmp，1986）。

值得强调的是，人们在普遍赞同广告有“帮助购买选择”的积极影响的同时，也普遍感知到了其“刺激消费欲望”及推崇“物质享乐主义”的消极影响（Richard W.Pollay，1993；舒咏平，2009）。

3. 广告态度的因素

Gallop 和 Robinson（2000）提出人们对广告喜好度、信任度以及广告信息的有用性是影响广告态度的因素。在此基础上，Chingging Wang 和 Ping Zhang（2002）又将广告的刺激性、相关性以及人员统计学等补充为影响广告态度的因素。值得注意的是，广告真实性是影响广告态度的重要因素（Raghbir，2008），但广告真实性并不等同于人们对广告的信任度，要说服消费者首先要求广告本身必须具有真实性（周丽玲，2006），这一行为会对其消费决策产生一系列的影响（张金海[2]，2008）。

通过文献梳理发现，目前影响广告态度的因素并没有统一的测量表，笔者将影响广告态度的因素归纳为消费者角度及广告角度两个方面。从消费者角度来看，影响广告态度的因素主要有对广告的喜好度、广告信息有用性、刺激性、与自身的相关性以及人员统计学等因素；从广告角度来看，影响广告态度的因素则主要有广告的信任度、广告的真实性以及人们对广告的判断力等因素。

4. 广告态度的区域差异

关于区域差异问题，国内外已有很多学者进行过相关研究，学者们认为资源、经济、政治、文化等多方面因素是造成区域差异的主要原因（Lin S，1996；中兼·津次[3]，1999）。由于区域的差异，人们的收入水平、生活习惯等都有所不同，不同区域的消费行为上也存在一定差异（Geert Hofstede，1991；Lynn R.Kahle，1992；卢泰宏[4]，2004），因而在广告态度上，不同国家和地区的受众广告态度也存在一定差异（Mooij De Marieke，1994）。我国地域广大，区域差异明显，吴垠（2005）通过分析零点调研公司 2004 年对中国 10 大城市消费者广告态度的调查发现，地域差异对我国各地广告态度的影响较为明显，不同城市受众的广告态度意识存在差异（黄升民，2006）。但目前国内关于广告态度区域差异的研究仍然较少，而涵盖我国大范围地区的广告态度区域差异研究更为缺失，且鲜有比较研究。

（二）研究问题与研究假设

1. 研究假设

本文主要研究广告对消费者的影响、广告对消费者影响的因素以及在不同地域环境下，广告的影响效果是否存在差异。通过对既有文献梳理发现，地域差异是影响广告态度的一个重要因素。据此，本研究提出以下假设：

H1：一、二、三线城市间广告对消费者影响存在差异。

H2：广告对消费者影响程度可能会根据城市级别的变化而变化。

通过梳理文献得知，广告对消费者的影响主要包括品牌态度、购买选择（Richard J.Lutz，1986）、娱乐性（Baker and Lutz，1988；Marney A.White，1996；Brackett and Carr，2001）以及消极性（Richard W.Pollay，1993；舒咏平，2009），这四个方面相互作用相互影响，其中品牌态度及购买选择最终都是作用在购买行为上。因此此研究将品牌态度及购买选择合并为购买意图。因此在假设二之下，再提出：

H2.1：广告对消费者购买意图影响程度可能会根据城市级别的变化而变化。

H2.2：广告对消费者娱乐性影响程度可能会根据城市级别的变化而变化。

H2.3：广告对消费者消极性影响程序可能会根据城市级别的变化而变化。

从文献中发现，目前影响广告态度的因素并没有统一的测量量表，主要提及的影响因素可划分为消费者及广告两个角度，在消费者角度，影响广告态度的主要因素有：人们对广告的喜好度、实用性（Gallop and Robinson，2000）、刺激性、相关性以及人口统计学因素（Wang and Zhang，2002）；从广告角度，影响广告态度的主要因素有：人们对广告的信任度（Gallop and Rohinson，2000）、广告真实性（周丽玲，2006）以及人们对广告的判断力（Berger，2007；张金海，2008）。由于消费者角度的影响因素带有一定的主观性及随意性，且广告的喜好度、实用性、相关性因素都是建立在人们对广告的判断力基础之上，因而在本次研究中将广告的喜好度、实用性、相关性因素最入人们对广告的判断力因素中进行测量，而广告的刺激性限于本次研究采用问卷调查的方式不便测量将其去除。因此，本次研究选择广告的信任度、真实性以及广告判断力三因素作为影响广告态度的因素研究。

依据广告对消费者影响因素，本次研究提出：

H3：广告对消费者影响（购买意图、生活娱乐性、消极性影响）受广告可靠性、广告信任度及广告判断力的调节。

并在假设三之下，再提出：

H3.1：广告的可靠性认知越高，广告对消费者影响（购买意图、生活娱乐性、消极性影响）越大，且认知程度会根据城市级别的变化而变化。

H3.2：广告的信任度认知越高，广告对消费者影响（购买意图、生活娱乐性、消极性影响）越大，且认知程度会根据城市级别的变化而变化。

H3.3：广告的判断力认知越高，广告对消费者影响（购买意图、生活娱乐性、消极性影响）越大，且认知程度会根据城市级别的变化而变化。

表1 中西广告对消费者影响研究梳理简表

研究者	时间	研究主题	研究方法	结论贡献
Ernest F.Larkin	1977	大学生对广告的态度及影响因素	问卷调查法 N=80	提出了广告从经济影响、社会影响、道德标准以及广告规范四个方面影响大学生的广告态度。
Terence A.Shimp	1981	广告态度与消费者品牌选择	文献综述	梳理了品牌态度与广告态度之间的关系理论。
Lutz	1986	广告态度的情感与认知研究	实验法 N=4	论证了广告态度对品牌态度和购买意图有重要影响。
Biehal	1992	广告态度与品牌选择	问卷调查法 N=166	验证了广告态度对品牌选择的影响过程。
Mehta	1995	广告态度如何影响广告效果	问卷调查法 N=860	提出了广告态度通过影响人们对广告信息的接受及说服过程从而影响广告效果。
Shavitt	1998	大众广告态度及影响因素研究	电话问卷调查法 N=1000	提出影响消费者购买决策的因素：广告的真实性、资讯性及人口统计学因素。
AnnE.Schloser	1999	网络广告态度调查	网络问卷调查法 N=400	验证了网络广告的资讯性会影响消费者的购买决策
Gallup	2000	广告态度对广告效果的影响	问卷调查法 N=1914	提出人们对广告的喜好度、信任度以及信息的实用性会影响广告效果
Wang	2002	消费者广告态度认知	文献综述 实验法 N=12	梳理了影响广告态度的因素：娱乐性、信息性、刺激性、可信性、相关性、人口统计学。
Raghbir	2008	大众广告态度研究	问卷调查法 N=873	验证了广告的娱乐性、信息性以及真实性是影响广告态度的因素。
Ranjbarian	2011	广告态度对品牌态度及购买意向的影响	问卷调查法 N=151	提出广告态度不能直接影响受众购买意向，是通过品牌态度作为中介来影响受众的购买意向。
张红霞[5]	2004	青少年对广告的态度及影响因素	问卷调查法 N=730	验证了广告态度的构成因子：决策信息、娱乐、购买体验、个人伤害。
吴垠[6]	2005	广告态度的解构与区域及分群特征的研究	问卷调查法 N=3212	提出了消极性、活力性、可信赖性、和谐性以及娱乐性是广告态度的因子结构。
黄升民、陈素白[7]	2006	社会意识的表皮与深层：中国受众广告态度意识考察	年鉴数据分析法	研究发现人口统计学因素并不能完全解释受众广告意识差异，受众广告意识地域性差异明显。
周丽玲[8]	2006	消费者广告态度及影响因素研究	问卷测量法 N=616	验证了广告的实用性、真实性及人口统计学因素是影响广告态度的主要因素。
李琼[9]	2008	广告态度与品牌态度作用机制研究综述	文献综述	梳理了品牌态度与广告态度之间关系研究。
高运锋[10]	2008	广告信任度研究	文献综述	梳理了广告信任度研究，提出：人们对广告的消极态度主要受广告内容真实性及可信性影响。

2. 研究问题

通过对现有文献的梳理笔者发现，学界在关于广告地消费者影响的议题上，目前尚没有系统完整的研究，已有的涉及广告对消费影响方面的研究，主要都散落在对广告态度的研究过程中，并且研究范围都相对较小，较少有大范围的抽样调研，能够涵盖到全国大范围的样本来研究地域差异问题（详见表 1），因此，本次研究通过与央视索福瑞公司（CSM）合作，采用入户问卷调查的方式，抽取了全国 20 个城市的样本，来研究不同地域间广告对消费者影响的不同，研究问题如下：

第一，广告会对消费者产生哪些影响，在不同地区影响是否不同。

第二，调节广告对消费者影的因素有哪些。

第三，不同级别城市，调节广告对消费者影响的因素是否不同。

二、研究方法

（一）抽样方法与样本结构

本次调查通过与央视索福瑞公司（CSM）合作，借助索福瑞公司的调研平台完成数据调研工作。本次调查全部采用入户问卷调查的方式，完成有效样本 18041 份，其中男女比例分别为 50.1：49.9。抽样在北京、上海、广州、重庆、成都、呼和浩特、南京、沈阳、太原、天津、武汉、乌鲁木齐、西安、淮安、晋城、锦州、荆州、梅州、渭南、宜宾 20 个城市进行，抽样范围涵盖了我国的一、二、三线城市，覆盖华北、东北、华东、华中、华南、西南和西北地区，每个城市抽样人数均在 500 人以上（详见表 2）。

表 2　总体样本构成

总体样本特征	类别	人数（人）	百分比（%）
性别构成	男性	9047	50.1
	女性	8994	49.8
	合计	18041	100.0
年龄构成	15-24 岁	3136	17.4
	25-34 岁	3585	19.9
	35-44 岁	4031	22.3
	45-54 岁	3381	18.7
	55 及以上	3908	21.7
	合计	18041	100.0
个人月均收入	无收入	3212	18.0
	低收入	4959	27.7
	中等收入	5151	28.8
	高收入	4573	25.6
	合计	17895	100.0
教育程度	小学及以下	2298	12.7
	初中	5776	32.0
	高中/技术中心	5312	29.4
	大专	2388	13.2
	大学及以上	2267	12.6
	合计	18041	100.0

本次研究关于一、二、三线城市的划分标准是我国行政区划及城市国内生产总值（GDP）一线城市为省会或直辖市，且 2012 年国内生产总值在 10000 亿以上的城市[12]；二线城市是除一线城市以外的省会或直辖市城市；三线城市则为地级县市城市。其中，北京、上海、广州、重庆归为一线城市；成都、呼和浩特、南京、沈阳、太原、天津、武汉、乌鲁木齐、西安归为二线城市；淮安、晋城、锦州、荆州、梅州、渭南、宜宾归为三线城市。

（二）研究变量

本文采用问卷调查法进行实证研究，问卷设计采用 Likert 量表进行测量，分别以“非常同意”、“同意”、“一般”、“不同意”、“非常不同意”来表示，计算分数从 5 到 1 分递减，内容包括广告对消费者的购买意图影响、娱乐性影响和消极性影响，调节广告对消费者影响的因素：广告的可靠性、信任度和判断力三个方面（见图 1）。

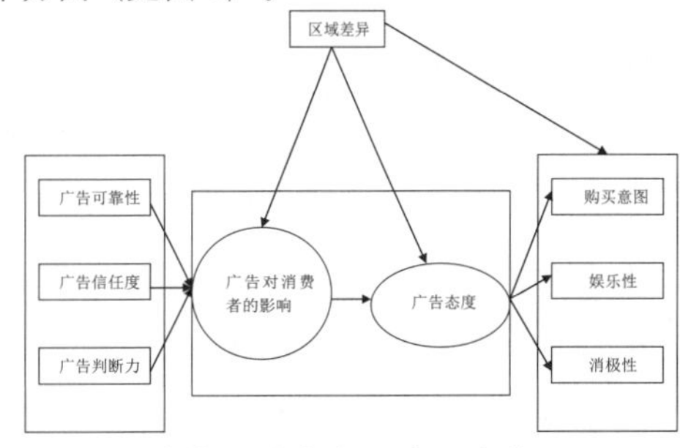

图 1　广告对消费者影响因素关系图

三、研究发现与讨论

本研究在数据处理上，运用 spss19.0 进行统计分析，基于研究目的、问卷设计及样本情况，先采用求均值的数据处理方法分析广告对消费者影响情况，后采用回归分析的方法进行广告对消费者影响因素分析。

（一）消费者影响情况

通过对数据分析发现，在广告对消费者总体影响的地区差异上，表现出明显的一、二、三线城市递减变化的趋势，详见图 2。

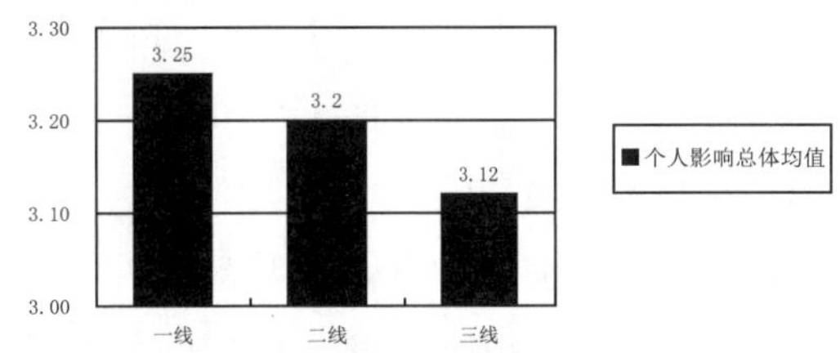

图 2　一、二、三线城市广告对消费者影响情况图

在广告对消费者影响程度上，本次调研分别从广告对消费者购买意图、娱乐性及消极性三个方面来具体研究。调查数据显示，在广告对购买意图及娱乐性影响两方面，都明显表现出呈一、二、三线城市递减变化的趋势，而在消极性的影响方面，一、二线城市影响程度差异较小，但明显高于对三线城市的影响程度，详见图 3。

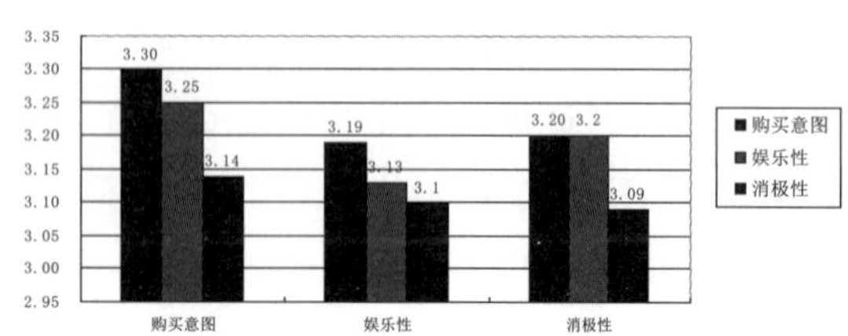

图 3 一、二、三线城市广告对消费者影响三方面总体情况图

小结：

由以上数据可知，假设 1 被证实，在广告对消费者影响方面，一、二、三线城市之间有明显差异。

假设 2 被证实，广告对消费者影响程度会根据城市级别的变化而变化。

其下的假设 2.1，假设 2.2 也均被证实，广告对消费者购买意图及娱乐性的影响会根据城市级别的变化而变化，且呈现一、二、三城市递减趋势。

假设 2.3 被部分证实，广告对消费者的消极性影响会根据城市级别的变化而变化，但没有表现出一、二、三线城市递减趋势，一、二线城市影响较大且相似，三线城市影响较小。

（二）广告对消费影响因素

数据经由 spss19.0 处理得出：广告的信任度、可靠性、判断力三因素在广告对消费者总体影响以及分别对购买意图、娱乐性、消极性三方面的影响均具有显著相关性（相关系数均大于 0.5），且可靠性、信任度及判断力三因素间不存在自我相关（相互之间相关性均小于 0.5），符合进行回归分析的条件。

1. 总体消费者影响

总体消费者影响模型可以解释总变异的 67.6%，p=0.000<0.05。广告的信任度、可靠性、判断力三因素对总体消费者影响均为正向，其中影响最大的因素为“广告可靠性”（β=0.506），详见表 3。

表 3 三因素对总体消费者影响回归分析验证表

	β	标准误差	Beta	t 值	P 值
常量	0.94	0.02		59.32	0.00
广告信任度	0.15	0.01	0.20	32.67	0.00
广告可靠性	0.38	0.01	0.51	84.06	0.00
广告判断力	0.20	0.01	0.22	41.08	0.00
R^2=0.575 P=0.000					
因变量：总体消费者影响					

2. 购买意图

购买意图影响模型可以解释总变异的 60.5%，P=0.000<0.05。广告的信任度、可靠性、判断力三因素对购买意图影响均为正向，其中影响最大的因素为“广告可靠性”（β=0.487），详见表 4。

表 4 三因素对购买意图影响回归分析验证表

	β	标准误差	Beta	t 值	P 值
常量	0.847	0.020		42.569	0.000
广告信任度	0.186	0.006	0.216	32.163	0.000
广告可靠性	0.431	0.006	0.487	74.905	0.000
广告判断力	0.156	0.006	0.150	25.975	0.000
R^2=0.503 P=0.000					
因变量：购买意图					

3. 娱乐性

娱乐性影响模型可以解释总变异的 46.5%，P=0.000<0.05。广告的信任度、可靠性、判断力三因素对娱乐性影响均为正向，其中影响最大的因素为“广告可靠性”（β=0.514），详见表 5。

表 5 三因素对娱乐性影响回归分析验证表

	β	标准误差	Beta	t 值	P 值
常量	0.604	0.023		26.560	0.000
广告信任度	0.127	0.007	0.134	19.198	0.000
广告可靠性	0.501	0.007	0.514	76.095	0.000
广告判断力	0.191	0.007	0.167	27.850	0.000
R^2=0.465 P=0.000					
因变量：娱乐性					

4. 消极性

娱乐性影响模型可以解释总变异的 22.3%，P=0.000<0.05。广告的信任度、可靠性、判断力三因素对消极性影响均为正向，其中影响最大的因素为“广告判断力”（β=0.257），详见表 6。

表 6 三因素对消极性影响回归分析验证表

	β	标准误差	Beta	t 值	P 值
常量	1.420	0.025		56.896	0.000
广告信任度	0.113	0.007	0.130	15.551	0.000
广告可靠性	0.189	0.007	0.213	26.172	0.000
广告判断力	0.267	0.008	0.257	35.488	0.000
R^2=0.223 P=0.000					
因变量：消极性					

小结：

由以上数据可知，假设 3 被证实。广告对消费者影响（购买意图、生活娱乐性、消极性影响）会受到广告可靠性、广告信任度及广告判断力的影响，且认知程度越高影响越大。其中，广告对消费者购买意图及生活娱乐的影响主要受广告可靠性认知因素影响较大；而广告对消费者消极性影响则受广告判断力认知因素的影响较大；广告信任度虽然也会对消费者购买意图、生活娱乐、消极性产生影响，但影响相对于可靠性及判断力的影响而言较小。

（三）三因素在一、二、三线城市中广告对消费者影响情况

本次调研从广告的可靠性、信任度、判断力三个方面来了解受众对广告的认知情况。从图 4 可以明显看到，三个因素在一、二、三线城市的表现有较大的差异性。

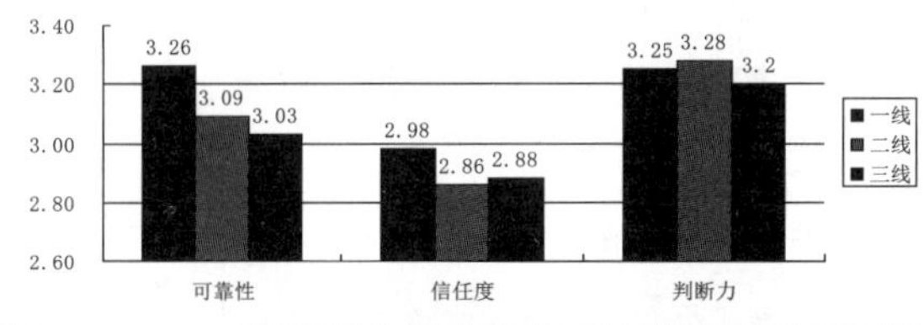

图 4　一、二、三线城市影响广告对消费者影响三因素

在广告可靠性上，得分均值都在 3 分以上，受众认知情况较好，且明显地呈现一、二、三线城市递减的趋势。

在广告信任度上，得分均值都在 3 分以下，受众认知情况较差，其中一线城市认知情况相对较高，而二、三城市的认知情况均较低，且较为接近。

在广告判断力上，得分均值都在 3.15 以上，受众认知情况较好，且一、二、三线城市差异较小，其中三线城市的认知程度略低。

小结：

由以上数据可知，假设 3.1 被证实，广告可靠性认知对消费者影响程度最大，随着可靠性认知的提高，广告对消费者影响（购买意图、娱乐性、消极性）程度加大，且广告可靠性认知程度表现出一、二、三线城市递减的趋势。

假设 3.2 及假设 3.3 被部分证实，广告信任度及判断力的认知在消费者购买意图及娱乐性的影响上，解释作用较小；在消极性影响上，解释作用较大，随着信任度及判断力的提高，广告对消费者消极性影响加大，但其认知程度没有明显表现出根据城市级别变化而变化的趋势。

四、讨论与结论

（一）假设验证结果总结

通过数据分析，假设 2.3 部分成立，广告对消费者消极性的影响程度，一、二线城市影响较大且相似，三线城市影响较小，因而广告对消费者消极性的影响程度会因城市级别不同而变化，但未完全表现出一、二、三线城市递减趋势。

假设 3.2 和假设 3.3 部分成立，广告信任度及判断力认知，主要影响广告对消费者的消极性影响，广告信任度和判断力越高，广告对消费者消极性影响越大，但认知程度没有根据城市级别的变化而有较明显变化。

其他研究假设均成立，详见表 7。

表 7　假设验证结果

研究假设		
H1:	一、二、三线城市间广告对消费者影响存在差异。	成立
H2:	广告对消费者影响程度可能会根据城市级别的变化而变化。	成立
H2.1:	广告对消费者购买意图影响程度可能会根据城市级别的变化而变化。	成立
H2.2:	广告对消费者娱乐性影响程度可能会根据城市级别的变化而变化。	成立
H2.3:	广告对消费者消极性影响程度可能会根据城市级别的变化而变化。	部分证实
H3:	广告对消费者影响（购买意图、生活娱乐性、消极性影响）受广告可靠性、广告信任度及广告判断力的调节。	成立
H3.1:	广告的可靠性认知越高，广告对消费者影响（购买意图、生活娱乐性、消极性影响）越大，且认知程度会根据城市级别的变化而变化。	成立
H3.2:	广告的信任度认知越高，广告对消费者影响（购买意图、生活娱乐性、消极性影响）越大，且认知程度会根据城市的级别的变化而变化。	部分成立
H3.3:	广告的判断力认知越高，广告对消费者影响（购买意图、生活娱乐性、消极性影响）越大，且认知程度会根据城市级别的变化而变化。	部分成立

（二）研究讨论

通过以上广告对消费者产生影响的实证研究，本研究证实了广告对消费者产生购买意图、生活娱乐及消极性三方面的影响，且广告对消费者产生的影响呈现出一、二、三线城市递减的趋势。这一趋势与我们日常的经验感受，广告对消费者的影响程度随一、二、三线城市递增相反。关于这一点，笔者认为，人们对广告的态度可能与经济环境及生活水平有一定的相关性，在经济发达的地方，人们生活较为富足，产生消

费欲望的空间更大，因而更容易受到广告的影响。

在广告对消费者影响因素上，研究证明了受众对广告的可靠性、信任度及判断力认知是影响广告对消费者影响的三个因素，其中，广告可靠性是影响广告对消费者影响最主要的因素，可见消费者对广告可靠性的重视。对于广告，消费者首先要求广告内容是真实的，其次再根据自身判断选择是否相信，这一现象在其他实证研究中也被证实（周丽玲，2006）。值得重视的是，影响广告对消费者影响的三因素，在一、二、三线城市的表现情况也各有不同，其中，人们对广告可靠性的认知在一、二、三线城市呈递减趋势，与广告对消费者影响所呈现的趋势相符，这也印证了广告对消费者的影响程度主要受人们对广告可靠性认知影响的结论。

基于上述研究结论，本文证实了广告对消费者影响程度存在地区差异，且呈现出一、二、三线城市递减的趋势。笔者认为，广告主在投放广告时，可以根据广告对消费者影响的地区差异，权衡投放比例，针对性地投放广告。另外，研究发现，广告在影响消费者购买选择的同时，这可能与大量广告用彰显奢华的形式来刺激消费者的购买欲望有很大关系。因此，在广告创意上，应不断丰富表现形式，而不是一味地追求奢华的广告效果。

（三）研究不足与展望

在本次研究中，虽然数据显示影响广告对消费者消极性影响的因素与消极性影响的相关系数都达到了显著性水平，但相关系数的解释能力相对偏低，结果并没有达到理想状态，可能还存在其他因素影响广告对消费者的消极性影响，例如广告的表现形式，可能会影响广告对消费者的消极性影响。

在未来的研究中，可以增加焦点小组访问或深访谈的研究方法，立体式地探究广告对消费者影响深层次的原因；也可以进一步细化研究对象，针对时下热门的广告形式，如植入式广告、定向广告等，研究特定形式的广告对消费者的影响，探索广告对消费者造成的其他影响，以及影响广告对消费者造成影响的新因素。

参考文献：

[1] 马谋超．（2001）．广告与消费心理学．北京：人民教育出版社．

[2] 张金海．（2008）．广告素养的概念框架与影响因素．新闻与传播研究（4），59 — 66．

[3] 中兼·津次．（1999）．中国地区差异的结构及其机制．管理世界．（5），171 — 176．

[4] 卢泰宏．（2004）．区域差异的消费行为研究：路径与方法．中山大学学报．（2），18 — 23．

[5] 张红霞．（2004）．青少年对广告的态度及影响因素．心理学报（5）．601 — 607．

[6] 吴垠．（2005）．广告态度的结构与区域及分群特征的研究．中国经济学年会．

[7] 黄升民，陈素白．（2006）．社会意识的表皮与深层——中国受众广告态度意识考察．现代传播．（2），20 — 26．

[8] 周丽玲．（2006）．消费者广告态度及影响因素研究．新闻与传播评论，（10），220 — 230．

[9] 李琮．（2008）．广告态度与品牌态度作用机制研究综述．广告大观（理论版），（5），39 — 44．

[10] 高运锋．(2008)．人们从来都不信任广告吗？——基于美国广告信任度研究的考察．广告大观（理论版）．(5)，8 — 12．

[11] 舒咏平．（2009）．基于受众评价的广告社会效果研究．新闻大学．（1），110 — 117．

[12] 数据根据国家统计局网站所发布的 2012 年调查数据．

从创新到困境：论新世纪以来中国电影植入式广告生态的嬗变[1]

宁波大学人文与传媒学院教授 贺雪飞
上海美术电影制片厂编剧 李彧

摘要：中国电影植入式广告自新世纪以来一路高歌猛进，已经被认为是全球植入式广告发展最迅速的国家，但是与观念创新和不俗业绩相伴随的是其日益难掩的硬伤与发展瓶颈。本文以新世纪以来 60 余部电影为样本，在纵横梳理和比较中，全面观照中国电影植入式广告生态的嬗变，既分析其创新的动因与赢利实现的模式，又探究其基于商业核心诉求而必然遭遇的种种悖论与困境。

关键词：新世纪　电影植入式广告　创新　困境

新世纪以来，在中国电影产业化与国际化的进程中，电影业的营销意识不断强化，其表征之一就是电影植入式广告的兴起和快速发展。作为对传统硬性广告的一种反拨乃至颠覆，电影植入式广告以其种种创新实践为中国电影产业的发展开辟了一条新的路径，并深受广告主的欢迎，也创造了受众全新的消费体验。但是，在以商业为核心诉求的前提下，电影植入式广告从影像话语的构成到赢利逻辑的垄断，质与量、隐与显、审美与商业的矛盾冲突日益加剧，致使其遭遇种种悖论与困境。基于以上的背景与事实，我们认为对新世纪以来中国电影植入式广告的发展与嬗变作全面的梳理与深入的分析，是十分必要乃至迫切的。

一、创新：广告与电影跨界合作及互利共赢

电影植入式广告是一种将产品（品牌）的典型信息诸如产品实物、品牌名称、LOGO、包装、功能、服务内容等有目的的融入电影中，从而在受众观影的同时，引起受众的注意并对其产生影响，进而达到营销目的的有偿的传播方式。

一方面，这是广告业与电影业联姻的产物，广告对创新传播形式的期待与电影对创新盈利模式的寻求共同促成了两者的跨界合作；另一方面，电影源于生活，电影中人物的衣食住行无不与现实生活中人的消费行为、使用习惯、生活空间等相关联，而植入式广告所植入的就是真实的生活元素和生活世界，小至道具、场景等，大到城市乃至国家，电影与植入式广告共同创造了两者融合的可能性。无论中外，电影植入式广告作为广告与电影跨界合作的创新模式，为合作的共赢或多赢创造了广阔的空间和无限的可能。纵观新世纪以来中国电影产业的发展路径与发展态势，毋庸置疑电影植入式广告已经成为电影产业观念与产业链建构中不可忽视的组成部分。

（一）1999－2001 年，电影植入式广告观念的“植入”与实践探索

90 年代的中国电影界其产业观念与营销意识依然是比较薄弱的，对电影的认知更多地停留在“是一门综合的艺术”，而不是“媒介”，更不是可承载商业信息的“媒介”。电影业的总体收入结构单一，基本上依赖票房和海外销售。但是 2000 年前后，单纯的票房收入已经难以支撑迅猛高涨的电影投资，电影业的可持续发展亟待创新盈利模式。

对电影作为媒体的广告商业价值的认识与开发，除了电影业自身的这种市场压力，主要源于此阶段美

国大片进入中国市场后对电影营销观念的榜样示范。这些大片剧情与广告完美糅合，不仅生动地彰显着电影的媒体特性，使“广告艺术化”得以实现，而且当电影（影院）概念的外延拓展至录像带、DVD，以及电视转播、视频网站等相关媒介产品时，其改变的就不只是商业广告的表现形式与效果，更预示着“电影媒介化”所带来的强大的市场潜力。

众所周知，电影植入式广告最早的探索实践起始于1999年冯小刚的贺岁片《没完没了》，片中首次使用电影贴片广告，中国银行为该剧投入大量资金赞助，其产品与影片的故事、情节、人物、道具等结合而频繁出现。同时片中还植入了红牛、娃哈哈、欧陆经典、路易十三等品牌，一句“十三，路易的”给观众留下了新鲜而深刻的印象。《没完没了》在制作完成之前，贴片广告收入已稳赚1500万元，它证明电影作为媒体的商业价值是值得期待并可以实现的。其后，2000年的《一声叹息》乘胜追击植入了吉通卡、欧陆经典、中国银行、锐步、别克、佳洁士牙膏、汰渍洗衣粉、肯德基、阿迪达斯等10个品牌，票房高达3000万；2001年的《大腕》植入总数猛增到包括宝马汽车、非常可乐、摩托罗拉手机、搜狐、钙中钙、彪马运动鞋、娃哈哈、报喜鸟西服、博士伦隐形眼镜、北京城市形象、意大利名牌家具、555香烟、柯达、微软、爱岛DVD、索尼摄像机、美国澳拜客牛排连锁店、韩国化妆品、胜利啤酒、梅地亚手表、杜十娘金项链、铁东尼皮鞋、杀手牌太阳镜、大清神茶、创电通信、法国联合航空公司等31个品牌，并以4200万高居年度票房冠军。

由此，“电影媒介化”与“广告艺术化”互动共生而成的电影植入式广告，无论是对中国的电影业还是对中国的广告业都是革命性的观念变革，它彻底颠覆了我们历来对传统广告与传统电影的认知和理解，催生了中国电影跨产业资源整合以及向商业电影转型的发端与探索。我们选取了2000－2001年票房第一名和第十名各两部电影，2000年票房第一的《生死抉择》植入广告数为零，票房第十《公元2000》植入总数为7，分别是摩托罗拉手机、Tiffany首饰、宝马、大众、索尼、新加坡与香港的城市宣传，而以反腐倡廉为题材的主旋律电影，《生死抉择》零植入是可以理解的。2001年票房第一是《大腕》，植入总数为31，票房第十《地上最强》植入总数为5，分别是可口可乐、ichannel香港宽频网络有限公司、Kodak柯达、红蜻蜓鞋业、中国长城计算器。可见初创期的中国电影植入式广告作为一种全新的观念已经同时“植入”了电影界和广告界的意识中，它为媒介和企业双方提供了全新的选择，并以不俗的业绩创造了广告业的新生态。同时，从当时的舆论反响看，这种“隐匿”的、自然的、与硬性广告大相径庭的广告样式，在进入观众的视野后，也因其带来的更为逼真的生活实感与全新的观影体验而颇受肯定。

但就总体而言，这一时期的电影植入广告涉及品牌少，市场规模小，并未形成规范的操作流程与运行模式，缺乏植入统筹甚至带有一定的随意性，更由于没有广告价值的评估标准，广告主对于植入效果也无法提出明确的要求，投资的直接或直观的回报就是镜头中的品牌。

（二）2002－2008年，电影植入式广告成为电影产业链的重要一环

从2002年6月中国电影院线制改革全面实施，到2008年国产大片的集群式崛起，中国电影的商业化转型基本完成。电影营销概念深入人心，加之专业代理公司的出现，电影植入式广告模式大行其道，并成为电影产业链的重要一环，助推着电影营销的胜利。

2001年年末，国家广电总局、文化部出台了《关于改革电影发行放映机制的实施细则》，2002年6月1日起，经过重新组建的全国30多个院线公司正式启动。院线制改革是发行领域一次最彻底的变革[2]，它大大加速了中国电影产业化的进程，引发了电影产业的扩容、越界与版图的重新勘定。商业影片成为市场的热点和重点，不断被刷新的投资记录激发着投资方对高赢利的渴求，同时即使小成本电影也希望以小博大有所回报。电影植入式广告作为规避投资风险的成功路径，

表 1 2002 - 2008 年票房第一、第十名电影植入式广告

年度票房第一名的电影					年度票房第十名的电影			
年份	片名	票房（万）	类型	植入品牌总数	片名	票房（万）	类型	植入品牌总数[3]
2002	英雄	25000	剧情、动作、武侠、古装	0	寻枪	900	犯罪、剧情、悬疑	1
2003	手机	5600	剧情、喜剧、家庭	5	卡拉是条狗	700	剧情、喜剧	4
2004	功夫	17280	动作、喜剧、犯罪、奇幻	14	龙凤斗	1400	喜剧、剧情、爱情	11
2005	无极	17500	动作、剧情、奇幻	0	生死牛玉儒	2000	剧情	10
2006	满城尽带黄金甲	27165	剧情、动作、爱情	0	疯狂的石头	2289	喜剧、犯罪	19
2007	集结号	24601	传记、历史、战争、剧情	0	兄弟之生死同盟	2900	动作、剧情	10
2008	赤壁（上）	31747	战争、剧情、动作、历史、冒险	0	保持通话	4448	动作	15

随着电影市场化步伐的加快，已经为越来越多的制片方和商家认可，商业大片更是被视作实现双方互利共赢的崭新平台。谁能先一步认识到植入式广告的生机活力并加以筹划运作，谁无疑就抢占了市场的先机。

表 1 表 2 分别选取了 2002 - 2008 年度票房第一、第十名电影和冯小刚执导的贺岁片为研究样本，从中可以发现电影植入式广告不仅大张旗鼓地出现在华谊兄弟等行业"领头羊"公司出品的商业大片中，也成了小成本电影的盈利模式。其中《手机》虽然植入品牌总量不多，但是仅摩托罗拉一家赞助费就高达 650 万，该片几乎把摩托罗拉手机各种型号一网打尽。

被人戏称为摩托罗拉的品牌秀。而为《天下无贼》提供行业独家赞助的企业有 10 家之多，根据《广告大观》公布的数字，该片植入式广告总价达 2000 多万。[4]《疯狂的石头》以 300 万的投资取得了 2289 万的回报，堪称奇迹，而其中植入的班尼路、sandisk 存储卡、山城啤酒、重庆市大力搬家公司、可口可乐、尼康相机、宝马车、嘉陵摩托车、红花油、金夫人婚纱摄影、全聚德烤鸭、红梅香烟、康师傅方便面、耐克、全考拉内衣、罗汉寺、中国电信、富士通电脑、戴尔电脑等品牌广告，为其立下汗马功劳。张艺谋的《英雄》和吴宇森的《赤壁（上）》虽然没有广告植入在片中，

表 2 2002 - 2008 年冯小刚贺岁电影植入式广告

年份	片名	票房（万）	类型	植入品牌名称
2003	手机	5600	剧情、喜剧、家庭	摩托罗拉、中国移动、宝马、良家洗脚屋、山东电视台
2004	天下无贼	17280	动作、喜剧、犯罪、奇幻	宝马、长城润滑油、淘宝网、惠普笔记本电脑、佳能数码摄像机、中国移动动感地带、诺基亚手机、北京晨报、佳能便携打印机、中国移动全球通、中国电信
2006	夜宴	13000	动作、剧情、奇幻、历史、战争	剑南春、东芝、丰田（授权广告）
2007	集结号	24601	传记、历史、战争、剧情	无
2008	非诚勿扰	32500	爱情、剧情、喜剧	清华同方、温莎威士忌、斯巴鲁汽车、茉莉餐厅、西溪湿地、摩托罗拉手机、海南航空、大新华航空、美年达、汇源果汁、巴黎贝甜、剑南春酒、嘉士伯、招商银行信用卡、留下镇房地产别墅项目、日本北海道、海口、意大利 COSTA 游轮、中国移动、中信建设证券、万国公墓、国泰寺、良缘婚介、颜春岭公墓、健力士黑啤、四姐妹居酒屋、康斯登手表

但是在影院放映时，都有长达 10 分钟的贴片广告，同样成为其赢利的一部分。植入式广告在这几年越来越受到广告主的欢迎和推崇，诸如《可可西里》、《疯狂的赛车》、《爱情呼叫转移 2：爱情左灯右行》、《女人不坏》、《桃花运》等票房不俗的影片，都有不同程度的广告植入，《如果爱》（与中信银行合作）、《满城尽带黄金甲》（与民生银行合作）等都有贴片广告。

如果说第一阶段植入式广告只是一种创新性的尝试与探索，那么此时它已经无可争议地成为电影产业链的主要部分。而且所涉电影类型不断拓展，覆盖了除农村、历史、战争、魔幻之外的其他各种类型电影，植入所涉及的商品品类越来越多，专门从事影视植入的广告代理公司也应运而生，从而使这一广告样态渐成规模，并展现出巨大的发展空间。但与此同时，社会舆论对植入式广告褒贬不一的声音也开始此起彼落，它预兆着发展瓶颈与困境的出现。

（三）2009 – 2013 年，电影植入式广告成为电影盈利模式的主要样态

2009 年被视作中国电影“黄金十年”的开幕之年。[5]2008 年电影植入式广告井喷式的行情，引发了 2009 年之后植入式广告的全面爆发与快速扩张。而国家广电总局 2009 年出台的《广播电视广告播出管理办法》（简称 61 号令），对电视广告播出的时长和广告播出的类型做出明确规定，2011 年又颁布了 66 号令，取消每集电视剧中间插播广告，传统广告阵地的不断沦陷，为电影植入式广告提供了加速扩张的机遇。广告商不再心存疑虑，电影业不再遮遮掩掩，植入式广告如火如荼，几乎席卷大多数的影片，成为电影盈利模式的主要样态。

抽样研究 2009 – 2013 年度票房第一名的影片（包括《建国大业》、《让子弹飞》、《金陵十三衩》、《人再囧途之泰囧》、《西游降魔篇》），发现 40% 有植入式广告，其中《人再囧途之泰囧》植入了 Recy Tecy Co Lrd、苹果 Iphone、苹果 Ipad、方正证券 / 方正金融、WIPO、CICE、北京现代汽车、夕阳红旅行团、才子男装（TRIES）、LE MERIDIEN 酒店、中国联通、Avis 汽车租赁公司、联想电脑、海尔空调 15 个品牌和泰国的异国风情。2009 – 2013 年度票房第 10 名的电影（包括《非常完美》、《锦衣卫》、《画壁》、《喜羊羊与灰太狼之开心闯龙年》、《厨子戏子痞子》），100% 植入了广告。这一阶段植入广告最为普遍甚至几近泛滥的是都市时尚类题材的电影（如表 3 所示）。8 部电影共植入品牌接近 200 个，电影与广告合谋，全方位地对都市社会新的物质生活方式和精神生活方式进行商业化运作和商业化生产，依靠植入式广告收回全部成本在此类影片中已经不是神话。

表 3　2009 – 2013 年都市时尚类题材电影植入式广告

年份	片名	票房（万）	类型	植入品牌名称
2010	杜拉拉升职记	10900	喜剧、剧情、爱情	屈臣氏、强生美肌、兴业银行、高姿、德芙、益达、立顿、智联招聘、联想、益达口香糖、财经周刊、卡地亚、元洲装饰、中国移动、通达伟业、马自达汽车、芭莎杂志、诺基亚手机、12580 酒店、DB 公司、泰国芭提亚
2011	失恋 33 天	35218	喜剧、文艺、爱情、剧情	猫小贱、招商银行、汇源果汁、乐凯胶卷、夏普手机、珍爱网、东方新天地、蓝翔技工学校、三里屯 soho、苹果电脑、美薇亭婚礼顾问、哈根达斯、水感觉、北京出租车（中丝）、北京故宫
2011	将爱情进行到底	20280	爱情、剧情	5100 矿泉水、IDO、Bosma 望远镜、巴凯龙葡萄酒、TCL 平板电视、元洲装饰、宏图三胞、宝马车、人人网、西藏冰川矿泉水、三九胃泰、兰博基尼、OPPO、
2012	十二生肖	86375	动作、喜剧、冒险	三菱、三星、法国尚蒂伊古堡、日本佳能、雷诺风景系列汽车
2013	小时代	47937	剧情、喜剧、爱情	上海城市、LV、耐克、卡地亚(cartier)、宝马、奔驰、华伦天奴、顶蓝、MOSCHINO、NOVAH、上海翔贸易公司，片尾近 70 个赞助商 LOGO
2013	中国合伙人	53402	剧情、爱情	大众奥迪、诺基亚、肯德基、新浪、METLIFE、匡威、牛栏山、尊尼获加、Zegna、欧时力、TRENDIANO、诺基亚
2013	北京遇上西雅图	51330	爱情、艺术、喜剧	联想电子设备、伯爵系列首饰、丰田汽车、民生银行、腾讯微博、ETRO、巴黎世家、LV、香奈儿、掉、爱马仕、腾辉医药、阜外医院、美国原装雅培、宝姿、verawang、十八子作
2013	非常幸运	220000	爱情、喜剧	POWERLAND、苏宁易购、百度地图、联想、阿迪达斯、优衣库、新加坡滨海金沙湾、法拉利、KUDETA 餐厅、奔驰、北京风光旅行社、瑞贝卡俱乐部、persil 洗涤剂、爱奇艺、丰田、BVLGARI 宝格丽、SHARP、兰博基尼、福特、威尼斯人酒店、澳门 CONRAD 酒店

表 4 2009 – 2013 年冯小刚贺岁电影植入式广告

年份	片名	票房（万）	类型	植入品牌名称
2010	唐山大地震	67300	剧情	宝马汽车、剑南春、中国人寿、工商银行、中联重科、白象电池、APPLE 手机、海信电视、KAPPA、航顺达旅行社、唐山市
2011	非诚勿扰 2	48250	喜剧、爱情	牧田岭长城、奔驰、海南航空、金鹿航空有限公司、三亚亚龙湾、朵唯手机、石梅湾艾美度假酒店、人寿保险、美素、LG 显示屏、剑南春、星客特汽车、淘宝网、杭州西溪湿地
2012	温故 1942	37050	剧情	《时代周刊》
2013	私人订制	71101	剧情、喜剧	平安银行、剑南春、苏州园林、海南岛、光明畅优、松鹤楼、悠唐购物中心、MINICOOPER、红旗汽车、珍爱网、E 人 E 本、红牛、阳澄湖大闸蟹、星客特房车、重元寺、金鸡湖桃花岛、帝国夜总会、莫斯利安

这一阶段曾经开创并引领植入式广告潮流的冯氏贺岁片，更把电影媒体的商业价值发挥到了极致。其植入广告收入从《天下无贼》的 2000 多万，到《非诚勿扰 2》近 5000 万，到《唐山大地震》接近 1 亿、《私人定制》8000 余万，一路节节攀高，[6] 植入式广告已经成为冯氏电影最醒目的符号和绕不过的话题。

同时，我们研究发现并非所有电影类型都适合植入广告，即使在植入式广告成为潮流之后，在农村、历史、战争、古装、动作、魔幻等类型电影中依然鲜见，哪怕商业大片如《让子弹飞》、《西游降魔篇》也是零植入，冯小刚的《温故 1942》也不例外。观察这一阶段的农村（历史）题材影片，《生日》（2009）、《斗牛》（2009）、《走着瞧》（2009）、《宝贵的秘密》（2010）、《米香》（2010）、《喊山》（2012）等均无任何植入式广告。还有那些坚守艺术品位，重在表达艺术家对艺术、社会、人生的思考，而非以商业利益为目的的艺术片，也极少有广告的“入侵”，比如著名电影导演霍建起的作品。由此证明，影片类型是植入广告首要考量的因素。

这一阶段各类电影广告植入情况虽然不太均衡，但是总体上呈蔓延剧增之势，植入品牌类别涵盖衣食住行各个行业，城市品牌、国家形象的植入也渐成气候（如《非诚勿扰 2》之于杭州、《搜索》之于宁波、《小时代》之于上海、《私人订制》之于苏州和海口、《泰囧》之于泰国等），市场规模进一步扩大。票房收入虽依然在电影总体收入中占主导地位，但是其比例格局已经发生根本性的变化，植入式广告已经成为继票房之后的第二大收入。据统计 2011 年中国电影贴片广告与植入广告收入约 8.8 亿元，较 2010 年增长 63%，其中贴片广告约占 4.8 亿元，植入式广告约占 4 亿元。2013 年中国电影植入广告市场总额达到了 10.2 亿，比去年翻了一番。[7] 其总体业绩超过了电影衍生产品、音像电视版权、海外销售等电影产业链的其他部分，成为产业发展的有效推动力。

尤其值得注意的是，从 1999 到 2009，历经十年后的植入式广告不仅是电影产业链的主要一环，而且开始形成自身的产业链以及多元化、整合化、国际化的运作模式，它标志着植入式广告业正走向成熟。国内大电影集团和 4A 公司，开始增设娱乐营销或者整合营销部门，如 WPP 集团下属的传立媒体、博纳电影营销公司；专门研究植入式广告的机构，以及代理植入式广告的公司纷纷崛起，比如林顿国际、海润和奥美合资的海润奥美娱乐行销广告公司、中国植入网、合润传媒等，它们向影视制作公司和企业品牌提供最专业的植入广告服务，为双方的双赢合作提供机会。国外及本土的调查公司也争相涉入植入式广告价值评估和效果测量，比如美国尼尔森、央视 – 索福瑞媒介研究公司、CTR 市场研究媒介智讯等，由此电影制作公司、植入式广告代理公司、广告主和调查公司共同构建起了比较完整的植入式广告自身产业链。众多电影的广告植入运作已呈现多元化、整合化、国际化趋势，未来的市场空间与赢利预期加大。最明显的变化就是电影的植入已经从单一的片中植入转向片前片尾、贴片、公关活动赞助、形象授权等全程的植入，从广告传播向整合营销拓展，运作模式更加国际化，自我造血能力日益强大。中国企业在本土电影的引领下，也逐渐积累起品牌植入的经验，开始了植入好莱坞电影的新尝试，如《变形金刚3》中的联想、伊利、TCL和美特斯邦威等。

与此同时，毋庸讳言的是这一阶段公众对植入式广告弊端及滥用的质疑、诟病也在加剧，更多的批评声音在媒体出现，植入式广告逐渐陷入困境，其效果充满变数。

二、困境：商业诉求与审美逻辑的矛盾冲突及两难选择

在以商业为核心诉求的前提下，电影植入式广告席卷着从小成本到大制作，从娱乐片到严肃题材等一众电影。从最早的适量适度适宜，到后来的几近泛滥，从影像话语的构成到赢利逻辑的垄断，逐渐使电影既有的审美特质和自律性变得复杂和充满悖论。

（一）伦理悖论：广告优先与受众导向

电影产业化商业化的结果，是电影的存在更多的被视作商品和消费品，在市场逻辑的驱动下，赢利逐渐成为电影的核心诉求。而这一诉求在有植入式广告的电影中，其实现很大程度上要依靠植入的广告品牌才能实现，因此电影必须赋予品牌以利益，即广告优先；但是，另一方面无论是作为一种消费活动，还是作为审美活动，观众期待的是纯粹的电影而非电影与广告的联播，因此满足观众的观影体验与审美需要，尊重并保护其权益，是电影生产者不可忽视的道义和责任，即受众导向。那么到底是广告优先还是受众导向，制片方要在两难的价值准则之间做出选择，其主观上自然是想两者兼顾、三方共赢，但是客观上却使受众权益受到侵害，于是陷入伦理悖论并面临伦理风险也就不可避免。

为了实现自身利益的最大化，一些电影明显的受制于广告而将受众沦为利益牺牲品。统计分析2009年以后上映的冯小刚的贺岁片和都市时尚类题材片，13部电影共出现315处广告植入，平均每部电影24.2个。其中《杜拉拉升职记》高居榜首56次，《非常幸运》47次，《将爱情进行到底》44次，《失恋33天》35次。且不论植入广告是否有创意、是否与内容匹配，单就如此密集几近疯狂的频率，已经完全置受众欣赏心理和电影的美学原则于不顾了。《杜拉拉升职记》把观众淹没在“广告联播”中，被网民怒斥为植入式广告的反面教材。更有悖伦理的是，一些在伦理道德上敏感或有争议的产品或品牌，例如烟草、酒精、药品以植入式广告的形式直接或间接地出现在了电影中。对2009年热播的40部电影监测结果显示：31部影片有烟草镜头，占影片的77.5%，烟草镜头总数524个，烟草镜头时间长达61分钟，吸烟镜头在影视剧中被大量使用。[8]《风声》是故事题材电影作品中烟草镜头最多的影片，烟草镜头总时间占总片长的4.82%。这一切引起了观众强烈的关注、争议与批评。

由于电影观影以“时空捆绑”模式进行，观众不可能像看电视一样可转换频道拒绝广告，同时传播的单向性造成的信息垄断，又剥夺了观众的话语权，由此这些有悖商业伦理的广告更显“暴力”。广告暴力已经严重影响受众的观影体验，完全失去了对公众利益最起码的尊重。电影与受众、广告与审美本应连理共存的关系，在更多的电影与观影活动中却形成了二元对峙。

（二）意义悖论：广告信息与电影内容

电影植入式广告的生命力在于其“隐”、“软”，其成功的前提是“产品”诉求必须转化或融入“作品”的意义建构，品牌形象必须符合情节的内在逻辑。但是这一必然要求与这一要求实际上难于实现之间，构成了一个难以解决的矛盾。广告原本是为了不再广告化才选择了电影，但结果却因为把电影过于广告化而导致无法摆脱的悖论。

电影植入广告是一个非常复杂、繁琐、细致的工作，它需要职业操守和专业技能的双重保证。在成功的好莱坞大片广告植入中，“融入剧情、不露痕迹”是导演们普遍认同的植入准则，因此他们在场景、台词、道具、音效、情节等诸多植入方式中，更多采用

的是情节植入，非常注重把品牌内涵和个性自然合理地融入到影片的情节结构与意义生成中，很少有刻意乃至强暴式的植入。反观我们的植入式广告，采用方式大多数简单直露、粗糙生硬，技术含量低。我们统计了新世纪以来有植入式广告的37部影片，其植入方式的比例如图1所示，采用最少的是情节植入，最多的是道具和场景植入。很多影片频频使用生硬、呆板、突兀甚至夸张的特写镜头，浓墨重彩的画面，长时间的曝光、赤裸裸的对白来展现商业信息，违背了隐藏在剧情之下的初衷。想追求艺术与创意，却毁了艺术毫无创意。

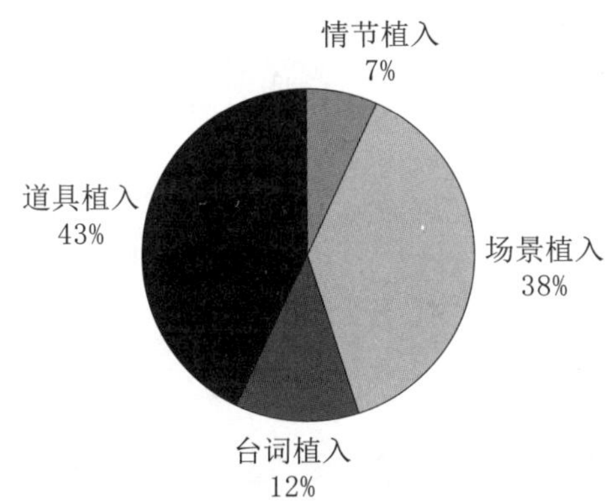

图1 关于37部影片中广告植入类型的统计

更有甚者，一些电影把植入式广告内容完全凌驾于剧情之上，致使电影艺术被广告“绑架”。《保持通话》中，影片前半部分有一场飞车追逐戏，其中从32分30秒，一直到34分50秒，一大车的百事可乐作为道具多次出现在画面中，甚至还被运用到了翻车的情节点里。尽管剧情十分紧张吸引人，但是满地的可乐罐和背景大货车上的广告割裂了情节的完整性，还是让观众频频出戏。再如天梭表作为道具出现在交通巡警辉哥的手上，影片以特写的方式足足让它停留了6秒钟的时间。尽管这是一款高科技的动感腕表，与这部动作与科技结合的影片切入点相同，但是影片中角色对于腕表功能的应用让观众看得云里雾里，同时长时间的特写导致观众的注意力都放在了腕表的LOGO上。《将爱情进行到底》中，多次植入“元洲装饰”公司的广告，片头特效中它作为背景出现了1秒，11分59秒开始它依旧作为一个中景镜头的背景停留在镜头中7秒。由于其广告标志（醒目的黑黄配色）与周围环境（灰色墙壁）形成了强烈色彩对比，观众的注意力被迫转移到了那里。而在这个7秒钟的镜头中，故事发展与“元洲装饰”的产品信息没有丝毫联系，两者完全是背离与割裂的。那么即使广告信息“植入”在了电影之中，也会因消解了电影内容而沦为赤裸裸的遭人唾弃的广告。

（三）效果悖论：广告泛滥与受众“逆反”

电影植入式广告的效果既取决于曝光时长、次数、频率，与情节的相关度，观影人次等，又取决于受众对植入品牌的熟悉度及其对广告的态度。就广告主而言，只有最大力度地展示自己的产品，才有高的效果预期，但是这一看似合理的诉求，受到了受众对广告的“免疫力”与逆反心理的强烈挑战。最大的曝光量，导致的却是传播的低有效性，这种效果悖论往往使制片方与广告主的高期望值落空，其广告效果日渐式微已经是不争的事实。

电影植入式广告与传统商业广告根本不同的是，其产品和品牌不可能是电影的主角，大多数的植入式广告都不会也不可能对产品或品牌进行描述。而正因为植入式广告不可能在短时间内提供太多的品牌信息，因此只有熟悉的品牌，才会使受众对广告中的产品有更好的回忆率。[9] 于是，很多电影植入式广告尤其是缺乏知名度的品牌，只能通过高频率的曝光，去扭转信息无法作深度诉求的被动局面，从而提高观众的认知度和记忆度。在《非常幸运》中，按广告出现的时间点（分秒）为序，依次呈现为05:02，05:13，05:39，05:48，07:50，08:16，09:27，09:29，10:00，14:00，15:00，16:08，21:20，22:58，23:21，25:12，26:36，27:14，29:30，29:31，30:58，31:32，37:07，37:24，39:58，41:04，45:03，45:37，58:29，1:03:58，1:04:51，1:04:58，1:05:27，1:06:28，1:11:14，1:13:33，1:18:00，1:18:17，1:19:43，1:20:48，1:24:45，1:28:54，1:39:08，1:40:15，1:40:27。重复的确能产生刺激的作用，但是效果却取决于受众的态度，面对有着较高的媒介素养、对广告已经有顽强"免疫力"的理性受众，如此高密度无底线的植入，只会引起他们的逆反心理和负面的广告态度，削弱广告信息的说服力；同样，当品牌植入与电影场景、情节相冲突时，必然会引起观众的反感，破坏其对品牌的态度和记忆，效果可想而知。

注释：

[1] 本课题研究受王宽诚教育基金会的资助，在此谨致谢忱！

[2] 李倩等编著．《中国电影年鉴（2001—2011）》，中国电影年鉴社，2001—201．

[3] 品牌数量指有明确的、可辨识的名称、LOGO 等典型信息的品牌数，非同一品牌以不同形式植入的次数．

[4] 薛敏芝．《植入式广告的国际运营及国内发展趋势》，广告大观，2007.05．

[5]《中国电影黄金十年混乱开幕》，长城网 2009.09—01．

[6]《2013 中国电影植入广告收入 10 亿 恐手法生硬成广告联播》，人民网 2013 年 12 月 03 日．

[7] 蒋德富，王文杰．《十年电影营销路 ：接受—认识—起步》《当代电影》2013.05．

[8] 王君平．《40 部热播电影烟草镜头达 61 分钟 还观众一个绿色银屏》，《人民日报》，2011 年 02 月 17 日．

[9] Michelle R Nelson, Ronald A Yaros, and Heejo Keum. Examining the influence of telepresence on spectator and processing of real fictitious brands in a computer game[J]. Journal of Advertising, 2006, 35(4).pp. 87—99.

碎片化时代，电视媒体的不可替代

中国气象局华风气象传媒集团副总、广告部主任　吴瑞艳

不得不承认，随着科技的发展，互联网以及移动互联网的普及，我们的媒体环境从未像今天这样充满机遇和挑战。广告主们兴奋于不同媒体形式的组合运用，而媒体人则需要面对不同媒体之间的竞争以及广告主客户的选择。

消费者碎片化，媒介传播环境也碎片化，广告主投放策略也需要聚焦，作为电视从业者，我最近两年听到最多的话题就是关于新媒体对于电视媒体的冲击。其实抛开讨论双方所处的立场，我们会发现，对于广告主而言，不同媒体所扮演的营销角色是不同的，即所谓的"各司其职"。在社会中引起爆点的现象级节目百分百来源于电视媒体。电视媒体的聚焦效应，或者说影响力，在碎片化时代尤其珍贵，是不可替代的。下面我们就新媒体和电视媒体的发展情况展开论述。

一、新媒体：发展迅猛的后来者

首先，从概念上看，新媒体是一个相对的概念，是继报刊、广播、电视等传统媒体以后发展起来的新的媒体形态，包括网络媒体、手机媒体、数字电视等。严格地说，新媒体应该称为数字化新媒体。

其次，相比于传统媒体，新媒体传播速度更快，时效性更好，表现形式更加丰富，互动形式更加多变等，这是新媒体的优势，也是近年来博得海量受众青睐的主要原因。尽管不同新媒体种类之间会有一些差异，但是总体而言，它们的共性明显。如果从广告主投放的角度来看，新媒体近几年的发展可谓"迅猛"，但是与传统媒体，特别是电视媒体相比，新媒体还只是广告主在品牌传播方面的一种补充。

二、电视媒体：地位稳固的老大哥

对于广告主而言，媒体传播的本质是营销，任何一次媒体的投入都是以产生营销力的大小来衡量的。以此为标准来衡量不同媒体的价值会发现，电视媒体作为广告主战略资源的地位仍然不可撼动，这主要由以下几个方面决定的：

（一）内容优势：电视内容生产占据原创产业高地

据专家称，中国电视媒体架构以央卫为高空传播平台，省市等地方台落地各线市场。在资源分布上，新闻、体育、纪录等权威垄断性资源奠定央视霸主地位，综艺、电视剧则成为各大卫视立足市场的核心版块，长期处于激烈竞争状态，湖南、浙江等一线卫视内容输出质量优质，地方台则以民生新闻为主流，在市场的深度覆盖上具备优势。现在市场上真正火起来的话题还都是来自电视，这是由电视媒体在整体内容生产链条上占据上游位置所决定的。而这也正好解释了广告主在现象级节目上动辄上亿元的广告投入的原因——稀缺性内容资源将带来巨大的传播价值。

（二）话题优势：社会化整合传播的重要引爆点

电视媒体作为主流媒体，享有得天独厚的视频生产优势、内容生产能力及专业品质，其具有权威性和公信力优势。以新闻为例，新闻事件只有在被电视媒体播出以后，才会在包括微博、微信等在内的社会化媒体上出现传播高峰，而相关话题的评论率最高峰则往往出现在电视媒体播出后的第二天。近年来，兴起的现象级节目这一规律也同样适用，《舌尖上的中国》、《爸爸去哪儿》、《我是歌手》等内容资源，在电视屏呈现后，迅速在其他媒体形成热议，形成广众的二次传播。这说明电视媒体在整合传播中仍占据主导地位，社会化媒体则是以电视媒体为核心进行整合传播，电视媒体仍然是社会化整合传播的重要引爆点，社会化传播最强大的爆发力仍然最集中地体现在电视媒体上。

（三）覆盖优势：最广泛的覆盖，最具包容性的受众特征

电视媒体作为成熟的媒体形式，已经普及到千家万户，拥有最为广泛的覆盖。电视媒体的受众在人群特性方面，也具有最为多元化的特征。根据 CSM 数据显示，2015 年第 1 季度，电视媒体收视环境基本稳定，人群覆盖规模略有增加，累计到达率稳定在 98.7%，全国地区人均收视时长基本不变。

（四）营销优势：广告主依然重视的营销工具

从广告主方面来看，尽管互联网的迅猛发展已经成为不容忽视的一股媒体力量，但是电视媒体在内容生产上依然处于绝对领先的地位，占据产业的制高点。并且其广泛的群众基础相较于流量有限的互联网用户，对于提高用户活跃度与品牌知名度大有加分，反倒是满足了广告主的需求，根据 CTR 调查数据显示，91% 的广告主认为电视媒体可以帮助提升品牌形象，84% 的广告主认为电视媒体具有广泛的覆盖能力，并且这两个指标远远超过其他媒体。未来需要将电视媒体的观众转化为消费者，从屏幕入口转化销售入口是电视广告经营者和广告主都在积极尝试的新策略。

三、品牌力：电视媒体的核心竞争力

在厘清了电视媒体和新媒体在广告主营销活动中所扮演的角色之后，第二个疑问随之而来，即：电视媒体种类繁多，广告主在投放时该如何选择。这就涉及“电视媒体的品牌力”问题。我们之前说过，媒体传播的本质是营销。但是从媒体运作的角度来看，品牌营销力的大小首先取决于媒体品牌性的大小，即该媒体是否是“品牌媒体”，有品牌的媒体才能更好地为广告主品牌加分增值。以 CCTV 新闻联播《天气预报》为例，电视媒体的品牌力需要具备以下几个价值：

（一）内容资源的权威性和专业性

电视媒体的品牌力首先体现在受众对于该内容资源的信任，而权威性和专业性是信任的基础和前提。

华风作为中国最权威的气象信息发布单位，在信息资讯爆炸的时代，权威性和公信力具有不可复制性，在企业营销传播过程中的品牌背书具有非常权威的品牌价值。与此同时，《天气预报》的播出平台是中央电视台，与信息来源中国气象局遥相呼应，这两大权威机构的强强联合，使得节目内容权威性和公信力是其他气象平台所无法比拟的。根据CTR调查数据显示，39%的人认为CCTV新闻联播《天气预报》更加“准确权威”，对日常出行、旅游、农作等起到了指导性作用。

（二）稳定且持续的受众基础

其次，要有稳定、持续的受众基础，这样才能保障广告主品牌在传播过程中的连续性和稳定性。

气象资讯与人们日常生活息息相关，每天准时收看新闻联播《天气预报》节目已经成为中国百姓日常生活的一部分，节目的忠诚度极高。在CTR调查的数据中，“多年来养成的收看习惯”的提及率达到27%。

《天气预报》作为生活服务类节目可以直接为工农业生产和群众生活服务，对人们生活有重要意义。CTR调查数据显示，54%的人群为了“日常出行”而去主动获取气象信息，而因为“天气突然发生变化”和“旅游出行”主动获取信息的人群分别占据23%和19%。

（三）超高的媒体覆盖率，能够满足广告客户不同营销需求

媒体垄断资源的多少决定了媒体品牌力的大小，从而也决定了广告主品牌行销力的大小。

一直以来，中央电视台各频道在全国的落地入户率遥遥领先，97%以上的观众可以收看到CCTV-1，88%以上的观众可以收看到CCTV-新闻。CCTV新闻联播《天气预报》节目在CCTV-1、CCTV-新闻频道晚间的黄金时段播出，拥有高覆盖率，可以最广泛地触达目标消费群，从而满足广告主各类营销诉求。

（四）占据黄金时段，引导消费行为

对于广告主而言，传播的最终目的是转化为行销。也因此，一个能够引导消费者消费行为的电视媒体才能称之为有品牌力的电视媒体。

新闻联播《天气预报》拥有的高覆盖率和高收视率，可以让信息最快地、最广泛地触达全国各类消费者，并且通过这个平台，企业可以很快地说服消费者，建立消费者对于企业品牌的信任，从而改变消费者的消费态度和消费行为，赢得消费者对企业品牌的信任和好感。

（五）超高的广告到达率

电视节目的伴随性收看是一个老生常谈的问题了，其根本原因在于内置广告干扰度过大，影响了受众的观看体验。也因此，如何保证广告主品牌广告的有效到达是衡量一个电视媒体品牌力大小的重要指标。

《天气预报》景观广告以景观窗口形式与栏目巧妙结合，观众收看时高度专注，看天气信息就等于在看广告，纯净的广告环境，彻底剥夺了观众控制“遥控器”的权力，保证信息有效到达，使广告的收视率约等于节目的收视率。

CTR调查数据显示，观众普遍认为景观广告干扰度低，与节目的契合度、喜好度、记忆度等指标也保持较高水平。

（六）优秀的投入产出比

随着整体经济形势发展放缓，广告主投放开始紧缩，如何选择一个拥有优秀性价比的媒体已经成为了广告主品牌营销必须要做的一门功课，当然，这也是品牌电视媒体必备的条件之一。

收视表现高且稳定，价格却十分亲民，《天气预报》景观广告因此被称为“投放额度小、连续性强、性价比优的央视黄金广告资源”，堪称成熟品牌长远发展

的支撑点，让众多中小企业实现在高端权威的央视平台传播品牌。

中国一、二级城市市场的稳定，三、四级城市市场及农村市场的发展迅速，为企业提供了一个非常好的发展空间。而CCTV正是一个无盲区覆盖的媒体，从一线核心城市，到二、三线发达地区，再到四、五线乡镇甚至广大农村市场，可以帮助很多中小企业实现对全国目标消费者的触达及潜在市场的品牌占领和渠道开拓。

四、展望：电视媒体的品牌时代已经到来

随着媒体环境的日趋复杂多样，从资源型媒体向品牌型媒体过渡已经成为电视媒体发展的大势所趋。经过三十多年的不断积累和尝试，CCTV新闻联播《天气预报》已经为电视媒体的转型提供了很好的案例。我们足以相信，电视媒体的品牌时代已经到来，而CCTV新闻联播《天气预报》已经为无数广告主品牌串起了无限的营销梦想！

广告学科课程体系的教育改革研究
——高校广告学本科教育课程体系的现状考察

厦门大学新闻传播学院 罗萍 于倩倩 寇亚南

摘要：在世界经济多元化环境以及媒介技术不断发展的情况下，广告教育的课程体系也面临着持续发展的紧迫性。本文选取了中国大陆、香港、台湾与美国有代表性的高校的广告学专业，对其培养目标、学分构成、课程设置、实践教育等本科教育课程体系的各构成环节进行考察，并对以上诸项进行了比较分析，客观呈现研究结果，以发现存在的问题，提出优化的建议与思考。

关键词：广告学本科 课程体系 实践教育

一、引言

人才培养是高校四大职能中的首要职能，完整的课程体系是高校实现人才培养目标的重要保证，实践教育是专业理论学以致用的必要环节。1983年，我国高校广告学专业完整的课程体系开始实施。历经三十多年的考验，该课程体系为我国广告教育做出了卓越的贡献。在世界经济多元化环境以及媒介技术不断发展的情况下，广告人才培养教育体系也面临可持续发展的紧迫性。因此，广告学科课程体系与教育改革应当与时俱进。

二、广告学科课程体系的比较

为了实现与国际广告教育的同步发展，本研究从中国大陆、香港、台湾与美国选取了13所有代表性的高校的广告专业课程体系作为研究样本，对其培养目标、学分构成、课程设置、实践教育环节进行了对比研究。

（一）样本代码与分析维度

本研究所选取的大陆、香港、台湾的8所高校不论是广告教育的资历还是实力都走在国内同类广告专

表 1　广告学本科课程体系分析维度表

	具体指标		定义
培养目标			指教育目标在高校广告学教育中的具体化
学分构成	通识教育学分		面对全校学生开设的通识教育课程需修满的学分
	专业教育学分	学院平台课程学分	学院各专业学生统一必修的概论性课程需修满的学分
		专业必修学分	主修专业必修课程需修的学分
		专业选修学分	主修专业选修课程需修的学分
	实践教育学分	实习学分	参加实习或实践需修的学分
		毕业学分	毕业论文或毕业设计需修的学分
	总修学分		取得学位所需的学分总和
课程设置	通识教育课程		包括国家历史文化、自然科学、艺术、商业、经济、政治、语言、数学类课程等
	专业教育课程	学院平台课程	包括传播学概论、新闻学概论、心理学概论、实用美学、媒体技术基础、广播电视概论、社会学概论、新媒体概论、中外新闻传播史、传播法规与伦理、传播研究方法、口语传播基础、媒介批评、媒介经营管理等
		专业课程	包括专业必修和专业选修课程，如：广告学概论、公共关系概论、市场营销、市场调查、广告策划、媒体计划、公共关系学、广告心理学、品牌学、广告史、广告文案写作、广告创意与表现、广告绘画基础、广告视觉设计、企业形象设计、影视广告制作、广告摄影、广告经营与管理、电子商务、广告动画艺术、新媒体艺术概论、广告综合知识、广告英语等。

样本高校名录：C1：北京大学，C2：上海师范大学，C3：武汉大学，C4：厦门大学，C5：中国传媒大学；H1：香港浸会大学；T1：台湾国立政治大学，T2：台湾世新大学；U1：University of Illinois at Urbana—Champaign，U2：University of Florida，U3：Northwestern University，U4：University of Texas at Austin，U5：University of Georgia

业教育的前列，美国的 5 所高校均为专业排名前五。为了便于识别，我们使用不同英文名称的首字母和阿拉伯数字给予每个学校不同的代码：大陆 5 所高校代码为 C1、C2、C3、C4、C5；香港 1 所高校为 H1；台湾 2 所高校为 T1、T2；美国 5 所高校则为 U1、U2、U3、U4、U5。

本次关于课程体系的研究，主要包含培养目标、学分构成、课程设置以及实践教育四个维度。具体维度的定义和考察指标见表 1。

此次研究对培养目标的考察主要是以《普通高等学校本科专业目录和专业介绍（2012 年）》中对广告学专业的要求为标准进行的；学分构成主要考察各校的总修学分、学院平台课程学分、通识教育学分、专业必修学分、专业选修学分、实习学分和毕业学分；课程设置则主要考察各校开设通识教育课程、学院平台课程以及专业课程的情况；实践教育则主要针对毕业实习和毕业考核两部分的学分占比进行相关分析。

（二）培养目标概述

归属于新闻传播学学科的广告学专业，本科学制为四年，毕业获文学学士学位。教育部高等教育司编写的《普通高等学校本科专业目录和专业介绍（2012 年）》中指出广告学专业的培养目标是：培养具备广告学理论与技能、宽广的文化与科学知识，能在新闻媒介广告部门、广告公司、市场调查及信息咨询行业

表 2 样本学分构成明细表（U3 除外）

样本院校代码		C1	C2	C3	C4	C5	H1	T1	T2	U1	U2	U4	U5
通识教育学分		44	43	61	47	72	68	62	71	80	80	72	72
专业教育学分	学院平台课程学分	32	_	_	33		9	15	10	_	_	_	_
	专业必修学分	28	59	47	13	48	39	27	39	24	33	24	24
	专业选修学分	28	25	22	35	20	12	18		20	11	24	24
实践教育学分	实习学分	4	8	6	8	16	_	3	4	_	_	_	_
	毕业学分	4	6	4	6	11	_	3	4	_	_	_	_
总修学分		140	141	140	142	167	128	128	128	124	124	120	120

以及企事业单位从事广告经营管理、广告策划创和设计制作、市场营销策划及市场调查分析工作的广告学高级专门人才。

纵览此次研究的样本院校，大陆各校在制定培养目标上整体符合国家的标准，同时又各具特色。例如：C2 提出了“构建以广告创意为核心的课程体系”，更加重视“创意”人才的培养；C4 则提出了“品牌广告人走向世界”的战略目标。H1 的培养目标是培养服务于本土甚至世界的媒体与传播事业的广告人才。台湾样本的培养目标是培养具有公共关系意识的广告人才；美国样本的培养目标则是培养学生在广告或市场领域的相关能力为主，较为强调学生的“综合行销”视野。例如，U1 主张培养学生的批判、分析以及解决问题的能力；U3 的培养目标是致力于提供以消费者为中心、数据驱动、综合手段的市场营销人才。

（三）学分构成分析

1. 总修学分

表 2 为此次研究样本的学分构成明细表（U3 作为特殊的课程体系，其学分结构也较为特殊，故未在表中呈现其学分）。数据显示：大陆样本获得学位所需的总修学分明显高出香港、台湾地区以及美国高校的总修学分。大陆 5 所高校的广告学科的总修学分都在 140 分及以上，其中 C5 总修学分 167 分为最高，港、台样本的总修学分都是 128 分，美国高校的广告学科总修学分为 120 分或 124 分。需要说明一点：大陆和台湾样本存在实习和毕业论文学分，且这类学分赋值较高，这与香港和美国的样本有所区别。同时，大陆样本的课程体系中包含中国特色课程，例如马克思主义基本原理、毛泽东思想和中国特色社会主义理论体系概论等课程，这也是大陆样本学分偏高的重要原因。

2. 通识教育学分

表 2 显示：各样本的通识教育学分差异较大，其中 U1、U2 最高为 80 分，U4、U5、C5、T2 次之均超过 70 分，H1、T1、C3 再次均超过 60 分，其余均为 50 分以下，C2 最低为 43 分。部分学校并未将专业平台学分独立划分出来，而是全部归入到专业必修学分中，因此专业平台课程学分一行中有空白的情况。

图 1 是通识教育学分占总修学分的比例图。该图显示香港、台湾、美国样本的通识教育学分占比全部高于大陆样本，其中 U1、U2 的通识教育学分占比更高达 64.5%，约是专业教育学分占比的两倍。综合表 3 的数据信息，大陆样本的通识教育学分相对低于其他样本，说明香港、台湾、美国地区在通识教育上的偏重。

3. 专业教育学分

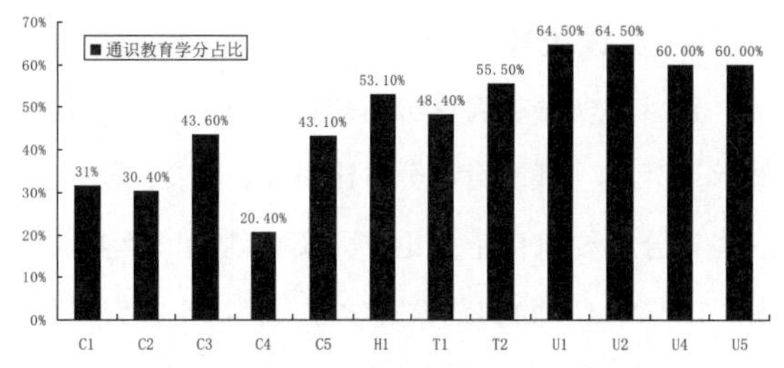

图 1 通识教育学分占比总修学分的比例图

图 2 为专业教育学分占总修学分的比例图。该图显示：大陆样本的专业教育学分占比普遍高于香港、台湾、美国样本，C1、C2、C4 的专业教育学分占比均超过 50%，C1 更高达 62.9%。这在某种程度上说明大陆高校较为侧重广告学科的专业课程教育，而香港、台湾、美国高校相对注重通识教育。值得注意的是，C5 的专业教育学分占比更接近美国高校的学分占比情况。

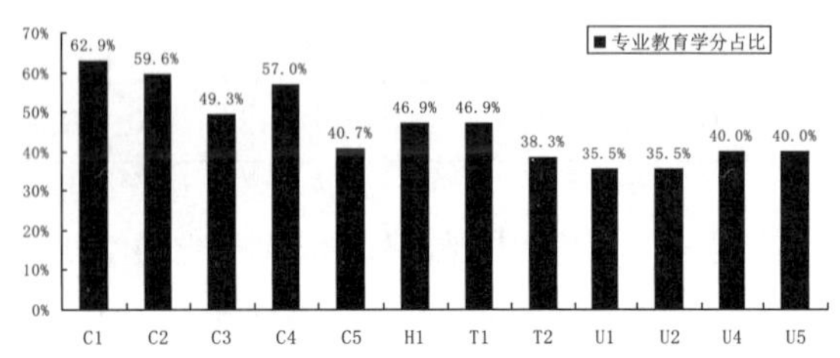

图 2 专业教育学分占总修学分的比例图

图 3 是专业选修与专业必修学分占总修学分比例图。由图可见：大多数样本的专业必修学分比例高于专业选修；C1、U4、U5 的两者持平；而 C4 专业选修比例高于专业必修，在某种程度上说明该校广告专业学生在学习过程中选择自己喜好的专业方面课程的自由度较高。C2 的专业必修学分占比高达 41.8%，说明该校在专业课程设置上的侧重。整体来说，各样本的专业必修与选修的学分占比的差异并不明显。

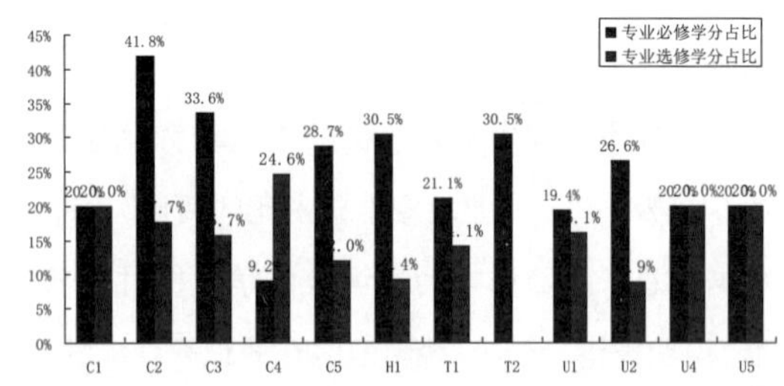

图 3 专业必修与专业选修学分占总修学分的比例图

4. 实践教育学分

图 4 是实践教育学分占总修学分的比例图。该图显示，C5 的实践教育学分占比最高，与表 2 显示一致，这些学分主要来自毕业论文、实践创新以及多次专业实习。C2、C4 的实践教育学分占比次于 C5，但高于台湾样本。香港、美国高校没有实践教育学分。这一结果并不意味着大陆、台湾高校就比其他高校更加重视实践。首先，香港、美国的广告专业本科毕业生获取学位不需要毕业论文；其次，香港和美国高校的实践教育没有分配学分，但他们鼓励学生参加社会实践与实习并提供相关机关，部分美国高校支持相应时间的实习转化成学分，一般 100 个实习工时可换取 1 个学分，最高可换取 3 个学分。

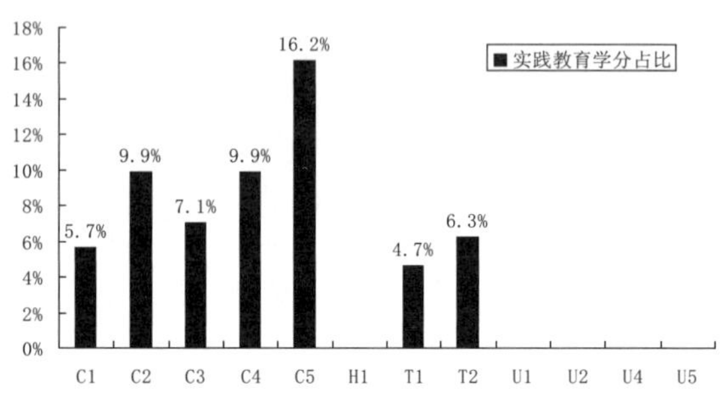

图 4 实践教育学分占总修学分的比例图

（四）课程设置分析

课程设置是指按照专业培养目标选定的各类课程的设立和安排。课程的设置须紧紧围绕专业培养目标进行，主要包含课程结构和核心课程两个方面。课程结构是课程体系中不同教育板块之间的组合与构成，广告学科的课程结构主要从通识教育课程、专业教育课程和实践教育课程三者的构成关系进行分析；核心课程是指广告专业学生都必须掌握的共同课程，它被置于整个课程的核心地位，主要从通识教育课程、专业教育课程两方面考察。

1. 课程结构

图 5 是各样本不同类别课程比例图，该图可以较为清晰地反映各样本的课程结构：即通识教育、专业教育、实践教育之间的关系。比较发现，大陆样本 C1、C2、C3、C4 的课程结构为：专业教育课程 > 通识教育课程 > 实践教育课程，其余样本课程结构：通识教育课程 > 专业教育课程 > 实践教育课程，其中 C3 的通识教育学分比例与专业教育比例差异相对较小，C5 和香港、台湾样本课程结构趋向于美国，但通识教育比例仍低于美国样本。同时，大陆 5 个样本课

程结构之间差异性较大，美国样本彼此差异较小，相对稳定。

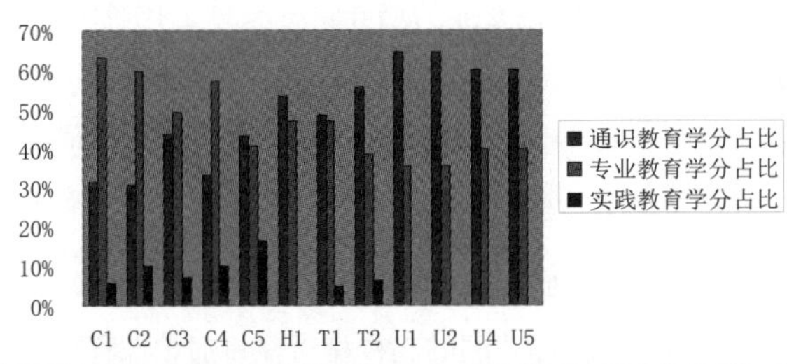

图 5 各样本不同类别课程学分占总修学分的比例图

2. 核心课程

我国广告学专业的核心课程一般包括：传播学概论、广告学概论、广告策划与创意、广告史、广告文案写作、广告经营与管理学、广告媒体研究、广告摄像与摄影、实用美术与广告设计、电脑图文设计、广告效果研究方法、市场调查与分析等。

（1）核心课程中的通识教育课程的研究发现：各样本对历史、文化、数学、语言、艺术类课程均有学分要求；自然科学、商业经济类课程的学分分配不甚理想，尤其是大陆样本在这一方面尤为欠缺；政府类课程学分分配存在地域差异，大陆样本最为重视。台湾样本除了要求学生修习英语、中文外，还要求日语学习。美国样本的通识课程内容比大陆、港、台地区更具针对性与趣味性，家庭生活、流行文化、弱势群体、社会热点等课程都可在美国样本的选课单上找到。

（2）对核心课程中的专业教育课程的研究发现：大陆、香港、台湾地区及美国样本均设有专业平台课程，但各自称呼不一，如学科基础必修课或学科通修课等。大陆样本的专业课程贯彻了《普通高等学校本科专业目录和专业介绍（2012 年）》对广告学专业课程的要求，均设有广告学概论、广告史、广告创意与策划、广告心理学、广告设计等核心课程，香港、台湾、美国样本的专业课程与大陆类似；在专业核心课程的基础上，各样本都开设了各具特色的专业课程，例如 C4 的《广告综合知识》：贯穿三个学期，是一门教师引导学生自主学习的课程（不安排专门课时授课但期末要提交课程作业）。课程内容涉猎学界和业界的最新动态、专业核心期刊课外阅读、广告相关的课外书籍阅读等，是对教学内容补充，以全面提高学生的广告素养。再如 C2 的《形色传播》、《博览与会展》；C5 的《互动广告》等课程也自成特色。H1 的专业课程很注重媒体类课程的设置，强调学科与技术的对接。由于政治环境与公共关系联系较为紧密，T2 的广告学系名称为："公共关于系暨广告学系"。T1 的《色彩理论与应用》、T2 的《民意研究》等课程独具一格。美国样本的专业教育课程尤其是专业选修课内容灵活，研究方向多样，较为注重广告教育的跨学科发展，课程内容与社会、文化和生活各方面联系密切，例如 U4 的《女性与新闻》、《传播与聋人》、《流行音乐的社会辩护》等，这些课程相较于普通理论课程更加具有针对性和吸引力。

3. IMC 课程认证体系、顶点课程、小学期

研究发现：U3 设有一项特色鲜明的 IMC 课程认证体系。U3 的 IMC 课程认证体系是有历史渊源的，近百年来他们始终坚持"综合行销传播"（Integrated Marketing Communications，简称 IMC）的专业课程设置，致力于提供消费者中心、数据驱动、综合手段的市场营销教学与研究，通过对五门课程的学习向本科的学生提供 IMC 认证（三门主修课程分别是《消费者洞察》、《市场行销调查》、《综合行销传播策略》，另外两门辅修课从《媒体与信息传递》、《信息策略和说服策略》、《公共关系》、《直接和交互市场传播》、《行销模型》、《娱乐行销》、《法律、政策和伦理》、《IMC 顶点项目》中进行行选择）。进行 IMC 课程学习之前，学生须先从指定课程中获得 4 个学分，作为 IMC 综合行销认证课程的申请许可。IMC 课程面向全校，目标明确，主要是为了提高学生对传统市场和数字社区的消费者的调进和分析能力。同时 IMC 认证面向社会，申请者需要拥有优秀的本科背景与学习成绩、至少两年的市场工作经验，经过面试方得进入课程学习。严格的准入制度和精准的教学模式，很大程度上保证了学习和教学的质量。

美国的广告专业教育存在顶点课程，是一种为临

近毕业的学生开设的整合、拓展、批判和应用所学学科领域知识和技能的课程，课程类型丰富，可包括高级研讨班、论文、实习、创作、问题解决、角色过渡等，主要功能有三：支持学生的深层次反思学习；作为一种有效的评价工具；帮助学生从学校向职场过渡。顶点课程在美国的高等教育中得到广泛的应用。U3 的《IMC Capstone Project（顶点项目）》就是一类顶点课程，只允许完成指定主修课程的学生进行修习。

小学期是中国高校向美国学习的产物，目前我国只有少数院校的广告专业开设了小学期课程，如 C4 在小学期主要通过邀请海内外权威专家来校进行讲座式授课，课程具有国际化特征；C5 的小学期主要是要求学生进行相关的社会实践。

（五）实践教育分析

我国广告学本科的实践教育的主要方式是：实习、论文或设计（策划和设计制作），其中论文是长期以来的方式，策划与设计制作作为一种新的方式正在尝试阶段。美国广告学本科的实践教育的主要方式是实习与广告设计制作，不含论文。

此次研究样本中：大多数学生除了可以选择到广告或公关公司中进行实践，还可以在校内机构以及各类广告竞赛中得到锻炼。例如：H1 的 Workshou – The Young Agency（TYA），该工作室由学生创建并管理，仿照典型的广告或公关公司的运作模式，对外承接委托项目，学生在项目执行过程中接触相应的媒介技术，掌握目标制定、分析评估、策略选择等一系列技能。C4 定期参与海峡两岸文化创意博览会，博览会设有专门的校园展位，搭建了与台湾高校的交流平台。T1 的“工作坊”致力为学生提供影音图像的技术和设备支持，它的存在类似于大陆院校的多媒体实验室一类硬件辅助机构。T2 每年会举办“传播技能成果展”，作为学生实战的校内平台。大陆地区的所有院校均有机会参与全国大学生广告艺术大赛等比赛实践。

三、结论与建议

根据样本的研究分析发现：整体上，中国广告教育正在逐渐与国际接轨，但是仍存在客观差异，具体如下：

一是我国广告专业的培养目标整体上比较统一，美国的培养目标呈个性化和具体化，比如强调某一方面能力的培养等，并且提出培养学生的批判意识，这一点在我国的广告教育培养中是有所欠缺的。

二是大陆高校较为侧重广告学科的专业课程教育，而香港、台湾、美国的高校相对注重通识课程教育。关于专业课程与通识课程比重的争论一直存在，应该允许不同侧重的探索，在多样化中实现广告教育的持续优化。

三是美国广告专业的课程结构比大陆更加稳定，我国高校广告专业的课程结构彼此差异较大，这可能是我国课程体系发展过程中的必经阶段。美国的核心课程中部分课程更具趣味性，内容很贴近社会生活；我国的核心课程偏理论化，但也不乏特色课程开发的趋势。

四是大陆广告专业的实践教育较为重视实习与毕业论文，美国的实践教育则较为重视广告实践，香港的情况与美国类似，台湾除了需要实习与毕业论文，也有毕业制作的要求。研究论文锻炼学生逻辑思维能力，广告创作培养的是学生的实务能力，二者相互补充、缺一不可。所以我国广告专业的实践教育的探索仍有很大的发展空间。

五是美国 IMC 课程的认证体系具备职业认证资质，既面向学生又服务于社会。目前我国尚没有专门针对学生的职业资格认证体系。2011 年起开始执行的“广告专业技术人员职业水平考试”只针对校外专业工作者，而不针对在读学生。如果高校与专业认证机构之间能够沟通合作，借鉴 IMC 课程认证模式，便能更好地发挥高校的人才培养和服务社会的功能。

综上所述，本研究提出如下建议：

第一，精细培养目标，增强“批判意识”；第二，合理安排专业教育和通识教育：允许多校化存在，并以国家政策以及培养目标作为准绳，使其日趋合理化。第三，核心课程中适当增开部分特色专业课程，例如：

《广告综合知识》、《形色传播》、《博览与会展》、《互动广告》、《中国传统艺术形式》等。第四，尝试建立顶点课程机制，提高人才培养质量。第五，加强校际之间交流合作，建立国内外广告教学沟通机制。推广小学期的国际化课程，并将其作为高校国际交流的重要时间段；第六，改进毕业考核模式，突破单一的毕业论文考核方式，探索毕业考核的多样化，增加广告文案策划、系列广告设计、企业形象设计等新方式供学生自由选择，更利于他们对自己未来发展方向的把握。针对这些新培形式，就需要制定新的科学细致的考核标准，以保证毕业成果的质量。第七，整合课程结构，增加课程之间的连贯性与系统性，使实践能力的培养贯穿其中，综合服务于最终的培养目标。

总之，我国的广告教育正处在一个由量变到质变的改革转型期。差异的存在恰好可以让彼此取长补短。未来的广告学科，应该在制定统一的专业标准的基础上实现多样发展。高校需要充分认识到中国特有的社会经济、文化环境，切实考虑自身的情况，实事求是，清醒地辨别、选择合理的改革方案，需要改革但切忌盲目改革。

四、本文研究局限

由于国内外高校课程的具体名称存在差异，研究要素的衡量标准在尊重客观事实的基础上难免也会有一定主观性。谨以此一个阶段的研究与同行探讨，期待同行专家的进一步研究。

参考文献：

[1] 陈培爱，李阿嫱．（2013）．2012 中国广告业发展综述——新媒体广告蓬勃发展成为今年新热点．编辑之友，（2），48 － 51、68．

[2] 陈佳贵，李扬（主编）．（2012）．经济蓝皮书——2013 年中国经济形势分析与预测，北京：社会科学文献出版社，2012．

[3] 丁俊杰．（2002）．我国广告教育存在的几个问题．广告导报，（8），52 － 54．

[4] 罗萍，卢星星．（2011）．广告学本科课程体系研究初探——以海峡两岸广告学本科课程设置比较为例．新闻世界，（5），161 － 162．

[5] 戎彦．（2011）．高校教学参与地方文化创意产业模式研究——以广告学专业为例．现代物业(中 旬 刊)，(1)，81 － 82．

[6] 吴文瀚．（2011）．多元化背景下的现代广告教育．教育与职业，（32），122 － 123．

[7] 叶信治，黄璐．（2002）．美国大学的顶点课程初探．教育与考试，（6），64．

[8] 张经梅．（2005）．美国高校学生评价方法研究．华东师范大学硕士论文，未出版，上海．

[9] 张良．（2010）．大学专业概论．上海：华东理工大学出版社．

[10] 中华人民共和国教育部高等教育司．（2012）．普通高等学校本科专业目录和专业介绍．北京：高等教育出版社．

[11] 关于印发《广告专业技术人员职业水平评价暂行规定》和《助理广告师、广告师职业水平考试实施办法》的通知．2013—12—01 取自 http://www.cnadtop.com/xiehuifuwu/xh/2010/11/12/67fdf69a—ce5d—4105—bba0—0e1702e29bff.htm．

国外儿童广告管理的法律规制与道德调控
——基于儿童本位思想的广告管理实践

西北大学新闻传播学院　张 龙

摘要：国外儿童广告管理实践的核心理念是文艺复兴运动中提出的儿童本位思想，管理制度主要由政府机构的法律规制和广告行业协会的自我道德调控两部分构成。本文介绍国外儿童广告管理系统的运作特征：有关政府机构的刚性管理、行业自律的柔性约束、法律规制的强制性及道德调控的灵活性构成了较为完善的管理模式和较为完备的管理制度形成了有效保护儿童权利的管理机制。国外儿童广告的管理经验对中国儿童广告管理具有借鉴的价值和意义。

关键词：儿童本位　儿童广告　广告管理

美国心理学家怀特教授在《儿童生活中的电视》中说："正如在以前的几百年内，儿童应该在教堂和家庭中完成的社会化过程由学校完成一样，在20世纪下半叶儿童应该在教堂、家庭和学校完成的社会化过程则由媒介尤其是电视完成了"（施拉姆、莱尔＆帕克，1961[1]）。怀特并未夸大媒介尤其是电视对于儿童的塑造，事实上在可塑性最强的儿童期，传媒文化正以其强大的力量影响和哺育着一代代儿童。

反思传媒文化对于儿童的影响，美国著名的媒体文化研究者和批判家尼尔·波兹曼在其著作《童年的消逝》中一针见血地指出"童年"作为一种社会观念在电视的强力冲击下正趋于毁灭。波兹曼文中提到的"儿童"主要指美国7岁到17岁这一年龄阶段的人口，美国文化中7岁以下的称为幼儿，17岁以上的叫成人，所以《童年的消逝》中对于儿童的研究接近于国内"青少年"这个概念。波兹曼认为传播环境的转变，"在广播、电影、录音机的伴随下，电视把我们引向童年的终结"（尼尔·波兹曼，2004[2]），尤其"电视瓦解了童年与成人之间的分界线。一方面它不需要指导观众如何去把握它的形式；另一方面，它不对观众做任何区别。它向不同观众传达相同的信息，而不在乎年龄、性别、教育程度方面的差异，或先前条件的限制"（尼尔·波兹曼，2004）。尼尔·波兹曼对电视文化给儿童带来的负面影响表达出忧虑的同时，也强烈批判了电视节目、新闻和广告等文化形式。

正是因为现代电视文化包括广告文化对儿童可能带来的负面伤害，基于儿童权利保护的需要，国外在传媒管理的制度设计中针对儿童群体制定了越来越严格的保护措施，尤其在儿童广告管理的制度设计中，形成了行之有效的管理制度和办法。本文旨在探讨儿童本位思想与国外儿童广告管理的法律规制及道德调控，以期对中国儿童广告管理实践带来启示。

一、儿童本位思想与国外儿童广告管理的制度设计

儿童本位即以儿童为中心，其他人或事物必须服务于儿童利益的理念和观点。儿童本位思想是在文艺复兴运动时代背景下产生的教育理念，法国启蒙思想家卢梭在其教育学著作《爱弥儿》中发现："儿童不是小大人，他具有独立的不同于成人的生"。（卢梭，1994[3]）夸美纽斯则认为不应当将成人世界的东西不加辨别、不考虑儿童的成熟度而生硬地教给儿童；杜威在儿童教育思想中提出了"儿童中心论"。儿童本位思想反映了文艺复兴运动中儿童教育领域体现出的对儿童天性的尊重及儿童尊严和权利的维护，这种思想在文艺创作领域、法学领域日益受到重视。

儿童本位思想的核心在于充分尊重儿童天性、维

护儿童尊严和保护儿童权利。1989 年 11 月 20 日，第 44 届联合国大会通过了保护儿童的国际准则《儿童权利公约》，将“儿童”界定为“18 岁以下的任何人”。但不同国家对“儿童”年龄界定有所差别，美国界定为 13 岁以下的未成年人、德国界定为 14 岁以下的未成年人，英国、日本、法国、西班牙等国界定在 16 岁以下，意大利、俄罗斯等国则界定为 18 岁以下，从国内外儿童广告研究的实践来看，大多是以 12 岁以下儿童为主要研究对象（张洪生，2011[4]）。

在法学领域儿童本位表现为儿童优先的立法、司法和执未能理念，即在立法、司法和执法过程中，把儿童作为优先考虑的利益主体。在国外儿童广告管理的制度设计、贯彻和实施中儿童本位思想体现的较为明显，尤其像美国、英国、法国、加拿大等广告业发达国家的儿童广告管理制度充分体现了儿童本位的管理理念和制度设计。通过政府广告监管和广告行业自律对广告主、媒体和广告公司形成有效约束，最大限度地保障了儿童权益和儿童的身心健康。

作为特殊群体，儿童在消费社会中也不可避免地成为商业企业争夺的对象，因为儿童市场蕴含巨大商机，以儿童为目标的广告宣传日益受到儿童产品企业的重视。在国内外儿童广告研究中对于儿童广告的界定主要基于两个方面。一是供儿童使用或以儿童为主要消费对象的产品广告；二是儿童形象出现在广告中，产品并无特殊范围。但是儿童广告的特殊性就在于广告宣传对象的特殊，实际上面向儿童展开广告宣传在国内外一直存在道德上的争议，从儿童认知发展的角度讲，12 岁是一个重要年龄节点，尤其低龄儿童对于广告信息存在认知和识别上的困难、易被广告信息误导而产生错误的消费行为。

儿童广告对儿童成长发展过程中的认知、心理和行为产生的负面影响是不利于儿童身心健康和自由发展的，容易引发社会问题。因此，基于儿童广告的特殊性从儿童本位的思想出发，保护儿童的正当权利就是应有之义了。

商业广告是儿童重要的信息来源，尤其在现代开放的媒介环境中，如果对商业广告不加以规范和引导就会影响儿童各方面发展进而侵害儿童权益。儿童缺乏自我保护能力和意见表达能力，所以儿童权利的保护中能依赖于政府、社会、家庭、学校和其他社会组织共同实施和完善。在西方社会，家长团体、社会工作者和公共政策制定者一方面对于面向儿童进行的广告宣传可能对儿童造成的权利侵害保持了必要的警惕。

基于儿童权利保护的考虑，在广告业较为发达的西方国家已经逐步建立起了相当完善的大众传媒与儿童权利保护的法律制度，制度的运行和实施通过法定的政府机构来完成，在广告行来自法律组织和非政府儿童保护组织共同推进下，形成了较为全面的儿童权利保护屏障。

中国政府同样关注儿童权利保护问题，国务院发布的《中国儿童发展纲要（2011–2020）》提出了依法保护儿童的原则：“在儿童身心发展的全过程，依法保障儿童合法权利，促进儿童全面健康成长。”《纲要》对于涉及儿童的广告宣传或商业活动也提出明确要求：“规范与儿童相关的广告和商业性活动。严格执行相关法规政策，禁止母乳代用品广告宣传，规范与儿童有关的产品（服务）广告及烟酒广告播出。规范和限制儿童参加商业性演出和活动。”

儿童广告不仅仅是一种面向儿童群体的广告宣传，它也涉及了儿童权益、儿童权利保护等一系列问题，所以针对儿童广告进行的管理行为，实质上也是对儿童权利的保护。

国外儿童广告管理是国外广告管理的一个重要组成部分，在西方广告业发达国家和地区随着广告业的发展逐步形成了一整套比较完善的广告管理制度，有专门的广告管理机构和不同类型的广告行业组织对广告活动进行规范和管理。因为儿童广告的特殊性，儿童广告管理更是通过制定特别的管理制度来加以规范和引导，当然这也是包括政府机构、家长团体和社会组织共同努力的结果。

国外儿童广告管理的制度设计体现了儿童本位的思想理念，即在广告管理实践中充分考虑儿童群体的特殊性，以儿童为中心设计广告管理制度，把儿童权利保护作为制度设计和制度实施的核心。国外儿童广告的管理机制主要通过两种途径实现，一种是政府部门对于儿童广告的监管，通过法定的广告管理机构，依据儿童广告管理法律法规对儿童广告进行监督管理并实施监管职能；另一种是广告行业协会及其成立的专门机构对儿童广告进行监管，目前国外广告行业协会对于儿童广告的监督和管理发挥着越来越重要的作用，以伦理和道德来约束和管理儿童广告已成为国外儿童广告管理的重要内容。当然国外儿童广告管理的制度设计离不开家长团体和非政府儿童保护组织的推动，可以说正是不同力量的介入，使国外儿童广告管理的制度设计更加系统和完善。

二、国外儿童广告管理的法律规制特点

国外儿童广告主要依据法律法规进行规范和管理。在长期的管理实践中，针对儿童广告已形成了较为完善的广告法律规制，同时将儿童广告管理作为政府广告管理的重点。国外儿童广告管理的法律规制主要有以下特点：

（一）政府的儿童广告管理机构

国外虽然没有针对儿童广告管理的特定和政府广告管理机构，但在政府综合性的广告管理职能中儿童广告往往是管理的重点。国外主要有两种类型的广告管理机构：一是政府的广告管理机构；一是行业的广告自律机构，这两类机构在国外儿童广告管理中均发挥了重要作用，其中政府的广告管理依据法律法规实施，所以带有一定的强制性，是刚性的管理。

欧美广告业发达国家大都通过政府管理手段规范儿童广告。美国是全球广告业最发达的国家，也是儿童广告管理经验比较丰富的国家，美国的联邦贸易委员会（FTC）、联邦传播委员会（FCC）是最重要的广告管理机构，也是美国较为权威和核心广告管理部门，儿童广告是其监管的重点领域。英国主要由独立电视委员会（ITC）对儿童电视广告进行监管，英国的独立广播局（IBC）通过出台“广告与儿童”规定来规范儿童广告。澳大利亚政府广告管理机构主要是澳大利亚贸易实践委员会、澳大利亚广播电视局（朱少山，2007[5]）。

（二）健全的广告法律规制体系

与政府机构针对儿童广告的管理相适应，国外儿童广告管理逐步形成了较完备的广告法律法规体系，对儿童电视广告有更为严格的要求。

美国联邦贸易委员会（FTC）依据《儿童电视广告准则》和《儿童电视法》对儿童广告实施管理，美国联邦传播委员会（FCC）在《儿童电视报告与政策说明》中对儿童节目中的广告数量进行了限制。英国比较重要的涉及儿童广告管理的法律有《广告法》、《儿童与青年法》等，英国独立广播剧（IBA）专门制定了《广告标准和实务法》，其中包括“广告与儿童”的专门规定，英国的独立电视委员会（IFC）依据《独立电视委员会广告业行为标准准则》第 41 条“电视广告与儿童”规范英国电视媒介中的儿童广告行业，对儿童电视广告进行严格管理（杨靖，2009[6]）。欧盟的《不公平商业行为指令》规定，欧盟所有成员国禁止广告误导行为，包括误导儿童等。

（三）限制性的儿童广告管理举措

儿童权利保护是广告法律规制的基本出发点，纵观国外儿童广告管理法律法规，对儿童广告管理的要求较高。主要通过限制性举措对儿童广告形成约束，其中包括限制媒体的播出数量和时间以及限制部分产品进行广告宣传，同时对儿童广告的表现也提出具体要求。

1. 限制媒体的播出数量和时间

美国广告业协会在《美国电视广告规范》中规定，周六及周日，每 60 分钟的节目广告时间不得超过 9 分 30 秒；周一至周五，每 60 分钟节目广告时间不得超过 12 分钟。加拿大《广播电视儿童广告准则》规定，儿童节目时间插播商业广告，半小时不得超过四分钟，半小时以上节目，每一小时插播广告平均不得超过 8 分钟。澳大利亚限制儿童广告在上午 9 点至 10 点 20 分之间播放，新西兰规定儿童广告在下午 3 点到 4 点间播放。希腊法律规定从早上 7 点到晚上 10 点，电视里不允许出现儿童玩具广告的画面。德国、荷兰、瑞士、澳大利亚等国则禁止在星期天和节假日播放面向儿童的广告（欧树芳、李红梅，2004[7]）。

在一些欧洲国家，由于家庭机构及社会组织长期致力于呼吁禁播儿童广告的行动，欧洲国家普遍对儿童广告采取更为严格的管理措施，瑞典是世界上第一个禁止儿童广告的国家，自1991年以来瑞典政府就禁止播出针对12岁以下儿童的电视广告，比利时、丹麦等国则全面禁止儿童广告。

2. 限制部分产品的广告宣传

儿童保护应全面观照儿童身心的健康发展，一些面向儿童的产品会对儿童身体健康带来潜在危害和不良影响，比如热量较高的快餐食品会增加儿童肥胖的概率；糖果、巧克力等甜食则会提高儿童龋齿的风险。因此在国外儿童广告管理中对儿童广告宣传产品提出了具体要求，像糖果类产品的广告宣传要求提醒儿童食后刷牙，新西兰、墨西哥等国则要求糖果外包装必须有健康问题的警告语。

一些国家则限制部分产品的儿童广告宣传，比如荷兰禁止14岁以下儿童做糖果广告，美国禁止针对年幼儿童的加糖麦片广告。此外，部分产品例如药片、玩具、饮料、巧克力等不适宜儿童接触的产品在不同国家的儿童广告管理中均提出了限制性要求。

3. 对儿童广告表现的要求

基于儿童群体的特殊性，加拿大、美国、法国、日本等国家在儿童广告的管理中对儿童广告表现提出了具体要求。概括起来主要有三个方面：第一，儿童广告应考虑儿童的信息识别能力。如加拿大《广播电视儿童广告准则》要求儿童广告不得试图以任何方法和技术传播超出儿童正常理解能力的信息；法国规定面向儿童的广告要考虑到儿童的轻信和缺乏经验；日本则规定广告应当切实重视儿童想象力，不应使儿童产生不切实际的幻想。第二，儿童广告应有正确的价值取向。如加拿大要求儿童广告不得鼓励或描绘与加拿大的社会道德、伦理或法律标准相违背的价值取向；法国规定儿童广告要有社会责任感，不得介绍反社会、色情的动作。第三，儿童广告应避免对儿童的误导。加拿大要求儿童产品不得表现产品以不安全的方式使用；法国规定儿童广告应诚实，广告不能错误引导儿童；不得暗示儿童该产品非买不可；日本对于所有的广告，都不希望其引导孩子进行交易（汪涛，1994[8]）。

三、国外儿童广告管理的道德调控机制

道德调控是政府广告管理的有效补充也是国外广告管理的重要模式，对儿童广告进行伦理和道德调控是国外儿童广告管理的重要手段，主要由广告行业自律组织实施完成。国外广告业发达的国家和地区已普遍建立起了比较完善的广告行业自律体系，广告行业组织、一些非政府组织及企业共同推动了国外儿童广告的道德调控。

（一）广告行业自律组织的自我规范

全球性的广告行业自律组织国际广告协会制定了《国际广告准则》来规范和约束国际电视广告业，在《国际广告从业准则》中具体规定了儿童节目广告准则，成为许多国家广告行业协会吸纳并遵守的内容。

美国最重要的儿童广告行业自律组织是国家广告审查委员会成立的儿童广告审查机构（CARU），CARU通过制定《儿童广告自律指导方针》对所有以儿童为对象的广告形式进行约束和管理，保证广告内容真实、准确。同时CARU和美国政府广告监管机关形成密切合作关系，将柔性约束和刚性管理结合起来，对于不配合管理的广告主则通过具有强制约束力的联邦贸易委员会或联邦通讯委员会进行处理。美国儿童广告审查机构在儿童电视广告监管中起到了非常重要的作用。

加拿大儿童电视广告的自律体系比较完善，加拿大广告基金会是儿童电视广告自律组织，重点监督12岁以下儿童为对象的广告和妇女卫生用品电视广告。加拿大《儿童广播电视广告准则》是一部专门针对广播电视媒体的自律规则，加拿大标准委员会（ASC）负责按照《儿童广播电视广告准则》的规定，对每一则在全国范围内播出的儿童广告进行强制性审查并颁发播出许可（钱婕，2010[9]）。

澳大利亚政府与行业组织的广告管理分工明确，政府只处理涉及广告的大案，普通案件交由广告行业组织处理。英国广告行业的自我管理系统发挥的管理

作用较政府机构更大。

（二）非政府儿童保护组织的积极推动

儿童权利保护是政府、家庭和社会组织共同关心的问题，儿童广告中可能出现的对儿童权利的侵害，也受到了一些家庭组织机构和社会组织的共同关注。国外一些非政府的儿童保护组织，为推进儿童权利保护，在儿童广告监管过程中通过积极向政府谏言或者施压，促成政府不断调整儿童广告管理政策，使儿童广告管理向着有利于儿童身心健康的方向发展。

美国非政府儿童保护组织儿童电视行动委员会（ATC）长期关注儿童电视广告的不良影响，呼吁美国联邦贸易委员会（FTC）关注儿童广告管理并限制不良儿童电视广告，最终 FTC 自 1977 年开始限制儿童电视广告，并禁止针对年幼儿童的加糖麦片广告。

美国的家长社团也积极关注儿童广告，以切实行动推动政府的儿童广告管理工作，例如美国家长协会号召家长集中推荐“你最痛恨的广告”活动，通过向政府施压达到改善儿童广告管理的目的。瑞典的儿童保护协会通过与瑞典政府和议会的长期沟通和协商，最终使瑞典议会通过了禁播儿童广告的法律。

非政府的儿童保护组织的介入既改善了政府的儿童广告管理、对广告公司和媒介的广告行为也起到了一定的控制作用。

（三）企业的自我道德调控

除了广告行业自律组织和非政府的儿童保护组织对儿童广告的道德调控之外，国际知名企业的自我道德调控也在发挥作用，一些企业在家庭及社会组织外部压力与政府机构管家理内部压力双重作用下，开始有意识地控制针对儿童的广告宣传行为。

例如，国际食品业巨头玛氏集团在 2007 年 2 月表示，不再对 12 岁以下的儿童进行糖果和巧克力等产品的广告宣传或营销活动；加拿大吉百利公司宣布不对 8 岁以下儿童进行广告宣传、美国卡夫公司明确表示不对 6 岁以下儿童进行广告宣传。美国的百事公司也自觉限制对儿童广告的投入，不再向 12 岁以下儿童宣传其旗舰产品百事可乐，也不再向 8 岁以下儿童宣传薯片产品。2007 年 7 月 17 日美国的可口可乐、麦当劳等最大的 11 家食品饮料企业宣布将实施新的自律性行业规范，限制对 12 岁以下儿童进行广告宣传。

这些著名企业主动限制面向儿童的广告宣传，对于儿童保护和儿童广告管理而言是非常有意义的，在国外企业中也起到了一定的示范作用。

国外基于儿童本位的广告管理制度设计，对于中国儿童广告管理具有借鉴意义和价值，中国目前儿童广告管理在政府管理、行业自律、法律规制及道德调控方面尚存在一定的局限，儿童权利的保护也需要制度设计者重点考量。但我们忧虑地看到，尼尔·波兹曼所描绘的“童年的消逝”在中国的媒介环境中似乎表现更加突出，所以加快中国儿童的媒介环境似乎表现更加突出，所以加快中国儿童广告管理的制度设计，以儿童为本位、以儿童权利保护为旨归，这是中国儿童广告管理的当务之急。

参考文献：

[1] 施拉姆、莱尔 & 帕克．(1961)．儿童生活中的电视．斯坦福大学出版社．

[2] 尼尔·波兹曼．(2004)．童年的消逝．南宁：广西师范大学出版社．

[3] 卢梭．(1994)．爱弥儿．北京：商务印书馆．

[4] 张洪生．(2011)．广告与儿童发展．北京：中国传媒大学出版社．

[5] 朱少山．(2007)．国外儿童电视广告规制的经验与启示．电视研究，(2)，76．

[6] 杨靖．(2009)．国外儿童电视广告监管要素分析．电视研究，(1) 72．

[7] 欧树芳，李红梅．(2004)．借鉴国外经验 规范儿童广告．工商管理，(7)，41．

[8] 汪涛．(1994)．西方国家的儿童广告及其法律限制．国际商务研究，(4)，65—66．

[9] 钱婕．(2010)．加拿大儿童电视广告自律体系初探．电视研究，(12)，71—72．

浅析铁路广告媒体发展与创新

山东中铁旅游广告集团有限公司 王福亭

摘要：中国有着四通八达的铁路运输网，以亿计算的庞大客运量，广泛的覆盖区域和受众群，如此得天独厚的传播优势，使铁路广告成为一个充满巨大潜力的广告市场。当前我国市场经济飞速发展，铁路广告市场化趋势日益凸显，另一方面我国铁路事业飞速发展，迎来了高速铁路时代。如何充分把握铁路发展的有利时机，顺应时代的发展潮流，探索新的铁路广告发展模式，成为摆在铁路广告人面前的重要课题。本文对中国铁路广告媒体的发展、现状以及在经营过程中遇到的问题进行深入分析，并有针对性地提出一些改进建议。

关键词：铁路广告　媒体形式　资源整合　媒体创新

中国拥有全世界最大的铁路市场，密集的铁路网遍布全国，预计到 2013 年年底，我国铁路营业里程将突破 10 万公里，高速铁路里程将破 1 万公里。中国铁路广告是我国最重要的户外交通广告之一，是具有进入壁垒的垄断媒介。铁路广告依托于中国得天独厚的铁路资源，形成了自身独特的传播优势，发展至今，其经营业理念、载体、传播技术和媒体环境都发生了很大的变化，特别是在高速铁路出现之后，铁路广告在近两年获得了飞跃式发展。

当今的广告市场正处于一个信息多元化、媒体多功能化、客户需求多样化的发展时期。随着铁路广告的高速增长，我们也意识到，需要紧跟市场的变化和广告主的需求，不断调整发展模式。铁路广告一方面正面临不断整合的格局，需要加快市场化运作的经营步伐，另一方面也出现许多制约其自身发展的瓶颈。铁路广告媒体目前所处的状态、面临的困难与问题及如何改进，都是本文所要探讨的问题。

一、铁路广告媒体的发展概述与现状

铁路广告有以下三个发展阶段。第一阶段是 20 世纪 80 年代中后期的起步阶段。伴随着中国广告初步发展，铁路车站也逐渐出现了广告牌；第二阶段是 20 世纪 90 年代初到 2004 年的发展阶段。从 90 年代初，全国各铁路分局就开始成立各自的广告公司，主要经营车站及车站广场广告。这时期铁路户外广告发展迅速，它是户外媒体的重要组成部分。这主要与当时户外广告资源较少，而铁路车站拥有巨大的客流量有关。随着中国广告业的迅速发展，涌现出了种类、形式多样的新媒体，而铁路广告由于受体制、经营理念等诸多因素的制约，使其逐渐落后于广告市场的发展水平；第三阶段是从 2005 年至今的整合发展阶段。为顺应改制要求，实行整合经营，成立由各铁路局统一管理的专业广告公司，铁路广告开始不断探索新的经营发展模式。

铁路广告是一个日新月异的行业，新的铁路广告媒体不断出现，广告创意更新，科技含量更高，制作更精美，传播效果更显著。随着铁路提速后竞争力的增强，铁路广告发展的新趋势是：资源整合，媒体细分，革新理念，提升创意。当然在已经得一些初步成果、繁荣发展的同时，整合为铁路广告创造了规模优势，提供了新的发展契机；同时铁路广告在经营过程中受到多种因素制约，如新兴媒介公司的飞速发展，铁路广告媒体发展面临新的挑战，需要今后进一步深入研究，加以解决。

二、铁路广告媒体要素分析

（一）铁路广告媒体分布

铁路广告由于受自身的影响范围限制，多集中分布，具有很强的区域性特质，传播效果很大程度上依赖于所处位置的客流量大小。铁路广告基本上集中分布于以下几个区域：（1）主站房，包括进站大厅、候车大厅、售票大厅、站台、出站通道以及出站大厅等；（2）一些由铁路管辖的火车站广场；（3）列车内部。

（二）铁路广告媒体主要形式

铁路广告媒体发展至今，媒体形式多种多样，从大的形式上有站房平面广告媒体、视频广告媒体、列车广告媒体及展台四种媒体形式。站房平面广告媒体，分为平面灯箱、图腾灯箱、圆柱灯箱、落地灯箱、斜面灯箱、三面翻、看板、吊旗、刷屏机、玻璃贴膜等媒体形式；社频广告媒体，分为全彩LED大屏和视频媒体形式；列车广告媒体，分为展牌、头枕片、小桌牌、杂志等媒体形式。

总的来说，铁路广告媒体形式多样丰富，但创新力度、技术含量都还有待于进一步提高。

（三）铁路广告媒体受众数量

绝对人数多：铁路受众流动性大、更新率快，因此受众群体的绝对数量大，重复率极低。据统计，2012年全国铁路旅客发送量达18.93亿人次。

覆盖区域广：以覆盖全国各重点经济发达城市为核心，辐射二三级城市，形成的广告市场具有全国效应。采用循环式编排和套播广告形式，增加了广告播出频次，使受众对广告信息的记忆度提高，传播效果更加深刻有效。

（四）铁路广告媒体受众质量

流动性且充满活力：铁路乘客典型的特点是流动性极强、充满活力且年轻化的群体为主。

消费的决策者：根据AC尼尔森的调研数据显示，乘客构成主要为20 － 54岁的男性，其在周围人群中有较高的消费影响力，主要为流消费决策者，对这类人群投放广告的性价比较高。

特殊时期的受众：铁路客运具有季节性高峰期，如暑运、春运、五一、十一等特殊时期受众密集度极高，广告主可充分利用这类特殊时期，针对特定消费群体进行广告投放。

三、铁路广告媒体的创新探索

"创新是广告的生命"。中国铁路广告的创新，不仅是广告内容的创意，而且是全方位的创新。众所周知，广告具有强迫性、干扰性的特点。经调查得出，大多数人对广告的关注时间只有几秒钟，尤其当人们在户外处于移动状态时，广告对其而言更是稍纵即逝。如果在短时间内不能给受众一个形象、生动、鲜明的创意，激发其对广告内容的兴趣，则广告将形同虚设。结合广告传播的特性及当前广告业发展实际情况，目前铁路广告的创新主要有媒体创意、技术创新、经营理念创新等。

（一）铁路广告媒体的媒体形式创新

广告本身的创新，除了广告内容的创新，还包括广告媒体形式的创新。就媒体形式而言，铁路媒体形式丰富程度与广告行业不断推出的新媒体形式还存在一定差距。目前大多数广告媒体都是中规中矩的方形和圆柱形的平面媒体，缺少变化，比如根据所处环境造型的特色媒体、投射性的媒体以及整体包装的冠名通道，甚至真人参与的互动媒体（比如Adidas公司在日本商业中心大楼上方推出的真人球场广告），这类广告的成功与否主要取决于政策与区域条件可行性。不过近年来铁路也涌现出了一些技术先进和独具特色的媒体形式，比如济南西站深度开发的中国风龙柱灯箱、30度亲客式灯箱等媒体形式，这些媒体改变了原有中规中矩的方形灯箱，在本身人员密集的候车大厅中找到了更加优厚的区域及更加吸引受众的形式。莫康孙认为户外广告作为一种眼球经济，是最可富有创意，但又是最难创意的，这需要我们的创意者打破旧有的思维方式，敢于突破，创造出既能美化环境，又富有创意的广告。

广告作为信息主体，其所承载的内容是否能被受众迅速有效接受，很大程度上取决于其展示的频率、方式和渠道。媒体开发者可以根据媒体所处的环境，广告所要表达的内容，进行丰富多样的创新，并可运用科技的力量，提升表现力，从而提高关注度。主要的创新思路，有以下三点：

一是由被动传播转向互动传播。越来越多的新媒体是以"交流、沟通、互动"为主题的传播。让广告内容与受众形成良好的互动，能够激发受众主观能动性和参与性，增强广告渗透力，而且还可能在受众与广告的互动中收集信息，可以更准确地评估该媒体的实际收效。互动的形式很大程度上依赖于科技的创新，如互动电视、互动游戏，同样广告行业也可以将这种科学技术应用于广告中，成为互动广告。这种新媒体形式可提高传播效率，将带来更加广泛的商品及广告主进入铁路广告市场。

二是根据区域环境创意媒体。广告媒体是铁路环境的一个重要组成部分，在媒体形式、造型、内容和色彩等方面的设计运用与环境融为一体，和谐并存，融入建筑景观中，使得广告媒体和候车环境和谐发展，更能够使受众由被动接受变为主动享受，提高传播效果。这一概念的推广运用，将整体提升铁路广告的欣赏价值和铁路广告企业的形象价值。

三是采用复合式传播模式。动态广告与静态广告相结合，为客户提供助动式的传播方案。针对 LED 大屏媒体特点，在播放视频广告内容的同时，配以静态标识，将广告主品牌外称、产品特点等内容统一宣传，大大加深受众对传播内容的印象，广告销售的效益将事半功倍。同时采用灯箱点位式补充，超大 LED+ 巨幅灯箱 + 多媒体电子刷屏机，多种媒体形式遍布在车站及其周边位置。各类媒体形成以动态广告为核心，静态广告为补充，动静结合，构成立体传播空间，充分利用各类资源，提高传播质量和效果。

（二）铁路广告媒体的技术创新

随着科学技术更新和经济社会的发展，一些技术含量低、制作粗糙的旧媒体形式逐渐被淘汰。为满足广告表现形式和建设良好铁路形象的需要，铁路广告的媒体形式适应时代的发展要求，寻求新的突破点。

目前铁路广告媒体常用材料有：角钢、彩钢板、铝塑板、镀锌板、有机板、T5 灯箱、压克力板、白玻璃板、喷绘布（以上这些通常是灯箱、看板的重要材料）、发光二极管、LCD 以及三面翻。

近年来，新媒体技术迅速提升，越来越多的新形式被开发出来，如平面灯箱媒体，由外挂式发展为内镶式；采用冷光片的形式让静态的灯箱广告画面动起来，使传播效果更加生动、形象。目前在济南铁路局京沪高铁济南西、泰安、曲阜东、枣庄东及济南站均采用了这一技术。

（三）铁路广告媒体的经营创新

经营理念是铁路广告创新的核心之一。在概念为王的时代，越来越多的广告人坚持以为客户创造价值为宗旨，创意理念，科学发展。可见经营理念与企业的生死存亡和长远发展有着密不可分的关系。随着近年来媒体市场的竞争日益激烈，经营理念的创新也显得愈加重要。下面以分时传媒为例为说明。

分时传媒是西南地区最大的户外广告公司。2006 年，其提出了户外媒体分时投放的理念，引发了户外广告业的一次大革新。它将传统户外媒体长期固定投放模式，调整为根据客户需求进行短期策略性、移动、多地点投放，使媒体传播的时效性得到大幅提高。该公司以新颖的媒体运作理念为指导，同时配合以强有力的执行力和雄厚的资金支持，使其成为户外媒体市场资源整合的领航者。

四、铁路广告媒体发展的主要问题及解决对策

（一）铁路广告媒体发展过程中面临的问题

随着我国高速铁路的飞速发展，铁路广告资源被不断整合，出现了有利的条件和发展机遇，但由于铁路媒体的特殊性，也受到了诸多因素影响和制约，仍存在许多问题需要引起铁路广告企业的重视，主要有以下三个方面：

第一，铁路广告目标人群复杂、流动性强，制约广告产品的衍生。铁路广告受众人数主要是乘客流量，但均以流动人口为主，流动性强，受众不稳定，质量层次不一。随着目标市场日益细分，受众群体针对性不够明确，广告主利用铁路媒体做宣传的产品和服务受限较多，导致很多商品不宜在铁路广告媒体方面做宣传。

第二，铁路广告企业缺乏自身品牌形象。铁路广告媒体具有极其独特、极其优越的区域条件，一般为人员流动高度密集的车站集散地及列车上。但一项北京地区户外广告调查显示，该地区客户理想广告地段排名中，北京站仅处于第十名，位于首都国际航空港和西三环之后，这说明铁路广告媒体的影响力和号召

力仍有待提升，其业务与市场需求存在很大差距。目前铁路媒体在客户整体策划宣传中仅处于辅助补充位置，所占比重较小。上述情况的出现与铁路广告媒体的价值宣传和品牌塑造存在着相当大的关系，许多客户对铁路广告仍缺乏深入细致的了解。

第三，人员队伍素质和专业水平有待提升。广告行业是文化创意行业，也是技术、资金、人才密集型行业，需要拥有专业化、职业化的人才队伍。媒介未来的竞争，人才是关键因素，就目前铁路广告经营的现状来看，在人才方面，仍相对薄弱，专业人才缺乏。铁路广告的从业人员多数是原来从事铁路运输业的人员，虽然凭借多年的从业经验取得了一定的业绩，但是随着新技术不断更新，市场需求的多样化，原有知识体系已不能满足业务发展。这就要求从业人员不断加强学习，持续提升自身的专业能力和业务能力，才能为铁路广告的长远发展积蓄力量。

（二）针对问题提出的建议

第一，建立专业、完善的制度，主要指策划制度和投放制度，合理配置、优化广告资源。媒体策划是为客户推广产品营销策划中的重要组成部分，铁路广告应充分利用其丰富的形式、独特的地域优势，推广媒体组合传播手段。如我们常说的媒体广告走廊和网络化工程。同时作为窗口行业，广告和商品销售相结合的营销策划具有巨大的潜力，采用网络化、连锁化的经营模式可大大丰富铁路广告传播形式、强化传播效率，是铁路广告深度开发的重要资源之一。

为了充分利用与铁路广告发展相关的信息资源，亟须建立统一的评估标准和发布效果评测数据，打造一个能全方位服务于铁路广告市场运行的信息网络体系。

第二，打造一支广告技术过硬的专业人才队伍，适应市场竞争的需求。铁路广告要走上专业化、规范化的经营轨道，必须提高广告人的整体素质，大力培养和积极引进人才，保持其创新活力，同时制定科学合理的专业培训和考核制度。

第三，加强品牌宣传和形象建设。在自身品牌建设上有所成就，让更多企业、媒体关注并认同，为铁路媒体发展提供更多商机，也更有利于铁路广告行业的整体提升。

中国铁路的飞速发展，为铁路广告带来了新的机遇与挑战。当前铁路广告产业链不断完善，国民经济及相关产业发展水平大幅提升，铁路广告的管理不断科学化，制度日益健全，行业规模逐步完善。在今后的经营中只有紧限广告行业发展趋势，从市场的角度审时度势，有效的整合人才、媒介等资源，创新运营模式，满足市场需求，做好广告的营销与服务工作，才能顺应中国高铁时代的发展潮流，满足铁路广告可持续发展的内在要求。

总之，铁路广告的发展道路虽然充满荆棘与曲折，但在不断探索与修正过程中，面对经营不断完善，管理日趋规范，人员素质持续提升，科技广泛应用，设计创意水平不断优化的新形势，铁路广告定会迎来蓬勃发展的新纪元。

参考文献：

[1] 孙星 .(2007). 浅谈中国铁路广告发展与现状 . 中国广告，（6），147—149.

[2] 邓学良 .(2011). 论铁路广告经营的蓝海战略（Master’s thesis，河北大学）.

[3] 闻宁 .(2008). 中国铁路列车媒体价值解析 . 广告导报，（10），124—125.

[4] 朱永明 .(1998). 中国铁路广告业经营与发展问题的思考 . 铁道师院学报，15（6），31—32.

[5] 欧阳国忠 .（2005）有效传播是媒体的核心竞争力，大市场广告导报，（4）.

[6] 西瑟斯、巴伦、闾佳、邓瑞锁 .（2006）. 广告媒体策划 . 北京：中国人民大学出版社 .

'2015 中国广告年鉴
China Advertising Yearbook

广告出版物

Advertising publications

2014 年广告类新书书目

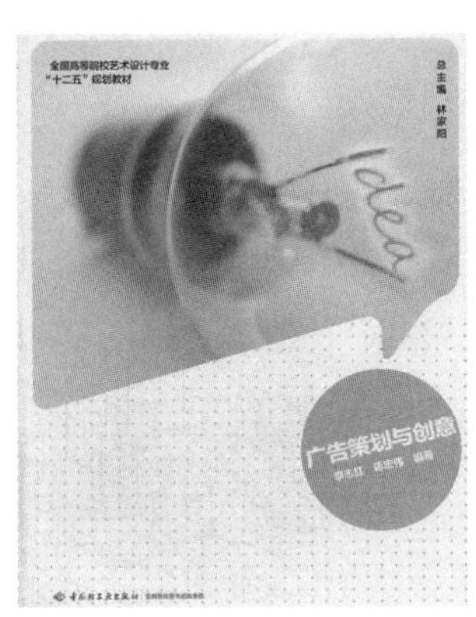

广告策划与创意

书　　号：978-7-5019-9340-6

作　　者：李志红，蒋宏伟

定　　价：￥48.00

出版时间：2014 年 1 月

出 版 社：中国轻工业出版社

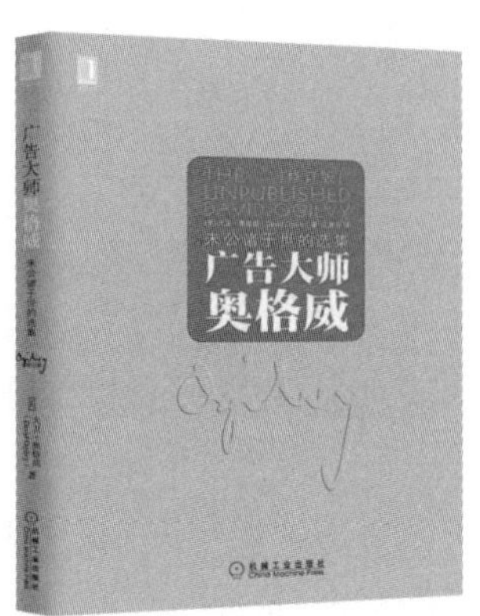

广告大师奥格威：未公诸于世的选集（修订版）

书　　号：978-7-111-44436-7

作　　者：（美）大卫 · 奥格威，乔 · 拉斐尔森

定　　价：￥45.00

出版时间：2014 年 1 月

出 版 社：机械工业出版社

广告设计

书　　号：978-7-5088-4157-1

作　　者：金日龙

定　　价：￥55.00

出版时间：2014 年 1 月

出 版 社：龙门书局

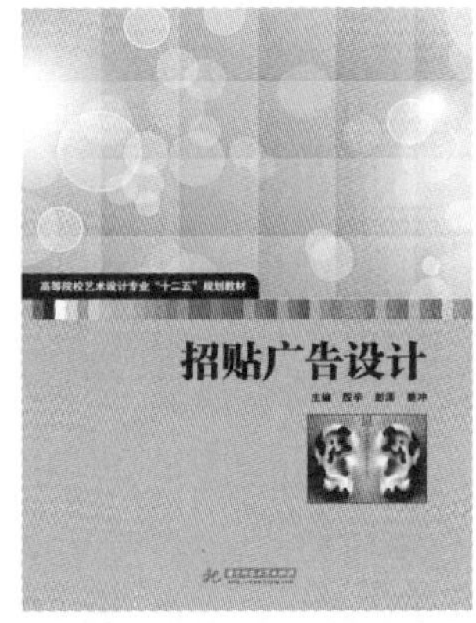

招贴广告设计（高等院校艺术学门类“十二五”规划教材）

书　　号：978-7-5609-9468-0

作　　者：殷辛，彭泽，姜冲

定　　价：￥30.00

出版时间：2014 年 1 月

出 版 社：华中科技大学出版社

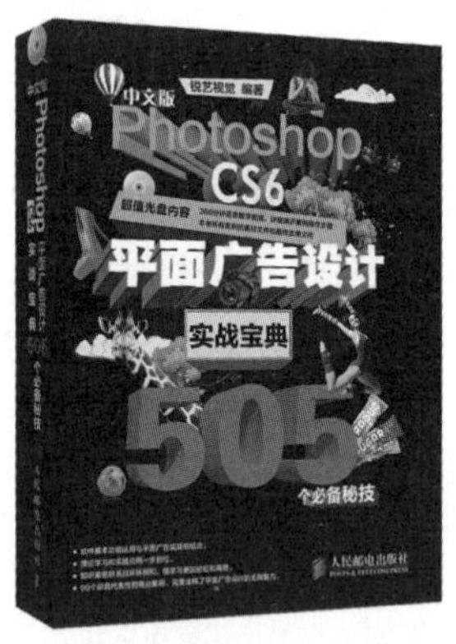

中文版 Photoshop CS6 平面广告设计实战宝典 505 个必备秘技

书　　号：978-7-115-33392-6

作　　者：锐艺视觉

定　　价：￥98.00

出版时间：2014 年 1 月

出 版 社：人民邮电出版社

广告摄影创意

书　　号：978-7-301-23018-3

作　　者：张朴

定　　价：￥49.00

出版时间：2014 年 1 月

出 版 社：北京大学出版社

广告字与艺术字 1000 例

书　　号：978-7-122-17881-7

作　　者：徐丽，邮忠华

定　　价：￥88.00

出版时间：2014 年 1 月

出 版 社：化学工业出版社

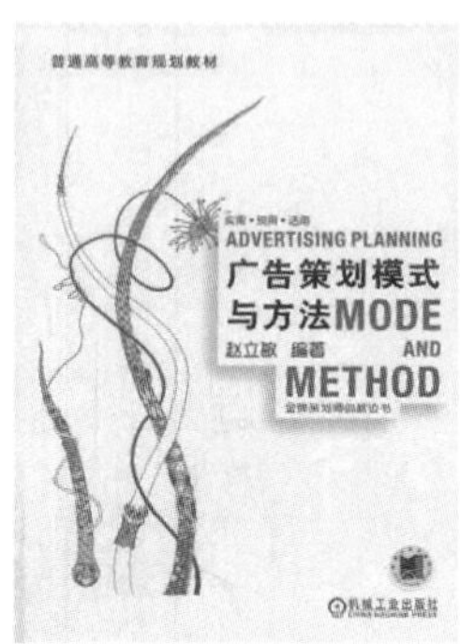

广告策划模式与方法

书　　号：978-7-111-44927-0

作　　者：赵立敏

定　　价：￥32.00

出版时间：2014 年 2 月

出 版 社：机械工业出版社

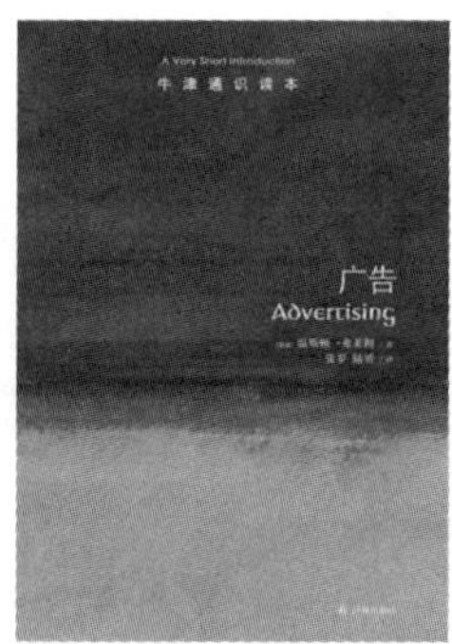

牛津通识读本：广告（业界权威讲述对于广告的神话和误解）

书　　号：978-7-5447-4524-6

作　　者：（英）温斯顿 · 弗莱彻

定　　价：￥35.00

出版时间：2014 年 2 月

出 版 社：译林出版社

世界广告史

书　　号：978-7-5609-8910-5

作　　者：刘悦坦

定　　价：￥45.00

出版时间：2014 年 2 月

出 版 社：华中科技大学出版社

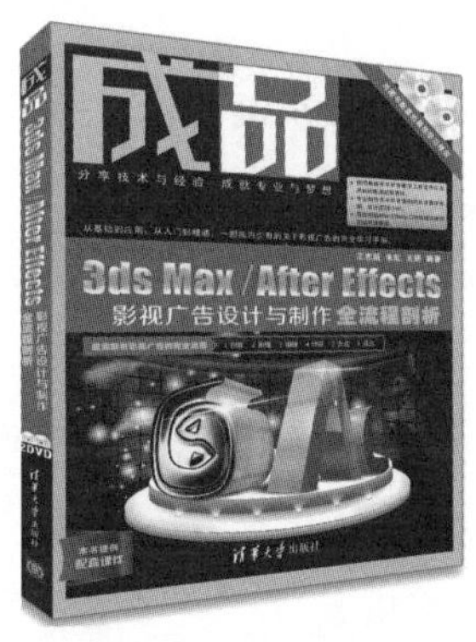

成品——3ds Max/After Effects 影视广告设计与制作全流程剖析

书　　号：978-7-302-34089-8

作　　者：王志新

定　　价：￥78.00

出版时间：2014 年 2 月

出 版 社：清华大学出版社

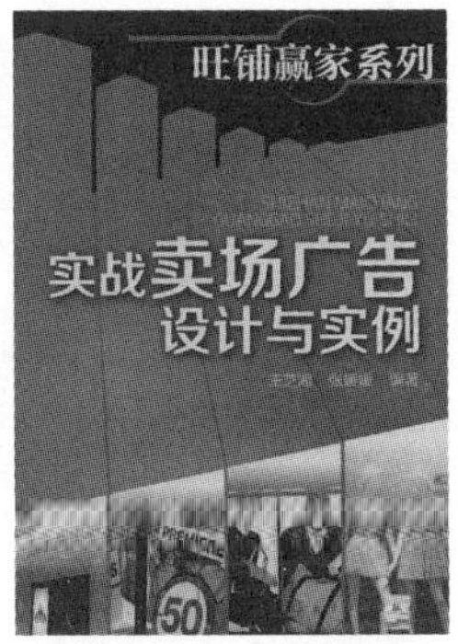

旺铺赢家系列 —— 实战卖场广告设计与实例

书　　号：978-7-122-18860-1

作　　者：王芝湘，张媛媛

定　　价：￥38.00

出版时间：2014 年 3 月

出 版 社：化学工业出版社

30 支经典广告案例：从创意到实现

书　　号：978-7-80501-611-5

作　　者：（英）威廉姆斯

译　　者：李文娟

定　　价：￥98.00

出版时间：2014 年 3 月

出 版 社：北京美术摄影出版社

广告材料与工艺

书　　号：978-7-122-19012-3

作　　者：陈启林，都蕊

定　　价：￥45.00

出版时间：2014 年 3 月

出 版 社：化学工业出版社

广告传播设计

高等艺术院校视觉传达设计专业规划教材

莫军华 编著

广告传播设计

书　　号：978-7-112-16540-7

作　　者：莫军华

定　　价：￥62.00

出版时间：2014 年 3 月

出 版 社：中国建筑工业出版社

广告学概论（第 2 版）

书　　号：978-7-302-35445-1

作　　者：崔晓文

定　　价：￥48.00

出版时间：2014 年 3 月

出 版 社：清华大学出版社

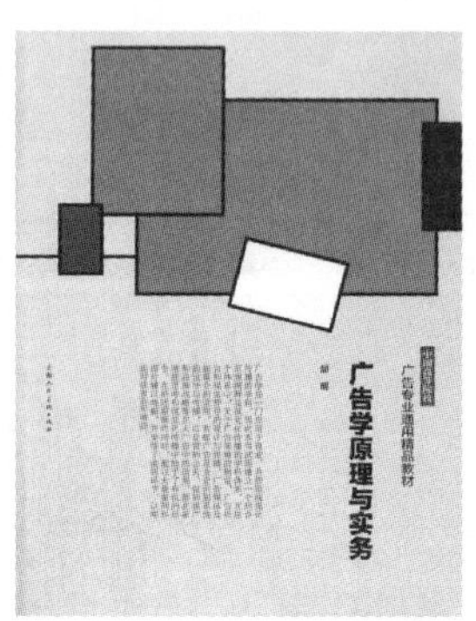

广告学原理与实务

书　　号：978-7-5322-8889-2

作　　者：郜明

定　　价：￥48.00

出版时间：2014 年 4 月

出 版 社：上海人民美术出版社

《大公报》（1902–1916）与中国广告近代化

书　　号：978-7-5161-3568-6

作　　者：汪前军

定　　价：￥66.00

出版时间：2014 年 4 月

出 版 社：中国社会科学出版社

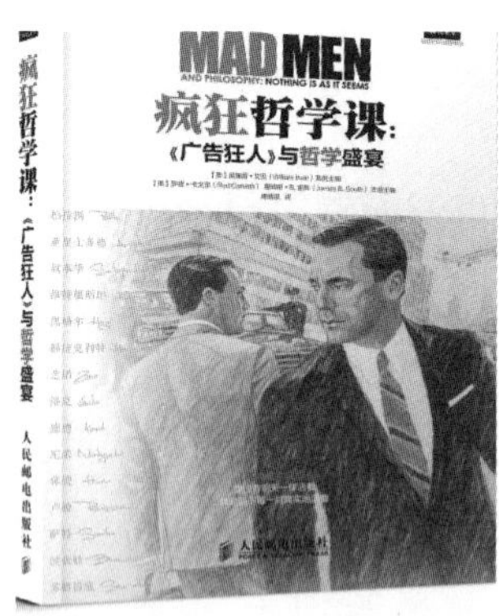

疯狂哲学课：《广告狂人》与哲学盛宴

书　　号：978-7-115-34895-1

作　　者：（美）艾云，（美）卡文思，（美）索斯

译　　者：傅婧瑛

定　　价：￥45.00

出版时间：2014 年 4 月

出 版 社：人民邮电出版社

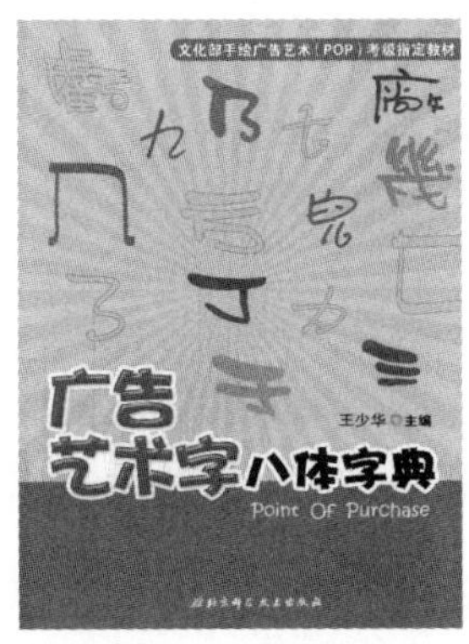

广告艺术字八体字典

书　　号：978-7-5304-7011-4

作　　者：王少华

定　　价：￥59.00

出版时间：2014 年 4 月

出 版 社：北京科学技术出版社

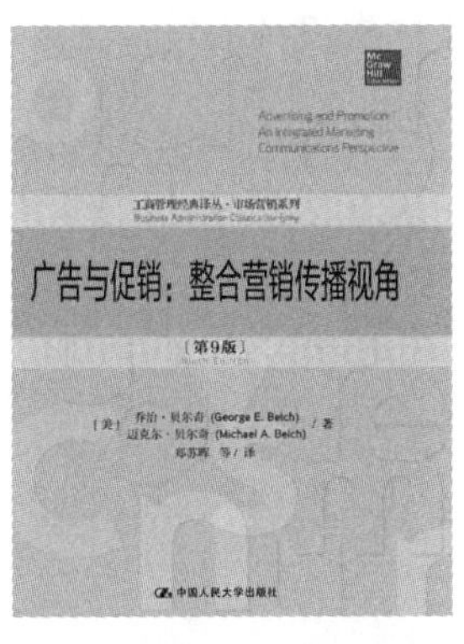

广告与促销：整合营销传播视角（第 9 版）

书　　号：978-7-300-19002-0

作　　者：（美）贝尔奇

译　　者：郑苏晖

定　　价：￥89.00

出版时间：2014 年 4 月

出 版 社：中国人民大学出版社

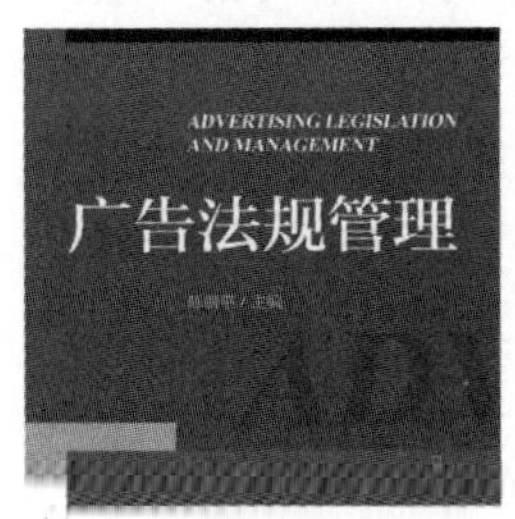

广告法规管理

书　　号：978-7-308-13034-9

作　　者：陈丽平

定　　价：￥32.00

出版时间：2014 年 4 月

出 版 社：浙江大学出版社

影视广告里被忽略的风景——基于影视艺术视角的多维研究

书　　号：978-7-5143-2048-0

作　　者：吴晓东

定　　价：￥59.80

出版时间：2014 年 4 月

出 版 社：现代出版社

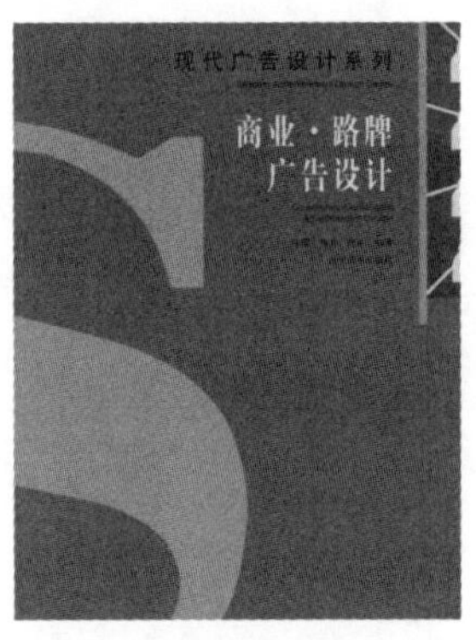

现代广告设计系列——商业路牌广告设计

书　　号：978-7-5314-6149-4

作　　者：陈明

定　　价：￥68.00

出版时间：2014 年 5 月

出 版 社：辽宁美术出版社

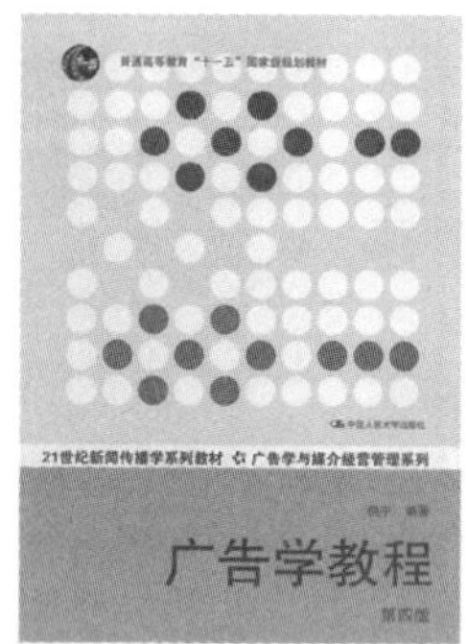

广告学教程（第四版）

书　　号：978-7-300-19360-1

作　　者：倪宁

定　　价：￥39.80

出版时间：2014 年 5 月

出 版 社：中国人民大学出版社

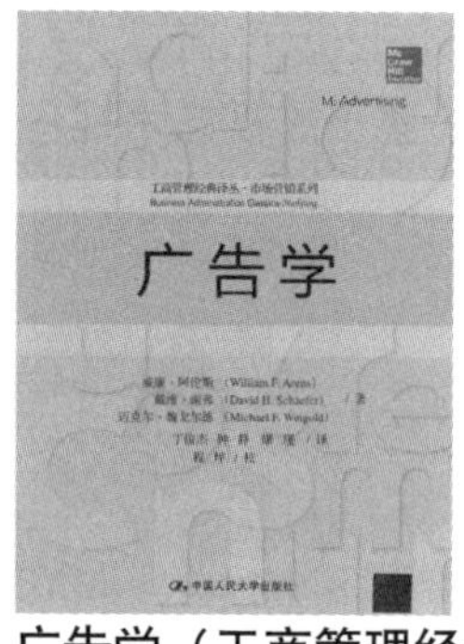

广告学（工商管理经典译丛·市场营销系列）

书　　号：978-7-300-18655-9

作　　者：阿伦斯

译　　者：丁俊杰

定　　价：￥68.00

出版时间：2014 年 5 月

出 版 社：中国人民大学出版社

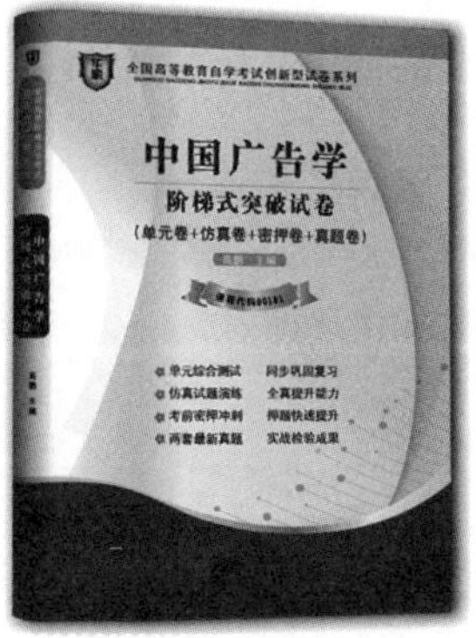

中国广告学阶梯式突破试卷

书　　号：978-7-307-13366-2

作　　者：高鹏

定　　价：￥20.00

出版时间：2014 年 5 月

出 版 社：武汉大学出版社

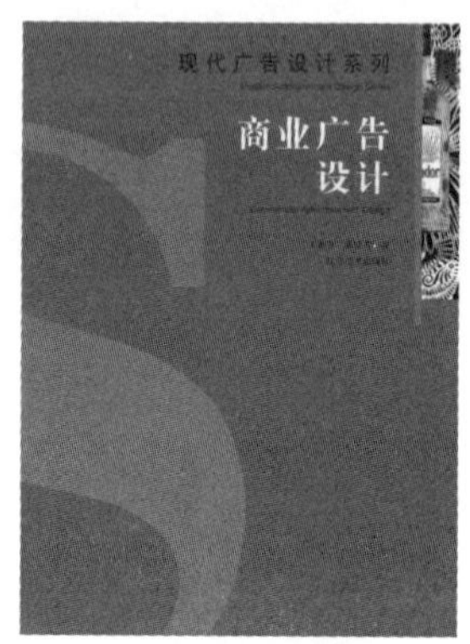

现代广告设计系列——商业广告设计

书　号：978-7-5314-6150-0

作　者：王亚非

定　价：￥75.00

出版时间：2014 年 5 月

出 版 社：辽宁美术出版社

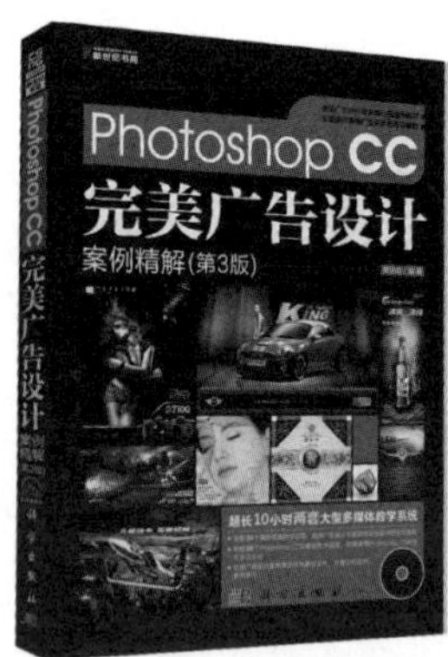

Photoshop CC 完美广告设计案例精解（第 3 版）

书　　号：978-7-03-039971-7

作　　者：黄活瑜

定　　价：￥79.80

出版时间：2014 年 5 月

出 版 社：科学出版社

广告文案一本通

书　　号：978-7-5096-2961-1

作　　者：李笑

定　　价：￥58.00

出版时间：2014 年 5 月

出 版 社：经济管理出版社

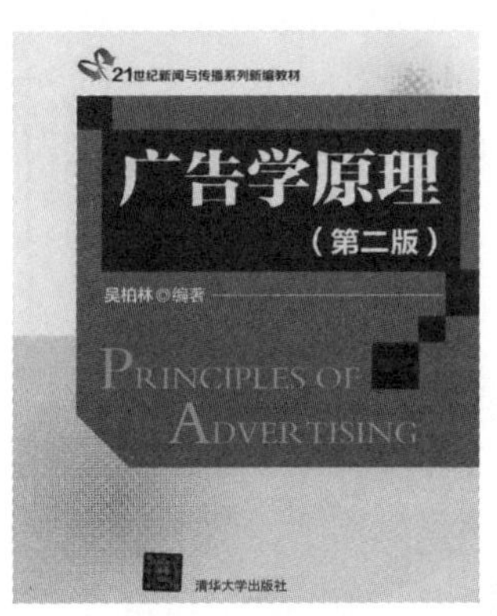

广告学原理（第二版）

书　　号：978-7-302-36013-1

作　　者：吴柏林

定　　价：￥38.00

出版时间：2014 年 5 月

出 版 社：清华大学出版社

你的创意逊毙了：解开广告创意的 72 道枷锁

书　　号：978-7-5164-0768-4

作　　者：汪豪，汪吉

定　　价：￥32.80

出版时间：2014 年 5 月

出 版 社：企业管理出版社

大视频时代广告策略与效果测量研究

书　　号：978-7-5657-0918-0

作　　者：黄升民

定　　价：￥48.00

出版时间：2014 年 6 月

出 版 社：中国传媒大学出版社

举一反十广告设计诀窍

书　　号：978-7-5640-9074-6

作　　者：黄璜

定　　价：￥56.00

出版时间：2014 年 6 月

出 版 社：北京理工大学出版社

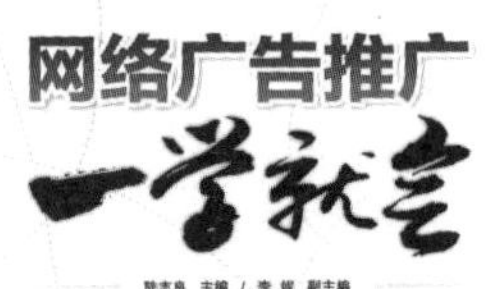

网络广告推广一学就会

书　　号：978-7-302-35759-9

作　　者：陆志良

定　　价：¥25.00

出版时间：2014 年 6 月

出 版 社：清华大学出版社

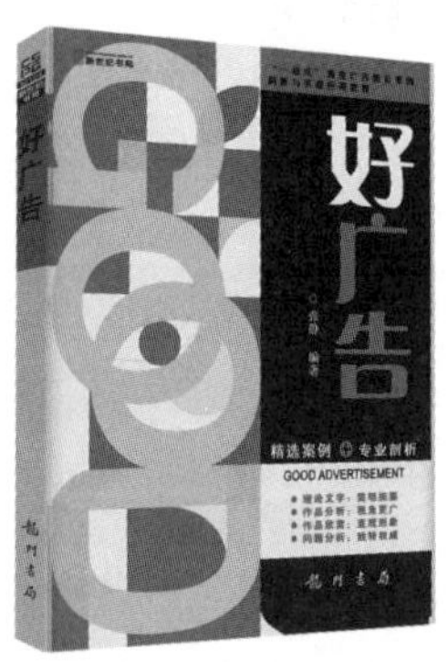

好广告

书　　号：978-7-5088-4238-7

作　　者：张静

定　　价：¥55.00

出版时间：2014 年 7 月

出 版 社：龙门书局

广告营销策划经典案例分析（第二版）

书　　号：978-7-301-23523-2

作　　者：金力，石洁

定　　价：¥28.00

出版时间：2014 年 7 月

出 版 社：北京大学出版社

广告策划实务

书　　号：978-7-5165-0509-0

作　　者：高丙雪

定　　价：¥28.00

出版时间：2014 年 7 月

出 版 社：中航出版传媒有限责任公司

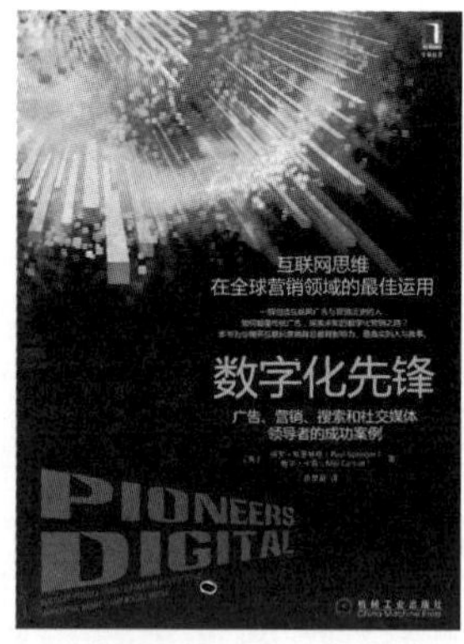

数字化先锋：广告、营销、搜索和社交媒体领导者的成功案例

书　　号：978-7-111-46655-0

作　　者：（英）斯普林格，（英）卡森

译　　者：徐梦蔚

定　　价：¥49.00

出版时间：2014 年 7 月

出 版 社：机械工业出版社

Photoshop CC 平面广告设计与印前技术（升级版＋配盘）

书　　号：978-7-113-18268-7

作　　者：新知互动

定　　价：￥69.80

出版时间：2014 年 8 月

出 版 社：中国铁道出版社

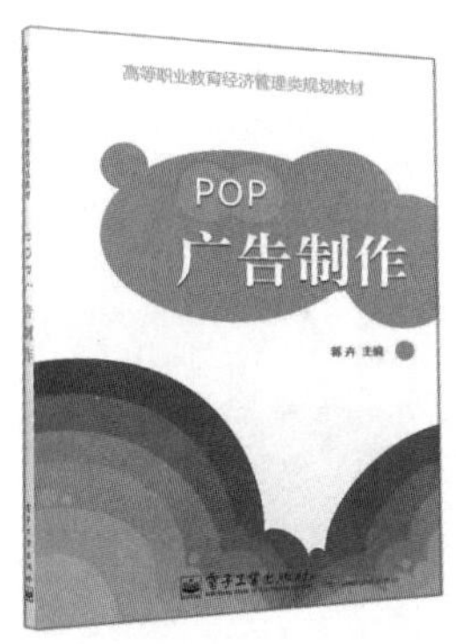

手绘 POP 广告设计全攻略

书　　号：978-7-113-18675-3

作　　者：王猛，张瑶

定　　价：￥49.00

出版时间：2014 年 8 月

出 版 社：中国铁道出版社

中国网络广告十七年（1997—2014）

书　　号：978-7-5657-0975-3

作　　者：黄河，江凡，王芳菲

定　　价：￥68.00

出版时间：2014 年 8 月

出 版 社：中国传媒大学出版社

吸金广告：史上最赚钱的文案写作手册

书　　号：978-7-214-12839-3

作　　者：德鲁·埃里克·惠特曼

译　　者：焦晓菊

定　　价：￥38.00

出版时间：2014 年 8 月

出 版 社：江苏人民出版社

广告摄影攻略（修订版）

书　　号：978-7-5514-0675-8

作　　者：韩程伟

定　　价：￥38.00

出版时间：2014 年 8 月

出 版 社：浙江摄影出版社

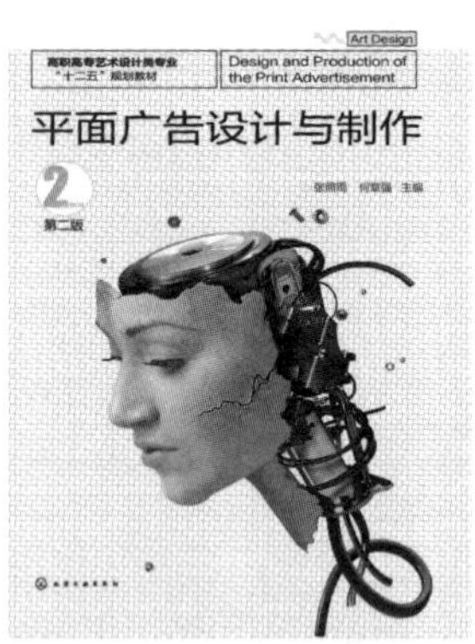

平面广告设计与制作

书　　号：978-7-122-20702-9

作　　者：张照雨，何章强

定　　价：￥42.00

出版时间：2014 年 8 月

出 版 社：化学工业出版社

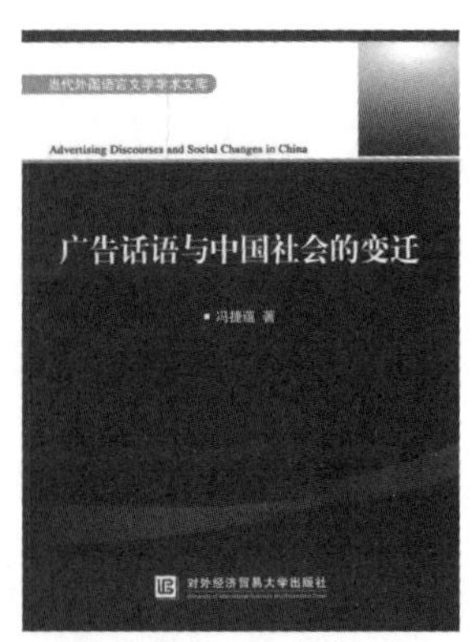

广告话语与中国社会的变迁

书　　号：978-7-5663-1148-1

作　　者：冯捷蕴

定　　价：￥42.00

出版时间：2014 年 8 月

出 版 社：对外经贸大学出版社

广告实务（第二版）

书　　号：978-7-302-35757-5

作　　者：钟立群，任淑艳

定　　价：￥35.00

出版时间：2014 年 8 月

出 版 社：清华大学出版社

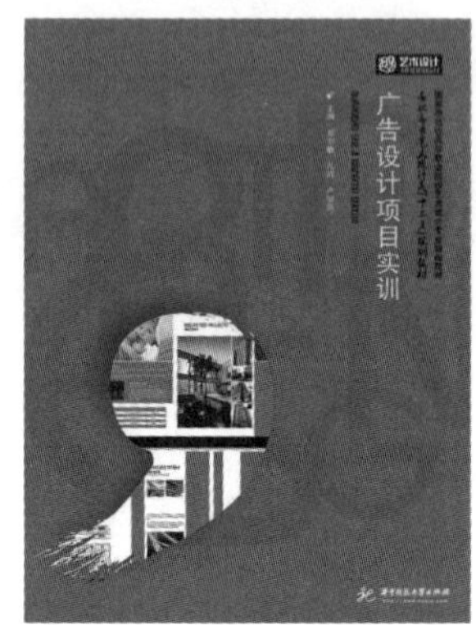

广告设计项目实训

书　　号：978-7-5609-9902-9

作　　者：郑书敏

定　　价：￥48.00

出版时间：2014 年 8 月

出版社：华中科技大学出版社

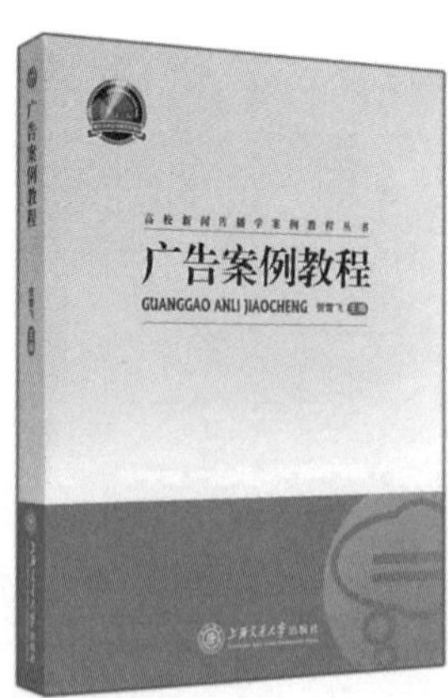

广告案例教程

书　　号：978-7-313-11309-2

作　　者：贺雪飞

定　　价：￥69.00

出版时间：2014 年 8 月

出 版 社：上海交通大学出版社

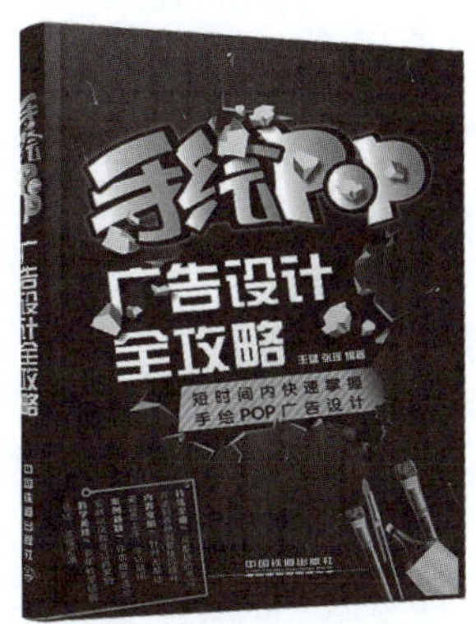

POP 广告制作

书　　号：978-7-121-24207-6

作　　者：蒋卉

定　　价：￥40.00

出版时间：2014 年 9 月

出 版 社：电子工业出版社

中国广告学术史（1815—1949）

书　　号：978-7-5130-2744-1

作　　者：武齐

定　　价：￥69.80

出版时间：2014 年 9 月

出 版 社：知识产权出版社

房地产优秀广告文案创作与鉴赏大全（第 2 版）

书　　号：978-7-111-47288-9

作　　者：余源鹏

定　　价：￥98.00

出版时间：2014 年 9 月

出 版 社：机械工业出版社

广告效果测评理论与方法

书　　号：978-7-5097-6175-5

作　　者：李晶，昌蕾，吴文涛

定　　价：￥69.00

出版时间：2014 年 9 月

出 版 社：社会科学文献出版社

汉英广告语言对比研究

书　　号：978-7-5117-2337-6

作　　者：李娜

定　　价：￥38.00

出版时间：2014 年 10 月

出 版 社：中央编译出版社

植入式广告法律规制研究

书　　号：978-7-5130-2813-4

作　　者：李新颖

定　　价：￥36.00

出版时间：2014 年 10 月

出 版 社：知识产权出版社

Photoshop CC 平面广告设计经典 228 例

书　　号：978-7-5153-2584-2

作　　者：傅小芳

定　　价：￥89.00

出版时间：2014 年 10 月

出 版 社：中国青年出版社

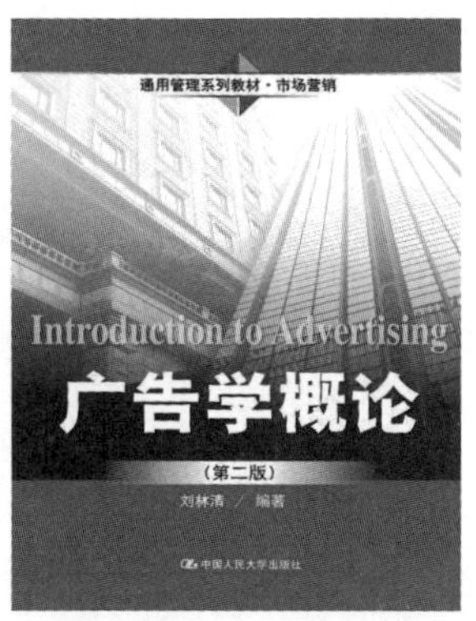

广告学概论（第二版）

书　　号：978-7-300-20001-9

作　　者：刘林清

定　　价：￥36.00

出版时间：2014 年 11 月

出 版 社：中国人民大学出版社

商业地产操盘攻略系列——商业地产广告策划和推广服务

书　　号：978-7-122-21643-4

作　　者：刘建伟

定　　价：￥39.00

出版时间：2014 年 11 月

出 版 社：化学工业出版社

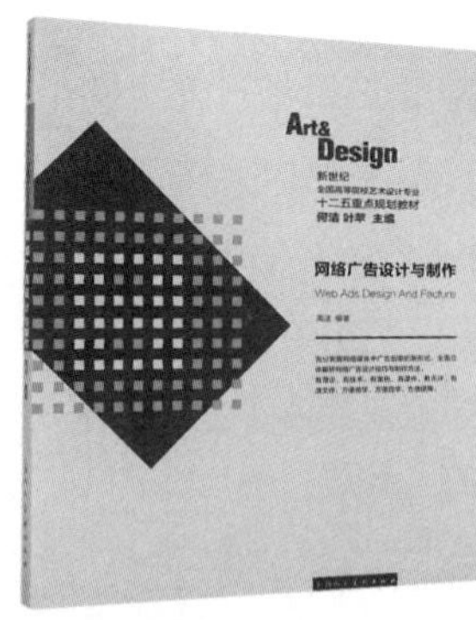

网络广告设计与制作

书　　号：978-7-5322-9064-2

作　　者：周洁

定　　价：￥45.00

出版时间：2014 年 11 月

出 版 社：上海人民美术出版社

广告文案写作

书　　号：978-7-301-25060-0

作　　者：任丽敏，李庆德

定　　价：￥47.00

出版时间：2014 年 12 月

出 版 社：北京大学出版社

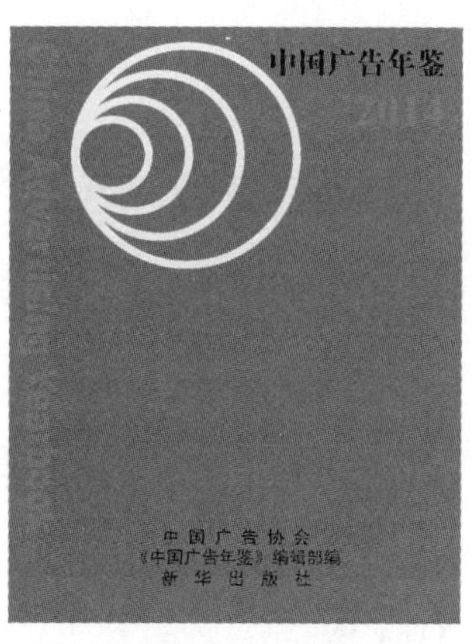

'2014 中国广告年鉴

书　　号：978-7-5166-1369-6

编　　者：《中国广告年鉴》编辑部

定　　价：￥380.00

出版时间：2014 年 12 月

出 版 社：新华出版社

全国主要广告类刊物名录

北京市

现代广告 /Modern Advertising

主管单位：国家工商行政管理总局
主办单位：中国广告协会
编辑出版：《现代广告》杂志社
地　　址：北京市宣武区广安门外大街 248 号
　　　　　机械大厦 909 － 910 室
邮　　编：100055
电　　话：(010)63317498
传　　真：(010)63317499
电子邮件：ad6898@vip.sina.com
网　　址：www.maad.com.cn
国内刊号：CN11-3168/F
国际刊号：ISSN 1007-2888
邮发代号：82-685
开　　本：16 开
出版周期：双周刊
定　　价：￥12.00/ 期　￥192.00/ 年
国内发行：北京市报刊发行局
订　　阅：全国各地邮局
广告经营许可证号：京宣工商广字第 0079 号

国际广告 /International Advertising

主管单位：中华人民共和国商务部
主办单位：中国商务广告协会
编辑出版：《国际广告》杂志社
地　　址：北京市建国门外大街 12 号 4 层
邮　　编：100022
电　　话：(010)65684490
传　　真：(010)65681942
电子邮件：hhh@v.com.cn
创刊年代：1985 年
国内刊号：CN11-2487/F
国际刊号：ISSN 1000-4122
邮发代号：82-705
开　　本：大 16 开
出版周期：月刊
定　　价：￥15.00/ 期　￥180.00/ 年
国内发行：北京市报刊发行局
订　　阅：全国各地邮局
广告经营许可证号：京朝工商广字第 0088 号

艺术与设计 /Art and Design

主管单位：中华人民共和国新闻出版总署
编辑出版：《艺术与设计》杂志社
地　　址：北京市西城区阜外大街 34 号干休所 3 号
　　　　　楼 5 层
邮　　编：100832
电　　话：(010)68583578
传　　真：(010)68570937
电子邮件：joanna_chen@vip.163.com
网　　址：www.artdesign.org.cn
国内刊号：CN11-3909/J
国际刊号：ISSN 1008-2832
邮发代号：82-273
开　　本：大 16 开
出版周期：月刊
定　　价：￥25.00/ 期　￥300.00/ 年
订　　阅：全国各地邮局

广告直通车 /AD Express

主管单位：中华全国供销合作总社
主办单位：中华全国供销合作总社信息中心

协办单位：北京北奥广告有限公司
出　　版：《中国供销商情》杂志社
地　　址：北京市复兴门内大街45号
邮　　编：100801
电　　话：(010)62006999-606/607
传　　真：(010)62009595
电子邮件：ztc@bestall.com.cn
国内刊号：CN11-3966/F
国际刊号：ISSN 1008-7443
邮发代号：80-380
开　　本：大16开
出版周期：月刊
定　　价：￥15.00/期
国内发行：北京市报刊发行局
订　　阅：全国各地邮局
广告经营许可证号：京西工商广字0016号

广告主市场观察/Advertiser Market Observer

主管单位：国务院国有资产监督管理委员会
主办单位：中国企业家协会
编辑出版：《市场观察》编辑部
地　　址：北京市海淀区紫竹院南路17号
邮　　编：100044
电　　话：(010)68484583
电子邮件：guanggaozhu@vip.sohu.com
网　　址：www.advertiser.cn
国内刊号：CN11-3281/F
国际刊号：ISSN 1006-9089
邮发代号：2-790
开　　本：大16开
出版周期：月刊
定　　价：￥15.00/期
订　　阅：全国各地邮局
广告经营许可证号：京海工商广字0151号

21世纪广告/21ST Century Advertising

主办单位：中国广告协会广告公司分会/中国广告协会公交分会
协办单位：北京国安广告总公司/北京公交广告有限责任公司
编辑出版：21世纪新闻传媒出版集团有限公司
地　　址：北京市朝阳区农光南里1号龙辉大厦7层
电　　话：(010)87579571
传　　真：(010)67321146
电子邮件：ad51168@vip.163.com
网　　址：www.21ad.org.cn
国际刊号：ISSN 1999-5547
开　　本：8开
出版周期：周刊
定　　价：￥10.00/期

上 海 市

中国广告/China Advertising

主管单位：中国出版集团
主办单位：东方出版中心/上海百联集团有限公司/上海市广告协会
编辑出版：《中国广告》杂志社
地　　址：上海市宁海东路200号申鑫大厦1805室
邮　　编：200021
电　　话：(021)63552298
传　　真：(021)63551811
网　　址：www.ad-cn.net
电子邮件：china-ad@online.sh.cn
创刊年代：1981年
国内刊号：CN31-1174/F
国际刊号：ISSN 1005-9156
邮发代号：4-408
开　　本：大16开
出版周期：月刊
定　　价：￥15.00/期
国内发行：上海市报刊发行局
订　　阅：全国各地邮局
网络发行：当当网
广告经营许可证号：3101014000003

设计新潮 /Architecture & Design

主办单位：上海社会科学院

编辑出版：《设计新潮》杂志社

地　　址：上海市中山西路1800号兆丰环球大厦28楼

邮　　编：200233

电　　话：(021)64400372/0374/0379

传　　真：(021)64400850

电子邮件：public@a-d-cn.com

网　　址：www.a-d-cn.com

国内刊号：CN31-1538/J

开　　本：16开

定　　价：¥40.00/期

广告经营许可证号：3101064000026

江 苏 省

广告大观 /AD Pandrama

主办单位：江苏省广播电视集团

编辑出版：《广告大观》杂志社

地　　址：南京市长江路99号长江贸易大厦23楼D座

邮　　编：210005

电　　话：(025)84798501

传　　真：(025)84798505

电子邮件：adp@vip.163.com

国内刊号：CN32-1730/F

国际刊号：ISSN 1672-9005

邮发代号：28-292

开　　本：大16开

出版周期：月刊

定　　价：¥20.00/期　¥240.00/年

广告经营许可证号：3200004040733

广告研究 /Journal of Advertising Study

主办单位：广告大观杂志社/北京大学新闻与传播学院广告系

编辑出版：《广告研究》编辑部

地　　址：南京市长江路99号长江贸易大厦23楼D座

邮　　编：210005

电　　话：(025)84798502

传　　真：(025)84798505

国内刊号：CN32-1730/F

国际刊号：ISSN 1672-9005

邮发代号：28-359

开　　本：大16开

出版周期：双月

定　　价：¥20.00/期

广告经营许可证号：3200004040733

中国标识 /China Sign

主管单位：江苏省广播电视集团

主办单位：《广告大观》杂志社

编辑出版：《中国标识》编辑部

地　　址：南京市成贤街39号成贤公寓02栋1-202室

邮　　编：210018

电　　话：(025)83693950/83693951

传　　真：(025)83693950-1010

电子邮件：chinasign@vip.163.com

国内刊号：CN32-1730/F

开　　本：大16开

出版周期：月刊

定　　价：¥15.00/期

江 西 省

广告人 /ADMEN

主办单位：江西省人民广播电台/江西电视台/江西省广播电视学会

出版单位：《声屏世界》杂志社

编辑单位：《广告人》编辑部

地　　址：天津市河西区永安道泰达园1号楼2门101室

邮　　编：300204

电　　话：(022)23241100/1101

传　　真：(022)23241087

电子邮件：mggg@public.tpt.tj.cn

国内刊号：CN36－1149/G2

国际刊号：ISSN 1006－3366

定　　价：￥15.00/ 期

广告经营许可证号：(赣)002－209 号

广 东 省

包装 & 设计 /Package & Design

主办单位：中国包装进出口广东公司

编辑出版：《广告包装 & 设计》杂志社

地　　址：广州市侨光路 2 号 5 楼

邮　　编：510116

电　　话：(020)83341674

传　　真：(020)83341694

电子邮件：pnd@package-design.net

国内刊号：CN44－1262/TB

国际刊号：ISSN 1007－4759

开　　本：特大 16 开

出版周期：双月刊

定　　价：￥25.00/ 期　￥150.00/ 年

国内发行：自办及邮局发行

广告经营许可证号：4400004000473

贵 州 省

广告导报 /Advertising Pointer

主办单位：贵州人民出版社

编辑出版：《大市场》杂志社

地　　址：贵阳市中华北路 289 号

邮　　编：550004

电　　话：(0851)6828370

电子邮件：[illegible]

网　　址：www.newad.net

国内刊号：CN52－1129/F

国际刊号：ISSN 1671－7902

邮发代号：66－61

开　　本：大 16 开

出版周期：月刊

定　　价：￥15.00/ 期　￥180.00/ 年

订　　阅：全国各地邮局

广告经营许可证号：黔工商广字 0015 号

香港特别行政区

龙吟榜 /Longyin Review

出 版 商：龙吟榜有限公司

地　　址：香港湾仔轩尼诗道 24－34 号大生商业大厦 23 楼

电　　话：(852)28249999

传　　真：(852)28249998

电子邮件：info@longyinreview.com

开　　本：16 开

亚洲户外 /Asia Outdoor

出版机构：亚洲户外传媒有限公司

地　　址：香港中环皇后大道中 148 号鹿角大厦 305 室

电　　话：(852)25120198

传　　真：(852)25108908

国际刊号：ISSN 1814－4918

开　　本：16 开

定　　价：HK$30/ 期

Design360° 观念与设计

主办单位：三度文化传媒(香港　广州　上海)

协办单位：三度　国际设计师联盟

编辑出版：《Design360°》编辑部

地　　址：Room 803, Tsuen Fet Commercial Building,
362 Sha Tsui Road, Tsuen Wan, HongKong

电　　话：(020)84348377

电子邮件：sd_design360@yahoo.com.cn

21 世纪广告

主办单位：中国广告协会广告公司分会、
中国广告协会公交分会
出版机构：21 世纪新闻传媒出版有限公司
地　　址：香港湾仔轩尼诗道 145 号安康商业大厦 18 楼
电　　话：(852)39711675
传　　真：(852)35430978
电子邮件：ad51168@vip.163.com
网　　址：www.21ad.org.cn
国内刊号：G000Y0065
国际刊号：ISSN 1999-5547
开　　本：16 开
出版周期：月刊
定　　价：￥10.00/ 期　HK$20/ 期
国内发行：自办及邮局发行

台 湾 省

创意情报 /Creative Information

出版机构：百页出版有限公司
地　　址：台北市民权东路二段 92 巷 7 弄 13 号 1 楼 104
台北邮局第 55-35 号信箱
电　　话：(8862)25212233
传　　真：(8862)25318833
国际刊号：ISSN 1808-1908
开　　本：16 开
定　　价：NT$380/ 期

广告 /Adm

出 版 商：滚石文化股份有限公司
地　　址：台北市光复南路 290 巷 1 号
电　　话：(8862)27216121
传　　真：(8862)27751132
开　　本：16 开
出版周期：月刊
定　　价：NT$200/ 期　NT$2000/ 年

意 /Campaign Brief

出版机构：百页出版有限公司
地　　址：台北市民权东路二段 92 巷 7 弄 13 号 1 楼 104
台北邮局第 55-35 号信箱
电　　话：(8862)25212233
国际刊号：ISSN 1812-917X
开　　本：16 开

Lurzer 广告档案（中文版）

出 版 人：Walter Lurzer，David Choi
地　　址：台北市民权东路二段 92 巷 7 弄 13 号 1F
电　　话：(8862)25212233
电子邮件：dc@100p.com
国际刊号：ISSN 0893-0260
开　　本：16 开
出版周期：双月刊

XFUNS 放肆创意设计杂志

出版机构：长松文化兴业股份有限公司
地　　址：104 台北市中山北路二段 112 号
电　　话：(8862)25117257
传　　真：(8862)25417406
电子邮件：service@holdland.com.tw

动脑杂志

地　　址：10457 台北市中山区南京东路 2 段 100 号 12 楼
电　　话：(8862)27132644
传　　真：(8862)25621578
电子邮件：askme@brain.com.tw
定　　价：NT$150/ 期　NT$1500/ 年
开　　本：16 开
出版周期：月刊

全国主要广告专业书店名录

北京龙之媒广告文化书店

地　　址：北京市东城区东直门南大街 9 号华普花园 A 座 205 室
邮　　编：100007
电　　话：(010)84094096

全中广告人书店

地　　址：北京五芳园邮局 73 信箱
邮　　编：100040
电　　话：(010)51651520

北京俊杰视点广告文化书店

地　　址：北京市西城区南礼士路 3 号龙蕃写字楼 B 座 207 室
邮　　编：100037
电　　话：(010)68038931

北京麦迪逊广告人书店

地　　址：北京市东城区和平里北街 6 号楼
邮　　编：100013
电　　话：(010)64226982

北京广告人书店

地　　址：北京市宣武区宣武门外大街 73 号
邮　　编：100052
电　　话：(010)66111740

北京创意之道图书有限公司

地　　址：北京市朝阳区东三环南路北人泽洋大厦 0101
电　　话：400-080-6588
邮　　编：100083

天津新思路工具书店

地　　址：天津市长江道 37 号玉泉北里 1 号楼 2 门 202 室
邮　　编：300074
电　　话：(022)27461559

大连广告人书店

地　　址：大连市沙河口区民政街 419 号科技广场大厦 A 座 1206 室
邮　　编：116021
电　　话：(0411)84519927

上海龙之媒书店

地　　址：上海市淮海中路 381 号中环广场
邮　　编：200020
电　　话：(021)63916848
传　　真：(021)63916910

上海麦迪逊广告人书店

地　　址：上海市黄浦区湖北路 20 号底楼
邮　　编：200001
电　　话：(021)33040306

上海广告人书店

地　　址：上海市普陀区白玉路 669 号
邮　　编：200063
电　　话：(021)52363238

中国网尚广告人书店

地　　址：南京市中央路 6-8 号
邮　　编：210008
电　　话：(025)66848756

南京龙之媒书店

地　　址：南京市新街口汉中路 108 号金轮大厦（副楼）汇贤楼 216 室

邮　　编：210029

电　　话：(025)84728505

杭州广告人书店

地　　址：杭州市文三路 100 号 305 室（西溪数码港旁）

电　　话：(0571)88226411/56776030

传　　真：(0571)88226411

浙江艺博设计书店

地　　址：杭州市文三路 100 号 305 室

邮　　编：310012

电　　话：(0571)88226411

温州广告人书店

地　　址：温州市鹿城区蒲鞋市学院西路 52 号

邮　　编：325000

电　　话：(0577)8351956

宁波龙图艺术书店

地　　址：宁波百丈路 44 号

邮　　编：315040

电　　话：(0574)87844777

山东广告人书店济南店

地　　址：济南市历山路 72 号

邮　　编：250013

电　　话：(0531)86991358

郑州广告人书店

地　　址：郑州市经五路 12 号附 1 号

电　　话：(0371)65969289

传　　真：(0371)65923659

长沙龙之媒书店

地　　址：长沙市五一大道 635 号锦绣中环大厦 1602 室

邮　　编：410005

电　　话：(0731)82324695

中国麦迪逊广告人书店（总店）

地　　址：广州市天河路 16 号南油大厦首层 1105B

邮　　编：510075

电　　话：(020)38361012

重庆广告人书店

地　　址：重庆市渝中区校场口 85 号大元广场 12–2 号

邮　　编：400010

电　　话：(023)63725730

成都龙之媒书店

地　　址：成都市绵江区东大街蓝光大厦 1610 室

邮　　编：610016

电　　话：(028)66815866

昆明麦迪逊广告人书店

地　　址：昆明市翠湖北路 52 号

邮　　编：650011

电　　话：(0871)3120529

西安龙之媒书店

地　　址：西安市长安中路 100 号西北文化艺术大厦 B 座 109

邮　　编：710061

电　　话：(029)85360278

乌鲁木齐广告人书店

地　　址：乌鲁木齐市中山路 116 号国际合信大厦 14 楼 1405 室

邮　　编：830002

电　　话：(0991)2826296

'2015 中国广告年鉴
China Advertising Yearbook

广告优秀作品评选

Excellent Advertisements

第二十一届中国国际广告节长城奖获奖名单

全场大奖

作品名称：事关人命，遵守交规
参赛单位：LOWE CHINA / 睿狮广告传播

金奖

作品名称：事关人命，遵守交规
参赛单位：LOWE CHINA / 睿狮广告传播

作品名称：Find The Magic – 时空魔术
参赛单位：天联广告有限公司上海分公司

作品名称：3M SHAKE OFF
参赛单位：阳狮广告有限公司上海分公司

作品名称：那些年
参赛单位：北京葛瑞传众广告有限公司

作品名称：阿尔山矿泉 – 手写瓶
参赛单位：Cheil 杰尔广告

作品名称：纹身篇
参赛单位：智威汤逊 – 中乔广告有限公司

银奖

作品名称：尼康“看破界”
参赛单位：上海奥美广告有限公司

作品名称：拍屁股篇
参赛单位：上海奥美广告有限公司

作品名称：红孩子
参赛单位：上海奥美广告有限公司

作品名称：八点广告一位难求
参赛单位：上海东方广播有限公司

作品名称：定格的子弹
参赛单位：上海尚雨广告有限公司

作品名称：易迅网 就是快系列 跷跷板篇
参赛单位：阳狮广告有限公司上海分公司

作品名称：别克 新君子之道
参赛单位：阳狮广告有限公司上海分公司

作品名称：海尔抱抱小灯人
参赛单位：阳狮广告有限公司上海分公司

作品名称：玩具熊
参赛单位：智威汤逊 – 中乔广告有限公司上海分公司

作品名称：《被盯上，叮不上》
参赛单位：广州火之鸟广告有限公司

作品名称：Mary day
参赛单位：广州市旭日因赛广告有限公司

作品名称：微信 为盲胞读书
参赛单位：阳狮广告有限公司广州分公司

作品名称：爱不停炖 4 · 饭和爱情
参赛单位：英扬传奇 & 喜邑互动复合品牌事务机构

作品名称：百度百科—倾听名人的讲述
参赛单位：百度

作品名称：无惧神之力
参赛单位：北京电通广告有限公司

作品名称：声音达人秀宣传广告—“相亲”版
参赛单位：北京人民广播电台

作品名称：和天下 · 山河馥系列
参赛单位：深圳黑弧奥美广告传媒有限公司

作品名称：万科 · 七星系列
参赛单位：深圳黑弧奥美广告传媒有限公司

作品名称：车库篇
参赛单位：智威汤逊 – 中乔广告有限公司

作品名称：防抖拍摄
参赛单位：智威汤逊 – 中乔广告有限公司

作品名称：松江地产 十二生肖系列
参赛单位：天津市北岛广告发展有限公司

铜奖

作品名称：《生活在生活的里面》
参赛单位：重庆高戈数字传播有限公司

作品名称：控客智能插座—分身篇
参赛单位：思美传媒股份有限公司

作品名称：奥康皮鞋—成长篇
参赛单位：浙江广播电视集团 浙江卫视

作品名称：西门子冰箱—低噪篇
参赛单位：云南广播电视台

作品名称：Airwaves 嚼对精神放手一击—全垒打大赛
参赛单位：艺次元互动科技股份有限公司

作品名称：时代 · 花生《爱是陪伴》系列
参赛单位：深圳市另起一行文化传播有限公司

作品名称：昂科拉十万车主 · 洗车召集令
参赛单位：LOWE CHINA ／ 睿狮广告传播

作品名称：荣威 550：广告请你来说
参赛单位：安瑞索思（中国）

作品名称：赛诺魔方床垫—蝴蝶效应篇
参赛单位：北京恒美广告有限公司上海黄浦分公司

作品名称：赛诺魔方床垫—翻身篇
参赛单位：北京恒美广告有限公司上海黄浦分公司

作品名称：赛诺魔方床垫—噩梦篇
参赛单位：北京恒美广告有限公司上海黄浦分公司

作品名称：亲子购物袋
参赛单位：华道佳（北京）广告有限公司

作品名称：欧莱雅男士 BB——步就型
参赛单位：麦肯 · 光明广告有限公司上海分公司

作品名称：全新桑塔纳 病毒视频 分不开篇
参赛单位：钦选（上海）广告有限公司

作品名称：全新桑塔纳 病毒视频 牛奶浴篇
参赛单位：钦选（上海）广告有限公司

作品名称：全新桑塔纳 品质唯真 安全篇
参赛单位：钦选（上海）广告有限公司

作品名称：全新桑塔纳 病毒视频 酒吧篇
参赛单位：钦选（上海）广告有限公司

作品名称：尼康《全家福》
参赛单位：上海奥美广告有限公司

作品名称：男人篇
参赛单位：上海奥美广告有限公司

作品名称：动物篇—牛
参赛单位：上海奥美广告有限公司

作品名称：动物篇—猪
参赛单位：上海奥美广告有限公司

作品名称：头脑艺术
参赛单位：上海奥美广告有限公司

作品名称：动物篇—牛
参赛单位：上海奥美广告有限公司

作品名称：致风范 · 2014 凯迪拉克设计艺术大展
参赛单位：上海同立广告传播有限公司

作品名称：红星美凯龙“真人海报”媒体传播案例
参赛单位：上海众人行艺术设计有限公司

作品名称：隔阂篇
参赛单位：上海卓越形象广告传播有限公司

作品名称：CASIO SHEEN 手表系列微电影
参赛单位：旭通世纪（上海）广告有限公司

作品名称：易迅网 就是快系列 翼装篇
参赛单位：阳狮广告有限公司上海分公司

作品名称：别克 新君子之道
参赛单位：阳狮广告有限公司上海分公司

作品名称：GREEN PEACE 海狮篇
参赛单位：阳狮广告有限公司上海分公司

作品名称：3M SHAKE OFF
参赛单位：阳狮广告有限公司上海分公司

作品名称：女鬼篇
参赛单位：智威汤逊－中乔广告有限公司上海分公司

作品名称：机器人
参赛单位：智威汤逊－中乔广告有限公司上海分公司

作品名称：点火篇
参赛单位：智威汤逊－中乔广告有限公司上海分公司

作品名称：玩具熊
参赛单位：智威汤逊－中乔广告有限公司上海分公司

作品名称：机器人
参赛单位：智威汤逊－中乔广告有限公司上海分公司

作品名称：机器人
参赛单位：智威汤逊－中乔广告有限公司上海分公司

作品名称：玩具熊
参赛单位：智威汤逊－中乔广告有限公司上海分公司

作品名称：点火篇
参赛单位：智威汤逊－中乔广告有限公司上海分公司

作品名称：心太软软香酥（离婚篇）
参赛单位：陕西广播电视台

作品名称：统一润滑油（结巴篇）
参赛单位：陕西广播电视台

作品名称：苏泊尔不粘锅—荷叶篇
参赛单位：山东省国际广告有限公司

作品名称：香蕉牛奶
参赛单位：江苏大唐灵狮广告有限公司

作品名称：江淮汽车倒车系列—树木篇、灯柱篇
参赛单位：南京银都奥美广告有限公司

作品名称：晨光文具—斑马篇
参赛单位：山东省国际广告有限公司

作品名称：新鲜定位系列—冰淇淋篇、草莓篇、三文鱼篇
参赛单位：山东省国际广告有限公司

作品名称：FM105 系列
参赛单位：山东省国际广告有限公司

作品名称：《慢生活》系列：不要急篇、慢慢走篇、停一停篇
参赛单位：长沙盛美广告有限公司

作品名称：《分离运动》篇
参赛单位：长沙盛美广告有限公司

作品名称：《刷新》篇
参赛单位：长沙盛美广告有限公司

作品名称：《分离运动》篇
参赛单位：长沙盛美广告有限公司

作品名称：《慢生活》系列：不要急篇、慢慢走篇、停一停篇
参赛单位：长沙盛美广告有限公司

作品名称：湖北广播广告中心“牛”篇
参赛单位：张斌品牌传播工作室

作品名称：天马传媒创意部招新广播《相亲篇》
参赛单位：贵州天马传媒有限公司

作品名称：口口箱传
参赛单位：家有购物集团有限公司

作品名称：原村土布系列
参赛单位：河北春秋文化传播有限公司

作品名称：左岸香颂
参赛单位：秦皇岛广播电台

作品名称：美的空调《企鹅篇》《甄嬛篇》《良方篇》
参赛单位：石家庄都市文化传播有限公司

作品名称：祐康食品劲道好面系列《海啸篇》《飓风篇》
参赛单位：广东省广告股份有限公司

作品名称：祐康 面点师傅—《松软篇》
参赛单位：广东省广告股份有限公司

作品名称：长丰猎豹 2013 款飞腾软着陆系列《沙丘篇》《岩石篇》
参赛单位：广东省广告股份有限公司

作品名称：美的吸尘器《监狱篇》
参赛单位：广东省广告股份有限公司

作品名称：中国移动关键时刻系列—《消防员篇》《警察篇》《护士篇》
参赛单位：广东省广告股份有限公司

作品名称：吉利汽车笼子系列《狮子篇》《犀牛篇》《豹篇》
参赛单位：广东省广告股份有限公司

作品名称：江淮汽车 iev 超低耗能电动车系列《电饭煲篇》《吸尘器篇》《电熨斗篇》
参赛单位：广东省广告股份有限公司

作品名称：中国移动导航错误系列—《蛇口篇》《熊口篇》《狮口篇》
参赛单位：广东省广告股份有限公司

作品名称：江淮泊车辅助系统系列《黑社会篇》《婆媳篇》
参赛单位：广东省广告股份有限公司

作品名称：百佳利钙片折叠腰系列《举重篇》《哑铃篇》《倒立篇》
参赛单位：广东省广告股份有限公司

作品名称：角落酒吧形象稿
参赛单位：广州交易会广告有限公司

作品名称：天籁·公爵《合伙人篇》、《演员篇》、《自己篇》
参赛单位：电通东派广告有限公司

作品名称：《哈哈篇》、《抠鼻篇》、《调皮篇》
参赛单位：广东广旭广告有限公司

作品名称：借口
参赛单位：广东省广博报堂广告有限公司

作品名称：百年奇苑—雾山茶韵（一山一笔）
参赛单位：广州本点品牌设计机构

作品名称：《就敢这么脆》
参赛单位：广州火之鸟广告有限公司

作品名称：君华御府
参赛单位：广州里奥广告有限公司

作品名称：华为 Mate2 整合广告运动
参赛单位：广州市旭日因赛广告有限公司

作品名称：华为 Mediapad 10link 整合广告运动
参赛单位：广州市旭日因赛广告有限公司

作品名称：看不见的角，看得见的干净
参赛单位：广州市旭日因赛广告有限公司

作品名称：自然的传单，自然地传递
参赛单位：广州市旭日因赛广告有限公司

作品名称：琉森堡
参赛单位：广州昭阳和牧场广告有限公司

作品名称：小花篇
参赛单位：上海奥美广告有限公司广州分公司

作品名称：光耀三张压力篇
参赛单位：深圳市亲爱的广告有限公司

作品名称：穗宝床垫 婚礼篇
参赛单位：阳狮广告有限公司广州分公司

作品名称：穗宝床垫 警匪篇
参赛单位：阳狮广告有限公司广州分公司

作品名称：穗宝床垫 警匪篇
参赛单位：阳狮广告有限公司广州分公司

作品名称：纽崔莱蛋白粉 加一勺活力 《楼梯篇》
参赛单位：阳狮广告有限公司广州分公司

作品名称：佳得乐—挥汗夜战
参赛单位：Renuf 梅森麦 互动创意行销

作品名称：青岛纯生鲜活人生推广项目
参赛单位：奥美世纪（北京）广告有限公司

作品名称：百度新闻创意平面
参赛单位：百度

作品名称：百度手机地图《冤枉路篇／一路障碍篇／找不到篇》
参赛单位：百度

作品名称：百度地图 _ 别让爱你的人等太久 _ 微电影
参赛单位：百度在线网络技术（北京）有限公司

作品名称：联想智能电视 – 恐归族实录：不回家的人
参赛单位：北京电通广告有限公司

作品名称：为父母拍照吧。让照片成为装饰。
参赛单位：北京电通广告有限公司

作品名称：家是下一站岗位
参赛单位：北京葛瑞传众广告有限公司

作品名称：还父母一个童年系列
参赛单位：北京及时沟通文化创意有限公司

作品名称：淄博华润五彩城“晾着就没有了”系类招商广告
参赛单位：北京及时沟通文化创意有限公司

作品名称：Samsung 品牌形象 – 倒立男孩
参赛单位：Cheil 杰尔广告

作品名称：Samsung GALAXY Gear– 总有惊奇系列：酒吧／婴儿／地铁
参赛单位：Cheil 杰尔广告

作品名称：中汇驾校 – 车祸系列 – 悍匪篇，宿敌篇，黑道篇
参赛单位：Cheil 杰尔广告

作品名称：Samsung HUD TV– 难以置信的真实之美
参赛单位：Cheil 杰尔广告

作品名称：自然之友 – 阅后重生
参赛单位：Cheil 杰尔广告

作品名称：自行车篇
参赛单位：北京锐意天思广告有限公司

作品名称：京东 618 整合营销传播
参赛单位：北京壹捌零广告有限公司

作品名称：京东 ATM 机营销传播
参赛单位：北京壹捌零广告有限公司

作品名称：百度筷搜
参赛单位：昌荣传媒有限公司

作品名称：锦地翰城 · 社会病系列
参赛单位：深圳黑弧奥美广告传媒有限公司

作品名称：南山雨果精装公寓平面 – 梁山好汉系列
参赛单位：深圳黑弧奥美广告传媒有限公司

作品名称：滇池 ONE 与时代告别系列
参赛单位：深圳黑弧奥美广告传媒有限公司

作品名称：打败油腻
参赛单位：智威汤逊－中乔广告有限公司

作品名称：打败油腻
参赛单位：智威汤逊－中乔广告有限公司

媒介营销奖

电视

作品名称：东风标致 2008 牵手《如果爱》—以电视为支点的高效应回报
获得奖项：金奖

作品名称：微 5 世界杯—世界杯 CCTV5& 微博多屏互动传播
获得奖项：银奖

作品名称：欢乐方特 嘻哈同行
获得奖项：铜奖

电子商务

作品名称：泰康瞬间
获得奖项：金奖

作品名称：百事快乐送母亲邮包
获得奖项：银奖

作品名称：我买网舌尖 2 整合营销
获得奖项：铜奖

公益类

作品名称：脚印的承诺
获得奖项：全场大奖

作品名称：脚印的承诺
获得奖项：金奖

作品名称：自然之友—阅后重生
获得奖项：银奖

作品名称：善存：空盘时代，活出营养
获得奖项：铜奖

互动－非媒体类

作品名称：蒙牛 3D 音乐，特别的奶特时光
获得奖项：金奖

作品名称：孩子，请带我回家
获得奖项：银奖

作品名称：全新君威—为你一再心动买单（淘宝大数据营销）
获得奖项：银奖

作品名称：真果粒《我是歌手》“爱真实果粒，选真实声音”活动
获得奖项：铜奖

作品名称：麦芒 B199 手机网络互动推广
获得奖项：铜奖

作品名称：mr. CHIA “BYE BYE 老废物”
获得奖项：铜奖

互动 – 媒体类

作品名称：中国移动　和 4G 快享盛宴 爆笑摇摇看
获得奖项：金奖

作品名称：OLAY MEN 引爆你的劲能样
获得奖项：银奖

作品名称：微博“让红包飞” 10 亿豪礼 共享粉丝经济圈
获得奖项：银奖

作品名称：奔驰 CLA+ 乐视，狼性 4 虐首创跨界生态营销
获得奖项：铜奖

作品名称：“京东 618”PARTY ON—明星足球夜
获得奖项：铜奖

作品名称：东风标致 301 之路
获得奖项：铜奖

技术创新类

作品名称：全新君威—为你一再心动买单（淘宝大数据营销）
获得奖项：金奖

作品名称：杜蕾斯 PC+ 移动双平台程序化购买案例
获得奖项：银奖

作品名称：天猫—双 11 社交疯抢红包
获得奖项：铜奖

跨媒介整合 – 快消类

作品名称：可口可乐那些事儿 _ 百度全平台整合营销
获得奖项：金奖

作品名称：星巴克—抬头行动
获得奖项：银奖

作品名称：“香”拥传惊喜
获得奖项：铜奖

作品名称：奥利奥“亲子一刻 玩起来”
获得奖项：铜奖

作品名称：实力无价—安踏 & 新浪 NBA 战略合作
获得奖项：铜奖

跨媒介整合 – 其他类

作品名称：中信尼雅：不做赶路人
获得奖项：金奖

作品名称：中国联通《中国首届智能手机运动会》
获得奖项：银奖

作品名称：国内首例真人海报
获得奖项：铜奖

跨媒介整合 – 汽车、消费电子类

作品名称：全新君威—为你一再心动买单（淘宝大数据营销）
获得奖项：金奖

作品名称：海尔天樽空调世界杯营销案例
获得奖项：银奖

作品名称：上海大众朗境 明星街拍盛典
获得奖项：银奖

作品名称：新蒙迪欧：科技 品位，闪耀人生
获得奖项：铜奖

作品名称：新福克斯“冲刺 Focus1 挑战纽博格林”
获得奖项：铜奖

作品名称：不将就
获得奖项：铜奖

内容营销 – 非媒体 – 其他类

作品名称：薇婷—不让你的体毛比你更出众
获得奖项：金奖

作品名称：时空魔术
获得奖项：银奖

作品名称：王老吉—舌尖上的平衡
获得奖项：铜奖

内容营销 – 媒体 – 其他类

作品名称：蒙牛优益 C 大排党集合令
获得奖项：金奖

作品名称：乐视视频 APP“七夕表白 全屏实力”
获得奖项：银奖

作品名称：卡萨帝《“家”期：唤醒你对家人的爱》
获得奖项：银奖

作品名称：GE，创新走近中国
获得奖项：铜奖

作品名称：青岛啤酒 CBA 啦啦队
获得奖项：铜奖

内容营销 – 广告植入类

作品名称：强生婴儿“这一刻无可取代”—《爸爸去哪儿》电影合作
获得奖项：金奖

作品名称：我的第 1 步，新青年生活形态白皮书—TRAX 创酷百度大数据投放
获得奖项：银奖

作品名称：7 千万的原生营销—嘉士伯啤酒中超新浪营销篇
获得奖项：铜奖

平面户外类

作品名称：脚印的承诺
获得奖项：金奖

作品名称：本来生活：橙子引爆的致敬狂欢
获得奖项：银奖

作品名称：Polo 许你一个愿之 Polo 许愿签
获得奖项：铜奖

社会化营销 – 非媒体 – 快消类

作品名称：可口可乐歌词瓶
获得奖项：金奖

作品名称：寻找寒门追梦学子
获得奖项：铜奖

作品名称：蒙牛优益 C 大排党集合令
获得奖项：银奖

社会化营销 – 媒体 – 快消类

作品名称：杜蕾斯：大胆谈性，和我一样
获得奖项：金奖

作品名称："谁能代表肯德基"
获得奖项：银奖

作品名称：喜力 星耀未来点亮 2014 跨年派对
获得奖项：铜奖

社会化营销 – 汽车、消费电子类

作品名称：海尔兄弟新形象创意征集
获得奖项：金奖

作品名称：One Cup"30 秒豆浆，就这么简单"
获得奖项：银奖

作品名称：三星投你所爱 一起创造世界纪录
获得奖项：银奖

作品名称：投你所爱 –Samsung GALAXY BEAM2
获得奖项：铜奖

作品名称：TCL 么么哒手机社会化营销：有爱就要么么哒
获得奖项：铜奖

作品名称：东风标致"一个红包触动 760 万人关注"—新浪"让红包飞"借势营销
获得奖项：铜奖

社会化营销 – 其他类

作品名称：欧珀莱 S–CRM 数码计划 "想你所想"
获得奖项：金奖

作品名称：#带着微博去旅行 # 社会化互动集客构建新型旅游商业模式
获得奖项：银奖

视频 – 网络节目类

作品名称：FIRE 火咖《屌丝男士 3》移动端创新营销
获得奖项：金奖

作品名称：别克凯越—说给老家
获得奖项：银奖

作品名称：英特尔越域跨界对话
获得奖项：银奖

作品名称：康师傅红烧牛肉面《黄段子》内容植入营销案例
获得奖项：铜奖

作品名称：卡萨帝—生活在创艺
获得奖项：铜奖

作品名称：东风标致 3008 优酷"星映话"内容合作营销传播
获得奖项：铜奖

视频 – 其他类

作品名称：湿剃门
获得奖项：金奖

作品名称：百度筷搜产品视频
获得奖项：银奖

作品名称：多乐士—换位焕新 让爱更爱
获得奖项：银奖

作品名称：蒙牛奶特，《2.14 特别的等待》
获得奖项：铜奖

作品名称：可爱多 2014“这一刻爱吧”
获得奖项：铜奖

作品名称：多芬真情微纪录《致闺蜜》：分享真情 滋养你我
获得奖项：铜奖

无线－媒体类

作品名称：SMART BoConcept 微信卖车案例
获得奖项：金奖

作品名称：英菲尼迪 Q 纪元—新浪天气通创新营销
获得奖项：银奖

作品名称：青岛啤酒 & 网易“神评论，上头条”移动互动营销
获得奖项：铜奖

无线－非媒体类

作品名称：麦当劳一见中薯
获得奖项：金奖

作品名称：可爱多 世界最后 8 秒告白
获得奖项：银奖

作品名称：Wi-Fi 实时排名榜
获得奖项：铜奖

优秀奖（共 89 件，名单略）

互动创意奖

公益类

作品名称：自然之友—阅后重生
获得奖项：全场大奖

作品名称：自然之友—阅后重生
获得奖项：金奖

作品名称：百事快乐送母亲邮包
获得奖项：金奖

作品名称：别克凯越—说给老家
获得奖项：银奖

作品名称：事关人命，遵守交规
获得奖项：铜奖

作品名称：逆袭淘宝
获得奖项：铜奖

作品名称：汤臣倍健“用一亿个淘金币 爱一万个孩子”
获得奖项：铜奖

视频－非媒体－病毒视频类

作品名称：孩儿面“我们的时代”
获得奖项：金奖

作品名称：上海大众汽车 Lavida 上市预热（手指篇）
获得奖项：银奖

作品名称：Samsung UHD TV－难以置信的真实之美
获得奖项：铜奖

作品名称：红星美凯龙 11 月全球家居博览惠《全世界在一起》病毒视频
获得奖项：铜奖

作品名称：康师傅饮养奶咖“小饥小饿变身记”系列病毒视频
获得奖项：铜奖

视频－非媒体－其他类

作品名称：无声世界
获得奖项：金奖

作品名称：Olay 新年微电影营销“最美的笑给最爱的你”
获得奖项：银奖

作品名称：时空魔术
获得奖项：铜奖

视频－媒体类

作品名称：手机百度“让每一分都有意义”高考项目
获得奖项：金奖

作品名称：SONY“无限玩出界”社交娱乐互动案例
获得奖项：银奖

作品名称：福特翼搏—FUN 手趣过年
获得奖项：银奖

作品名称：露得清《步步寻她》微电影
获得奖项：铜奖

作品名称：西门子干衣机：晾衣那点事儿
获得奖项：铜奖

作品名称：海尔《时间都去哪儿了》
获得奖项：铜奖

微型网站－非媒体类

作品名称：Samsung GALAXY K zoom—跨平台全景数字影棚
获得奖项：金奖

作品名称：可口可乐歌词瓶
获得奖项：银奖

作品名称：为你一再心动买单 @ 别克全新君威上市
获得奖项：银奖

作品名称：带爸妈去看看你的世界
获得奖项：铜奖

作品名称：蒙牛纯甄新品上市移动传播
获得奖项：铜奖

作品名称：康师傅饮养奶咖“小饥小饿 马上有神”整合传播
获得奖项：铜奖

微型网站－媒体－快消－饮品类

作品名称：伊利 萌娃比身高
获得奖项：银奖

作品名称：2013 雪花勇闯天涯—翻越喜马拉雅
获得奖项：银奖

作品名称：红牛能量社区
获得奖项：银奖

作品名称：中信尼雅：不做赶路人
获得奖项：铜奖

作品名称：伊利畅轻
获得奖项：铜奖

作品名称：红牛挑战无止境 边界由我定
获得奖项：铜奖

微型网站－媒体－快消－非饮品类

作品名称：爱上 Win8QQ 的十大理由
获得奖项：金奖

作品名称：大数据时代的社交需求定制营销—飘柔 # 秀出来勇敢爱 # 社会化媒体推广
获得奖项：银奖

作品名称：新探索客丨 The North Face
获得奖项：铜奖

微型网站－媒体－其他类

作品名称：神偷奶爸 2
获得奖项：金奖

作品名称：假如，香奈儿为您摘下一轮明月
获得奖项：银奖

作品名称：OLAY PRO-X 真相大白剧场
获得奖项：银奖

作品名称：《马上有惊喜 PC+ 无线双端创新营销》
获得奖项：铜奖

作品名称：GE，创新走近中国
获得奖项：铜奖

作品名称：宝洁海飞丝世界杯
获得奖项：铜奖

微型网站 – 媒体 – 汽车类

作品名称：东标 2008 世界杯全场集锦
获得奖项：银奖

作品名称：TRAX 创酷《不变不酷 我的第 1 步》双屏活动网站
获得奖项：银奖

作品名称：长安福特福克斯 过瘾驾驭
获得奖项：银奖

作品名称：福特翼搏：FUN 手趣过年
获得奖项：铜奖

作品名称：凯迪拉克 ATS 上市合作
获得奖项：铜奖

作品名称：一汽大众 cc 微剧本 diy
获得奖项：铜奖

微型网站 – 媒体 – 消费电子类

作品名称：三星 S5：我喜欢的 S5
获得奖项：金奖

作品名称：苏宁电器暑促活动
获得奖项：银奖

作品名称：oppo FIND 巴西至美一拍活动网站
获得奖项：铜奖

无线 – 非媒体 – 其他类

作品名称：爱奇艺《晓松奇谈》—会说话的海报
获得奖项：金奖

作品名称：1 号店 6 周年店庆微信端创意传播
获得奖项：银奖

无线 – 媒体 – 其他类

作品名称：刷脸吃饭—手机百度外卖 O2O 互动整合营销
获得奖项：金奖

作品名称：秀出你的—H&M Life
获得奖项：银奖

作品名称：中国移动　和 4G 快享盛宴 爆笑摇摇看
获得奖项：铜奖

无线 – 快消类

作品名称：可口可乐歌词瓶
获得奖项：银奖

作品名称：杜蕾斯 – 射出奇迹
获得奖项：银奖

作品名称：Wi–Fi 实时排名榜
获得奖项：银奖

作品名称：麦当劳一见中薯
获得奖项：铜奖

作品名称：牧场在云端—蒙牛精选牧场纯牛奶百度可视化产业链合作
获得奖项：铜奖

作品名称：唱出你的美
获得奖项：铜奖

无线－汽车、消费电子类

作品名称：世界最小游戏
获得奖项：金奖

作品名称：冠军去哪儿，2014 千万用户的指尖之旅
获得奖项：银奖

作品名称：三星 galaxy S5 手机上市移动端轻互动网站
获得奖项：银奖

作品名称：摇一摇，GO!−Samsung Galaxy Note3
获得奖项：铜奖

作品名称：施耐德电气—数字化零售门店 O2O 解决方案
获得奖项：铜奖

作品名称：东南汽车双 T 动力手机篇
获得奖项：铜奖

在线广告－快消类

作品名称：湿剃门
获得奖项：金奖

作品名称：蒙牛 3D 音乐，特别的奶特时光
获得奖项：银奖

作品名称：PEAK/ 匹克新款风随网动跑鞋创意富媒体广告
获得奖项：银奖

作品名称：超能女人
获得奖项：铜奖

作品名称：康师傅绿茶“青春能量营”
获得奖项：铜奖

作品名称：微博引爆真果粒真实旋风 寻找真实自我真自由
获得奖项：铜奖

在线广告－其他类

作品名称：泰康瞬间
获得奖项：金奖

作品名称：喜摇摇
获得奖项：银奖

作品名称：腾讯游戏纷享快乐
获得奖项：银奖

作品名称：万达微视频大赛
获得奖项：铜奖

作品名称：美国运通电子旅行支票“测旅商，赢美金”
获得奖项：铜奖

作品名称：《耐克世界杯工厂》“耐克”球鞋新品上市，富媒体浮层广告
获得奖项：铜奖

在线广告－汽车、消费电子类

作品名称：DELL“够瘦才型”
获得奖项：金奖

作品名称：三星品牌形象—倒立男孩
获得奖项：银奖

作品名称：西门子家电—晾衣那点事儿
获得奖项：铜奖

优秀奖（共98件，名单略）

广告主奖人物奖获奖名单

功勋人物奖

姓名：宫旭洲
职务：山东鲁花集团有限公司　总裁

姓名：魏江雷
职务：联想集团有限公司　副总裁、中国区CMO

姓名：陈忠实
职务：福建好彩头食品股份有限公司　董事长

姓名：马晓辉
职务：唯品会（中国）有限公司　副总裁

姓名：洪炳文
职务：福建柒牌集团有限公司　常务副总裁

姓名：邓嵘
职务：重庆登康口腔护理用品股份有限公司　董事长

姓名：赵兴继
职务：内蒙古蒙牛乳业（集团）股份有限公司　市场系统休闲品牌管理部总经理

姓名：王荔强
职务：烟台荣昌制药股份有限公司　总经理

姓名：陈名友
职务：江苏雅迪科技集团有限公司　执行总裁

姓名：吴丹勇
职务：天士力控股集团　副总裁

成就人物奖

姓名：孙松鹤
职务：曼卡龙珠宝股份有限公司　董事长

姓名：王传佳
职务：上海巴克斯酒业有限公司　市场总监

姓名：王彦
职务：联想移动业务集团　战略运营高级总监

姓名：王长庚
职务：株洲千金药业股份有限公司　市场部总经理

姓名：吕淑芹
职务：北京三元食品股份有限公司　副总经理

姓名：宋继东
职务：内蒙古蒙牛乳业（集团）股份有限公司
市场系统功能品牌中心总经理

姓名：吴洪涛
职务：内蒙古蒙牛乳业（集团）股份有限公司
蒙牛达能合资业务市场总经理

姓名：陈建铭
职务：福建片仔癀文化传媒公司　董事长

姓名：王义善
职务：深圳赛菲尔珠宝首饰有限公司　董事长

姓名：李茂银
职务：上海优幼母婴用品有限公司　董事长、总经理

姓名：汤卓敏
职务：乾元茶业（江苏）有限公司　董事长

姓名：许夏林
职务：森科产品有限公司　行政董事

姓名：董芳
职务：一汽－大众汽车有限公司奥迪销售事业部
数字营销部部长

姓名：李海峰
职务：万达集团　文化活动部总经理

姓名：李念
职务：华润雪花啤酒（中国）有限公司
市场部副总经理

姓名：林骞
职务：福建柒牌集团有限公司　品牌总监

姓名：杨金龙
职务：福建恒安集团有限公司
卫生巾发展部媒介传播总监

姓名：李莉
职务：伽蓝（集团）股份有限公司　媒介传播部总监

姓名：伍雪峰
职务：东风柳州汽车销售有限公司　副总经理

姓名：郭炜炜
职务：珠海金山网络游戏科技有限公司
金山集团副总裁

姓名：李佳
职务：修正药业集团营销有限公司　品牌管理中心总监

姓名：刘顺平
职务：欧派家居集团股份有限公司　营销总经理

姓名：宋永泉
职务：太阳雨集团　市场总监

姓名：刘涛
职务：南京兰叶建设集团有限公司　总经理

姓名：林如海
职务：碧生源控股有限公司　副总经理

姓名：李璐雯
职务：国美电器有限公司　市场营销中心总监

姓名：戴峰
职务：桂龙药业　总经理

贡献人物奖

姓名：范力
职务：MINI 中国　市场总监

姓名：解卫国

职务：北京梅赛德斯－奔驰销售服务有限公司
数字营销与客户关系管理高级经理

姓名：王军

职务：广东三雄极光照明股份有限公司　市场总监

姓名：屈华

职务：湖北劲牌酒业有限公司　媒介策划部经理

姓名：梁田

职务：英利集团　公共关系总监、总裁特别助理

姓名：解若君

职务：施可丰化工股份有限公司　营销副总

姓名：倪丽婷

职务：曼卡龙珠宝股份有限公司　品牌总监

姓名：尚炎

职务：中粮我买网有限公司　在线营销部总监

姓名：张华宁

职务：中国国际航空股份有限公司　市场部高级经理

姓名：张兴荣

职务：惠氏制药有限公司　市场总监

姓名：傅乐静

职务：四川可士可果业股份有限公司　副董事长

姓名：王艳

职务：内蒙古蒙牛乳业（集团）股份有限公司
高级品牌经理

姓名：董娜

职务：内蒙古蒙牛乳业（集团）股份有限公司　品牌总监

姓名：谭超

职务：北京四季沐歌太阳能技术集团有限公司
市场总监

姓名：何刚

职务：四川省绵阳市丰谷酒业有限责任公司
电子商务部经理

姓名：朱雄瑜

职务：捷安特（昆山）有限公司　总经理

姓名：曾静

职务：特步儿童用品公司　品牌总监

姓名：李艳华

职务：鸿星尔克（厦门）实业有限公司　媒介经理

姓名：何兴华

职务：红星美凯龙家居集团股份有限公司
企划管理中心品牌总监

姓名：陈阳阳

职务：中国平安保险（集团）股份有限公司
品牌宣传部新媒体室经理

姓名：张迎玖

职务：圣元营养食品有限公司　公关总监

姓名：杨懿

职务：华润怡宝饮料（中国）有限公司
市场部品牌经理

姓名：杨杰
职务：达因药业　总经理

姓名：邓悄然
职务：东风日产乘用车公司　互联网一科科长

姓名：李盼盼
职务：浙江盈昌眼镜实业有限公司　副总经理

姓名：张伟
职务：福建恒安集团有限公司　产品设计总监

姓名：冯晓矛
职务：桂林西麦食品集团　品牌总监

姓名：陈强
职务：上海太太乐食品有限公司　市场品牌总监

姓名：王卓
职务：深圳赛菲尔珠宝首饰有限公司　总经理

姓名：杨琳
职务：益海嘉里食品营销有限公司　品牌高级经理

姓名：綦宗忠
职务：孚日集团股份有限公司　党委副书记

姓名：田玉伟
职务：河北义厚成日用品有限公司　总经理

姓名：陈思
职务：天津查仕金德科技有限公司　CEO

姓名：赵一行
职务：碧生源控股有限公司　媒介部高级经理

姓名：雷剑
职务：雨润集团　市场部媒介总监

姓名：秦亮
职务：内蒙古蒙牛乳业（集团）股份有限公司
品牌经理

姓名：李胤
职务：内蒙古蒙牛乳业（集团）股份有限公司
品牌经理

姓名：滕新为
职务：海尔家电产业集团　媒介总监

文案奖获奖名单

获得奖项：金奖
作品名称：原村土布系列
参赛单位：河北春秋文化传播有限公司

获得奖项：银奖
作品名称：锦地翰城 · 社会病系列
参赛单位：深圳黑弧奥美广告传媒有限公司

获得奖项：铜奖
作品名称：爱不停炖 4 · 饭和爱情
参赛单位：英扬传奇 & 喜邑互动复合品牌事务机构

获得奖项：铜奖
作品名称：昂科拉十万车主　洗车召集令
参赛单位：LOWE CHINA / 睿狮广告传播

获得奖项：铜奖
作品名称：穗宝床垫 婚礼篇
参赛单位：阳狮广告有限公司广州分公司

获得奖项：优秀奖
作品名称：Find The Magic—时空魔术
参赛单位：天联广告有限公司上海分公司

获得奖项：优秀奖
作品名称：尼康“看破界”
参赛单位：上海奥美广告有限公司

获得奖项：优秀奖
作品名称：松江地产 十二生肖系列
参赛单位：天津市北岛广告发展有限公司

获得奖项：优秀奖
作品名称：声音达人秀宣传广告—“相亲”版
参赛单位：北京人民广播电台

获得奖项：优秀奖
作品名称：《慢生活》系列：不要急篇、慢慢走篇、停一停篇
参赛单位：长沙盛美广告有限公司

获得奖项：优秀奖
作品名称：冬征开始
参赛单位：智立方国际品牌管理顾问（北京）有限公司

获得奖项：优秀奖
作品名称：苏宁《空调拔凉系列》
参赛单位：南京银都奥美广告有限公司

获得奖项：优秀奖
作品名称：笑看青春系列
参赛单位：深圳市及时沟通广告有限公司重庆分公司

获得奖项：优秀奖
作品名称：湖北广播广告中心“煎饼”篇
参赛单位：张斌品牌传播工作室

获得奖项：优秀奖
作品名称：分手篇
参赛单位：The Gate

2014 年大中华区艾菲奖获奖名单

办公 & 速递产品与服务类

案例名称：ThinkStation“亮见”整合传播
代理公司：蓝色光标数字营销机构
广 告 主：联想（北京）有限公司
奖　　项：铜奖

餐饮与零售商类

案例名称：抬头行动
代理公司：天联广告（主要代理公司）
天能（第一贡献代理公司）
广 告 主：星巴克企业管理（中国）有限公司
奖　　项：金奖

案例名称：不要怕鬼 要爱鬼
代理公司：奥美台北
广 告 主：全联实业股份有限公司
奖　　项：银奖

案例名称：人人食得喜
代理公司：Ogilvy & Mather Group，Hong Kong
广 告 主：Birdland (Hong Kong) Limited
奖　　项：铜奖

案例名称：开个靓头
代理公司：恒美广告国际有限公司
广 告 主：McDonald's Restaurants (HK) Ltd.
奖　　项：铜奖

单一媒体活化类

案例名称：刷脸吃饭—手机百度外卖 O2O 互动整合营销
代理公司：百度
广 告 主：百度
奖　　项：金奖

案例名称：与郭晶晶一起创造世界纪录
代理公司：Cheil 鹏泰
广 告 主：三星电子
奖　　项：铜奖

案例名称：新蒙迪欧：科技 品位，闪耀人生
代理公司：凤凰网（主要代理公司）
三人行广告有限公司（第一贡献代理公司）
广 告 主：长安福特
奖　　项：铜奖

案例名称：力士“Shiny Moment”整合营销传播
代理公司：搜狐视频（主要代理公司）
北京恒美广告有限公司上海分公司（第一贡献代理公司）
广 告 主：力士
奖　　项：铜奖

电商类

案例名称：1 号店进口牛奶销量创吉尼斯世界纪录活动
代理公司：国安 DDB(DDB 中国旗下品牌）
广 告 主：1 号店
奖　　项：银奖

案例名称：京东商城《爱情公寓 4》品牌化内容营销
代理公司：北京世纪鲲鹏国际传媒广告有限公司
广 告 主：京东商城
奖　　项：铜奖

案例名称：苏宁红孩子品牌传播战役
代理公司：上海奥美广告有限公司
广 告 主：苏宁云商集团股份有限公司采购中心
奖　　项：铜奖

电子产品类

案例名称：“ThinkPad 8—随时趣创造” 新品上市推广活动
代理公司：奥美北京
广 告 主：联想（北京）有限公司
奖　　项：银奖

案例名称：S4 ZOOM 有聊有拍，精彩不错过
代理公司：Cheil 鹏泰
广 告 主：三星电子
奖　　项：铜奖

案例名称：这一年，用心拍张全家福
代理公司：上海奥美广告有限公司（主要代理公司）
红芥茉营销咨询（上海）有限公司（第一贡献代理公司）奥美世纪（北京）广告有限公司（第二贡献代理公司）

广 告 主：尼康映像仪器销售（中国）有限公司
奖　　项：铜奖

案例名称：联想品牌 2014 创客大赛
代理公司：搜狐公司（主要代理公司）
电众数码（北京）广告有限公司（第一贡献代理公司）
广 告 主：联想
奖　　项：铜奖

短效传播类

案例名称：数字地球一小时：在一小时内到达百万受众
代理公司：百比赫广告（上海）有限公司
广 告 主：世界自然基金会北京办事处
奖　　项：金奖

案例名称：手机百度“让每一分都有意义”高考项目
代理公司：昌荣传媒有限公司
广 告 主：百度
奖　　项：金奖 / 全场大奖提名

案例名称：天猫“双 11” 激发上班人群网购狂欢
代理公司：分众传媒集团
广 告 主：天猫
奖　　项：银奖

案例名称：奔驰 CLA+ 乐视，狼性 4 虐首创跨界生态营销
代理公司：乐视网
广 告 主：梅赛德斯 - 奔驰
奖　　项：银奖

非盈利机构公益类

案例名称：开车别低头
代理公司：奥美北京
广 告 主：大众汽车（中国）销售有限公司
奖　　项：金奖

案例名称：全家平安碘
代理公司：不来梅网路股份有限公司、狮子在飞
广 告 主：妈妈监督核电厂联盟
奖　　项：铜奖

公共交通服务类

案例名称：成都熊猫快闪
代理公司：奥美公关北京
广 告 主：英国航空
奖　　项：铜奖

案例名称：形塑长荣航空成为全球性航空品牌之形象传播活动
代理公司：我是大卫广告股份有限公司
广 告 主：长荣航空股份有限公司
奖　　项：铜奖

机动车类

案例名称：开车别低头
代理公司：奥美北京
广 告 主：大众汽车（中国）销售有限公司
奖　　项：金奖

案例名称：Jeep 信仰品牌广告活动
代理公司：灵狮中国（北京）广告有限公司
广 告 主：克莱斯勒（中国）汽车销售有限公司
奖　　项：银奖

案例名称：不仅仅是巧合，更是深处的想望
代理公司：奥美台北

广 告 主：台湾奔驰股份有限公司
奖　　项：铜奖

案例名称：梅赛德斯－奔驰：《侣行》走出“骑士精神”
代理公司：优酷土豆（主要代理公司）
尚扬媒介（第一贡献代理公司）
广 告 主：梅赛德斯－奔驰
奖　　项：铜奖

家电与家居用品类

案例名称：汰渍让爱先回家
代理公司：北京宣亚培恩国际公关顾问有限公司
广 告 主：广州宝洁有限公司
奖　　项：银奖

案例名称：洞察与科技的碰撞
代理公司：上海奥美广告有限公司
广 告 主：金佰利（中国）有限公司
奖　　项：银奖

案例名称：卡萨帝礼赞原味
代理公司：凤凰网（主要代理公司）
安索帕（第一贡献代理公司）
广 告 主：卡萨帝
奖　　项：铜奖

案例名称：老板大吸力油烟机整合传播
代理公司：上海卓越形象广告传播有限公司
广 告 主：杭州老板电器股份有限公司
奖　　项：铜奖

金融产品与服务类

案例名称：“帮支付宝洗白白”互动整合传播
代理公司：NTA 社会化传播上海公司
广 告 主：支付宝（中国）网络技术有限公司
奖　　项：银奖

案例名称：平安银行“小事业大梦想”微视频营销
代理公司：凤凰网（主要代理公司）
安瑞信杰广告有限公司(第一贡献代理公司)
广 告 主：平安银行股份有限公司
奖　　项：铜奖

案例名称：RetireSimple
代理公司：恒美广告国际有限公司（主要代理公司）
phd Hong Kong（第一贡献代理公司）
广 告 主：宏利人寿保险（国际）有限公司
奖　　项：铜奖

旅游、景点与房地产类

案例名称：橡皮鸭悦游海港城
代理公司：AllRightsReserved
广 告 主：海港城置业有限公司
奖　　项：金奖／全场大奖提名

案例名称：洲际酒店：《洲际传奇报》传承历史经典
代理公司：凤凰网（主要代理公司）
奥美（第一贡献代理公司）
广 告 主：洲际酒店集团
奖　　项：金奖

案例名称：台湾房屋品牌逆势拉升
代理公司：雪芃设计顾问有限公司
广 告 主：台湾房屋仲介股份有限公司
奖　　项：银奖

案例名称：Nonstop You 一路为你
代理公司：威汉营销传播集团（主要代理公司）
传立媒体（第一贡献代理公司）
博斐（第二贡献代理公司）

广 告 主：德国汉莎航空

奖　　项：铜奖

媒体创新类

案例名称：橡皮鸭悦游海港城

代理公司：AllRightsReserved

广 告 主：海港城置业有限公司

奖　　项：金奖

案例名称：开车别低头

代理公司：奥美北京

广 告 主：大众汽车（中国）销售有限公司

奖　　项：金奖

案例名称：拒绝空调病 爽赢足球夜

代理公司：网易、北京博悦互动广告有限公司（主要代理公司）

广 告 主：海尔集团

奖　　项：银奖

案例名称：Wi-Fi 实时排名榜

代理公司：氩氪集团维他命

广 告 主：彪马（上海）商贸有限公司

奖　　项：银奖

非盈利机构公益类

案例名称：逆袭淘宝／三思而后买

代理公司：中国盛世长城国际广告有限公司

广 告 主：绿色和平

奖　　项：金奖

案例名称：脚印的承诺

代理公司：Cheil 鹏泰

广 告 主：中国导盲犬大连培训基地

奖　　项：银奖

媒体创意类

案例名称：泰康瞬间

代理公司：Cheil 鹏泰

广 告 主：泰康人寿保险股份有限公司

奖　　项：银奖

案例名称：湿剃门

代理公司：天联广告

广 告 主：宝洁中国

奖　　项：银奖

案例名称：爆笑摇摇看

代理公司：网易 华扬联众数字技术股份有限公司（主要代理公司）

广 告 主：中国移动通信有限公司

奖　　项：铜奖

案例名称：惊品星期一

代理公司：新浪网技术（中国）有限公司（主要代理公司）三人行广告有限公司（第一贡献代理公司）

广 告 主：长安福特汽车有限公司

奖　　项：铜奖

媒体公司类

案例名称：可口可乐 mini 装百度魔图合作

代理公司：百度在线网络技术公司、安索帕（主要代理公司）

广 告 主：可口可乐

奖　　项：铜奖

案例名称：爱奇艺《晓松奇谈》—会说话的海报

代理公司：蓝色光标数字营销机构

广 告 主：北京奇艺世纪科技有限公司

奖　　项：铜奖

案例名称：乐视网《我是歌手》第二季：话题营销造就网台联动综艺里程碑
代理公司：乐视网
广 告 主：乐视网
奖　　项：铜奖

美容产品与服务类

案例名称：雅芳“蝶舞霓彩，最美一瞬”
代理公司：上海维姆文化传播有限公司
广 告 主：雅芳（中国）有限公司
奖　　项：金奖

案例名称：舒肤佳“How Many Touches”创意活动
代理公司：ARC Hong Kong
广 告 主：广州宝洁
奖　　项：银奖

案例名称：闺蜜滋养“芬”享
代理公司：上海奥美广告有限公司
广 告 主：联合利华（中国）有限公司
奖　　项：铜奖

案例名称：Olay 大红瓶新年战役
代理公司：时趣互动（北京）科技有限公司
广 告 主：宝洁
奖　　项：铜奖

品牌公益类

案例名称：金典亲情锁
代理公司：Cheil 鹏泰
广 告 主：内蒙古伊利实业集团股份有限公司
奖　　项：金奖

案例名称：为盲胞读书
代理公司：阳狮中国
广 告 主：腾讯
奖　　项：金奖

案例名称：为爱跑腿
代理公司：阳狮中国
广 告 主：雀巢（中国）有限公司上海分公司
奖　　项：铜奖

案例名称：海尔 抱抱小灯人
代理公司：阳狮中国
广 告 主：海尔
奖　　项：铜奖

品牌体验类

案例名称：分享 Coke 分享那年快乐 Song
代理公司：奥美互动行销公司（主要代理公司）
艺次元互动科技股份有限公司
（第一贡献代理公司）
广 告 主：香港商可口可乐有限公司台湾分公司
奖　　项：金奖

案例名称：IKEA 邀你在“家”聚聚
代理公司：奥美台北
广 告 主：宜家家居
奖　　项：铜奖

品牌体验类 – 电信媒体科技

案例名称：Samsung UHD TV—难以置信的真实之美
代理公司：Cheil 杰尔
广 告 主：三星
奖　　项：金奖

案例名称：为盲胞读书
代理公司：阳狮中国
广 告 主：腾讯
奖　　项：金奖

案例名称：2014 国美春节营销
代理公司：智威汤逊－中乔广告有限公司
广 告 主：国美电器有限公司
奖　　项：铜奖

品牌体验类－综合类

案例名称：焕觉之旅
代理公司：环时互动
广 告 主：利洁时家化（中国）有限公司
奖　　项：银奖

案例名称：换位焕新让爱更爱
代理公司：银色琥珀文化传播（北京）有限公司
广 告 主：阿克苏诺贝尔公司
奖　　项：铜奖

企业声誉与专业服务类
案例名称：百度迁徙
代理公司：北京蓝色光标品牌管理顾问股份有限公司（主要代理公司）北京捷报数据技术有限公司（第一贡献代理公司）
广 告 主：百度（中国）有限公司
奖　　项：金奖

案例名称：海尔抱抱小灯人
代理公司：阳狮中国
广 告 主：海尔
奖　　项：金奖

案例名称：百事快乐送母亲邮包
代理公司：Tribal Worldwide 上海（DDB 中国旗下品牌）、文明（主要代理公司）北京完美生活广告有限公司（第一贡献代理公司）
广 告 主：百事（中国）有限公司
奖　　项：铜奖

青年营销类

案例名称：昂科拉，年轻就去 SUV
代理公司：睿狮广告传播
广 告 主：上海通用汽车
奖　　项：金奖

案例名称：昂科拉十万车主 · 洗车召集令
代理公司：睿狮广告传播
广 告 主：上海通用汽车
奖　　项：银奖

案例名称：联想 YOGA 平板 10 HD+ “刺金时代星辰闪耀” 小时代主题营销
代理公司：电众数码（北京）广告有限公司
广 告 主：联想（北京）有限公司
奖　　项：铜奖

案例名称：绿箭 # 交个朋友吧 #
代理公司：星传媒体集团
广 告 主：箭牌糖果（中国）有限公司
奖　　项：铜奖

时尚风格与休闲生活类

案例名称：Wi-Fi 实时排名榜
代理公司：氩氪集团维他命
广 告 主：彪马（上海）商贸有限公司
奖　　项：银奖

案例名称：六福村 35 周年专案活动
代理公司：联广股份有限公司
广 告 主：六福开发股份有限公司
奖　　项：铜奖

案例名称：拯救冰封新能量

代理公司：上海聚胜万合广告有限公司
广 告 主：上海美特斯邦威服饰股份有限公司
奖　　项：铜奖

食品类

案例名称：2013Zespri 纽西兰奇异果幼儿品牌营销计划
代理公司：瑞纬整合传播股份有限公司
广 告 主：纽西兰奇异果国际营销公司
奖　　项：铜奖

案例名称：《谁是你的菜》综合案例
代理公司：上海谢与骆广告有限公司
广 告 主：百事食品（中国）有限公司
奖　　项：铜奖

网络、电信产品与服务类

案例名称：为盲胞读书
代理公司：阳狮中国
广 告 主：腾讯
奖　　项：金奖／全场大奖提名

案例名称：开口说爱 让爱远传
代理公司：奥美台北（主要代理公司）波谷影片有限公司（第一贡献代理公司）
广 告 主：远传电信股份有限公司
奖　　项：银奖

案例名称：别让爱你的人等太久
代理公司：百度在线网络技术（北京）有限公司
广 告 主：百度在线网络技术（北京）有限公司
奖　　项：铜奖

案例名称：手机百度“让每一分都有意义”高考项目
代理公司：昌荣传媒有限公司
广 告 主：百度
奖　　项：铜奖

文化娱乐及运动类

案例名称：TGIF
代理公司：上海腾迈广告有限公司
广 告 主：阿迪达斯体育（中国）有限公司
奖　　项：银奖

案例名称：《爸爸去哪儿》大电影
代理公司：北京伯乐世纪文化传播有限公司（主要代理公司）浙江东阳引力传媒有限公司（第一贡献代理公司）
广 告 主：浙江东阳天娱影视文化有限公司
奖　　项：铜奖

案例名称：第八届广告节－看见广告英雄的无限潜能
代理公司：ADK 联旭广告
广 告 主：台湾广告经营人协会
奖　　项：铜奖

小预算类－电信媒体科技类

案例名称：2014 国美春节营销之“会说爱的盒子”
代理公司：智威汤逊－中乔广告有限公司
广 告 主：国美电器有限公司
奖　　项：金奖

案例名称：“ThinkPad 想点新的” 热点营销与品牌推广活动
代理公司：奥美北京
广 告 主：联想（北京）有限公司
奖　　项：铜奖

案例名称：“趁活着，使劲玩”百度手机助手整合营销
代理公司：百度
广 告 主：百度

奖　　项：铜奖

案例名称：别让爱你的人等太久
代理公司：百度在线网络技术（北京）有限公司
广 告 主：百度在线网络技术（北京）有限公司
奖　　项：铜奖

小预算类－商品类

案例名称：平安圣诞祝福信用卡
代理公司：智威汤逊—中乔广告有限公司上海分公司
广 告 主：平安银行股份有限公司
奖　　项：金奖

案例名称：数字地球一小时：在一小时内到达百万受众
代理公司：百比赫广告（上海）有限公司
广 告 主：世界自然基金会北京办事处
奖　　项：银奖

案例名称：东风标致 301 上市互动整合营销案
代理公司：上海映盛广告有限公司
广 告 主：东风标致
奖　　项：铜奖

医疗及营养保健产品与服务类

案例名称："我是射手"—杰士邦的世界杯情趣营销
代理公司：威动（上海）营销咨询有限公司
广 告 主：武汉杰士邦卫生用品有限公司
奖　　项：金奖

案例名称：白兰氏五味人生大歌舞
代理公司：台湾麦肯广告
广 告 主：马来西亚商食益补国际股份有限公司
奖　　项：银奖

饮料－非酒水类

案例名称：怡宝纯净水《变形金刚 4》品牌传播
代理公司：奥美世纪（北京）广告有限公司
广 告 主：华润怡宝饮料（中国）有限公司
奖　　项：铜奖

案例名称：康师傅 茉莉清茶"遇见茉莉　浪漫一世"201314Campaign
代理公司：北京电通广告有限公司上海分公司
广 告 主：康师傅饮品控股有限公司
奖　　项：铜奖

案例名称：脉动蓝莓口味新上市 7-11 便利店赠饮样品派送营销
代理公司：广州蓝门数字营销顾问有限公司
广 告 主：乐百氏（广东）食品饮料有限公司
奖　　项：铜奖

影响者营销

案例名称：开车别低头
代理公司：奥美北京
广 告 主：大众汽车（中国）销售有限公司
奖　　项：金奖

案例名称：中信尼雅：不做赶路人
代理公司：凤凰网（主要代理公司）圣关传播（第一贡献代理公司）
广 告 主：中葡酒业
奖　　项：金奖

案例名称：ThinkPad "桌阅人生"
代理公司：蓝色光标数字营销机构
广 告 主：联想集团中国区 Think 事业部
奖　　项：银奖

案例名称：君威 “为你一再心动买单”—淘宝收藏夹大数据营销
代理公司：华扬联众数字技术股份有限公司上海分公司
广 告 主：上海通用汽车
奖 项：铜奖

长效传播类

案例名称：脉动品牌重塑持续传播
代理公司：扬罗必凯广告
广 告 主：中国达能饮料
奖 项：金奖

案例名称：昂科拉，年轻就去SUV
代理公司：睿狮广告传播
广 告 主：上海通用汽车
奖 项：银奖

案例名称：《把乐带回家》综合案例
代理公司：上海谢与骆广告有限公司
广 告 主：百事食品（中国）有限公司
奖 项：银奖

案例名称：《爱不停炖》—小熊电器电热饭盒营销战役
代理公司：英扬传奇 & 喜邑互动复合品牌事务机构
广 告 主：广东小熊电器有限公司
奖 项：铜奖

2014年第九届中国元素国际创意大赛获奖名单

商业创新

作品名称：乐视汪峰整合营销
作 者：乐视网
奖 项：银奖

作品名称：打通中国第一条电动车南北充电之路
作 者：宗毅
奖 项：银奖

作品名称：心林茶舍
作 者：林韶斌
奖 项：铜奖

作品名称：地道中国酒 - 老台门
作 者：思美传媒
奖 项：铜奖

作品名称：一菩提
作 者：杨超
奖 项：铜奖

作品名称：女神的新衣
作 者：广东蓝色火焰传媒有限公司
奖 项：铜奖

产品创新—家居用品

作品名称：海尔抱抱小灯人
作 者：Sheena Zheng，Akae Wang ，Will Tao
奖 项：金奖

作品名称：筌篌
作　　者：杨朝生
奖　　项：银奖

作品名称：文心飞渡
作　　者：马书
奖　　项：银奖

作品名称：独钓系列
作　　者：党心宇
奖　　项：铜奖

作品名称：工作桌椅组合
作　　者：三角世界工作室
奖　　项：铜奖

作品名称：吊灯
作　　者：Chen Karlsson
奖　　项：铜奖

产品创新—休闲旅游类

作品名称：青城山六善酒店
作　　者：青城山六善酒店
奖　　项：银奖

作品名称：物喜
作　　者：鲁伟杰　张懿帆
奖　　项：银奖

作品名称：丽江格拉丹帐篷营地
作　　者：丽江格拉丹帐篷营地
奖　　项：铜奖

作品名称：杭州法云安缦
作　　者：杭州法云安缦
奖　　项：铜奖

作品名称：朱家角安麓
作　　者：朱家角安麓
奖　　项：铜奖

产品创新—服装饰品类

作品名称：苗疆元素 国际表达
作　　者：贵阳中视和阳文化传媒有限公司
奖　　项：金奖

作品名称：芥末原创
作　　者：北京东方型格电子商务有限公司
奖　　项：银奖

作品名称：过故人庄
作　　者：金竹林
奖　　项：铜奖

作品名称：东昌珠宝首饰看透系列
作　　者：陈小文　张硕
奖　　项：铜奖

作品名称：“水色”系列
作　　者：Cindy Wei Zhang Studio
奖　　项：铜奖

传播创新—影像视觉类

作品名称：筷子篇
作　　者：麦肯光明广告有限公司上海分公司
奖　　项：金奖

作品名称：鱼
作　　者：张林

奖　　项：银奖

作品名称：事关人命，遵守交规
作　　者：LOWE 睿狮广告
奖　　项：铜奖

作品名称：英特尔 Intel 皮影戏
作　　者：智威汤逊 JWT
奖　　项：铜奖

作品名称：路
作　　者：观池国际
奖　　项：铜奖

作品名称：鸡蛋篇
作　　者：新墨维（北京）广告有限公司
奖　　项：铜奖

传播创新—互动体验类

作品名称：会说爱的盒子
作　　者：智威汤逊 JWT
奖　　项：金奖

作品名称：为盲胞读书
作　　者：阳狮广告 广州分公司
奖　　项：银奖

作品名称：世界最小的游戏
作　　者：智威汤逊 JWT
奖　　项：银奖

作品名称：雀巢为爱跑腿
作　　者：Sheena Zheng ,Akae Wang ,Ivan Liu
奖　　项：铜奖

作品名称：阿尔山矿泉水
作　　者：杰尔广告
奖　　项：铜奖

作品名称：难以置信的真实之美
作　　者：杰尔广告
奖　　项：铜奖

第十二届学院奖获奖名单

碧生源公益命题平面类、综合类

金奖

作品类别：平面广告
作品编号：A1000000130959
作品名称：碧生源 - 民族民间体育
作　　者：许成龙、张晓
指导老师：罗铭，黄辉，凤鸣
参赛院校：安徽师范大学

作品类别：网络、微电影
作品编号：C100000090225
作品名称：添一分温暖、减一份孤单
作　　者：高贤祖、康龙庆、王悦、赵强杨、李少帅
指导老师：罗妍
参赛院校：浙江传媒学院

银奖

作品类别：平面广告

作品编号：A1000000126351

作品名称：传承“东方美”

作　　者：朱军、张都、贺强

指导老师：周艳

参赛院校：宁波大学

作品类别：平面广告

作品编号：A1000000194431

作品名称：传统节日

作　　者：韦锦城

指导老师：严屏

参赛院校：重庆大学

作品类别：网络、微电影

作品编号：C100000074211

作品名称：《穑》

作　　者：袁小力、张少华、尚鹏涛、林彬彬、雷霆

指导老师：闫兴亚、郭荣春、邴寅

参赛院校：西安邮电大学

铜奖

作品类别：平面广告

作品编号：A1000000214635

作品名称：茶韵禅心

作　　者：宋逸

指导老师：王炜丽、刘哲

参赛院校：鲁迅美术学院

作品类别：平面广告

作品编号：A1000000120203

作品名称：东方绿韵

作　　者：赵燕荣

指导老师：苏楷晨、陈宇

参赛院校：内蒙古科技大学

作品类别：平面广告

作品编号：A1000000141457

作品名称：我们的正能量

作　　者：王龄茂

指导老师：彭缔

参赛院校：成都艺术职业学院

作品类别：影视广告

作品编号：B1000000148263

作品名称：善、传承

作　　者：陈佩君、林于岚、郑燕妹、林敏静

指导老师：何碧

参赛院校：广州大学

作品类别：网络、微电影

作品编号：C1000000238011

作品名称：饮料瓶

作　　者：周正钧

指导老师：周青奇

参赛院校：苏州经贸职业技术学院

快克药业命题平面类、综合类

金奖

作品类别：平面广告

作品编号：A110000097485

作品名称：小块克出动！

作　　者：卢彩军

指导老师：郑龙伟

参赛院校：广东轻工职业技术学院

作品类别：影视广告

作品编号：B110000030103

作品名称：快速克感冒

作　　者：丁蕾

指导老师：周敏

参赛院校：北京师范大学珠海分校

银奖

作品类别：平面广告

作品编号：A110000010137

作品名称：《一触即破》

作　　者：覃海飞

指导老师：张富饶

参赛院校：广西大学

作品类别：平面广告

作品编号：A1100000142875

作品名称：快

作　　者：侯梦莹、辛新、姚政怡

指导老师：张少杰、李文辉、席静

参赛院校：郑州华信学院

作品类别：影视广告

作品编号：B1100000225791

作品名称：“粒”挽狂澜

作　　者：王静、金亦文、吴迪、陆政

指导老师：骆小欢

参赛院校：浙江大学城市学院

铜奖

作品类别：平面广告

作品编号：A110000039737

作品名称：你幸福吗?

作　　者：秦洪洋

指导老师：刘秀伟

参赛院校：北京印刷学院

作品类别：平面广告

作品编号：A1100000123783

作品名称：一键到位

作　　者：杨瑞红、付蕊、何宏雯

指导老师：宋伟龙、丁晓正

参赛院校：河北大学工商学院

作品类别：平面广告

作品编号：A110000013719

作品名称：剪刀篇

作　　者：游书恒

指导老师：张培枫

参赛院校：福建师范大学

作品类别：影视广告

作品编号：B1100000227289

作品名称：一粒即停

作　　者：张咪、白佳鹭、梁妮娜、任思橙、杨茹

指导老师：高颂华、张帆

参赛院校：内蒙古师范大学

作品类别：网络、微电影

作品编号：C1100000198999

作品名称：双重奏

作　　者：丁宗磊、许良、杨桥、袁晓晓

指导老师：刘冰

参赛院校：安徽大学

腾讯微博命题平面类、综合类

金奖

作品类别：平面广告

作品编号：A1200000175611

作品名称：我的生活、我的腾讯微博。

作　　者：王文良、王超

指导老师：廖景丽

参赛院校：青岛科技大学崂山校区

作品类别：影视广告
作品编号：B1200000142613
作品名称：最微小的声音
作　　者：耿笠、张恒、董嘉　、白晓帆
指导老师：战冰
参赛院校：上海工程技术大学

银奖

作品类别：影视广告
作品编号：B1200000234155
作品名称：only time
作　　者：王思琪
指导老师：赵世勇、朱颖芳
参赛院校：天津财经大学珠江学院

作品类别：平面广告
作品编号：A120000088781
作品名称：传播多“一点”
作　　者：李晗
指导老师：傅琳雅
参赛院校：沈阳工业大学

作品类别：平面广告
作品编号：A120000019565
作品名称：我在这里、腾讯微博
作　　者：秦毕慧
指导老师：辛晨旭
参赛院校：内蒙古大学

铜奖

作品类别：平面广告
作品编号：A120000094055
作品名称：一个人
作　　者：龙聪
指导老师：吴月艳
参赛院校：湖南科技大学

作品类别：平面广告
作品编号：A120000039825
作品名称：腾讯微博
作　　者：朱仕玉
指导老师：夏国栋
参赛院校：燕京理工学院

作品类别：平面广告
作品编号：A1200000137149
作品名称：生活中的微博
作　　者：方旭阳
指导老师：孙犁
参赛院校：辽宁传媒学院

作品类别：影视广告
作品编号：B1200000234015
作品名称：我在这里
作　　者：陈锡雄、廖晓东、胡振豪
指导老师：刘琳
参赛院校：广东农工商职业技术学院

作品类别：影视广告
作品编号：B120000047047
作品名称：乐谱篇
作　　者：张博、姚琪
指导老师：方仲玮
参赛院校：南京邮电大学

腾讯新闻客户端命题平面类、综合类

金奖

作品类别：平面广告
作品编号：A1300000228419
作品名称：《耳听为实篇》／《眼见为实篇》
作　　者：李江
指导老师：门小勇
参赛院校：内蒙古师范大学

作品类别：网络、微电影
作品编号：C1300000212535
作品名称：真相需要揭露
作　　者：刘诗颖、李漪淇、侯文瑾、许斯涵、刘绮获
指导老师：周敏
参赛院校：北京师范大学珠海分校

银奖

作品类别：平面广告
作品编号：A130000031241
作品名称：事实篇、真话篇
作　　者：赵志媛、史浩然、孙小颖
指导老师：李毅、薄立伟、赵国祥
参赛院校：保定职业技术学院

作品类别：平面广告
作品编号：A1300000104731
作品名称：为你
作　　者：徐兆华、陈麒玉、成思焰
参赛院校：中国传媒大学

作品类别：广告文案
作品编号：G130000098781
作品名称：新闻无数、事实唯一
作　　者：郑永金
参赛院校：华南师范大学

铜奖

作品类别：平面广告
作品编号：A130000089897
作品名称：腾讯新闻客户端　拒绝水份系列
作　　者：刘延强、周一溯
指导老师：黄炜
参赛院校：吉首大学

作品类别：平面广告
作品编号：A1300000101409
作品名称：再接近也不是事实
作　　者：李莹雪
指导老师：王可
参赛院校：北京航空航天大学

作品类别：平面广告
作品编号：A1300000120643
作品名称：新闻就应如实报道
作　　者：黄金水
指导老师：蔡佳萤
参赛院校：广西大学行健文理学院

作品类别：营销策划
作品编号：F130000015983
作品名称：活出真实
作　　者：叶海仙、孔玲、熊青玉、李雪源
指导老师：周亚齐
参赛院校：华中农业大学楚天学院

作品类别：营销策划
作品编号：F1300000214819
作品名称：《温度》
作　　者：曹荣轩、周洲、齐伟伟、孙雅婷、李佩奇、任婕
指导老师：吕国先、胡振宇
参赛院校：天津师范大学

微视类

金奖

作品类别：微视
作品编号：E150000080877
作品名称：色彩锐澳、缤纷我的世界
作　　者：张志雪、鲁润、崔晓龙、王敬如
指导老师：宋伟龙、丁晓正、李卫森
参赛院校：河北大学工商学院

银奖

作品类别：微视
作品编号：E1300000233271
作品名称：事实无需掩盖
作　　者：李玥、郭一晨、吕顶文、王姝阳、李韵
指导老师：刘艺琴
参赛院校：武汉大学

作品类别：微视
作品编号：E1400000159233
作品名称：魔幻指尖
作　　者：李亚龙、王春福、刘英明、郭胜男、尹婷婷
指导老师：刘微
参赛院校：辽宁科技大学

铜奖

作品类别：微视
作品编号：E1900000144181
作品名称：哎呀呀十年了
作　　者：邱睿、叶文倩、周亚兵、段青莲
指导老师：王成宇
参赛院校：重庆邮电大学

作品类别：微视
作品编号：E1100000214683
作品名称：快克一到、立刻见效
作　　者：田杨、孙家仪、梁丽娟、张杰、张文倩
指导老师：张帆、高颂华
参赛院校：内蒙古师范大学

作品类别：微视
作品编号：E1500000202397
作品名称：七十二变
作　　者：靳君
指导老师：朱颖芳
参赛院校：天津财经大学珠江学院

蒙牛酸酸乳命题平面类、综合类

金奖

作品类别：平面广告
作品编号：A1400000179777
作品名称：让你尝鲜
作　　者：石东荣、萧界龙、梁俊贤
指导老师：周文娟
参赛院校：广东工业大学

作品类别：网络、微电影
作品编号：C1400000204843
作品名称：瓶底的秘密
作　　者：宋洋、叶荷健、尚亮
指导老师：左迎颖
参赛院校：湘潭大学

银奖

作品类别：平面广告
作品编号：A14000004001
作品名称：水果大战
作　　者：黄珊
指导老师：刘卫
参赛院校：湖北工业大学商贸学院

作品类别：平面广告
作品编号：A140000096445
作品名称：带你 HIGH 翻天
作　　者：苏满敢
指导老师：文艺
参赛院校：广西职业技术学院

作品类别：营销策划
作品编号：F1400000189467
作品名称：青春畅享曲
作　　者：廖艳虹、钟楚云、蒋坤、季洁

指导老师：邱文中

参赛院校：湖南理工学院

铜奖

作品类别：平面广告

作品编号：A140000058615

作品名称：蒙牛果纤维

作　　者：刘影

指导老师：王乐

参赛院校：江苏经贸职业技术学院

作品类别：平面广告

作品编号：A140000099631

作品名称：蒙牛酸酸乳果纤维 苹果篇　菠萝篇

作　　者：丁立红

指导老师：罗洁

参赛院校：青岛农业大学

作品类别：平面广告

作品编号：A14000006841

作品名称：牛奶配纤维、肠道动起来

作　　者：卢晨

指导老师：高飞燕

参赛院校：重庆工程职业技术学院

作品类别：影视广告

作品编号：B1400000142395

作品名称：纤维 Fan(Fun)

作　　者：穆炘、黄小雨、邹可馨、崔灏

指导老师：母晓文

参赛院校：首都经济贸易大学

作品类别：影视广告

作品编号：B140000054117

作品名称：魔幻畅饮

作　　者：李亚龙、王春福、王海涛、郭胜男、吴松雄

指导老师：刘微

参赛院校：辽宁科技大学

锐澳鸡尾酒命题平面类、综合类、设计类

全场大奖

作品类别：影视广告

作品编号：B1500000218523

作品名称：my colourful world

作　　者：李新宇、孙学茹、金国臣、牛钰茹、乌云其木格

指导老师：高颂华、张帆

参赛院校：内蒙古师范大学

金奖

作品类别：平面广告

作品编号：A1500000157973

作品名称：RIO 鸡尾酒—多姿多彩篇

作　　者：张凌志

指导老师：罗铭、黄辉、凤鸣

参赛院校：安徽师范大学

作品类别：锐澳卡通形象设计

作品编号：H150000065519

作品名称：七彩锐澳

作　　者：李志强、马振瑞

指导老师：彭云

参赛院校：武汉工程大学

银奖

作品类别：平面广告

作品编号：A1500000161521

作品名称：没那么简单

作　　者：段文博旭

指导老师：汪维丁
参赛院校：重庆工商大学

作品类别：平面广告
作品编号：A150000090661
作品名称：就是要出色
作　　者：王天阳、陈亮
指导老师：王战
参赛院校：湖南师范大学

作品类别：影视广告
作品编号：B1500000214709
作品名称：colour—如影随行
作　　者：梁小飞、徐良、杨坤、蒋晓东、于若杨
指导老师：徐谨力
参赛院校：安徽师范大学

作品类别：锐澳卡通形象设计
作品编号：H1500000134323
作品名称：RIO BABY
作　　者：李安琪、梁倩云、林国全
指导老师：丁洁
参赛院校：广西艺术学院

作品类别：锐澳卡通形象设计
作品编号：H1500000157085
作品名称：《锐小锐的日常》
作　　者：李晓宇
指导老师：沈巾力
参赛院校：四川美术学院

铜奖

作品类别：平面广告
作品编号：A1500000154775
作品名称：世界就是我的色彩
作　　者：张凯麟
指导老师：梁晖
参赛院校：泉州师范学院

作品类别：平面广告
作品编号：A1500000130815
作品名称：敢爱、敢碰撞
作　　者：杜梅凤
指导老师：李建红
参赛院校：四川师范大学成都学院

作品类别：平面广告
作品编号：A15000007265
作品名称：MY COLOORFUL WORLD
作　　者：黄微
指导老师：李旭龙
参赛院校：广东农工商职业技术学院

作品类别：影视广告
作品编号：B1500000101181
作品名称：画家与男模
作　　者：陈麒玉、成思焰、徐兆华、周姣彤
指导老师：张津
参赛院校：中国传媒大学

作品类别：广告文案
作品编号：G150000065931
作品名称：迷人
作　　者：甘淑怡
指导老师：吴冰冰
参赛院校：上海师范大学

作品类别：锐澳卡通形象设计
作品编号：H150000065465
作品名称：RIO 都市—六人行
作　　者：孙圣杰
指导老师：魏宝涛
参赛院校：辽宁大学

作品类别：锐澳卡通形象设计
作品编号：H150000074199
作品名称：RIO 家族
作　　者：成帅
指导老师：蔡佳萤
参赛院校：广西大学行健文理学院

作品类别：锐澳卡通形象设计
作品编号：H1500000217809
作品名称：我们都只是孩子、是锐澳给我们生命
作　　者：黄瑞、赖乐珊、曹乐慧
指导老师：刘文
参赛院校：武汉工程大学

金立 Elife 命题平面类、综合类

金奖

作品类别：平面广告
作品编号：A160000021167
作品名称：时间都去哪儿了
作　　者：陈欣然
指导老师：翁振
参赛院校：厦门理工学院

作品类别：微电影
作品编号：D1600000173065
作品名称：Enjoy my life
作　　者：赵候静、兰梦
指导老师：蔡雨欣
参赛院校：西安理工大学

银奖

作品类别：平面广告
作品编号：A1600000130473
作品名称：enjoy my life
作　　者：张阿美
指导老师：樊荣
参赛院校：西安理工大学

作品类别：平面广告
作品编号：A160000058195
作品名称：金立、乐享现在
作　　者：曾妍霓
指导老师：郑龙伟
参赛院校：广东轻工职业技术学院

作品类别：广告文案
作品编号：G1600000158925
作品名称：炫酷人生
作　　者：卜宇
指导老师：张军辉
参赛院校：徐州工程学院

铜奖

作品类别：平面广告
作品编号：A160000032343
作品名称：遇见更好的自己
作　　者：李乾
指导老师：周严
参赛院校：吉林大学珠海学院

作品类别：平面广告
作品编号：A160000020473
作品名称：精彩生活、无处不在！
作　　者：林碧莲
指导老师：周昆乔、宋昕
参赛院校：广东科学技术职业学院

作品类别：平面广告
作品编号：A160000047263
作品名称：大眼 E7、看清细节
作　　者：生鸿超、任孝虔
指导老师：杨暖暖
参赛院校：山东理工大学

作品类别：广告文案
作品编号：G160000066389
作品名称：爱我所爱
作　　者：许嘉敏
指导老师：杨先顺
参赛院校：暨南大学

作品类别：微电影
作品编号：D1600000197087
作品名称：活出色彩
作　　者：梁淑婷、沈子杰、邓杰、李雨霏、朱修仁
指导老师：李杨、罗奕
参赛院校：广西艺术学院

盼盼食品命题平面类、综合类

金奖

作品类别：平面广告
作品编号：A1700000189245
作品名称：“矜持一点、好吗？”
作　　者：曾繁荣、莫韵燃
指导老师：周文娟
参赛院校：广东工业大学

作品类别：微电影
作品编号：D1700000105987
作品名称：狭路相逢
作　　者：康成业、王珂、熊龙、芮旭、孙山山
指导老师：陈磊
参赛院校：华中师范大学武汉传媒学院

银奖

作品类别：平面广告
作品编号：A170000093203
作品名称：手绘
作　　者：张珺舒、张如
指导老师：卫欣
参赛院校：南京林业大学

作品类别：平面广告
作品编号：A170000032891
作品名称：盼盼软华夫乐园
作　　者：黄婉茹
指导老师：王宾旗
参赛院校：东华理工大学

作品类别：影视广告
作品编号：B1700000238727
作品名称：痛并快乐着
作　　者：余梅玲、傅光星、杨鲤逢
指导老师：周华清
参赛院校：福建工程学院

铜奖

作品类别：平面广告
作品编号：A170000087891
作品名称：盼成长的味道
作　　者：陈秋瑜、刘颖
指导老师：张玉新
参赛院校：宁波大学

作品类别：平面广告
作品编号：A1700000105619
作品名称：盼盼
作　　者：易亮、吴刚
指导老师：李文辉、徐丽静
参赛院校：郑州华信学院

作品类别：平面广告
作品编号：A170000060687
作品名称：你的牙还好吗?
作　　者：冯婷、黄兰英
指导老师：许宸宇
参赛院校：浙江传媒学院

作品类别：营销策划
作品编号：F170000059043
作品名称：吃软不吃硬
作　　者：王怡琳、刘文君、秦佳敏、冯思玲、牛玥潼
指导老师：周严、王艺锦
参赛院校：吉林大学珠海学院

作品类别：营销策划
作品编号：F1700000173073
作品名称：盼你很久了
作　　者：肖潇、关凯桦、梁前
指导老师：丁一
参赛院校：江汉大学

恒安七度空间命题平面类、综合类

金奖

作品类别：平面广告
作品编号：A1800000117165
作品名称：谁敢比我薄?
作　　者：张琪慧 、夏洁、黄琳
指导老师：涂志初
参赛院校：湖北美术学院

作品类别：影视广告
作品编号：B1800000106495
作品名称：谁敢比我薄
作　　者：甘若瑶、龙澜
指导老师：安娜
参赛院校：北京师范大学珠海分校

银奖

作品类别：平面广告
作品编号：A1800000202539
作品名称：隐藏篇
作　　者：房娜、牛晨、石波
指导老师：蔡力
参赛院校：黄山学院

作品类别：平面广告
作品编号：A1800000222807
作品名称：为所欲为
作　　者：王梦珂
指导老师：张晓东
参赛院校：北京印刷学院

作品类别：影视广告
作品编号：B180000053439
作品名称：谁都看不见
作　　者：刘梦曦、张琦浩、李汶蔓、李宜钊
指导老师：龚婧
参赛院校：四川传媒学院

铜奖

作品类别：平面广告
作品编号：A180000093231
作品名称：为什么这么薄!

作　　者：方昭月、王一铭、李汝幸
指导老师：江明磊
参赛院校：南海东软信息技术职业学院

作品类别：平面广告
作品编号：A180000053857
作品名称：薄得起、藏得住
作　　者：余鸿山、刘娜、黄祎
指导老师：熊云皓
参赛院校：南昌大学

作品类别：平面广告
作品编号：A180000028065
作品名称：谁敢比我薄
作　　者：刘倩、何贝怡、阳建芳
指导老师：张红
参赛院校：江西理工大学

作品类别：影视广告
作品编号：B180000068277
作品名称：七的零次方等于一
作　　者：左梁、夏源、文雅、薛珂、郑奇奇
指导老师：黄炜
参赛院校：吉首大学

作品类别：营销策划
作品编号：F18000007637
作品名称：let it go—随心而行
作　　者：张艳雪、鲍浩然、潘静静、施明茹、陈萍
指导老师：吴琼
参赛院校：安徽财经大学

哎呀呀饰品命题平面类、综合类

金奖

作品类别：平面广告
作品编号：A19000006107
作品名称：十年有我
作　　者：彭思琪
指导老师：张磊
参赛院校：重庆电子工程职业学院

作品类别：网络、微电影
作品编号：C190000060879
作品名称：哎呀呀创意广告
作　　者：梁雨、冯煜
指导老师：赵然
参赛院校：四川传媒学院

银奖

作品类别：平面广告
作品编号：A190000092751
作品名称：疯狂十年
作　　者：靳颖颖
指导老师：朱颖芳
参赛院校：天津财经大学珠江学院

作品类别：平面广告
作品编号：A190000078047
作品名称：哎呀呀之教师篇、白领篇
作　　者：高泱泱、张蕾
指导老师：廖洪辉
参赛院校：井冈山大学

作品类别：影视广告
作品编号：B1900000149069
作品名称：女生都去哪儿?
作　　者：陈炯熙、彭芷欣、潘镇颖、李嘉
指导老师：周启新
参赛院校：广东培正学院

铜奖

作品类别：平面广告
作品编号：A1900000108257
作品名称：哎呀呀十年了白领篇、插画师篇、街舞达人篇
作　　者：姜苏纹
指导老师：李波、张海天
参赛院校：东北师范大学

作品类别：平面广告
作品编号：A190000030913
作品名称：“AI”一个都不想错过
作　　者：樊宇甜
指导老师：王若鸿
参赛院校：西安工业大学

作品类别：平面广告
作品编号：A1900000183987
作品名称：美丽和梦想与你同在
作　　者：杨梦诗
指导老师：肖畅
参赛院校：天津工业大学

作品类别：网络、微电影
作品编号：C1900000119401
作品名称：十年 始终如一
作　　者：杨强振、丁利、张敏、许松、陆鸿燕
指导老师：张毅
参赛院校：重庆师范大学

作品类别：网络、微电影
作品编号：C190000031071
作品名称：骗子妈妈
作　　者：褚博睿
指导老师：张军辉
参赛院校：江苏师范大学

修正药业命题平面类、综合类

金奖

作品类别：平面广告
作品编号：A20000004517
作品名称：《大蒜篇》《榴莲篇》《咸鱼篇》
作　　者：林景俊、张新维、黄中帅
指导老师：李旭龙
参赛院校：广东农工商职业技术学院

作品类别：网络、微电影
作品编号：C2000000197143
作品名称：咳不容缓
作　　者：葛茹雅
指导老师：栗平
参赛院校：中原工学院

银奖

作品类别：营销策划
作品编号：F200000072809
作品名称：Don't Be Shy、勇敢爱
作　　者：胡晓月、王艺璇、刘丹丹、谢佳杰
指导老师：任镝
参赛院校：长春理工大学

作品类别：平面广告
作品编号：A200000089901
作品名称：修正消糜栓平面作品
作　　者：姜亚楠
指导老师：荆翡、周燕弟
参赛院校：连云港师范高等专科学校

作品类别：平面广告
作品编号：A2000000186061
作品名称：“女”系列篇—《“女”之量多篇》—

《“女”之稀薄篇》—《“女”之质黄篇》

作　　者：王蓓蓓

指导老师：倪鹏飞

参赛院校：山东建筑大学

铜奖

作品类别：平面广告

作品编号：A2000000129533

作品名称：所谓爱

作　　者：宋行、王婧

指导老师：陈立民

参赛院校：西南交通大学

作品类别：平面广告

作品编号：A2000000235733

作品名称：板擦篇

作　　者：袁晟、郭小凡、陈希琳

指导老师：张津

参赛院校：中国传媒大学

作品类别：平面广告

作品编号：A2000000126131

作品名称：出逃

作　　者：张鹏、孙运娟

指导老师：许丹桂

参赛院校：安徽财经大学

作品类别：广告文案

作品编号：G2000000114007

作品名称：没异味、更有女人味

作　　者：姜亚楠

指导老师：荆翡、周燕弟

参赛院校：连云港师范高等专科学校

作品类别：广告文案

作品编号：G200000072525

作品名称：修正消靡栓之迷途篇

作　　者：黄玲

指导老师：钱敏

参赛院校：铜陵学院

王老吉凉茶命题平面类、综合类

金奖

作品类别：平面广告

作品编号：A2100000218541

作品名称：王老吉总动员

作　　者：边莹、陈素、张娇

指导老师：严富华

参赛院校：西北师范大学

作品类别：网络、微电影

作品编号：C2100000100171

作品名称：青春究竟是怎样一段岁月

作　　者：朱人杰

指导老师：付帆

参赛院校：中国美术学院

银奖

作品类别：营销策划

作品编号：F2100000143319

作品名称：唯“吉”是问

作　　者：王桐、姚智桀、韩佳珉

指导老师：周光辉

参赛院校：天津师范大学津沽学院

作品类别：平面广告

作品编号：A210000043181

作品名称：王老吉之青春正进行

作　　者：王升煜、胡美玲、王春梅

指导老师：汪永奇、王凤栖

参赛院校：浙江农林大学天目学院

作品类别：平面广告
作品编号：A2100000199379
作品名称：地铁篇—时尚线—活力线—个性线
作　　者：李志强、卢佳楠、赵灿
指导老师：张慧子
参赛院校：北京工商大学

铜奖

作品类别：平面广告
作品编号：A210000036165
作品名称："头"等"大"事
作　　者：姚佳佳
指导老师：罗洁
参赛院校：青岛农业大学

作品类别：平面广告
作品编号：A210000032713
作品名称：雷锋篇 学霸篇 超人篇
作　　者：许婷
指导老师：郑伶俐
参赛院校：武汉工程大学

作品类别：平面广告
作品编号：A2100000203293
作品名称：《给我正能量、我的王老吉》
作　　者：廖楚媚
指导老师：叶剑光
参赛院校：广东轻工职业技术学院

作品类别：影视广告
作品编号：B210000071045
作品名称：王老吉之愤怒的小鸟篇
作　　者：段夏胤、贾文峰
指导老师：刘成新、张维刚、褚晓红
参赛院校：曲阜师范大学

作品类别：影视广告
作品编号：B2100000205829
作品名称：青春实验站
作　　者：胡佳玲、姜怡文、李小娟、刘碧玲、李炎
指导老师：陈凌
参赛院校：东华理工大学

施可丰真化肥命题平面类、综合类

金奖

作品类别：平面广告
作品编号：A2200000111197
作品名称：传递系列—快告诉大哥篇、快告诉伯伯篇、快告诉二嫂篇
作　　者：孙艳、李静、李金梅
指导老师：刘微、刘声远
参赛院校：辽宁科技大学

作品类别：影视广告
作品编号：B2200000226199
作品名称：《二十年真诚篇》
作　　者：薛维维、陆小凤、徐绘、王慧、严文
指导老师：王建彦
参赛院校：宿迁学院

银奖

作品类别：营销策划
作品编号：F2200000221925
作品名称：施之诚、丰于田
作　　者：王宇晴、贺萧含、陈博敏、赵洋、汪梦雅
指导老师：李菲

参赛院校：沈阳建筑大学

作品类别：平面广告
作品编号：A2200000108599
作品名称：施可丰、食可丰（稻子篇、玉米篇、冬瓜篇）
作　　者：刘艳、农文婷、何贻毅
指导老师：蔡佳萤
参赛院校：广西大学行健文理学院

作品类别：平面广告
作品编号：A2200000186501
作品名称：独一无二的真
作　　者：余美霞
指导老师：李翔、杨雅婷
参赛院校：江西农业大学南昌商学院

铜奖

作品类别：平面广告
作品编号：A220000028459
作品名称：丰润中华篇
作　　者：沈骏杰、戴冰莹、魏辉瀑
指导老师：彭姝
参赛院校：福建师范大学协和学院

作品类别：平面广告
作品编号：A220000039647
作品名称：施 可丰
作　　者：邹景裕
指导老师：高聪蕊
参赛院校：郑州轻工业学院

作品类别：平面广告
作品编号：A220000070885
作品名称：良心篇
作　　者：彭瑶、费正萍、卢意意
指导老师：王健、刘棠
参赛院校：南京航空航天大学金城学院

作品类别：营销策划
作品编号：F220000064505
作品名称：真人真事真化肥
作　　者：王鹤丹、王莹、刘朝辉
指导老师：薄立伟、李毅、赵国祥
参赛院校：保定职业技术学院

作品类别：影视广告
作品编号：B220000059229
作品名称：真正没烦恼
作　　者：孟文君、高凡、侯兵情
指导老师：冯琨、齐江华
参赛院校：西安工业大学

黄老五花生酥命题平面类、综合类、设计类

金奖

作品类别：平面广告
作品编号：A2300000179913
作品名称：再忙、也得“酥”服下
作　　者：毛小龙
指导老师：王文灏
参赛院校：山东大学

作品类别：影视广告
作品编号：B230000013705
作品名称：花生酥们
作　　者：谢紫薇、张伦
指导老师：宋明冬
参赛院校：浙江农林大学

作品类别：黄老五产品包装

作品编号：I2300000209471

作品名称：黄老五—墨色书香礼盒

作　　者：郭福海、吴兴慧

指导老师：张洪艳

参赛院校：淮阴工学院

银奖

作品类别：平面广告

作品编号：A230000079421

作品名称：渴望

作　　者：李秋莲、兰萌

指导老师：王力松、李陆娟、余雷、谭焰宇

参赛院校：重庆轻工业学校

作品类别：平面广告

作品编号：A2300000218779

作品名称：糖少花生特别多

作　　者：杜艺雯 胥云波 施冬旭

指导老师：周志洁

参赛院校：上海师范大学

作品类别：影视广告

作品编号：B2300000149485

作品名称：古色古香

作　　者：苏日古嘎

指导老师：那日图

参赛院校：内蒙古大学

作品类别：黄老五产品包装

作品编号：I2300000157933

作品名称：天天黄老五

作　　者：王超、刘君

指导老师：胡荣

参赛院校：太原理工大学

作品类别：黄老五产品包装

作品编号：I2300000143937

作品名称：黄老五花生酥 礼盒包装

作　　者：岳洪缘

指导老师：薛晓君

参赛院校：内蒙古师范大学

铜奖

作品类别：平面广告

作品编号：A2300000151983

作品名称：每颗花生心中都有一个黄老五

作　　者：彭为康、吕小村、张若晗

指导老师：杨锐

参赛院校：合肥工业大学

作品类别：平面广告

作品编号：A230000048225

作品名称：酥绝天下

作　　者：李遍野

指导老师：彭姝

参赛院校：福建师范大学协和学院

作品类别：平面广告

作品编号：A2300000216613

作品名称：良辰佳品　会友良品　赠礼优品

作　　者：阮艳微

指导老师：吕月米

参赛院校：浙江工业大学

作品类别：影视广告

作品编号：B2300000233639

作品名称：一生只好这一口

作　　者：刘晓彤 孙文玲 王萍

指导老师：赵世勇 朱颖芳 赵鹏 王旭

参赛院校：天津财经大学珠江学院

作品类别：影视广告
作品编号：B2300000214213
作品名称：一代一袋
作　　者：武玥、李彦鸽、蒋欣华、王莎莎、朱均淑、黑诗琪
指导老师：王昭
参赛院校：上海师范大学

作品类别：黄老五产品包装
作品编号：I230000098651
作品名称：黄老五花生喜糖包装
作　　者：刘笑笑
指导老师：王黎黎
参赛院校：四川传媒学院

作品类别：黄老五产品包装
作品编号：I230000027533
作品名称：黄老五花生酥包装设计
作　　者：常宁、胡荣、刘懿
指导老师：李娜、陈娟
参赛院校：湘潭大学

作品类别：黄老五产品包装
作品编号：I2300000197107
作品名称：黄老五包装
作　　者：姚士康 徐小峰 徐金
指导老师：王健
参赛院校：淮阴工学院

昆明广告创意园命题平面类、综合类

金奖

作品类别：平面广告
作品编号：A2400000118523
作品名称：云南印象
作　　者：刘丽君
指导老师：李文辉
参赛院校：郑州华信学院

作品类别：广告文案
作品编号：G240000068555
作品名称：行走云南、我为滇狂
作　　者：师文、王楠、覃思
指导老师：王树良
参赛院校：中国人民大学

银奖

作品类别：网络、微电影
作品编号：C2400000211987
作品名称：家乡的菱角
作　　者：王　民、田聪、安宇、段柯好
指导老师：杨璐
参赛院校：昆明理工大学

作品类别：平面广告
作品编号：A2400000220759
作品名称：不负春光暂且行
作　　者：上官悦
指导老师：刘秀伟
参赛院校：北京印刷学院

作品类别：平面广告
作品编号：A240000018507
作品名称：七彩云南之丽江篇、大理篇、西双版纳篇
作　　者：胡志才、陈聪、冯雨
指导老师：曾晓云
参赛院校：井冈山大学

铜奖

作品类别：平面广告
作品编号：A2400000194377
作品名称：旅游篇

作　　者：韦锦城
指导老师：严屏
参赛院校：重庆大学

作品类别：平面广告
作品编号：A240000024823
作品名称：请为我正名
作　　者：生宸
指导老师：王炜
参赛院校：上海交通大学

作品类别：平面广告
作品编号：A2400000138595
作品名称：梦想中国、民族云南
作　　者：刘砺寒
指导老师：钟梦莹、王明迈
参赛院校：成都艺术职业学院

作品类别：广告文案
作品编号：G2400000217893
作品名称：时间　丽江　我
作　　者：陈闯　刘立娜
指导老师：华薇
参赛院校：深圳大学

作品类别：广告文案
作品编号：G240000081511
作品名称：七彩云南　享你所想
作　　者：董梦梦
指导老师：荆翡、周燕弟
参赛院校：连云港师范高等专科学校

曼卡龙珠宝命题平面类、综合类、设计类

金奖

作品类别：平面广告
作品编号：A2500000195385
作品名称：哪里都有精彩哪里都有 MIGO
作　　者：王慕然、张瑜清
指导老师：冯晓娟
参赛院校：南京林业大学

作品类别：广告文案
作品编号：G2500000218565
作品名称：我怪时间不怪你
作　　者：林倩微
指导老师：王海燕
参赛院校：福建农林大学

作品类别：曼卡龙产品设计
作品编号：K250000080363
作品名称：Back in time　光倒流
作　　者：丁紫中
指导老师：李明辉
参赛院校：江苏经贸职业技术学院

银奖

作品类别：平面广告
作品编号：A2500000199139
作品名称：听距离、看时间
作　　者：陈巧、吴宇燕
指导老师：符红娟
参赛院校：湖南科技大学

作品类别：平面广告
作品编号：A2500000198271
作品名称：暗恋篇
作　　者：刘剑超、陈思
指导老师：南长全、柴龙国、廖慧
参赛院校：山东科技大学

作品类别：网络、微电影

作品编号：C250000078485
作品名称：爱过、趁现在
作　　者：张昊、廖杰林、谢益文、杨璐瑶
指导老师：宋建平
参赛院校：浙江农林大学

作品类别：曼卡龙产品设计
作品编号：K2500000233641
作品名称：曼卡龙爱过系列—吊坠
作　　者：赖玲玲、胡茜茜
指导老师：吕月米
参赛院校：浙江工业大学

作品类别：曼卡龙产品设计
作品编号：K250000070087
作品名称："我爱过你"曼卡龙系列珠宝设计
作　　者：沈莹、王豪帅
指导老师：吕月米
参赛院校：浙江工业大学

铜奖

作品类别：平面广告
作品编号：A250000067929
作品名称：曼卡龙—爱过你
作　　者：钱柏霖
指导老师：于洋
参赛院校：浙江理工大学科技与艺术学院

作品类别：平面广告
作品编号：A2500000190231
作品名称：曼卡龙建筑篇
作　　者：章宇曼
指导老师：蔡佳萤
参赛院校：广西大学行健文理学院

作品类别：平面广告
作品编号：A2500000196403
作品名称：MIGO 么么哒
作　　者：邹欣、姚嘉韵
指导老师：郭有献、秦亮
参赛院校：石家庄经济学院

作品类别：影视广告
作品编号：B2500000211241
作品名称：爱过
作　　者：范天飞、殳杰、钟蔚青
指导老师：项建中、曾朝阳、赵智慧
参赛院校：浙江工业大学之江学院

作品类别：影视广告
作品编号：B2500000217429
作品名称：爱的礼物
作　　者：陈洁、那宁宁、陈懿霏、廖丽、陈昆平
指导老师：严富华
参赛院校：西北师范大学

作品类别：曼卡龙产品设计
作品编号：K2500000224687
作品名称：爱过
作　　者：王倩
指导老师：张冠男
参赛院校：江西财经大学

作品类别：曼卡龙产品设计
作品编号：K2500000125065
作品名称：永恒之心
作　　者：刘丰硕
指导老师：范洁
参赛院校：广西外国语学院

作品类别：曼卡龙产品设计
作品编号：K2500000188369

作品名称：绰约
作　　者：郑羚佳、李培元
指导老师：潜铁宇、梅小清
参赛院校：南昌大学

菲乐化妆品命题平面类、综合类、设计类

金奖

作品类别：平面广告
作品编号：A2600000225861
作品名称：四叶草菲小乐
作　　者：于思然
指导老师：张晓东
参赛院校：北京印刷学院

作品类别：影视广告
作品编号：B260000050051
作品名称：我为菲乐代言
作　　者：禤永安、戴慧琳、黄嘉文、杨澜欣
指导老师：周严、易琛
参赛院校：吉林大学珠海学院

作品类别：菲乐包装设计
作品编号：M2600000131761
作品名称：“菲”进自然
作　　者：徐娜
指导老师：王蓓
参赛院校：西安理工大学

银奖

作品类别：平面广告
作品编号：A26000002067
作品名称：星座系列 laflutose 菲乐
作　　者：吴佳雯
指导老师：刘卫
参赛院校：湖北工业大学商贸学院

作品类别：平面广告
作品编号：A2600000221251
作品名称：菲小乐
作　　者：柴娜
指导老师：张晓东
参赛院校：北京印刷学院

作品类别：影视广告
作品编号：B260000059201
作品名称：牙套妹的自白
作　　者：张磊、但思棋、张思念、龚昌威
指导老师：杨乃近
参赛院校：浙江传媒学院

作品类别：菲乐包装设计
作品编号：M2600000177697
作品名称：青春的自然
作　　者：郝福庆
指导老师：李娜、陈娟
参赛院校：湘潭大学

作品类别：菲乐包装设计
作品编号：M2600000174917
作品名称：菲乐化妆品包装设计
作　　者：芦丹阳、李佳、郑秋艳
指导老师：李娜、陈娟
参赛院校：湘潭大学

铜奖

作品类别：平面广告
作品编号：A2600000229737
作品名称：菲小乐

作　　者：谭潜、李鑫瑶
指导老师：张晓东
参赛院校：北京印刷学院

作品类别：平面广告
作品编号：A260000019887
作品名称：菲小乐·吉祥物设计
作　　者：韩冰
指导老师：夏宝君
参赛院校：华南师范大学

作品类别：平面广告
作品编号：A260000080431
作品名称：菲小乐之十二星座系列
作　　者：唐依微
指导老师：彭静昊
参赛院校：湖南科技大学潇湘学院

作品类别：营销策划
作品编号：F2600000119513
作品名称：纯属菲乐
作　　者：张梦洁、林雄
指导老师：申雪凤
参赛院校：广西艺术学院

作品类别：影视广告
作品编号：B2600000228579
作品名称：释放自我 追求真我
作　　者：陈珈萱、胡玥聪、刘静洁、黄琳淇
指导老师：王阿蒙
参赛院校：浙江财经学院

作品类别：菲乐包装设计
作品编号：M2600000141013
作品名称：菲乐化妆品
作　　者：刘敏
指导老师：王蓓
参赛院校：西安理工大学

作品类别：菲乐包装设计
作品编号：M2600000124963
作品名称：菲乐植物纯生萃白精华乳　菲乐植物纯生萃白焕采舒缓面膜
作　　者：荣思杨
指导老师：王黎黎
参赛院校：四川传媒学院

作品类别：菲乐包装设计
作品编号：M2600000160411
作品名称：菲乐化妆品包装
作　　者：王超、刘君
指导老师：胡荣
参赛院校：太原理工大学

太阳雨太阳能设计类、综合类

金奖

作品类别：太阳雨招贴设计
作品编号：J270000059007
作品名称：买太阳能买太阳雨
作　　者：朱和斌、郭广豪、刘静
指导老师：周艳
参赛院校：宁波大学

银奖

作品类别：太阳雨招贴设计
作品编号：J27000007487
作品名称：爱、触手可及
作　　者：邓冬英
指导老师：施夏珍

参赛院校：广西师范学院

作品类别：太阳雨招贴设计
作品编号：J2700000122049
作品名称：不再消逝的温暖
作　　者：祝姗姗
指导老师：潘欢欢、巩蕴斐
参赛院校：周口师范学院

作品类别：影视广告
作品编号：B2700000188161
作品名称：太阳雨重复篇
作　　者：孙靖雯、李思聪、吴笑雯、张子麟、王洪磊
指导老师：马荣桢
参赛院校：黑龙江大学

铜奖

作品类别：太阳雨招贴设计
作品编号：J2700000103709
作品名称：太阳雨太阳能平面海报
作　　者：赵雯婷
指导老师：郭荣春
参赛院校：西安邮电大学

作品类别：太阳雨招贴设计
作品编号：J27000003221
作品名称：太阳雨
作　　者：宋仪
指导老师：李旭龙、劳秀霞
参赛院校：广东农工商职业技术学院

作品类别：太阳雨招贴设计
作品编号：J270000030399
作品名称：有太阳的地方就有太阳雨
作　　者：林奕彤
指导老师：于洋
参赛院校：浙江理工大学科技与艺术学院

作品类别：影视广告
作品编号：B2700000143383
作品名称：温暖
作　　者：刘罗那、代雅文、肖诗琪、沈思婧
指导老师：黄艳
参赛院校：湖南商学院

广告人杂志论文类

金奖

作品类别：论文作品
作品编号：L280000056155
作品名称：超级英雄符号在视觉传播中的意义建构研究
作　　者：王嫣
指导老师：杨先顺
参赛院校：暨南大学

银奖

作品类别：论文作品
作品编号：L2800000234711
作品名称：中国广告公司形象影响力评估指标体系
作　　者：朱歆悦、郑晟
指导老师：郑欢
参赛院校：上海师范大学

作品类别：论文作品
作品编号：L28000007191
作品名称：基于联合分析的年轻群体奢侈品网络购物消费偏好研究 —以化妆品为例
作　　者：郝晟
指导老师：杨先顺

参赛院校：暨南大学

铜奖

作品类别：论文作品
作品编号：L2800000234161
作品名称：研究型论文
作　　者：陈孟彤
指导老师：薛可
参赛院校：上海交通大学

作品类别：论文作品
作品编号：L2800000235185
作品名称：耐克“活出你的伟大”符号学解读
作　　者：梁湘梓
指导老师：罗兰秋
参赛院校：成都体育学院

作品类别：论文作品
作品编号：L2800000123371
作品名称：基于潘诺夫斯基图像解释学的社交网站图像话语建构研究—以社交网站自拍照为例
作　　者：廖桂铭
指导老师：朱磊
参赛院校：暨南大学

’2015 中国广告年鉴
China Advertising Yearbook

公益广告

Public Welfare Advertising

中央电视台公益广告内容研究
——以 2012 年至 2014 年的公益广告为例

中国传媒大学广告学院教授 初广志
中国传媒大学广告学硕士研究生 刘铎燕

摘要：公益广告作为一种特殊形式的电视节目，已经成为我国加强道德建设、构建和谐社会的重要宣传工具之一。文章以 2012 年至 2014 年中央电视台播出的 138 支电视公益广告为对象，从广告主题、表现方式、创意手法、音乐类型、语言表现等多方面进行了分析与探讨。

关键词：公益广告 央视 广告主题 表现方式

公益广告起源于 20 世纪 40 年代的美国，也叫作公共广告。作为一种特殊形式的电视节目，公益广告形式短小精悍、内涵发人深省，通过提醒、批评、规劝，向广大人民群众传播各种有利于社会进步的思想、行为方式和道德准则，积极地发挥着弘扬正气、针砭时弊的作用。人们通过公益广告可以了解社会发展的进程以及所面临的各种自然以及社会问题，知晓客观世界及所生活社会环境的变化与发展。

我国的公益广告事业与社会、政治息息相关，已经成为我国加强道德建设、构建和谐社会的重要宣传工具之一。尤其在各种价值观交织的复杂社会，公益广告更成为一种能引导舆论、传达正确价值观和道德观的传播形式，重振公众对社会的信心，培养良好的社会风气，促进文明和社会进步。政府也愈发将公益广告视为舆论的根据地，将公益广告作为除新闻宣传工具外进行议程设置的另一个重要工具。

1986 年，贵阳市节水办和贵州电视台联合发布了我国第一个电视公益广告“节约用水”。这是我国首个经过专业艺术创作的电视公益广告，它一改过去口号加标语的风格，运用艺术手段将节水的广告主题生动地融入到电视画面中。[1] 该广告播出后在贵阳市民中产生了强烈反响，当年第四季度贵阳的自来水消耗量比上年同期减少了 47 万吨，这个广告称得上是我国真正意义上的第一个现代公益广告。

1987 年 10 月 26 日，中央电视台在黄金时段开播公益广告栏目《广而告之》，每天一到两次，每次播放广告 30 秒到 1 分钟，自此，公益广告开始产生全国性的影响。《广而告之》播映后，迅速引起了美苏两大国家新闻媒体的关注，苏联国家电台和“美国之音”评论说，这象征着中国政府已开始注重公益事业宣传。[2]

央视非常重视公益广告的制作与播出，其综合频道晚间黄金时间段播放的电视公益广告占全部广告数量的 11%，而播放时间占全部广告时间的 22.75%，内容上以儿童教育、家庭伦理、和谐人际关系为主。[3] 央视每年拨出公益广告的时段价值达到 15 亿元左右，2012 年，作为央视的公益广告年，播出公益广告的时段价值更是超过了 20 亿元，播出频次约 20 万次，产生了广泛的社会影响，其中《爱的表达式》更是荣获第 26 届中国电视金鹰奖优秀电视形象宣传片奖。[4]2013 年央视春节前后一个月播出公益广告的时段价值超过 2 亿元。

央视作为国家级媒体，覆盖面最广、影响力最大，在公益广告投放中具有风向标的地位和影响，要研究我国电视公益广告，中央电视台的公益广告是首选标本，对于研究中国特色电视公益广告的特点以及中国党政掌控下公益广告的特殊性十分必要。

一、研究背景

关于公益广告的研究，欧洲的研究文献并不鲜见，而美国关于公益广告研究则更为丰富。学者们有些关于公益广告的研究是从社会学、心理学角度分析，有些则是从市场营销角度研究。国内的研究集中在央视公益广告诞生三十年来（1978–2008）的回顾，大部分文献还停留在2011年及以前的公益作品，或者针对公益广告的某一个特点进行深入分析，如“央视公益广告人文主题的变迁”，或者针对特定系列主题的公益广告进行分析，如“央视推出‘春节回家’系列公益广告”。没有专门针对2012年到2014年央视播出的所有电视公益广告的分析。

本文以央视公益广告为研究对象，从中央电视台取得了一手资料，整理了央视公益广告2012年至2014年中历年的公益广告，采取内容分析的方法，对这期间央视公益广告议题进行统计，包括数量统计与类型统计等，研究央视公益广告的主题变化规律以及特点。

关于公益广告主题的分类，根据美国非营利组织广告理事会（The Advertising Council）发布的公益广告目录，欧美的公益广告大致可分为以下几大类：社区相关类主要包括：收养儿童，社区融入，节约能源，预防饥荒，宠物庇护项目，环境保护等；教育培养类主要包括：提高信用记录意识，幼儿早期教育发展，金融理财知识等；健康安全类主要包括：提高自闭症关注意识，抵制滥用药物，预防儿童哮喘或儿童肥胖等疾病，预防酒后驾车，应急防备，疾病预防（如H1N1流感，关节炎，肥胖等），减少枪支暴力，防止虐待儿童等；政府公告类在一些文献中也被视作公益广告的范畴，如：告知民众政府政策决定；在圣诞新年等国定节日或重要日期，发布通知或问候等。对广告按主题进行细致分类，有助于进行深入的比较研究。[5]我国学者高萍认为，公益广告题材可以分为三类：爱国类、爱民类、爱己类。

日本学者植条则夫将其分为7类，分别是公共道德、环境资源问题、社会福祉、教育问题、国际交流、交通安全、地方振兴。

笔者参考了国内外学者的研究，在前人的基础上归纳整理并根据中国特色社会主义国情进行了调整。将公益广告分为了六大类（文化教育、伦理道德、政法宣传、慈善救助、生态文明、卫生健康）八小类（爱国主义、文化保护、社会公德、个人伦理、国家政策、安全稳定、慈善救助、生态文明、卫生健康），见表1。

表1 公益广告主题分类

大类	小类	内容
文化教育	爱国主义	爱国、热爱国旗、国徽、国歌、增强国家观念、强化国家认同、忠于祖国、维护国家尊严、保卫国家利益、国际和平、对外政策、国土回归、捍卫主权
	文化保护	旅游景点、保护文物、雷锋精神、民族文化、古迹古训
伦理道德	社会公德	文明礼貌、尊老爱幼、诚实守信、尊师重道、敬业奉献、见义勇为、乐于助人、社会公德、讲文明树新风、扬正气促和谐、创建新城市、和谐社会、行为规范、文明用语、说普通话、购买体彩、网络文明、食品安全、八荣八耻、社会主义荣辱观
	个人伦理	自强、厚德、崇俭、亲子交流、孝敬父母、家庭暴力、空巢老人、留守儿童
政法宣传	国家政策	反腐倡廉、建设新农村、西部大开发、勤政为民、窗口单位和服务行业优质服务、改革开放、科技兴国、推进民主、经济增长、国防军备、人口普查、缴税纳税、公民义务、计划生育、交通安全
	安全稳定	犯罪预防、防火防盗、遵纪守法、国民保护、打击盗版、扫黄打非、暴力事件、法轮功等非法组织
慈善救助		希望工程、青少年暴力预防、退学、虐待儿童预防、领养、关爱艾滋病人、关心残疾人、青年志愿者行动、慈善义捐、义务团体支援、义务捐血、骨髓寄赠、支援灾区、自然灾害、抗震救灾、下岗再就业、
生态文明		水质污染、环境保护、垃圾分类、森林火灾、全球变暖、保护动物、节约用水、植树造林、关爱自然、节约资源、珍惜粮食
卫生健康		预防接种、防癌防病、讲究卫生、安全用电、生命意义、关注心理健康、非典、优生优养、禁毒禁烟

二、研究结果

（一）广告主题

统计结果表明，2012年央视共播放公益广告65篇，2013年44篇，2014年29篇，共计138篇。从整体看，央视在2012年至2014年三年的公益广告主题变动幅度很大，基本没有规律可循。2012年的公益广告主题集中在社会公德、国家政策和生态文明，2013年的生态文明的比例较上年有所下降，却是2013年的重点诉求，文化保护和国家政策排名二、三。2014年的主题分布相对均衡，社会公德略微领先其他主题。

总体说来，伦理道德大类占据的比例最大，达到33.3%，且该主题在2012年、2014年都位于榜首。伦理道德问题之所以长期占据公益广告的头条也是和我国社会现状分不开的，社会变革所带来的价值观的巨大变化，以及种种的社会问题，使我们面临着重建社会主义道德体系的严峻局面，社会文明和谐也是我国发展的首要目标。

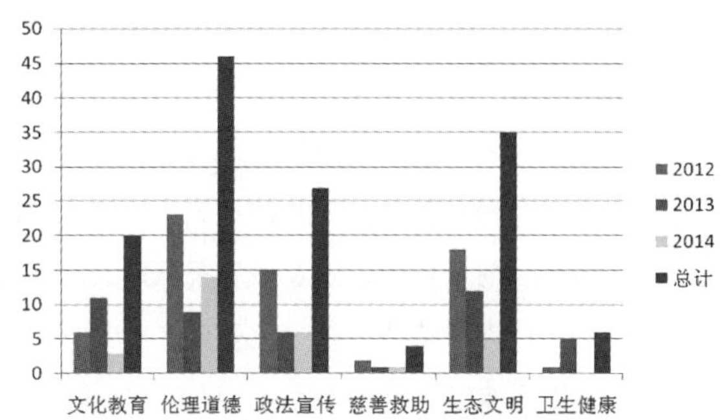

图 1　2012 年 –2014 年广告主题大类分布

（二）仁孝观念成为伦理主旋律

在伦理道德中，亲情尤其受到央视的重视，在伦理广告中占了 28.3%。现代化进程加快，社会老龄化速度加快，空巢老人越来越多，已成为一个不可忽视的社会问题。从 2012 年的“爱的表达式”到 2013 年“爸爸的谎言”、“妈妈的等待”系列，再到 2014 年“别让等待成为遗憾”、“下棋”、“爱的延续篇”，所传播和倡导的具体道德表现虽然有所不同，但万变不离其宗，主要还是落实到遵守道德规范上面，“仁孝”的道德观念更是起到了关键作用。

关爱老人，《论语》为政篇“子游问孝。子曰：今之孝者，是谓能养。至于犬马，皆能有养。不敬，何以别乎？”现在所称为孝的，只是说能够奉养父母。跟犬马一样，人都能豢养他们，如果没有敬重之心，那跟圈养犬马有什么区别呢？

2013 年“关爱老人”系列，透过不同的动人故事展露出父母对子女的深爱，激荡起在外游子回家看望父母的迫切愿望，不仅如此，该广告还是央视在蛇年春晚首次插播的公益广告片，这在央视春晚 31 年的历史上尚属首次。

（三）爱国系列发扬优秀传统

文化教育大类广告占了 138 则广告中的 14.5%，央视对于中国人的爱国教育在 2013 年达到高峰，达到 2013 年全年的 25%。从 2012 年《爱中国篇》、《传奇篇》、《古迹篇》、2014 年的《中国年篇》、《筷子篇》。2013 年红遍大江南北的《回家——63 年后的团圆篇》、《回家——迟来的新衣篇》、《回家——过门的忐忑篇》、《回家——家乡的滋味篇》，更是掀起了中国文化的复兴高潮，广告由麦肯光明团队受邀负责制作，讲述的全都是真人真事，摄制组辗转贵州、福建、黑龙江、上海、台湾、非洲等地实景拍摄，共奔波近五万公里，动用 2000 名群众演员，以真实而震撼的镜头，将中国人回家的历程演绎成一部部心灵史诗，阐释了“回家”对于中国人的特殊含义。

（四）环保关注居高不下，慈善健康需进步

在小类别的主题分布上（见图 2），生态文明类公益广告达到 35 篇，占据最大的比重，25.4%，说明这三年央视的宣传基本还是集中在宣传社会道德、构建文明社会为主。自然环境问题是当今世界的头号公共问题，在我国现阶段的经济增长模式下，环境问题尤其明显，因此这类选题也长期受到关注。在国家政策和社会公德主题方面，二者分别有 19.6%、18.8%，位居第二、三位，具有中国特色，这也是我国公益广告的一个鲜明特点。个人伦理和文化保护也得到了较高的重视。慈善救助和爱国主义的关注度不够。且这三年央视公益广告都没涉及安全稳定的主题。

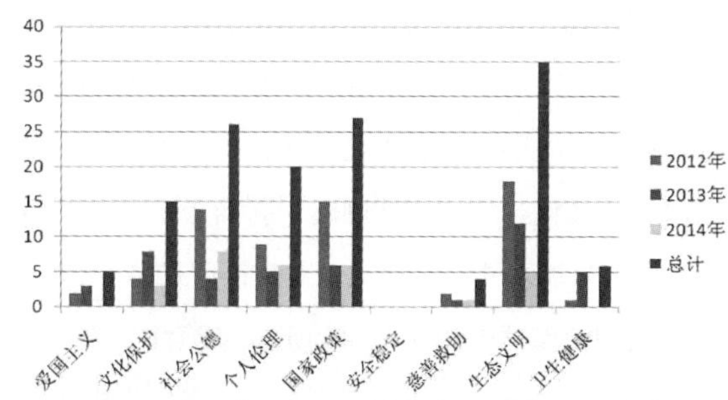

图 2　2012 年 –2014 年广告主题小类分布

（五）广告时长

从图 3 可以看出，30 秒和 60 秒的制式是最常使用的两种时长，时长为 30 秒和 60 秒的广告数量占总广告数的比例为 23.9%、22.5%，二者在 2012 到 2014 年都达到了峰值，2012 年 60 秒广告有 20 个，30 秒广告有 15 个；2013 年 30 秒广告有 10 个，60 秒广告有 6 个，2014 年 30 秒广告有 8 个，60 秒广告有 5 个。45 秒、90 秒、120 秒长的广告是另外三种常见的广告，分别占比 10.9%、4.3%、5.8%。此外也出现了一些较为少

见的时长，例如2012年的29秒、64秒、66秒、117秒；2013年的5秒、10秒、42秒、44秒、47秒、105秒；2014年的68秒等时长。

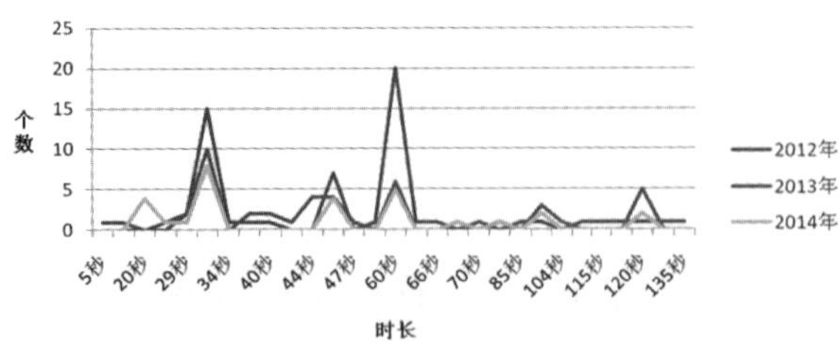

图3 2012年–2014年广告时长分布

（六）表现方式

公益广告，在经过近30年的发展，大部分公益广告已经脱离了单纯口号式宣传的单调表达方式，寻求更加多元的表现手法，润物细无声的作用，到了今天的富有创意、强调传播效果的真正意义上的现代公益广告，我国的公益广告正在逐渐形成气候、产生规模。

我国的大众传媒是社会主义媒介，旗帜鲜明地把引导舆论作为自己的一项基本任务，公益广告在我国更是有着引导舆论的作用，党和国家出于现时的宣传需要，借助公益广告这种艺术化的宣传方式，从而使大政方针产生潜移默化、深入人心的效果。

本文结合电视广告表现方式的分类并加以拓展，将公益广告的表现方式分为场景式、传记式、歌曲式、纪录片式、故事式、名人代言式、生活片段式、视觉传达式、文化寻根式、戏剧化、新闻报道式、听觉传达式、口号展示式、悬念式、专家证言式共15类。

其中故事式是用讲故事的形式来演绎公益广告，使受众产生共鸣；名人代言式是在公益广告中运用知名人士的形象来传达公益的诉求点，利用他们的聚焦力和号召力，来影响目标受众的态度。而专家证言式中的专家形象一般是指医生、科学家等专业领域的典型形象，不一定是知名人物。视觉传达式一般没有故事情节，多以视觉震撼的镜头和画面来传达思想。例如2012年人才资源之“有限无限篇”与学雷锋之“发现雷锋篇”都是展示丰富的图片素材、典型运用视觉传达表现方式的广告。而听觉传达式则是画面通常只展示一个静态的或一组极简单的动态画面，通过有规律、有逻辑且赋予生活化和哲理化的声音、故事或者对话，来表示一种态度，需要观众调动听觉器官进行充分想象。例如，2012年安全驾驶之“印记篇”，镜头依次扫过主人公不同成长时期的照片，画面外配上同时期的各种音乐音效，如婴儿的啼哭声、毕业时的欢呼声、结婚时的干杯声，以及最后镜框碎裂时突兀的刹车声，通过声音营造气氛，使受众在听觉方面产生新刺激，留下难忘的印象。

新闻报道式公益广告是运用新闻报道的形式，以纪实的手法宣传公益理念。传记式则是围绕特定人物的生平事迹进行演绎。纪录片式主要是指拍摄的公益广告画面精良、蓄势宏大，有种纪录片的真实动人的魅力。生活片段式是通过还原真实生活中的片段，经过艺术加工再现于电视屏幕的现实写照的一种制作手法。场景式与生活片段式的区别在于场景式一般没有故事情节，元素之间也没有互动，通常只是单纯地呈现或勾勒出一个真实场景、地方或者特定角落。悬念式是通过悬疑的手法或者猜谜的方式，使受众产生疑惑、紧张、渴望、揣测、担忧、期待、欢乐等一系列心理。文化寻根式是针对中国传统文化宣传的特定模式，通过分朝代分时期展示历史遗迹、优秀文化遗产、中国大好河山等来寻找文化脉络、追溯国粹精魂。

三年的广告中生活片段式是使用最多的表现手法，占比41.3%，且每一年的生活片段式都位居数量榜第一位。这样的广告片具有生活气息，与人们的生活具有关联相通性，贴近真实，自然亲切，接受度高。场景式与故事式分别占比14.5%、11.6%，排名二三位。2013年大量使用了故事式表现方式，例如文化保护主题下的“回家系列”，包括《63年后的团圆篇》、《迟来的新衣篇》、《过门的忐忑篇》、《家乡的滋味篇》，以及个人伦理主题的“关爱老人”系列，包括《爸爸的谎言》、《妈妈的等待》、《打包篇》、《红包篇》。这些作品都是基于一个故事情节展开，通过细腻真实的刻画打动人心，且其配乐全是抒情感动的基调。

2014年较2012年和2013年，使用的表现方式更少，没有前两年丰富多变。2013年依然有两篇口号展示的公益广告，且都是关于党政主题，说明党和国家在宣传政策规章时，还是要注意方式的灵活多样，空喊口号式的往往收效甚微。2012 年新闻报道式有 4 条广告，2013 年有两条，2014 年还没有出现，新闻报道式与其他表现手法相比，更加官腔正统，虽然有可信度，但不免做作，且缺乏创新，逐渐地递减也说明这种表现方式不受市场欢迎。名人代言也是每年都会有的表现方式，名人的影响力不可估量，因此也一直受到央视的重视。传记片式和纪录片式也是央视爱用的表现手法。这种作品通常制作精良、画面优美，在爱国主义的主题中使用较广泛。

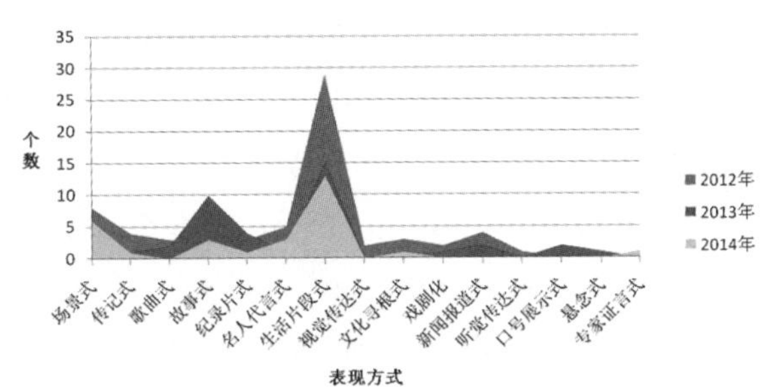

图 4 2012 年 –2014 年广告表现形式分类

（七）创意手法

公益广告的创意手法指的是在广告中使用的艺术手段、修辞手法等。具体包括比喻型、对比型、排比型、警示劝诫型、恐怖型、视觉传达型、夸张型、联想型、拟人型、情感型、时间线型、诗词散文型、数据型、新闻型、意象型、优美型、幽默型、夸张型、慢镜头型、宣言型、舞蹈型等。意象型，是超现实的表现手法。联想型是由一个事物的经验引起回忆另一看似不相关联的事物经验的过程，可以是空间或时间上接近的事物之间产生联想，也可以是性质或特点上相反的事物间产生联想，也可以是形状或内容上相似的事物之间，也可以是逻辑上有某种因果关系的事物。幽默型，高雅风趣、机智精练的语言。拟人型，则是赋予非人类的事物以人格化特征。时间线型主要针对时间脉络明显、时间段跨度较大的创意广告。在统计的样本中，2012 年的《传奇篇》《见证辉煌》两则广告都使用了时间线型创意手法，《传奇篇》中从夏商到宋朝再到现当代社会，时间跨度明显，《见证辉煌》也是以时间为线索排列展示各个时期的国家荣耀、社会成果。

从图 5 中可以看出，所有的创意手法中，情感型使用频率最高，达到了 29 次，占比 21%。排比次之，达到 20 次，拟人位居第三，为 18 次。拟人的频繁使用也证明了公益广告注重增加内容的有趣性、生动化。新闻型和数据型并列第四，为 12 次，比喻与警示劝诫也使用较多。诗词散文类对于受众的理解力和文学素养有一定要求，意象、抽象类的广告数量极少，也是因为理解难度更大，因此平实近人、通俗易懂的比较常见，例如排比、比喻、拟人、对比等经典修辞格。优美型通常与纪录片表现形式的广告片一同使用，重在展现画面的恢弘壮阔。恐怖型公益广告在国外作品中很常见，但是在中国的使用相对保守，2012 年有两则恐怖广告，2013 年有一则，2014 年还未出现，这也跟中国人的审美偏好有关，恐怖诉求通常会产生压抑的心理效果，虽然效果震撼，却会产生心理抵触。

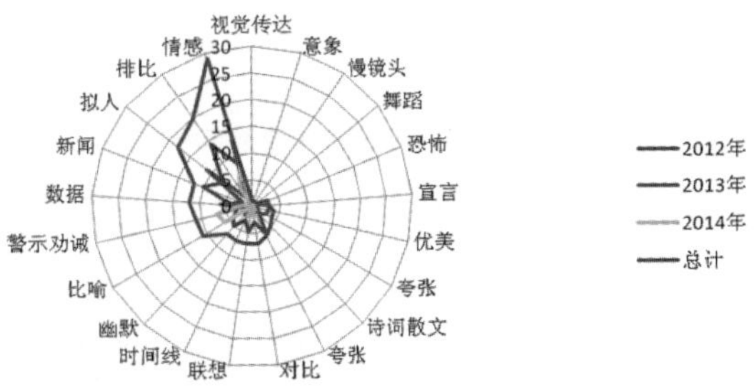

图 5 2012 年 –2014 年广告创意手法分布（1）

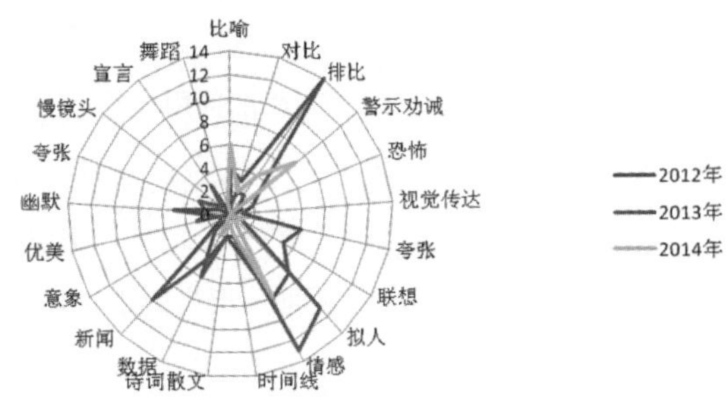

图 6 2012 年 –2014 年广告创意手法分布（2）

（八）音乐类型

138 则广告中，或有音乐或有音效，都注意了影视广告的视听效果。同时具有音乐与音效的广告达到了 99 个，占比 71.7%。仅有音乐的有 35 个，达到 25.4%，仅有音效的只有 4 个，占了 2.9%（见图 7）。

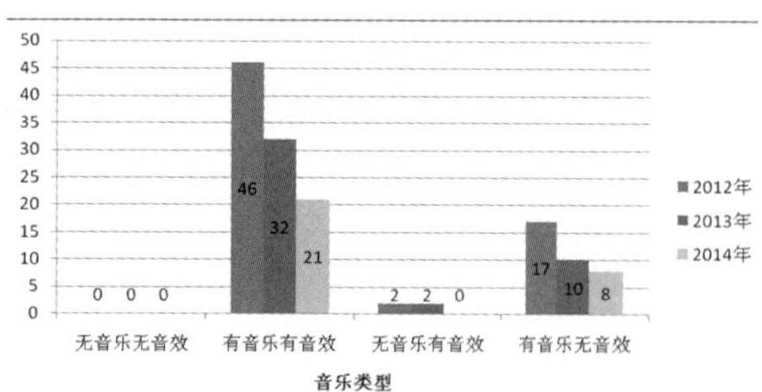

图 7 2012 年 –2014 年广告音乐音效分布

音乐种类上，按照中国普遍的划分法，将音乐分为了西洋乐与民族乐两种。西洋乐器包括键盘乐器、管乐器、弦乐器、打击乐器（军鼓、爵士鼓、镲）、电声乐器等。民族乐器分弹拨乐器、弓弦乐器、吹奏乐器、打击乐器（鼓、锣、镲、梆子、板、木鱼）等带有民族特色的，多以古典乐器为主。央视的公益广告普遍使用西洋乐，三年的广告中一共有 123 条广告只使用了西洋乐，占了有音乐广告总数的 91.1%，民族乐只有 7 条，爱国主义，对比悬殊，民族西洋混合的广告有 5 条。每一年的情况也是西洋乐远超民族乐，中国特色还比较弱（见图 8）。

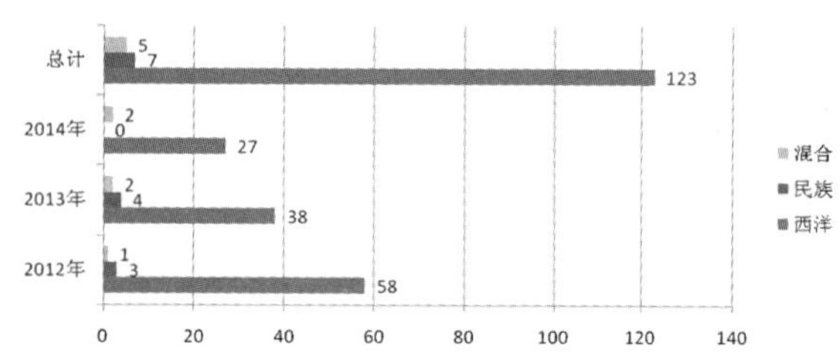

图 8 2012 年 –2014 年广告音乐类型分布

音乐情感方面，根据音乐调性可以分为稳定型和变化型，稳定型是指在广告全片都使用一个歌曲或者一个感情基调；变化型则是在广告过程中会产生情感变化。稳定型包括欢快愉悦、轻松舒缓、抒情感动、紧张急促、雄浑大气、低沉压抑、严肃凝重七种类型，变化型包括先悲后欢、先欢后悲、欢快 – 紧张 – 欢快三种。

从图 9 中可以看出，欢快愉悦型音乐使用最多，达到了 36 次，占比 26.7%，轻松舒缓类次之，为 32 条，占 23.7%，抒情感动类也被使用了 28 次，达到 20.7%。第四五名是雄浑大气型和低沉压抑型，达到了 15 条和 14 条。

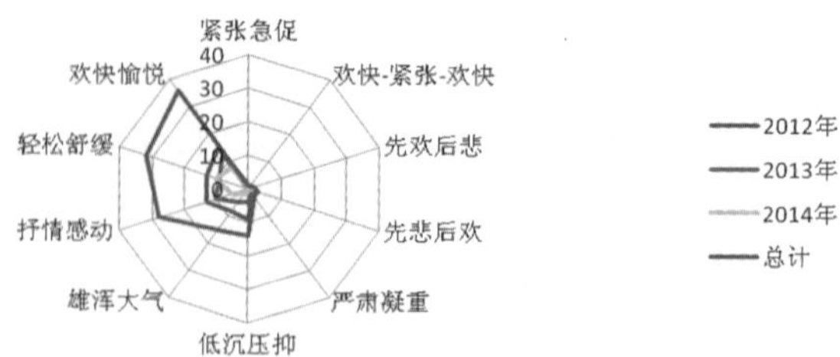

图 9 2012 年 –2014 年广告音乐情感类型分布

（九）语言表现

语言表现方面，没有配音的有 48 条广告，占 34.8%。剩下有配音的共 90 条，其中演说方式的有 82 条，占 59.4%，唱歌方式的有 7 条，占 5.1%，演说和唱歌混合的只有 1 条（见图 10）。含唱歌方式的 8 条广告中，用了 4 次成人女歌手，4 次儿童歌手，各占 50%，这 8 次歌唱中，6 次是独唱，2 次是成人女歌手与儿童合唱。而在演说方式中，成人男声成了公益广告最爱使用的御用配音，共计 60 次，相比之下成人女声就少了很多，只有 37 次，童声 30 次。

女性歌手嗓音柔美、空灵透彻，有一种娓娓道来的温婉柔情，具有润物细无声的感染力，童音清脆悦耳、软糯喜人，是大众喜闻乐见的声音。成人男声演说的时候通常低沉稳重、踏实熨帖、掷地有声、具有厚重感，更令人信服。

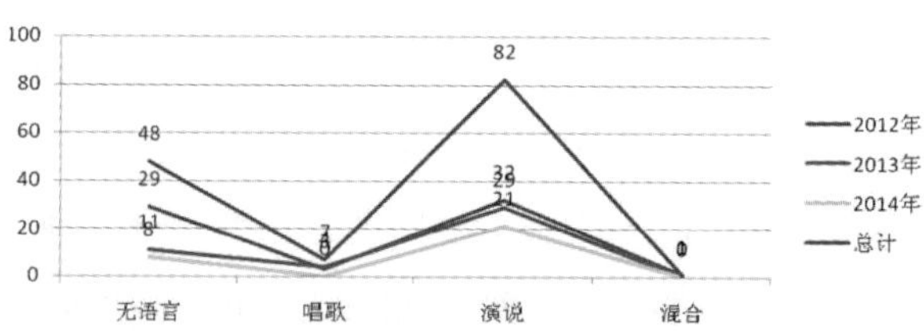

图 10 2012 年 –2014 年广告语言类型分布

表 2 2012 年 –2014 年广告歌手类型分布

歌手类型	2012 年	2013 年	2014 年
成人男	0	0	0
成人女	2	2	0
童声	2	2	0

表 3 2012 年 –2014 年广告歌唱方式分布

歌唱方式	2012 年	2013 年	2014 年
独唱	2	4	0
合唱	0	0	0
对唱	0	0	0
混合	2	0	0

（十）广告字幕

字幕方面，无字幕无配音的有 27 条，仅有字幕的有 23 条，仅有配音的有 9 条，有字幕有配音的占了绝大多数，共 79 条，占比 57.2%。（见图 11）字幕的类型分为心里独白、旁白、对话、独白、解说词、混合六类，旁白是指故事叙述者以客观角度对影片的背景、人物、事件直接进行议论或抒发感情，或者主人公追溯往事、叙述所忆所思所见所闻的自述。独白是画面中人物直接的语言表述，心里独白是其心理活动的语言表述，揭示人物内心世界的重要手段。解说词是介绍、解释画面内容、阐述创作者思想观点的表达方式。在研究的 105 个带字幕样本中，解说词出现频率最高，达到了 46 次，占比 43.8%，其次是独白、对话、混合、旁白、心里独白（见图 12）。

图 11　2012 年 –2014 年广告字幕配音分布

图 12　2012 年 –2014 年广告字幕类型分布

虽然解说词字幕占比不小，但是样本中却没有专门针对解说词进行配音。公益广告更愿意给人物独白配音，即画中人直接说出的话，共计 30 次，为旁白配音的情况也较多，达到了 24 次。值得注意的是，为独白配音的广告有 30 条，但有独白字幕的仅 17 条广告，同样有旁白配音的广告片有 24 条，但有相应字幕的仅 12 条，这说明还有一半左右的广告有配音无对应字幕，当有方言出现时，会辅以字幕，当用普通话配音时，很多字幕就省略了。字幕能够帮助观众很好地理解广告传达的内容，为言语配字幕的广告也让人感觉更用心，制作更完善。

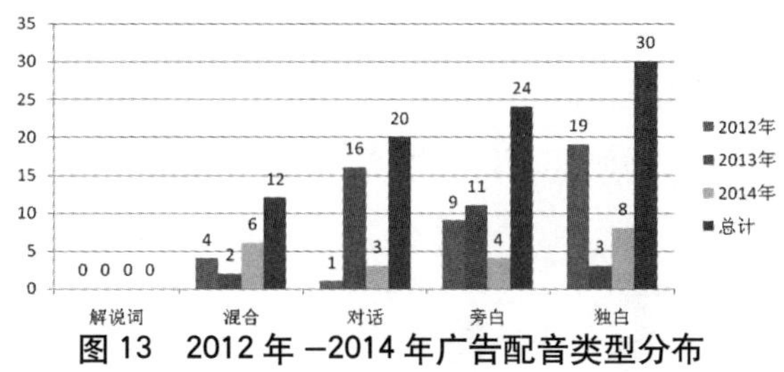

图 13　2012 年 –2014 年广告配音类型分布

（十一）表演主体

138 条广告中，纯用真人的共计 83 条，纯动画形式的 39 条，有 5 条广告是在动画中融入真人形象，4 条同时使用了真人与动物，2 条只使用了动物，剩余 5 条用到了静物的形象。所以在广告中出现真人形象的广告总共有 92 条，占了总数的 66.7%。动画形式的比例也相当高，占了 31.9%，共 44 条。（见图 14）这充分说明央视比较重视广告的有趣性与活泼性，其受众范围得到了拓展，瞄准了年轻的一代。这种广告通常呈系列性出现，例如得蛙蛙系列，寓教于乐，用童真童趣的方式讲述严肃正经的公益话题，能够得到不错的效果。

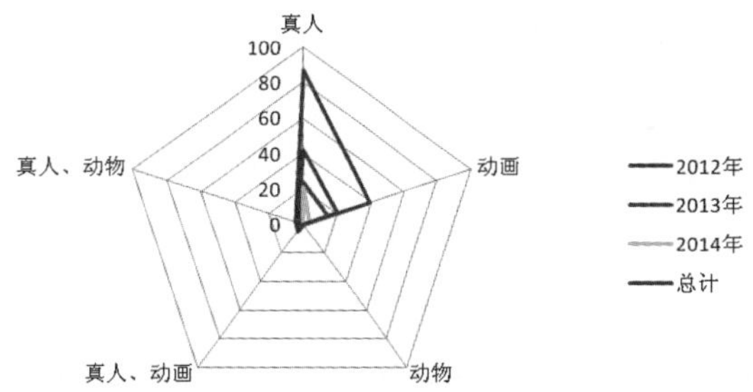

图 14　2012 年 –2014 年广告表演主体分布

出现真人的广告中，将人物分为名人、普通人、道德模范或行业杰出人物三类。2012 年 –2014 年三年共有 12 条名人广告，名人涉及影视演员（如海清、黄海波、林雪健）、主持人（李瑞英、白岩松等）、歌手（谭晶等）、运动员（林丹等）等，7 条道德模范广告（如邓前堆、郭文标、郭明义等），普通人广告最多，73 条，占了 79.3%。此外，92 条真人广告人，只有成人的广告有 44 条，仅有儿童的有 10 条，成人儿童都有的广告有 38 条。儿童的出镜率较高，在 138 条广告中达到了 34.8%。（见图 15）2012 年儿童出镜率为 30.8%，2013 年为 34%，2014 年为 44.8%，逐年增高，说明社会对儿童的关注度也空前增高，广告内容也涉及儿童的方方面面，包括留守儿童、贫困儿童的学习生活问题以及从小培养儿童的环保意识等。

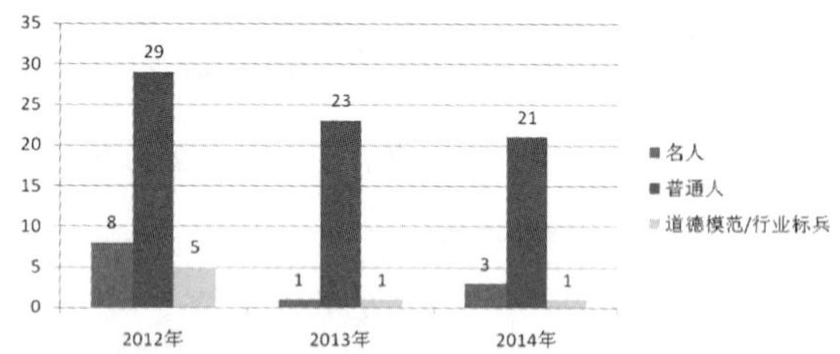

图 15 2012 年 –2014 年广告代言人分布

在场景拍摄方面，室内室外混合拍摄的最多，达到了 65 条，其次是单纯室外取景，有 43 条，室内拍摄相对少一点，只有 30 条（见图 16）。

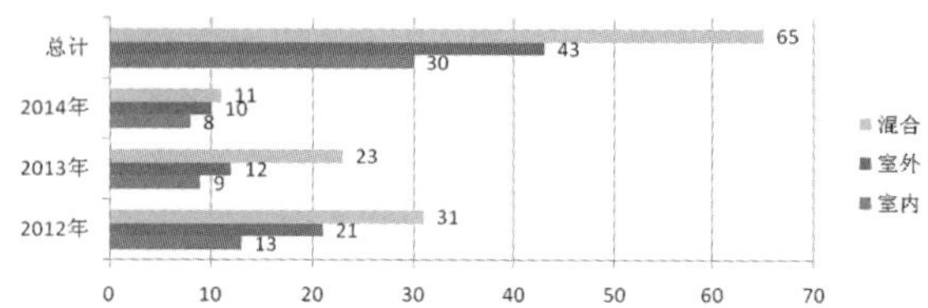

图 16 2012 年 –2014 年广告拍摄场景分布

（十二）诉求方式

在诉求方式上，138 支广告片中，感性诉求的片子有 98 支，占了 71%，成为央视公益广告的主要诉求形态。38 条用了理性诉求，占 27.5%，另外有 2 条广告采用了理性和感性相结合的诉求形态。正面诉求的有 85 支，占 61.6%，反面诉求的有 53 支，占 38.4%。央视公益广告较注重“以人为本”，对待人和事要有仁爱之心，传播正能量。这就要求公益广告的创意表现方式要做到积极正面，不应为单纯追求传播效果而采用一些极端恐怖的创意诉求，2012 年至 2014 年一共只使用了 3 次恐怖诉求。

（十三）广告主

经过分析每个公益广告最后一帧的主要内容，我们可以得知广告主信息以及广告语。138 支广告片中，只有 2 支没有广告语，136 支都有广告语，念出广告语的有 57 条，更多的还是没有念出来，数量为 79 支。

根据统计，138 条广告中展示了广告主名称的有 115 条，我们将其分为三类，一是媒体主导型广告；二是媒体与党政机关的合作广告；三是媒体与企业的合作广告。媒体包括 CCTV 广告经营管理中心、中央电视台、中央电视台广告中心、中国网络电视台、CCTV 新闻频道。其中由 CCTV 广告经营管理中心单独担任广告主的公益广告达到了 88 条，占了 76.5%。CCTV 广告经营管理中心与其他媒体合作的广告有 4 条广告，新闻频道单独推出一条广告，为《公益—停止吸烟篇》。

央视与党政机关的合作多是政治类的公益广告，旨在体现党和政府的执政方略。公益广告把党和政府的方针政策以百姓喜闻乐见的形式呈现在世人面前，改变了严肃说教的模式，体现了“以人为本”和科学发展观的执政理念。因中央电视台一直以来在公益广告创作和宣传方面的优良品质和广泛影响，很多国家部委经常出资委托制作反映社会现实、弘扬社会正气、维护社会和谐的主题公益广告。

统计样本得出经常与央视合作的党政领导机关，党政部门包括中央宣传部、中央精神文明办、国家广电总局、新闻出版总署、国家工商总局、中央纪委宣传教育室、国家预防腐败局办公室、中共中央组织部人才工作局、公安部交通管理局。经过统计，这类型的广告共有 15 条。由中央宣传部、中央文明办、国家工商总局、国家广电总局、新闻出版总署、中央电视台共同推出的有四条，都是“学雷锋”系列的道德模范公益广告，包括邓前堆篇、郭文标篇、郭明义篇（2012 年、2013 年各一条广告）。CCTV 广告经营管理中心与公安部交通管理局共同推出 2 则关于交通安全的公益广告，《印记篇》（2012 年）与《气囊篇》（2013 年）。

为配合中央反腐倡廉精神，央视推出相关公益广告，大力弘扬廉洁从政之风。中央电视台广告中心与中央纪委宣传教育室、国家预防腐败局办公室合作了四条广告，都是关于廉政主题的公益广告，即 2012 年的四条，《规矩方圆篇》、《老鼠篇》、《林雪健篇》、《林丹篇》。此外，CCTV 广告经营管理中心和中央纪委宣传室还单独合作了两条勤廉广告，即 2013 年的《中纪委勤廉公益广告 5 秒篇》、《中纪委勤廉公益广告 10 秒篇》。廉政公益广告上了中央电视台，有着重要的社会意义和价值，既表明人民群众高度关注廉政问题，也表明政府对于党风廉政工作的重视，同时，也从舆论宣传及舆论监督的角度带给人们更多的思考和启发。中央文明办也与中央电视台联合制作了两条志愿者主题的广告，2012 年的《留守儿童篇》、《时间篇》，呼吁社会上的爱心人士投身公益事业。CCTV 广告经营管理中心与中共中央组织人才工作局也在人才资源的问题上着力制作了一则广告，2012 年的《有限无限篇》。

2013 年 1 月 21 日，中宣部、中央文明办、中央外宣办、工业和信息化部、国家工商总局、国家广电总局、新闻出版总署中央七部委联合发文：要求深入开展“讲文明树新风”公益广告。公益广告可以由企业赞助播出，要动员社会力量参与公益广告，可选择信誉度高、公众形象好的企业冠名襄赞，推动公益广告宣传常态化。[6]

本文第三类广告主——媒体与企业的合作指的便是 CCTV 广告经营管理中心与别克君威、山东临工合作推出的 2014 年五则《中国好司机》系列公益广告。一方面是电视台出于资金的需要，另一方面也是企业对公益广告的重视。然而对于企业来讲，商业广告与公益广告都可达到树立品牌、促进销售的目的。企业在制作商业广告时，是为了促进产品的销售，推动企业的发展。企业制作公益广告，也是为了塑造企业形象，从而促进销售。当然也有襄助慈善、尽社会责任的因素。

三、结论及研究局限

央视公益广告在 2012 年至 2014 年间共播出 138 篇公益广告，其中以伦理道德类的数量最多，生态文明和国家政策位列二三。30 秒和 60 秒是最爱使用的广告时长。生活片段式是央视使用频率最高的表现方式，场景式和故事化次之。在创意手法方面，情感型所占比例最高，排比和拟人紧随其后。绝大部分广告作品都是音效音乐齐备，音乐方面以西洋乐为主导，民族乐少有，且原创作品很少，只有个位数。配音方面偏爱男演员，配唱方面多用女歌手，儿童的出镜率逐年增高，广告中真人场景，尤其是普通人有压倒性数量优势。广告拍摄室内室外差别不大，最常用的是室内外混合拍摄。这三年播出的广告媒体主导型最多，党政机关与媒体合作数量增多。

央视在公益广告的制作和投放方面取得了很大成绩，以往的政治宣传广告多流于概念化、口号化，并带有明显的政治宣传的痕迹，说教略显俗套，停留在一般的宣传层次。

而此次分析的“中国梦”、“清廉”系列广告或以理服人，或以情动人，诉求方式多样，题材选择更广泛，政治、法律方面的敏感内容也可以成为公益广告的题材。

但是，也有几个值得注意的问题，一是创意和制作水平有待提高，表现方式和创意手法更应注重多样化使用。二是原创音乐少，音乐元素变化少，系列广告多用相同的广告歌曲。不同系列的也可能用相同的广告歌曲，民族特色不够。

正如中央电视台副台长罗明所说：“公益广告作为一种特殊形式的广告，有它独特的地位和特点，公益广告的播出会集中体现媒体的社会责任，而且也是媒体品牌的一个非常重要的组成部分，央视作为国家电视台，肩负着推动中国经济和社会健康发展的重任，同时也引领着电视媒体的发展方向，把社会效益放在首位，不断创造积极的、科学的，文明的、健康的理念，推动中国社会的文明进程，也是我们的使命。”[7]

公益广告是国家理想的标杆、社会文明的旗帜，展现了国家气质和精神追求。作为我国电视媒体最高级的电视台，中央电视台一直是各级电视媒体的榜样，不管是在新闻传播还是广告投放方面，它一直处于老大哥的地位，它的言行举止影响着全国电视媒体的动向。在电视公益广告事业的发展中，中央电视台同样负有不可推卸的责任和义务。中央电视台必须认清自己的长处与不足，积极借鉴国外境外媒体的先进经验，取长补短。这样，才能不断进步，更好地为我国电视公益广告事业服务。

注释：

[1] 陈辉兴．《孕育发轫成长繁荣：中国公益广告三十年》．《媒介》，2008(7).

[2] 王云，冯亦驰．《公益广告十五年》．《新闻大学》，2003.

[3] 王沪生，古龙锋．当前我国电视公益广告状况分析，以中央电视台综合频道 CCTV-1 为例．

[4] 杨正良，张丽丽．央视推出“春节回家”系列公益广告．中国广告，2013(3):P142.

[5] 刘林清．中国环保类公益广告研究．《广告大观理论版》，2010(6):P16.

[6] 杨正良，张丽丽．央视推出“春节回家”系列公益广告．中国广告，2013(3):P143.

[7] 刘彦辰．从央视公益广告看中国传统文化．《青春岁月》，2013(10).

台湾地区公益广告与社会变迁的互动研究

厦门大学新闻传播学院 陈振铭 陈培爱

摘要：公益广告由于拥有教育公众、宣传观念、引导舆论等社会功能，一直受到各界的重视。但关于公益广告与社会变迁之间的相互影响与互动机制却鲜有学者进行研究。本文对台湾地区公益广告作品进行内容的影响力逐渐加大，公益广告对社会活动的参与程度也在快速增加。故而提出台湾公益广告借由参与公共议题的方式与社会变迁交互影响的互动模型，强调了公共议题与广告主在公益广告与社会变迁的互动中所扮演的角色，并指出两岸公益广告在广告主组成以及主题决定自由度的不同，此结果有助于重新思考公益广告的定位与价值，以理解台湾地区与中国大陆在公益广告与社会互动模式上的差异。

关键词：公益广告　社会变迁　公共议题

一、引言

（一）关于公益广告

公益广告是指不以盈利为目的，而为公从切身利益和社会风尚服务的广告（陈先枢，1993，p.11）[1]。公益广告旨在增进公众对突出社会问题的了解，影响其对社会问题的看法和态度，改变其行为和做法，从而促进社会问题的解决或缓解的广告宣传（布鲁斯·G，范登·伯格．2006）[2]。

分析这段对于公益广告的描述，其中所言的“公众对社会问题的看法和态度”其实就是广义的“社会舆论”，指的是社会上同时存在的多种意见，各种意见的总和或纷争称作舆论（刘建明、纪忠慧、王莉丽，2009，p.23）[3]。西方学者多将其表述为“公众意见”（Public opinion），就是公众对社会问题的看法。而“社会问题”是指社会上发生的各种争议与冲突，在意义上等同于“公共议题”，指“凡牵涉不同团体之间，对于某一涉及公共利益的问题持有不同意见者”，即“各界对公共利益的争议（dispute）”（Stanley，G. D. D.，1985，p.18），其本质就是一个主题明确，但意见尚未统一的“社会舆论”。而那些持不同意见的致力于公共议题推动的社会团体，便是所谓的“意见领袖”。

（二）关于社会变迁

广义的社会变迁泛指一切社会现象的变化，“是从个人以至人类整体各个层次上社会现象的改变。狭义的社会变迁则指社会结构的变化，例如人际交往由一种模式转向另一种模式，或者社会基本价值的变化”。（维基百科，2013）[4] 以此定义，上述公益广告作用的最终结果“促进社会问题的解决或缓解”，其实就是促进社会变迁。

引起社会变迁的主要原因有物质环境、人口、技术、非物质文化、文化进程、经济发展和有目的地促进变迁。其中“经济发展”因素常被包括在现代化概念中，即指发生在传统的前工业社会的工业化和城市化过程的一种广泛的内在社会变迁（戴维·波普诺，1999，p.623）[5]，也是当前未开发或开发中国家（即指台湾地区与中国大陆）面临强烈社会变迁的主要原因。由于经济发展所带来的社会结构变迁，往往会引发各种社会问题，导致学者认为公益广告的出现是社会变迁背景下的社会需要，也是调节社会平衡发展的必要（徐金灿、王安妮，2012）[6]。关于“有目的地促进变迁”，则只由人们有目的性地推动社会和文化因素的变迁。在现代社会中，随着民众的社会生活的知识增多，大众传播等信息渠道的逐步开放，人们开始自主发声，按自己希望的方向塑造社会。公益广告便是属于这个范畴。

（三）研究目标

综合上述观念的推导，我们可得到一个关于公益广告与社会变迁的互动关系：经济发展造成了社会变迁并引发社会问题，而公益广告便随着社会问题的发生而出现。公益广告关注这些公共议题，以其特有的社会功能影响社会舆论的走向，解决公共议题的争议，有目的地促进社会变迁。公益广告与社会变迁二者之间存在着一种相互影响的互动关系。在本文之前，对于台湾地区公益广告以及其社会的关联性的相关研究甚少，本研究尝试对台湾地区公益广告作品进行内容分析，进一步探讨公益广告与社会变迁的互动关系，尝试建立两者间的模型，了解其中关键的作用机制，并借此明确公益广告在社会变迁中所扮演的角色与运作机制，重新思考公益广告的定位与存在价值。最后为中国大陆的公益广告发展提出建议。

二、研究方法

（一）取样与编码

选取台湾地区域 1988 年至 2012 年间“时报广告金像奖”的公共服务类获奖作品作为研究取样。时报广告金像奖创立于 1978 年，目的在于鼓励广告创意、激励广告人、促进行业成长，是世界华文地区历史最悠久，最具影响力的广告创意奖。该广告奖于 1988 年起设立公共服务类相关奖项，也是台湾地区最早评选公益广告的奖项。再剔除同系列作品分别获奖项的样本重复，最终获得公益广告作品有效取样共计 316 则。再依据表 1 的编码原则进行内容分析。

（二）数据分析

本文除了呈现不同变量的整体百分比例外，更进一步进行时间变迁的讨论，参考台湾地区公益广告发展时期的划分，将来 1988 年至 2012 年期间区分为前成长期（1988 － 1993）、后成长期（1994 － 1998）、繁盛期（1999 － 2003）、前稳定期（2004 － 2009）、后稳定期（2010 － 2012）等五个时期进行彼此间的独立性检定，以不同发展时期的相对百分比例来讨论研究变量的趋势变化。检验方式为“皮尔森卡方检定”（Pearson's chi-squared test），使用软件为 SPSS Statistics 17.0。

表 1　编码项目与标准

编码项目	编码含义	编码方式	备注
作品名称	记录广告样本的名称	如实记录	
届次	记录广告样本获奖届次	如实记录	
年度	记录广告样本获奖年度	如实记录	
广告主分类	记录广告样本的广告主类别	政府组织记为 1	
		企业组织记为 2	
		社会非营利团体记为 3	
公共议题	记录广告主题是否涉及公共议题	主题涉及公共议题记为 1	
		主题未涉及公共议题记为 2	
议题分类	记录所涉及公共议题的种类	全体议题记为 1	参考编码说明 1
		个案议题记为 2	
		企业家议题记为 3	
		利益团体议题记为 4	
社会参与	记录主题是否参与实际的社会运动或活动	主题参与社会活动记为 1	参考编码说明 2
		主题未参与社会活动记为 2	
社会热点	记录广告样本的表现是否善用社会热点事件	内容涉及社会热点记为 1	参考编码说明 3
		内容未涉及社会热点记为 2	

编码说明 1：依照所牵涉的成本与利益的考虑点，根据分散／集中的特性，将议题分为四种类型，如下图 1（吴宜蓁，1988，p.14）：成本分散、利益分散者为“全体议题”；成本分散、利益集中者为“个案议题”； 成本集中、利益分散者为“企业家议题”； 成本集中、利益集中者为“利益团体议题”。

编码说明 2：实际参与社会活动的例子有：社会运动、游行活动、募捐、政策宣导等。

编码说明 3：社会热点事件指为当年新闻媒体所报道与关注的事件。

三、研究假设

根据之前推导的公益广告与社会变迁的互动关系，笔者提出了以下几点假设：

H1. 公益广告透过主题关注的方式，以高度的比例涉及公共议题。

H2. 社会上发生热点事件会影响公益广告的作品的内容取材与表现方式。

H3. 公益广告会参与社会运动或活动，积极地促进社会的变迁。

另一方面，若公益广告以公共议题为主题传播信息，则代表了公益广告参与了公共议题的发展。公益广告具有引导舆论的社会功能，而广告主则像是社会舆论中的意见领袖，能把自身对于公共议题的看法透过公益广告的方式传达给公众。因此，笔者将聚焦讨论广告主对于公益广告主题设置的影响，提出假设如下：

H4. 不同类型的广告主在公益广告的议题设置上会表现出明显的差异。

四、研究结果

（一）公益广告普遍参与公共议题

分析了台湾地区 25 年间的公益广告作品样本（表 2），数据显示有 71.3% 的公益广告作品主题涉及公共议题。而对不同时期广告主题涉及公共议题的状况进行检定，则结果为彼此间无显著差异（P=0.213），就是说台湾地区公益广告作品在选定广告主题时很大程度地偏好社会所关注的公共议题，这种现象自公益发展初期就已存在，并没有随着时间演进而逐年上升或减少，结果符合先前假设 H1：公益广告透过主题关注的方式，以高比例涉及公共议题。

表 2　不同时期台湾公益广告主题涉及公共议题的比例

			主题是否涉及公共议题	
			涉及	未涉及
发展时期	前期成长	计数	59	22
		百分比	72.8%	27.2%
	后期成长	计数	41	14
		百分比	74.5%	25.5%
	繁盛期	计数	35	22
		百分比	61.4%	38.6%
	前期稳定	计数	60	18
		百分比	76.9%	23.1%
	后期稳定	计数	6	5
		百分比	54.5%	45.5%
合计		计数	201	81
		百分比	71.3%	28.7%

X2=5.816；df=4；F=0.213

（二）社会热点对公益广告的影响逐渐增大

本研究通过分析公益广告作品样本，对广告主题、内容与创意进行判读（表 3、图 1），看其是否涉及社会热点事件，结果发现台湾地区公益广告主题和表现中涉及社会热点的约占 15.1%，整体比例偏低。而不同发展时期分别分析社会热点涉及程度的差异，则会发现随着时间的进展台湾公益广告对于社会热点的涉及程度大致呈现上升趋势。与最早的前成长期的 9.9% 比例相比，后稳定期的公益广告涉及社会热点比例已超过当时的 3.5 倍（36.4%）。检定不同发展时期之间的独立性呈现显著差异（P<0.05）。此结果大致符合预先假设 H2：社会上发生热点事件会影响公益广告作品的内容取材与表现方式，而更正确的理解应该是，随着时间的发展，社会上的热点事件对台湾公益广告的内容和表现形式上的影响越来越明显。

表 3　不同时期台湾公益广告内容涉及社会热点的比例

			内容是否涉及社会热点	
			涉及	未涉及
发展时期	前成长期	计数	8	73
		百分比	9.9%	90.1%
	后成长期	计数	7	50
		百分比	12.3%	87.7%
	繁盛期	计数	15	46
		百分比	24.6%	75.4%
	前稳定期	计数	11	78
		百分比	12.4%	87.6%
	后稳定期	计数	4	7
		百分比	36.4%	63.6%
合计		计数	45	254
		百分比	15.1%	84.9%

X2=10.792；df=4；F=0.029<0.05

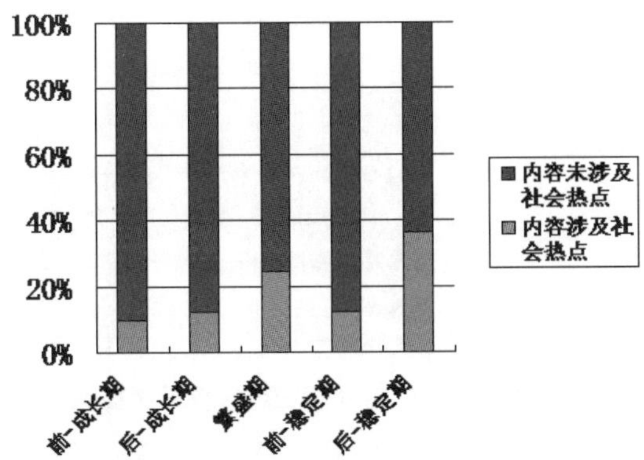

图 1 不同时期台湾公益广告内容涉及社会热点的比例

（三）公益广告对社会活动的参与逐渐增加

分析公益广告作品样本，针对广告主题是否参与社会运动或社会活动进行判断（表 4、图 2），结果显示台湾地区公益广告中主题参与社会活动的比例占了 21.1%，平均值并不是特别的高。而不同发展时期的公益广告对于社会活动的参与程度呈现了显著的差异（P<0.001），且随着时间的进展，广告作品对于社会运动或活动的参与程度，有逐渐增加的趋势，特别在后稳定期比例快速上升 63.6%。与此结果大致符和预先假设 H3：公益广告参与社会运动或活动，积极地促进社会的变迁，这说明台湾地区的公益广告正逐渐地与社会活动进行结合，除改变公众的态度外更积极地朝着引导公众的行动的方向发展。

表 4 不同时期台湾公益广告参与社会活动的比例

			主题是否参与社会活动	
			参与	未参与
发展时期	前成长期	计数	6	75
		百分比	7.4%	92.6%
	后成长期	计数	10	47
		百分比	17.5%	82.5%
	繁盛期	计数	13	48
		百分比	21.3%	78.7%
	前稳定期	计数	27	62
		百分比	30.3%	69.7%
	后稳定期	计数	7	4
		百分比	63.6%	36.4%
	合计	计数	63	236
		百分比	21.1%	78.9%

X2=26.100；df=4；F=0.000<0.01

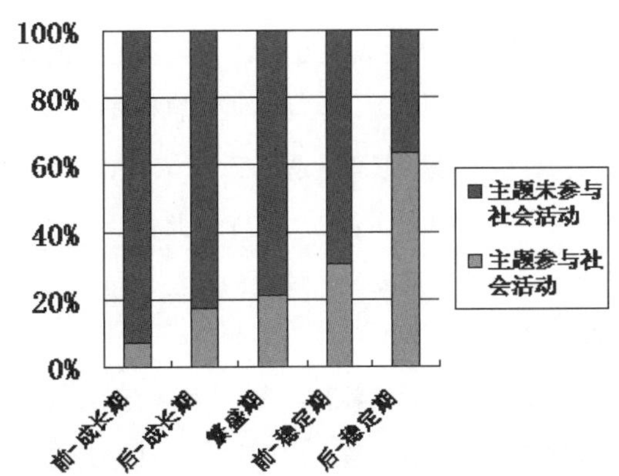

图 2 不同时期台湾公益广告参与社会活动的比例

（四）公益广告加速公共议题的发展

公共议题起因于具有争议性的社会问题经过大众媒体的报道而扩大，逐渐提升议论的层级，透过组织化的行动促使相关单位正视并采取措施进行处理，最终导致议题（社会问题）的解决。因此公共议题的发展是有固定的生命周期模式可循。如图 3（吴宜蓁，1988，p.17）[7]：

其中，议题扩大与组织化两阶段是否顺利发展决定于公众对议题的关注与重视程度，此时大众媒体的报道就成了议题目扩大的利器，而公益广告也在这个阶段中扮演了重要的角色。一个承载公共议题的公益广告，能透过媒体的发布与播放，传播给公众关于议题的重要信息，引发更多人对议题的参与，促进议题的组织化与白热化，甚至化为社会运动，对政府或企业施加压力，导致立法行动或改善行为，最终促成社会发生改变。这是一种"有目的地促进变迁"，是引发社会变迁的主要原因之一。

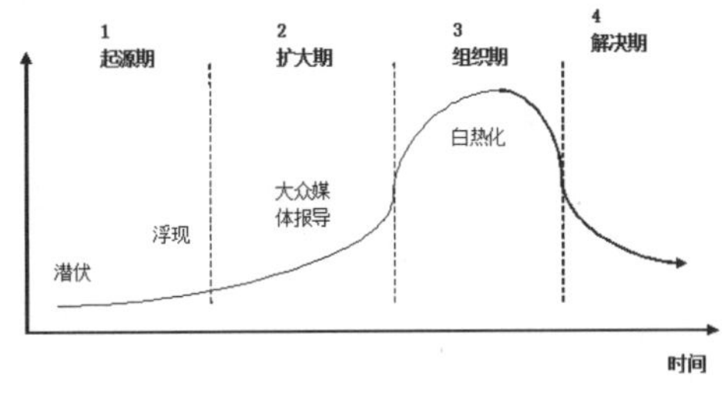

图 3 公共议题的生命周期

以1992年5月发生在台湾桃园县的“健康幼儿园火烧车事件”为例，当时由于车辆保养不当、机件老旧问题引发校车起火，造成了23人死亡、9人轻重伤的惨剧，其中死伤者多为儿童，此社会事件引起整个社会对道路交通安全的议题的关注，同年以该事件为背景的公益广告——《雨中的娃娃车》、《健康幼稚园受难者——天使篇》发布，持续唤起公众与有关单位对车辆安全的注意，形成强大的社会舆论力量，最终导致了台湾当局对相关法律的快速修正与回应。

（五）公益广告关注全体议题跟利益团体议题

聚焦这些公益广告所涉及的公共议题，将其进行议题分类统计（如图4）后发现，“全体议题”跟“利益团体议题”为主要的议题类型，分别占了42.6%和37.1%。全体议题具有“成本分散、利益分散”的特性，常见的议题有环境污染、资源回收、交通安全、人权问题、法规宣导、流行病防治等，该类议题关乎全体公众，议题的实践也依赖全体公众的共同付出，容易引起民众的共鸣，所以成为公益广告最为普遍关注的议题类型，这类主题通常延续的时间长，对公众的针对性较弱。

而“成本集中、利益集中”的利益团体议题则多关注弱势群体的权益问题，常见的议题有儿童安全、无障碍空间、老人安养、偏远医疗、自闭儿、雏妓、罕见疾病等，符合公益广告所体现的“非盈利性”和“利他性”的公益本质（宫立明，2011）[8]。因此受到公益广告的青睐，通常主题针对性强，但时间的延续性差。

至于其他两者，“成本集中、利益分散”的企业家议题由于广告主的投资与回报的比例不符合市场运行原则，故而不易获得，占比较低，仅为10.9%。“成本分散、利益集中”的个案议题（例如：反盗版）由于主题诉求会与多数公众的短期利益冲突，所以执行不易，所占比最低，为9.4%。

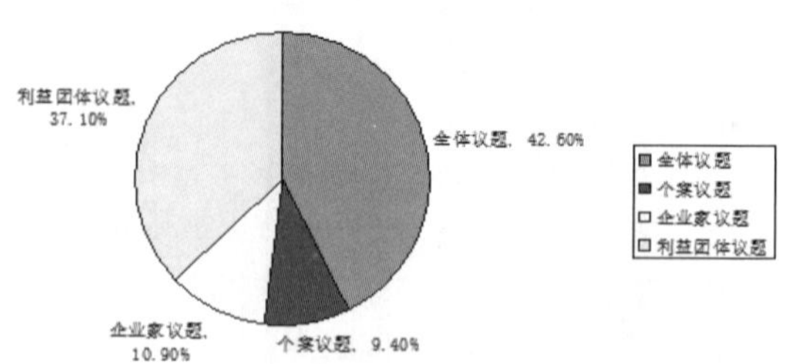

图4 台湾公益广告涉及之公共议题类型比例

（六）广告主的偏好会决定关注议题方向

数据分析结果（表5）显示，三种不同类型的广告主所关注的公共议题种类也不尽相同，呈现显著差异（P<0.001），如下表所示。其结果符合预先假设H4：不同类型的广告主在公益广告的议题设置上会表现出明显的差异。

表5 广告主类型与广告涉及之议题类型的对比

			议题分类			
			全体议题	个案议题	企业家议题	利益团体议题
	前成长期	计数	16	7	4	5
		百分比	50.0%	21.9%	12.5%	15.6%
	后成长期	计数	38	3	11	18
		百分比	54.3%	4.3%	15.7%	25.7%
	繁盛期	计数	31	9	7	52
		百分比	31.3%	9.1%	7.1%	52.5%

X2=28.448；df=6；F=0.000<0.01

台湾地区言论自由、媒体开放的社会背景环境下，任何组织、团体都可依照自己的自由意识制作、发布相关主题的公益广告，成为公益广告的广告主。广告主的角色类似于社会舆论中的意见领袖，代表了社会部分民众的声音与意见，并主导着公益广告的走向。然而，社会上存在各种不同的广告主，他们有各自的存在目的与社会利益，公益广告对于他们的价值也各有不同，所以偏重关注的议题类型也会不同。

第一部门（公部门）的政府组织代表了一个区域管理者，他们拥有权利与义务，所追求的是社会秩序与程序上的公平，所关注的议题类型大多涉及社会整体利益，也关注涉及少数群体利益的个案议题，内容多反映社会时事与热点。

第二部门（私部门）的企业组织是一种为了追求最大私有利益的团体组织，其存在本质是与公益理念相互冲突的。但透过公益广告来关注公共议题能塑造企业良好的社会现象，对于企业的长期获利有一定的帮助。因此关注的议题大多是社会公众关心的全体议题以及能展现组织社会责任的相关议题。

第三部门（志愿部门）的非营利社会团体的存在意义就在于社会公益，主要目标在于监督、弥补政府不足，维护社会弱势群体的应有权益，防止社会不公的现象发生。成本与利益集中的利益团体议题是其关注的焦点，常见内容则是说服公众帮助弱热群体。

五、结果讨论

（一）公益广告与社会变迁的互动模型

关于广告与社会结构的关系，台湾地区学者郑自隆（2008）[9]在讨论文化（大众传播）与社会结构（社会变迁）关系时，主张百余年来台湾广告的发展就如同镜子一般，忠实呈现台湾社会的发展，这种社会变迁与广告发展呈现单向线性关系（linear relationship），如图 5。

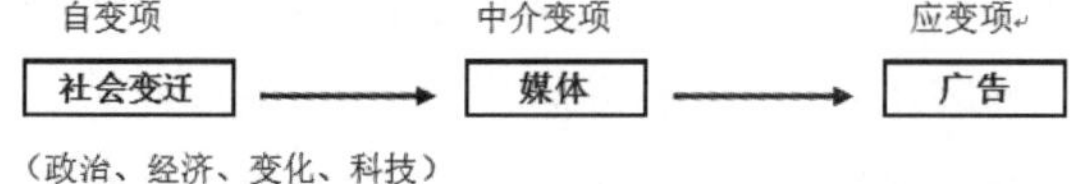

图 5　台湾社会变迁与广告发展所呈现的单向线性关系

（资料来源：郑自隆，2008）

"在资本主义制度下，广告是盈利工具，它不会也不需要改变媒介制度，更不会主动挑战社会禁忌，广告是社会体制的一环，在社会规范下运作"。换言之，广告只是呈现社会变迁的"镜子"，但不会是启动社会变迁的"触媒"。但就公益广告而言，其虽为广告的一种，但公益广告具备强大的社会功能，与传统的商业广告有本质的差别，并且与社会存在着一定的双向互动关系。透过本文研究分析发现，公益广告与社会变迁间具有双向影响关系，二者之间的链状结构互动模型如图 6 示意。在此模式中，社会的变迁导致公共议题的产生，而公益广告关注公共议题反映了广告主（民众的代表）的观点与想法，借由媒体的传播扩大议题并统一社会舆论，进而促进公共议题的组织化解决，最终造成社会环境的改变（社会变迁）。

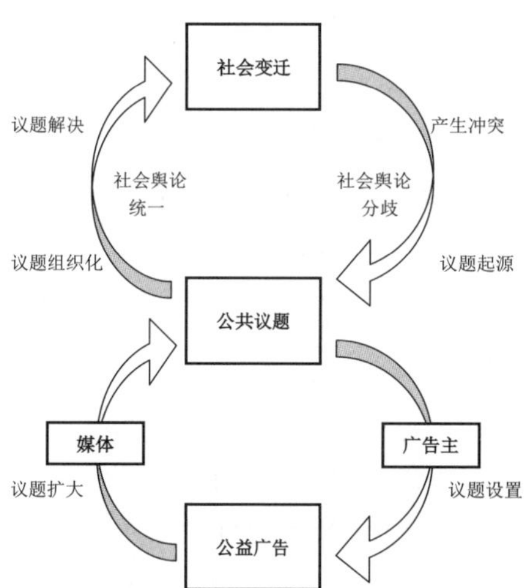

图 6　公益广告与和社会变迁的互动模型

位于中心位置的公共议题是公益广告与社会变迁得以互动的关键，而探究公共议题的本体在于社会舆论的"竞"与"合"。"竞"，代表着社会中不同利益团体间的冲突与竞争，代表着公众对公共利益的意见分歧，是一切公共议题（社会问题）产生的根源。"合"，代表着社会中不同利益团体间的平衡，代表着社会多数人意见的认可，是推动社会变革的必要条件。而广告主代表着社会中某一个利益团体，其居于决定议题选择的主导地位，媒体则是帮助公益广告进行议题扩大的必要工具。

经济快速发展（或其他原因）造成了社会环境变迁，在社会不同层面上（价值观、利益）造成不平等，不同利益团体相互冲突引发公共议题。民众以个人或社会团体的方式表达对公共议题的议论、意见及看法，其中广告主选择了议题制作了公益广告，利用了大众传播的手段宣传所坚持的理念，将社会舆论统一，甚至透过社会运动或立法程序，按自己希望的方向塑造社会，促成社会变迁。而公益广告在其中所扮演的角色主要在于左右"竞""合"间拉锯，并在这过程中激发民众对议题的参与，发挥改变态度、引导行动的功效，加速公共议题的发展。

（二）两岸公益广告运作机制的比较

基于公益广告与社会变迁的互动模式，笔者发现两岸公益广告最大的差异点如图 7 所示：包括公共议题的行程、广告主筛选议题、制成公益广告三个环节。

模型中广告主的作用在于从众多公共议题中挑选出最适合自身的议题，以其为主题委托广告公司与媒体制播公益广告。也可以这样说，公益广告是载体，承载广告主（社会公众的代表）对于议题的意见与想法，借由媒体进行传播并影响议题的发展。因此广告主的组成与偏好会决定议题的设置，也就会决定公益广告影响社会变迁的方向。

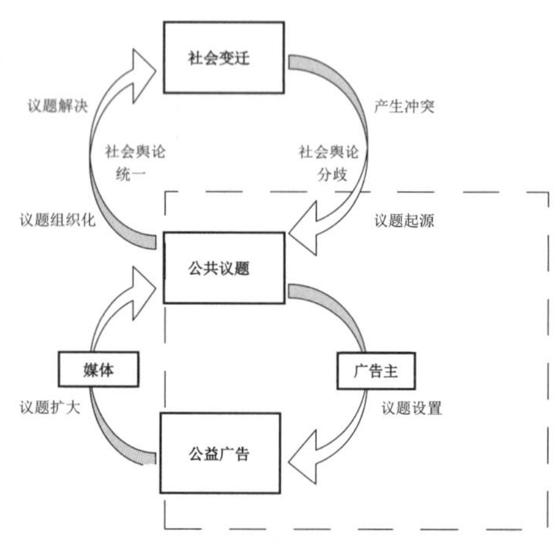

图 7　两岸公益广告运作在互动模型中所表现出的差异

在台湾地区，公益广告的发展源于社会，发展过程与运行机制极为自由与自发。政府无为而治，个别参与公益广告发布，但并不会干涉其他广告主对议题的选择与投入。社会方面，虽 2003 年成立了公益广告协会，且每年有不同公益主题的广告发布，对于公益广告观念的宣导起了带头作用但社会议题主导并没有强制力。台湾公益广告运行的力量，更多是市场经济与消费者导向，社会舆论关注什么，企业就关注什么；在社会团体方面，则多数是基于对社会理念的坚持，关注相应的特定议题，例如：社会弱势族群。虽说不同广告主参与公益广告的动机不同，但多数都是出于自愿与自发的行为。多样广告主代表着多样的议题关注，也代表着更多的社会舆论有机会透过公益广告的途径传播，进而沟通协调社会内不同团体间的利益，借此寻求社会的稳定与平衡。反映到公益广告上，台湾公益广告主题和表现形式更加多样，并且满足了公众对社会的多元要求，并且与公共议题互动频繁。台湾地区这种广告主对于议题自由选择的状况如图 8 所示：

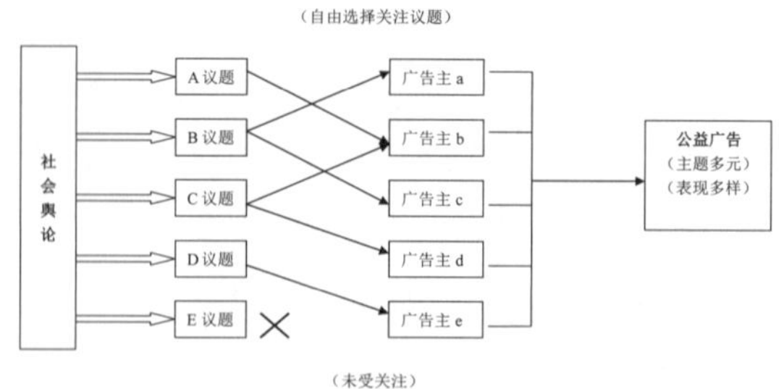

图 8　台湾地区广告主对于公共议题的选择模式示意

比较两岸在“公共议题——广告主——公益广告”的差异会发现，首先，大陆地区在公益广告的广告主组成上与台湾地区有很大的差距。其中最大的差异来自第三部门社会团体的参与。社会团体的特征与哲学是公益与慈善，公益广告若少了社会团体的参与，许多社会弱势或少数族群的议题就会受到被忽略，这些议题由于关心的群众少，广告投报率低，以获利为目的的企业广告主不太会关注。再者，不同的是政府对于公益广告主题的制定。大陆地区公益广告普遍的运作是由政府制定了公益广告的主题之后，企业负责出资，广告公司负责制作，媒体负责播放（钱敏，2011）[10]。企业、广告公司和媒体没有主题选择权，至多只能决定创作表现方式。在没有信念支持与合适动机下，若又没有得到相对的经济利益或者经济补偿，那么广告主对于公益广告的参与自然显得消极与被动。在这样的状况下，公共议题无法被主动挖掘，议题经单一渠道筛选而后才被关注，这导致了公益广告无法充分代表社会议题，也因此很难达到促进社会团体间沟通的目的，使得公益广告较难获得公众认可，社会功能大大减低。将大陆地区广告主被动选择聚焦议题的状况以图 9 示意。公益广告的表现会因为这样的运作机制而变得主题单一，即便广告作品本身质量不低，但却无法涵盖方方面面的议题，真正地为社会解决问题。

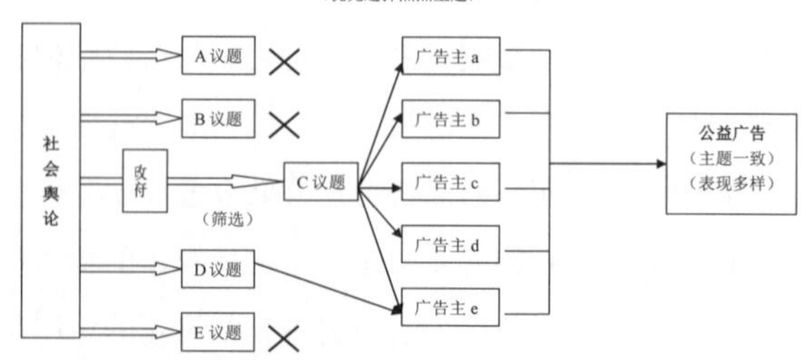

图 9　大陆地区广告主对于公共议题的选择模式示意

两岸在政治与社会文化上有一定的差异，要大陆地区立即调整相关公益广告的运作机制是不可行的，所以如何选择最合适并贴近社会舆论的公共议题，将是目前大陆公益广告所面临的首要课题。取法日本，“在每所制定公益广告主题时，日本公共广告机构各地方分所会对受众进行问卷调查，以期尽量获取受众的需求，使受众的利益最大化地体现。各地方分所就自己的调查情况提出自己认为来年需要宣传的公益广告主题，再提交给日本公共广告机构。日本公共广告机构就各地方分所的提案召开全体会议，投票选出1–4个作为来年的公益广告主题”。（钱敏，2011）这种透过机制与程序来确保公益主题选择的方式能贴近民生、代表民意。这样的做法值得我们学习。

参考文献：

[1] 陈先枢．(1993)．实用广告辞典．长沙：湖南科学技术出版社，(11)．

[2] 布鲁斯 G，范登·伯格．(2006)．广告原理——选择，挑战与变革，邓炘炘，等译．北京：世界知识出版社（原著出版于 1999 年）．

[3] 刘建明，纪忠慧，王莉丽．(2009)．舆论学概论．北京：中国传媒大学出版社．

[4] 社会变迁．维基百科 .2013 – 12 – 08，2014 3 21，取自：http://zh.wikipedia.org/wiki/ 社会变迁．

[5] 戴维 波普诺．(1999)．社会学（第十版）．李强等译，北京：中国人民大学出版社（原著出版于 1995 年）．

[6] 徐金灿，王安妮．(2012)．日本公益广告机构“AC JAPAN”研究综述．广告大观（理论版），(04)．63 – 70．

[7] 吴宜蓁．(1998)．议题管理／企业公关的新兴课题．台北：正中书局．

[8] 宫立明．(2011)．公益广告伦理价值研究．东北林业大学硕士学位论文．

[9] 郑自隆．(2008)．广告与台湾社会变迁．台北：华泰文化事业股份有限公司 .454 – 455．

[10] 钱敏．(2011)．中日公益广告主题比较研究．安徽大学生硕士学位论文．

第二十一届中国国际广告节“国酒茅台”中国公益广告黄河奖获奖名单

金奖

作品名称：《低头，就是两个世界》
参赛单位：北京电通广告有限公司

作品名称：自然之友－阅后重生
参赛单位：Cheil 杰尔广告

作品名称：阿尔山矿泉－手写瓶
参赛单位：Cheil 杰尔广告

作品名称：事关人命，遵守交规
参赛单位：Lowe China ／ 睿狮广告传播

作品名称：海尔抱抱小灯人
参赛单位：阳狮广告有限上海分公司

银奖

作品名称：别让科技取代了亲情
参赛单位：康诗垒

作品名称：孩子的烦恼系列
参赛单位：杭州有氧文化创意有限公司

作品名称：事关人命，遵守交规
参赛单位：Lowe China ／ 睿狮广告传播

作品名称：事关人命，遵守交规

参赛单位：Lowe China / 睿狮广告传播

作品名称：Samsung 品牌形象—倒立男孩

参赛单位：Cheil 杰尔广告

作品名称：筷子篇

参赛单位：麦肯光明广告有限公司上海分公司

作品名称：8 分钟消失的动物

参赛单位：上海奥美广告有限公司

作品名称：回家是最好的礼物之《孝道快递》

参赛单位：中视金桥国际传媒集团有限公司

作品名称：请勿疲劳驾驶系列

参赛单位：北京马腾国际广告有限公司

作品名称：《两面派篇》

参赛单位：贵州天马传媒有限公司

作品名称：支持正版

参赛单位：东北林业大学

作品名称：过度包装

参赛单位：张斌品牌传播工作室

优秀奖：（共 427 件，名单略）

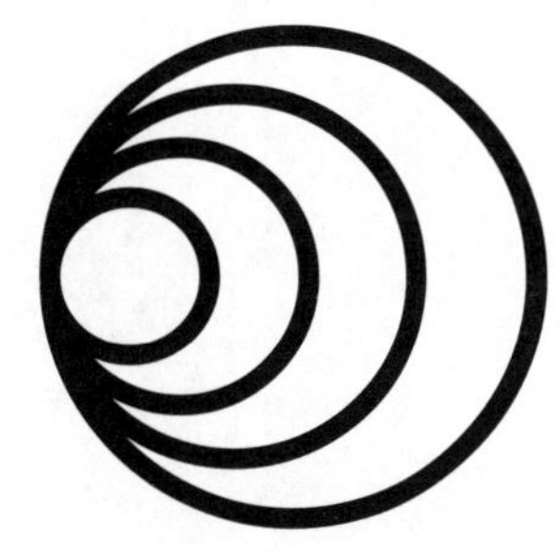

’2015 中国广告年鉴
China Advertising Yearbook

广告网站

Advertising Websites

全国主要广告网站名录

北京市

中国广告监管网

主办单位：国家工商行政管理总局
网　　址：www.saic.gov.cn/jgzf/zzwfgg
地　　址：北京市西城区三里河东路八号

中国广告协会网

主办单位：中国广告协会
网　　址：www.cnadtop.com
地　　址：北京市宣武区广安门外大街248号机械大厦10层1001室
邮　　编：100055
电　　话：(010)63317484
电子邮箱：cnadtop@126.com

中国广告主协会网

主办单位：中国广告主协会
网　　址：www.cananet.org.cn
地　　址：北京市海淀区西三环中路10号望海楼C座2层
邮　　编：100142
电　　话：(010)88028838
传　　真：(010)88028895

中国广告年鉴网

主办单位：中国广告年鉴编辑部
网　　址：www.nianjian100.com
地　　址：北京五芳园邮局100信箱
邮　　编：100040
电　　话：(010)68628860
传　　真：(010)68627480
电子邮箱：ad@nianjian100.com

中华广告网

网　　址：www.a.com.cn
地　　址：朝阳区广渠路28号珠江帝景210楼2107室
邮　　编：100086
电　　话：010-59527001/59527331-800、806
传　　真：010-62140055/0066转230
电子邮箱：webmaster@a.com.cn

北京市广告监测中心网

主办单位：北京市工商行政管理局
网　　址：ggjg.baic.gov.cn
地　　址：北京市海淀区苏州街36号
邮　　编：100080
电　　话：(010)82690905

广告资讯网

主办单位：全中广告文化发展集团（机构）
网　　址：www.adnews.com.cn
地　　址：北京五芳园邮局72信箱
邮　　编：100040
电　　话：(010)68628810
电子邮箱：ad@adnews.com.cn

广告导报

网　　址：www.newad.net
电　　话：(010)85800848

广告行业—hc360慧聪网

网　　址：www.ad.hc360.com
电　　话：(010)80706099

广告门

网　　址：www.adquan.com
地　　址：北京市朝阳区建国路 89 号华贸商务楼 4 号楼 602 室
邮　　编：100025
电　　话：010－85887919

北京广告网

网　　址：www.bjads.com
电子邮箱：bjads@126.com

广告买卖网

网　　址：www.admaimai.com
地　　址：北京市南三环东路顺三条 21 号嘉业大厦 II 期 2 号楼 909 室 1109 室
邮　　编：100079
电　　话：010－56292999
传　　真：010－67686234

中国媒体广告刊例在线

主办单位：北京光耀东方国际广告公司
网　　址：www.cmtad.com.cn
地　　址：北京市朝阳区立水桥
邮　　编：100012
电　　话：(010)84675196/57196095
电子邮箱：cmtad@126.com

品牌中国网

网　　址：www.brandcn.com
地　　址：北京市海淀区中关村南大街甲 6 号铸诚大厦 B 座 16 层
邮　　编：100086
电　　话：(010)51581866

报纸广告

网　　址：www.soubaoad.com
地　　址：北京市朝阳区东三环北路丙 2 号天元港中心 5 层
电　　话：(010)84626566
邮　　编：100027
电子邮箱：cau@263.net.cn

广告行业招聘

网　　址：www.guanggao.01hr.com
电　　话：(010)59646999/57930055

天津市

中国广告媒体网

主办单位：中国广告媒体网
网　　址：www.ad163.com
电　　话：022－59210163
电子邮箱：applemedia@126.com

辽宁省

辽宁省广告监测中心网

主办单位：辽宁省工商行政管理局
网　　址：www.lngs.gov.cn

吉林省

吉林省广告协会网

主办单位：中国广告协会
网　　址：www.cnadtop.com
电　　话：(010) 63317484

上海市

上海广告监督管理网

主办单位：上海市工商行政管理局
网　　址：www.shad.gov.cn/alc
地　　址：上海市肇嘉浜路 301 号 1709 室

上海市广告协会网

网　　址：www.shaa.org.cn
地　　址：上海市闸北区长安路 1001 号长安大厦 4 楼
电　　话：(021)63178546
传　　真：(021)63178546

互动中国

网　　址：www.damndigital.com
地　　址：上海市曹杨路 505 号尚诚国际大厦 1404 室
电　　话：(021)52340080
电子邮箱：damndigital@damndigital.com

中国广告设计网

网　　址：ad.cndesign.com
电　　话：(021)51115599
电子邮箱：chndesign@126.com

江苏省

江苏广告网

网　　址：www.jsads.com
电子邮箱：webmaster@jsads.com

苏州广告网

网　　址：suzhou.zg168.net
电子邮箱：adceo@163.com

常州广告网

网　　址：cz.jsads.com
电子邮箱：webmaster@jsads.com

浙江省

浙江省广告监测中心网

主办单位：浙江省工商行政管理局
网　　址：www.zjggjc.com
地　　址：杭州市孩儿巷思敬 1 号凤起大厦南 8 楼
电　　话：(0571)87028633
电子邮箱：zjggjc@163.com

浙江广告网

网　　址：www.zjadw.com
电　　话：(0571)28183900

杭州广告网

网　　址：www.a571.com
地　　址：杭州市文三路 199 号创业大厦 1008 室
电　　话：(0571)56803900
电子邮箱：kf@a571.com

温州广告网

主办单位：温州市广告协会
网　　址：www.wzggXh.com

安徽省

中国广告网

网　　址：www.zg168.net
电　　话：(0551)2655114
电子邮箱：adceo@163.com

福建省

中国广告门户网

网　　址：www.yxad.com
电子邮箱：yxad@tom.com

福建省厦门市广告协会网（厦门广告信息网）

网　　址：www.ad189.com
电　　话：(0592)2052923

福建媒体资源网

网　　址：www.059a.com
地　　址：福建省福州市华林路 131 号 307#(福建

日报社正对面）

邮　　编：350001

电　　话：0591-88812998

电子邮箱：270277120@qq.com

福建省工商局广告监管网

主办单位：福建省工商行政管理局

网　　址：www.fjaic.gov.cn

地　　址：福州市五四路 358 号

邮　　编：350003

电　　话：(0591)87725970

江西省

江西广告网

网　　址：www.ad119.cn

电子邮箱：info@jXad.org

江西省工商局广告监管网

主办单位：江西省工商行政管理局

网　　址：www.jXaic.gov.cn

地　　址：江西省南昌市省政府大院东三路 2 号

邮　　编：330046

电　　话：(0791)86350001

山东省

主角广告网

网　　址：www.zhujiao.com

地　　址：山东省淄博市华光路 79 号 6 号楼 804 室

电　　话：(0533)2097818

电子邮箱：zhujiao1369@163.com

山东广告网

网　　址：www.sdggw.com

电子邮箱：sdggw@sdggw.com

河南省

中国户外广告传媒网

网　　址：www.0127.cn

电　　话：(0371)63977090

电子邮箱：0127.cn@163.com

河南省广告监管网

主办单位：河南省工商行政管理局

网　　址：www.haaic.gov.cn

地　　址：郑州市郑花路 10 号

邮　　编：450008

湖北省

中国媒体广告刊例网

网　　址：www.mtklw.com.cn

地　　址：北京市朝阳区北苑路 180 号 加利大厦 4 号楼 301

电　　话：(010)63961111

传　　真：(010)81521763

电子邮箱：1207090@QQ.COM

湖北省广告协会网

网　　址：www.hbad.org.cn

地　　址：武汉市武昌区东湖路 145 号

电　　话：(027)86770020

湖北省广告监管网

主办单位：湖北省工商行政管理局

网　　址：www.egs.gov.cn/structure/indeX.htm

地　　址：湖北省武汉市武昌区东湖路 145 号

电子邮箱：egsweb@egs.gov.cn

湖南省

新潮流影视广告网

主办单位：新潮流文化传播有限公司
网　　址：www.Xincl.com
地　　址：长沙市中山路三角花园
电　　话：(0731)82680881
电子邮箱：Xincl.com@126.com

广东省

中国广告网

网　　址：www.cnad.com
地　　址：广州市天河区天河北路 368 号都市华庭日彩轩 19C–D
电　　话：4000–222–773
邮　　箱：cnad2009@163.com

中国广告礼品网

主办单位：深圳市文联文化发展有限公司
网　　址：www.adgift.cn
地　　址：罗湖区宝安南路 2052 号宝丽大厦 A 座 22G
电　　话：(0755)25567600

广东省广告协会网（广东广告网）

主办单位：广东省广告协会
网　　址：www.ad.88917.com
地　　址：广州市天河区体育西横街一号 2 楼
电　　话：(020)85587152
邮　　编：510620

广东省佛山市广告协会网

网　　址：www.fsad1993.cn
地　　址：佛山市禅城区季华四路 33 号创意产业园 10 号楼 212 室
电　　话：(0757)83805448
邮　　编：528000

深圳市广告协会网

网　　址：www.szadtop.com
地　　址：深南大道 6008 号特区报业大厦三楼西
邮　　编：518009
电　　话：(0755)83518852

中国照明广告照明网

网　　址：www.zmads.com
电子邮箱：zmads@zmads.com

广告英才网

网　　址：ad.job1001.com
电　　话：(0755)26037585

广西壮族自治区

广西广告监管网

主办单位：广西壮族自治区工商行政管理局
网　　址：www.gXhd.com.cn
地　　址：南宁市怡宾路 1 号
邮　　编：530028
电　　话：(0771)5533551

重庆市

重庆市广告协会网（重庆广告资讯网）

网　　址：www.cqad.com
地　　址：重庆市渝中区沧白路 73 号
电　　话：(023)63800118

四川省

中国广告人网

网　　址：www.chinaadren.com
电子邮箱：neology2006@Gmail.com

四川省成都市广告协会网

网　　址：www.cdadu.net

地　　址：成都市致民东路 6 号工商大厦附楼 10 楼

电　　话：(028)85394051

四川省广告监管网

主办单位：四川省工商行政管理局

网　　址：www.scaic.gov.cn

地　　址：成都市玉沙路 118 号

邮　　编：610017

电　　话：(028)86740569

贵州省

贵州广告监管网

主办单位：贵州工商行政管理局

网　　址：www.gzaic.org.cn

地　　址：贵州省贵阳市中华南路 66 号

电　　话：(0851)5850107

电子邮箱：info@gzgs.gov.cn

陕西省

西安广告网

主办单位：西安广告网网络中心

网　　址：www.xaad.com

地　　址：西安市太白南路 269 号中天国际 b1004 室

电　　话：(029) 88238755

电子邮箱：xaadcom@163.com

宝鸡广告传媒网

网　　址：baojiad.com

电子邮箱：baojiad@yahoo.cn

甘肃省

中国 LED 广告照明网

网　　址：www.ledcac.com

地　　址：甘肃省兰州市城关区秦安路 105 号亚盛大厦西 512

电　　话：400-0931-020

电子邮箱：ledcac@163.com

甘肃省工商广告监管网

主办单位：甘肃省工商行政管理局

网　　址：www.gsaic.gov.cn

电子邮箱：gsaic@gsaic.gov.cn

新疆维吾尔自治区

新疆维吾尔自治区工商局广告监管网

主办单位：新疆工商行政管理局

网　　址：www.xjaic.gov.cn

地　　址：乌鲁木齐市人民路 267 号

邮　　编：830002

'2015 中国广告年鉴
China Advertising Yearbook

广告监测与研究机构

Advertising Research and Supervision Institutes

全国主要广告监测与研究机构名录

北京市

国新出版物发行数据调查中心

成立时间：2005 年
地　　址：北京市海淀区太平路 5 号复兴路 22 号金盾出版社大厦 5 层
邮　　编：100036
电　　话：(010)68010749
传　　真：(010)68010749
研究与服务范围：

国内唯一从事出版物发行量调查统计和认证的机构，主要职能是向出版社、报刊社、互联网等出版单位、广告客户、广告商及有关调查研究机构提供图书、报刊、互联网等出版物印刷量、发行量及相关数据的认证和信息发布服务等。

中国广告教育研究会

研究与服务范围：

全国广告教育研究会学术年会是国内广告教育最高级别的学术盛会，由厦门大学、武汉大学、中国传媒大学、复旦大学、深圳大学等发起成立。之前每两年召开一次，2006 年之后每年一次。

传　　真：(010)65779096

央视－索福瑞（CSM）媒介研究有限公司

成立时间：1999 年
地　　址：北京市朝阳区建国路甲 92 号世茂大厦 24 层
邮　　编：100022
电　　话：(010) 85086666
传　　真：(010) 85086888
电子邮箱：csminfo@csm.com.cn
网　　址：www.csm.com.cn
研究与服务范围：

致力于专业的电视收视和广播收听的市场研究，为中国内地地区和香港传媒行业提供可靠的、不间断的收视率调查服务，并提供独立的收视率及收听率调查数据。

(CTR) 央视市场研究

成立时间：1995 年
地　　址：北京市西城区德外大街 5 号
邮　　编：100088
传　　真：(010)63262416
电　　话：(010)82015388
电子邮箱：angelnest@ctrchina.cn
网　　址：www.ctrchina.cn
研究与服务范围：

主要致力于提供专业的市场调查和在市场调查基础上的分析与咨询建议服务。开展的主要研究业务包括：消费者固定样组、媒体与产品研究、媒体策略研究、广告监测和个案研究。

全中广告文化发展机构

地　　址：北京市五芳园邮局 73 邮箱
邮　　编：100040
电　　话：(010)68611900
传　　真：(010)68635808
研究与服务范围：

以广告资讯的搜集整理及研究为基础，多年来参与编辑出版大型广告行业指导性资料工具书《中国广告年鉴》、《2009 － 2010 环球广告资讯》、《中国广告经营单位名录》和《中国广告行业发展报告》等。

DCCI 互联网数据中心

地　　址：北京市朝阳区和平东街东土城路 12 号院 3 号楼怡和阳光大厦 C 座 1602 室
邮　　编：100013
电　　话：(010)51281006
传　　真：(010)59457008
电子邮箱：dcci@dcci.com.cn
网　　址：www.dcci.com.cn
研究与服务范围：

是中国互联网独立的第三方市场监测、受众测量平台，专业数据采集与研究平台。通过线下、线上等不同渠道，采用专业研究人员与技术相结合的手段，面向产业市场、用户受众两个方向，进行动态、精确的监测、测量、统计、分析、研究、预测。

数据服务产品线主要包括：Netmeasure 受众测量、Netmonitor 市场监测和 Netguide 年度调查报告／数据等。

中国传媒大学广告主研究所

研究与服务范围：

主要从事企业营销战略、品牌传播战略以及广告活动业务的基础理论与实务研究。负责编辑《市场观察——广告主》杂志。出版每年度的《中国广告主营销广告活动趋势发展报告》。

地　　址：朝阳区定福庄东街 1 号中国传媒大学广告学院 302 室
电　　话：(010)65453755
传　　真：(010)65453755

中国传媒大学传媒经济研究所

地　　址：北京市朝阳区定福庄东街 1 号
邮　　编：100024
电　　话：(010)65779096

中国传媒大学 IAI 国际广告研究所

成立时间：1995 年 6 月
研究与服务范围：

进行广告业务与理论研究、专项的委托研究以及广告学术交流。每年编辑出版《IAI 中国广告作品年鉴》。

北京大学现代广告研究所

成立时间：1999 年
地　　址：北京大学畅春园
邮　　编：100871
电　　话：(010)62761189
传　　真：(010)62761189
研究与服务范围：

广告学术研究是立所之本，研究所通过不断扩大海内外广告界的学术交流，定期举办各种学术活动，陆续编辑整理和出版广告资讯方面的图书，并译介海外广告研究的最新成果和最新著作。

联大应用文理学院现代广告传播研究所

成立时间：2003 年
地　　址：北京市西城区丰盛胡同 13 号
电　　话：(010)62011883
研究与服务范围：

研究所采用专业教育、行业指导和专业公司相结合的新型知识经济实体管理模式，实行系所合一的体制，建立广告教育与广告市场相激励的营运机制。主要从事广告传播方面的学术交流、课题研究、出版广告教材和专业项目操作的活动。同时，接受企业、政府和社会团体的委托，提供关于以上专业方向的咨询、诊断、管理策划和培训服务。

尼尔森（中国）市场研究有限公司

地　　址：北京市王府井大街 138 号新东安市场写字楼（尼尔森楼）第 1 座 11 层
邮　　编：100006
电　　话：(010)65125511
传　　真：(010)65125522
网　　址：cn.acnielsen.com

研究与服务范围：

在以顾客为核心的市场营销和媒介研究领域的创新中，为客户了解其经营业绩以及市场营销活动对收入和利润的影响，提供了可靠而公正的信息；提供市场动态、消费者行为，传统及新兴媒体监测及分析等。其为当今电视观众调查及其他媒介研究服务的全球巨人，也是当今市场资讯、媒介调查及媒介资讯以及商业媒介行业无可争议的全球领导者。

北京慧聪国际资讯有限公司

成立时间：1992 年

地　　址：北京市西直门北大街 42 号节能大厦 B 座 5 层

电　　话：(010)82297421

传　　真：(010)82297075

网　　址：www.huicong.com

研究与服务范围：

涵盖慧聪研究、慧聪 B2B 电子商务、慧聪黄页商情广告；顺应市场对于信息的不同需求，在全国形成了跨多行业、拥有多种媒体、提供全面信息服务的体系，为中国内地首席商务信息资讯服务商。公司拥有三大核心业务：以买卖通(MMT)为核心产品的 B2B 电子商务平台、"慧聪商情"和"行业资讯大全"黄页广告以及慧聪研究(HC Research)。

易观国际

成立时间：2000 年

地　　址：北京市朝阳区望花西里 18 号望京大厦 D 座 1 － 4 层

邮　　编：100102

电　　话：(010)64666565

传　　真：(010)646678599

研究与服务范围：

提供中国信息化、互联网和新媒体以及电信运营行业规模最大的中国科技市场领先的研究和分析报告，包括连续性的技术市场追踪、技术及行业应用热点分析报告的多用户服务，以及顾问式专项咨询服务的全方位解决方案。

北京缔元信互联网数据技术有限公司

地　　址：北京市东城区朝阳门北大街 8 号富华大厦座 16A 室

邮　　编：100027

电　　话：(010)65546305

传　　真：(010)65546325

网　　址：www.dratio.com

电子邮箱：service@dratio.com

研究与服务范围：

采用全球领先的互联网数据采集、统计和数据挖掘技术，专业从事互联网数据监测、统计分析的技术研究、产品开发和应用服务。

上海市

上海艾瑞咨询（iResearch）集团

成立时间：2002 年

地　　址：上海市徐汇区南曹溪北路 333 号中全国际广场 B 栋 701 室

邮　　编：200030

电　　话：(021)51082699

传　　真：(021)51082699 － 28

网　　址：www.iresearch.com.cn

研究与服务范围：

主要专注于网络媒体、电子商务、网络游戏、无线增值等新经济领域，深入研究和了解消费者行为，并为网络行业及传统行业客户提供市场调查研究和战略咨询服务，提供网络广告行业发展相关资讯。

艾瑞市场咨询(iResearch)目前的主要服务产品有 iAdTracker(网络广告监测分析系统)、iUserSurvey(网络用户调研分析服务)、iDataCenter(网络行业研究数据中心)等。

好耶广告网络公司

成立时间：1998 年

地　　址：上海市长宁区长宁路 1018 号龙之梦购物中心大厦 21 楼

邮　　编：200042

电　　话：(021)62630808

传　　真：(021)33729066

电子邮箱：webmaster@allyes.com

网　　址：http://www.allyes.net

研究与服务范围：

一家集网络广告技术服务、线上营销服务和效果营销服务为一体的专业网络互动营销服务公司。

山东省

山东瑞丰广告制品研究所

地　　址：山东省淄博市张店区金乔小区 31 号

邮　　编：255000

电　　话：(0533)8078200

电子邮箱：litad@tom.com

网　　址：http://act-1842.atobo.com.cn

研究与服务范围：

超薄灯箱、灯箱、广告制品、广告材料、灯具。

聊城大学广告装饰艺术研究所

地　　址：山东聊城市文化路 34 号

邮　　编：252000

电　　话：(0635)6931007

研究与服务范围：

主要从事景观、雕塑、园林艺术的研究设计和施工，以及室内装潢，平面广告设计等。

主要产品／服务一览：雕塑、园林、广告、文具、电机、控制器、太阳能空调、玩具、陶艺、电动黑板、电动黑板擦。

广东省

广东省广告摄影研究会

成立时间：1991 年

地　　址：广州市新河浦二横路 6 号 3 楼

邮　　编：510080

研究与服务范围：

主营产品及服务：研究总结、技术咨询、展览组织、摄影设计制作。

四川省

四川大学文学与新闻学院广告研究所

成立时间：1998 年

研究与服务范围：

旨在加强广告学创新体系研究，提高师生广告理论的创造力和实践能力，形成广告学专业的产、学、研一体化良性发展。

陕西省

西安传媒与广告研究所

成立时间：2006 年

电　　话：(029)85520922、83012188

地　　址：西安市西影路 74 号西安市社会科学院 312 室

研究与服务范围：

研究新型传媒对社会的影响及传媒广告创新趋势和运用，为传媒及广告业发展提供智力支持。

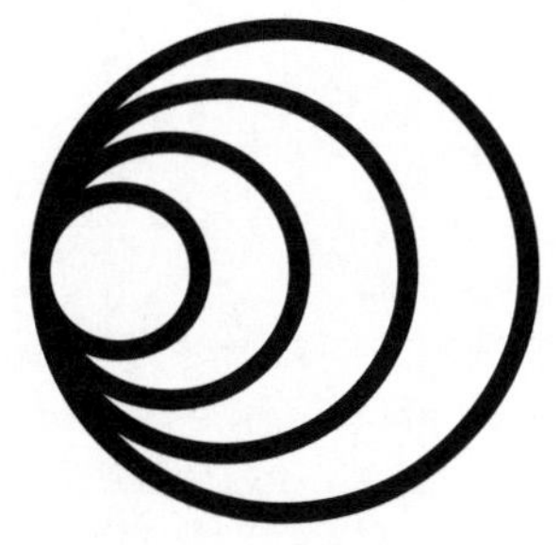

’2015 中国广告年鉴
China Advertising Yearbook

广告行业展会

Advertising Exhibitions

全国主要广告行业展会名单

中国国际广告节

展会地点：不固定

展会周期：一年一届

创办时间：1982 年

主办单位：中国广告协会

展会简介：

中国国际广告节经国家工商总局批准，由中国广告协会主办，始办于 1982 年，原为“全国优秀广告作品展”活动，首届举办城市为北京，此后，先后在中国其他 11 个城市举办。自第七届(2000 年)开始更名为“中国广告节”，随着广告节自身内容和参会群体的不断国际化，从第十五届(2008 年)起，改为“中国国际广告节”。

中国国际广告节是中国最具权威、最专业、规模最大、影响最广的广告界盛会，它集专业比赛评比、媒体展会、设备展会、商务交流、高峰论坛等为一体，成功地推动了中国广告业发展，促进了国内国际广告业交流与合作。

随着戛纳国际广告节、纽约广告节、伦敦广告节、亚太广告节、日本电通赏、ONE SHOW 等国际顶极广告赛事的优秀作品展进驻中国国际广告节，国际知名企业领袖、传媒风云人物、广告大师的身影也频繁出现在广告节的嘉宾和演讲嘉宾中，跨国广告集团也越来越重视以参赛、参展、参会等形式参与中国国际广告节。中国国际广告节的专业化、综合性与代表性，使其成为国际广告业考察中国市场最便捷的通道，成为众多国际广告节及广告赛事最佳推广、展示平台。

中国国际广告节在运作上，采用由国家工商行政管理总局和举办地省政府批准，中国广告协会、国际广告协会中国分会、举办地省级工商局、市级人民政府共同主办，具体项目由中广协广告信息文化传播有限责任公司及地方省、市级协会、市级工商局等承办，每年 9 － 10 月间举办。

中国国际广告节参与单位包括：中外知名广告公司、中国强势媒体、中国大型广告主企业、全国广告行业发展管理部门及行业组织系统、高等院校广告、设计、营销等相关专业师生和众多广告爱好者，每年有 3000 － 5000 广告界主流群体注册参会，3 万－ 4 万相关人士到会。

北京市

中国北京国际广告新媒体、新技术、新设备、新材料展示交易会（北京四新展）

展会地点：北京

展会周期：一年一届

创办时间：1994 年 11 月

展会简介：

交易会是展现北京广告标识行业市场现状和发展趋势的重要窗口。它是中国北方地区规模最大的广告展，也是中国广告标识行业历史最悠久的展览会，代表了中国北方地区 13 个省、自治区、直辖市的广告行业市场，面对约 5 亿人口的消费市场。 交易会主要内容有广告与数码影像制作设备、广告制作材料、标识系统、展览展示系统、户内外广告媒体、大众传播媒体技术及设备和广告制作与广告礼品等，力图根据地域特点，打造一个国际化东北亚广告行业交易平台。

北京国际广告展

展会地点：北京

展会周期：一年一届

创办时间：2003 年

展会简介：

展会借助于北京区域优势，主动与国外同行及媒体、相关的国际企业协会、政府组织合作，每年吸引来自美国、法国、韩国、日本、俄罗斯、东南亚、中东、中亚五国等十几个国家的客商前来展会参观采购，协商合作，取得了很好的效果。展会主要内容有广告制作技术设备、广告材料及物料、户内外广告媒体、标识系统、展览展示器材、新媒体技术设备、创意创新设计产业、大屏幕及户外媒体、店铺商用技术设备及产品、广告礼品、书籍、图库软件、气模和广告摄影技术及设备等，致力于为广大的参展商和观众打造一个更全面、更规范、更先进、更直接、更集中、更高效的交流平台和机会。

辽宁省

大连国际广告技术和设备展览会

展会地点：大连

展会周期：一年一届

创办时间：2002 年 8 月

展会简介：

博览会以环渤海经济带为主，辐射到全国各地，内容涉及广告与数码影像制作设备、雕刻切割与亚克力设备、广告制作材料、标识系统、展览展示系统、店铺商用技术、户内外广告媒体和广告制作领域等，受到了行业内企业的高度重视和认可，是行业品牌展示先进技术、设备争夺大连乃至东北市场的新平台。

吉林省

长春广告博览会

展会地点：长春

展会周期：一年一届

创办时间：1998 年

展会简介：

博览会面对广告业快速成长的吉林地区，制订全面营销计划，以“专业专注、创新服务”为核心理念，凭借科学、全面的策划推广和快速、创新的宣传攻势在业界树立了专业地位，为参展商和参观商提供双向服务。展会内容涉及喷绘设备、霓虹灯及制作技术、广告印刷材料及物料、户内外媒体推广范围、展览展示媒体和广告礼品等，致力于为海内外同行创造充分了解和合作的良机。

上海市

上海广告新技术、新设备、新材料、新媒体展览会

展会地点：上海

展会周期：一年一届

创办时间：1999 年

主办单位：中国商务广告协会

展会简介：

展会由中国商务广告协会等行业权威部门支持与主办，以上海为中心的长江三角洲是中国经济发展的重镇，历来是海外商家和买家重点关注的地方，展会凭借其规模大、专业水准高、参展厂商多、展出产品新而在业界影响深远、声誉卓著。展会内容涉及广告制作设备、广告材料、物料、展览展示系统及广告标识、霓虹灯及 LED 相关产品和大屏幕显示应用设备等几大部分，旨在借助上海区域优势，为企业创造一个交流、贸易、展示的良好平台。

上海国际广告技术设备展览会

展会地点：上海

展会周期：一年一届

创办时间：1993 年

展会简介：

展会保持了其一贯的“国际化、品牌化、专业化”的特点，秉承了“引领中国广告技术设备市场与全球知名企业强强对话，成就您的广告事业”的宗旨，通过十几年品牌发展壮大，已在广告设备行业中，获得极高赞誉和极大支持，成为同行业展览会中的“新航标”。展会内容有数字印刷喷绘技术设备、打印机及耗材、标识、标牌设备及标识标牌、展览展示、POP 及商用设施、新媒体技术设备和照明设备等，不遗余力地将众多品牌汇聚于此，让买卖双方省时、省力、节约成本，实现展会打造全球采购贸易平台的目标。

江苏省

南京广告四新及 LED 展览会

展会地点：南京

展会周期：一年两届

展会简介：

LED 是户外广告，是 21 世纪最具有发展前景的高新技术产业，正在引发全球性的照明光源和显示革命。展会将 LED 用于广告制作系统、商业标识设计系统、商业标识制作系统、商业标识影像制作处理系统、商业标识传播系统和广告礼品等各种新形式得以体现，并选择南京这一江苏省的政治、经济、文化中心，凭借科技力量，进一步挖掘 LED 市场的潜力。

福建省

福建国际广告四新展览会

展会地点：福州

展会周期：一年一届

创办时间：1999 年

展会简介：

展会由地区贸促会、行业协会、商会以及驻华大使馆等紧密合作筹办，集中展示最新的技术、设备，以及顺应业界发展及市场的需求。展会内容涉及广告与数码影像制作设备、标识、展览展示系统、广告媒体、耗材、广告制作材料、广告礼品、杂志、书刊、报刊、网络等，把专业观众及国际采购商的组织作为工作重点，力争打造亚洲重要的交流贸易平台。

山东省

山东国际广告四新展

展会地点：济南

展会周期：一年一届

创办时间：2007 年

主办单位：山东省国际经济贸易联合会和山东省轻工业协会

展会简介：

展会由山东省国际经济贸易联合会和山东省轻工业协会等权威部门支持与主办，以山东为中心，云集众多知名品牌，满足广告企业展示新技术、新材料、新媒体、新设备发展的需要，给供需双方提供一个产品展示、交流合作、贸易洽谈的平台。展会内容有广告设备及技术、展览展示系统、数字影像领域、广告设计、广告媒体及耗材、广告物料及耗材和广告礼品等，力图打造相关广告企业开拓北方市场、树立良好形象的最佳平台。

济南国际广告标牌、网印技术暨摄影器材展览会

展会地点：济南

展会周期：一年一届

创办时间：2000 年

主办单位：中国贸促会济南分会和山东省包装印刷工业协会

展会简介：

展会由中国贸促会济南分会和山东省包装印刷工业协会联合主办，内容包括印前制版设备、印刷设备、印刷油墨、胶片、各类膜、刀片、印后加工设备、制版印刷新技术、包装加工设备、纸制、玻璃、金属、塑料包装材料及制品、各种制浆造纸机纸制品、造纸机械设备及化学品、环保及综合利用新技术设备等，在山东广告业界具有较大影响力和专业地位。

河南省

河南国际广告展览会

展会地点：郑州

展会周期：一年一届

创办时间：2006 年

展会简介：

展会以广告新技术、新设备、新材料、新媒体为核心，辅之以数码影像、婚纱影楼、标志标牌、霓虹灯和 LED 设备和技术进行现场展示洽谈。展会范围包括广告耗材及物料、媒体产品、印前处理系统、亮化与照明设备与技术材料、展览展示用品、广告资料和广告礼品等，力图为国内外客户提供高质量的现场服务。

中原国际广告展

展会地点：郑州

展会周期：一年一届

创办时间：1999 年

展会简介：

“中原国际广告四新展览会”从 1999 年创办以来，它的规模、影响都在其诞生的九年中持续递增着，其影响力已覆盖到全国，成为全国继上海、广州、北京之后行业最可信赖的广告品牌展会之一。

在中原地区，参加展会寻求商机是众多广告参展商的共识。其中的大多数，都把参加中原国际广告展作为首位；在全国，越来越多的广告供货商和采购商把目光投向中原，聚焦优质产品和企业。每届中原国际广告展吸引着众多的国内广告供货商和来自全国各地的数万名专业广告人士参观。中原国际广告展卓有成效的供采体系孕育巨大的商机。

湖北省

湖北广告与传媒展览会

武汉春季印刷包装技术设备展览会

展会地点：武汉

展会周期：一年一届

创办时间：1998 年

展会简介：

展会主题是“服务中小企业、促进技术升级”，旨在通过专业化的展览会平台，协助印刷包装企业适应市场形势的新变化，推介符合技术升级和产品结构调整方向的新设备、新工艺和技术进步服务方案，为湖北及武汉印刷包装行业科学发展贡献绵力。展会内容涉及广告制作系统、广告印制材料及物料广告设计、公共广告媒体电视媒体、电波媒体、印刷媒体、网络媒体（ICP、ISP）、户外广告媒体、电子显示设备、网络多媒体服务、影像处理系统、商业摄影、数字摄影、电子出版及印刷系统和电子出版物等，为中部的广告业注入新的活力。

湖南省

湖南广告四新及传媒展览会

展会地点：长沙

展会周期：一年一届

创办时间：2001 年

展会简介：

广告是现代城市发展必需的品牌推广方式。面对竞争日益激烈的广告市场，我们将全力为您打造中部广告商务采购平台，为各广告设备及材料供应商拓展中南市场做好用户邀请和接待服务工作。长沙作为国务院批准的长、株、潭城市群，全国资源节约型和环境友好型社会建设综合配套改革试验区，28%的年增长率吸引了大批中外知名企业涌进湖南，使湖南经济空前活跃。湖南广告行业将搭乘国家“中部可持续发展战略”的快车，全力打造长、株、潭新型城市化道路，树立企业广告品牌意识，使湖南成为中部经济强省。每年一届的湖南广告展已成为中部地区广告行业的大聚会。

广东省

中国网印暨广告牌业展览会

展会地点：广州

展会周期：一年一届

创办时间：1985 年

展会简介：

展会是中国网印业的品牌展会，吸引了国内外的大量业者，为商家和客户提供良好的交流机会，在业内具有较大影响力。

华南国际数码影像暨广告设备展览会

展会地点：广州

展会周期：一年一届

创办时间：2001 年

主办单位：中国对外贸易中心（集团）

展会简介：

展会由中国对外贸易中心（集团）主办，内容以数码影像系统及相关设备和广告设备为主，一般分为印前专区、数码印刷专区、大幅面喷绘机专区、柔印专区、标签专区、印刷包装专区、印刷专区和广告设备专区几部分，是行业品牌展示先进技术、设备争夺华南市场的重要平台。

广州国际广告展览会

展会地点：广州

展会周期：一年一届

创办时间：1997 年

展会简介：

展会以交流、合作、共赢为主旨，为与会者带来了巨大商机，为买卖双方提供了全新的交流渠道，也为中国本土企业拓展海外市场、与世界零距离接触提供了展示平台。展会内容涉及广告制作技术设备及材料、打印机及耗材、展览展示及商用促销器材、户外发光体及城市景观照明和广告传播媒体等几大部分，是华南地区广告设备商和采购商与国内外同行交流合作的专业化贸易平台。

重庆市

中国西部广告与传媒博览会

展会地点：重庆

展会周期：一年一届

创办时间：2003 年

展会简介：

博览会是中国西部地区最具影响的行业盛会，被誉为中国西部广告博览的航母。展会汇聚海内外精品，内容涉及户外广告制作技术设备及材料、大众传播媒体技术及设备、多媒体技术及设备、大屏幕显示及应用设备、广告摄影、摄像技术及设备、广告礼品及工艺品、照明器材、广告霓虹灯设备及技术材料和霓虹灯产品等，通过现场展示、高级研讨会，为企业的新产品、新技术、新设备在重庆地区寻求合作伙伴，为已进入重庆的知名品牌扩展市场，缔造贸易良机。

四川省

德纳（成都）国际广告四新展览会

展会地点：成都

展会周期：一年一届

创办时间：2003 年

展会简介：

“德纳（成都）国际广告展”(CDAE) 经过多年的品牌积累，目前已经成为中国西部地区最具影响力的行业风向标，并被“亚洲标识”、“广告制品与制作”等知名媒体及众多的参展商、参观商一致评为“西部广告第一展”。

备注：展会地点安排将根据主办方的总体规划做相应调整。

’2015 中国广告年鉴
China Advertising Yearbook

广告教育

Advertising Education

全国高等院校广告专业名录

北京市

中国人民大学

院系全称：新闻学院
专业全称：广告学
学　　制：本科4年
地　　址：北京市海淀区中关村大街59号
邮　　编：100872
电　　话：(010)62511009

北京大学

院系全称：新闻与传播学院广告学系
专业全称：广告学
专业设置年份：1993年
学　　制：硕士3年　本科4年　专科3年
地　　址：北京市海淀区北京大学新闻与传播学院
邮　　编：100871
电　　话：(010)62761189

清华大学

院系全称：美术学院装潢艺术设计系
专业全称：广告设计
地　　址：北京市海淀区清华园1号
邮　　编：100084
电　　话：(010)62798135

北京师范大学

专业全称：艺术设计
地　　址：北京市新街口外大街19号
邮　　编：100875
电　　话：(010)58809248

中央民族大学

院系全称：文学与新闻传播学院
专业全称：广告学
专业设置年份：2004年
学　　制：本科4年
地　　址：北京市海淀区中关村南大街27号
邮　　编：100081
电　　话：(010)68932911

中国传媒大学

院系全称：广告学院
专业全称：广告学　艺术设计
专业设置年份：1988年　2000年
学　　制：博士2年　硕士3年　本科4年　函授3年
地　　址：北京市朝阳区定福庄东街1号中国传媒大学新闻传播学院
邮　　编：100024
电　　话：(010)65779370

北方工业大学

院系全称：艺术学院
专业全称：广告学
专业设置年份：2001年
学　　制：本科4年
地　　址：北京市石景山区晋元庄路5号
邮　　编：100041
电　　话：(010)88803366

北京电影学院

院系全称：美术系
专业全称：广告学
地　　址：北京市海淀区西土城路4号
邮　　编：100088
电　　话：(010)82045883

北京林业大学

院系全称：材料科学与技术学院
专业全称：艺术设计系
地　　址：北京市海淀区清华东路35号
邮　　编：100083
电　　话：(010)62338150

中央美术学院

院系全称：设计学院
专业全称：平面设计
地　　址：北京市朝阳区花家地南街8号
邮　　编：100102
电　　话：(010)64771000

北京工业大学

院系全称：人文社科学院广告系
专业全称：广告学
专业设置年份：2001年
学　　制：本科4年
地　　址：北京市朝阳区平乐园100号
邮　　编：100022
电　　话：(010)81990770

北京工商大学

院系全称：传播与传媒学院广告学系
专业全称：广告学
专业设置年份：1993年
学　　制：硕士3年　本科4年
地　　址：北京市海淀区阜成路33号
邮　　编：100037
电　　话：(010)68984723

北京联合大学

院系全称：广告学院
专业全称：广告学
地　　址：北京市海淀区温泉镇东埠头路1号
邮　　编：100095
电　　话：(010)62489663

北京印刷学院

院系全称：出版传播与管理学院出版系
专业全称：广告学
专业设置年份：2000年
学　　制：本科4年
地　　址：北京市大兴区兴华北路25号
邮　　编：102600
电　　话：(010)60227128

首都经贸大学

院系全称：文化与传播学院
专业全称：广告学
地　　址：北京市丰台区花乡张家路121号（西校区）
邮　　编：100070
电　　话：(010)83951667

北京航空航天大学

院系全称：视觉传达设计系
专业全称：艺术设计
地　　址：北京市海淀区学院路37号
邮　　编：100191
电　　话：(010)82315088

北京服装学院

院　　系：商学院
专业全称：广告学
地　　址：北京市朝阳区和平街北口
邮　　编：100029
电　　话：(010)64288410

北京理工大学

院系全称：设计与艺术学院
专业全称：艺术设计
地　　址：北京市海淀区白石桥路7号
邮　　编：100081
电　　话：(010)68912682

中央财经大学

院系全称：文化传播学院
专业全称：广告学
专业设置年份：2004年
学　　制：本科4年
地　　址：北京市西直门外学院南路39号
邮　　编：100081
电　　话：(010)62288251

北京吉利大学

院系全称：新闻与信息传播学院
专业全称：广告学
学　　制：本科4年
地　　址：北京市昌平区马池口
邮　　编：102202
电　　话：(010)60751710

华北电力大学（北京）

院系全称：人文与社会科学学院
专业全称：广告学
学　　制：本科4年
地　　址：北京市昌平区回龙观
邮　　编：102206
电　　话：(010)80796341

北京工商大学嘉华学院

院系全称：语言与传播系
专业全称：广告学
学　　制：本科4年
地　　址：北京通州区宋庄南路甲1号
邮　　编：101118
电　　话：(010)69597736

北京工业大学耿丹学院

院系全称：经济与管理系
专业全称：广告学
学　　制：本科4年
地　　址：北京市顺义区牛栏山镇牛富路牛山段3号
邮　　编：101301
电　　话：(010)60413297

首都师范大学科德学院

院系全称：艺术设计学院
专业全称：会展艺术与技术
学　　制：本科4年
地　　址：北京市大兴区榆垡镇榆祥路10号
邮　　编：102602
电　　话：(010)89229201

北京化工大学北方学院

院系全称：艺术院
专业全称：广告学
学　　制：本科4年
地　　址：北京东燕郊开发区迎宾北路45号
邮　　编：065201
电　　话：(0316)3380153

北京信息职业技术学院

院系全称：数字媒体与艺术系
专业全称：广告设计与制作
学　　制：专科3年
地　　址：北京市朝阳区芳园西路5号
邮　　编：100015
电　　话：(010)64312725

天津市

天津师范大学

院系全称：新闻传播学院
专业全称：广告学
专业设置年份：1992年
学　　制：硕士3年　本科4年　专科2年
地　　址：天津市滨水西道延长线
邮　　编：300384
电　　话：13001380628

天津工业大学

院系全称：艺术设计学院
专业全称：广告学
专业设置年份：2000年
学　　制：本科4年
地　　址：天津市河东区程林庄路63号
邮　　编：300160
电　　话：(022)24528157

天津理工大学

院系全称：经济管理学院广告学系
专业全称：广告学
专业设置年份：2001年 1994年
学　　制：本科4年
地　　址：天津市南开区红旗南路221号
邮　　编：300191
电　　话：(022)23679753

天津财经学院

院系全称：贸易经济系
专业全称：艺术设计
专业设置年份：2003年
学　　制：本科4年
地　　址：天津市河西区珠江道25号
邮　　编：300222
电　　话：(022)28114323

天津科技大学

专业全称：艺术设计
地　　址：天津市河西区大沽南路1038号

邮　　编：300222
电　　话：(022)28340538

天津职业技术师范大学

专业全称：艺术设计
地　　址：天津市河西区大沽南路1310号
邮　　编：300222
电　　话：(022)28117059

天津城市建设学院

院系全称：艺术系
专业全称：艺术设计
地　　址：天津市西青区津静公路
邮　　编：300384
电　　话：(022)23783161

河北工业大学

院系全称：建筑与艺术设计学院
专业全称：艺术设计
地　　址：天津市红桥区丁字沽光荣道29号
邮　　编：300132
电　　话：(022)26582623

天津国土资源和房屋职业学院

院系全称：艺术设计系
专业全称：广告设计与制作
学　　制：专科3年
地　　址：天津市大港区学府二路600号
邮　　编：300270
电　　话：(022)63303817

河北省

河北师范大学

院系全称：传播学院广告传播系
专业全称：广告学　广告设计
专业设置年份：1994年　1999年
学　　制：本科4年
地　　址：石家庄市桥西红旗大街469号河北师大西校区
邮　　编：050091
电　　话：(0311)86263227

河北经贸大学

院系全称：人文学院
专业全称：广告学
专业设置年份：2001年
学　　制：本科4年
地　　址：石家庄市学府路47号
邮　　编：050061
电　　话：(0311)87655553

石家庄经济学院

院系全称：艺术设计学院
专业全称：广告学
专业设置年份：2000年
学　　制：本科4年
地　　址：石家庄市槐安东路136号
邮　　编：050031
电　　话：(0311)87207228

河北科技师范学院

专业全称：艺术设计
专业设置年份：2004年
学　　制：本科4年
地　　址：昌黎县城关四街
邮　　编：066600
电　　话：(0316)6062198

河北大学

院系全称：新闻传播学院广告学系
专业全称：广告学
专业设置年份：1993年
学　　制：硕士3年　本科4年
地　　址：保定市合作路88号
邮　　编：071002
电　　话：(0312)4120195

石家庄学院

院系全称：文学与传媒学院
专业全称：广告学
学　　制：本科4年
地　　址：石家庄高新技术产业开发区长江大道6号
邮　　编：050035
电　　话：(0311)66617200

防灾科技学院

院系全称：人文社科系
专业全称：广告学
学　　制：本科4年
地　　址：三河市燕郊学院大街
邮　　编：065201
电　　话：(010)61596035

河北师范大学汇华学院

院系全称：文学学部
专业全称：广告学
学　　制：本科4年
地　　址：石家庄市红旗大街601号
邮　　编：050091
电　　话：(0311)83825041

石家庄经济学院华信学院

院系全称：人文社会科学学院
专业全称：广告学
学　　制：本科4年
地　　址：石家庄市汇丰路18号
邮　　编：050091
电　　话：(0311)87207400

保定科技职业学院

院系全称：人文艺术系
专业全称：广告艺术设计
学　　制：专科3年
地　　址：保定市南二环路1956号
邮　　编：071000
电　　话：(0312)6796022

山西省

山西大学

院系全称：文学院
专业全称：广告学
专业设置年份：1999 年
学　　制：本科 4 年
地　　址：太原市坞城路 580 号
邮　　编：030006
传　　真：(0351)7010466

山西财经大学

院系全称：文化传播系
专业全称：广告学
专业设置年份：2000 年
学　　制：本科 4 年
地　　址：太原市坞城路 696 号
邮　　编：030006
电　　话：(0351)7666258

太原理工大学

专业全称：艺术设计
地　　址：晋中市榆次区迎宾街 113 号
邮　　编：030600
电　　话：(0354)3362192

太原重型机械学院

院系全称：艺术系
专业全称：艺术设计
地　　址：太原市柏林区瓦流路 138 号
邮　　编：030024
电　　话：(0351)6222123

运城学院

专业全称：艺术设计
专业设置年份：2004 年
学　　制：本科 4 年
地　　址：运城市河东东街 333 号
邮　　编：044000
电　　话：(0359)2090418

晋中学院

院系全称：美术学院
专业全称：艺术设计
学　　制：本科 4 年
地　　址：晋中市榆次区文苑街 1 号
邮　　编：030600
电　　话：(0354)3035777

内蒙古自治区

内蒙古大学

专业全称：艺术设计
地　　址：呼和浩特市新城区大学路 1 号
邮　　编：010010
电　　话：(0471)4973162

内蒙古民族大学

院系全称：美术学院
专业全称：广告学
地　　址：通辽市霍林河大街 22 号
邮　　编：028043
电　　话：(0475)8314175

内蒙古师范大学

专业全称：广告学
地　　址：呼和浩特市新城昭乌达路
邮　　编：010022
电　　话：(0471)4393022

内蒙古科技大学

院系全称：艺术与设计学院
专业全称：广告学
专业设置年份：2001 年
学　　制：本科 4 年　专科 2 年
地　　址：包头市阿尔丁大街 7 号
邮　　编：014010
电　　话：13171209153

辽宁省

辽宁大学

院系全称：文化传播学院
专业全称：广告学
专业设置年份：1994 年
学　　制：硕士 3 年　本科 4 年
地　　址：沈阳市皇姑区崇山中路 66 号
邮　　编：110036
电　　话：(024)86864547

沈阳工业大学

院系全称：文法学院艺术设计系
专业全称：广告学
地　　址：沈阳市铁西区兴华南街 58 号
邮　　编：110023
电　　话：(024)25496111

沈阳航空工业学院

专业全称：艺术设计
地　　址：沈阳市皇姑区黄河北大街 52 号
邮　　编：110034
电　　话：(024)86141586

沈阳建筑大学

专业全称：广告学
地　　址：沈阳市浑南新区浑南东路 9 号
邮　　编：110168
电　　话：(024)24693969

渤海大学

院系全称：文理学院新闻系
专业全称：广告学
专业设置年份：2000 年
学　　制：本科 4 年　专科 3 年
地　　址：锦州市渤海大学东校区
邮　　编：121000
电　　话：(0416)3400179

辽宁师范大学

院系全称：文学院中文系
专业全称：广告学
地　　址：大连市黄河路 850 号
邮　　编：116029
电　　话：(0411)82158305

大连外国语学院

院系全称：国际艺术学院
专业全称：艺术设计
地　　址：大连市中山区延安路 94 号
邮　　编：116002
电　　话：(0411)82803168

大连民族学院

院系全称：工业艺术设计系
专业全称：艺术设计
地　　址：大连市开发区辽河西路 18 号
邮　　编：116600
电　　话：(0411)87656193

大连大学

院系全称：美术学院
专业全称：艺术设计
地　　址：大连市大连经济技术开发区学府大街 10 号
邮　　编：116622
电　　话：(0411)87402590

东北财经大学

院系全称：新闻传播学院
专业全称：广告学
学　　制：本科 4 年
地　　址：大连市沙河口区尖山街 217 号
邮　　编：116025
电　　话：(0411)84710505

辽宁工学院

院系全称：文化传播系
专业全称：广告学
学　　制：本科 4 年
地　　址：锦州市古塔区士英街 169 号
邮　　编：121001

辽宁科技学院

院系全称：艺术系
专业全称：广告学
学　　制：本科 4 年
地　　址：本溪市经济开发区香槐路 176 号
邮　　编：117004

吉林省

东北师范大学

院系全称：媒体科学学院广告学系
专业全称：广告学
专业设置年份：2000 年
学　　制：硕士 3 年　本科 4 年
地　　址：长春市东北师范大学净月校区
邮　　编：130117
电　　话：(0431)4531188

吉林大学

院系全称：文学院广告学系
专业全称：广告学
专业设置年份：1994 年
学　　制：本科 4 年　专科 3 年
地　　址：长春市朝阳区前卫路 10 号
邮　　编：130012
电　　话：(0431)5166160

吉林艺术学院

院系全称：设计学院
专业全称：视觉传达系
专业设置年份：1993 年
地　　址：长春市红旗街 2077 号
邮　　编：130012
传　　真：(0431)5882579

长春理工大学

院系全称：文法学院广告学系
专业全称：广告学
专业设置年份：2000 年
学　　制：本科 4 年
地　　址：长春市卫星路 7989 号
邮　　编：130022
电　　话：(0431)5583072

长春工业大学

院系全称：艺术学院
专业全称：广告学
地　　址：长春市延安大街 17 号
邮　　编：130012
电　　话：(0431)5914753

吉林工程技术师范学院

院系全称：艺术学院
专业全称：艺术设计
地　　址：长春市宽城区凯旋路 52 号
邮　　编：130052
电　　话：(0431)6908120

东北电力学院

院系全称：艺术学院
专业全称：环艺与装潢系
地　　址：吉林市长春路 169 号
邮　　编：132012
电　　话：(0432)4806384

吉林农业大学

院系全称：视觉艺术学院
专业全称：广告学
学　　制：本科 4 年
地　　址：长春市新城大街 2888 号
邮　　编：130118
电　　话：(0431)4532983

长春师范学院

院系全称：传媒科学学院
专业全称：广告学
学　　制：本科 4 年
地　　址：长春市长吉北路 677 号
邮　　编：130012
电　　话：(0431)6168222

吉林动画学院

院系全称：广告学院
专业全称：广告学
学　　制：本科 4 年
地　　址：长春市高新开发区博识路 168 号
邮　　编：130012
电　　话：(0431)87021942

长春理工大学光电信息学院

院系全称：人文分院
专业全称：广告学
学　　制：本科 4 年
地　　址：长春市高新技术产业开发区大新路 399 号
邮　　编：130012
电　　话：(0431)86903888

黑龙江省

黑龙江大学

专业全称：广告学
地　　址：哈尔滨市南岗区学府路 74 号黑龙江大学文学与新闻传播学院
邮　　编：150080
电　　话：(0451)86608643

东北林业大学

专业全称：广告学
地　　址：哈尔滨市和兴路 26 号东北林业大学
邮　　编：150040
电　　话：(0451)82113443

哈尔滨理工大学

专业全称：艺术设计
地　　址：哈尔滨市动力欧林园路 4 号南区 315 信箱
邮　　编：150080
电　　话：(0451)86392804

佳木斯大学

专业全称：艺术设计
专业设置年份：2004 年
学　　制：本科 4 年
地　　址：佳木斯市学府街 148 号佳木斯大学美术学院艺术设计系
邮　　编：154007
电　　话：(0454)8603975

齐齐哈尔大学

院系全称：艺术学院
专业全称：艺术设计
地　　址：齐齐哈尔市中华西路 35 号
邮　　编：161006
电　　话：(0452)2738301

上海市

同济大学

院系全称：传播与艺术学院
专业全称：广告学
专业设置年份：1995 年
学　　制：硕士 3 年　本科 4 年
地　　址：上海市四平路 1239 号
邮　　编：200092
电　　话：(021)65628565

复旦大学

院系全称：新闻学院广告学系
专业全称：广告学
专业设置年份：1994 年
学　　制：博士 3 年　硕士 3 年
　　　　　本科 4 年　专科 2 年
　　　　　函授 3 年
地　　址：上海市国定路 400 号
邮　　编：200433
电　　话：(021)65643694

华东师范大学

院系全称：人文学院传播学系
专业全称：广告学　艺术设计
学　　制：本科 4 年
地　　址：上海市中山北路 3663 号
邮　　编：200062
电　　话：(021)54343075

上海外国语大学

院系全称：新闻传播学院
专业全称：广告学
专业设置年份：1998 年
学　　制：硕士 3 年　本科 4 年
地　　址：上海市大连西路 550 号
邮　　编：200083
电　　话：(021)65311900—2941

上海工程技术大学

院系全称：艺术设计学院广告系
专业全称：广告学
专业设置年份：1997 年
学　　制：本科 4 年
地　　址：上海市仙霞路 350 号
邮　　编：200336
电　　话：(021)62752832

上海师范大学

院系全称：人文学院广告与网络传播系
专业全称：广告学
学　　制：硕士 3 年　本科 4 年
地　　址：上海市桂林路 100 号
邮　　编：200234
电　　话：(021)64321849

上海大学

院系全称：广告系
专业全称：广告学
地　　址：上海市宝山区上大路 99 号
邮　　编：200444
电　　话：(021)66135068

上海建桥学院

院系全称：广告艺术设计系
专业全称：艺术设计
地　　址：上海市唐桥路 1500 号
邮　　编：201519
电　　话：(021)58137181

华东理工大学

院系全称：艺术系
专业全称：艺术设计
地　　址：上海市梅陇路 130 号
邮　　编：200237
电　　话：(021)64253226

上海应用技术学院

专业全称：艺术设计
地　　址：上海市漕宝路 120 号
邮　　编：200235
电　　话：(021)64941077

上海戏剧学院

院系全称：广告系
专业全称：艺术设计
地　　址：上海市华山路 630 号
邮　　编：200040
电　　话：(021)62482920

上海理工大学

院系全称：印刷出版学院
专业全称：广告学
学　　制：本科 4 年
地　　址：上海市杨浦区军工路 516 号
邮　　编：200093
电　　话：(021)55530157

上海海事大学

院系全称：文理学院
专业全称：艺术设计
学　　制：本科 4 年
地　　址：上海市浦东临港新城海港大道 1550 号
邮　　编：200135
电　　话：(021)38282200

上海外国语大学贤达经济人文学院

院系全称：新闻传播学院
专业全称：广告学
学　　制：本科 4 年
地　　址：上海市虹口区东体育馆路 402 号
邮　　编：200083
电　　话：(021)51278087

江苏省

南京林业大学

院系全称：人文社会科学学院广告学系
专业全称：广告学
专业设置年份：1996 年
学　　制：本科 4 年　专科 2 年
地　　址：南京市龙蟠路 159 号
邮　　编：210037
电　　话：(025)85427485

南京大学

院系全称：新闻传播学院
专业全称：广告学
专业设置年份：1993 年
学　　制：硕士 3 年　本科 4 年
地　　址：南京市汉口路 22 号
邮　　编：210093
电　　话：(025)83593551

南京师范大学

院系全称：新闻与传播学院广告学系
专业全称：广告学
专业设置年份：1999 年
学　　制：硕士 2 年　本科 4 年
地　　址：南京市宁海路 122 号
邮　　编：210097
电　　话：(025)83598524

南京财经大学

院系全称：营销与物流管理学院
专业全称：广告学
专业设置年份：1993 年
学　　制：本科 4 年
地　　址：南京市南京财经大学仙林校区 13 号信箱
邮　　编：210046
电　　话：(025)84028455

南京工业大学

院系全称：艺术设计学院
专业全称：艺术设计
地　　址：南京市中山北路 200 号 87 号信箱
邮　　编：210009
电　　话：(025)83239617

南京艺术学院

院系全称：设计学院
专业全称：艺术设计
地　　址：南京市北津西路 74 号
邮　　编：210013
电　　话：(025)83498099

三江学院

院系全称：策划系
专业全称：广告学　艺术设计
学　　制：本科 4 年
地　　址：南京市雨花台区铁心桥龙西路 10 号
邮　　编：210012
电　　话：(025)52897066

江苏大学

院系全称：艺术学院艺术设计系
专业全称：艺术设计
专业设置年份：1991 年
学　　制：本科 4 年　专科 3 年　函授 3 年
地　　址：镇江市学府路 301 号
邮　　编：212015
电　　话：(0511)8791498

江苏技术师范学院

院系全称：艺术设计系
专业全称：艺术设计
专业设置年份：1985 年
学　　制：本科 4 年　专科 3 年　函授 3 年
地　　址：常州市育英路 2 号
邮　　编：213001
电　　话：(0519)6999778

江南大学

院系全称：设计学院
专业全称：广告学
专业设置年份：1998 年
学　　制：硕士 3 年　本科 4 年
地　　址：无锡市钱荣路 68 号
邮　　编：214064
电　　话：(0510)5501491

苏州大学

院系全称：文学院广告系
专业全称：广告学
专业设置年份：1993 年
学　　制：硕士 3 年　本科 4 年　专科 2 年
地　　址：苏州市苏州大学东区 535 信箱
邮　　编：215021
电　　话：(0512)67156443

苏州科技学院

院系全称：传媒与视觉艺术学院
专业全称：艺术设计
专业设置年份：1994 年
学　　制：本科 4 年
地　　址：苏州市苏州科技学院石湖校区
邮　　编：215009
电　　话：(0512)68418422

徐州师范大学

院系全称：商学院广告学系
专业全称：广告学　艺术设计
专业设置年份：1993 年　2004 年
学　　制：本科 4 年　函授 3 年
地　　址：徐州市和平路 57 号
邮　　编：221009
电　　话：(0516)3867587

淮阴工学院

院系全称：社科系
专业全称：艺术设计
地　　址：淮阴市北京北路 89 号
邮　　编：223001
电　　话：(0517)3591010

淮阴师范学院

专业全称：广告学
专业设置年份：2004 年
学　　制：本科 4 年
地　　址：淮阴市师专路 24 号
邮　　编：223001
电　　话：(0517)3511021

南京邮电大学

院系全称：传媒学院
专业全称：广告学
学　　制：本科 4 年
地　　址：南京市新模范马路 66 号
邮　　编：210003
电　　话：(025)83492251

宿迁学院

院系全称：社会服务系
专业全称：广告学
学　　制：本科 4 年
地　　址：宿迁市黄河南路 399 号
邮　　编：223800
电　　话：(0527)96889666

南京财经大学红山学院

专业全称：广告学
学　　制：本科 4 年
地　　址：南京市鼓楼区铁路北街 128 号
邮　　编：430074
电　　话：(025)83495939

南京师范大学泰州学院

院系全称：人文传媒学院
专业全称：广告学
学　　制：本科 4 年
地　　址：泰州市东风南路 518 号
邮　　编：225300
电　　话：(0523)86152006

扬州环境资源职业技术学院

院系全称：人文科学系
专业全称：广告设计与制作
学　　制：专科 3 年
地　　址：扬州市润扬南路 33 号
邮　　编：225127
电　　话：(0514)87436888

浙江省

浙江大学

院系全称：人文学院新闻传播系
专业全称：广告学
专业设置年份：1993 年
专业师资：副教授 4 人　讲师 5 人
学　　制：硕士 3 年　本科 4 年 函授 3 年
地　　址：杭州市天目山路 148 号
邮　　编：310028
电　　话：(0571)88973989

浙江工业大学

院系全称：人文学院新闻传播系
专业全称：广告学
专业设置年份：1999 年
学　　制：本科 4 年
地　　址：杭州市朝晖六区浙江工业大学人文学院
邮　　编：310014
电　　话：(0571)85290295、88320114

浙江工程学院

院系全称：艺术与设计学院
专业全称：广告学
专业设置年份：2001 年
学　　制：本科 4 年
地　　址：杭州市下沙高教园区西区
邮　　编：310018
电　　话：(0571)86843114

浙江财经学院

院系全称：人文艺术学院
专业全称：广告学
地　　址：杭州市文华路 269 号
邮　　编：310012
电　　话：(0571)88922827

浙江传媒学院

院系全称：广告系
专业全称：影视广告
专业设置年份：1992 年
学　　制：本科 4 年　专科 3 年
地　　址：杭州市下沙高教园区学源区 998 号
邮　　编：310018
电　　话：(0571)86832172

杭州商学院

院系全称：人文与公共管理学院
专业全称：广告学
专业设置年份：1999 年
学　　制：本科 4 年
地　　址：杭州市教工路 149 号
邮　　编：310035
电　　话：(0571)88075603

中国美术学院

院系全称：职业技术学院
专业全称：艺术设计
专业设置年份：2004 年
学　　制：专科 4 年
地　　址：杭州市南山路 218 号
邮　　编：310024
电　　话：(0571)87091375

浙江科技学院

院系全称：艺术学院
专业全称：艺术设计
地　　址：杭州市留和路 318 号
邮　　编：310023
电　　话：(0571)85070553

杭州师范学院

院系全称：美术学院
专业全称：艺术设计
地　　址：杭州市西湖万塘路 258 号
邮　　编：310036
电　　话：(0571)28865736

浙江农林大学

院系全称：人文学院
专业全称：广告学
专业设置年份：2000 年

学　　制：本科 4 年　函授 3 年
地　　址：临安市环城北路 88 号
邮　　编：311300
电　　话：(0571)63730908

宁波大学

院系全称：传播与艺术学院传播系
专业全称：广告学
专业设置年份：1995 年
地　　址：浙江省宁波市江北区风华路 818 号
邮　　编：315211
电　　话：(0574)87600441

浙江万里学院

院系全称：设计艺术与建筑学院
专业全称：艺术设计
地　　址：宁波市高教园区钱湖南路 8 号
邮　　编：315100
电　　话：(0574)88222480

湖州师范学院

院系全称：人文学院
专业全称：广告学
地　　址：湖州市学士路 1 号
邮　　编：313000
电　　话：(0572)2321128

温州大学

院系全称：管理学院
专业全称：广告与广告管理
专业设置年份：1998 年
学　　制：硕士 3 年　本科 4 年
地　　址：温州市茶山
邮　　编：325035
电　　话：(0577)86598000

温州师范学院

院系全称：美术系
专业全称：平面设计
专业设置年份：1998 年
学　　制：本科 4 年
地　　址：温州市温州师范学院美术系
邮　　编：325000
电　　话：(0577)86680929

浙江师范大学

院系全称：文化创意与传播学院
专业全称：广告学
地　　址：金华迎宾大道 688 号
邮　　编：321004
电　　话：(0579)2282645

浙江理工大学

院系全称：艺术与设计学院
专业全称：广告学
学　　制：本科 4 年
地　　址：杭州市下沙高校园区 2 号大街
邮　　编：310018
电　　话：(0571)86843285

浙江工商大学

院系全称：人文学院
专业全称：广告学
学　　制：本科 4 年
地　　址：杭州市下沙高教园区学正街 18 号
邮　　编：310018
电　　话：(0571)28877065

宁波工程学院

院系全称：人文学院
专业全称：广告学
学　　制：本科 4 年
地　　址：宁波市风华路 201 号
邮　　编：315211
电　　话：(0574)87616023

安徽省

安徽大学

院系全称：艺术系
专业设置年份：2004 年
地　　址：本科 4 年
地　　址：合肥市龙河路 3 号
邮　　编：230039
电　　话：(0551)3861230

安徽农业大学

院系全称：轻纺工程与艺术学院
专业全称：艺术设计
地　　址：合肥市长江西湾 130 号
邮　　编：230036
电　　话：(0551)2823795-3455

合肥工业大学

专业全称：广告学
地　　址：合肥市屯溪路 193 号
邮　　编：230009
电　　话：(0551)2901517

淮南师范学院

院系全称：中文与传媒系
专业全称：广告学
地　　址：淮南市学院路
邮　　编：232001
电　　话：(0554)6672620

安徽师范大学

专业全称：广告学
地　　址：芜湖市北京东路 1 号
邮　　编：241000
电　　话：(0553)5910027

安徽工程科技学院

专业全称：广告学
专业设置年份：2004 年
学　　制：本科 4 年
地　　址：芜湖市赭山东路 8 号
邮　　编：241000
电　　话：(0551)2871043

阜阳师范学院

院系全称：美术系
专业全称：艺术设计
地　　址：阜阳市清河路 741 号
邮　　编：236041
电　　话：(0558)2596220

淮北煤炭师范学院

院系全称：美术系
专业全称：艺术设计
地　　址：淮北市淮北煤炭师范学院
邮　　编：235000
电　　话：(0561)3802248

安徽财经大学

院系全称：文学与艺术传媒学院
专业全称：广告学
学　　制：本科 4 年
地　　址：蚌山区曹山路 962 号
邮　　编：233030
电　　话：(0552)3173101

巢湖学院

院系全称：中文系
专业全称：广告学
学　　制：本科 4 年
地　　址：巢湖市半汤温泉度假区
邮　　编：238000
电　　话：(0565)2361098

福建省

福建工程学院

专业全称：广告学　艺术设计
学　　制：本科 4 年
地　　址：福州市铜盘路软件大道 89 号
邮　　编：350007
电　　话：(0591)28081500

仰恩大学

专业全称：广告学
地　　址：泉州市仰恩大学
邮　　编：362015
电　　话：(0595)22091988、22085622

华侨大学

院系全称：文学院
专业全称：广告学
学　　制：本科 4 年
地　　址：泉州市城华北路 269 号
邮　　编：362021
电　　话：(0595)22693656

福建农林大学

院系全称：人文社科学院广告系
专业全称：广告学
学　　制：本科 4 年
地　　址：福州市金山学区
邮　　编：350002
电　　话：(0591)83789324

泉州师范学院

院系全称：人文学院
专业全称：广告学
学　　制：本科 4 年
地　　址：泉州市丰泽区东海滨城
邮　　编：362000
电　　话：(0595)22919911

漳州师范学院

院系全称：新闻传播系
专业全称：广告学
学　　制：本科 4 年
地　　址：漳州市芗城区县前直街 36 号
邮　　编：363000
电　　话：(0596)2591337

江西省

南昌大学

院系全称：新闻与传播系
专业全称：广告学　艺术设计
专业设置年份：1993 年　2004 年
学　　制：本科 4 年　专科 3 年
地　　址：南昌市南京东路 235 号南昌大学新闻与传播系
邮　　编：330047
电　　话：(0791)8320289、3816475

江西师范大学

院系全称：传播学院
专业全称：广告学
专业设置年份：1992 年
学　　制：硕士 3 年　本科 4 年　专科 3 年　函授 3 年
地　　址：南昌市北京西路 437 号
邮　　编：330027
电　　话：(0791)88506130

江西科技师范学院

院系全称：文学院
专业全称：广告学
地　　址：南昌市江西科技师范学院（红角洲）
邮　　编：330013
电　　话：(0791)3832211

南昌航空工业学院

院系全称：艺术系
专业全称：艺术设计
地　　址：南昌市丰和南大道 696 号
邮　　编：330063
电　　话：(0791)3863762、3863768

东华理工大学

专业全称：广告学
地　　址：抚州市学府路 56 号
邮　　编：344000
电　　话：(0794)8258828、8258835

宜春学院

专业全称：广告学
地　　址：宜春市学府路 576 号
邮　　编：336000
电　　话：(0795)3201916

江西理工大学

院系全称：文法学院
专业全称：艺术设计
专业设置年份：2003 年
学　　制：本科 4 年
地　　址：赣州市红旗大道 86 号
邮　　编：341000
电　　话：(0797)8312129

赣南师范学院

院系全称：美术学院
专业全称：广告学
专业设置年份：1993 年
学　　制：本科 4 年
地　　址：赣州市赣南师范学院黄金校区
邮　　编：341000
电　　话：(0797)8393658

九江学院

院系全称：文化传播学院
专业全称：广告学
学　　制：本科 4 年
地　　址：九江前进东路 551 号
邮　　编：332005
电　　话：(0792)8310030

南昌理工学院

院系全称：传媒系
专业全称：广告学
学　　制：本科 4 年
地　　址：南昌市英雄经济开发区288 号
邮　　编：330013
电　　话：(0791)87040586

江西城市职业学院

院系全称：人文学院
专业全称：广告学
学　　制：本科 4 年
地　　址：南昌市新建联福大道 001 号
邮　　编：330100
电　　话：(0791)83653588

江西大宇职业技术学院

院系全称：艺术学院
专业全称：广告设计与制作
学　　制：专科 3 年
地　　址：南昌市湾里区翠岩路 200 号
邮　　编：330004
电　　话：(0791)3767666

江西工业贸易职业技术学院

院系全称：工程技术与艺术设计系
专业全称：广告设计与制作
学　　制：专科 3 年
地　　址：南昌市红谷滩新区红角洲嘉言路 699 号
邮　　编：330038
电　　话：(0791)3777831

江西工程职业学院

院系全称：新闻广告系
专业全称：广告设计与制作
学　　制：专科 3 年
地　　址：南昌市安石路 69 号
邮　　编：330025
电　　话：(0791)86571682

江西科技职业学院

院系全称：艺术分院
专业全称：广告设计与制作
学　　制：专科 3 年
地　　址：南昌市银三角昌南高校园(316 国道金山 1 号)
邮　　编：330200
电　　话：(0791)5160008

江西旅游商贸职业学院

院系全称：艺术设计系
专业全称：广告设计与制作
学　　制：专科 3 年
地　　址：南昌市经济技术开发区丁香路 1 号
邮　　编：330100
电　　话：(0791)83771915

江西经济管理职业学院

院系全称：工商管理系
专业全称：广告设计与制作
学　　制：专科 3 年
地　　址：南昌市红角洲卧龙路 269 号
邮　　编：330088
电　　话：(0791)83956683

山东省

山东大学

院系全称：文学与新闻传播学院
专业全称：广告学
地　　址：济南市山东大学南路 27 号
邮　　编：250100
电　　话：(0531)88364608

山东工艺美术学院

院系全称：人文艺术学院
专业全称：广告学
专业设置年份：1998 年
学　　制：本科 4 年　专科 2 年
地　　址：济南市历下区千佛山东路23 号
邮　　编：250014
电　　话：(0531)89619416

山东建筑大学

院系全称：艺术学院
专业全称：广告学
专业设置年份：1999 年
学　　制：本科 4 年
地　　址：济南市临港开发区凤鸣路1000 号
邮　　编：250101
电　　话：(0531)86361827、86362000

济南大学

院系全称：艺术学院
专业全称：艺术设计
地　　址：济南市市中区济微路 106 号
邮　　编：250022
电　　话：(0531)82765825

山东轻工业学院

院系全称：艺术设计系
专业全称：广告学
地　　址：济南市西部新城大学科技园
邮　　编：250353
电　　话：(0531)89631999

山东艺术学院

专业全称：广告学　艺术设计
专业设置年份：2004 年
学　　制：本科 4 年
地　　址：济南市文化东路 91 号
邮　　编：250014
电　　话：(0531)86423552

山东理工大学

院系全称：文学与新闻传播学院广告学系
专业全称：广告学
专业设置年份：2000 年
学　　制：本科 4 年
地　　址：淄博市张周路 12 号
邮　　编：255049
电　　话：(0533)2782070

山东科技大学

院系全称：艺术与设计学院

专业全称：广告学 广告设计
学 制：本科 4 年
地 址：青岛市经济技术开发区前湾港路 579 号
邮 编：266590
电 话：(0532)86057531

青岛大学

院系全称：文学院广告学系
专业全称：广告学 广告艺术设计
专业设置年份：1992 年
学 制：博士 3 年 硕士 3 年 本科 4 年
地 址：青岛市宁夏路 308 号
邮 编：266071
电 话：(0532)85951066

青岛科技大学

院系全称：文学与艺术学院
专业全称：广告学
专业设置年份：1997 年
学 制：本科 4 年
地 址：青岛市高科园松岭路 99 号
邮 编：266061
电 话：(0532)88958981

青岛理工大学

院系全称：人文社会科学学院
专业全称：广告学
地 址：青岛市抚顺路 11 号
邮 编：266033
电 话：(0532)85071118

莱阳农学院

院系全称：传播学院
专业全称：艺术设计
地 址：青岛市城阳区长城路 700 号
邮 编：266109
电 话：(0532)86080222

德州学院

院系全称：美术系
专业全称：艺术设计
地 址：德州市德城区大学西路 566 号
邮 编：253023
电 话：(0534)8985880

潍坊学院

院系全称：美术系
专业全称：艺术设计
地 址：潍坊市潍城区东风东街 149 号
邮 编：261061
电 话：(0536)8785130

烟台师范学院

专业全称：艺术设计
专业设置年份：2004 年
学 制：本科 4 年
地 址：烟台市红旗中路
邮 编：264025
电 话：(0535)6246451

曲阜师范大学

院系全称：信息技术与传播学院
专业全称：广告学
专业设置年份：2000 年
学 制：本科 4 年
地 址：日照市烟台路 80 号
邮 编：276825
电 话：(0633)3980316

临沂师范学院

专业全称：广告学
专业设置年份：2004 年
学 制：本科 4 年
地 址：临沂市双岭路中段
邮 编：276005
电 话：(0539)8766021

山东建筑大学

院系全称：艺术学院
专业全称：广告学
学 制：本科 4 年
地 址：济南市临港开发区凤鸣路
邮 编：250101
电 话：(0531)86367222

山东经济学院

院系全称：文学院
专业全称：广告学
学 制：本科 4 年
地 址：济南市历下区二环东路 7366 号
邮 编：250014
电 话：(0531)88525423

山东农业大学

专业全称：广告学
学 制：本科 4 年
地 址：泰安市岱宗大街 61 号
邮 编：271018
电 话：(0538)8242206

青岛农业大学

院系全称：艺术与传媒学院
专业全称：广告学
学 制：本科 4 年
地 址：青岛市城阳区长城路 700 号
邮 编：266109
电 话：(0532)6080517

青岛滨海学院

院系全称：基础部
专业全称：广告学
学 制：本科 4 年
地 址：青岛经济技术开发区嘉陵江西路 425 号
邮 编：266555
电 话：(0532)86728687

青岛酒店管理职业技术学院

院系全称：艺术学院
专业全称：广告设计与制作
学 制：专科 3 年
地 址：青岛市李沧区九水东路 599 号
邮 编：266100
电 话：(0532)86051666

日照职业技术学院

院系全称：艺术学院
专业全称：广告设计与制作
学 制：专科 3 年
地 址：日照市烟台北路 16 号
邮 编：276826
电 话：(0633)8172111

山东省工会管理干部学院

院系全称：艺术学院
专业全称：广告设计与制作
学 制：专科 3 年
地 址：济南市桑园路 60 号
邮 编：250100
电 话：(0531)88960001

河南省

河南财经政法大学

院系全称：文化传播系
专业全称：广告学
专业设置年份：1997 年
学　　制：本科 4 年
地　　址：郑州市文化路 80 号
邮　　编：450002
电　　话：(0371)63519165

郑州大学

院系全称：新闻与传播学院广告系
专业全称：广告学
专业设置年份：1994 年
学　　制：本科 4 年
地　　址：郑州市高新技术开发区100 号郑州大学文化与传播学院
邮　　编：450001
电　　话：(0371)67761556

河南工业大学

院系全称：新闻与传播学院
专业全称：广告学
地　　址：郑州市高新技术产业开发区莲花街
邮　　编：450001
电　　话：(0371)67756380

郑州航空工业管理学院

专业全称：艺术设计
专业设置年份：2004 年
学　　制：本科 4 年
地　　址：郑州市大学中路
邮　　编：450015
电　　话：(0371)66002054、68889638

洛阳师范学院

院系全称：美术学院
专业全称：广告学
地　　址：洛阳市龙门路 71 号美术学院
邮　　编：471022
电　　话：(0379)65515020

河南大学

院系全称：新闻与传播学院
专业全称：广告学
专业设置年份：1996 年
学　　制：本科 4 年　专科 3 年　函授 3 年
地　　址：开封市明伦街 85 号河南大学
邮　　编：475001
电　　话：(0378)2859388

河南理工大学

院系全称：文学与传播系
专业全称：广告学
学　　制：本科 4 年
地　　址：焦作高新区世纪大道 2001 号
邮　　编：454000
电　　话：(0391)3987226

河南机电高等专科学校

院系全称：艺术设计系
专业全称：广告设计与制作
学　　制：专科 3 年
地　　址：新乡市平原路东段 699 号
邮　　编：453002
电　　话：(0373)3691000

河南大学民生学院

专业全称：广告学
学　　制：本科 4 年
地　　址：开封市明伦街
邮　　编：475001
电　　话：(0378)3880262

河南职业技术学院

院系全称：环境艺术工程系
专业全称：广告设计与制作
学　　制：专科 3 年
地　　址：郑州市郑东新区龙子湖高校园区祭城路
邮　　编：450046
电　　话：(0371)65687733

河南商业高等专科学校

专业全称：广告设计与制作
学　　制：专科 3 年
地　　址：郑州市惠济区英才街 2 号
邮　　编：450045
电　　话：(0371)63515953

湖北省

湖北大学

院系全称：文学院新闻传播系
专业全称：视觉传达设计
专业设置年份：1994 年
学　　制：本科 4 年
地　　址：武汉市武昌区湖北大学
邮　　编：430062
电　　话：(027)88663809

湖北美术学院

院系全称：设计系
专业全称：广告学
专业设置年份：1985 年
学　　制：本科 4 年
地　　址：武汉市武昌区小东门中山路 374 号
邮　　编：430060
电　　话：(027)68895070

中南民族大学

院系全称：文学院广告学系
专业全称：广告学
专业设置年份：1996 年
学　　制：本科 4 年
地　　址：武汉市洪山区民院路 708 号
邮　　编：430074
电　　话：(027)67842696

武汉大学

院系全称：新闻与传播学院广告学系
专业全称：广告学
专业设置年份：1994 年
学　　制：博士 3 年　硕士 3 年
　　　　　本科 4 年　专科 2 年
地　　址：武汉市武昌珞珈山武汉大学新闻与传播学院
邮　　编：430072
电　　话：(027)68756969

华中农业大学

院系全称：文法学院广告与传播学系
专业全称：广告学
专业设置年份：1999 年
学　　制：硕士 3 年　本科 4 年
　　　　　函授 3 年
地　　址：武汉市洪山区狮子山街特 1 号
邮　　编：430070
电　　话：(027)87282069

华中科技大学

院系全称：新闻与信息传播学院
专业全称：广告学
专业设置年份：2000 年
学　　制：本科 4 年
地　　址：武汉市洪山区珞瑜路 1037 号
邮　　编：430074
电　　话：(027)87543520

江汉大学

院系全称：人文学院新闻传播系
专业全称：广告学
地　　址：武汉市沌口经济开发区
邮　　编：430056
电　　话：(027)84226819

武汉科技学院

院系全称：社会科学系
专业全称：广告学
专业设置年份：1999 年
学　　制：本科 4 年
地　　址：武汉市鲁巷纺织路 1 号
邮　　编：430073
电　　话：(027)87611623-371

武汉理工大学

院系全称：人文学院
专业全称：广告学
专业设置年份：1995 年
学　　制：本科 4 年
地　　址：武汉市洪山区珞狮路 122 号
邮　　编：430070
电　　话：(027)87651131

湖北工业大学

院系全称：艺术设计学院
专业全称：广告学
地　　址：武汉市武昌南湖李家墩一村 1 号
邮　　编：430068
电　　话：(027)88034039

湖北经济学院

专业全称：艺术设计
地　　址：武汉市江夏区藏龙岛开发区杨桥湖大道 8 号
邮　　编：430205
电　　话：(027)81973935、81973870

咸宁学院

专业全称：艺术设计
专业设置年份：2004 年
学　　制：本科 4 年
地　　址：咸宁市咸安区永安大道 2 号
邮　　编：437005
电　　话：(0715)8338004

襄樊学院

院系全称：艺术学院
专业全称：广告学
地　　址：襄樊市 296 号
邮　　编：441053
电　　话：(0710)3593223

长江大学

院系全称：文学院
专业全称：广告学
学　　制：本科 4 年
地　　址：荆州市南环路 1 号
邮　　编：434023
电　　话：(0716)8060550

武汉工程大学

院系全称：艺术设计学院
专业全称：广告学
学　　制：本科 4 年
地　　址：武汉市洪山区雄楚大街 693 号
邮　　编：430073
电　　话：(027)87194663

湖北师范学院

院系全称：文学院
专业全称：广告学
学　　制：本科 4 年
地　　址：黄石市磁湖路 11 号
邮　　编：435002
电　　话：(0714)6572179

孝感学院

院系全称：人文学院广告系
专业全称：广告学
学　　制：本科 4 年
地　　址：孝感市交通大道 272 号
邮　　编：432000
电　　话：(0712)2345678

湖北第二师范学院

院系全称：文学院
专业全称：广告学
学　　制：本科 4 年
地　　址：武汉市东湖新技术开发区高新二路 129 号
邮　　编：430205
电　　话：(027)87803403

武汉理工大学华夏学院

院系全称：人文系
专业全称：广告学
学　　制：本科 4 年
地　　址：武汉东湖新技术开发区关山大道 589 号
邮　　编：430223
电　　话：(027)81695501

华中科技大学文华学院

院系全称：人文社会学学部
专业全称：广告学
学　　制：本科 4 年
地　　址：武汉市光谷创业街文华路 1 号
邮　　编：430074
电　　话：(027)87599065

武汉科技学院外经贸学院

专业全称：广告学
学　　制：本科 4 年
地　　址：武汉市江夏区庙山开发区阳光大道 1 号
邮　　编：430020
电　　话：(0931)8698906

武汉大学东湖分校

院系全称：新闻学院
专业全称：广告设计与制作 广告学
学　　制：专科 3 年，本科 4 年
地　　址：武汉市江夏区纸坊街正汤北路 1 号

邮　　编：430212
电　　话：(027)81931188

湖北城市建设职业技术学院

专业全称：广告设计与制作
学　　制：专科 3 年
地　　址：武汉市东湖高新技术开发区藏龙岛科技园区藏龙大道 28 号
邮　　编：430205
电　　话：(027)81326809

长江职业学院

院系全称：艺术学院
专业全称：广告设计与制作
学　　制：专科 3 年
地　　址：武汉市武昌雄楚大街 918 号
邮　　编：430074
电　　话：(027)87170202

湖北交通职业技术学院

院系全称：设计艺术系
专业全称：广告设计与制作
学　　制：专科 3 年
地　　址：武汉市洪山区雄楚大街 455 号
邮　　编：430079
电　　话：(027)87424984

武汉科技大学中南分校

院系全称：艺术学院
专业全称：广告设计与制作
学　　制：专科 3 年
地　　址：武汉市武昌江夏大道 18 号
邮　　编：430223
电　　话：(027)81652037

湖南省

湖南大学

院系全称：新闻传播与影视艺术学院
专业全称：广告学
专业设置年份：2003 年
学　　制：硕士 3 年　本科 4 年
地　　址：长沙市麓山南路 1 号
邮　　编：410082
电　　话：(0731)88821699

湖南商学院

院系全称：艺术设计系
专业全称：艺术设计
地　　址：长沙市岳麓区岳麓大道 569 号
邮　　编：410205
电　　话：(0731)88686604

中南大学

院系全称：艺术学院
专业全称：广告学
地　　址：长沙市岳麓山
邮　　编：410083
电　　话：(0731)8836761

湖南师范大学

院系全称：新闻与传播学院
专业全称：广告学
专业设置年份：2003 年
学　　制：博士 1 年　硕士 3 年
本科 4 年　函授 3 年
地　　址：长沙市麓山南路 36 号
邮　　编：410081
电　　话：(0731)88662109

湖南工程学院

院系全称：纺织工程系
专业全称：艺术设计
专业设置年份：1996 年（专科）
2000 年（本科）
学　　制：本科 4 年　专科 3 年
地　　址：湘潭市东湖路 18 号
邮　　编：411104
电　　话：(0732)8680041

湖南农业大学

专业全称：艺术设计
专业设置年份：2004 年
学　　制：本科 4 年
地　　址：长沙市东郊西湖
邮　　编：410128
电　　话：(0731)4617888、4618001

湘潭大学

院系全称：文学与新闻学院广告系
专业全称：广告学　艺术设计
专业设置年份：1997 年　2004 年
学　　制：本科 4 年
地　　址：湖南湘潭市湘潭大学文科楼 4 楼
邮　　编：411105
电　　话：(0731)858292169、858292439

湘潭工学院

院系全称：广告学
专业设置年份：2000 年
学　　制：本科 4 年
地　　址：湘潭市北郊
邮　　编：411207
电　　话：(0732)8290011

湖南理工学院

院系全称：新闻传播学院
专业全称：广告学
专业设置年份：2001 年
学　　制：本科 4 年　专科 3 年
地　　址：岳阳市学院路
邮　　编：414006
电　　话：(0730)8640952

中南林业科技大学

院系全称：家具艺术设计学院
专业全称：艺术设计、广告学
专业设置年份：1986 年、2004 年
学　　制：博士 3 年　硕士 3 年
本科 4 年　专科 3 年
地　　址：湖南省长沙市韶山南路 498 号
邮　　编：410004
电　　话：(0731)85623096

湖南文理学院

院系全称：美术学院
专业全称：艺术设计
地　　址：常德市洞庭大道 170 号
邮　　编：415000
电　　话：(0736)7186137

怀化学院

院系全称：艺术设计系
专业全称：艺术设计
地　　址：怀化市怀化学院
邮　　编：418008

电　　话：(0745)2855188

吉首大学

院系全称：文学与新闻传播学院
专业全称：广告学
地　　址：吉首市吉首大学文学与新闻传播学院
邮　　编：416000
电　　话：(0743)8564106

湖南科技大学

院系全称：艺术学院
专业全称：艺术设计
学　　制：本科 4 年
地　　址：湖南省湘潭市桃园路
邮　　编：411201
电　　话：(0731)58290011

湖南工业大学

院系全称：文学与新闻传播学院
专业全称：广告学
学　　制：本科 4 年
地　　址：株洲市文化路
邮　　编：412008
电　　话：(0731)22261003

衡阳师范学院

院系全称：新闻与传播系
专业全称：广告学
学　　制：本科 4 年
地　　址：衡阳市黄白路 165 号
邮　　编：421008
电　　话：(0734)8486679

湖南科技学院

院系全称：新闻传播系
专业全称：广告学
学　　制：本科 4 年
地　　址：永州市零陵区杨梓塘路 130 号
邮　　编：425100
电　　话：(0746)6382188

广东省

暨南大学

院系全称：新闻与传播学院
专业全称：商业美术设计
专业设置年份：1994 年
学　　制：硕士 3 年　本科 4 年
地　　址：广州市黄埔大道 601 号
邮　　编：510632
电　　话：(020)85222397

广州大学

院系全称：艺术与设计学院
专业全称：艺术设计
地　　址：大学城外环西路 230 号
邮　　编：510091
电　　话：(020)86237571

广州美术学院

院系全称：装潢艺术设计系
专业全称：广告学
地　　址：广州市海珠区昌岗东路 257 号
邮　　编：510260
电　　话：(020)84017740

广东商学院

院系全称：人文传播学院
专业全称：广告学
专业设置年份：2001 年
学　　制：本科 4 年
地　　址：广州市海珠区仑头路 21 号
邮　　编：510320
电　　话：(020)84096903

广东外语外贸大学

专业全称：艺术设计
专业设置年份：2004 年
学　　制：本科 4 年
地　　址：广州市白云大道北 2 号
邮　　编：510420
电　　话：(020)86627595

广东技术师范学院

院系全称：艺术设计系
专业全称：艺术设计
地　　址：广州市天河区中山大道 293 号
邮　　编：510665
电　　话：(020)38257155

华南农业大学

院系全称：艺术学院
专业全称：艺术设计
地　　址：广州市天河区五山路
邮　　编：510642
电　　话：(020)85280048

华南师范大学

院系全称：美术学院
专业全称：艺术设计
地　　址：广州市石牌华南师范大学美术学院
邮　　编：510631
电　　话：(020)85211338

韶关学院

院系全称：美术学院
专业全称：艺术设计
地　　址：韶关市韶关学院
邮　　编：512005
电　　话：(0751)8121423

韩山师范学院

院系全称：美术系
专业全称：艺术设计
地　　址：潮州市韩山师范学院
邮　　编：521041
电　　话：(0768)2526493

汕头大学

院系全称：长江艺术与设计学院
专业全称：广告学
专业设置年份：1988 年
学　　制：本科 4 年
地　　址：汕头市大学路 243 号
邮　　编：515063

深圳大学

院系全称：文学院传播系
专业全称：艺术设计
专业设置年份：1989 年
学　　制：本科 4 年　专科 3 年　函授 3 年
地　　址：深圳市南山区南海大道 3688 号
邮　　编：518060
电　　话：(0755)26535207、26536114

肇庆学院

院系全称：美术系
地　　址：肇庆市端州区迎宾大道
邮　　编：526061
电　　话：(0758)2716352

吉林大学珠海学院

院系全称：中国语言文学系
专业全称：广告学
学　　制：本科4年
地　　址：珠海市金湾区草堂湾
邮　　编：519041
电　　话：(0756)7626296

华南理工大学

专业全称：广告学
学　　制：本科4年
地　　址：广州市天河区五山路381号
邮　　编：344000
电　　话：(0794)87114544

北京师范大学—香港浸会大学联合国际学院

院系全称：人文与社会科学学部
专业全称：广告学
学　　制：本科4年
地　　址：珠海市唐家湾金凤路28号
邮　　编：519085
电　　话：(0756)3620615

广东农工商职业技术学院

院系全称：广东农工商职业技术学院计算机科学系
专业全称：广告设计与制作
学　　制：专科3年
地　　址：广州市天河区粤垦路198号
邮　　编：510507
电　　话：(020)85230071

广州城市职业学院

院系全称：广州城市职业学院艺术设计学院
专业全称：广告设计与制作
学　　制：专科3年
地　　址：广州市广园中路248号
邮　　编：510405
电　　话：(020)86375471

广东女子职业技术学院

院系全称：艺术设计与信息技术系
专业全称：广告设计与制作
学　　制：专科3年
地　　址：广州市番禺区市莲路南浦段2号
邮　　编：511450
电　　话：(020)34557001

广西壮族自治区

广西大学

院系全称：文化与传播学院
专业全称：广告学
专业设置年份：1993年
学　　制：本科4年　专科3年
地　　址：南宁市大学路100号
邮　　编：530004
电　　话：(0711)3232310

广西艺术学院

院系全称：设计学院
专业全称：广告学
专业设置年份：1993年
学　　制：硕士2年　本科4年
地　　址：南宁市教育路7号
邮　　编：530022
电　　话：(0771)5358915

玉林师范学院

专业全称：艺术设计
专业设置年份：2004年
学　　制：本科4年
地　　址：玉林市教育中路229号
邮　　编：537000
电　　话：(0775)2803156

桂林理工大学

院系全称：人文社会科学学院
专业全称：广告学
学　　制：本科4年
地　　址：桂林市建干路12号
邮　　编：541004
电　　话：(0773)5896575

广西师范学院

院系全称：新闻传播系
专业全称：广告学
学　　制：本科4年
地　　址：南宁市明秀东路175号
邮　　编：530001
电　　话：(0771)3903928

广西财经学院

院系全称：国际经济与贸易系
专业全称：广告学
学　　制：本科4年
地　　址：南宁市明秀西路100号
邮　　编：530003
电　　话：(0771)3859737

海南省

海南大学

专业全称：广告学
地　　址：海口市海甸岛人民路58号
邮　　编：570228
电　　话：(0898)66259926

海南大学三亚学院

院系全称：人文与传播学院
专业全称：广告学
学　　制：本科4年
地　　址：三亚市迎宾大道学院路
邮　　编：572022
电　　话：(0898)88386666

海南科技职业学院

院系全称：人文学院
专业全称：广告设计与制作
学　　制：专科3年
地　　址：海口市琼山大道18号
邮　　编：571126
电　　话：(0898)65969889

重庆市

四川外语学院

院系全称：新闻传播学院
专业全称：广告学
专业设置年份：2003年
学　　制：本科4年
地　　址：重庆市沙坪坝烈士墓壮志路33号
邮　　编：400031
电　　话：(023)65385337

重庆工商大学

院系全称：文学与新闻学院
专业全称：广告学
地　　址：重庆市南岸区学府大道19号
邮　　编：400067
电　　话：(023)62769390

重庆交通大学

院系全称：人文学院
专业全称：广告学
学　　制：本科4年
地　　址：重庆市南岸区学府大道66号
邮　　编：400074
电　　话：(023)62652497

四川省

四川大学

院系全称：文学与新闻学院广告系
专业全称：广告学
专业设置年份：1993年
学　　制：博士3年　硕士3年
　　　　　本科4年　专科2年
地　　址：成都市望江路29号
邮　　编：610064
电　　话：(028)85412710

四川农业大学

院系全称：人文社科学院
专业全称：广告学
专业设置年份：2002年
学　　制：本科4年
地　　址：雅安市雨城区新康路46号
邮　　编：625014
电　　话：(0835)2882232

成都理工大学

院系全称：传播科学与艺术学院
专业全称：广告学
专业设置年份：2001年
学　　制：本科4年
地　　址：成都市二仙桥东三路1号
邮　　编：610059
电　　话：(028)84076718、84079968

四川师范大学

专业全称：广告学
地　　址：成都市镇江区静安路5号
邮　　编：610068
电　　话：(028)84442612

西南民族学院

院系全称：艺术学院
专业全称：艺术设计
地　　址：成都市一环路南四段西南民族学院
邮　　编：610041
电　　话：(0812)85524112

西南交通大学

院系全称：艺术与传播学院
专业全称：艺术设计
地　　址：成都市二环路北二段111号
邮　　编：610031
电　　话：(028)87600508

西南财经大学

院系全称：工商管理学院
专业全称：广告学
地　　址：成都市光华村街55号
邮　　编：610074
电　　话：(028)87352246

绵阳师范学院

专业全称：艺术设计
专业设置年份：2004 年
学　　制：本科 4 年
地　　址：绵阳市仙人路一段 30 号
邮　　编：621000
电　　话：(0816)2200018

西南石油学院

专业全称：广告学
专业设置年份：2004 年
地　　址：南充市油院路 30 号
邮　　编：637001
电　　话：(0817)2642302

内江师范学院

院系全称：美术系
专业全称：艺术设计
地　　址：内江市桐梓坝
邮　　编：641112
电　　话：(0832)2341742

宜宾学院

院系全称：美术系
专业全称：艺术设计
地　　址：宜宾市五粮液大道东段西圣路 8 号
邮　　编：644000
电　　话：(0831)3545011

西南科技大学

院系全称：文学与艺术学院
专业全称：广告学
学　　制：本科 4 年
地　　址：绵阳市涪城区青龙大道中段 59 号
邮　　编：621010
电　　话：(0816)6089071

四川师范大学成都学院

院系全称：人文社科系
专业全称：广告学
学　　制：本科 4 年
地　　址：成都市郫县团结镇学院街 65 号
邮　　编：611745
电　　话：(028)87953080

贵州省

贵州民族学院

院系全称：传媒学院
专业全称：广告学
专业设置年份：1995 年
学　　制：本科 4 年
地　　址：贵阳市花溪区贵州民族学院文学与传播学院
邮　　编：550025
电　　话：(0851)3610255、3613465

贵州财经学院

院系全称：文化财经学院
专业全称：广告学
学　　制：本科 4 年
地　　址：贵阳市鹿冲关路 276 号
邮　　编：550004
电　　话：(0851)6902969

云南省

云南大学

院系全称：艺术与设计学院
专业全称：广告学
专业设置年份：1994 年
学　　制：本科 4 年
地　　址：昆明市翠湖北路 2 号
邮　　编：650091
电　　话：(0871)5036627

云南师范大学

院系全称：艺术学院
专业全称：广告学
专业设置年份：1993 年
学　　制：本科 4 年　专科 3 年　函授 3 年
地　　址：昆明市一二一大街 298 号
邮　　编：650092
电　　话：(0871)5516203

陕西省

西北大学

院系全称：新闻传播学院广告系
专业全称：广告学
专业设置年份：1993 年
学　　制：本科 4 年
地　　址：西安市高新四路 15 号
邮　　编：710075
电　　话：(029)88302525

曲靖师范学院

专业全称：艺术设计
专业设置年份：2004 年
学　　制：本科 4 年
地　　址：曲靖市麒麟区三江大道
邮　　编：655011

西安美术学院

院系全称：设计系
专业全称：展示设计
地　　址：西安市含光南路 100 号
邮　　编：710065
电　　话：(029)88222342、88216989

西安工业学院

院系全称：人文学院
专业全称：广告学
专业设置年份：2002 年
学　　制：本科 4 年
地　　址：西安市金花北路 4 号
邮　　编：710032
电　　话：(029)83208308、83208114

西安石油大学

院系全称：人文学院
专业全称：广告学
专业设置年份：2001 年
学　　制：本科 4 年
地　　址：西安市电子二路 18 号
邮　　编：710065
电　　话：(029)88382753

长安大学

院系全称：人文社会科学学院广告学系
专业全称：广告学
专业设置年份：2001 年
学　　制：本科 4 年
地　　址：西安市南二环路中段长安大学
邮　　编：710064
电　　话：(029)62630089

渭南师范学院

专业全称：艺术设计
专业设置年份：2004 年
学　　制：本科 4 年
地　　址：渭南市朝阳路西段
邮　　编：714000
电　　话：(0913)2133041

宝鸡文理学院

院系全称：中文系
专业全称：广告学
专业设置年份：2001 年
学　　制：本科 4 年
地　　址：宝鸡市高新大道 1 号
邮　　编：721013
电　　话：(0917)3364307

西安工程大学

院系全称：服装与艺术设计专业
专业全称：广告学
学　　制：本科 4 年
地　　址：西安市金花南路 19 号
邮　　编：710048
电　　话：(029)82330087

咸阳师范学院

院系全称：文学与传播学院
专业全称：广告学
学　　制：本科 4 年
地　　址：咸阳市文林路
邮　　编：712000
电　　话：(0910)3722373

西安外国语大学

院系全称：文化传播学院
专业全称：广告学
学　　制：本科 4 年
地　　址：西安市郭杜教育科技产业开发区文苑南路
邮　　编：710128
电　　话：(029)85319274

西安财经学院

院系全称：文法学院
专业全称：广告学
学　　制：本科 4 年
地　　址：西安市长安区韦常路南台 2 号
邮　　编：710100
电　　话：(029)82348361

西安民族学院

院系全称：新闻传播学院
专业全称：广告学
学　　制：本科 4 年
地　　址：咸阳市文汇东路 6 号
邮　　编：712082
电　　话：(029)33755799

西安翻译学院

院系全称：艺术设计系
专业全称：广告学
学　　制：本科 4 年
地　　址：西安市长安区太乙宫
邮　　编：710105
电　　话：(029)85896666

西安财经学院行知学院

院系全称：人文社科系
专业全称：广告学
学　　制：本科 4 年
地　　址：西安市灞桥区狄寨路 57 号
邮　　编：710038
电　　话：(029)82617590

西安思源学院

院系全称：人文学院
专业全称：广告设计与制作
学　　制：专科 3 年
地　　址：西安市东郊水安路 28 号
邮　　编：710038
电　　话：(029)82601888

陕西青年职业学院

院系全称：人文社会科学系
专业全称：广告设计与制作
学　　制：专科 3 年
地　　址：西安市含光北路 155 号
邮　　编：710068
电　　话：(029)88413889

甘肃省

兰州大学

院系全称：新闻与传播系
专业全称：广告学
地　　址：兰州市嘉峪关西路 9 号
邮　　编：730000

兰州交通大学

院系全称：艺术设计学院
专业全称：广告设计系
专业设置年份：2001 年
学　　制：本科 4 年
地　　址：兰州市安宁区西路 88 号
邮　　编：730070

兰州商学院

院系全称：商务传媒学院
专业全称：广告学
地　　址：兰州市段家滩 496 号
邮　　编：730020
电　　话：(0931)5252090

西北民族大学

院系全称：新闻传播学
专业全称：广告学
学　　制：本科 4 年
地　　址：兰州市西北新村 1 号
邮　　编：730030
电　　话：(0931)2938003

兰州商学院长青学院

院系全称：艺术系
专业全称：广告学
学　　制：本科 4 年
地　　址：兰州市城关区店子街 45
邮　　编：730020
电　　话：(0931)8698906

青海省

青海民族大学

院系全称：文学与新闻传播学院
专业全称：广告学
学　　制：本科 4 年
地　　址：西宁市八一中路 3 号
邮　　编：810007
电　　话：(0971)8808501

宁夏回族自治区

宁夏大学

院系全称：人文学院新闻系
专业全称：广告创意与传播
专业设置年份：2000 年
学　　制：专科 3 年
地　　址：银川市西夏区贺兰山西路 489 号
邮　　编：750021
电　　话：(0951)2061705、2077800

北方民族大学

院系全称：文史学院
专业全称：广告学
学　　制：本科 4 年
地　　址：银川市西夏区文昌北街 204 号
邮　　编：750021
电　　话：(0951)2066992

新疆维吾尔自治区

新疆大学

院系全称：人文学院新闻系
专业全称：广告学
地　　址：乌鲁木齐市胜利路 14 号
邮　　编：830046
电　　话：(0991)8582815

新疆艺术学院

院系全称：影视戏剧系
专业全称：广告学
学　　制：本科 4 年
地　　址：乌鲁木齐市团结路 734 号
邮　　编：830049
电　　话：(0991)2568202

'2015 中国广告年鉴
China Advertising Yearbook

全国广告经营单位选介

Introduction of Selected Advertising Units in China

北京市

广播电视类

中央电视台

地　址：北京市海淀区复兴路 11 号
邮　编：100036
电　话：(010)68507484

国家广播电影电视总局电影卫星频道节目制作中心

地　址：北京市西土城路 2 号
邮　编：100088
电　话：(010)82046622

中国农业电影电视中心

地　址：北京市海淀区中关村南大街十号
邮　编：100081
电　话：(010)82101813

北京电视台

地　址：北京市朝阳区建国路甲 98 号
邮　编：100022
电　话：(010)85338647

中央人民广播电台

地　址：北京市复兴门外大街 2 号
邮　编：100866
电　话：(010)65158737

北京人民广播电台

地　址：北京市朝阳区建外大街甲 14 号
邮　编：100022
电　话：(010)85012000

中国教育电视台广告中心

地　址：北京市朝阳区东三环南路 98 号韩建丹阳大厦 10 层 1007 室
邮　编：100021
电　话：(010)58611311

北京密云广播电视中心广告部

地　址：北京市密云县西大桥路 18 号
邮　编：101500
电　话：(010)89095550

中国国际电视总公司广告部

地　址：北京市海淀区羊坊店路 9 号京门大厦
邮　编：100038
电　话：(010)63950016

中国国际广播电台广告部

地　址：北京市石景山区石景山路甲 16 号广告部
邮　编：100040
电　话：(010)68892521

新闻出版类

中国证券报社

地　址：北京市宣武门西大街甲 97 号
邮　编：100031
电　话：(010)63072603

中国烟草杂志社

地　址：北京市西城区月坛南街 55 号
邮　编：100055
电　话：(010)63605472

中国矿业报社广告部

地　址：北京市西城区广安门南滨河路 23 号
邮　编：100037
电　话：(010)63422533

北京广播电视报社

地　址：北京市崇文区安乐林路 18 号
邮　编：100075
电　话：(010)67134368

北京晨报社

地　址：北京市朝阳区广渠路 3 号竞园
邮　编：100600
电　话：(010)87955757

北京青年报社广告部

地　址：北京市朝阳区白家庄东里 23 号院 A 栋
邮　编：100026
电　话：(010)65902199

北京商报社

地　址：北京市朝阳区和平里西街 21 号
邮　编：100013
电　话：(010)84285566

北京晚报广告部

地　址：北京市建国门内大街 26 号
邮　编：100734
电　话：(010)85201183

电子游戏软件杂志社广告部

地　址：北京市安德里北街恒通伟业大厦 4 层 403
邮　编：100011
电　话：(010)64472920

法制晚报社

地　址：北京市朝阳区建国路 71 号惠通时代 A1 座
邮　编：100025
电　话：(010)58635355

工人日报社广告部

地　址：北京市东城安德路甲 61 号
邮　编：100718
电　话：(010)84151121

光明日报社广告部

地　址：北京市西城区永安路 106 号
邮　编：100050
电　话：(010)67078200

华夏时报社

地　址：北京市西城区太子街甲 6 号富力摩根 B 座 8 层
邮　编：100022
电　话：(010)59250005

环球时报社

地　址：北京市朝阳区金台西路 2 号
邮　编：100026
电　话：(010)65091871

解放军报社

地　址：北京市西城区阜外大街 34 号
邮　编：100832
电　话：(010)68570796

金融时报社

地　址：北京市海淀区中关村南大街甲 18 号北京国际 D 座 22 层
邮　编：100081
电　话：(010)82198333

经济日报农村版

地　址：北京市西城区月坛南街 26 号
邮　编：100825
电　话：(010)68516119

科技日报社广告部

地　址：北京市复兴路 15 号
邮　编：100038
电　话：(010)58884125

瞭望周刊社

地　址：北京市宣武门西大街甲 97 号 701 室
邮　编：100031
电　话：(010)63073937

人民日报海外版

地　址：北京市朝阳区金台西路 2 号
邮　编：100733
电　话：(010)65369288

人民日报社

地　址：北京市朝阳区金台西路 2 号
邮　编：100733
电　话：(010)65368759

人民邮电报社

地　址：北京市朝阳区安苑路 11 － 1
邮　编：100044
电　话：(010)64962994

首钢日报社

地　址：北京市石景山区首钢总公司大院内
邮　编：100043
电　话：(010)68873088

新京报社

地　址：北京市东城区幸福（北）大街 37 号新京报社
邮　编：100061
电　话：(010)67106666

中国妇女报社广告部

地　址：北京市西城区地安门西大街 103 号
邮　编：100009
电　话：(010)83226311

中国工商报社

地　址：北京市丰台区花乡纪家庙
邮　编：100070
电　话：(010)63711924

中国国防报社广告部

地　址：北京市西城区阜外大街 34 号
邮　编：100832
电　话：(010)68570796

中国花卉报社

地　址：北京市丰台区东铁匠营横六条 19 号
邮　编：100073
电　话：(010)87680622

中国化工报社

地　址：北京市西城区六铺炕北小街甲 2 号
邮　编：100011
电　话：(010)82037800

中国环境报社

地　址：北京市东城区广渠门内大街 16 号 1105 室
邮　编：100061
电　话：(010)67167403

中国教育报刊社

地　址：北京市海淀区文慧园北路 10 号
邮　编：100082
电　话：(010)62257722

中国经济导报广告策划部

地　址：北京市西城区广安门内大街 315 号信息大厦 B 座
邮　编：100824
电　话：(010)63691591

中国经营报社广告部

地　址：北京市西四环北路 6 号院 1 号楼
邮　编：100089
电　话：(010)88469630

中国贸易报社

地　址：北京市朝阳区北三环东路静安西街 2 号
邮　编：100028
电　话：(010)64671063

中国企业报社广告部

地　址：北京市海淀区紫竹院南路 17 号
邮　编：100044
电　话：(010)68420501

中国汽车报社广告部

地　址：北京市海淀区阜成路 115 号北京印象 1 号楼 2 门 4 层
邮　编：100036
电　话：(010)88136860

中国青年报社广告部

地　址：北京市东城区海运仓 2 号
邮　编：100702
电　话：(010)64098333

中国日报社

地　址：北京市朝阳区惠新东街 15 号
邮　编：100029
电　话：(010)64995000

瑞丽杂志社

电　话：(010)85119820

中国食品报社

地　址：北京市丰台区太平桥东里 5 号
邮　编：100073
电　话：(010)63272076

中国体育报业总社广告部

地　址：北京市东城区体育馆路 8 号
邮　编：100061
电　话：(010)67111386

中国信息报社广告部

地　址：北京市西城区月坛南街 57 号
邮　编：100073
电　话：(010)63376799

作家文摘报社

地　址：北京市东城区王家园 10 号
邮　编：100026
电　话：(010)65518029

公司类

北京市首发高速公路经营管理有限公司

地　址：北京市通州区台湖镇京哈高速田家府服务区北区
邮　编：101102
电　话：(010)61530705

北京未来广告有限公司

地　址：北京市朝阳区建国路甲 92 号世茂大厦 B 座 19 层
邮　编：100022
电　话：(010)59573090

北京地下铁道通成广告有限公司

地　址：北京市东城区长安街 1 号东方广场 W3 座 1201 室 -1203 室
邮　编：100738
电　话：(010)85010888

北京通惠恒源投资管理有限公司

地　址：北京市朝阳区西大望路甲 12 号
邮　编：100124
电　话：(010)67797777

中铁世纪传媒广告有限公司

地　址：北京市海淀区羊坊路 17 号育通写字楼 A 座三层
邮　编：100038
电　话：(010)51019337

北京品尚广告有限公司

地　址：北京市朝阳区广渠路 28 号珠江帝景 210 楼 2107 室
邮　编：100124
电　话：(010)59527001

北京北方国联信息技术有限公司

地　址：北京市朝阳区广渠路 28 号珠江帝景 210 楼 2107 室
邮　编：100124
电　话：(010)59527001

北京维美盛景广告有限公司

地　址：北京市东城区东直门外大街 46 号天恒大厦 2207
邮　编：100000
电　话：(010)84608006

北京七彩通达广告传媒有限责任公司

地　址：北京市海淀区西三环北路 21 号久凌大厦南楼 6 层
邮　编：100089

百度在线网络技术北京有限公司

地　址：北京市海淀区上地十街十号
邮　编：100085

北京巴士传媒股份有限公司广告分公司

地　址：北京市海淀区紫竹路 32 号北京巴士传媒股份有限公司广告分公司
邮　编：100048
电　话：(010)84045159

北京国联视讯广告有限公司

地　址：北京市海淀区北洼路西里甲 3 号嘉城商务中心
邮　编：100089

北京华诚广告有限公司

地　址：北京市西城区北展北街 F 座 7 层
邮　编：100044
电　话：(010)88320378

北京新浪互联信息服务有限公司

地　址：北京市海淀区北四环西路 58 号理想国际大厦
邮　编：100080
电　话：(010)82628888

北京搜狐新媒体信息技术有限公司

地　址：北京市中关村东路 1 号搜狐网络大厦 15 层
邮　编：100084
电　话：(010)62726666

北京东方博杰广告有限公司

地　址：北京市朝阳区麦子店街 53 号
邮　编：100125
电　话：(010)89986688

北京海潮瑞德尔电子技术有限责任公司

地　址：北京市昌平区回龙观二拔子新村龙祥工业园 8 号
电　话：(010)51659765

蒙卫国际传媒广告（北京）有限责任公司

地　址：北京市朝阳区东三环北路 38 号院北京国际中心 4 号楼 903 室
邮　编：100026
电　话：(010)85879495

广而告之合众国际广告有限公司

地　址：北京市西城区金融街 35 号国际企业大厦 B 座 6 层
邮　编：100033
电　话：(010)88091099

北京航美传媒广告有限公司

地　址：北京市东城区东直门外大街 46 号天恒大厦 15 层
邮　编：100027
电　话：(010)84608181

北京环宇广告公司

地　址：北京市西城门西大街甲 97 号
邮　编：100031
电　话：(010)63076490

全中广告文化发展机构

地　址：北京市五芳园邮局 100 邮箱
邮　编：100040
电　话：(010)68611900

北京世纪双龙广告有限公司

地　址：北京市密云县鼓楼东大街 13 号
邮　编：101500
电　话：(010)69049788

北京华奥广告有限公司

地　址：北京市丰台区右安门外大街 2 号迦南大厦 1408 室
邮　编：100028
电　话：(010)84405701

北京奥美地亚广告有限公司

地　址：北京市朝阳区建国路 88 号 SOHO 现代城 C 座 1201 室
邮　编：100022
电　话：(010)85806066

北京白孔雀广告有限公司

地　址：北京市顺义区站前东街商业楼 321 室

邮　编：101300
电　话：(010)69420580

北京超炫广告有限公司

地　址：北京市石景山区苹果园南1号
邮　编：102488
电　话：(010)88790717

北京创意时空广告有限公司

地　址：北京市西城区广内大街338号
邮　编：100053
电　话：(010)83518560

北京大有视界传媒广告有限公司

地　址：北京市东城区安定门外大街2号安贞大厦2001室
邮　编：100013
电　话：(010)51278910

北京第七传媒广告有限公司

地　址：北京市朝阳区光华路七号汉威大厦C区11层B1106号
邮　编：100004
电　话：(010)64447262

北京缔元信互联网数据技术有限公司

地　址：北京市东城区青龙胡同1号歌华大厦A座612室
邮　编：100007
电　话：(010)84186666

北京电通广告有限公司

地　址：北京市东城区富华大厦F座11层
邮　编：100027
电　话：(010)65545085

北京东方捷先广告传播公司

地　址：北京市朝阳区裕民路12号华展国际公寓A座604室
邮　编：100029
电　话：(010)82253750

北京东方情缘广告有限公司

地　址：北京市朝阳区惠新东街8号2号楼设计大厦9层
邮　编：100101
电　话：(010)84662096

北京东方仁德广告有限公司

地　址：北京市朝阳区建国路93号万达商务大厦A1座21层
邮　编：100022
电　话：(010)58205551

北京斐思态广告有限公司

地　址：北京市朝阳区朝外大街18号丰联广场A座810
邮　编：100020
电　话：(010)65881406

北京福禄财广告有限公司

地　址：北京市平谷区西环北路2号
邮　编：101200
电　话：(010)69984927

北京高狮广告公司

地　址：北京市朝阳区裕民路12号华展国际公寓A座703
电　话：(010)82252551

北京公交广告有限责任公司

地　址：北京市东城区交道口南大街16号
邮　编：100007
电　话：(010)64007772

北京古韵广告有限公司

地　址：北京市密云县檀城北区1号9门
邮　编：101500
电　话：(010)69042919

北京光耀天润广告公司

地　址：北京市海淀区北小马厂6号华天大厦22层
邮　编：100038
电　话：(010)63322460

北京恒华伟业广告有限公司

地　址：北京市朝阳区半壁店290号小红帽物流中心3层
邮　编：100061
电　话：(010)87741845

北京华教通用航空公司

地　址：北京市海淀区彰化路银利娜物业6号楼
邮　编：100089
电　话：(010)51505298

北京金羽翼广告中心

地　址：北京市门头沟区新桥大街58号门头沟残联4层
邮　编：102300
电　话：(010)69861384

怀柔广电中心广告部

地　址：北京市怀柔区府前街政府旁北京大世界对面
邮　编：101400
电　话：(010)69656374

北京联合趋势国际广告有限公司

电　话：(010)85805202

北京凌鹏时代科技有限公司

地　址：北京市海淀区安宁庄东路30号
邮　编：100085
电　话：(010)51299131

北京绿谷缘广告有限公司

地　址：北京市平谷区新平北路63号
邮　编：101200
电　话：(010)89989001

北京伦世达广告企划有限公司

地　址：北京市珠市口东大街1号新阳商务楼B座5层
邮　编：100061
电　话：(010)67082355

北京平谷金鼎广告公司

地　址：北京市平谷区旧城街8号
邮　编：101200
电　话：(010)89984730

北京瑞成创亿广告有限公司

地　址：北京市朝阳区大郊亭金海国际
电　话：(010)58200846

北京三基色广告有限公司

地　址：北京市门头沟区潭柘寺新大街1号
邮　编：102300
电　话：(010)69863458

北京桑夏广告公司

地　址：北京市朝阳区霞光里66号远洋新干线A座7层
邮　编：100027
电　话：(010)84466415

北京盛事晨威广告公司

地　址：北京市西城区珠市口西大街120号太丰慧中大厦5层522室
邮　编：100050

电　话：(010)63552772

北京世邦联合广告有限公司

地　址：北京市朝阳区建国路 88 号现域 SOHO - COFT - 0327 号
邮　编：100022
电　话：(010)85802468

北京太阳圣火广告有限公司

地　址：北京市朝阳区建国路 88 号现代城 SOHO - A 座 2309
邮　编：100022
电　话：(010)85800003

北京天龙时代广告有限公司

地　址：北京市密云县鼓楼东大街 26 号
邮　编：101500
电　话：(010)69025898

北京视奥联合广告有限公司

电　话：(010)84263333

北京未名广告有限责任公司

地　址：北京市长春桥路新起点嘉园 2 号楼 2108
邮　编：100089
电　话：(010)82561156

北京西藏国风广告有限公司

地　址：北京市朝阳区霞光里 9 号
邮　编：100125
电　话：(010)65088200

北京新文化广告公司

地　址：北京市昌平区南环路 26 - 6 号
邮　编：102200
电　话：(010)69714687

北京炎黄时代广告有限公司

地　址：北京市西城区文津街 7 号国图 2 层
邮　编：100802
电　话：(010)66129928

北京研桑广告制作中心

地　址：北京市顺义区拥军路（电视台院内）
邮　编：101300
电　话：(010)69423368

北京友林广告公司

地　址：北京市顺义区顺平路 579 号
邮　编：101300
电　话：(010)69476663

北京远大工商广告公司

地　址：北京市大兴区兴政街 23 号
邮　编：102600
电　话：(010)69247401

北京中视电传广告公司

地　址：北京市建国路 93 号院万达广场 10 号楼 15 层
电　话：(010)58208858

北京中天艺圣广告公司

地　址：北京市丰台区长辛店镇杜家坎南路 8 号 321 室
邮　编：100072
电　话：(010)83884812

北青传媒股份有限公司

地　址：北京市朝阳区白家庄东里 23 号院 A 栋
邮　编：100026
电　话：(010)65902199

迪思传播集团

地　址：北京市朝阳区高井文化产业园东正国际 C - 7 号楼
邮　编：100022
电　话：(010)65661919

北京海润新时代广告公司

地　址：北京市朝阳区安慧北里安园 5 号海润大厦 3 层
电　话：(010)64899933

北京蓝之象启划机构

地　址：北京市海淀区成府路华清嘉园 18 号楼 - 2 - 101
电　话：(010)82867007

北京中视北广广告有限公司

地　址：北京市朝阳区建国路 18 号
邮　编：100020
电　话：(010)65403066

海天网联公关顾问公司

地　址：北京市大兴区旧宫镇旧桥路 1 号富力盛悦居 22 号楼 703 - 705
邮　编：100020
电　话：(010)85655666

麦肯光明广告有限公司

地　址：北京市朝阳区酒仙桥路 14 号兆维大厦 9 楼
邮　编：100015
电　话：(010)58040000

全景视觉网络科技有限公司

地　址：北京市朝阳区朝外大街乙 12 号昆泰国际大厦 707 室
邮　编：100020
电　话：(010)58790667

三星影视交流中心

地　址：北京市海淀区什坊院 6 号京都信苑饭店 6 层
邮　编：100036
电　话：(010)63901020

宣亚国际广告公司

地　址：北京市朝阳区八里庄 1 号莱景创艺产业园
邮　编：100022
电　话：(010)85079666

央视市场研究股份有限公司

地　址：北京市西城区德外大街 5 号
邮　编：100088
电　话：(010)82015388

中国高新技术产业导报社有限公司

地　址：北京市海淀区木樨地茂林居 18 号 5 层
邮　编：100043
电　话：(010)68667266

中国邮政广告有限责任公司

地　址：北京市西城区北礼士路甲 8 号
邮　编：100868
电　话：(010)88381361

铁旭广告有限责任公司

地　址：北京市朝阳区亮马桥路 32 号高斓大厦 18F
邮　编：100016
电　话：(010)64642122 - 3807

天津市

广播电视类

天津电视台广告部

地　址：天津市和平区电台道 19 号天宇大酒店 3 层
邮　编：300070
电　话：(022)28201908

天津人民广播电台广告经营中心

电　话：(022)23374567

新闻出版类

天津市今晚报

地　址：天津市南京路 358 号
邮　编：300100
电　话：(022)27500172

天津日报社

地　址：天津市大沽南路 873 号天津日报大厦
邮　编：300211
电　话：(022)28201284

每日新报广告部

地　址：天津市大沽南路 873 号天津日报大厦
邮　编：300211
电　话：(022)28201943

天津广播电视报社

地　址：天津市和平区卫津路 143 号
邮　编：300070
电　话：(022)23601038

公　司　类

天津市北岛广告发展有限公司

地　址：天津市南开区卫津南路 78 号立达公寓 E 座 2F
邮　编：300381
电　话：(022)23955538

天津市天健广告有限责任公司

地　址：天津市河西区绍兴道罗马花园 D 座 1802
邮　编：300074
电　话：(022)28010288

天津市新地广告有限公司

地　址：天津市和平区云南路 12 号清华园商务大厦 B 座 120F
邮　编：300051
电　话：(022)83525081

河北省

广播电视类

邯郸县电视台广告部

地　址：邯郸市邯郸县陵园路东段
邮　编：056001
电　话：(0310)8025848

邯郸市人民广播电台

地　址：邯郸市人民路 246 号
邮　编：056002
电　话：(0310)3090313

石家庄市电视台广告部

地　址：石家庄市体育南大街 302 号
邮　编：050000
电　话：(0311)81587158

河北电视台广告经营管理中心

地　址：石家庄市建华南大街 101 号中方商务 4 层
邮　编：050031
电　话：(0311)66613226

河北人民广播电台

地　址：石家庄市裕华东路 63 号
邮　编：050012
电　话：(0311)86044143

保定电视台广告经济信息中心

地　址：保定市朝阳南大街 105 号
邮　编：071000
电　话：(0312)3095332

张家口电视台广告信息中心

地　址：张家口市桥东区建国路 17 号
邮　编：075000
电　话：(0313)2081518

滦平县广播电视局广告部

地　址：承德市滦平县栾平镇新建路南山广播电视局内 3 层
邮　编：068250
电　话：(0314)8585752

丰宁县广播电视台广告部

地　址：丰宁爱民街 25 号
邮　编：068350
电　话：(0314)8010452

唐山市丰润区广播电视局

地　址：唐山市丰润区新丰路80号
邮　编：064000
电　话：(0315)5116518

唐山市丰南区电视台

地　址：唐山市丰南区广电局内
邮　编：063000
电　话：(0315)8160661

霸州电视局广告部

地　址：霸州建开发区
邮　编：065700
电　话：(0316)7213312

大厂县电视台广告部

地　址：廊坊市大厂县广播电视局
邮　编：065000
电　话：(0316)8835854

固安县广播电视局

地　址：廊坊市固安县电视局
邮　编：065000
电　话：(0316)6161798

廊坊电视台广告部

地　址：廊坊市永丰道8号
邮　编：065000
电　话：(0316)2311376

廊坊人民广播电台广告部

地　址：廊坊市永丰道8号
邮　编：065000
电　话：(0316)2311383

文安县广播电视局

地　址：廊坊市文安县城北
邮　编：065800
电　话：(0316)5232797

香河县广播电视台广告部

地　址：廊坊市香河县府前街2号
邮　编：065000
电　话：(0316)8316185

任丘市电视台广告信息部

地　址：任丘市西环路12号增1号
邮　编：062550
电　话：(0317)2223643

黄骅市广播电视局广告策划中心

地　址：黄骅市建设大街
邮　编：061100
电　话：(0317)5325400

衡水电视台广告部

地　址：衡水市红旗大街693号
邮　编：053000
电　话：(0318)2106003

南宫市电视台信息部

地　址：南宫市106国道西侧
邮　编：055750
电　话：(0319)5222956

沙河市广播电视局广告文艺部

地　址：沙河市体育路
邮　编：054100
电　话：(0319)8801896

抚宁县广电中心广告部

地　址：抚宁县城关迎宾路133号
邮　编：066300
电　话：(0335)6683727

秦皇岛广播电台

地　址：秦皇岛市迎宾路9号
邮　编：066000
电　话：(0335)3601001

秦皇岛市电视台广告部

地　址：秦皇岛市迎宾路9号
邮　编：066000
电　话：(0335)3065139

秦皇岛电台广告部

地　址：秦皇岛市迎宾路9号秦皇岛电台广告部
邮　编：066000
电　话：(0335)3601001

新闻出版类

精品导报

地　址：石家庄市中山东路313号
邮　编：066000
电　话：(0311)88629319

河北法制报

地　址：石家庄市裕华西路120号
邮　编：050051
电　话：(0311)85208367

河北工人报社广告部

地　址：石家庄市中华南大街68号
邮　编：050051
电　话：(0311)87017658

河北广播电视报广告部

地　址：石家庄市青园街156号
邮　编：050031
电　话：(0311)85672177

河北经济日报

地　址：石家庄市裕华西路186号
邮　编：050081
电　话：(0311)88606081

河北科技报社广告部

地　址：石家庄市富强大街92号
邮　编：050021
电　话：(0311)85814557

河北青年报

地　址：石家庄市友谊北大街330号
邮　编：050091
电　话：(0311)83838000

石家庄日报

地　址：石家庄市中山东路313号
邮　编：050011
电　话：(0311)88629340

糖烟酒周刊杂志社

地　址：石家庄市广安大街36号银泰国际大厦15层
电　话：(0311)89105660

燕赵晚报

地　址：石家庄市中山东路313号
邮　编：050011
电　话：(0311)88629345

张家口日报社广告部

地　址：张家口市桥东区建国路39号
邮　编：075000
电　话：(0313)2019390

张家口广播电视报社广告部

地　址：张家口市桥东建国路26号
邮　编：075000
电　话：(0313)2015623

唐山晚报

地　址：唐山市西山道4号
邮　编：063000
电　话：(0315)2826001

开滦日报社

地　址：唐山市增盛路东街 8 号
邮　编：063000
电　话：(0315)3022073

廊坊日报广告部

地　址：廊坊市文明路 18 号
邮　编：065000
电　话：(0316)2035405

邢台广播电视报社广告部

地　址：邢台市郭守敬北路 265 号
邮　编：054000
电　话：(0319)2211228

邢台日报广告部

地　址：邢台市桥东区南园街 2 号
邮　编：054000
电　话：(0319)3129962

秦皇岛晚报广告部

地　址：秦皇岛市迎宾路报业大厦 3 层
邮　编：066000
电　话：(0335)3088755

秦皇岛日报社

地　址：秦皇岛市海港区迎宾路 139 号
邮　编：066001
电　话：(0335)3636449

公　司　类

邯郸市东宇广告有限公司

地　址：邯郸市复兴路 27 号
邮　编：056003
电　话：(0310)4188089

邯郸市亚太广告有限公司

地　址：邯郸市城内中街 96 号
邮　编：056002
电　话：(0310)3155850

邯郸市银华广告有限公司

地　址：邯郸市中华南大街 44 号
邮　编：056001
电　话：(0310)3051546

大道广告公司

地　址：石家庄市中山东路 85 中学
邮　编：050019
电　话：(0311)86045297

河北亚太广告有限公司石家庄分公司

地　址：石家庄市广安大街 77 号安侨商务 5 层 513 室
邮　编：050000
电　话：(0311)85260317

河北益和文化传播有限公司

地　址：石家庄市广安大街 36 号时代方舟 B 座 1706
邮　编：050011
电　话：(0311)86045640

河北春秋文化传播有限公司

地　址：石家庄市裕华东路 100 号省军区二招 B 座
邮　编：050000
电　话：(0311)85819390

河北霓虹广告有限公司

地　址：石家庄市广安大街 24 号财富大厦
邮　编：050000
电　话：(0311)85266188

河北邮电广告有限公司

地　址：石家庄市健康路 33 号
邮　编：050011
电　话：(0311)86677842

声屏之友广告部

地　址：石家庄市体育南大街 302 号
邮　编：050000
电　话：(0311)81587348

石家庄都市文化传播有限公司

地　址：石家庄市广安大街 77 号安桥商务 1201
邮　编：0500511
电　话：(0311)86053626

石家庄辉煌商务广告公司

地　址：石家庄市中山西路 322 号开元大厦 1603 室
邮　编：050011
电　话：(0311)86684966

石家庄极艺投资顾问有限公司

地　址：石家庄市裕华西路 9 号裕园广场 C 座 C2601
邮　编：050000
电　话：(0311)85288568

石家庄天马广告有限公司

地　址：石家庄和平东路 260 号－ 1 号
邮　编：050000
电　话：(0311)86672119

中仁广告艺术有限公司

地　址：石家庄市体育北大街 56 号美丽华大酒店 26 层
邮　编：050000
电　话：(0311)85260222

河北省安通广告公司

地　址：保定市永华南路双彩广场北侧 186–39 号
邮　编：071000
电　话：(0312)2038880

保定市东风广告有限责任公司

地　址：保定市东风中路 1 号
邮　编：071051
电　话：(0312)3037657

保定市宏图广告有限公司

地　址：保定市恒通财富中心 1540 室
邮　编：071000
电　话：(0312)3330886

怀来县天缘广告有限责任公司

地　址：张家口市怀来县沙城镇府前东街建设局 201 室
电　话：(0313)6234000

益民伟业广告装饰有限公司

地　址：张家口市宣华西马道 15 号
邮　编：075100
电　话：(0313)3038063

张家口市天元广告有限责任公司

地　址：张家口市桥西区坝岗 78–9
邮　编：075000
电　话：(0313)2163566

张家口宣化国美广告有限公司

地　址：张家口市宣化玉皇庙街 10 号
邮　编：075100
电　话：(0313)3023183

河北大智广告资讯有限公司

地　址：唐山市新源道和馨园 1 楼 2 门 203
邮　编：063000
电　话：(0315)2234567

唐山市唐新集团

地　址：唐山市丰润区光华道 39 号
邮　编：063030
电　话：(0315)3242706

唐山市天翼广告有限公司

地　址：唐山市路北区华严路体育场西
邮　编：063000
电　话：(0315)7257111

唐山原创文化传媒有限公司

地　址：唐山市路南区新天地购物乐园 E1 区 18、19 号
邮　编：063000
电　话：(0315)2326168

河北消费广场广告有限公司

地　址：廊坊市银河六大街东口
邮　编：065000
电　话：(0316)2032588

新世纪广告有限公司

地　址：廊坊开发区四海路 71 号
邮　编：065000
电　话：(0316)6087270

廊坊利辉广告图文设计制作有限公司

地　址：廊坊市解放道东安市场 1 栋
邮　编：065000
电　话：(0316)2011883

廊坊市手拉手广告装潢有限公司

地　址：廊坊市迎春路
邮　编：065000
电　话：(0316)2011112

廊坊市消费广场广告有限公司

地　址：廊坊市新华路 6 号
邮　编：065000
电　话：(0316)2038833

任丘市远大广告有限公司

地　址：任丘市京开北道远大商贸城 1 楼
邮　编：062550
电　话：(0317)2230000

沧州市红斑马广告有限公司

地　址：沧州市西环中路 68 号
邮　编：061001
电　话：(0317)2102625

艺源文化广告有限公司

地　址：任丘市燕山道 24 号
邮　编：053000
电　话：(0317)2751799

邢台市飞天广告有限公司

地　址：邢台市港龙商业中心 C 座 502
邮　编：054000
电　话：(0319)3608079

邢台宝业广告有限公司

地　址：邢台市邢州南路五一桥岗南斜街 50 米路东
邮　编：054000
电　话：(0319)3029107

邢台市新城广告有限公司

地　址：邢台市中心东大街 111 号商银大厦 7 楼
邮　编：054000
电　话：(0319)3607999

八达广告公司

地　址：秦皇岛市海港区港城大街 176 号
邮　编：066000
电　话：(0335)3088333

长虹广告公司

地　址：秦皇岛市海港区香格里拉 1 栋 402
邮　编：066000
电　话：(0335)3077345

秦皇岛青年美术制作公司

地　址：秦皇岛市海港区民族南路 99 号鸿祥大厦 1004 室
邮　编：066000
电　话：(0335)3251820

山西省

广播电视类

朔州电视台

地 址：朔州市振华东街朔州电视台
邮 编：036002
电 话：(0349)2165535

山西省人民广播电台

地 址：太原市迎泽大街 318 号
邮 编：030001
电 话：(0351)8302563

山西广播电视台

地 址：太原市迎泽大街 318 号
邮 编：030001
电 话：(0351)8302200

太原电视台广告中心

地 址：太原市漪汾街 2 号
电 话：(0351)5676234

大同电视台

地 址：大同市迎宾东路云汽园 8 号
邮 编：037008
电 话：(0352)5801852

阳泉广播电视总台

地 址：阳泉开发区宁波路 1 号广电楼广告经营中心
邮 编：045000
电 话：(0353)2903555

大同人民广播电台

地 址：大同市迎宾西路 17 号广电大楼大同人民广播电台
邮 编：037006
电 话：(0352)5033417

长治市广播电视总台

地 址：长治市英雄中路 87 号
电 话：(0355)2024938

晋城人民广播电台

地 址：晋城市凤台东街晋城人民广播电台广告部
邮 编：048000
电 话：(0356)2056962

晋城电视台

地 址：晋城凤台西街广电中心四楼广告部
邮 编：048000
电 话：(0356)2038684

临汾电视台

地 址：临汾市广宣街 10 号临汾电视台
邮 编：041000
电 话：(0357)2220098

吕梁电视台

地 址：吕梁市离石区新华街一号吕梁电视台
邮 编：033000
电 话：(0358)8283246

新闻出版类

山西法制报

地 址：太原市二营盘狄村北街 11 号
邮 编：030012
电 话：(0351)2681173

山西经济日报

地 址：太原市桃园北路水西关街 26 号
邮 编：030002
电 话：(0351)4660888

山西老年杂志

地 址：太原市劲松路 5 号
邮 编：30002
电 话：(0351)4045011

山西晚报

地 址：太原市双塔寺街 124 号
邮 编：030012
电 话：(0351)4282226

山西商报

地 址：太原市新建路 78 号
邮 编：030002
电 话：(0351)8222158

太原日报社广告管理中心

地 址：太原市新建路 78 号
邮 编：030002
电 话：(0351)8222009

长治日报社上党晚报广告部

地 址：长治市长兴中路 116 号
邮 编：046000
电 话：(0355)2049096

公 司 类

山西领先广告有限公司

地 址：太原市新建北路 39 号
邮 编：030000
电 话：(0351)8225555

太原汪氏广告有限公司

地 址：太原市平阳路 173 号
邮 编：030006
电 话：(0351)7239110

山西日报报业集团广告总公司

地 址：太原市双塔寺街 124 号
邮 编：030012
电 话：(0351)4282231

大同市经典广告设计有限公司

地 址：大同市大东街路南 4 号楼
邮 编：037006
电 话：(0352)7558813

大同市美好广告装饰有限公司

地 址：大同市新建北路甲 8 号
邮 编：037006
电 话：(0352)2065088

吕梁市阿里郎文化传媒有限公司

地 址：吕梁市离石区长治路 9 号
邮 编：033000
电 话：(0358)8281825

吕梁大地广告有限公司

地 址：吕梁市离石区新华街金融大酒店三楼
邮 编：033000
电 话：(0358)8231796

吕梁市邮政局广告分局

地　址：吕梁市离石区永宁中路 65 号
邮　编：033000
电　话：(0358)8238000

太原市苹果印刷设计有限公司

地　址：太原市迎泽区建设南路 161 号
邮　编：030012

山西思高传媒有限公司

地　址：太原市万柏林区漪兴路 1 号 801 座
邮　编：030024

吕梁非凡传媒有限公司

地　址：吕梁市离石区文化路 32 号
邮　编：033000

河津市大地广告有限公司

地　址：河津市新耿街
邮　编：043300

内蒙古自治区

广播电视类

内蒙古广播电视台

地　址：呼和浩特市新华大街 71 号内蒙古电视台广告部
邮　编：010058
电　话：(0471)6630087

呼伦贝尔电视台

地　址：呼伦贝尔海拉尔区满洲里路 43 号
邮　编：021008
电　话：(0470)3992123

呼和浩特电视台广告中心

地　址：呼和浩特市公园西路 159 号
邮　编：010031
电　话：(0471)6968371

包头电视台广告部

地　址：包头市青山区钢铁大街 12 号
电　话：(0472)6988628

包头人民广播电台

地　址：包头市钢铁大街 12 号广电大厦电台广告部
邮　编：014030
电　话：(0472)2885688

通辽电视台

地　址：通辽市霍林河大街 2066 号
邮　编：028000
电　话：(0475)8237327

赤峰电视台广告部

地　址：赤峰市红山区钢铁西街广播电视大楼 101 室
邮　编：024000
电　话：(0476)8880899

鄂尔多斯电视台

地　址：鄂尔多斯市东胜区满都海巷 11 号
邮　编：017000
电　话：(0477)8377004

鄂尔多斯人民广播电台

地　址：鄂尔多斯市东胜区宝日陶亥东街 4 号（军分区对面）鄂尔多斯人民广播电台广告部
邮　编：017000
电　话：(0477)8320944

巴彦淖尔电视台

地　址：巴彦淖尔市临河区新华西街 26 号
邮　编：015000
电　话：(0478)8215151

锡林郭勒电视台广告部

地　址：锡林浩特市开发区广电大楼锡林郭勒电视台广告部
邮　编：026000
电　话：(0479)8207001

锡盟东乌旗广播电视台

地　址：东乌旗里雅思太镇乌拉盖西路 28 号
邮　编：026300
电　话：(0479)3221039

锡盟西苏旗广播电视局广告中心

地　址：包头市锡盟西苏旗赛汉塔拉镇
邮　编：011200
电　话：(0479)7222645

新闻出版类

包头日报

地　址：包头市昆区乌兰道 20 号
邮　编：014010
电　话：(0472)2100312

包头电视报社

地　址：包头市青山区钢铁大街 12 号
邮　编：014010
电　话：(0472)5153236

包头家庭周报社

地　址：包头市青山富强路 8 号
电　话：(0472)3325000

包头晚报广告部

地　址：包头市昆区乌兰道 20 号
电　话：(0472)2529107

包头日报社

地　址：包头市昆都仑区乌兰道 20 号
邮　编：014010
电　话：(0472)2100312

呼和浩特日报

地　址：呼和浩特市金桥新市区滨河路传媒大厦东
邮　编：010020
电　话：(0471)6564010

内蒙古晨报

地　址：呼和浩特市回民区中山西路海亮广场 A 座 14 层
邮　编：010050
电　话：(0471)3369755

内蒙古法制报

地　址：呼和浩特市新华大街东影南路 124 号
邮　编：010010
电　话：(0471)4687563

内蒙古广播电视报

地　址：呼和浩特市新华大街 71 号
邮　编：010058
电　话：(0471)6631021

内蒙古日报

地　址：呼和浩特市新华大街 74 号
邮　编：010058
电　话：(0471)6656562

锡盟日报社广告中心

地　址：锡林郭勒市锡林大街 43 号
邮　编：026000
电　话：(0479)8213684

公　司　类

内蒙古锐意广告有限公司

地　址：呼和浩特市新城区北垣东街 272 号
邮　编：010010
电　话：(0471)4974455

内蒙古盛典广告公司

地　址：呼和浩特市西街 72 号
邮　编：010010
电　话：(0471)6600380

内蒙古邮政广告有限公司

地　址：呼和浩特市锡林北路 58 号
邮　编：010010
电　话：(0471)6260433

内蒙古世爵领跑文化传媒有限公司

地　址：呼和浩特市大学西街 71 号银都大厦 B 座 1101－02
邮　编：010020
电　话：(0471)6680006

内蒙古先行广告有限公司

地　址：呼和浩特市公园西路先行大厦
邮　编：010030
电　话：(0471)6289800

内蒙古博洋广告有限公司

地　址：呼和浩特市新城南街新世纪鼓楼商厦大同体育北 6 楼
邮　编：010010
电　话：(0471)6263039

包头市精信广告策划有限责任公司

地　址：包头市钢铁大街 46 号精顶大厦 11 层
邮　编：014030
电　话：(0472)5155092

包头市双子广告有限公司

地　址：包头市万达写字楼 A 座 2301 室
邮　编：014030
电　话：(0472)5995555

包头邮政广告

地　址：包头市昆区钢铁大街 64 号
电　话：(0472)2122668

赤峰春晖文化传媒有限责任公司

地　址：赤峰市红山区文化广场东侧春晖大厦
邮　编：024000
电　话：(0476)8255388

内蒙古恒隆广告有限公司

地　址：鄂尔多斯市东胜区伊金霍洛西街 34 号
邮　编：017000
电　话：(0477)8363228

巴彦淖尔市星宇文化传播广告装饰有限公司

地　址：巴彦淖尔市沁坟西街新天地 15 楼 1503 院
邮　编：015000
电　话：(0478)8217277

锡盟起点广告有限公司

地　址：锡林郭勒市交通局 1 楼
邮　编：026000
电　话：(0479)8248078

锡盟邮政局广告部

地　址：锡林郭勒市锡林大街 26 号
邮　编：026000
电　话：(0479)8235548

内蒙古盛唐广告有限公司

地　址：呼和浩特市新华大街
邮　编：010010

辽宁省

广播电视类

辽宁卫视传媒有限公司

地　址：沈阳市和平区青年街 286 号华润大厦 3307 号
邮　编：110004

铁岭电视台

地　址：铁岭电视台广告部 0116
邮　编：112000
电　话：(0410)2215999

铁岭人民广播电台

地　址：铁岭市南环路 61 号广电大厦 0107 室
邮　编：112000
电　话：(0410)2215669

大连广播电视台有限公司

地　址：大连市民权街 162 号
邮　编：116110
电　话：(0411)88118668

大连电视台天歌传媒

地　址：大连市沙河口区东北路 99 号天歌传媒
邮　编：116021
电　话：(0411)88116666

鞍山电视台

地　址：鞍山市铁东区二一九路 3 号鞍山电视台广告部
邮　编：114001
电　话：(0412)2227751

丹东电视台广告部

地 址：丹东市振兴区山上街111号
邮 编：118000
电 话：(0415)2190459

营口电视台广告部

地 址：营口市站前区渤海大街东10号
邮 编：115000
电 话：(0417)2834288

阜新电视台

地 址：辽宁省阜新市海东区新华路127-7
邮 编：123000
电 话：(0418)3339516

辽阳广播电视台广告部

地 址：辽阳市青年大街59号
邮 编：111000
电 话：(0419)4125533

盘锦人民广播电台

地 址：辽宁省盘锦市兴隆台区市政大街
邮 编：124010
电 话：(0427)2824558

新闻出版类

沈阳日报

地 址：沈阳市生河街北三经街51号A沈阳日报广告部
邮 编：110014
电 话：(024)82171404

华商晨报社

地 址：沈阳市皇姑区崇山东路71号
邮 编：110032
电 话：(024)86207666

时代商报

地 址：沈阳市沈河区北三路17号
邮 编：110014
电 话：(024)22699556

沈阳晚报社广告部

地 址：沈阳市沈河区北三经街67号
邮 编：110014
电 话：(024)22690350

本溪日报

地 址：本溪市东明路59号
邮 编：117000
电 话：(024)43223474

大连日报

地 址：大连市中山区民康区15号
邮 编：116001
电 话：(0411)82560669

丹东日报广告部

地 址：丹东市十纬路23号
邮 编：118000
电 话：(0415)2124489

锦州日报广告部

地 址：锦州市复东路2号
邮 编：121003
电 话：(0416)3705727

盘锦日报

地 址：盘锦市兴隆台区市政府大街10号
邮 编：124010
电 话：(0427)2831955

公司类

沈阳创源广告有限公司

地 址：沈阳和平区南三经街22号嘉隆大厦A座11楼
邮 编：110003
电 话：(024)23252233

沈阳龙邦国际广告有限公司

地 址：沈阳市沈河区三经街七纬路27号
邮 编：110041
电 话：(024)22856388

沈阳逐日数码广告传播有限公司

地 址：沈阳市和平区三好街84号东软电脑城F座8单元2楼
邮 编：110004
电 话：(024)83687233

沈阳智虹商情广告有限公司

地 址：沈阳和平区南京北街21号
邮 编：110002
电 话：(024)22511410

铁岭先锋广告有限公司

地 址：铁岭市银州区工人街44号（西安丰宾馆）
邮 编：112000
电 话：(0410)4893999

大连国域无疆传媒有限公司

地 址：大连市中山区人民路68号宏誉大厦8层
邮 编：116001
电 话：(0411)82734888

葫芦岛市霓虹装饰公司

地 址：葫芦岛市连山区新华大街5号北院
邮 编：125001
电 话：(0429)2131911

葫芦岛银河实业有限公司

地 址：葫芦岛市新华大街11号
邮 编：125001
电 话：(0429)2666333

葫芦岛邮政局函件广告分局

地 址：葫芦岛市连山区中央大街12号
邮 编：125000
电 话：(0429)2121372

沈阳铁道文化传媒集团有限公司

地 址：沈阳市和平区新心街19号
邮 编：110006

吉林省

广播电视类

长春人民广播电台广告部

地　址：长春市百草路 149 号
邮　编：130061
电　话：(0431)88929092

吉林电视台

地　址：长春市卫星路 2066 号
邮　编：130033
电　话：(0431)85817503

吉林人民广播电台

地　址：长春市卫星路 2066 号
邮　编：130033
电　话：(0431)85815099

吉林市电视台广告中心

地　址：吉林市南京街 2 号
电　话：(0432)2498111

吉林市人民广播电台

地　址：吉林市南京街 2 号
电　话：(0432)2461300

吉林市有线广播电视传输有线责任公司

地　址：吉林市恒山路龙润大厦广电公司
邮　编：132015
电　话：(0432)4688742

沈阳铁路局白城有线电视站广告部

地　址：白城市明仁南街 175–1 号
邮　编：137000
电　话：(0436)6123310

通榆县电视台广告部

地　址：通榆县开通镇北
邮　编：137200
电　话：(0436)4262133

白城电视台广告部

地　址：白城市幸福南大街 86 号
邮　编：137000
电　话：(0436)3677809

新闻出版类

新文化报社

地　址：长春市人民大街 6906 号
邮　编：130022
电　话：(0431)85388822

长春日报

地　址：长春市新民大街 1002 号长春日报广告部
邮　编：130021
电　话：(0431)85649912

长春晚报

地　址：长春市新民大街 1002 号长春晚报广告部
邮　编：130021
电　话：(0431)85611851

吉林日报

地　址：长春市自由大路 6426 号吉林日报广告部
邮　编：130033
电　话：(0431)88600711

都市新报

地　址：吉林市解放东路 139 号江城报业大厦
邮　编：132002
电　话：(0432)2523419

白城日报社广告部

地　址：白城市中兴西大路 43 号
邮　编：137000
电　话：(0436)3323838

视听导报社白城分社

地　址：白城市幸福南大街 82 号
邮　编：137000
电　话：(0436)3677935

公　司　类

长春吉广集团

地　址：长春市高新技术开发区星火路 106 号
邮　编：130012
电　话：(0431)85199088

吉林省广告公司

地　址：长春市南湖大路 1999 号 南湖假日 1714
邮　编：130012
电　话：(0431)88952699

吉林省大禹广告有限公司

地　址：长春市同志街 3536 号
邮　编：130021
电　话：(0431)85695290

吉林省天成龙行广告有限公司

地　址：长春市绿园区青年路 81–83 号彩云间大厦南门 8 楼
邮　编：130062
电　话：(0431)86158577

白城市东方广告公司

地　址：白城市洮安东路 84 号
邮　编：137000
电　话：(0436)3248866

白城市万达广告公司

地　址：白城市海明东路 41 号
邮　编：137000
电　话：(0436)3223512

大安市气象局广告部

地　址：大安市锦华街 3 委 6 组
邮　编：131300
电　话：(0436)5223275

辽源市邮政邮购广告有限公司

地　址：辽源市西宁大路 130 号
邮　编：136200
电　话：(0437)3112199

吉林省正进供求世界广告集团有限公司

地　址：延吉市河南街 24 号
邮　编：133000
电　话：(0433)2817745

新文化报社

地　址：长春市人民大街 6906 号
邮　编：130022
电　话：(0431)85374358

黑龙江省

广播电视类

黑龙江电视广告公司

地　址：哈尔滨市南岗区汉水路 333 号
邮　编：150090
电　话：(0451)82890099

哈尔滨电视台广告部

地　址：哈尔滨市南岗区满洲里街 33 号
邮　编：150006
电　话：(0451)53638085

哈尔滨广播电视报社

地　址：哈尔滨市南岗区满洲里街 33 号
邮　编：150006
电　话：(0451)53636011

黑龙江人民广播电台

地　址：哈尔滨市汉水路 333 号
邮　编：150001
电　话：(0451)82898888

齐齐哈尔电视台新闻综合频道广告部

地　址：齐齐哈尔市中环南路 10 号
邮　编：161005
电　话：(0452)2465678

齐齐哈尔人民广播电台

地　址：齐齐哈尔市中环南路 2 号
邮　编：161005
电　话：(0452)2465539

佳木斯人民广播电台

地　址：佳木斯市顺和路 35 号
邮　编：154002
电　话：(0454)8240121

绥化电视台

地　址：绥化市西直北五路口
邮　编：152000
电　话：(0455)8217881

大兴安岭电视台总编室

地　址：大兴安岭广播电视台生活频道
邮　编：165000
电　话：(0457)2127958

大庆电视台

地　址：大庆市东风路甲 1 号
邮　编：163311
电　话：(0459)6377147

七台河人民广播电台

地　址：七台河市桃山区广播电视中心 102 室
邮　编：154600
电　话：(0464)8259913

鹤岗电视台

地　址：鹤岗市向阳区九马路广播电视局广告中心
邮　编：154100
电　话：(0468)3213628

新闻出版类

哈尔滨日报报业集团有限责任公司

地　址：哈尔滨市道里区友谊路 399 号哈尔滨日报社广告部
邮　编：150018
电　话：(0451)84890888

哈尔滨广播电视报社

地　址：哈尔滨市南岗区满洲里街 33 号
邮　编：150006
电　话：(0451)53636011

公　司　类

哈尔滨工大集团广告传媒有限公司

地　址：哈尔滨市南岗区红旗大街 301 号会展办公室 313 室
邮　编：150090
电　话：(0451)82273090

哈尔滨天鹅购物有限公司

地　址：哈尔滨市平房区会宾路 21 号
邮　编：150060
电　话：(0451)86812606

哈尔滨北方广告发展有限责任公司

地　址：哈尔滨市香坊区珠江路 010 号
邮　编：150036
电　话：(0451)55150000

哈尔滨高阳广告有限公司

地　址：哈尔滨市南岗区华山路 8 号
邮　编：150090
电　话：(0451)82288000

哈尔滨海润国际广告传播集团

地　址：哈尔滨市南岗区昆仑商城天顺街 22 号
邮　编：150090
电　话：(0451)82343255

哈尔滨南方智典广告公司

地　址：哈尔滨市道里区田地街副 24 号田地大厦 9 楼 B 座
邮　编：150001
电　话：(0451)84679163

哈尔滨潜龙广告公司

地　址：哈尔滨市经开区南岗集中区闽江路 248 号
邮　编：150036
电　话：(0451)82311105

哈尔滨日月广告公司

地　址：哈尔滨市赣水路 30 号地工大厦 1205 室
邮　编：150090
电　话：(0451)82283885

哈尔滨神笔画业广告公司

地　址：哈尔滨市南岗区康顺街28号
邮　编：150010
电　话：(0451)82313022

哈尔滨市公共汽车广告公司

地　址：哈尔滨市南岗区国民街93号
邮　编：150001
电　话：(0451)87007763

哈尔滨市共和广告公司

地　址：哈尔滨市道里区新阳路329号
邮　编：150076
电　话：(0451)84623538

哈尔滨市邮政局信函广告公司

地　址：哈尔滨市南岗区松花江街15号
邮　编：150001
电　话：(0451)84689465

哈尔滨希望鸟文化传播广告公司

地　址：哈尔滨市南岗区大顺街17号
邮　编：150090
电　话：(0451)82656488

哈尔滨晓升广告传媒集团有限公司

地　址：哈尔滨市南岗区长江路135号
邮　编：150090
电　话：(0451)82353093

哈尔滨亚龙广告有限公司

地　址：哈尔滨市南岗区富水路99－3号
邮　编：150090
电　话：(0451)87001708

首都机场广告公司黑龙江分公司

地　址：哈尔滨市香坊区民航路30－1号
邮　编：150001
电　话：(0451)82896696

黑龙江润通广告公司

地　址：哈尔滨市南岗区衡山路58号
电　话：(0451)82289125

讷河市博闻广告有限责任公司

地　址：讷河市康安路193号
邮　编：161300
电　话：(0452)3332419

讷河市策思广告有限责任公司

地　址：讷河市育才街118号
邮　编：161300
电　话：(0452)3393363

齐齐哈尔劳动信息广告部

地　址：齐齐哈尔市龙沙区永安大街市社保局内
邮　编：161005
电　话：(0452)2419009

齐齐哈尔起点广告有限责任公司

地　址：齐齐哈尔市铁锋区龙华路339号
邮　编：161000
电　话：(0452)2181777

齐齐哈尔任侃广告有限公司

地　址：齐齐哈尔市富拉尔基区春阳街明珠城46号
邮　编：161041
电　话：(0452)6887945

齐齐哈尔市海燕广告有限公司

地　址：齐齐哈尔市铁锋区龙南小区17号楼6门
邮　编：161000
电　话：(0452)2443788

齐齐哈尔市文龙广告有限公司

地　址：齐齐哈尔市龙沙区安智小区14号楼
邮　编：161005
电　话：(0452)2440360

齐齐哈尔市鑫峰广告装饰有限公司

地　址：齐齐哈尔市龙沙区龙沙小区37号
邮　编：161005
电　话：(0452)2436041

齐齐哈尔铁道广告有限责任公司

地　址：齐齐哈尔市铁锋区站前大街32号
邮　编：161000
电　话：(0452)2142770

上海市

广播电视类

上海东方娱乐传媒集团有限公司

地 址：上海市静安区威海路 298 号
邮 编：200041
电 话：(021)22005899

浦东广播电视台

地 址：上海市浦东新区丁香路 716 号 A 座
邮 编：200135
电 话：(021)68541000

新闻出版类

申江服务导报社

地 址：上海市都市路 4855 号解放日报大厦 2 号楼 8 楼
邮 编：201199
电 话：(021)24176500

解放日报报业集团

地 址：上海市汉口路 300 号
邮 编：200001
电 话：(021)635211112

新闻晨报

地 址：上海市汉口路 300 号
邮 编：200001
电 话：(021)63601016

上海日报社广告部

地 址：上海市静安区威海路 755 号 37 楼
邮 编：200041
电 话：(021)52920163

上海文艺出版总社

地 址：上海市延安西路 593 号
邮 编：200050
电 话：(021)61229100

文汇报社广告部

地 址：上海市延安中路 839 号 3 楼
邮 编：200040
电 话：(021)62793809

新民晚报广告经营中心

地 址：上海市延安中路 839 号
邮 编：200040

公 司 类

上海申通德高地铁广告有限公司

地 址：上海市长宁仙霞路 333 号 21 楼
邮 编：200336
电 话：(021)61511888

上海基美文化传媒股份有限公司

地 址：上海市北京西路 968 号嘉地中心 10 楼
邮 编：200041
电 话：(021)62556008

郁金香广告传播（上海）股份有限公司

地 址：上海市长宁区延安西路 1088 号长峰中心 27 楼
邮 编：200052
电 话：(021)62523000

上海公共交通广告有限公司

地 址：上海建国东路 525 号 9 楼
邮 编：200025
电 话：(021)53857878

上海翡翠东方传播有限公司

地 址：上海市徐汇区漕溪北路 595 号上海电影广场 C 栋 802–803 单元
邮 编：200030
电 话：(021)54031111

上海广告有限公司

地 址：上海市虹口区中山北二路 1800 号海鸥商务大厦 3 楼
邮 编：200433
电 话：(021)63668828

上海分众德峰广告传播有限公司

地 址：上海市长宁区江苏路 369 号兆丰世茂大厦 27A 座
邮 编：200050
电 话：(021)32124661

上海迪岸广告有限公司

地 址：上海市闸北区广中西路 757 号多媒体大厦 15 楼
邮 编：200072
电 话：(021)61801999

上海铁路文化广告发展有限公司

地 址：上海市闸北区天目中路 59 号 306 室
邮 编：200071
电 话：(021)51236020

上海电力广告有限公司

地 址：上海市浦东新区徐家汇路 430 号 611 室
邮 编：200025
电 话：(021)64154303

上海匡吉太乐广告有限公司

地 址：上海市普陀区真南路 1051 弄 4 号楼 501 室
邮 编：200040
电 话：(021)66081360

上海机场德高动量广告有限公司

地 址：上海市浦东新区浦东南路 1118 号 8 层
邮 编：200122
电 话：(021)38600191

中广国际广告创意产业基地发展有限公司

地 址：上海市长宁区凯旋路 369 号龙之梦雅仕大厦 1706 室
邮 编：200052
电 话：(021)52581122

上海大统广告有限公司

地 址：上海市长宁区江苏路 369 号兆丰世贸 25 楼 A 座
邮 编：200050
电 话：(021)52401333

上海文广广告有限公司
地　址：上海市延安西路 1358 号 2 号楼 13 － C 座
邮　编：200042
电　话：(021)62831795

上海李奥贝纳广告有限公司
地　址：上海市淮海西路 570 号红坊 F 栋 2 楼
邮　编：200240
电　话：(021)62816611

上海旭通广告有限公司
地　址：上海市淮海中路 887 号 1005 室
邮　编：200002
电　话：(021)64674118

上海中智广告有限公司
地　址：上海市徐汇区衡山路 922 号 18 楼 A 座
邮　编：200030
电　话：(021)54594547

上海新云传媒有限公司
地　址：上海市浦东新区浦东南路 2304 号
邮　编：200127
电　话：(021)50588282

上海杨航文化传媒有限公司
地　址：上海市杨浦国定东路 233 号甲栋 1205 室
邮　编：200433
电　话：(021)51673636

上海中润解放传媒有限公司
地　址：上海市电江路 60 号 13A08
邮　编：200433
电　话：(021)33044599

上海翰荣文化传播有限公司
地　址：上海市黄浦区广东路 500 号世界贸易大厦 32 楼
邮　编：200001
电　话：(021)63520099

上海赤兔广告有限公司
地　址：上海市恒丰路现代交通大厦 218 号 1002 室
邮　编：200070
电　话：(021)51286996 － 66

上海大众广告有限公司
地　址：上海市中山西路 1515 号 707
邮　编：200235
电　话：(021)64289139

上海美术设计公司
地　址：上海市徐汇区漕溪路 258 弄 23 号
邮　编：200233
电　话：(021)64836488

上海景色广告有限公司
地　址：上海市徐家汇路 158 弄 1 号 5F
邮　编：200025
电　话：(021)64560027

上海市外滩广告装潢有限公司
地　址：上海市黄浦区中山南路 100 弄 10 号 116 室
邮　编：200025
电　话：(021)64153083

上海唐神广告传播有限公司
地　址：上海市金陵东路 2 号 25 楼
邮　编：200002
电　话：(021)51087800

上海魅惑广告有限公司
地　址：上海市余姚路 339 号 3 楼
邮　编：200040
电　话：(021)51098699

东方航空传媒有限公司
地　址：上海市虹桥机场空港一路 280 号
邮　编：201500
电　话：(021)64398821

大广广告（上海）有限公司
地　址：上海市中心西路 2366 号
电　话：(021)62178585

上海前景广告有限公司
地　址：上海市浦东大道 720 号国际航运金融大厦 17 楼 D － E 座
电　话：(021)50367101

北京电通广告有限公司上海分公司
地　址：上海市南京西路 128 号永新广场 2003 室
邮　编：200003
电　话：(021)635016660 － 2088

海南白马广告媒体投资有限公司上海分公司
地　址：上海市黄陂北路 227 号 2602 － 2604 室
邮　编：200003
电　话：(021)637558789 － 308

前锦网络信息技术（上海）有限公司
地　址：上海市浦东新区张东路 1387 号 5 号楼
邮　编：201203
电　话：(021)61601888

上海 DMG 国际广告有限公司
地　址：上海市卢湾区斜土路 468 号
邮　编：200023
电　话：(021)53027711

上海昂立广告有限公司
地　址：上海市宜山路 700 号 A5 楼 105 室
邮　编：200233
电　话：(021)54271688

上海奥美广告有限公司
地　址：上海市长乐路 989 号世纪商贸广场 26 楼
邮　编：200031
电　话：(021)24051888

上海博报堂广告有限公司
地　址：上海市淮海西路 1118 号龙之梦大厦 12 楼
邮　编：200052
电　话：(021)52306776

上海博派广告有限公司
地　址：上海市嘉定区嘉戬公路 398 号
邮　编：201822
电　话：(021)59985133

上海彩虹广告装潢有限公司
地　址：上海市会文路 50 号 18 楼
邮　编：201800
电　话：(021)63045730

上海池田广告有限公司
地　址：上海市罗秀新村 112 号
邮　编：200231
电　话：(021)64466950

上海传广广告传播有限公司

地　址：上海市嘉定区嘉罗路 2079 号－783
邮　编：201800

上海传能广告有限公司

地　址：上海市南京东路 61 号
邮　编：200010
电　话：(021)63610848

上海大同广告有限公司

地　址：上海市长宁区兴义路 48 号新世纪广场 C 座 403 室
电　话：(021)62209966

上海电气（集团）广告装潢公司

地　址：上海市德州路 292 号
邮　编：200135
电　话：(021)63596385

上海东方明珠移动电视有限公司

地　址：上海市浦东新区世纪大道 1 号 3 号门
邮　编：200001
电　话：(021)58791888

上海东艺广告有限公司

地　址：上海市黄浦老西门西藏南路 769 号 801 室
邮　编：200071
电　话：(021)64037638

上海飞帆广告有限公司

地　址：上海市中山南二路 777 弄 2 号 14 楼
邮　编：200032
电　话：(021)54253029

上海高文传播装潢有限公司

地　址：上海市闽行区革松路 275 号
邮　编：200050
电　话：(021)63273141

上海国际广告展览有限公司

地　址：上海市恒丰路 218 号现代交通商务大厦 21 层
邮　编：200070
电　话：(021)51797008

上海合力广告有限公司

地　址：上海市 420 号 15 楼 B 座（和一大厦）
邮　编：200041
电　话：(021)51154493

上海华映文化传媒有限公司

地　址：上海市徐汇区古宜路 11 号西岸创意园 B 栋 1 － 3 楼
邮　编：203235
电　话：(021)64669997

上海焦点广告传播有限公司

地　址：上海市虹口区东大名路 558 号 17 楼
邮　编：20080
电　话：(021)63055858

上海解放广告有限公司

地　址：上海市汉口路 309 号
邮　编：200001
电　话：(021)63609610

上海锦德国际物流有限公司

地　址：上海市延安东路 700 号 14 楼
电　话：(021)51154493

上海蓝梦广告有限责任公司

地　址：上海市大统路 988 号 B 座 19 楼
邮　编：200070
电　话：(021)56555666

上海联纵智达咨询顾问机构

地　址：上海市浦东小区陆家嘴银城中路 68 号时代金融中心 1801 － 1803
邮　编：200120

上海灵诺策划传播机构

地　址：上海市愚园路 1258 号绿地商务大厦 1103 － 1106
电　话：(021)52389190

上海灵狮广告有限公司

地　址：上海市长灵区愚园路 1258 号绿地商务大厦 22 楼
邮　编：200050
电　话：(021)22087800

上海龙韵广告传播股份有限公司

地　址：上海市浦东东宫路 18 号保利广场 E 座 17 楼
邮　编：200120
电　话：(021)58822988

上海马良广告有限公司

地　址：上海市普陀区淡家湾路 28 号南区 613
邮　编：201818
电　话：(021)59513220

上海美景广告传播有限公司

地　址：上海市长寿路 587 号沙田大厦 1712 － 1717 室
邮　编：200060
电　话：(021)62305798

上海麒麟在线文化传媒中心

地　址：上海市长宁区武夷路 695 弄 5 号
邮　编：200051
电　话：(021)62741199

上海强生广告有限公司

地　址：上海市南京西路 934 号 101 室
邮　编：200041
电　话：(021)62151522

上海三欣广告装潢有限公司

地　址：上海市静安区威海路 567 号晶采世纪大厦 10 楼

上海上腾娱乐有限公司

地　址：上海市浦东新区东方路 2200 号 18 楼 1806 室
邮　编：200125
电　话：(021)62074301

上海上知营销策划有限公司

地　址：上海市徐汇区中山西路 180 号北丰环球大厦 13 层 A － B 室

上海申空广告有限公司

地　址：上海市徐家汇蒲西路 166 号 1 号楼 704 室
邮　编：200030
电　话：(021)64388672

上海世博广告有限公司

地　址：上海市四平路 2500 号 23 楼
邮　编：200433
电　话：(021)55092266

上海腾隆广告有限公司

地　址：上海市普陀区西康路 1243 号

上海天波广告有限公司

地　址：上海市延安中路 839 号 16 楼 16B 室
邮　编：200050
电　话：(021)62475404

上海天润广告传播有限公司

地　址：上海市海防路 421 号 1 号楼 7 楼
邮　编：200437
电　话：(021)62667878

上海网迈广告有限公司

地　址：上海市徐汇区枣陵路 899 号
电　话：(021)51506258

上海西南广告有限公司

地　址：上海市中山南二路 777 弄 2 号 14 楼
邮　编：200032
电　话：(021)54253029

上海欣影国际传播有限公司

地　址：上海市普陀区曹杨路 540 号 7 楼
邮　编：200063
电　话：(021)62444869

上海雅仕维广告有限公司

地　址：上海市长宁路 1027 号兆丰广场 2102 室
邮　编：200050

上海雅视广告有限公司

地　址：上海市黄浦区中山南路 100 弄 10 号 316 室
邮　编：200023
电　话：(021)53960847

上海弈动广告传媒有限公司

地　址：上海市长宁区延安西路 1118 号龙之梦 7 楼 706
电　话：(021)61159760

上海邮人商务咨询有限公司

地　址：上海市卢湾区建国东路 525 号巴士大厦 311 室
邮　编：200020

上海邮政商函广告有限公司

地　址：上海市徐汇区白色路 1208 号
邮　编：200041
电　话：(021)62174760

上海元太传媒有限公司

地　址：上海市南京西路 1168 号中信泰富广场 1404 室
邮　编：200041
电　话：(021)32144518

旭通世纪（上海）广告有限公司

地　址：上海市淮海中路 887 号 9005 室
邮　编：200020
电　话：(021)64748908

雅兰（上海）广告有限公司

地　址：上海市虹口区华昌路 9 号金象大厦 2105 室
邮　编：200081
电　话：(021)61483188

上海信息广告有限公司

地　址：上海市江苏路 500 号 12 楼
邮　编：200050
电　话：(021)62713002

江苏省

广播电视类

南京广播电视集团广告有限公司

地　址：南京市白下路358号广电大厦
邮　编：210001
电　话：(025)84561883

南京人民广播电台

地　址：南京市龙蟠中路338号
邮　编：210001
电　话：(025)84561883

江苏广播电视总台

地　址：南京市中山东路132号江苏广播大厦
邮　编：210002
电　话：(025)83195881

江苏教育电视台

地　址：江苏省南京市草场门大街105号
邮　编：210036
电　话：(025)86367630

扬州电视台

地　址：扬州市维扬路168号广电中心广告部
邮　编：225009
电　话：(0514)87855888

东台广播电视台广告部

地　址：东台市金海西路广电大厦
邮　编：224200
电　话：(0515)85219777

射阳县广播电视台广告部

地　址：盐城市射阳县合德镇人民西路48号
邮　编：224300
电　话：(0515)82329797

阜宁县广播电视台广告中心

地　址：盐城市阜宁县城河路63号
邮　编：224400
电　话：(0515)87225688

常州人民广播电台广告部

地　址：常州市新园路88号
邮　编：213016
电　话：(0519)83270940

金坛市人民广播电台广告部

地　址：常州市金坛晨风路61号
邮　编：213200
电　话：(0519)82108081

溧阳广播电视台

地　址：溧阳市昆仑北路25号
邮　编：213300
电　话：(0519)87306901

武进电视台广告部

地　址：常州市武进县湖塘永盛路168号
邮　编：213161
电　话：(0519)86570999

泰州市广播电视台广播广告中心

地　址：泰州市梅兰东路128号
邮　编：225300
电　话：(0523)86890909

宿迁人民广播电台

地　址：宿迁市发展大道7号广播电视总台
邮　编：223800
电　话：(0527)84359428

宿迁广播电视总台广告中心

地　址：宿迁市发展大道7号宿迁广播电视总台
邮　编：223800
电　话：(0527)84359448

新闻出版类

周末报社

地　址：南京市龙蟠中路223号
邮　编：210002
电　话：(025)84686058

金陵晚报

地　址：南京市龙蟠中路223号金陵晚报
邮　编：210002
电　话：(025)84687111

扬子晚报

地　址：南京市管家桥65号
邮　编：210005
电　话：(025)84545001

南京晨报

地　址：南京市中山路55号新华大厦44－45层
邮　编：210092
电　话：(025)84501668

江苏法制报

地　址：南京市草场门大街101号
邮　编：210036
电　话：(025)86261523

海门日报社

地　址：海门市人民西路1号
邮　编：226100
电　话：(0513)82217650

东台日报社广告部

地　址：东台市望海西路18号
邮　编：224200
电　话：(0515)85212236

盐阜大众报报业集团广告部

地　址：盐城市解放北路7号
邮　编：224001
电　话：(0515)88323809

武进日报社广告部

地　址：常州市武进区广电中路168号
邮　编：213000
电　话：(0519)86598210

公 司 类

江苏大唐灵狮广告有限公司

地 址：南京市玄武区北京东路22号和平大厦9楼
邮 编：210018
电 话：(025)86896060

江苏金鼎广告传播有限公司

地 址：南京市山西路67号世界贸易中心大厦A1栋1101室
邮 编：210009
电 话：(025)84716007

南京永达户外传媒有限公司

地 址：南京市嘉陵江东街18号05栋13层
邮 编：210008
电 话：(025)84573380

卓越形象品牌创意产业机构

地 址：南京市中山东路218号长安国际8楼
邮 编：210001
电 话：(025)86649489

苏州工业园区嘉都广告有限公司

地 址：苏州市工业园区旺墩路188号建屋大厦3F
邮 编：215000
电 话：(0512)66608800

苏州华方传媒文化有限公司

地 址：苏州市三香路1号锦宁大厦1808室
邮 编：215000
电 话：(0512)65090008

苏州工业园区新概念广告有限公司

地 址：苏州市干将东路889号东锦商务楼415室
邮 编：215000
电 话：(0512)65240996

苏州市明日企业形象策划传播有限公司

地 址：苏州市干将东路636号丽景苑1－201
邮 编：215005
电 话：(0512)65118581

苏州美丽华传媒文化有限公司

地 址：苏州市南园南路116号3楼
邮 编：215007
电 话：(0512)65299999

南通报业广告公司

地 址：南通市西寺路10号南二楼
邮 编：226001
电 话：(0513)85529908

盐城市大周广告有限公司

地 址：盐城市迎宾南路36号附90号
邮 编：224002
电 话：(0515)88370611

盐城市湖海广告有限公司

地 址：盐城市凌桥小区10号楼4－5号
邮 编：224002
电 话：(0515)88393399

盐城市千禧龙广告喷绘有限公司

地 址：盐城市迎宾北路208号
邮 编：224002
电 话：(0515)88395626

常州市艾肯网络广告公司

地 址：常州市新北区太阳城大厦908室
邮 编：213003
电 话：(0519)86605483

常州剪报发展有限公司

地 址：常州市劳动中路7号
邮 编：213001
电 话：(0519)86640022

常州市扬子江广告营销策划有限公司

地 址：常州市世纪明珠园33乙201
邮 编：213003
电 话：(0519)86699531

常州外事旅游广告有限公司

地 址：常州市晋陵中路400号嘉乐广场B916
邮 编：213003
电 话：(0519)86608282

常州文化科技创意发展有限公司

地 址：常州市新北区太湖东路9－1号5楼
邮 编：213000
电 话：(0519)89606065

常州国家广告产业园区

地 址：常州市新北区太湖东路9－1号501室
电 话：(13776888228

浙江省

广播电视类

浙江广播电视集团广告管理中心

地　址：杭州市莫干山路 111 号浙江广播电视集团广告管理中心
邮　编：310005
电　话：(0571)56352183

浙江电视台教育科技频道

地　址：杭州市环城北路华浙广场 1 号 27 楼 A 座
邮　编：310005
电　话：(0571)88234777

宁波广播电视广告中心

地　址：宁波市长春路 146 号
邮　编：315000
电　话：(0574)87194401

温州市广播电视总台

地　址：温州市新城大道广电中心 2303 室
邮　编：325000
电　话：(0577)88922117

杭州电视台综合生活频道营销部

地　址：杭州市环城北路 141 号永通信息广场西 1 楼
邮　编：310004

新闻出版类

衢州日报社广告中心

地　址：衢州市三江东路衢州日报报业大楼西区广告中心
邮　编：324000
电　话：(0570)3085236

钱江晚报

地　址：杭州市体育场路 178 号
邮　编：310039
电　话：(0571)85310737

湖州晚报广告部

地　址：湖州市仁皇山路 588 号
邮　编：313000
电　话：(0572)2399709

嘉兴广播电视报社广告部

地　址：嘉兴市禾兴北路 46 号
电　话：(0573)82203477

宁波日报报业集团广告部

地　址：宁波市临桥路 768 号
邮　编：315000
电　话：(0574)87682100

绍兴晚报广告部

地　址：绍兴市胜利西路 293 号绍兴晚报广告部
邮　编：312000
电　话：(0575)85130038

绍兴日报报业广告有限公司

地　址：绍兴市延安东路 628 号
邮　编：312000
电　话：(0575)85134853

体坛报广告部

地　址：杭州市建国北路 333 号
邮　编：310003
电　话：(0577)85159361

温州日报报业集团商报社

地　址：温州市蒲中路 2 号
邮　编：325000
电　话：(0577)88823635

丽水日报广告部

地　址：丽水市丽阳街 491 号
邮　编：323000
电　话：(0578)2128242

公　司　类

宁波广告产业园区服务中心有限公司

地　址：宁波市鄞州新城区日丽中路 789 号
邮　编：315192
电　话：(0574)87426506

上海铁路文化广告发展有限公司浙江广告分公司

地　址：杭州市环城东路 12 号
邮　编：310009
电　话：(0571)87807205

思美传媒股份有限公司

地　址：杭州市上城区虎玉路 41 号（八卦田公园正大门）
邮　编：310008
电　话：(0571)87926111

象山博大广告有限公司

地　址：象山丹城新丰路 228 号
邮　编：315700
电　话：(0574)65725904

宁波联合动力广告有限公司

地　址：宁波市海曙区联丰路民丰街 11 号 1 楼
邮　编：315012
电　话：(0574)87681215

宁波市顺通广告装潢公司

地　址：宁波市东钱湖工业区黄谢路 19 号
邮　编：315121
电　话：(0574)88387188

宁波市友谊发展有限公司

地　址：宁波市中山西路 138 号天宁大厦 9 楼
邮　编：315010
电　话：(0574)87271618 － 660

宁波市镇海爱博广告有限公司

地　址：宁波市镇海城河东路 463 号
邮　编：315200
电　话：(0574)86293818

浙江银马广告有限公司

地　址：台州市黄岩区电大路东茂大厦 3 楼
邮　编：318020
电　话：(0576)84257773

安徽省

广播电视类

安徽广播电视台广告中心

地　址：合肥市政务区龙图路 666 号安徽广播电视台西区综合楼 5 楼
邮　编：230066
电　话：(0551)64678888

蚌埠电视台

地　址：蚌埠市胜利东路东首广电中心 A2 区
邮　编：233000
电　话：(0552)3131097

淮南电视台

地　址：淮南市洞山西路
邮　编：232001
电　话：(0554)6653288

马鞍山人民广播电台

地　址：马鞍山市雨山西路广电中心 1 楼
邮　编：243000
电　话：(0555)2333088

宿州电视台

地　址：宿州市恒丰大厦 12 楼
邮　编：234000
电　话：(0557)3024243

宿州人民广播电台

地　址：宿州市恒丰大厦 12 楼
邮　编：234000
电　话：(0557)3033995

亳州广播电视台

地　址：亳州市人民中路 62 号
邮　编：236800
电　话：(0558)5501122

池州市广播电视总台广告中心

地　址：池州市秋浦东路 77 号
邮　编：247000
电　话：(0566)2317955、2317956

新闻出版类

合肥晚报社

地　址：合肥市临泉中路报业中心
邮　编：230011
电　话：(0551)64249462

安徽经济报

地　址：合肥市屯西路 200 号
邮　编：230009
电　话：(0551)64655947

安徽老年报

地　址：合肥市阜南路 40 号富康大厦 3 楼
邮　编：230001
电　话：(0551)62615992

安徽市场新报

地　址：合肥市永红路 10 号
邮　编：230001
电　话：(0551)67136933

江淮晨报

地　址：合肥市新站区临泉中路江淮晨报广告中心 1 楼 109 室
邮　编：230011
电　话：(0551)64249527、64249519

工商导报

地　址：合肥市淮河路 260 号
邮　编：230001
电　话：(0551)62652215

皖西日报

地　址：六安市梅山北路 1 号
邮　编：237001
电　话：(0564)3339772

公司类

安徽高速传媒有限公司

地　址：合肥市望江西路 520 号皖通大厦 5 –6 层
邮　编：230088
电　话：(0551)62840285

金鹃广告股份有限公司

地　址：合肥市濉溪路 251 号
邮　编：230041
电　话：(0551)65603896

安徽黑白广告有限责任公司

地　址：合肥市阜南路 168 号富临大厦 3 楼
邮　编：230061
电　话：(0551)62888888

合肥白马广告有限公司

地　址：合肥市太湖东路 49 号 万振逍遥苑 3 栋 103 室
邮　编：230001
电　话：(0551)63436666

合肥新视野广告有限公司

地　址：合肥市屯溪路 168 号风和园小区 30 幢 A 楼 303 室
邮　编：230001
电　话：(0551)64669917

福建省

广播电视类

福州电视集团广告中心

地　址：福州市广达路 68 号金源大广场西区 29 层
邮　编：350005
电　话：(0591)83371888

福建教育电视台

地　址：福州市五四路 217 号
邮　编：350003
电　话：(0591)87802248

福州人民广播电台

地　址：福州市晋安区远洋路 1 号广播中心
邮　编：350014
电　话：(0591)83994876

厦门广播电视广告有限公司

地　址：厦门市湖滨北路 123 号广电中心 13 楼
邮　编：361012
电　话：(0592)5301038

厦门广播电视广告中心

地　址：厦门市湖滨北路 123 号广电中心 13 楼
邮　编：361012
电　话：(0592)5301998 － 858

宁德电视台

地　址：宁德市东桥天湖东路 10 号广电大厦 5 楼
邮　编：352100
电　话：(0593)2931999

泉州电视台

地　址：泉州市温陵路天都广场 1 楼
邮　编：362000
电　话：(0595)22288809

漳州电视台

地　址：漳州市平等路 87 号
邮　编：363000
电　话：(0596)2045008

漳州人民广播电台

地　址：漳州市龙文区九龙大道 1199 号
邮　编：363000
电　话：(0596)2920926

南平广播电视总台

地　址：南平市延平区闽江支路 4 号
邮　编：353000
电　话：(0599)8833733

新闻出版类

东南快报社

地　址：福州市古楼区东街 59 号三山大厦 5F
邮　编：350001
电　话：(0591)83639710

福建科技报

地　址：福州市福东路 7 号科技报广告部
邮　编：350003
电　话：(0591)87855558

福建青年杂志社

地　址：福州市晋安金鸡山路 23 号
邮　编：350011
电　话：(0591)87336950

福建日报

地　址：福州市华林路 84 号
邮　编：350003
电　话：(0591)87095876

福州晚报广告部

地　址：福州市鼓楼区小柳路 85 号
邮　编：350025
电　话：(0591)83762693

海峡都市报

地　址：福州市华林路 84 号海峡都市报广告部
邮　编：350003
电　话：(0591)87079100

海峡教育报

地　址：福州市华林路 84 号海峡教育报广告部
邮　编：350003
电　话：(0591)87095141

海峡消费报

地　址：福州市杨桥路中闽大厦 B 座 12 层
邮　编：350001
电　话：(0591)28377036

厦门日报

地　址：厦门市湖里区吕岭路 122 号厦门日报社广告部
邮　编：361009
电　话：(0592)5581502

闵东日报

地　址：宁德市蕉成北路 15 号闵东日报广告部
邮　编：352100
电　话：(0593)2076506

宁德日报

地　址：宁德市蕉成北路 15 号宁德日报广告部
邮　编：352100
电　话：(0593)2823365

梅州日报

地　址：莆田市梅州日报社广告部
邮　编：351100
电　话：(0594)2691145

泉州晚报

地　址：泉州市刺桐路晚报大厦 1 楼广告部
邮　编：362000
电　话：(0595)22500207

闽南日报广告部

地　址：漳州市胜利西路 152 号
邮　编：363000
电　话：(0596)2525081

三明日报

地　址：三明市列东红岩新村 41 号
邮　编：365000

电　话：(0598)8223675

闽北日报

地　址：南平市延平区眉峰路 45 号
邮　编：353000
电　话：(0599)8852759

公　司　类

福建电广福视广告有限公司

地　址：福州市广达路 68 号金源广场东区 27 层
邮　编：350005
电　话：(0591)83353838

福建电广广播电视报广告有限公司

地　址：福州市白马北路 253 号 4 层
邮　编：350001
电　话：(0591)87542304

福建电广广播广告有限公司

地　址：福州市鼓楼区古田路 2 号
邮　编：350001
电　话：(0591)83349409

福建三维广告传播事业有限公司

地　址：福州市鼓楼区东大路 8 号
邮　编：350001
电　话：(0591)87506765

福建省锦绣广告有限公司

地　址：福州市台江区五一中路 138 号金钻世家 B 座 8F
邮　编：350001

厦门易兰礼品商贸有限公司

地　址：厦门市湖里大道 1 号新时代大厦 5F
邮　编：361000
电　话：(0592)3668888

福建都市传媒股份有限公司

地　址：福州市华林路 84 号海都大厦 2F
邮　编：361004
电　话：(0592)2961588

福建海峡传播总公司

地　址：厦门市思明区湖滨北路育秀里 37 － 39 号
邮　编：361004
电　话：(0592)2961588

厦门广播电视台广告有限公司

地　址：厦门市湖滨北路广电中心 13 楼
邮　编：361012
电　话：(0592)5301998

厦门华盟广告有限公司

地　址：厦门市湖滨北路 59 号中信惠扬商务楼 9F
邮　编：361012
电　话：(0592)5082582

厦门世通华纳文化传媒有限公司

地　址：厦门市湖滨北路 10 号新港广场 10 楼 C 单元
邮　编：361012
电　话：(0592)5395929

厦门市路桥广告有限公司

地　址：厦门市海沧海虹路 3 号
邮　编：361026
电　话：(0592)5828969

厦门唐马博美广告有限公司

地　址：厦门市思明区湖滨北路 59 号中信惠扬商务楼 22F
邮　编：361012
电　话：(0592)5206868

厦门欣美广告有限公司

地　址：厦门市湖滨西路 9 号大西洋海景城 A 幢 5D
邮　编：361003
电　话：(0592)2392277

蓝道（中国）广告公司

地　址：泉州市泉秀路农行大厦 16 楼
邮　编：362000
电　话：(0595)22197188

江西省

广播电视类

江西广播电视台广告中心

地　址：南昌市北京西路 88 号江信大厦 22 层
邮　编：330046
电　话：(0791)86301111

余江县气象局广告部

地　址：鹰潭市余江县邓埠镇四青路 165 号
邮　编：335200
电　话：(0701)5881180

余江县文化广播电视局广告部

地　址：鹰潭市余江县文化广播电视局
邮　编：335200
电　话：(0701)5886313

分宜县电视台

地　址：新余市分宜县电视台
邮　编：336600
电　话：(0790)5882426

江西人民广播电台

地　址：南昌市洪都中大道 207 号
邮　编：330046
电　话：(0791)8313750

南昌人民广播电台

地　址：南昌市八一大道 357 号财富广场 A 座 1211
邮　编：330003
电　话：(0791)87160102

江西公共频道广告中心

地　址：南昌市北京西路 88 号江信国际大厦 1805
邮　编：330046

电 话：(0791)86304716

九江人民广播电台

地 址：九江市长虹大道 84 号
邮 编：332000
电 话：(0792)8137000

九江电视台广告部

地 址：九江市湓浦路 35 － 47 号
邮 编：332000
电 话：(0792)8227626

上饶人民广播电台

地 址：上饶市庆丰路 3 号
邮 编：334000
电 话：(0793)8218818

抚州人民广播电台

地 址：抚州市临川大道抚州人民广播电台办公室
邮 编：344000
电 话：(0794)8251268

临川广播电视台

地 址：抚州市上顿渡区龙井路 392 号
邮 编：344000
电 话：(0794)8432818

南丰县有线电视台广告部

地 址：抚州市南丰县交通路 11 号
邮 编：344500
电 话：(0794)3221013

抚州广播电视报社

地 址：抚州市临川大道 228 号
邮 编：344000
电 话：(0794)8251232

樟树市广播电视台广告经营部

地 址：樟树市锦绣共和
邮 编：331200
电 话：(0795)7339234

高安市广播电视局

地 址：高安市瑞州商贸广场
邮 编：330000
电 话：(0795)5252569

宜春电视台广告部经济部

地 址：宜春市广播电视局 13 楼电视台广告中心
邮 编：336000
电 话：(0795)3990882

遂川县广播电视台广告部

地 址：吉安市遂川县电视台
邮 编：343900
电 话：(0796)6326161

峡江县广电局广告部

地 址：吉安市峡江县广播电视局
邮 编：331409
电 话：(0796)3673372

南康市电视台广告部

地 址：南康市泰康中路
邮 编：341400
电 话：(0797)6622333

赣州电视台广告部

地 址：赣州市红旗大道 56 号创业大厦 3 楼
邮 编：341000
电 话：(0797)8216858

赣州人民广播电台广告管理部

地 址：赣州市健康路人防办 2 楼电台广告部
邮 编：341000
电 话：(0797)8221046

赣南广播电视报广告部

地 址：赣州市章贡区姚府里 2 号 2 楼广告部（原文艺学校对面）
邮 编：341000
电 话：(0797)8204433

赣州市龙南县电视台广告部

地 址：赣州市龙南县文化街龙南县电视台广告部
邮 编：341700
电 话：(0797)3513426

景德镇市电视台

地 址：景德镇市瓷都大道 1073 号广电中心 2 楼
邮 编：333000
电 话：(0798)8576600

萍乡市安源区电视台广告中心

地 址：萍乡市安源世纪广场旁安源广电中心
邮 编：337000
电 话：(0799)6661809

新闻出版类

新余广播电视报社

地 址：新余市仙来中大道 49 号
邮 编：338000
电 话：(0790)6443289

新余日报社广告部

地 址：新余市北湖西路 1 号
邮 编：338000
电 话：(0790)6442342

光华日报

地 址：南昌市叠山路 511 号
邮 编：330008
电 话：(0791)6832825

南昌广播电视报广告部

地 址：南昌市环湖路 39 号
邮 编：330006
电 话：(0791)6237122

南昌日报社广告中心

地 址：南昌市阳明东路 757 号奥斯卡大厦 B 座 4 楼 4004
邮 编：330008
电 话：(0791)6822471

经济晚报广告部

地 址：南昌市省委大院内
邮 编：330006
电 话：(0791)6820366

江南都市报

地 址：南昌市红谷中大道 1326 号
邮 编：330038
电 话：(0791)6849639

信息日报广告部

地 址：南昌市阳明路 190 号
邮 编：330006
电 话：(0791)6849215

江西日报社广告部

地 址：南昌市阳明路 190 号
邮 编：330006
电 话：(0791)6849125

江西商报社
地　址：南昌市西湖区三元井街 39 号
邮　编：330003
电　话：(0791)8680778

九江日报社广告中心
地　址：九江市南湖支路 17 号
邮　编：332000
电　话：(0792)8557890

九江晚报社广告中心
地　址：九江市南湖支路 17 号
邮　编：332000
电　话：(0792)8581387

临川晚报广告中心
地　址：抚州市临川区赣东大道 469 号
邮　编：344000
电　话：(0794)8239888

宜春日报社广告部
地　址：宜春市中山中路 530 号
邮　编：336000
电　话：(0795)3223764

公　司　类

鹰潭市公共交通有限责任公司广告部
地　址：鹰潭市环城西路 52 号
邮　编：335000
电　话：(0701)6232688

江西省贵溪市新产业公司
地　址：贵溪市冶炼厂新产业公司企划部
邮　编：335400
电　话：(0701)3379005

鹰潭市江山广告有限公司
地　址：鹰潭市月湖区湛江路 11 号
邮　编：335000
电　话：(0701)6212801

江西盛世骄阳广告公司
地　址：新余市赣新中路
邮　编：338000
电　话：(0790)6456909

新余市大胡子广告有限公司
地　址：新余市城北五一南路
邮　编：338000
电　话：(0790)6444410

新余市红日东升广告策划有限责任公司
地　址：新余市抱石大道 1 号 6 楼肯德基对面
邮　编：338000
电　话：(0790)6206588

江西世纪星晖广告企划传播有限公司
地　址：南昌市中山路 177 号太平洋商务大厦 D － D712 室
邮　编：330006
电　话：(0791)6732776

江西高速广告装饰有限公司
地　址：南昌市桃苑大街桃苑大厦 A 座 8 楼
邮　编：330025
电　话：(0791)6532673

南昌公交广告公司
地　址：南昌市青山南路 36 号
邮　编：330003
电　话：(0791)8835700

南昌虹谊广告有限公司
地　址：南昌市抚河中路 469 号文化大厦 7 楼 706
邮　编：330029
电　话：(0791)86636613

南昌盛世华纳广告传媒有限公司
地　址：南昌市上营坊街 67 号 401 室
邮　编：330006
电　话：(0791)86290663

江西年代广告有限公司
地　址：南昌市桃苑大街桃苑大厦 A 座 9 楼
邮　编：330009
电　话：(0791)6528415

江西星际广告有限公司
地　址：南昌市站前西路三星大厦 A 座 1402
邮　编：330003
电　话：(0791)86491139

江西晨光实业有限公司
地　址：江西南昌昌东工业园
邮　编：333000
电　话：(0791)8191839

江西方圆传媒有限公司
地　址：南昌市红谷滩丽景路鹿璟万盛国际公寓 6F
邮　编：330038
电　话：(0791)83839333

江西永达广告有限公司
地　址：南昌市井冈山大道 232 号巨融 1401 室
邮　编：330001
电　话：(0791)86495751

江西邮政广告有限责任公司
地　址：南昌市桃苑大街 8 号金源大厦 A 座 15 楼
邮　编：330025
电　话：(0791)6591121

江西中盛广告有限公司
地　址：江西省府大院东四路 23 号
邮　编：330046
电　话：(0791)86231600

江西庐山东方艺术广告公司
地　址：九江市庐山河西路 21 号
电　话：(0792)8286709

九江市公交广告有限公司
地　址：九江市浔阳路 190 号
邮　编：332000
电　话：(0792)8582426

玉山县新纪元广告装饰有限公司
地　址：五金小区
邮　编：334700
电　话：(0793)2553917

江西省上饶市创世纪实业有限公司
地　址：上饶市广丰县新鸟林街 43 号 2 楼
邮　编：334600
电　话：(0793)2658226

江西省杨帆广告礼仪有限公司
地　址：广丰县公主楼 5 单元 2 楼
邮　编：334600
电　话：(0793)2613986

江西省杨凡广告礼仪有限公司

地 址：广丰县公主楼 5 单元 2 楼
邮 编：334600
电 话：(0793)2613986

江西天义广告有限公司

地 址：抚州市上沿河路 92 号天义大楼 3 楼
邮 编：344000
电 话：(0794)8211866

抚州市现代广告装饰工程有限公司

地 址：抚州市赣东大道 152 号
邮 编：344000
电 话：(0794)8211181

丰城市普城广告装饰有限公司

地 址：丰城市建邑大道 295 号
邮 编：331100
电 话：(0795)6420262

奉新县天人广告装潢有限公司

地 址：宜春市奉新县滨河东路 116 号
邮 编：330700
电 话：(0795)4621064

宜春市北信广告有限公司

地 址：宜春市东风大街 287 号
邮 编：336000
电 话：(0795)3228800

安福县奋进广告装饰设计有限公司

地 址：安福县武功山大道 266 号王家巷路口
邮 编：343200
电 话：(0796)7634118

吉安明珠集团井冈明珠广告有限公司

地 址：南昌市井冈山大道 209 号
邮 编：343000
电 话：(0796)8256999

吉安市邮政局广告公司

地 址：吉安市吉州区鹭洲东路 11 号
邮 编：343000
电 话：(0796)8211188

江西仁达企业发展有限公司

地 址：吉安市庐境园 38 号
邮 编：343100
电 话：(0796)8222339

江西腾飞广告装潢有限公司

地 址：泰和县白凤大道
邮 编：343700
电 话：(0796)5323837

赣州华信广告有限公司

地 址：赣州市姚府里 10 号
邮 编：341000
电 话：(0797)8225688

赣州市金道广告有限公司

地 址：赣州市八一四大道 1 号金道广告 2 楼
邮 编：341000
电 话：(0797)8130555

赣州市空间创意广告有限公司

地 址：赣州市健康路 67 － 3 号
邮 编：341000
电 话：(0797)8271306

赣州市三马广告装饰工程有限公司

地 址：赣州市大公路 148 号
邮 编：341000
电 话：(0797)8233838

南康市新天地广告有限责任公司

地 址：南康市泰康中路市房管局 1 楼
邮 编：341400
电 话：(0797)6611060

赣州视通广告实业有限公司

地 址：赣州市赣区东阳山路 29 号
邮 编：341000
电 话：(0797)8200123

景德镇市飞龙广告有限公司

地 址：景德镇市中国陶瓷城上海路 5 号
邮 编：333000
电 话：(0798)8297979

景德镇市百花广告装潢有限公司

地 址：景德镇市珠山中路 2 号
邮 编：333000
电 话：(0798)8505577

景德镇市华云气象广告有限公司

地 址：景德镇市气象局
邮 编：333000
电 话：(0798)8584045

景德镇市开心广告有限公司

地 址：景德镇市广场北路铭业大厦 1 号楼 115 室
邮 编：333000
电 话：(0798)8239116

景德镇市南方实业有限公司

地 址：景德镇市珠山东路 20 号 310 室
邮 编：333000
电 话：(0798)8233533

景德镇大象广告有限公司

地 址：景德镇市莲社北路 50 号景德镇商城写字楼 K7
邮 编：333000
电 话：(0798)8284900

萍乡市亮点广告有限公司

地 址：萍乡市昭萍东路 103 号
邮 编：337000
电 话：(0799)6212650

萍乡市公共交通总公司广告分公司

地 址：萍乡市公园北路 2 号
邮 编：337000
电 话：(0799)6881858

萍乡市佳艺装潢广告设计工程有限公司

地 址：萍乡市公园南路 70 号锦绣华庭 201 室
邮 编：337000
电 话：(0799)6837768

山东省

广播电视类

青岛电视广告传媒有限公司
地 址：青岛市宁夏路 200 号
邮 编：266000
电 话：(0532)85701888

菏泽电视台广告中心
地 址：菏泽市中华东路 1428 号
邮 编：274000
电 话：(0530)5336264

菏泽人民广播电台
地 址：菏泽市中华路 1389 号
邮 编：274000
电 话：(0530)5960516

齐鲁电视台
地 址：济南市经十路 18567 号
邮 编：250062
电 话：(0531)82925718

山东电视广告发展总公司
地 址：济南市经十路 83 号山东电视大厦 1003 室
邮 编：250062
电 话：(0531)82958801

青岛人民广播电台
地 址：青岛市宁夏路 200 号广电大厦
邮 编：266071
电 话：(0532)85701510

淄博人民广播电台
地 址：淄博市张店区华光路 52 号广电大厦交通文艺广播广告部
邮 编：255000
电 话：(0533)6213110

德州人民广播电台
地 址：德州市东方红路 1266 号
邮 编：253012
电 话：(0534)2687963

烟台市广播电视台广告中心
地 址：烟台市青年路 50 号
邮 编：264000
电 话：(0535)6242962

潍坊电视台广告信息中心
地 址：潍坊市胜利东街 85 号
邮 编：261061
电 话：(0536)8781386

潍坊人民广播电台
地 址：潍坊市奎文区东风东街 248 号
邮 编：261041
电 话：(0536)8236672

潍坊市潍城区电视台广告中心
地 址：潍坊市向阳路 108 号
邮 编：261021
电 话：(0536)8188596、8188887

济宁人民广播电台交通文艺台
地 址：济宁市中区常青路 9 号广电大厦 1304
邮 编：272037
电 话：(0537)2235577

济宁电视台广告中心
地 址：济宁市中区常青路 9 号
邮 编：272037
电 话：(0537)2221234

济宁市威城电视台
地 址：济宁市金宇路 26 号
邮 编：272000
电 话：(0537)2357887

泰安人民广播电台
地 址：泰安市泰山区迎暄大街 200 号
邮 编：271000
电 话：(0538)6126599

临沂广播电视台
地 址：临沂市兰山区金雀山路 33 号
邮 编：276001
电 话：(0539)2952805

临沂人民广播电台
地 址：临沂市金雀山路 21 号广播电视大厦 19 楼
邮 编：276000
电 话：(0539)2952145

滨州人民广播电台音乐交通之声
地 址：滨州市黄河五路 358 号广电大厦 1408 室
邮 编：256600
电 话：(0543)3183866

东营人民广播电台新闻频道
地 址：东营市南一路 260 号
邮 编：257091
电 话：(0546)8330449

东营电视台广告部
地 址：东营市东城南一路 260 号
邮 编：257091
电 话：(0546)8333358

威海广播电视台广告中心
地 址：威海市文化中路 66 号
邮 编：264200
电 话：(0631)5191072

枣庄电视台广告中心
地 址：枣庄市中区光明西路 88 号广电大厦
邮 编：277100
电 话：(0632)3323789

枣庄广播影视总台
地 址：枣庄市光明西路 88 号广电大厦
邮 编：277101
电 话：(0632)3321273

枣庄山亭区广播电视局
地 址：枣庄市山亭区府前路
邮 编：277200
电 话：(0632)8811393

枣庄市峄城区广播电视局广告部
地 址：枣庄市环山路 68 号
邮 编：277300
电 话：(0632)7713936

日照广播电视台广告中心

地 址：日照市烟台路 179 号
邮 编：276826
电 话：(0633)8802191

莱芜广播电视局

地 址：莱芜市高新区汶河大道 001 号
邮 编：271100
电 话：(0634)8866958

聊城人民广播电台

地 址：聊城市财干路 6 号聊城电视台广告中心
邮 编：252000
电 话：(0635)8088881

新闻出版类

菏泽日报广告部

地 址：菏泽市太原路 66 号
邮 编：274000
电 话：(0530)5969516

济南日报

地 址：济南市经七路 28 － 1 号
邮 编：250001
电 话：(0531)82886248

济南时报

地 址：济南市经七路 28 － 1 号
邮 编：250001
电 话：(0531)82062778

生活日报社广告部

地 址：济南市经十路 16122 号
邮 编：250014
电 话：(0531)85196362

齐鲁晚报广告部

地 址：济南市经十路 16122 号
邮 编：250014
电 话：(0531)82616676

大众日报

地 址：济南市经十路 46 号
邮 编：250014
电 话：(0531)85196701

山东商报

地 址：济南市山师东路 4 号
邮 编：250014
电 话：(0531)88197665

半岛都市报

地 址：青岛市南京路 110 号半岛都市报大厦
邮 编：266071
电 话：(0532)80889117

德州日报社广告信息部

地 址：德州市经济开发区东方红东路 2177 号
邮 编：253000
电 话：(0534)2562876

烟台日报社广告部

地 址：烟台市北大街 54 号
邮 编：264000
电 话：(0535)6631225

潍坊广播电视报社广告中心

地 址：潍坊市奎文区文正路 2 号
邮 编：261041
电 话：(0536)8888751

济宁广播电视报

地 址：济宁市中区常青路 9 号
邮 编：272000
电 话：(0537)2271866

济宁日报社广告部

地 址：济宁市红星东路 15 号
邮 编：272000
电 话：(0537)2343207

东营市诱惑风杂志社

地 址：东营区淄博路 71 号诱惑风杂志社
邮 编：257000
电 话：(0546)8701995

山东广播电视报社东营分社广告部

地 址：东营市东城南一路 260 号
邮 编：257091
电 话：(0546)8318688

山东广播电视报社胜利分社

地 址：东营市影视街 12 号
邮 编：257000
电 话：(0546)8777365

公 司 类

山东高速文化传媒有限公司

地 址：济南市历下区龙奥北路 8 号山东高速大厦 7 楼 705
邮 编：250098
电 话：(0531)89251959

菏泽公交广告装潢公司

地 址：菏泽市定陶路 2 号
邮 编：274000
电 话：(0530)5333794

山东博大航空广告有限公司

地 址：济南市泉城路 17 号华能大厦 7 层
邮 编：250011
电 话：(0531)86098757

山东长城梅地亚文化传播有限公司

地 址：山东省济南市青年东路 16 号 8 层
邮 编：250011
电 话：(0531)6933616

山东唐码龙骏传媒有限公司

地 址：济南市历下区泉城路 180 号齐鲁国际大厦 Z709
邮 编：250011
电 话：(0531)86905657

青岛金桥广告有限公司

地 址：青岛市香港西路 67 号光大国际金融中心 9C—E
邮 编：266071
电 话：(0532)83877876

淄博奥特传媒发展有限公司

地 址：淄博市张店区共青团西路 95 号 12 层 A 座
邮 编：255000
电 话：(0533)2318899

淄博齐林众信广告有限公司

地 址：淄博开发区中路（电力开发公司院内）
邮 编：255086
电 话：(0533)2192090

德州齐鲁大钟广告有限公司

地 址：德州市齐鲁大钟大厦

邮 编：253000
电 话：(0534)2379129

德州市天虹广告装饰有限公司

地 址：德州市三八中路 1104 号
邮 编：253000
电 话：(0534)2624370

德州市兆瑞广告有限公司

地 址：德州市德城区新湖路新湖商务港 417
邮 编：253000
电 话：(0534)2669990

德州天海广告有限公司

地 址：德州市东风中路 45 号
邮 编：252300
电 话：(0534)2675777

德州铁艺广告装饰有限公司

地 址：德州市天衢西路 122 号
邮 编：253000
电 话：(0534)2367736

齐鲁鑫泰文化传播有限公司

地 址：德州市东方红路 49 号帝景苑商务楼 3 单元 407
邮 编：253000
电 话：(0534)2318888

华众禾晨广告传媒有限公司烟台分公司

地 址：烟台市莱山机场宾馆
邮 编：264000
电 话：(0535)6299268

烟台广告创意产业园区管委办

地 址：烟台市通世南路 7 号
邮 编：264000
电 话：(0535)6739505

烟台市天马广告有限公司

地 址：烟台市胜利路 208 号汇丰广场 908
邮 编：264000
电 话：(0535)6611651

烟台玉彤广告有限公司

地 址：烟台市西南河路 128 号
邮 编：264000
电 话：(0535)6647796

高速公路开发总公司潍坊分公司

地 址：潍坊市经济开发区友谊路 10 号
邮 编：261041
电 话：(0536)8655340

潍坊广达广告有限公司

地 址：潍坊市东风街与鸢飞街交叉路口
邮 编：261041
电 话：(0536)8227762

潍坊科艺广告有限公司

地 址：昌邑市河东工业园
邮 编：261300
电 话：(0536)7213861

潍坊市公交广告公司

地 址：潍坊市奎文区东风东街 295 号
邮 编：261041
电 话：(0536)8256549

香港大千企划有限公司

地 址：潍坊市福寿街与和平路交叉路西南角巴黎假日大厦 17 层
邮 编：261011
电 话：(0536)8275416

济宁市公交广告公司

地 址：济宁市建设路 81 号
邮 编：272000
电 话：(0537)3921574

济宁市邮政商函广告局

地 址：济宁市邮政商函广告局
邮 编：272000
电 话：(0537)2217777

东营市飞来广告有限公司

地 址：东营市泰安路 173 号
邮 编：257000
电 话：(0546)8392297

东营市公共交通汽车公司广告经营部

地 址：东营市东城胶州路 448 号
邮 编：257000
电 话：(0546)8983456

东营市邮政商函广告局

地 址：东营市邮政局商函广告局
邮 编：257000
电 话：(0546)8080518

山东震环日月星国际广告传媒有限公司

地 址：东营区淄博路 9 号百年大厦 D 段 5 楼
邮 编：257000
电 话：(0546)8205466

威海缘也广告有限责任公司

地 址：威海市环翠区少华路 80 号
邮 编：264200
电 话：(0631)5234444

荣成市海波广告装饰中心

地 址：荣成市成山大道
邮 编：264300
电 话：(0631)7556888

威海红黄蓝广告有限公司

地 址：威海市新威路 32 号
邮 编：264200
电 话：(0631)5280800

威海巨鲨广告有限公司

地 址：威海市文化中路 52 号五棵松文化广场 5 楼
邮 编：264200
电 话：(0631)5221356

威海路通工程有限公司

地 址：威海市青岛北路 55 号
邮 编：264200
电 话：(0631)5311569

威海明珠广播电视广告有限公司

地 址：威海市统一路 395 号
邮 编：264200
电 话：(0631)5200006

山东正伟广告有限公司

地 址：枣庄市市中区华山中路枣庄市建设科技中心 4 楼
邮 编：277100
电 话：(0632)5100888

山东爱达传媒有限公司

地　址：日照市黄海一路 36 号
邮　编：276826
电　话：(0633)8398999

聊城市现代广告艺术发展有限公司

地　址：山东省聊城市卫育南路 1 号卫育公寓 1 号楼 306 室
电　话：(0635)8157878

河南省

广播电视类

河南电视台都市频道

地　址：郑州市郑花路 18 号
邮　编：450001
电　话：(0371)65720666

河南电视台

地　址：郑州市金水区郑花路 18 号
邮　编：450008
电　话：(0371)65888888

河南人民广播电台

地　址：郑州市经五路 2 号广播大厦
邮　编：450003
电　话：(0371)65889366

郑州电视台

地　址：郑州市商务内环路 18 号
邮　编：450052
电　话：(0371)69095300

南阳电视台

地　址：南阳市范蠡东路广电中心
邮　编：473000
电　话：(0377)63143888

洛阳市电视台

地　址：洛阳市西工区九都路 67 号
邮　编：471000
电　话：(0379)63353471

洛阳人民广播电台

地　址：洛阳市西工区九都路 67 号
邮　编：471000
电　话：(0379)63150526

新闻出版类

河南日报

地　址：郑州市农业路东段 28 号河南日报报业大厦 2102
邮　编：450008
电　话：(0371)65796126

大河报社

地　址：郑州市农业路东 28 号河南日报报业大厦 1 楼西大厅
邮　编：450008
电　话：(0371)65796171

经济视点报社广告部

地　址：郑州市农业路 72 号
邮　编：450000
电　话：(0371)63862338

郑州晚报

地　址：郑州市陇海西路 80 号郑州晚报新闻大厦西大厅广告经中心
邮　编：450000
电　话：(0371)63315622

洛阳日报报业集团广告总公司

地　址：洛阳市新区开元大道 218 号
邮　编：471000
电　话：(0379)63256081

耐火材料编辑部

地　址：洛阳市涧西区西苑路 43 号
邮　编：471039
电　话：(0379)64205958

洛阳广播电视报社

地　址：洛阳市开原大道 281 号
邮　编：471000
电　话：(0379)63353871

洛阳晚报社

地　址：洛阳新区开元大道 218 号
邮　编：471000
电　话：(0379)65233606

公　司　类

河南华视广告文化传播有限公司

地　址：郑州市郑花路 1 号
邮　编：450008
电　话：(0371)65751380

河南惠乔广告有限公司

地　址：郑州市东明路 218 号索克大厦 5 楼
邮　编：450008
电　话：(0371)65677251

河南天明公交广告有限公司

地　址：郑州市京广北路 27 号
邮　编：450000
电　话：(0371)66227934

河南维思广告有限公司

地　址：郑州市经三路 28 号融丰花苑 B 座 16FB
邮　编：450008
电　话：(0371)65786202

新乡市东方广告有限公司

地　址：新乡市平原路豫北大厦 11 层

邮　编：453003
电　话：(0373)2072222

新乡市红绿蓝广告有限公司

地　址：新乡市胜利路中段新世纪广场 1084 室
邮　编：453000
电　话：(0373)2717000

新乡市新生活资讯广告有限公司

地　址：新乡市健康路 28 号
邮　编：453000
电　话：(0373)2056218

河南新乡博雅广告有限公司

地　址：新乡市红旗区劳动中街 253 号
邮　编：453000
电　话：(0373)3020777

新乡市银河公交广告传媒有限公司

地　址：新乡市和平大道南 238 号
邮　编：453000
电　话：(0373)5091155

新乡市中山广告装潢有限公司

地　址：新乡市人民路恒升世家 B 座 19 层
邮　编：453000
电　话：(0373)3060000

洛阳大禾广告文化传播有限公司

地　址：洛阳市西工区九都路星河国际 504 室
邮　编：471000
电　话：(0379)63372979

洛阳兰勃形象设计工作室

地　址：洛阳市沙厂南路中泰新城泰康苑三楼 C 座
邮　编：471000
电　话：(0379)65288088

洛阳市电力广告有限公司

地　址：洛阳市西工区健康西路 5 号
邮　编：471000
电　话：(0379)63398418

洛阳市多恩广告有限公司

地　址：洛阳市涧西区建设路 154 号
邮　编：471004
电　话：(0379)64966174

洛阳市烽火广告有限公司

地　址：洛阳市西工区沙厂南路通元国际花园裙楼 3 层
邮　编：471002
电　话：(0379)6326111

洛阳市士奇广告文化传播有限公司

地　址：洛阳市十里河花城饭店 501 － 504 号
邮　编：471003
电　话：(0379)4859004

洛阳市众联威志广告文化传播有限公司

地　址：洛阳市西工区九都路涧东路口悦丰广场 1602 室
邮　编：471000
电　话：(0379)63358123

洛阳天明公交广告有限责任公司

地　址：洛阳市南昌路六合国际大厦 A 座
邮　编：471000
电　话：(0379)63961859

新乡市阳光广告有限公司

地　址：新乡市开发区启明小区 2 号楼五单元 1 楼
邮　编：453000

湖北省

广播电视类

湖北长江广电广告有限公司

地　址：武汉市武昌区公正路 216 号平安国际金融大厦 12 楼
邮　编：430071
电　话：(027)87329728

湖北楚天广播电台广告部

地　址：武汉市汉口解放大道 1237 号
邮　编：430022
电　话：(027)85762122

湖北电视经济频道

地　址：武汉市中北路 1 号湖北经视大厦 19 楼
邮　编：430071
电　话：(027)87713331

武汉教育电视台广告部

地　址：武汉市江汉区常青路 58 号 1 楼
邮　编：430023
电　话：(027)85605900

襄樊人民广播电台

地　址：襄樊市樊城区中山后街 78 号
邮　编：441000
电　话：(0710)3485964

鄂州广播电视局广告中心

地　址：鄂州市滨湖西路新广电大楼
邮　编：436000
电　话：(0711)3357378

孝感电视台

地　址：孝感市长征路 106 号
邮　编：432100
电　话：(0712)2323930

黄冈电视台广告部

地　址：黄冈市黄州区东门路 169 号
邮　编：438000
电　话：(0713)8812077

黄石电视台

地　址：黄石市广会路黄石广电中心
邮　编：435000
电　话：(0714)6352247

咸宁人民广播电台

地　址：咸宁市温泉路 38 号
邮　编：437100
电　话：(0715)8262959 办

荆州电视台广告中心

地　址：荆州市江津西路 266 号广电大厦
邮　编：434000
电　话：(0716)8266888

荆州人民广播电台

地　址：荆州沙市区江津西路 266 号广电大楼
邮　编：433000
电　话：(0716)8527567

鄂西电视台

地　址：恩施市东风大道 278 号恩施州广播电视局
邮　编：445000
电　话：(0718)8244657

十堰人民广播电台

地　址：十堰市人民北路 4 号广电大楼 810 室
邮　编：442000
电　话：(0719)8681007

随州电视台

地　址：随州市清和路 35 号
邮　编：441300
电　话：(0722)3241476

随州人民广播电台

地　址：随州市烈山大道 359 号
邮　编：441300
电　话：(0722)3230029

荆门电视台广告部

地　址：荆门市长宁大道 51 号
邮　编：448000
电　话：(0724)2360333

新闻出版类

知音杂志社

地　址：武汉市武昌区东湖路 169 号知音传媒集团
邮　编：430077
电　话：(027)68890808

幸福杂志社

地　址：武汉市汉口洞庭街 127 号
邮　编：430017
电　话：(027)82788982

湖北长江商报社

地　址：武汉市洪山区珞瑜路 78 号长江传媒大厦 20 楼 2004 室
邮　编：430070
电　话：(027)87660211

武汉晚报社

地　址：武汉市建设大道 760 号
邮　编：430010
电　话：(027)82868131

湖北日报报业集团楚天广告总公司

地　址：武汉市东湖路 181 号
邮　编：430000
电　话：(027)88567860

武汉晨报广告部

地　址：武汉市江汉区建设大道长江日报路特 1 号
邮　编：430015
电　话：(027)85719543

宜昌三峡日报传媒集团有限责任公司

地　址：宜昌市东山大道 119 号
邮　编：443000
电　话：(0717)6449702

潜江报社广告部

地　址：潜江市章华中路 5 号
邮　编：433100
电　话：(0728)6244546

公　司　类

湖北东方卓越文化传媒有限公司

地　址：武汉市武昌区和平大道富贵里 93 号
邮　编：430062
电　话：(027)88562146

武汉广夏同仁广告有限公司

地　址：武汉市江岸区中山大道锦江苑附 31 楼
邮　编：430014
电　话：(027)85556811

武汉丽兰传媒有限公司

地　址：武汉市江岸区解放大道 1511 号化工大厦 8 楼
邮　编：430000
电　话：(027)59236918

武汉尊荣广告国际传播发展有限公司

地　址：武汉市江岸区中山大道 1166 号金源大厦 B 座 28 层
邮　编：430013
电　话：(027)82778898

北京首都机场广告有限公司湖北分公司

地　址：武汉市发展大道 164 号
邮　编：430023
电　话：(027)83518738

湖北视星广告有限责任公司

地　址：武汉市解放大道 1328 号中原大厦 17 楼 AB
邮　编：430010
电　话：(027)82740365

湖北中兴广告装饰有限公司

地　址：武汉市汉口邬家墩 115 号金贸中心 C 座 7 楼
邮　编：430023
电　话：(027)85880418

武汉大众设计策划有限公司

地　址：武汉市江岸区洞庭街 139 号柏林公寓 10 楼 D 座
邮　编：430014
电　话：(027)82822315

武汉光明广告有限公司

地　址：武汉市江汉区万松园路 52 号
邮　编：430022
电　话：(027)85780898

武汉利器广告传播有限公司

地　址：武汉市江汉经济开发区汉口创业中心 1 号楼 5 楼
电　话：(027)83567356

武汉新纪元广告装饰有限公司

地　址：武汉经济技术开发区创业道 2 号绿岛实业 3 楼
邮　编：430056
电　话：(027)84896650

武汉新联达广告有限公司

地　址：武汉市江岸区惠济路 38 号
邮　编：430010
电　话：(027)82864656 － 801

潜江市华昌广告有限公司

地　址：潜江市东风路 108 号
邮　编：433100
电　话：(0728)6248490

武汉汉阳造广告创意产业园

地　址：武汉市汉阳区红旗村 206 号晴川街道办事处
邮　编：430050
电　话：(027)84712083

湖南省

广播电视类

长沙电视台政法频道

地　址：长沙市侯家塘有色大厦 3 楼
邮　编：410007
电　话：(0731)82884866

当代商报

地　址：长沙市开福区伍家岭南建湘新村 88-89 栋当代商报报业大厦 4F
邮　编：410008
电　话：(0731)4375333

湖南日报社

地　址：长沙市芙蓉中路一段 469 号
邮　编：410000
电　话：(0731)84329948

长沙晚报

地　址：长沙市芙蓉区晚报大道 267 号
邮　编：410016
电　话：(0731)82205017

湖南经视

地　址：长沙市浏阳河桥东省广电中心西裙楼
邮　编：410003
电　话：(0731)84807129

常德电视台广告公司

地　址：常德市武陵大道中段 267 号常德电视台广告公司
邮　编：415000
电　话：(0736)7202883

益阳人民广播电台

地　址：益阳市广播电视中心 9 楼广播电台综合部
邮　编：413000
电　话：(0737)4380146

桃江县广播电视局广告部

地　址：益阳市桃江县广播电视台
邮　编：413400
电　话：(0737)8822863

益阳电视台

地　址：益阳市益阳电视台广告公司
邮　编：413000
电　话：(0737)4380261

娄底电视台

地　址：娄底市娄底电视台公共频道
邮　编：417000
电　话：(0738)8762598

湘西州电视台

地　址：湘西自治州吉首市砂子坳湘西州电视台
邮　编：416000
电　话：(0743)8222515

湘西电视台广告部

地　址：吉首市湘西自治州电视台广告部
邮　编：416000
电　话：(0743)8222515

怀化人民广播电台城市之声频道

地　址：怀化市城东新区广电中心电台城市之声频道
邮　编：418000
电　话：(0745)2222972

双牌县广播电视局

地　址：永州市万山路 20 号
邮　编：425200
电　话：(0746)7722848

新闻出版类

湖南潇湘晨报传媒经营有限公司

地　址：长沙市韶山南路 258 号
邮　编：410004
电　话：(0731)85011908

三湘都市报

地　址：长沙市湘江中路一段 52 号凯乐国际 3F
邮　编：410005
电　话：(0731)84329373

洞庭之声报广告部

地　址：岳阳市南湖大道 561 号
邮　编：414000
电　话：(0730)8811123

衡阳日报广告部

地　址：衡阳市市环城北路 3 号
邮　编：421001
电　话：(0734)8247333

郴州日报社广告部

地　址：郴州市苏仙北路 42 号
邮　编：423000
电　话：(0735)2882653

益阳广播电视报社广告部

地　址：益阳市朝阳东路广电中心 1 楼
邮　编：413000
电　话：(0737)4381788

益阳日报广告部

地　址：益阳市益阳大道西 209 号益阳日报社新闻楼广告部
邮　编：413000
电　话：(0737)4223845

怀化日报社广告部

地　址：怀化市湖天南路
邮　编：418000
电　话：(0745)2712029

永州日报社广告部

地　址：永州市冷水滩区湘江东路 29 号
邮　编：425002
电　话：(0746)6223352

公　司　类

岳阳华实广告装饰有限公司

地　址：岳阳市岳阳楼区岳东路 56 号
邮　编：414000
电　话：(0730)8210819

岳阳金达电视广告有限公司

地　址：岳阳市金鹗山 3 号
邮　编：414000
电　话：(0730)8202016

岳阳金帆广播电视广告总公司

地　址：岳阳市南湖大道岳阳电视台
邮　编：414000
电　话：(0730)8224404

岳阳市创一广告装饰有限公司

地　址：岳阳市室内装饰城 9 栋 2–3 层
邮　编：414000
电　话：(0730)8264826

岳阳市东方广告装饰有限公司

地　址：岳阳市站前西路文盛大厦 202 室
邮　编：414000
电　话：(0730)8288138

岳阳市公交广告有限公司

地　址：岳阳市东茅岭路 53 号
邮　编：414000

岳阳市金宇广告装饰有限公司

地　址：岳阳市鑫八达广告市场
邮　编：414000
电　话：(0730)8229886

岳阳市久鸿广告装修有限公司

地　址：岳阳市长城市场 3 区 8 栋
邮　编：414000
电　话：(0730)3133000

湖南广视广告公司

地　址：长沙市劳动西路 368 号有色大厦十楼
邮　编：410007
电　话：(0731)85134824

湖南东文新锐传媒有限公司

地　址：长沙市芙蓉区火星镇天泰花园中门 2 楼
邮　编：410001
电　话：(0731)84743999

长沙市达美文化传播有限公司

地　址：长沙市人民中路 400 号长沙城投 12 楼
邮　编：410011
电　话：(0731)84156560

湖南新广联巴士广告有限公司

地　址：长沙市韶山北路 139 号文化大厦 2118
邮　编：410011
电　话：(0731)82259668

湖南新金果传媒有限公司

地　址：长沙市凯华大厦 6 楼
邮　编：410007
电　话：(0731)5143890

长沙铁路广告装饰公司

地　址：长沙市五一东路 145 号
邮　编：410001
电　话：(0731)4119360

长沙邮政信息广告公司

地　址：长沙市芙蓉南路鸿翔大厦 6F
邮　编：410015
电　话：(0731)85221420

湖南木林森文化发展有限公司

地　址：长沙市劳动西路 298 号
邮　编：410007
电　话：(0731)85819488

湖南省广告美术公司

地　址：长沙市雨花区韶山北路 356 号包装大厦 B 座 4 楼
邮　编：410007
电　话：(0731)5552745

湖南省拓通广告有限公司

地　址：长沙市解放西路汇源大厦 1907 室
邮　编：410005
电　话：(0731)82273222

湖南天马广告经贸有限公司

地　址：长沙市芙蓉区芙蓉中路 185 号
邮　编：410021
电　话：(0731)2255828

湖南幸福文化品牌传媒有限公司

地　址：长沙市芙蓉中路 776 号湘凯石化大厦 1805、1806 室
邮　编：410005
电　话：(0731)82810556

湖南幸运星·上扬广告有限公司

地　址：长沙市韶山北路 216 号维一星城国际 6 层
邮　编：410011
电　话：(0731)84152550

衡阳市大地传媒广告有限公司

地　址：衡阳市石鼓区碧水蓝天 3F
邮　编：421001
电　话：(0734)8210768

衡阳市飞龙广告有限公司

地　址：衡阳市石鼓区解放路 294 号 4F
邮　编：421001
电　话：(0734)8243400

郴州市诚功广告有限公司

地　址：郴州市中山北街 21–13 号（郴州卫生局对面）
邮　编：423000
电　话：(0735)2258762

郴州市深海广告有限公司

地　址：郴州市阳光时代
邮　编：423000
电　话：(0735)2246089

常德市楚天广告有限公司

地　址：常德市武陵大道小西门建材市场 A 栋 2 楼
邮　编：415000
电　话：(0736)7206117

常德市金都广告实业有限公司

地　址：常德市武陵大道南首创大厦 1603 号
邮　编：415000
电　话：(0736)7667766

常德市灵智彩视策划设计有限公司

地　址：常德市武陵大道中段华信大厦 502
邮　编：415000
电　话：(0736)7727848

常德市天能广告有限公司

地　址：常德市朗州南路丹阳楼
邮　编：415000
电　话：(0736)7260999

常德市紫色光广告有限公司

地　址：常德市武陵区龙岗路公交总公司劳动服务公司办公楼二楼
邮　编：415000
电　话：(0736)7769368

益阳市安化云天广告艺术有限公司

地　址：益阳市安化县东坪镇湘资市场1号楼
邮　编：413500
电　话：(0737)7229989

益阳市飞翔广告有限公司

地　址：益阳市大桃路27号
邮　编：413000
电　话：(0737)4243222

益阳市金翔广告设计有限公司

地　址：益阳市银城大市场A座4F
邮　编：413000
电　话：(0737)2220070

益阳市三鑫广告装饰有限公司

地　址：益阳市长益路8号
邮　编：413000
电　话：(0737)4236159

益阳市邮政局邮送广告部

地　址：益阳市益阳大道东421号
邮　编：413000
电　话：(0737)6351278

益阳市振强广告有限公司

地　址：益阳市资阳区五一西路111号
邮　编：413001
电　话：(0737)4315888

沅江市跃马广告装饰设计有限公司

地　址：沅江市琼湖西路金旺小区3楼
邮　编：413100
电　话：(0737)2710398

新化县晨宇广告公司

地　址：娄底市新化县建设局
邮　编：417600
电　话：(0738)3211631

宏远广告策划有限公司

地　址：吉首市团结东路B15号
邮　编：416000
电　话：(0743)8711698

湘西自治州天和广告公司

地　址：湘西自治州吉首市团结东路18号
邮　编：416000
电　话：(0743)8721245

湘西自治州邮政信函广告分局

地　址：吉首市武陵山人民北路62号
邮　编：416000
电　话：(0743)8271636

怀化市闪闪星星广告有限公司

地　址：怀化市迎丰中路251号
邮　编：418000
电　话：(0745)2241222

怀化市晨龙广告装饰有限公司

地　址：怀化市河西经济开发区德天五交化2楼
邮　编：418000
电　话：(0745)2316668

怀化美广文化艺术传播有限公司

地　址：怀化市人民南路建行鹤城支行大院
邮　编：418000
电　话：(0745)2239585

怀化市银峰广告装饰有限公司

地　址：怀化市舞水路116号2楼
邮　编：418099
电　话：(0745)2277878

怀化市邮政局信函广告分局

地　址：怀化市人民南路48号
邮　编：418000
电　话：(0745)2241904

怀化市正兴广告艺术有限公司

地　址：怀化市步步高10楼
邮　编：418000
电　话：(0745)2230898

永州市丰——广告创意有限公司

地　址：永州市潇湘东路55-7号
邮　编：425000
电　话：(0746)8331118

永州市奔腾彩印有限公司

地　址：永州市凤凰工业园区银象路
邮　编：425000
电　话：(0746)8224298

广东省

广播电视类

广东南方广播影视传媒集团有限公司

地　址：广州市人民北路 686 号
邮　编：510012
电　话：(020)26188000

深圳广播电影电视集团

地　址：深圳市鹏程一路一号深圳广电大厦
邮　编：518035
电　话：(0755)88310209

广东人民广播电台

地　址：广州市人民北路
邮　编：510012
电　话：(020)26185000

广东南方电视台

地　址：广州市环市东路 331 号北座
邮　编：510066
电　话：(020)83316688

广州电视台广告部

地　址：广州市先烈中路 69 号东山广场 31 层
邮　编：510095
电　话：(020)87320818

广东卫视传媒有限公司

地　址：广州市环市东路 326 号广东亚洲国际大酒店 1303 室
邮　编：510060
电　话：(020)62625333

阳江电台

地　址：阳江市漠江路 114 号
邮　编：529500
电　话：(0662)3419321

开平电视台广告部

地　址：开平市长沙东兴大道安吉路东 1 号
电　话：(0750)2219858

江门广播电视台经营中心

地　址：江门市鹏江区建设二路 2 号长怡商业中心 4 楼
邮　编：529000
电　话：(0750)3239333

开平人民广播电台广告部

地　址：开平市东兴大道安吉路东 1 号广播电视中心
电　话：(0750)2283433

恩平市广播电视台

地　址：恩平市恩城广新街 1 号（冯如广场侧）
电　话：(0750)7722286

台山市广播电视台广告部

地　址：台山市台城镇双亭街 18 号
电　话：(0750)5511611

韶关电视台

地　址：韶关市武江北路 60 号海景花园 A 座 2 层
邮　编：512026
电　话：(0751)8915070

梅州电视台

地　址：梅州市江北文化公园侧广播电视台
邮　编：514011
电　话：(0753)2187666

梅州市广播电视台广告中心

地　址：梅州市江北文化公园侧广播电视台广告中心
电　话：(0753)2187666

汕头人民广播电台

地　址：汕头市潮汕路广播电视中心广播广告部
邮　编：515021
电　话：(0754)88210960

珠海广播电视台

地　址：珠海香洲区银桦路 500 号
邮　编：519000
电　话：(0756)2526246

珠海人民广播电台

地　址：珠海市九洲大道东 1129 号
邮　编：519015
电　话：(0756)3325639

佛山人民广播电台

地　址：佛山市新城区裕和路新闻中心电台大楼 6 楼经营中心
邮　编：528000
电　话：(0757)28365866

德庆县电视台

地　址：肇庆市德庆县
电　话：(0758)7789028

肇庆广播电视台广告经营中心

地　址：肇庆市古塔南路 6 号肇庆广播电视台经营管理中心
邮　编：526040
电　话：(0758)2224288

云浮电视台广告部

地　址：云浮市市区宝马路广播电视大楼 2 楼
邮　编：527300
电　话：(0766)8823599

罗定市广播电视局广告部

地　址：罗定市迎宾路广播电视台首层
邮　编：527200
电　话：(0766)3839529

新兴县广播电视台广告部

地　址：云浮市新兴县新城镇城北新区 C 号地
邮　编：527400
电　话：(0766)2898238

潮州广播电视台广告中心

地　址：潮州市西荣路 48 号附楼

邮 编：521000
电 话：(0768)2180030

信宜市电视台广告部

地 址：信宜市迎宾大道
邮 编：525300
电 话：(0668)8873990

茂名广播电视台广告中心

地 址：茂名市迎宾四路
邮 编：525000
电 话：(0668)2966619

东莞电视台广告经营中心

地 址：东莞市东城南路电视综合大楼正对面广告经营中心
邮 编：523129

新闻出版类

广东南方报业传媒集团有限公司

地 址：广州市广州大道中289号
邮 编：510601
电 话：(020)87373998

广东广州日报传媒股份有限公司

地 址：广州市越秀区人民中路同乐路10号
邮 编：510435
电 话：(020)81883088

足球报社

地 址：广州市海珠中路97号足球报社
邮 编：510120
电 话：(020)81330001

羊城晚报社

地 址：广州市东风东路733号
邮 编：510085
电 话：(020)87138888

南方都市报

地 址：广州市越秀区广州大道中289号
邮 编：510600
电 话：(020)87366783

广州先锋报业有限公司

地 址：广州市海珠中路97号
邮 编：510120
电 话：(020)81330003

信息时报

地 址：广州市中山六路2号新宝利大厦1106室
邮 编：510180
电 话：(020)34323133

珠海特区报社

地 址：珠海市香洲区银桦路566号
邮 编：519000
电 话：(020)2639890

阳江日报社广告部

地 址：阳江市万福路5号
邮 编：529500
电 话：(0662)3280289

韶关日报社

地 址：韶关市熏风路11号
邮 编：512018
电 话：(0751)8914921

梅州日报社广告部

地 址：梅州市沿江东路报业大厦
电 话：(0753)2263888

汕头经济特区报社广告中心

地 址：汕头市金新路
邮 编：515100
电 话：(0754)88312781

深圳报业集团

地 址：深圳市深南大道6008号
邮 编：518009
电 话：(0755)83518460

珠江时报社

地 址：佛山市南海区南桂西路桂园39号珠江时报
邮 编：528000
电 话：(0757)82732198

河源日报广告部

地 址：河源市沿江东路
邮 编：517000
电 话：(0762)3386290

河源晚报广告部

地 址：河源市红星路101号河源晚报社
邮 编：517000
电 话：(0762)3661599

云浮日报社

地 址：云浮市城南天鹅路2号
邮 编：527300
电 话：(0766)8860888

公 司 类

广东新路广告有限公司

地 址：广州市白云区机场路1735号南粤物流大厦307室
邮 编：510410
电 话：(020)22353709

广东警视文化传播有限公司

地 址：广州市越秀区太和岗路10–20号创意大道1号楼一楼南区
邮 编：510000
电 话：(020)87576583

广铁集团文化广告总公司

地 址：广州市越秀区达道路15号影视大厦904
邮 编：510600
电 话：(020)61335396

广东省南方广告有限公司

地 址：广州市越秀区广州大道中289号
邮 编：510599
电 话：(020)87376527

广州市珍宝广告有限公司

地 址：广州市体育西路103号维多利亚A塔33楼
电 话：(020)38103810

广东英扬传奇广告公司

地 址：广州市环市东路334号市政中环大厦13F
邮 编：510060
电 话：(020)83489200

广东新庆丰广告有限公司

地 址：广州市天河林和东路中旅商务大厦东座侨晖阁2806号房
邮 编：510000
电 话：(020)38803855

广东新快报媒体广告有限公司

地 址：广州市天河路533号
邮 编：510000
电 话：(020)85180888

广东省广告股份有限公司

地　址：广州市东风东路 745 号之二金广大厦
邮　编：510080
电　话：(020)87303267

广东麦智传扬广告传播有限公司

地　址：广州市黄浦大道中翠华街 83 号 B 栋 3 层
邮　编：510630
电　话：(020)61003394

广东力臣国际广告有限公司

地　址：广州市环市东水阑路 7 号广岭大厦 5F
邮　编：570075
电　话：(020)37606345

广东广旭广告有限公司

地　址：广州市越秀区东风路 767 号东宝大厦 4 楼
邮　编：510600
电　话：(020)88889818

广州市世方广告有限公司

地　址：广州番禺区石基镇市莲路西田大街 7 号
邮　编：524000
电　话：(020)39962269

大广（广州）广告有限公司

地　址：广州市东风中路 410 号时代地产大厦 801 － 802 室
邮　编：510030
电　话：(020)83487151

广州白云天骏国际传媒有限公司

地　址：广州市白云区机场路云霄街 88 号白云天骏大楼 2 楼
邮　编：510405
电　话：(020)86132222

广州交易会广告有限公司

地　址：广州市海珠区凤浦中路 679 号广交会大厦 8 － 9F
邮　编：510335
电　话：(020)89268288

广州市蓝色火焰广告有限公司

地　址：广州市越秀区寺右新马路五羊新城广场 1901 号
邮　编：510600
电　话：(020)87377708

广州市旭日因赛广告有限公司

地　址：广州市珠江新城临江大道 3 号发展中心 20F
邮　编：510623
电　话：(020)62606088

广州市致诚广告有限公司

地　址：广东省广州市天河区体育西路 109 号高盛大厦 18F
邮　编：510600
电　话：(020)38250909

广州思源广告有限公司

地　址：广州市水荫路 2 号华信大厦西座 15 楼
邮　编：510075
电　话：(020)37601478

上海李奥贝纳广告有限公司广州分公司

地　址：广州市中信广场 5205
邮　编：510380
电　话：(020)38901900

广东志明广告有限公司

地　址：广东省广州市越秀区永安约 31 号 3F
邮　编：511518
电　话：(020)88902691

谢佩伦营销策划机构

地　址：广州市花城大道 3 号南天广场皇朝阁 1505 室
邮　编：510623
电　话：(020)22223309

阳江市维雅设计有限公司

地　址：阳江市漠江中路 307 号
电　话：(0662)3976818

阳江市星河传播广告有限公司

地　址：阳江市江城区漠江路 15 号
邮　编：529500
电　话：(0662)3310931

阳江市昌辉广告有限公司

地　址：阳江市东风东路 4 号
邮　编：529500
电　话：(0662)3355333

阳江市教育印务公司

地　址：阳江市江城区东风三路 45 号
邮　编：529500
电　话：(0662)3351286

阳江市四色广告有限公司

地　址：阳江市阳港大厦 11 号
邮　编：529500
电　话：(0662)3415565

普宁市智能广告有限公司

地　址：普宁市河滨路 1 号金叶大厦附属楼 3 楼
邮　编：515300
电　话：(0663)2254893

揭阳市广告有限公司

地　址：揭阳市榕城区榕华大道
邮　编：522018
电　话：(0663)8619924

揭阳市榕城区中天广告公司

地　址：揭阳市榕城区同德路区政府东侧
邮　编：522000
电　话：(0663)8635313

广东汕特装饰工程有限公司

地　址：揭阳市东山区榕贵园 1 区 108 号
邮　编：522031
电　话：(0663)8225878

高州市粤港广告装修公司

地　址：高州市高凉路 49 号
邮　编：525200
电　话：(0668)6671679

茂名日报广告有限责任公司

地　址：茂名市迎宾四路 156 号茂名日报社
邮　编：525000
电　话：(0668)2963993

茂名石化印务有限公司

地　址：茂名市厂前东路七号大院
邮　编：525000
电　话：(0668)2243839

茂名市缤纷广告装潢有限公司

地　址：茂名市迎宾二路 128 号嘉富豪庭首层
邮　编：525000
电　话：(0668)3397388

茂名市飞鹿广告装潢有限公司

地　址：茂名市双山三路 69 号
邮　编：525000
电　话：(0668)2276028

茂名市集美设计广告装饰工程有限公司

地　址：茂名市油城六路
邮　编：525000
电　话：(0668)2899009

茂名市青苹果广告印务有限公司

地　址：茂名市人民南路 151 号
邮　编：525000
电　话：(0668)2898141

茂名市万通广告公司

地　址：茂名市新福一街 68 号市工商局对面
邮　编：525000
电　话：(0668)2891146

茂名市兴发广告装潢有限公司

地　址：茂名市迎宾 1 路 30 号 2 楼
邮　编：525000
电　话：(0668)2291162

茂名市正凌广告有限公司

地　址：茂名市人民南路 90 号
邮　编：525000
电　话：(0668)2293333

信宜市广信广告有限公司

地　址：信宜市人民北路 88 号
邮　编：525300
电　话：(0668)8883748

恩平市永和广告装饰有限公司

地　址：恩平市新平北路 16 号慧景楼 203 室
电　话：(0750)7733165

恩平市蓝天广告装潢有限公司

地　址：恩平市新平北路 55 号
电　话：(0750)7711662

开平市飞扬广告有限公司

地　址：开平市幕沙路 105 号 2 － 3 座
邮　编：529300
电　话：(0750)2330199

开平市红绿蓝广告有限公司

地　址：开平市义祠客运总站首层 B12
电　话：(0750)2255518

江门博艺广告公司

地　址：江门市蓬江区迎宾大道中 44 号 3 楼
电　话：(0750)3086897

江门市新会区广富广告有限公司

地　址：江门市新会会城镇五谷里 6 号 102
邮　编：529100
电　话：(0750)6151228

江门市新会真色彩广告有限公司

地　址：江门市新会区圭峰西路 38 号 203
电　话：(0750)6197882

韶关市博文广告公司

地　址：韶关市环园西路十幢之一首层
邮　编：512000
电　话：(0751)8873678

韶关市凌翔广告策划有限公司

地　址：韶关市和平路 88 号粤海广场 A 座 1103
邮　编：512000
电　话：(0751)8916685

韶关市天合广告装饰有限公司

地　址：韶关市浈江区升平路 78 号
邮　编：512026
电　话：(0751)8889998

韶关市天马制作工程有限公司

地　址：韶关市新华南路长兴楼首层 9 号铺
邮　编：512026
电　话：(0751)8741414

惠州市黄山影业有限公司

地　址：惠州市惠城区下埔路 19 号惠隆大厦 7 层
邮　编：516001
电　话：(0752)2119939

惠州市惠阳新兴广告装饰工程有限公司

地　址：惠州市惠阳区淡水镇开城大道富华东区首层 115 号铺
邮　编：516211
电　话：(0752)3378910

惠州市佳盛广告有限公司

地　址：惠州市下角南路 150 号益阳大厦 9 楼
邮　编：516002
电　话：(0752)2222444

梅州市白金广告有限公司

地址：梅州市文化路 16 号 6F
邮编：504121
电话：(0753)2393288

梅州报业广告有限公司

地址：梅州市江南沿江东路
邮编：514021
电话：(0753)2263888

梅州市马良广告有限责任公司

地址：梅州市江南梅江四路
邮编：514021
电话：(0753)2273163

梅州市艺之林广告有限公司

地址：梅州嘉应东路金叶大厦旁
邮编：514021
电话：(0753)2388888

汕头市丽影影视广告有限公司

地　址：汕头市金砂路友谊国际大厦 1905
邮　编：515100
电　话：(0754)88322869

汕头市泰峰广告策划有限公司

地　址：汕头市金砂中路友谊国际大厦 11 楼 A 室
邮　编：515100
电　话：(0754)88633779

汕头市长龙广告有限公司

地　址：汕头市华山路江山花园 5 座 201 室
邮　编：515100
电　话：(0754)88363400

汕头市汉鼎广告有限公司

地　址：汕头市奋发园东楼 901
邮　编：515041
电　话：(0754)8878458

汕头市汉威泰合设计顾问有限公司

地　址：汕头市衡山路亿兴大厦三楼
邮　编：515041
电　话：(0754)88733303

汕头市恒泽广告策划有限公司

地　址：汕头市长平路金泰庄 23 幢 202
邮　编：515041
电　话：(0754)88889097

汕头市兰德广告有限公司

地　址：汕头市迎宾免税大厦 8F813
邮　编：515041
电　话：(0754)8460620

汕头市林毅广告有限公司

地　址：汕头市乐山路 1 号
邮　编：515100
电　话：(0754)86318881

广东省电信实业集团深圳市有限公司广告分公司

地　址：深圳市福田区皇岗路 3009 号培训大楼 7 楼
邮　编：518026
电　话：(0755)83501322

龙帆传媒

地　址：深圳市福田区振华东路航天立业 2901
电　话：(0755)83749182

深圳柏高广告有限公司

地　址：深圳市福田区华丰大厦 2408 室
邮　编：518034
电　话：(0755)83146264

深圳灵臻广告有限公司

地　址：深圳市福田区南极路 7 号天健创业大厦 16F
邮　编：518000
电　话：(0755)23691861

深圳市蓝太阳广告有限公司

地　址：深圳市福田区香梅北天明居 A 栋 1601 室
电　话：(0755)83140031

深圳市唐码之光广告有限公司

地　址：深圳市罗湖区南湖路国贸商助大厦 22 楼 A
邮　编：518041
电　话：(0755)82281628

腾讯

地　址：深圳市南山区高新科技园科技中一路腾讯大厦 8 楼
邮　编：518057
电　话：(0755)86013388

珠海天月影视有限公司

地　址：珠海市吉大九洲大道中嘉丽苑 813 号
邮　编：519000
电　话：(0756)2521958

珠海市艺恒广告制作有限公司

地　址：珠海市翠微东路 268 号
邮　编：519000
电　话：(0756)8614875

珠海博爵企业策划广告有限公司

地　址：珠海市吉大景乐路 55 号珠光电子大厦 4 楼
邮　编：519000
电　话：(0756)3369016

珠海经济特区王牌广告艺术有限公司

地　址：珠海市香洲区银桦新村栋 2201
邮　编：519000
电　话：(0756)3360688

珠海市北合广告制作有限公司

地　址：广东珠海拱北昌盛路 79 号 8F
电　话：(0756)3368081

珠海市集艺斋广告有限公司

地　址：珠海市柠溪路 100 号
邮　编：519000
电　话：(0756)2278883

珠海市世纪星马广告有限公司

地　址：珠海市拱北水湾路 244 号红塔大厦 501 室
邮　编：519015
电　话：(0756)3358222

珠海市天王广告有限公司

地　址：珠海市香洲区红山路 288 号国际科技大厦 B 座 610
邮　编：519000
电　话：(0756)2521686

珠海市万象广告发展有限公司

地　址：珠海市香洲区银桦路 8 号深圳发展银行大厦 15 楼 A1
邮　编：519000
电　话：(0756)2173878

珠海市消费黄页信息有限公司

地　址：珠海市人民东路 163 号珠信大厦 519 室
邮　编：519000
电　话：(0756)2297315

肇庆市彩虹广告有限公司

地　址：肇庆市和平路 2 号
邮　编：526060
电　话：(0758)2310918

肇庆市广播电视发展总公司

地　址：肇庆市古塔南路 6 号
邮　编：526060
电　话：(0758)2224288

肇庆市金桐广告有限公司

地　址：肇庆市和平路 8 号二楼东
邮　编：526060
电　话：(0758)2310101

肇庆市前丰广告有限公司

地　址：肇庆市瑞州区和平路 39 号西六卡
邮　编：526060
电　话：(0758)2729974

肇庆市一帆广告有限公司

地　址：肇庆市工农南路
邮　编：526238
电　话：(0758)2327388

肇庆市智尚广告设计有限公司

地　址：肇庆市端州区和平路 39 号西 6 卡
邮　编：526060
电　话：(0758)27299974

四会市广播电视广告有限公司

地　址：四会市城中区天北路 29 号
邮　编：526200
电　话：(0758)3331243

西江报业传媒有限公司

地　址：肇庆市沙墩路 10 号
邮　编：526238
电　话：(0758)82721330

天行健文化传播有限公司

地　址：湛江市赤坎区人民大道北 98 号

邮　编：524000
电　话：(0759)3200332

湛江市佳艺广告有限公司

地　址：湛江市椹川大道 75 号家具城对面
邮　编：524006
电　话：(0759)2274799

湛江市金枫广告有限公司

地　址：湛江市霞山区解放东路 10 号
邮　编：524013
电　话：(0759)2202103

湛江市日月广告设计有限公司

地　址：湛江市赤坎区康顺路 33 号虹都大厦 B 座 401 室
邮　编：524043
电　话：(0759)3177342

湛江市新浪潮广告有限公司

地　址：湛江市霞山区海景路 9 号 702
邮　编：524009
电　话：(0759)2380050

湛江市永固广告有限公司

地　址：湛江市海滨大道南 46 号绿家园 7 栋 220
邮　编：524005
电　话：(0759)2261243

中山市腾龙互动信息广告工程有限公司

地　址：中山市东区东苑路 8 卡
邮　编：528400
电　话：(0760)88311425

中山市通润广告装饰工程有限公司

地　址：中山市北区基边宏基中街北二巷 4 号
邮　编：528400
电　话：(0760)8386799

中山市中城创建广告有限公司

地　址：中山市兴隆街 29 号
邮　编：528403
电　话：(0760)88331078

河源市巨龙广告策划有限公司

地　址：河源市红星路市党校商住楼
邮　编：517000
电　话：(0762)3361983

和平县海天建筑工程有限公司

地　址：和平县阳明镇东山路 101 号
邮　编：517200
电　话：(0762)5688778

河源市风正广告设计有限公司

地　址：河源市文明路 29 － 1 号二楼
邮　编：517000
电　话：(0762)3333337

河源市新野广告策划有限公司

地　址：河源市红里路 153 号
邮　编：517000
电　话：(0762)3888013

河源市兄弟广告有限公司

地　址：河源市大同路 168 － 1 号
邮　编：517000
电　话：(0762)3886169

清远尚美传播有限公司

地　址：清远市新城连江西路丽清花园丽兴苑 A、B 座 2 楼
邮　编：511515
电　话：(0763)3984440

清远时兴广告传播有限公司

地　址：清远市桥南路 6 号骏华楼首层 101 － 102 铺
邮　编：511500
电　话：(0763)3321555

清远市彩虹广告有限公司

地　址：清远市南步路 23 号
邮　编：511515
电　话：(0763)3364248

清远市共鸣广告装潢有限公司

地　址：清远古城区罗宅 24 号 202 室
邮　编：511500
电　话：(0763)3315000

清远市时尚广告装饰有限公司

地　址：清远市下濠基 178 号 802 室
邮　编：511500
电　话：(0763)5834567

清远市游艺广告装饰有限公司

地　址：清远市上濠基 76 号
邮　编：511500
电　话：(0763)3338598

云浮市意达广告装饰有限公司

地　址：云浮市云河滨东路 255 号
邮　编：527300
电　话：(0766)8823765

云浮市永丽广告装饰有限公司

地　址：云浮市云城区兴云东路 8 号
邮　编：527300
电　话：(0766)8863395

云浮市粤云广告装饰有限公司

地　址：云浮市云城镇星岩三路 68 号
邮　编：527300
电　话：(0766)8821984

云浮市云城光明广告公司

地　址：云浮市云城区星岩二路 82 号
邮　编：527300
电　话：(0766)8828284

罗定广告有限公司

地　址：罗定市龙园路 26 号
邮　编：527200
电　话：(0766)3838710

东莞市心域广告有限公司

地　址：东莞市南城区胜和路胜和广场 B 座 9D
邮　编：523000
电　话：(0769)22238838

东莞市视艺传播广告有限公司

地　址：东莞市园岭路 49 号晓翠园兴业大厦 8 楼
邮　编：523012
电　话：(0769)22500278

广西壮族自治区

广播电视类

防城港市广播电视广告中心

地 址：防城港市港口区四川路 79 号
邮 编：538001
电 话：(0770)2826901

广西电视台

地 址：南宁市民族大道 73 号
邮 编：530022
电 话：(0771)2196136

广西崇左电视台广告部

地 址：南宁市明秀东路 238 号
邮 编：530001
电 话：(0771)3127929

广西人民广播电台广告部

地 址：南宁市民族大道 75 号
邮 编：530022
电 话：(0771)5802638

龙州县电视台广告部

地 址：崇左市龙州县白沙镇白沙街 74 号
邮 编：532400
电 话：(0771)8823288

柳州电视台广告部

地 址：柳州市桂中大道 1 号
邮 编：545006
电 话：(0772)2695333

柳州人民广播电台

地 址：柳州市桂中大道 1 号
邮 编：545006
电 话：(0772)2695058

象州电视台广告部

地 址：象州县广播电视局
电 话：(0772)2981595

桂林电视台

地 址：桂林市安新洲广播电视大楼
邮 编：541002
电 话：(0773)3840344

梧州市电视台广告信息中心

地 址：梧州市新兴三路 69 号
邮 编：543000
电 话：(0774)3825869

贵港人民广播电台广告部

地 址：贵港市广播电视台广告部
邮 编：537100
电 话：(0775)4235566

桂平市广播电视台

地 址：桂平市桂贵路
邮 编：537200
电 话：(0775)3384222

百色电视台广告部

地 址：百色市右江区城北二路 18 号
邮 编：533000
电 话：(0776)2823355

广西钦州市电视台广告中心

地 址：钦州市丽桥街 18 号
邮 编：535000
电 话：(0777)2827288

宜州市广播电视局广告部

地 址：宜州市庆远镇公园东路 8 号
邮 编：546300
电 话：(0778)3141371

河池市电视台广告部

地 址：河池市新建路 93 号
邮 编：547000
电 话：(0778)2288255

北海电视台

地 址：北海市贵州路 36 号
邮 编：536000
电 话：(0779)3032374

北海人民广播电台广告部

地 址：北海市贵州路 36 号
邮 编：536000
电 话：(0779)3033486、3055727

新闻出版类

防城港日报社广告部

地 址：防城港市贵州路 18 号
邮 编：538001
电 话：(0770)2825278

南宁晚报

地 址：南宁市嘉宾路 2 号新闻大厦 1 楼新闻中心
邮 编：530028
电 话：(0771)5530704

南宁日报

地 址：南宁市嘉宾路 2 号新闻大厦 1 楼新闻中心
邮 编：530028
电 话：(0771)5530672、5530557

南国早报

地 址：南宁市民主路 21 号
邮 编：530026
电 话：(0771)5645863、5690162

广西日报

地 址：南宁市民主路 21 号
邮 编：530026
电 话：(0771)5690162

柳州日报社

地 址：柳州市中山西路 67 号
邮 编：545001
电 话：(0772)2824727

柳州广播电视报

地 址：柳州市桂中大道 1 号
邮 编：545007
电 话：(0772)2695331

贵港日报社

地 址：贵港市江北大道西段石羊塘报社大楼
电 话：(0775)4523230

河池日报社

地 址：河池市南新西路 119 号

邮　编：547000
电　话：(0778)2250464

北海广播电视报广告部

地　址：北海市贵州路 36 号
邮　编：536000
电　话：(0779)3072999

公　司　类

广西综路传媒有限公司

地　址：南宁市金湖路 55 号亚航财富中心 19 层
邮　编：530032
电　话：(0771)5511368

防城港市白马广告有限公司

地　址：防城港市防城大道 6 号
邮　编：538021
电　话：(0770)3258501

防城港市东南广告装饰艺术有限公司

地　址：防城港市防城区富兴路 27 号
邮　编：538021
电　话：(0770)3258986

广西超然广告公司

地　址：南宁市葛村路 9 号珉旖大厦 908
邮　编：530021
电　话：(0771)5867522

广西科嘉艺营销广告有限公司

地　址：南宁市七星路 137 号外贸大厦 17 楼
邮　编：530022
电　话：(0771)5332114

南宁金岛广告有限公司

地　址：南宁市苍竹苑二区 2 栋 203
邮　编：530022
电　话：(0771)5870064

南宁两岸策划广告有限责任公司

地　址：南宁市民族大道东段 81 号气象大厦 17 层
邮　编：530012
电　话：(0771)5843131

南宁市公交车厢广告公司

地　址：南宁市民族大道 82 号嘉和城南湖之都 1807 号
邮　编：530012
电　话：(0771)80289766

南宁智锐影视营销广告有限公司

地　址：南宁市青秀区葛村路 9 号 1205 室
邮　编：530022
电　话：(0771)5888100

柳州市纳川田广告有限公司

地　址：柳州市蝴蝶山路 69 号
邮　编：545005
电　话：(0772)3138650

柳州市一禾广告策划有限责任公司

地　址：柳州市北区友谊路 5 号 2 号楼 408
邮　编：545001
电　话：(0772)2805721

梧州珍宝广告有限公司

地　址：梧州市万秀区白云路冰泉里 9 号
邮　编：543000
电　话：(0774)2827349

贺州市东风广告公司

地　址：贺州市建设东路银河苑 1－16
邮　编：542800
电　话：(0774)5126028

贵港市木林森广告公司

地　址：贵港市江北中路 190 号
邮　编：537100
电　话：(0775)4243226

贵港市邮政局广告部

地　址：贵港市贵城镇溶只街 516 号
邮　编：537100
电　话：(0775)4231128

合众鼎原国际传媒广告贵港分公司

地　址：贵港市劳动保障局内
邮　编：537100
电　话：(0775)4556726

玉林金拇指广告装饰有限公司

地　址：玉林市玉州区人民中路 741 号
邮　编：537000
电　话：(0775)2812471

玉林市超时代广告有限公司

地　址：玉林市民主中路 343 号
邮　编：537000
电　话：(0775)2854838

玉林市天和广告装饰有限公司

地　址：玉林市教育中路 625 号
邮　编：537000
电　话：(0775)2852888

玉林正泰彩印包装有限公司

地　址：玉林市经济开发区正泰路 1 号
邮　编：537000
电　话：(0775)2825949

右江广告公司

地　址：百色市中山一路 7 号
邮　编：533000
电　话：(0776)2891322

广西百日高广告有限公司

地　址：百色镇东合二路
邮　编：533000
电　话：(0776)2837033

河池市海顿文化传播有限公司

地　址：河池市南新西路 149 号
邮　编：547000
电　话：(0778)2280788

河池市华宇广告有限公司

地　址：河池市新建路 118 号华隆假日城堡 A 栋 1 单元 301 室
邮　编：547000
电　话：(0778)2291043

河池市龙滩广告营销有限公司

地　址：河池市解放中路 1－2 号
邮　编：547000
电　话：(0778)2234920

河池市英岳广告策划有限公司

地　址：河池市南新西路 483－2 号
邮　编：547000
电　话：(0778)2202440

河池市金城江广告有限公司

地　址：河池市南新西路 123－18 号
邮　编：547000
电　话：(0778)2299127

北海广告美术公司

地 址：北海市长青路 2 号
邮 编：536000
电 话：(0779)30334578

来宾市银龙广告有限责任公司

地 址：来宾市北二路 98 号
邮 编：546000

海南省

广播电视类

海口广播电视台广告中心

地 址：海口市新华区玉沙路 42 号
邮 编：570125
电 话：(0898)66801272

三亚广播电视台

地 址：三亚市解放四路新闻大厦 1 层
邮 编：572000
电 话：(0898)88899545

新闻出版类

海南日报有限责任公司

地 址：海口市金盘路 30 号
邮 编：570216
电 话：(0898)66810260

海口晚报社广告部

地 址：海口市南沙路 69 号
邮 编：570206
电 话：(0898)66829835

海南特区报

地 址：海口市龙昆南路 89 号汇龙广场 3 单元 4 楼
邮 编：570206
电 话：(0898)66725877

公 司 类

海南灵狮创意产业投资有限公司

地 址：海口市滨海大道 42 号港 A 栋 603
邮 编：570125
电 话：(0898)68561777

海南画王广告有限公司

地 址：海口市龙魂南路 39 － 2 号肖海阳光大厦 3 楼
邮 编：570100
电 话：(0898)66553001

海口惠嘉广告有限公司

地 址：海口市世贸东路世贸大厦 F 座 1808
邮 编：570125
电 话：(0898)68513196

海口领先广告有限公司

地 址：海口市新华区坡博路 1 号 4 单元 308 室
邮 编：570206
电 话：(0898)66707661

海口天使广告有限公司

地 址：海口市龙华区南海大道祥昌小区 D 座 509
邮 编：5702166
电 话：(0898)66757778

海南白马广告有限公司

地 址：海口市海福一横路华宇大厦 1003 室
邮 编：570203
电 话：(0898)65365887

海南国语广告有限公司

地 址：海口市金贸区世贸东路 2 号世贸中心 E 座 19 层 1907 房
邮 编：570125
电 话：(0898)68520520

海南中视集团

地 址：海口市滨海大道 123 号鸿联商务广场 7、11 层
邮 编：570105
电 话：(0898)68583399

三亚大方广告有限公司

地 址：三亚市新风路金鹿大厦首层
邮 编：572200
电 话：(0898)88276766

三亚富亚广告有限公司

地 址：三亚市解放二路 2 号商务楼 2 楼铺面
邮 编：572000
电 话：(0898)88256138

三亚三森广告有限公司

地 址：三亚市光明路海六建宿舍一楼 8 号
邮 编：572000
电 话：(0898)88118877

三亚文王广告装饰工程有限公司

地 址：三亚市解放二路第一小学前
邮 编：572000

重庆市

广播电视类

重庆广播电视传媒集团股份有限公司

地　址：重庆市九龙坡渝州路 18 号彩电中心广告楼
邮　编：400039
电　话：(023)68882055

新闻出版类

重庆新女报传媒有限公司

地　址：重庆市渝中区解放西路 66 号
邮　编：400012
电　话：(023)63907788

重庆晨报

地　址：重庆市渝中区解放西路 66 号日报大院
邮　编：400010
电　话：(023)63907500

重庆晚报

地　址：重庆市解放西路 66 号重庆晚报经营中心
邮　编：400012
电　话：(023)63907335

重庆时报社

地　址：重庆市南城大道 249 号中富大厦 4 层、6 层
邮　编：400060
电　话：(023)62771321

重庆日报社

地　址：重庆市渝中区解放西路 66 号
邮　编：400012
电　话：(023)63907714

商界杂志社

地　址：重庆市渝中区中山三路 168 号中安国际大厦 13 楼
邮　编：400015

公　司　类

重庆年度广告传媒有限公司

地　址：重庆市大渡口春晖街道金桥路 8 号服务中心大楼 4 层
邮　编：400084
电　话：(023)88613888

重庆金牛慧通广告有限公司

地　址：重庆市渝州路西亚广场 A 座 33 - 25 - 4 - 1
邮　编：400039
电　话：(023)68692222

重庆媒体伯乐公交广告有限公司

地　址：重庆市渝中区大都会商厦 12 楼
邮　编：400010
电　话：(023)68612108

重庆唐码传媒有限公司

地　址：重庆市高新区科园三路 68 号金果园商务楼 D1 幢
邮　编：400039
电　话：(023)89089090

重庆天地广告有限公司

地　址：重庆市渝中区两路口健康路花园大厦 B 栋 4 楼
邮　编：400014
电　话：(023)63894774

重庆写真广告有限公司

地　址：重庆市九龙坡区南方花园 B 区银杉楼 2 - 2 - 1
邮　编：400041
电　话：(023)68637186

四川省

广播电视类

成都市广播电视台广告营销策划中心

地　址：成都市人民南路三段 2 号汇日央扩国际广场 9 F
邮　编：610041
电　话：(028)85516786

四川电视台广告部

地　址：成都市西安中路 42 号
邮　编：610072
电　话：(028)87787755

四川人民广播电台

地　址：成都市红星路二段 119 号副 1 号四川广播电视台
邮　编：610017
电　话：(028)86526271

攀钢电视台广告部

地　址：攀枝花市东区向阳村农贸楼 5 层传媒中心广告部
邮　编：617067
电　话：(0812)3391624

攀枝花广电节目广告中心

地　址：攀枝花市炳草岗二街坊原有线电视台 2 楼
邮　编：617000
电　话：(0812)3333898

绵阳电视台广告部

地　址：绵阳市一环路南段 232 号
邮　编：621000
电　话：(0816)2262837

南充广播电台

地　址：南充市顺庆区丝绸路 12 号
邮　编：637000
电　话：(0817)2805966

南充市电视台

地　址：南充市顺庆区丝绸路 6 号广电大厦
邮　编：637000
电　话：(0817)2808456

达州市电视台

地　址：达州市通川区金龙大道广电中心
邮　编：635000
电　话：(0818)2372817

达州人民广播电台

地　址：达州市通川区金龙大道广电中心
邮　编：635000
电　话：(0818)2376296

巴中电视台

地　址：巴中市巴州区巴通大道 155 号
邮　编：636000
电　话：(0827)5221974

宜宾电视台

地　址：宜宾市翠屏区南岸长江大道中段 7 号
邮　编：644000
电　话：(0831)23333422

内江人民广播电台

地　址：内江市中区祥龙山祥龙路一巷 33 号
邮　编：641000
电　话：(0832)2053190

广元电视台广告中心

地　址：广元市建设路 105 号
邮　编：628000
电　话：(0839)3264841

新闻出版类

成都日报

地　址：成都市庆云南街 19 号成都日报广告部
邮　编：610017
电　话：(028)86740203

成都商报

地　址：成都市书院西街 1 号
邮　编：610016
电　话：(028)86750822

成都晚报

地　址：成都市书院西街亚太大厦 4 层
邮　编：61000
电　话：(028)86512111

天府早报

地　址：成都市红星中路二段 70 号
邮　编：610000
电　话：(028)86968707

南充广播电视报广告部

地　址：南充市顺庆区丝绸路 6 号广电大厦 5 楼
邮　编：637000
电　话：(0817)2805979

四川省达州日报社

地　址：达州市通川区通川中路 118 号
邮　编：635000
电　话：(0818)2377273

公　司　类

成都铁路文化传媒总公司

地　址：成都市金牛区马家花园路 2 号通锦大厦 4 楼
邮　编：610031
电　话：(028)86481027

成都视点映画文化传播有限公司

地　址：成都市天益街 38 号理想中心 4 栋 603
邮　编：610042
电　话：(028)85193778

成都大西南广告公司

地　址：成都市总府路 15 号王府井商务公寓 B 座 18A
邮　编：610016
电　话：(028)86784499

四川华视广告策划有限公司

地　址：成都市高升桥东路罗马假日广场嘉乐楼 7 楼
邮　编：610041
电　话：(028)85109138

四川省巴蜀新形象广告传媒股份有限公司

地　址：成都市鼓楼南街 117 号世界贸易中心 A 座 20 层
邮　编：610015
电　话：(028)86758811、86782266

四川西南国际广告有限公司

地　址：成都市青羊区太升北路 54 号江信大厦 24 层 F 座
邮　编：610051
电　话：(028)6911688

攀枝花市创世纪广告公司

地　址：攀枝花市炳草岗文响巷 29 号
邮　编：617000
电　话：(0812)3356333

攀枝花市红帆海肯广告有限公司

地　址：攀枝花市炳草岗人民街 207 号
邮　编：617000
电　话：(0812)3345667

攀枝花市市政广告有限公司

地　址：攀枝花市东区江南二路二村
邮　编：617000
电　话：(0812)3327193

贵州省

广播电视类

贵州电视台

地　址：贵阳市神奇路 1 号贵州电视台 A507
邮　编：550002
电　话：(0851)85377250

赤水市广播电视台广告部

地　址：赤水市广播电视台广告部
邮　编：564700
电　话：(0852)2821426

遵义电视台广告部

地　址：遵义市大兴路湘江大厦 4 层
邮　编：563000
电　话：(0852)8221819

安顺电视台广告部

地　址：安顺市西秀区金虹路 18 号
邮　编：561000
电　话：(0853)3281198

黔南人民广播电台广告部

地　址：都匀市普安路 86 号
邮　编：558000
电　话：(0854)8226330

铜仁市广播电视台广告部

地　址：铜仁市解放路 27 号
邮　编：554300
电　话：(0856)5211318

毕节电视台

地　址：毕节市市东环城路 184 号
邮　编：551501
电　话：(0857)8293688

六盘水电视台广告部

地　址：六盘水市钟山开发区交通路
邮　编：553000
电　话：(0858)8686673

新闻出版类

法制生活报

地　址：贵阳市解放路 224 号
邮　编：550002
电　话：(0851)85895004

贵阳日报传媒集团

地　址：贵阳市中山东路 25 号
邮　编：550002
电　话：(0851)85817999

贵州广播电视报

地　址：贵阳市青云路 302 号
邮　编：550002
电　话：(0851)85984286

贵州日报报业集团

地　址：贵阳市宝山北路 372 号
邮　编：550001
电　话：(0851)86626333、86625823

贵州商报

地　址：贵阳市宝山北路 372 号
邮　编：550001
电　话：(0851)86625066

经济信息时报

地　址：贵阳市西湖路 100 号
邮　编：550002
电　话：(0851)85895119

铜仁日报

地　址：铜仁市开发区梵净山大道
邮　编：554300
电　话：(0856)5250210

公　司　类

贵州天马传媒有限公司

地　址：贵阳市南明区花溪大道北段 76 号
邮　编：550000
电　话：(0851)85377258

贵州高速广告有限公司

地　址：贵阳市富水中路 28 号天业大厦 B 座 11 楼
邮　编：550000
电　话：(0851)85818110

遵义风火广告有限公司

地　址：遵义市汇川区南京路城上城综合大楼 11 层 1 号

云南省

广播电视类

云南广播电视台

地　址：昆明市五华区人民西路 182 号
邮　编：650000
电　话：(0871)65355555

西双版纳州电视台

地　址：西双版纳州广电路 4 号
邮　编：666100
电　话：(0691)2129433

昆明电视台

地　址：云南省昆明市西山区丹霞路 198 号
邮　编：650118
电　话：(0871)65353555

云南广播电视台

地　址：昆明市人民西路 182 号
邮　编：650031
电　话：(0871)65310211

大理电视台

地　址：大理市兴盛路 18 号
邮　编：671000
电　话：(0872)2121540

红河电视台

地　址：红河州个旧市中山路红河电视台
邮　编：661000
电　话：(0873)2124783

保山电视台

地　址：保山市建设路 76 号保山电视台广告部
邮　编：678000
电　话：(0875)2209155

怒江电视台广告部

地　址：怒江州泸水县六库镇向阳西路
邮　编：673100
电　话：(0886)3622566

迪庆州电视台广告部

地　址：迪庆州香格里拉县建塘镇长征路中段
邮　编：674400
电　话：(0887)8222469

红塔区电视台广告信息中心

地　址：玉溪市玉兴路 51 号
邮　编：653100
电　话：(0877)2038202

玉溪电视台广告信息中心

地　址：玉溪市棋阳路 117 号
邮　编：653100
电　话：(0877)2038202

迪庆州人民广播电台广告部

地　址：迪庆州香格里拉县建塘镇长征大道 37 号
邮　编：674400
电　话：(0887)8222189

新闻出版类

生活新报社

地　址：昆明市证券大厦 2 楼（春城路 62 号）
邮　编：650011
电　话：(0871)63115615

云南法制报

地　址：昆明市书林街石桥铺 28 号
邮　编：650011
电　话：(0871)63196428

昆明日报社

地　址：昆明市丹霞路 198 号
邮　编：650118
电　话：(0871)65391909

都市时报

地　址：昆明市丹霞路新闻中心大楼 11 楼
邮　编：650118
电　话：(0871)65391950

云南经济日报社

地　址：昆明市新闻路 339 号
邮　编：650021
电　话：(0871)64108623

云南信息报

地　址：昆明市滇池路口电池书城 4 楼
邮　编：650031
电　话：(0871)64155126

春城晚报

地　址：昆明市新闻路 337 号
邮　编：650032
电　话：(0871)64100000

云南日报广告中心

地　址：昆明市新闻路 337 号
邮　编：650032
电　话：(0871)64155975

公　司　类

云南成名广告文化产业园经营开发有限公司

地　址：昆明市学府路 690 号金鼎科技园 18 号平台 A 座 208
邮　编：650000
电　话：(0871)65310106

昆明白宇现代广告有限公司

地　址：昆明市盘龙区东风东路 36 号建工大厦 1801
邮　编：650000
电　话：(0871)63104286

昆明风驰传媒有限公司

地　址：昆明市江滨西路 47 号鸿城广场 8 楼
邮　编：650021
电　话：(0871)63142163

昆明高新白马广告有限公司

地　址：昆明市高新区麻园小区 D 栋 102

邮　编：650118
电　话：(0871)68213894

昆明铁路客运广告公司

地　址：昆明市官渡区南窑新村319号客运公司内
邮　编：650000
电　话：(0871)63512772

云南白马广告有限公司

地　址：昆明市云瑞西路49号胜利堂院内
邮　编：650021
电　话：(0871)63647775

云南杰地广告工程有限公司

地　址：昆明市学府路金鼎科技园创业服务中心大楼
邮　编：650031
电　话：(0871)65329128

云南体育广告公司

地　址：昆明市东风东路14号省体育场7号门
邮　编：650041
电　话：(0871)63176162

昆明星耀高科技发展有限公司

地　址：昆明市东华小区知春街3－7号
邮　编：650041
电　话：(0871)63336666

云南玉昆广告有限公司

地　址：昆明市关上中心区24号
邮　编：650200
电　话：(0871)67151308

西藏自治区

广播电视类

西藏电视台广告部

地　址：拉萨市北京中路180号
邮　编：850000
电　话：(0891)6820827

西藏人民广播电台

地　址：拉萨市北京中路41号
邮　编：850000
电　话：(0891)6831723

哈密电视台

地　址：哈密市红星西路2号哈密电视台广告部
邮　编：839000
电　话：(0902)2231700

哈密人民广播电台

地　址：哈密市红星西路2号哈密广播电台广告部
邮　编：839000
电　话：(0902)2234185

石河子电视台

地　址：石河子市北二路19号
邮　编：832000
电　话：(0993)6661888

新闻出版类

拉萨晚报

地　址：拉萨市江苏路19号拉萨晚报广告部
邮　编：850000
电　话：(0891)6339945

西藏日报

地　址：拉萨市朵森格路36号西藏日报广告部
邮　编：850000
电　话：(0891)6322866

西藏商报

地　址：拉萨市朵森格路36号西藏商报广告部
邮　编：850000
电　话：(0891)6349996

公　司　类

西藏南方广告有限公司

地　址：拉萨市夺底路10号天路康桑小区1栋1单元
邮　编：850000
电　话：(0891)6385750

民航西藏广告公司

地　址：拉萨市城关区娘热路1号民航局2楼
邮　编：850000
电　话：(0891)6829832

西藏国华广告

地　址：拉萨市林廓北路11号
邮　编：850000
电　话：(0891)6324230

西藏零点广告有限公司

地　址：拉萨市当热西路52号天路康灼小区31栋－1
邮　编：850000
电　话：(0891)6817167

西藏起点广告有限公司

地　址：拉萨市北京中路47号
邮　编：850000
电　话：(0891)6835818

西藏腾辉广告装饰工艺部

地　址：拉萨市江苏路人民体育场对面
邮　编：850000
电　话：(0891)6362379

西藏雅雪广告装饰有限公司

地　址：拉萨市林廓西路23号（拉萨中学北侧50米）
邮　编：850000
电　话：(0891)6816315

陕西省

广播电视类

陕西广播电视台

地 址：西安市长安南路 493 号
邮 编：710061
电 话：(029)85339368

陕西人民广播电台

地 址：西安市西长安南路 336 号
邮 编：710061
电 话：(029)85339380

西安人民广播电台广告中心

地 址：西安市曲江池西路 60 号
邮 编：710065
电 话：(029)88402173

西安电视台广告中心

地 址：西安市曲江新区曲江池西路 60 号
邮 编：710065
电 话：(029)87811888

杨凌电视台

地 址：西安市杨凌示范区新桥路政务大厦 8 楼
邮 编：712100
电 话：(029)87033712

延安广播电视台

地 址：延安市百米大道
邮 编：716000
电 话：(0911)2119626

榆林电视台

地 址：榆林市灵秀街 8 号
邮 编：719000
电 话：(0912)3829077

渭南人民广播电台

地 址：渭南市临渭区西四路广电中心渭南人民广播电台
邮 编：714000
电 话：(0913)8101105

渭南电视台

地 址：渭南市东风街中段广电中心广告中心
邮 编：714000
电 话：(0913)8101088

商洛电视台

地 址：商洛市团结路 28 号
邮 编：726000
电 话：(0914)2333368

安康电视台广告中心

地 址：安康市大桥路 9 号
邮 编：725000
电 话：(0915)3214505

安康人民广播电台

地 址：安康市巴山中路 113 号
邮 编：725000
电 话：(0915)3213571

汉中电视台广告中心

地 址：汉中市东建设巷 14 号
邮 编：723000
电 话：(0916)2248866

汉中人民广播电台

地 址：汉中市前进东路电视塔 1 楼
邮 编：723000
电 话：(0916)2526699

宝鸡电视台广告中心

地 址：宝鸡市新建路东段 4 号
邮 编：721000
电 话：(0917)3210609

铜川人民广播电台

地 址：铜川市铜川人民广播电台广告部
邮 编：727000
电 话：(0919)8102815

新闻出版类

西安晚报广告部

地 址：西安市太阳庙门街 43 号
邮 编：710002
电 话：(029)87618162

陕西老年报

地 址：西安市西七路 380 号
邮 编：710003
电 话：(029)87251110

铜川日报

地 址：铜川市延安路 78 号铜川日报广告部
邮 编：727000
电 话：(029)82100373

陕西日报社

地 址：陕西省西安市环城南路东段 1 号
邮 编：710054
电 话：(029)82267888

咸阳日报

地 址：咸阳市渭阳西路附 64 号咸阳日报广告部
邮 编：712000
电 话：(029)33345966

杨凌后稷印刷厂

地 址：西安市杨凌示范区西农路 6 号
邮 编：712100
电 话：(029)87018159

陕西工人报

地 址：西安市莲湖路 239 号
邮 编：713000
电 话：(029)87321847

延安日报

地 址：延安市南大街 84 号延安日报广告部

邮　编：716000
电　话：(0911)8216262

商洛日报

地　址：商洛市北新街西段商洛日报广告部
邮　编：726000
电　话：(0914)2317997

汉中日报社广告中心

地　址：汉中市中山街41号汉中日报社
邮　编：723000
电　话：(0916)2513446

宝鸡日报

地　址：宝鸡市经二路东段5号宝鸡日报社
邮　编：721000
电　话：(0917)3273352

西安商报

地　址：西安市解放路318号音像批发市场7楼
邮　编：710005
电　话：(0919)2681740

公　司　类

杨凌卓艺广告有限公司

地　址：西安市杨凌示范区饮食街
邮　编：712100
电　话：(029)87015258

西安麦道品牌传播有限公司

地　址：西安曲江新区雁塔南
邮　编：710003
电　话：(029)87201299

西安美灵广告有限责任公司

地　址：西安市高新区新型工业园企业一号公园23号
邮　编：710061

电西安沙龙广告装饰公司

地　址：西安市长安中路89号阳明国际19层4号
邮　编：710061
电　话：(029)85262588

陕西巨象广告有限责任公司

地　址：西安市蓝溪科技大厦六楼
邮　编：710065
电　话：(029)85590031

陕西环美广告有限公司

地　址：西安市西高新亚美大厦聚福阁303
邮　编：710075
电　话：(029)88313493

西安三安国际传媒有限公司

地　址：西安市高新区枫叶新都市A区10号楼703
邮　编：710075
电　话：(029)8226842

西部机场集团广告传媒（西安）有限公司

地　址：西安市西安机场内
邮　编：710082
电　话：(029)8701328

杨凌红苹果广告设计公司

地　址：西安市杨凌示范区公园路东段
邮　编：712100
电　话：(029)87019129

杨凌创想广告有限公司

地　址：西安市杨凌示范区会展路1号
邮　编：712100
电　话：(029)87036661

杨凌金桥广告有限公司

地　址：西安市杨凌示范区西农路6号老管委会315室
邮　编：712100
电　话：(029)87018644

杨凌前沿广告设计工作室

地　址：西安市姚安西二街
邮　编：712100
电　话：(029)87010690

杨凌三和文化传播有限公司

地　址：西安市杨凌康乐路33号
邮　编：712100
电　话：(029)87019700

宝鸡市华沙广告有限责任公司

地　址：宝鸡市体育路太阳商城写字楼610、612
邮　编：721000
电　话：(0917)6891439

宝鸡市吉协广告装饰工程有限公司

地　址：宝鸡市高新财富大厦B座806
邮　编：721000
电　话：(0917)3229954

宝鸡市国强广告策划有限公司

地　址：宝鸡市车站广场中平12号
邮　编：721000
电　话：(0917)3231788

宝鸡市美典艺术广告有限责任公司

地　址：宝鸡市太白路1号绿洲锦园13号楼5单元15层
邮　编：721000
电　话：(0917)3240198

陕西理想艾科广告装饰有限责任公司

地　址：西安市长安北路14号奥林匹克大厦A座6层
邮　编：721000
电　话：(0917)3211291

宝鸡市俊成影像广告有限公司

地　址：宝鸡市经二路106号
邮　编：721000
电　话：(0917)3225508

宝鸡市三彩广告有限责任公司

地　址：宝鸡市金陵步行街三营七号
邮　编：721000
电　话：(0917)3229925

宝鸡市新兴广告装饰有限责任公司

地　址：宝鸡市西凤路南段12号
邮　编：721000
电　话：(0917)8477431

宝鸡市艺帆广告装饰有限责任公司

地　址：宝鸡市文化路副17号405
邮　编：721000
电　话：(0917)3211123

宝鸡市志德广告有限责任公司

地　址：宝鸡市滨河路1号图书馆西侧
邮　编：721000
电　话：(0917)3242656

杨凌华丽雅广告装饰有限公司

地　址：西安市杨凌示范区康乐东路
邮　编：712100
电　话：(029)87015177

商洛市慧通广告信息有限公司

地　址：商洛市黄沙桥东 200 米（商州区外贸公司 1 楼）
邮　编：726000
电　话：(0914)2311855

商洛市世纪广告装饰有限公司

地　址：商洛市商州商城 20 号楼
邮　编：726000
电　话：(0914)2333022

商洛市邮政局广告部

地　址：商洛市邮政局
邮　编：726000
电　话：(0914)2391070

洛南县邮政局广告部

地　址：洛南县城
邮　编：726100
电　话：(0914)7322699

宝鸡市明珠广告有限责任公司

地　址：宝鸡市联盟路南口
邮　编：721004
电　话：(0917)3451847

宝鸡市精彩飞扬文化传播有限公司

地　址：宝鸡市英达路 13 号
邮　编：721006
电　话：(0917)3600586

甘肃省

广播电视类

甘肃省广播电影电视总台（集团）广告经营管理中心

地　址：兰州市城关区张苏滩 561 号
邮　编：730010
电　话：(0931)8569275

酒泉电视台

地　址：酒泉市苏州区酒泉电视台盘旋东路 1 － 6 号
邮　编：735000
电　话：(0931)2611440

定西电视台

地　址：定西市永定西路 2 号广电局 1 楼
邮　编：743000
电　话：(0932)8217588

靖远广播电影电视局

地　址：白银市靖远县城南大街
邮　编：730600
电　话：(0943)6135819

白银人民广播电台

地　址：白银市白银区王岘东路 67 号
邮　编：730900
电　话：(0943)6913555

平川广播电视台

地　址：白银市平川区平中路
邮　编：730913

新闻出版类

甘肃日报报业集团有限责任公司兰州晨报分公司

地　址：兰州市城关区白银路 123 号
邮　编：730030
电　话：(0931)8123740

读者杂志社

地　址：兰州市南滨河东路 520 号
邮　编：730000
电　话：(0931)8773309

都市天地报

地　址：兰州市张掖路 246 号都市天地报广告部
邮　编：730030
电　话：(0931)8407777

兰州晚报

地　址：兰州市张掖路 246 号兰州晚报广告部
邮　编：730030
电　话：(0931)8489243

少年文摘报

地　址：兰州市城关区民主西路 97 号大公大厦 9 楼
邮　编：730030
电　话：(0931)8112383

西部商报

地　址：兰州市城关区白银路 123 号
邮　编：730030
电　话：(0931)8159339

金昌日报

地　址：金昌市长春路 29 号
邮　编：737100
电　话：(0935)8313822

酒泉日报广告部

地　址：酒泉市新城区神州路 27 号
邮　编：735000
电　话：(0937)2682343

白银日报

地　址：白银市白银区五星街 36 号
邮　编：730900
电　话：(0943)8303551

公　司　类

甘肃汇视广告传播有限公司

地　址：兰州市城关区庆阳路 51 号兴隆大厦 8F
邮　编：730000
电　话：(0931)8875558

甘肃新世纪广告装饰有限责任公司

地　址：兰州市城关区民主西路 7 号 13 层
邮　编：730000
电　话：(0931)4638329

甘肃金轮文化传媒有限公司

地　址：兰州西站铁路文化宫
电　话：(0931)4922924

兰州大名广告有限责任公司

地　址：兰州市城关区民主西路 7 号

民百家园 1203
邮　编：730020
电　话：(0931)4640530

兰州公交集团万众广告彩印有限公司

地　址：西关什字枢纽站
电　话：(0931)8476468

甘肃省广告美术公司

地　址：兰州市城关区金昌北路 20 号
邮　编：730030
电　话：(0931)8826520

兰州海润广告有限公司

地　址：兰州城关区和政东街 189 号
电　话：(0931)4631133

白银好美装饰有限公司

地　址：白银市全民健身广场商业城 B 区 7 号
邮　编：730900
电　话：(0943)8251111

庆阳市三木广告公司

地　址：庆阳市西峰区安定东路 58 号
邮　编：745000
电　话：(0934)8229155

庆阳协力广告有限公司

地　址：庆阳市西峰区南大街 24 号
邮　编：7450000
电　话：(0934)8211992

庆阳市邮政广告公司

地　址：庆阳市西峰区北大街 254 号
邮　编：745000

青海省

广播电视类

西宁人民广播电台

地　址：西宁市南关街 43 号
电　话：(0971)8211768

青海电视台广告经营中心

地　址：西宁市昆仑路 1 号
邮　编：810001
电　话：(0971)6144323

青海人民广播电台

地　址：西宁市西关大街 81 号
邮　编：810008
电　话：(0971)6329348

西宁市广播电视局广告中心

地　址：西宁市南关街 43 号
邮　编：810000
电　话：(0971)8247464

新闻出版类

青海法制报

地　址：西宁市西关大街 79 号
邮　编：810000
电　话：(0971)6315171

青海青年报

地　址：西宁市北大街 3 号
邮　编：810000
电　话：(0971)4919209

青海日报

地　址：西宁市长江路 5 号青海日报广告中心
邮　编：810000
电　话：(0971)8457757

西海都市报

地　址：西宁市长江路 10 号西海都市报广告部
邮　编：810000
电　话：(0971)6109239

西海商报社广告部

地　址：西宁市长江路 5 号
邮　编：810000
电　话：(0971)8459787

西宁晚报

地　址：西宁市南关街 43 号
邮　编：810000
电　话：(0971)8248965

西海商报社

电　话：(0971)3595329

民族经济与社会发展杂志社

电　话：(0971)8482843

公　司　类

青海国茂会展有限公司

电　话：(0971)8233386

青海巨洋广告有限公司

地 址：西宁五四大街 35 号
邮 编：810001
电　话：(0971)6127177

青海气象广告有限公司

地 址：西宁五四大街 19 号
邮 编：810001
电　话：(0971)6116912

青海远翔体育广告有限公司

地　址：西宁市长江路 114 号
电　话：(0971)3692851

西宁公交广告公司

地　址：西宁市城西区昆仑路 1–5 号昆仑 1 号 15 层
电　话：(0971)6109668

西宁天下设计装饰公司

地　址：西宁市城北区祁连路 305 号
电　话：(0971)7725030

宁夏回族自治区

广播电视类

宁夏气象影视中心

地　址：银川市开发区气象局大院
邮　编：750001
电　话：(0951)5029865

宁夏广电传媒集团有限公司广播广告部

地　址：银川市新华东街53号
邮　编：750001
电　话：(0951)6041323

银川有线电视台

地　址：银川市中山北街5号
电　话：(0951)6023264

新闻出版类

宁夏广播电视报社

地　址：银川市鼓楼北街35号
邮　编：750000
电　话：(0951)6011046

宁夏日报社广告部

地　址：银川市中心南街47号
电　话：(0951)6093337

新消息报社

地　址：银川市中山南街47号
邮　编：750004
电　话：(0951)6032745

银川晚报广告部

地　址：银川市中山南街29号
电　话：(0951)6029134

公　司　类

银川昊都快讯广告有限公司

地　址：银川市金凤区庆丰街159号
邮　编：75000
电　话：(0951)5016989

宁夏动感飞扬广告有限公司

地　址：银川市兴庆区凤凰南街177号
邮　编：750001
电　话：(0951)6028852

宁夏黑马广告有限公司

地　址：银川市城区玉皇阁北街2号
邮　编：750004
电　话：(0951)6031618

宁夏宏强广告有限公司

地　址：银川市兴庆区西北农资城三期商品房9号
邮　编：750004
电　话：(0951)6026875

宁夏众望广告有限公司

地　址：银川市兴庆区文化东街176号
邮　编：750004
电　话：(0951)6024698

吴忠市敦煌广告印刷有限公司

地　址：吴忠市利通区胜利西路57号
电　话：(0953)2056975

新疆维吾尔自治区

广播电视类

乌鲁木齐电视台

地　址：乌鲁木齐市新民路 28 号
邮　编：830002
电　话：(0991)8986338

乌鲁木齐人民广播电台广告管理部

地　址：乌鲁木齐市红山路
邮　编：830002
电　话：(0991)8838222

新疆广播电视报

地　址：乌鲁木齐市团结路 84 号
邮　编：830044
电　话：(0991)2561803

新闻出版类

新疆日报

地　址：乌鲁木齐市扬子江路 1 号
邮　编：830051
电　话：(0991)5818200

工人时报

地　址：乌鲁木齐市体育馆路 6 号
邮　编：830002
电　话：(0991)2629514

乌鲁木齐晚报

地　址：乌鲁木齐市青年路 20 号
邮　编：830002
电　话：(0991)2626802

公　司　类

润达尔广告

电　话：(0991)2303098

新疆浩然广告有限公司

地　址：乌鲁木齐市新华南路 106 号
电　话：(0991)8780512

新疆普拉纳广告有限公司

地　址：乌鲁木齐市人民路 139 号附18 号
邮　编：830002
电　话：(0991)2320232

’2015 中国广告年鉴
China Advertising Yearbook

广告刊户索引

Index

广告刊户索引